U0355136

中国疑难刑事名案法理研究

JURISPRUDENCE ON CRIMINAL CASES

第七卷　　　　　　　　　　　　　　VOLUME 7

主　编／赵秉志

副主编／左坚卫

本卷撰稿人（以撰写顺序为序）

田　甜	王　瑾	孙明经	康文娟	唐　燕	姜　磊
徐文文	赵秉志	邵成举	李建志	赵　远	解　彬
刘　晶	章晓彬	陈　晨	刘　菲	刘　瑜	金莲花
王嘉伟	石宗智	左坚卫	王　帅	沈立成	袁　彬

北京大学出版社
PEKING UNIVERSITY PRESS

图书在版编目(CIP)数据

中国疑难刑事名案法理研究. 第七卷 / 赵秉志主编. —北京：北京大学出版社，2020.12
ISBN 978-7-301-31876-8

Ⅰ. ①中… Ⅱ. ①赵… Ⅲ. ①刑事犯罪—案例—分析—中国 Ⅳ. ①D924.05

中国版本图书馆 CIP 数据核字(2020)第 234239 号

书　　　名	中国疑难刑事名案法理研究（第七卷） ZHONGGUO YINAN XINGSHI MING'AN FALI YANJIU（DI-QI JUAN）
著作责任者	赵秉志　主编
责 任 编 辑	李　娜
标 准 书 号	ISBN 978-7-301-31876-8
出 版 发 行	北京大学出版社
地　　　址	北京市海淀区成府路 205 号　100871
网　　　址	http://www.pup.cn　http://www.yandayuanzhao.com
电 子 信 箱	yandayuanzhao@163.com
新 浪 微 博	@北京大学出版社　@北大出版社燕大元照法律图书
电　　　话	邮购部 010-62752015　发行部 010-62750672　编辑部 010-62117788
印 刷 者	北京溢漾印刷有限公司
经 销 者	新华书店
	730 毫米×980 毫米　16 开本　29.5 印张　577 千字 2020 年 12 月第 1 版　2020 年 12 月第 1 次印刷
定　　　价	98.00 元

未经许可，不得以任何方式复制或抄袭本书之部分或全部内容。
版权所有，侵权必究
举报电话：010-62752024　电子信箱：fd@pup.pku.edu.cn
图书如有印装质量问题，请与出版部联系，电话：010-62756370

序　言

　　如果说现代刑事法治是由一系列刑事法律事件所构成的画卷，那么刑事案例就是其中最浓墨重彩的部分。典型、重大、知名的刑事疑难案件及其诉讼过程，从多方面折射出相关的法律问题、社会问题以及行为人的个体问题。因此，选择典型、疑难而为法律人和社会民众共同关注的刑事要案名案进行研究，既蕴含专业的学术价值，也具有深刻的社会意义。

　　案例研究是一种理论与实际结合的研究形式。早在20世纪80年代，我于中国人民大学刑法专业攻读硕士学位和博士学位期间，我的两位恩师、新中国培养的第一代著名刑法学家高铭暄教授和王作富教授，即通过他们的言传身教、著书立说和实践活动表明，刑法学研究应当坚持理论联系实际的学术方向与研究方法，对我产生深刻影响。因而在专业学习与学术研究中，我逐渐形成了理论联系实际、关注国内外重大现实刑事法治问题的研究风格和特点，其中就包括对典型疑难案例的关注和研析。在新中国第一部刑法典施行十载之际，我还曾经打算编著一本对刑法典施行十年间的典型、疑难名案予以研究的书。为此曾收集、整理了大量案例资料，甚至构思了书名与案例研究的体例和特色。此项目因我当时工作繁忙且准备出国留学而被束之高阁。后来，我在整理出版个人五卷本文集的过程中，又对刑法学研究中的理论联系实际问题进行了较为深入的思考和归纳，认为其有丰富而合理的内涵，值得努力挖掘和大力弘扬。[①] 其中当然也包含对案例研究的重视。1994年底，我主持承担了中国人民大学法学院的项目"高级司法官培训教材"之一，内容为以案例研析形式阐述刑法理论与实务问题。我组织了一批志同道合的中青年学者，历经近六年的不懈努力，编著出版了九卷本、近300万字的《中国刑法案例与学理研究》。这部系统研析中国刑法理论与实务的案例研究著作于2001年4月由法律出版社出版发行后，受到法学界尤其是司法实务界的广泛好评与欢迎，一印再印，于2004年9月修订再版后又重印。这可以说是法律界、法学界对案例研究形式的肯定。

　　以上关于案例研究的学术活动，尽管组织了多位研究生参与，但我尚未将案例研究作为研究生的学位论文来考虑。在后来我指导、培养研究生的过程中，主要基于下述几点原因，我尝试引导研究生将典型疑难案件的研究作为硕士学位论文的内容来考

---

① 参见赵秉志：《刑法总论问题研究》，中国法制出版社1996年版。

虑:其一,倡导青年学者理论联系实际的学风。理论联系实际可以有多种表现形式,而案例研究无疑是最为典型、最有特色的形式。其二,促进青年学者关注现实法治问题。现实法治问题也可以表现在许多方面,而典型、疑难的名案要案肯定是现实法治问题最直接、最丰富、最生动的反映。其三,避免硕士学位论文选题的重复与内容的空泛。由于近年来硕士研究生培养数量的急剧增加,硕士论文选题重复和内容类似的现象也日趋严重,从而使本应富有学术价值的硕士学位论文质量日益下降,研究生及其导师每每为避免硕士学位论文选题重复而伤透脑筋。而选择典型、疑难案件之研究作为硕士学位论文,其法理问题因案而异,就在相当程度上解决了硕士学位论文选题重复与内容空泛的困扰。此外,一件典型疑难案件所涉的主要法理问题毕竟是有限的数个,以3万至5万字的篇幅予以研究,大体也可以研究得较为细致、深入,并可以检验出硕士学位论文的质量。因而可以说硕士学位论文也是深入研究疑难案件较为适宜的形式。

经过几届法学硕士和法律硕士以案例研究为硕士学位论文的实践,这种案例研究形式的硕士学位论文得到了充分的肯定。截至2007年,我和我所指导的研究生们已经积累了20余篇案例研究形式的硕士学位论文成果。在北京大学出版社副总编辑蒋浩先生的鼓励和支持下,以硕士学位论文为主体的案例研究系列著作终于得以出版。2008年1月,定名为《中国疑难刑事名案法理研究》(1—3卷)的首批成果由北京大学出版社出版。收入书中的25个案例研究,除一篇为我与左坚卫教授合写的、我作为辩护律师办理的一个案件之研究,一篇为刘志伟教授指导的法律硕士学位论文外,其余23篇均为本人指导并于此前两年通过学位论文答辩的法学硕士学位论文和法律硕士学位论文。所研究的这些案件有大半为全国关注的名案要案,其余也在相当范围内为社会或法律界所知晓。但其更重要的共同特征还在于案件中涉及了诸多值得研究的法理问题乃至社会问题。青年法律学人们从案情出发,归纳和发掘问题,但在问题研究上又不拘泥于案情和案件问题,而是旁征博引,生发开去,深入问题,升华法理,从而使案例研究既有实践意义,又有学术价值。案例研究之后,还尽可能地附有案件的起诉书、判决书、裁定书等司法文书,以备读者查阅和进一步研究有关问题之用。

《中国疑难刑事名案法理研究》(1—3卷)出版后,得到了刑法理论界和实务界的广泛关注,取得了较好的社会反响。这进一步坚定了我将案例研究作为硕士研究生的学位论文的想法,我更加注意收集新出现的大案要案的裁判文书及其他相关资料,并鼓励我指导的研究生们选择这种学位论文的写作模式。在积累新的案例研究硕士学位论文期间,广州发生了著名的许霆利用自动取款机技术故障盗窃巨额现金案,该案一审法院的判决结果引起了刑事法学界乃至全社会的关注,学者们对该案进行了热烈研讨,形成了一批相当有深度的科研成果。在此基础上,我于2008年12月主持编辑出版了《许霆案件的法理争鸣》,作为《中国疑难刑事名案法理研究》的第4卷,由北京大学出版社出版。这是我对重大疑难热点案件研究模式所做的又一种探索。该书出版后,我继续指导研究生以案例研究的形式进行硕士学位论文的研究与写作,又形成了一批这方面的研究成果。经收集和筛选,我挑出了20篇案例研究,编辑成《中国疑难刑事名案法理研究》第5卷和第6卷,仍交由北京大学出版社并于2011年出版。这批研究成果中,大多仍为我所指导的硕士研究生的硕士学位论文。这些硕士学位论文所研究的案件,大体为2002年至2010年发生的社会影响较大的名案要案。其中第5卷共收录了11个案件,内容涉及危害公共安全罪、破坏市场经济秩序罪、侵犯公民人身权利罪三个领域;第6卷收录了9个案件,内容涉及侵犯财产罪、妨害社会管理秩序罪和贪污贿赂罪三个领域。在研究内容和研究体例上继承了《中国疑难刑事名案法理研究》这套丛书第1至3卷的风格,保持了这套大型案例研究丛书的系统性、连贯性。

时光荏苒,离《中国疑难刑事名案法理研究》第5卷和第6卷的出版又过去了近10年。在此期间,我始终坚持对层出不穷的大案要案予以关注和研究。

一方面,我针对极为典型、影响巨大的疑难刑事名案,继续尝试采用《许霆案件的法理争鸣》这种个案专题探讨的研究模式,并先后编著完成了四本这种个案专题研究模式的书籍。其中第一本是我和同事张磊教授编著的《赖昌星案件的罪与罚》(台湾新学林出版股份有限公司2015年3月版)。赖昌星案件是受到国内外长期关注的大案要案,也是我国追逃经济犯罪嫌犯的典型案件,我曾受加拿大政府邀请,以担任过赖昌星系列案件辩护律师暨刑事法专家学者的身份,于2001年两度远赴加拿大在其聆讯法庭上出庭作证,并在出庭作证前后对本案的诸多法理问题进行了研究。赖昌星已于2011年7月由加拿大被遣返回国,并于2012年被以走私普通货物罪定罪判刑。该书记述了我对此案的参与和思考,同时也收录了其他专家学者关于此案的研讨见解和资讯。第二本是我和同事彭新林副教授编著的《薄熙来案件的罪与罚》(出版单位暨出版年月同上书),薄熙来案件是国内外高度关注的要案名案,我曾密切关注该案的审判并适时做过相关研究,该书记述了我关于此案诸多法理问题的思考,同时也收录了多位学者关于此案的学术见解与相关资讯。考虑到上述两本书是在中国台湾地区出版的等因素,因此没有纳入《中国疑难刑事名案法理研究》系列丛书中。第三本是我担任主编、同事张磊教授协助我编著的《黄海勇引渡案法理聚焦》(江苏人民出版社2019年版)一书。黄海勇走私、引渡案被认为是新中国成立以来最为复杂也最为成功的引渡案件,该案是美洲人权法院成立以来首次就引渡逃犯案件作出判决,系我国专家证人首次在国际人权法院出庭作证并首战告捷,是我国首次从拉美国家成功引渡犯罪嫌疑人,也是我国在十八大后境外追逃追赃法治实践中引渡成功的典型案件。我曾经在我国有关方面的支持和指导下,作为秘鲁政府邀请的三位出庭专家证人(其中一位是秘鲁原司法部长,另一位是中国外交部条约法律司的副司长)之一,到美洲人权法院的巡回法庭上就黄海勇引渡案出庭作证。在出庭作证之前，我进行了认真的准备；在出庭作证之后，我又和同事张磊教授合作，围绕该案的相关法理问题进行了深入的探讨和研究。该书除收录我们针对黄案的研究成果外，也收录了其他学者的相关研究见解暨资讯。我原拟把该书纳入《中国疑难刑事名案法理研究》系列丛书出版并已在该书前言中提及，但因编辑方面的原因未能编上该系列丛书的序号，有些遗憾。第四本是我和同事左坚卫教授共同编著的《民营企业产权保护第一案：张文中案件的参与暨思考》（法律出版社2019年版）一书。张文中是知名民营企业家，在特殊环境和特定条件下获罪判刑。又在国家强调依法公正保护民营企业产权和民营企业家人权的政策背景下，由最高人民法院直接提起再审并于2018年5月宣判其本人和其公司均无罪，从而成为我国最高司法机关依法保护民营企业产权和民营企业家合法权益的"标杆"案件，成为我国刑事司法史上一个具有里程碑意义的重大法治事件，被纳入我国改革开放40年的40个著名案件之列。我和左坚卫教授在张文中案件中担任其一审、二审、申诉和再审的辩护律师前后长达11年，参与了该案的全过程。该书记录了我们参与该案的诉讼活动和相关法律研究思考，也在个案专题研究模式方面作出了新的探索和尝试。但基于一些考虑，也没有纳入《中国疑难刑事名案法理研究》系列丛书。

另一方面，我继续鼓励我指导的硕士研究生以硕士学位论文的形式进行案例研究。经过这些年的积累，又形成了一批案例研究成果。对这些已经以硕士学位论文形式完成的案例研究成果，经过认真挑选并进一步修改，现从中选出22篇，编撰成书，形成了《中国疑难刑事名案法理研究》系列丛书的第7卷，内容涉及危害公共安全罪、破坏市场秩序罪、侵犯公民权利罪、侵犯财产罪、妨害社会管理秩序罪、贪污贿赂罪等领域，仍交由北京大学出版社出版。需要说明的是，为统一体例也为节省篇幅，我们接受出版社方面的建议，在该卷的每篇案例研究之后统一不再附法律文书。

学术研究是薪火相传的事业。学术研究的方向、道路和方法也是学术事业的重要组成部分。我国老一辈刑法学家所倡导的理论联系实际、不尚空谈的学风促进了我国刑法学事业的健康发展，也培养了我们这代中青年刑法学人。基于繁荣发展刑法学事业的使命感和承前启后、培养刑法学青年学者的教师职责，我们应当在论述理论、传授知识的同时，也注重对我国刑法学研究中理论联系实际、关注现实法治问题的学风的坚持、维护和弘扬。本书也是我和一批青年同人在此方面的探索的继续。我们的研究难免有种种不足乃至谬误之处，但我们坚信此一学术方向与方法是正确的。

这里，我必须衷心感谢我的同事左坚卫教授。我和左坚卫教授有师生之缘和同事之谊。我是他的硕士生和博士生时期的导师，他在研究生阶段即展露出学术才华，参与过我的多个学术项目，每次都出色地完成了任务。在高校教学科研岗位上，经过若干年的不懈努力，他已成长为我们学术团队里的一位知名教授和学术骨干，也是我的一位重要的学术合作伙伴。这些年他为我们的学术团队贡献良多，他也与我有多项学术合作乃至律师实务合作,具体到这套《中国疑难刑事名案法理研究》,他从一开始就很好地理解和把握了我的相关理念和学术方向,正是得力于他全程的积极参与和悉心协助,才能保证这套丛书的编选和审改质量。

最后,我当然还要由衷地感谢北京大学出版社对本丛书的重视和支持,尤其要感谢我的多年挚友、资深法学编辑、北京大学出版社副总编辑蒋浩先生及该社有关法学编辑同人对本丛书编辑出版的鼎力支持和辛勤劳动。《中国疑难刑事名案法理研究》这一系列著作就是在蒋浩先生的热情鼓励和直接帮助下才得以面世的,他的鼎力扶持,使该系列著作得以把握时代发展脉搏,源源不断地推出,持续十余年出版发行,发挥其社会效应。这是对我们刑事法研究事业的宝贵支持,也是对我们所坚持的理论联系实际研究方向和风格的莫大肯定。这种历久弥坚的真诚学术友谊是我们所不能忘记的。也衷心感谢本书责任编辑李娜认真而有成效的编辑工作。一并感谢商浩文副教授和詹奇玮博士在收集、整理本书作品等方面给予我的协助。

赵秉志　谨识
2019年7月

目 录

煤矿重大安全事故责任人以以危险方法危害公共安全罪定罪处罚的法理研究
——平顶山"9·8"矿难案 ··· 田 甜 1
 一、选案理由 ··· 1
 二、基本案情 ··· 2
 三、裁判要旨 ··· 2
 四、引发的理论问题 ··· 3
  (一)重大责任事故罪与以危险方法危害公共安全罪之辨 ············ 3
  (二)关于刑罚裁量与死缓适用问题 ······································ 10
  (三)关于重大责任事故罪刑罚的完善问题 ······························ 16

醉酒驾驶机动车的定罪与量刑
——高晓松危险驾驶案 ·· 王 瑾 19
 一、选案理由 ··· 19
 二、基本案情 ··· 20
 三、裁判要旨 ··· 21
 四、引发的理论问题 ··· 21
  (一)醉驾行为性质之认定 ·· 21
  (二)醉驾案量刑情节之考量 ·· 32

与食品生产、销售相关的危害公共安全犯罪及其他罪名与刑罚问题
——以三鹿奶粉系列刑事案件为例 ······································ 孙明经 42
 一、选案理由 ··· 42
 二、基本案情 ··· 43
 三、裁判要旨 ··· 44
 四、引发的理论问题 ··· 45
  (一)以危险方法危害公共安全罪的罪名判定——以张玉军案为例 ········ 45
  (二)三鹿集团及其主管人员、直接责任人员罪名选择适用 ············ 52

（三）限制经济犯罪和逐步废止死刑适用语境下三鹿奶粉相关刑案探析……… 58

以危险方法危害公共安全罪的情形及相关动物检疫人员渎职行为定性处罚问题研究

——刘襄等非法生产、销售"瘦肉精"案……………… 康文娟 65

一、选案理由……………………………………………………… 65
二、基本案情……………………………………………………… 66
 （一）刘襄等非法生产、销售"瘦肉精"案………………… 66
 （二）相关的防疫检疫人员王二团等玩忽职守案…………… 67
三、裁判要旨……………………………………………………… 67
四、引发的理论问题……………………………………………… 67
 （一）以危险方法危害公共安全罪的具体认定……………… 68
 （二）卫生防疫部门有关人员渎职行为的性质……………… 77

泄露内幕信息罪及内幕交易罪构成研究

——董正青内幕交易案……………………… 唐 燕 82

一、选案理由……………………………………………………… 82
二、基本案情……………………………………………………… 83
三、裁判要旨……………………………………………………… 85
四、引发的理论问题……………………………………………… 85
 （一）本案犯罪主体的认定…………………………………… 86
 （二）本案中关于内幕信息的界定…………………………… 91
 （三）本案内幕交易犯罪的客观方面………………………… 97
五、我国内幕交易犯罪立法及监管制度完善建议……………… 101

利用合法的互联网融资平台集资构成集资诈骗罪若干问题研究

——全海晖等人集资诈骗案………………… 姜 磊 103

一、选案理由……………………………………………………… 103
二、基本案情……………………………………………………… 104
三、裁判要旨……………………………………………………… 105
四、引发的理论问题……………………………………………… 105
 （一）集资诈骗的"非法性"问题…………………………… 105
 （二）"非法占有目的"的司法认定问题…………………… 109
 （三）侵害法益的辨析与认定问题…………………………… 113
 （四）单位犯罪的认定问题…………………………………… 116
五、互联网融资平台刑事风险防范对策………………………… 121

集资诈骗罪的认定与刑罚适用
——吴英集资诈骗案 ··· 徐文文 125
一、选案理由 ··· 125
二、基本案情 ··· 127
三、裁判要旨 ··· 127
四、引发的理论问题 ·· 128
（一）集资诈骗罪的司法认定 ······························· 129
（二）集资诈骗罪死刑的司法适用 ···························· 141
（三）集资诈骗罪死刑的立法废止探讨 ······················ 152
五、结语 ·· 161

在华外企职员侵犯商业秘密有关问题研究
——胡士泰侵犯商业秘密案 ························· 赵秉志 邵成举 163
一、选案理由 ··· 163
二、基本案情 ··· 163
三、裁判要旨 ··· 165
四、引发的理论问题 ·· 165
（一）商业秘密的内涵及其构成特征 ························· 166
（二）危害结果的认定标准及其对定罪量刑的影响 ·········· 171
五、结语 ·· 174

故意杀人罪共犯的分工及死刑分配
——吕德彬雇凶杀妻案 ······································ 李建志 176
一、选案理由 ··· 176
二、基本案情 ··· 177
三、裁判要旨 ··· 178
四、引发的理论问题 ·· 178
（一）雇凶杀人案死刑适用的疑难问题 ······················ 179
（二）共同犯罪案件中死刑适用的限制 ······················ 187
五、结语 ·· 195

跨国有组织犯罪、国际恐怖主义犯罪的刑事管辖权及其实现相关问题研究
——以糯康案为例 ··· 赵 远 196
一、选案理由 ··· 196
二、基本案情 ··· 197

三、裁判要旨 198
四、引发的理论问题 199
 (一)关于本案犯罪类型的认识 200
 (二)关于本案的刑事管辖权问题 205
 (三)关于本案所涉及的国际刑事司法合作问题 210
 (四)关于本案的定罪量刑问题 217
 (五)本案对于中国的意义 221
五、结语 223

死刑裁量正当性的要素分析
——以孙某某故意杀人个案为例 解彬 224
一、选案理由 224
二、基本案情 225
三、裁判要旨 226
四、引发的理论问题 226
 (一)刑事政策对故意杀人死刑裁量的影响 226
 (二)投案自首对故意杀人案死刑裁量的影响 227
 (三)被害方谅解行为对故意杀人案死刑裁量的影响 228
 (四)被害人过错对故意杀人案死刑裁量的影响 231
五、结论 234

交通肇事转化型故意杀人罪的认定及其刑罚考量
——郑锡铭故意杀人案 刘晶 236
一、选案理由 236
二、基本案情 237
三、裁判要旨 238
四、引发的理论问题 238
 (一)本案定罪问题分析 238
 (二)由交通肇事转化的故意杀人罪之量刑问题 245
 (三)有关交通肇事罪的立法建议 250

个案中的死刑裁量因素研究
——以药家鑫故意杀人案为例 章晓彬 252
一、选案理由 252
二、基本案情 253
三、裁判要旨 253

四、引发的理论问题 ……………………………………………………… 253
　　　　(一)本案是否属于"激情犯罪" ………………………………… 253
　　　　(二)本案应否适用死缓之争 ……………………………………… 258
　　　　(三)本案引发的民意与刑事司法的相关问题 …………………… 265
　　五、结语 …………………………………………………………………… 269

抗拒强拆过程中的正当防卫、防卫过当及量刑研究
　　——以张剑故意伤害致死案为例 ………………………… 陈　晨　271
　　一、选案理由 ……………………………………………………………… 271
　　二、基本案情 ……………………………………………………………… 272
　　三、裁判要旨 ……………………………………………………………… 273
　　四、引发的理论问题 ……………………………………………………… 273
　　　　(一)张剑行为是否构成正当防卫 ………………………………… 274
　　　　(二)张剑的防卫行为是否过当 …………………………………… 281
　　　　(三)张剑案的定罪量刑分析 ……………………………………… 287
　　五、正当防卫制度的地位之反思 ………………………………………… 290
　　六、结语 …………………………………………………………………… 292

利用互联网发布捏造的事实诽谤他人行为的认定与处罚
　　——韩兴昌网络诽谤案 …………………………………… 刘　菲　294
　　一、选案理由 ……………………………………………………………… 294
　　二、基本案情 ……………………………………………………………… 295
　　三、裁判要旨 ……………………………………………………………… 296
　　四、引发的理论问题 ……………………………………………………… 296
　　　　(一)行为属性:韩兴昌的行为是否属于诽谤 …………………… 298
　　　　(二)客体特征:韩兴昌的行为是否符合诽谤罪的客体要求 …… 305
　　　　(三)公共利益:韩兴昌案是否符合诽谤罪的公诉条件 ………… 309
　　五、余论 …………………………………………………………………… 312

家暴涉及的犯罪与处罚若干问题
　　——董珊珊被虐待致死案 ………………………………… 刘　瑜　314
　　一、选案理由 ……………………………………………………………… 314
　　二、基本案情 ……………………………………………………………… 315
　　三、裁判要旨 ……………………………………………………………… 316
　　四、引发的理论问题 ……………………………………………………… 316
　　　　(一)定性之争:董珊珊案应定虐待罪还是故意伤害罪 ………… 316

（二）虐待罪结果加重犯的适用限制及原因分析 ……………… 320
　　（三）虐待过程中发生其他犯罪的罪数问题 …………………… 324
　五、引发的法律思考 …………………………………………………… 333
　　（一）虐待罪的立法缺陷探索 …………………………………… 333
　　（二）虐待罪的立法完善建言 …………………………………… 335

入户盗窃转化为抢劫罪的认定与处罚
——朱俊慧抢劫案　　　　　　　　　　　　　　金莲花　337
　一、选案理由 …………………………………………………………… 337
　二、基本案情 …………………………………………………………… 338
　三、裁判要旨 …………………………………………………………… 338
　四、引发的理论问题 …………………………………………………… 339
　　（一）"入户抢劫"的界定 ………………………………………… 339
　　（二）转化型"入户抢劫"的认定 ………………………………… 351
　　（三）"入户抢劫"未遂形态的认定 ……………………………… 359

使用假军车牌照证件骗免公路通行费行为的定罪及处罚
——时建锋偷逃过路费案　　　　　　　　　　　王嘉伟　364
　一、选案理由 …………………………………………………………… 364
　二、基本案情 …………………………………………………………… 365
　三、裁判要旨 …………………………………………………………… 366
　四、引发的理论问题 …………………………………………………… 366
　　（一）骗取特定服务行为的刑法性质 …………………………… 367
　　（二）骗取特定服务手段的界定 ………………………………… 373
　　（三）骗取特定服务数额的司法认定 …………………………… 378
　　（四）骗取特定服务行为的法律适用 …………………………… 382

私密场所多人自愿的性聚会的定性及聚众淫乱罪的刑法应然分析
——以马尧海聚众淫乱案为例　　　　　　　　　石宗智　384
　一、选案理由 …………………………………………………………… 384
　二、基本案情 …………………………………………………………… 385
　三、裁判要旨 …………………………………………………………… 386
　四、引发的理论问题 …………………………………………………… 386
　　（一）公权干预与私权保障之矛盾 ……………………………… 387
　　（二）秩序维护与自由张扬之冲突 ……………………………… 391
　　（三）法律规范与道德约束之差异 ……………………………… 395

五、社会变迁与刑法变革 399
　（一）社会变迁对刑法改革的促进意义 399
　（二）当前社会条件下聚众淫乱罪的变革路径 400

律师犯帮助伪造证据罪的若干问题
——张建中帮助伪造证据案 .... 左坚卫　王　帅　403
　一、选案理由 403
　二、基本案情 404
　三、裁判要旨 405
　四、引发的理论问题 405
　　（一）帮助伪造证据罪中"证据"的认定 406
　　（二）帮助伪造证据罪中的因果关系认定问题 411

受贿罪构成及死刑适用
——陈同海受贿案 .... 沈立成　421
　一、选案理由 421
　二、基本案情 422
　三、裁判要旨 423
　四、引发的理论问题 423
　　（一）受贿罪中"为他人谋取利益"要件的地位问题 423
　　（二）受贿罪从宽量刑情节的适用问题 429
　　（三）受贿罪死刑限制适用问题 436

受贿罪与财产型滥用职权罪的界限
——黄胜受贿案 .... 赵秉志　袁　彬　443
　一、选案理由 443
　二、基本案情 444
　三、裁判要旨 444
　四、引发的理论问题 444
　　（一）受贿罪与财产型滥用职权罪的法理界限 445
　　（二）受贿与借用、接受馈赠的区分 449
　　（三）受贿罪的量刑依据 452

煤矿重大安全事故责任人以以危险方法危害公共安全罪定罪处罚的法理研究

——平顶山"9·8"矿难案

田 甜[*]

目 次

一、选案理由
二、基本案情
三、裁判要旨
四、引发的理论问题
（一）重大责任事故罪与以危险方法危害公共安全罪之辨
（二）关于刑罚裁量与死缓适用问题
（三）关于重大责任事故罪刑罚的完善问题

一、选案理由

我国矿难案件频发一方面与煤矿安全生产设施还不够完善、矿井中的瓦斯本身容易引起爆炸等客观原因有关；另一方面，更与部分矿主在利益的驱使下重开采效率、轻安全监管、无视相关劳动安全法律法规有关。2009年9月8日发生的平顶山"9·8"矿难案，便是矿主盲目追求经济效益、极端漠视矿工生命安全的典型案例，该事故因造成76人死亡、15人受伤的惨痛后果而震惊全国。事故责任人李新军等人在明知井下瓦斯超标、随时可能发生爆炸的情况下，有意指使他人破坏瓦斯探测器，使之不能正常工作，失去预警功能，从而引起严重的危害后果。平顶山市中级人民法院认定被告人构成以危险方法危害公共安全罪，对事故主要责任人李新军、韩二军二人作出死刑缓期2年执行的判决；河南省高级人民法院在二审中裁定维持原判。这是我国首次对矿难案

---

[*] 北京师范大学法学院法律硕士研究生。

件适用以危险方法危害公共安全罪,此判决一经作出,迅速引起广泛关注。

在我国,煤炭在一次性能源生产与消费中一直占据主导地位,且在相当长的时间内仍将是我国的主要能源,然而矿难事故频发给煤矿生产蒙上了阴影。矿难事故突发性很强,后果特别严重。且从事采矿工作的矿工,往往是家庭的主要劳动力,一旦他们的生命健康受到威胁,整个家庭也将陷入困境。因此,矿难案件的处理会产生巨大的社会影响。"9·8"平顶山矿难案的判决突破以往的矿难案件的问责形式,从事故发生的原因入手,更加深入地了解案情,从而对事故责任人准确地定罪量刑,取得了社会效果和法律效果的统一,具有很强的研究价值和借鉴意义。

二、基本案情[①]

2003年9月,平顶山市新华区四矿被批准为技改矿,按照相关规定,在技改期间严禁做与技改无关的工程或借技改之名组织生产,且下井人数不得超过23人。2006年12月,被告人李新军、韩二军作为平顶山市新华区四矿的矿长和副矿长,无视技改煤矿不允许生产的规定,在明知井下瓦斯超标的情况下,为追求利润,仍组织大量工人下井作业生产,并多次强调瓦斯超标时不准报警;被告人侯民身为安全副矿长,无视煤矿安全生产管理法规,要求瓦斯检查员想办法不让瓦斯传感器报警,并指示伪造瓦斯报表;被告人邓树军身为生产副矿长,在明知井下瓦斯超标并且瓦斯检查员移动瓦斯探头的情况下,仍违规组织大量工人下井生产;被告人袁应周身为生产矿长助理,明知该矿在生产过程中存在重大隐患,仍组织大量工人下井生产。该矿瓦斯检查员在上述被告人的要求下,不按规定安设瓦斯探头,在瓦斯超限时不是采取停电撤人等安全措施,而是将瓦斯探头电源拔脱或者将瓦斯探头置于风筒新鲜风流中;在矿井采积面聚集的瓦斯超标时,不是按规程排放瓦斯,而是制作虚假瓦斯报表应付检查。2009年9月5日,该矿16点班的工人在井下201掘进巷施工维修巷道时,发生冒顶将巷道堵实,同时该采面的瓦斯传感器等设备被掩埋,201掘进巷局部通风机停止运转,直到9月7日16点班下班尚未清理完毕。9月8日零点,在井下仍存在重大安全隐患的情况下,该矿还组织93名工人陆续入井,0时55分该矿发生瓦斯爆炸,致76人死亡、15人受伤。

三、裁判要旨[②]

煤矿经营管理人员、主管煤矿安全或生产的负责人员,明知煤矿存在重大安全隐患,不仅不采取措施消除安全隐患,反而实施积极主动的行为破坏安全设施、设备,强

[①] 参见河南省平顶山市中级人民法院(2010)平刑初字第93号刑事判决书;河南省高级人民法院(2010)豫法刑四终第236号刑事裁定书。

[②] 参见河南省平顶山市中级人民法院(2010)平刑初字第93号刑事判决书;河南省高级人民法院(2010)豫法刑四终第236号刑事裁定书。

令工人下井,掩盖安全隐患,客观上使危害后果的发生成为必然,主观上具有放任不特定多数人伤亡后果发生的故意,符合以危险方法危害公共安全罪的犯罪构成,构成以危险方法危害公共安全罪。

四、引发的理论问题

在以往的矿难案件中,司法机关多以重大责任事故罪追究被告人的刑事责任,而本案对被告人认定为以危险方法危害公共安全罪,判处死刑缓期2年执行。这在一定程度上起到了"平民愤"的社会效果,也彰显了刑法的威慑性。但许多学者也提出,要警惕以危险方法危害公共安全罪在司法实践中的滥用,既要对本案借鉴学习,也要避免在今后处理矿难案件时盲目套用以危险方法危害公共安全罪。因此,本案引发的三个法理问题值得认真研究。

(一)重大责任事故罪与以危险方法危害公共安全罪之辨

"9·8"平顶山矿难案件以以危险方法危害公共安全罪追究事故责任人李新军、韩二军的刑事责任,而在传统的矿难案件中,多以重大责任事故罪追究相关事故责任人的法律责任。全面分析本案案情可知,矿难发生原因的特殊性决定了本案的定性与以往矿难案件的定性有所区别。同为涉及公共安全的犯罪,以危险方法危害公共安全罪与重大责任事故罪在客观上表现出很多相似之处,但两罪的构成要件存在根本的区别。因而要准确地对本案定性,首先须厘清以危险方法危害公共安全罪与重大责任事故罪在构成上的区别。

1.重大责任事故罪与以危险方法危害公共安全罪之界分

(1)重大责任事故罪与以危险方法危害公共安全罪的构成要件概览

我国《刑法》第114条规定了放火、决水、爆炸、投放危险物质罪之后,又规定了以其他危险方法危害公共安全的犯罪,其罪名被确定为以危险方法危害公共安全罪。该罪是指故意使用放火、决水、爆炸、投放危险物质以外的其他危险方法危害公共安全的行为。其构成要件为:①本罪侵犯的客体是公共安全,即不特定多数人的生命、健康或者公私财产的安全。换言之,如果行为人用危险方法侵害了某特定的对象,并不危及公共安全,就不构成本罪。②本罪客观方面表现为以其他危险方法危害公共安全的行为。此处所谓其他危险方法,是指在放火、决水、爆炸、投毒以外的,但与上述几种危险方法相当的,对公共安全造成危害的方法。主要包括三层含义:首先,其他危险方法不包括放火、决水、爆炸、投放危险物质;其次,其他危险方法须与放火、决水、爆炸、投放危险物质的危险性相当;最后,必须是足以危害公共安全的方法,即这种危险方法一经实施就造成或有可能造成不特定的多数人的伤亡或者重大公私财产的毁损。③本罪的主体为一般主体,即达到法定刑事责任年龄,具有刑事责任能力的自然人。④本罪在主观方面表现为故意,即行为人明知其行为会危害公共安全,有可能造成危害不特定多数人的生命、健康或重大公私财产安全的严重后果,并希望或者放任这种结果发生。实践中这类案件大多数为间接故意,即行为人对危害结果并非希望或追求,而是持放任态度。无论行为人出于直接故意还是间接故意,以及行为人基于何种动机和目的,都不影响本罪的成立。①

我国《刑法》第 134 条规定的重大责任事故罪,是指在生产、作业中违反有关安全管理的规定,因而发生重大伤亡事故或者造成其他严重后果的行为。本罪是经 2006 年《刑法修正案(六)》修改的罪名,其主要修改内容为:一是将强令违章冒险作业分离出去,单独规定为一个独立的罪名,提高了其法定刑。二是将犯罪主体由特殊主体修改为一般主体。1997 年《刑法》第 134 条规定重大责任事故罪的主体是"工厂、矿山、林场、建筑企业或者其他企业、事业单位的职工",《刑法修正案(六)》删除了该规定,使该罪主体范围扩大到一般自然人。三是将"由于不服管理、违反规章制度"修改为"在生产、作业中违反有关安全管理的规定"。② 其构成要件为:①本罪的客体是安全生产秩序和公共安全。②本罪的客观方面表现为违反有关安全管理规定的行为,以及发生重大伤亡事故或者造成其他严重后果。有关安全管理的规定,既包括明文规定,也包括虽然没有明文规定,但为各生产、作业部门的人员所熟知,在生产、作业当中普遍遵守的关于安全生产方面的约定、操作规程和惯例。违反有关安全管理的规定,主要表现为违反法律、法规、规章明文规定的关于安全生产、作业方面的要求。③本罪的主观方面表现为过失,即应当知道自己在生产、作业中违反有关安全管理的规定可能发生重大伤亡事故或者造成其他严重后果,因为疏忽大意而没有预见,或者已经预见而轻信能够避免的心态。至于行为人对安全管理规定的违反,则既可能是有意的,也可能是无意的。④本罪的主体是一般主体。③

(2)重大责任事故罪与以危险方法危害公共安全罪的区别

由于生产安全是公共安全的重要组成部分,危害生产安全,同样能够使不特定多数人的生命、健康或公私财产遭受重大损害,且构成重大责任事故罪要求发生重大伤亡事故,或者造成其他严重后果,故重大责任事故罪与以危险方法危害公共安全罪的客体在某些场合存在竞合,都危害了公共安全。区别两罪的关键在于,重大责任事故罪的主观方面是过失心态,而以危险方法危害公共安全罪的主观方面是故意的心态。因此,本案中被告人的行为应认定为以危险方法危害公共安全罪还是重大责任事故罪,重点在于明确其在主观上是出于故意还是过失。

我国《刑法》第 14 条第 1 款规定:"明知自己的行为会发生危害社会的结果,并且希望或者放任这种结果发生,因而构成犯罪的,是故意犯罪。"根据《刑法》的相关规定,

---

① 参见李希慧主编:《刑法各论》,中国人民大学出版社 2007 年版,第 53 页。
② 参见王作富主编:《刑法分则实务研究》(上),中国方正出版社 2010 年版,第 187 页。
③ 参见左坚卫、黄娜、周加海:《危害公共安全罪司法适用》,法律出版社 2007 年版,第 502 页。

故意犯罪是指故意实施的犯罪；而犯罪故意是指明知自己的行为会发生危害社会的结果，并且希望或者放任这种结果发生的心态。

犯罪故意由认识因素和意志因素组成。认识因素，是明知自己的行为会造成危害社会的结果；意志因素，是希望或放任这种危害结果的发生。根据犯罪故意的认识因素与意志因素，我国刑法将故意又分为直接故意与间接故意。直接故意是指明知自己的行为会发生危害社会的结果，并希望这种结果发生的心理态度。间接故意是指明知自己的行为可能发生危害社会的结果，并放任这种结果发生的心理态度。在认识因素上，与直接故意相比较，间接故意只是认识到自己的行为可能发生危害社会的结果，而不包括认识到自己的行为必然会发生危害社会的结果。在意志因素上，间接故意是放任危害结果的发生。这里的"危害结果"，是指行为人已经明知可能发生特定的危害结果。"放任"表现为对结果的一种听之任之的心理态度。主要有三层涵义：①行为人为追求某种目的而实施一定的行为时，明知该行为可能发生某种危害结果。②行为人既不希望结果发生，也不希望结果不发生，仍实施了该行为，且不采取措施防止结果发生，而是对结果的发生听之任之。③结果的发生与否都不与行为人的意志相冲突。也就是说，只要行为人并非希望结果不发生，可以接受结果的发生，就属于放任。

我国《刑法》第15条第1款规定："应当预见自己的行为可能发生危害社会的结果，因为疏忽大意而没有预见，或者已经预见而轻信能够避免，以致发生这种结果的，是过失犯罪。"根据行为人是否已经预见到危害结果的发生，过失又分为疏忽大意的过失与过于自信的过失。疏忽大意的过失，是指应当预见自己的行为可能发生危害社会的结果，因为疏忽大意而没有预见，以至于发生了这种危害结果的责任形式。此处有三层涵义：①行为人并没有预见到自己的行为可能会发生危害社会的结果；②没有预见上述内容的原因并不是行为人不能够预见，而是在应当预见的前提下因为其疏忽大意才导致没有预见；③如果行为人认真负责，谨慎严密，就能够预见，进而避免危害结果的发生。

过于自信的过失，是指已经预见到自己的行为可能发生危害社会的结果，但轻信能够避免，以致发生这种危害结果的责任形式。过于自信的过失是一种有认识的过失，即行为人预见到结果可能发生，同时又凭借一些其他的主客观条件，相信自己能够避免危害结果的发生，但其所依据的主观条件与客观条件并非是真实可靠的。此处的轻信能够避免主要表现为三种情况：一是主观上过高地估计了自己的能力；二是过高地估计了现实存在的客观条件对避免危害结果所能够发生的作用；三是误以为结果发生的可能性很小，因而认为可以避免结果的发生。

过于自信的过失与间接故意具有一定的相似之处，二者都认识到了危害结果发生的可能性，并且二者都不希望危害结果发生，但二者的区别也是非常明显的。从意志因素的角度上说，间接故意的心态所反映的是对法益的积极蔑视态度，其在行为时主观上对危害结果的发生持一种放任的态度，根本没有去考虑是否可以避免结果的发生，客观上也没有去采取避免结果的措施,结果的发生符合行为人的意志。过于自信的过失所反映的是对法益消极不保护的态度,过于自信的过失是希望结果不发生,行为人实施其行为时,考虑到可以避免结果的发生,并且结果的发生违背了行为人的意志。从认识因素上来说,间接故意是"明知"结果会发生;过于自信的过失是"预见"结果会发生。这说明间接故意的行为人比过于自信的过失的行为人对结果发生的认识程度要更高。

(3) 本案中被告人的主观心态

结合具体案情可知,与传统矿难案件相比,本案中矿难发生的原因具有特殊性。传统的矿难案件也多由瓦斯爆炸引起,但瓦斯爆炸系自然原因所致,事故的发生多是由于事故责任人违规作业,或监管不力、监控不严等,行为人对危害结果的发生出于过失。而在本案中,矿难的发生是由于李新军、韩二军等人在明知瓦斯超标的情况下,人为地破坏了瓦斯传感器的预警功能,致使井下工人无法感知其所处的危险状态,无从采取回避措施,最终引发了严重后果。

李新军、韩二军二人担任新华四矿的矿长和副矿长,作为高级管理人员,对煤矿安全生产作业的要求是熟知的,对新华四矿存在瓦斯超标的问题和随时可能发生爆炸的隐患也是明知的,对于瓦斯报警器丧失预警功能后可能引起的危险后果也是明知的。亦即,从认识因素上说,行为人对其行为所引起的后果是明知的。在明知其行为可能引起的危害后果的情况下,行为人并没有采取措施避免这种结果的发生,反而多次要求瓦斯检查员确保瓦斯超标时瓦斯传感器不报警,甚至指使瓦斯检查员破坏井下瓦斯传感器或将瓦斯传感器置于风筒新鲜风流处,使之丧失预警防护功能,并指使他人填写虚假瓦斯数据报告表,使真实的瓦斯数据不能被准确地掌握。由此可知,从意志因素上说,被告人对危害结果的发生是放任的心态。虽然被告人破坏瓦斯传感器、虚报瓦斯数据的行为是为了逃避监管,追求利润,并不是希望发生危害公共安全的后果,但这种个人的目的和动机并不影响其犯罪间接故意的成立。

综上所述,在本案中,被告人对危害后果所持的主观态度是间接故意而非过失。因此,本案并不符合重大责任事故罪的犯罪构成,而涉嫌以危险方法危害公共安全罪。

2. 对以危险方法危害公共安全罪中"其他危险方法"的理解

(1) "其他危险方法"的含义

以危险方法危害公共安全罪在1979年《刑法》第105条、第106条中作出了规定:"……以其他危险方法破坏工厂、矿场、油田、港口、河流、水源、仓库、住宅、森林、农场、谷场、重要管道、公共建筑物或者其他公私财产,危害公共安全,尚未造成严重后果的……"1997年《刑法》第114条及此后的修正案对此没有作出修改。2001年《刑法修正案(三)》第1条将第114条修改为"……以其他危险方法危害公共安全,尚未造成严重后果的……"。该修改删除了本罪的犯罪对象仅限于财产的规定,将犯罪对象扩大到财物和人。① 近年来,以危险方法危害公共安全罪定罪的案件频繁出现在人们的视野中,以危险方法危害公共安全罪也引起了很多争议。有人认为,由于犯罪是一种复杂的社会现象,不仅不同类型的犯罪有不同的表现形式,就是同一种类型的犯罪,也有不同的表现形式,在以危险方法危害公共安全的犯罪中,存在多种多样具体的犯罪形式,刑法不可能,也没有必要将所有的危险方法——列举,因此,以危险方法危害公共安全罪作为一个概括性的规定,既体现了刑事立法上原则性与灵活性的统一,也便于司法实践中运用刑法武器同各种形式的犯罪行为作斗争,以维护公共安全。② 也有人认为,以危险方法危害公共安全罪不符合罪刑法定中的明确性原则,由于刑法没有规定以危险方法危害公共安全罪的具体行为与方式,导致"其他危险方法"没有限定,该罪罪状缺乏对行为自然性质的描述,在立法上存在先天不足,在实践中容易被滥用为"口袋罪"。③ 笔者认为,以危险方法危害公共安全罪对于有效预防犯罪,打击犯罪,维护公共安全是非常有价值的,而刑法不可能也没有必要将所有以危险方法危害公共安全的行为罗列出来,故准确理解该罪的实质,结合案件对"其他危险方法"加以分析判断,既可以避免刑法适用上的空白,也可以避免此罪与彼罪的混淆。

根据立法原意与法条设置,对本罪中"其他危险方法"的内涵,应作限制解释:①"以其他危险方法"仅限于与放火、决水、爆炸、投放危险物质相当的方法,而不是泛指任何具有危害公共安全性质的方法。因为《刑法》将本罪规定在第114条与第115条之中,根据同类解释规则,它必须与前面所列举的行为相当;根据该罪所处的地位,"以其他危险方法"只是《刑法》第114条、第115条的"兜底"规定,而不是《刑法》分则第二章危害公共安全罪的"兜底"规定。换言之,对那些与放火、决水、爆炸、投放危险物质等危险方法不相当的行为,不管是否危害公共安全,都不宜认定为本罪。②相对于《刑法》分则第二章中的其他罪名,《刑法》第114条、115条属于普通法条,根据特别法优先于普通法的原则,如果某种行为符合其他犯罪的构成要件,应尽量认定为其他犯罪,不宜认定为本罪。③《刑法》第114条、115条实质上属于对同一种犯罪的不同处刑规定,因此,正确理解"其他危险方法"的范围,应坚持把两者结合起来考察。《刑法》第114条是针对危险状态而设立的法定刑,第115条"致人重伤、死亡"则是针对第114条的状况发展后造成的实害结果设立的法定刑,也就是说此处的"其他危险方法"实质上是具有致使不特定多数人重伤、死亡的现实可能性的方法。④

---

① 参见左坚卫、黄娜、周加海:《危害公共安全罪司法适用》,法律出版社2007年,第83页。
② 参见鲍遂献、雷东生:《危害公共安全罪》,中国人民公安大学出版社2003年版,第64页。
③ 参见高艳东:《谨慎判定"以危险方法危害公共安全罪"的危险相当性——兼析具体危险犯的可罚性标准》,载《中国刑事法杂志》2006年第5期。
④ 参见冯江菊:《以危险方法危害公共安全罪中"危险方法"之界定》,载《中国海洋大学学报(社会科学版)》2009年第1期。

（2）对本案中"危险方法"的认定

在本案中，平顶山新华四矿属于瓦斯超标矿井，存在重大安全隐患，随时可能发生爆炸，行为人不仅不积极采取措施预防爆炸发生，反而破坏已安装好的传感器，使之不能正常发挥作用，导致瓦斯爆炸致76人死亡、15人受伤的严重后果，法院因此将其认定为以危险方法危害公共安全罪。笔者认为，衡量法院将本案中的犯罪行为认定为以危险方法危害公共安全罪是否恰当，关键在于以下三点：一是本案被告人实施的行为是否是放火、决水、爆炸、投放危险物质以外的危险方法；二是本案被告人实施的危险方法是否与前述四种方法危险程度相当；三是本案被告人的行为是否现实地危及不特定多数人的生命财产安全。

将本案中的犯罪行为认定为以危险方法危害公共安全罪中的"其他危险方法"，必须首先厘清本案中被告人故意破坏瓦斯探测器的行为是否符合爆炸罪中客观方面的表现。如前文所述，如果本案中被告人实施的危险方法符合爆炸罪的特征，则根据立法原意与法条设置，应将本案中的危险方法认定为爆炸，而不是"其他危险方法"；如果不符合，排除爆炸罪的适用，才能进而讨论本案中的危险方法是否可以认定为以危险方法危害公共安全罪中的"其他危险方法"。

爆炸罪是指行为人故意用爆炸的方法，杀伤不特定的多数人，破坏公共建筑或其他公私财物，危害公共安全的行为。1979年以前的刑法草案没有对爆炸行为作出专门规定。1979年《刑法》在危害公共安全罪中，对爆炸行为作出了专门规定，并扩大了犯罪行为的对象。1997年《刑法》修订时没有对爆炸罪作出变动。①

爆炸罪的主体是一般主体；该罪的主观方面表现为故意，既包括直接故意，也包括间接故意，即行为人明知自己的爆炸行为会引起爆炸，危害公共安全，而希望或放任爆炸的发生；该罪侵犯的客体是不特定多数人的生命、健康和重大公司财产安全；该罪的客观方面表现为行为人引发爆炸物或用其他方法制造爆炸，危害公共安全的行为。在司法实践中，行为人使用的爆炸物品主要有炸弹、手榴弹、炸药包、雷管、地雷以及各种自制的爆炸装置，还有一些易爆的固体、液体、气体等。行为人实施爆炸的方式也是多种多样的，如直接投掷爆炸物、在室内外安装爆炸装置进行操作、使液化气外溢引起爆炸、制造锅炉等机器故障引起爆炸等，既可以是作为的方式，也可以是不作为的方式。②

瓦斯爆炸也是爆炸的一种形式，分析可否以爆炸认定本案中的危险方法，关键在于判断被告人是否明知自己的行为会引起爆炸，而希望或放任爆炸的发生。

在本案中，新华四矿井下因冒顶造成局部通风机停止了运转，大量高浓度瓦斯积聚，而瓦斯传感器被破坏无法正常预警，使得真实的瓦斯浓度不为瓦检员所知，误导了送风排放瓦斯，由于煤电钻电缆短路产生了高温火源，引发了瓦斯爆炸。分析案情可

---

① 参见鲍遂献、雷东生：《危害公共安全罪》，中国人民公安大学出版社2003年版，第41页。
② 参见鲍遂献、雷东生：《危害公共安全罪》，中国人民公安大学出版社2003年版，第62页。

知,从意志因素上说,本案被告人对危害后果,包括瓦斯爆炸的发生是持放任态度的;从认识因素上说,本案被告人对于破坏瓦斯传感器会增大瓦斯爆炸的风险是明知的,但对于煤电钻电缆短路产生高温火源这一偶然因素并非是明知的。换言之,本案被告人破坏瓦斯传感器时明知自己的行为会产生危害公共安全的严重后果,但放任了危害后果的发生,而并非明知自己的行为会引起瓦斯爆炸,并放任了爆炸的发生。因此,本案被告人的行为不应认定为以爆炸的方式危害公共安全。

将本案中的犯罪行为认定为以危险方法危害公共安全罪中的"其他危险方法",还要考虑本案中被告人实施的危险方法是否具有与放火、决水、爆炸、投放危险物质相当的危害性。

煤矿开采属于高风险行业,确保安全生产最关键的环节就是瓦斯治理。瓦斯是一种性质非常不稳定的非常规天然气,当其达到一定浓度时,只要一点微小火源就会引起爆炸。由于瓦斯吸附在煤层中,爆炸会产生强大的破坏力,且会产生有毒有害气体,造成人员伤亡和财产损失。如果瓦斯传感器能正常工作,就能探测出矿井中的瓦斯浓度,在瓦斯超标时发出警报,井下作业的工人们可以采取防范措施,避免使用明火,避免器械擦出火花,从而避免瓦斯爆炸的破坏性后果。然而当瓦斯传感器被破坏无法预警时,虽然不会立刻直接引起瓦斯爆炸,但是由于工人们无法意识到其所处环境的瓦斯浓度过高,放松了警惕,没能及时排气通风。新华四矿本身就存在瓦斯超标的高度危险性,行为人破坏瓦斯传感器的行为,实质上是人为地加剧了自然存在的危险,导致危害公共安全的结果出现,这种行为在性质上相当于放火、爆炸、投放危险物质等行为。

最后,将本案中的犯罪行为认定为以危险方法危害公共安全罪中的"其他危险方法",要明确本案中行为人的行为是否现实地危害公共安全。

对于危害公共安全的含义,我国刑法学界的通说认为,危害公共安全是指危害不特定多数人的生命、健康和重大公共财产安全。① 有论者进一步补充认为,危害公共安全是指危害不特定多数人的生命、健康、财产安全、重大公共财产安全和其他公共利益安全。② 这一观点更为确切。

所谓的"危害",既包括对公共安全的实害,即危害行为对公共安全造成了实际的危害结果,造成不特定多数人的伤亡、重大公私财产或其他公共利益的损失,也包括对公共安全的严重威胁,即危害行为虽然尚未导致实际损害结果的发生,但使公共安全处于现实的危险状态。③

所谓的"不特定",主要是指犯罪对象的不特定性。有学者指出,此处的"不特定"

---

① 参见李文燕、杨忠民主编:《刑法学》,中国人民公安大学出版社2005年版,第277页。
② 参见高铭暄、马克昌主编:《刑法学》(下编),中国法制出版社1999年版,第609页。
③ 参见左坚卫、黄娜、周加海:《危害公共安全罪司法适用》,法律出版社2007年版,第6页。

更在于其危害结果已经现实地指向不特定或者多数人的安全。也就是说,不特定既指犯罪对象的不特定性,还应包括危害结果的不特定性。① 从司法实践来看,主要存在两种情况:一是针对不特定的犯罪对象造成危害结果。二是针对特定的犯罪对象造成了超出特定对象的不特定的危害结果。前者是指行为人实施犯罪行为时对犯罪对象本身就处于一种模糊或笼统的认识,因而其行为具有很大的不确定性;后者是指行为人实施犯罪行为的对象原本是明确的,但实际造成的结果超出了原先锁定的范围,从而现实地危及不特定或者多数人的安全。

生产安全属于公共安全的重要组成部分,且在现实生活中,由于井下作业员工的人数往往比较多,具有对象的不确定性,瓦斯爆炸造成的人身伤亡及财产损失也非常巨大、难以估量,具有结果上的不确定性。

本案中被告人破坏瓦斯传感器,使得真实的瓦斯数据无法被瓦检员和矿工掌握,由于电钻电缆发生短路产生火源,最终引发了瓦斯爆炸,造成极大的人身伤亡,对公共安全造成了严重危害,属于以危险方法危害公共安全的实害犯。而即使新华四矿没有发生瓦斯爆炸,当本案被告人破坏瓦斯传感器,使之无法预警的时候,瓦斯爆炸并造成不特定多数人伤亡的现实危险就已经出现,即构成本罪既遂,而不要求发生实际的危害结果。

(二)关于刑罚裁量与死缓适用问题

1. 关于本案的刑罚裁量基准

本案的判决开矿难问责死刑适用之先河,对责任人施以更为严厉的制裁,在一定程度上起到了"平民愤"的作用。显而易见,对本案以以危险方法危害公共安全罪定罪量刑,其法定刑要明显高于重大责任事故罪的法定刑。当然本案的定罪首先是基于该案的行为从主客观上衡量都符合了以危险方法危害公共安全罪的特征。

(1)两罪法定刑之比较

《刑法》第134条规定:"在生产、作业中违反有关安全管理的规定,因而发生重大伤亡事故或者造成其他严重后果的,处三年以下有期徒刑或者拘役;情节特别恶劣的,处三年以上七年以下有期徒刑。"由此可知,重大责任事故罪的量刑分为两个档次:一是处3年以下有期徒刑或者拘役,适用的条件是行为人不服从管理、违反规章制度或者强令工人冒险作业,致使发生重大伤亡事故或者造成其他严重后果的;二是处3年以上7年以下有期徒刑,适用的条件是行为人不服从管理、违反规章制度或者强令工人冒险作业,情节特别恶劣的。

此处的"情节特别恶劣"在法律上没有明确的界定,本案发生当时,在实践中,对于重大责任事故罪中"情节特别恶劣"的情况大致作如下理解:"情节特别恶劣"是指后果

---

① 参见于同志:《刑法热点裁判与规则适用》,人民法院出版社2008年版,第6页。

特别严重,即造成特别重大人身伤亡或者特别巨大经济损失的;屡次违反规章制度,屡教不改,造成重大责任事故的;事故发生后,不积极进行抢救,只顾自己逃生,造成恶劣后果的;事故发生后,逃避责任,陷害他人,破坏现场,或者对检举人进行打击报复的。①

根据《刑法》第 114 条和第 115 条的规定,故意以危险方法危害公共安全,尚未造成严重后果的,处 3 年以上 10 年以下有期徒刑;造成严重后果的,处 10 年以上有期徒刑、无期徒刑或者死刑。据此,以危险方法危害公共安全罪根据行为是否造成了严重后果,分为 3 年以上 10 年以下有期徒刑和 10 年以上有期徒刑、无期徒刑或者死刑两档法定刑。

比较两罪的法定刑可知,重大责任事故罪的最低刑低于以危险方法危害公共安全罪的最低刑,其最高刑亦低于以危险方法危害公共安全罪的最高刑,但并不意味着在具体案件中对以危险方法危害公共安全罪的处罚一定重于对重大责任事故罪的处罚。宣告刑以法定刑为基础,但根据不同的案情,对于重大责任事故罪的处刑并非一定低于对以危险方法危害公共安全罪案件的处罚。

司法实践中,在对以其他危险方法危害公共安全,尚未造成严重后果的行为进行处罚时,有的危险方法如私设电网,如果行为人的行为未造成任何危害后果,可不以犯罪论处,应根据情节,分别给予批评教育,限令拆除,或由公安机关给予治安管理处罚。这也是不同于放火罪、决水罪、爆炸罪、投放危险物质罪的情况。从理论上讲,以危险方法危害公共安全的行为中,有的危险方法如上述私设电网,行为人主观上往往出于合法的目的如防盗等,而且对其行为可能造成不特定多数人伤亡的危害结果,一般持不希望其发生的态度,行为人的主观恶性明显小于放火、决水、爆炸、投放危险物质犯罪。客观上行为人违反有关规定,私拉电网的行为并不必然造成不特定多数人伤亡的危害结果,也就是说私设电网的行为导致危害结果发生的概率也不及放火、决水、爆炸、投放危险物质犯罪,因此,如果未造成任何危害公共安全的后果,可以视为犯罪情节显著轻微危害不大的,不以犯罪论处。当然,有些特别危险的方法如驾车撞人、向人群开枪等,行为人的主观恶性很大,行为的社会危害性也很大,即使没有造成任何危害后果,也要全面考察分析行为人的犯罪事实、情节,在法定量刑档次内酌情给予刑罚处罚。这也符合主客观相统一和罪刑相适应的原则。

---

① 参见孟庆华:《重大责任事故犯罪的认定与处理》,人民法院出版社 2003 年版,第 71 页。根据本案判决之后的 2011 年 12 月 30 日最高人民法院《关于进一步加强危害生产安全刑事案件审判工作的意见》第 14 条,造成"重大伤亡事故或者其他严重后果",同时具有下列情形之一的,可以认定为"情节特别恶劣":(1)非法、违法生产的;(2)无基本劳动安全设施或未向生产、作业人员提供必要的劳动防护用品,生产、作业人员劳动安全无保障的;(3)曾因安全生产设施或者安全生产条件不符合国家规定,被监督管理部门处罚或责令改正,1 年内再次违规生产致使发生重大生产安全事故的;(4)关闭、故意破坏必要安全警示设备的;(5)已发现事故隐患,未采取有效措施,导致发生重大事故的;(6)事故发生后不积极抢救人员,或者毁灭、伪造、隐藏影响事故调查的证据,或者转移财产逃避责任的;(7)其他特别恶劣的情节。

（2）关于本案中的量刑情节的考量

正确定罪是适当量刑的前提，而分析量刑是否适当应首先考察定罪是否正确。案件的定罪，是对案件性质的认定，它所解决的问题是某种行为应该认定为何罪，并明确轻罪重罪的量刑幅度；而案件的量刑，则是解决某类犯罪考察具体案件中的特殊情节，是在该幅度内对具体案件作出的具体刑罚适用。可以说，法定刑是宣告刑的基础和依据，宣告刑是法定刑在案件中的具体表现。因此，从逻辑上说，应该先对案件的性质加以认定，再根据其他情节确定该罪行的宣告刑，而不应该将预先设计好的刑罚套用在具体的犯罪行为上。

虽然定罪情节和量刑情节都揭示或者表明了行为的社会危害性的大小和行为人人身危险性的程度，但它们处于不同的层面，发挥着不同功能，必须划清两者间的界限；第一，定罪情节是能够体现某种犯罪的构成要件的行为内容，体现的是某种犯罪的共性；量刑情节是判断该罪的罪犯所负的刑事责任的根据，能够体现同种犯罪中不同案件的个性。第二，定罪情节外延小于量刑情节，定罪情节只是罪中情节，而量刑情节包括罪前、罪中、罪后。第三，定罪情节表现的是具体犯罪的构成类型，同法定刑有必然联系；量刑情节是以某种法定刑为适用前提，同宣告刑有必然联系。据此，根据"同一事实禁止重复评价"的原则，必须杜绝将定罪情节在量刑的过程中反复适用的做法。①

结合本案，通过对被告人定罪情节的分析，可知案件行为符合以危险方法危害公共安全罪的构成要件，故应以以危险方法危害公共安全罪定性。又因被告人主观上并非直接故意，主观恶性和人身危险性程度比直接故意低，且二人在危害后果发生后及时报告实际情况，对矿工实施积极救助；同时，考虑到矿难还有其他因素的作用，如在此之前的冒顶、电缆短路等，并不仅由被告人破坏传感器的行为引起，从一定程度上分担了被告人对事故所负的责任，故对被告人判处死刑缓期2年执行。

2．关于本案的死缓适用问题

本案中对主犯李新军、韩二军二人处以死刑缓期2年执行。死缓是我国独创的制度，是我国慎用死刑的制度保证。死缓这种死刑的执行制度成为了刑罚体系中自由刑与生命刑之间的缓冲区，这也是其特殊的价值所在。②

（1）我国死缓制度的立法现状和相关理论

我国《刑法》第48条规定："死刑只适用于罪行极其严重的犯罪分子。对于应当判处死刑的犯罪分子，如果不是必须立即执行的，可以判处死刑同时宣告缓期2年执行。"据此，死缓的裁量必须要符合以下两个条件：一是所犯的罪行极其严重，依法应当

---

① 参见赵廷光：《科学置刑是限制死刑的最佳途径》，载张正新：《中国死缓制度的理论与实践》，武汉大学出版社2004年版，序言第5页。

② 参见张正新：《中国死缓制度的理论与实践》，武汉大学出版社2004年版，第1页。

对该犯罪分子判处死刑；二是不是必须立即执行死刑的。前者是裁量死缓的前提条件，后者是裁量死缓的实质条件。

对于"罪行极其严重"应当如何理解，刑法理论界有诸多观点。有的认为，"罪行极其严重"的犯罪，是指行为人的行为构成了刑法分则中所规定的法定刑为绝对确定死刑的犯罪，或者行为人的行为构成了刑法分则中所规定的法定刑中明确规定死刑的犯罪，以及其他一些依法可以判处死刑的犯罪。对这类犯罪分子是否应该判处死刑，则需要参考一定的量刑情节，判断是否应当判处死刑。① 有的认为，罪行极其严重的含义相当于人们生活中所说的罪大恶极，应当从罪大和恶极两个方面来把握："罪大"是指犯罪行为及犯罪后果都极为严重，给社会造成了特别巨大的损失，它体现出犯罪在客观损害方面的表现，是社会对犯罪的危害行为以及危害后果所作出的一种比较物质的、客观的评价；"恶极"是指犯罪分子的主观恶性以及人身危险性都非常大，是社会对犯罪分子从其主观心理方面所作出的评价。作为死刑的适用对象，必须同时满足罪大和恶极，只有其中一个不足以适用死刑。② 还有的强调，罪行与其恶性、客观与主观并不是对等的关系，两者在死刑适用考量中的位置和地位实际上并不相同，罪行这一客观方面更为重要。③

以上表述虽各有侧重，但概括起来可知，通常情况下罪行极其严重所指，既包括犯罪分子所犯罪行的客观危害大小，也包括犯罪分子的主观恶性程度，是对二者的综合考量。"罪行极其严重"是《刑法》总则作出的抽象规定，在刑法分则中则体现在对死刑条文作出严格限制，如只有危害结果达到"对国家和人民危害特别严重、情节特别恶劣的"等。

对于上述所谓罪行极其严重，应该对其判处死刑的犯罪分子，是否必须立即执行，是适用死缓的实质条件。关于"不是必须立即执行"的情况，刑法并未将其具体化；司法实践中，对"不是必须立即执行"的把握也是多种多样的。有论者认为可以从以下几个方面来把握，笔者比较认同④：

第一，应当判处死刑，但犯罪分子的控制能力和辨认能力低于正常水平，如精神障碍人，生理有缺陷的盲人、聋哑人以及生理醉酒的人等。这些人由于控制和辨认能力比正常人低，如果对其适用死刑立即执行，相对比较苛刻，因此在应该适用死刑时，可以考虑适用死缓。

第二，应当判处死刑，但犯罪分子刚满18周岁。刚满18周岁的犯罪分子，虽然已经达到完全刑事责任年龄，但是其控制能力和辨认能力不可能一下就达到成年人的水

---

① 参见张正新：《中国死缓制度的理论与实践》，武汉大学出版社2004年版，第84页。
② 参见陈兴良主编：《刑法疏议》，中国人民公安大学出版社1997年版，第139、140页。
③ 参见钊作俊：《死刑适用论》，人民法院出版社2003年版，第51页。
④ 参见郭菁菁：《关于严格限制我国死刑适用的探讨》，载《行政与法》2005年第7期。

平,应该本着教育与改造的理念对其尽量适用死缓。

第三,应当判处死刑,但犯罪分子犯罪后有自首、立功表现的。刑法对自首、立功情节的处理有明确规定,应该依法对符合条件的具有自首、立功情节的犯罪分子依法适用死缓。

第四,应当判处死刑,但犯罪分子在犯罪后认罪态度较好,真诚悔过,接受教育改造的可能性比较大的。对于此类犯罪分子,可酌情适用死缓。

第五,应当判处死刑,但在共同犯罪的案件中不是起主要作用的人。由于共同犯罪中犯罪分子的参与程度、起到的作用都有所不同,在造成极大的社会危害性的情况下,可对起到主要作用的人判处死刑立即执行,而对不是起主要作用的人判处死缓,这样既可以更为公平地区分罪责,也能避免多杀、滥杀。

第六,应当判处死刑,但被害人、其他涉案单位与人员对危害后果的发生也具有责任的。此类案件中,危害后果的发生并非全部是由犯罪分子引起的,不应将全部责任归到犯罪分子身上而对其处以死刑立即执行,可以对其处以死缓以体现对犯罪分子权益的保护。

第七,应当判处死刑,但公众认为犯罪人情有可原的。对于此类案件,可以适用死缓,这样既体现刑法慎杀的原则,也能实现良好的社会效果。

第八,应当判处死刑,但犯罪分子以前曾对国家、社会做出过巨大贡献,以后还可能继续造福人民的。如一些在医疗、航天、工程领域掌握尖端核心技术的精英人才,可对其综合评价,处以缓刑。

除此之外,司法实践中还有许多其他特殊情节,也可以考虑死缓的适用。

(2)本案中判处死刑缓期执行的理由

笔者认为,对本案中李新军、韩二军二人判处死刑缓期执行是合法并且合理的。

第一,李新军、韩二军身为新华四矿的高级管理人员,明知新华四矿存在瓦斯超标的危险状况,不仅不积极采取措施整改,避免危险发生,反而为了追求经济利益,指使人破坏瓦斯传感器,使之不能正常发挥预警功能,放任危害后果的发生。二人对事故的发生并非出于过失,而是出于间接故意,反映出其置公共安全于不顾、极端漠视矿工生命安全的心态。简而言之,对事故的发生,两名被告人主观上存在重大罪过。

第二,本案中矿难的发生致76人死亡、2人重伤、4人轻伤、9人轻微伤,危害后果极其严重,社会影响极其恶劣,从罪责刑相适应原则来看,如果判处有期徒刑或无期徒刑,显然难以彰显刑罚的公平,难以对黑心矿主起到威慑作用。

本案中两名被告人的行为符合"罪行极其严重,应当判处死刑"的规定。而在宽严相济刑事政策之下,鉴于本案中的一些其他因素,不应对被告人判处死刑立即执行。首先,本案中两名被告人的主观心态是间接故意,间接故意犯罪中行为人的主观恶性小于直接故意;在量刑上,对造成同一危害后果的犯罪,前者应该轻于后者。因此本案中对李新军、韩二军判处死刑缓期 2 年执行。其次，被告人破坏安全设施是造成矿难发生的主要原因，但并不是全部原因，巷道内破损的煤电钻电缆短路产生高温火源的客观情况也是引起瓦斯爆炸的原因。这些客观因素也在一定程度上分担了被告人的责任。最后，矿难发生后，相关被告人立即报告，积极救助，也是考虑对其从宽判处死刑缓期执行的量刑因素。

综上所述，对于被告人处以死刑缓期 2 年执行的刑罚，符合罪责刑相适应原则，体现了我国宽严相济的刑事政策。

(3) 本案量刑的借鉴意义

在司法实践中，矿难事故多数都以重大责任事故罪定罪量刑。这表明，以往追究矿难责任人的责任，无论在适用法律方面还是在追究责任方面方向都比较单一。本案则注重在后果发生之前找原因，放宽调查的视野，找出人为的破坏因素，从而能更准确地适用法律并据此作出判决，这为今后矿难案件的审理提供了新的思路，具有一定的借鉴意义。但是，我们也要注意避免走向另一个极端，即将此案视为"重典治矿"的标本案例，每遇死伤众多的矿难案件都以危险方法危害公共安全罪定罪，对责任人适用死刑。

由于"严打"形成的司法理念没有及时转变，我国司法实践在具体案件审理过程中还存在很多问题。第一，受长期以来形成的重刑思想影响，审判人员往往倾向于选择量刑幅度内较重的刑罚判处被告人。第二，死刑案件适用标准比较模糊，在实践中常常难以把握。第三，因人们在思想上刑罚报应观念犹存，对一些因法定或酌定从轻处罚情节，民众及被害人亲属很难接受，对司法审判活动产生一定影响。① 体现在矿难案件中，由于矿难事故造成的社会危害性极大，每有发生，往往带来惨重的人身伤亡，而且受害者多为处于相对弱势地位的矿工，因此在对矿难案件的事故责任人的处理上，司法机关常常有"不杀不足以平民愤"的倾向，"重典治矿"。事实上，准确理解宽严相济的刑事政策，要注意对严重刑事犯罪进行严厉打击并非是指一味地从严从重，必须重视慎用死刑。

死刑作为剥夺犯罪分子生命的刑罚，的确具有极强的震慑力，对预防、打击犯罪有一定的效果，在历史上相当长的时间里居于刑罚体系中的核心地位。但是随着社会发展和文明进步，尤其是自第二次世界大战以来，废除死刑已经成为国际社会的趋势。虽然我国完全废除死刑的时机尚不成熟，但我们在司法实践中必须严格限制死刑的适用。

诚然，引起矿难案件的犯罪分子因其严重危害公共安全，属于从严从重的打击对象，但是，为了追求"重典治矿"的效果，将此案作为范例，遇到造成严重后果的犯罪就

---

① 参见陈振辉：《宽严相济刑事政策的司法适用》，载周玉华主编：《宽严相济刑事政策与司法机制完善研究》，人民法院出版社 2010 年版，第 47 页。

优先考虑以危险方法危害公共安全罪定罪并严厉处罚的做法是不正确的,既违背了我国宽严相济的刑事政策,也容易造成个案中的不公平。正确理解本案的借鉴意义,贯彻宽严相济的刑事政策,应该从准确把握案件事实和注重案件社会效果两方面着手。

准确把握案件事实,要求司法机关全面调查与案件有关的情况,不仅要做到认定犯罪事实的证据确实、充分,而且要充分考虑影响量刑的证据。在对犯罪行为依法定性后,要结合具体案件中被告人的手段、后果、情况等作出判决。对于罪行极其严重,应该判处死刑的犯罪分子依法处以死刑,绝不手软,同时综合考虑量刑因素,谨慎适用死刑。

注重案件的社会效果,即对于严重危害国家安全和人身财产安全的犯罪分子,要从保障人民群众的安全出发,予以坚决打击,罚当其罪,以起到良好的惩戒作用,减少、消除不和谐因素,促进社会和谐。

(三)关于重大责任事故罪刑罚的完善问题

1.应否提高重大责任事故罪的法定刑

有人认为,重大责任事故罪的法定刑过轻,违法成本过低,乃是矿难事故频发的重要原因,因此应该提高重大责任事故罪的法定刑。笔者认为,重大责任事故罪的法定刑不存在偏重或偏轻的问题,提高煤矿生产安全系数的根本途径并不在于提高相关罪行的法定刑,在遏制矿难发生方面刑法能够起到怎样的作用,需要我们理性思考并正确看待。

(1)理论界对于提高重大责任事故罪法定刑的建议

近年来,针对特大矿难事故时有发生的情况,各省均出台了一些政策加大对安全生产的监管力度。但是一些煤矿业主为追逐高额利润,漠视矿工生命,违法组织生产等现象仍然存在。①

在以往的司法实践中,对于矿难事故责任人多以重大责任事故罪追究其刑事责任。而从实践经验中看,很多煤矿本来就存在安全隐患,而事故责任人明知存在隐患却强令工人采矿,其对于事故发生所持的心态,都已经不是一般的轻信可以避免,而是

---

① 以河南省为例,该省最近几年矿难案件及主要责任人处理结果如下:
2007年5月16日,登封市颍阳镇王堂村马岭山煤矿发生瓦斯突出事故,造成5名工人死亡。登封市人民法院以重大责任事故罪,判处刘万军及另外一名责任人有期徒刑3年。
2008年9月21日,郑州广贤工贸有限公司新丰二矿发生瓦斯突出重大事故,造成37人死亡。登封市人民法院以重大责任事故罪判处矿长杜长发、投资人万万忠等9人有期徒刑6年至3年不等的刑罚。
2008年10月29日,济源市克井镇马庄煤矿发生透水事故,18人死亡、3人失踪。济源市人民法院以重大责任事故罪,一审判处矿主范旭营等3人有期徒刑6年,其余4人分别被判处有期徒刑3年和有期徒刑3年、缓刑3年。
2009年3月31日,伊川县国民煤业公司发生重大事故,造成44人死亡、4人失踪、2人受伤。伊川县人民法院以重大责任事故罪判处矿主王国政有期徒刑1年、缓刑1年。

放任,属于间接故意。在评价此类犯罪时,如果对事故责任人认定为重大责任事故罪,一方面从主观方面考察显然比较牵强,不能准确反映事故责任人的主观恶性;另一方面,由于对重大责任事故罪处刑较轻,对矿主而言,与高额的经济收益相比,违法成本过低。由此可见,在司法实践中形成的以重大责任事故罪对矿难事故责任人定罪量刑的路径依然是造成矿难案件屡禁不止的原因之一。

针对这一情况,有学者建议再增设一个量刑等级,"情节特别恶劣的,处七年以上有期徒刑"。并在条款中注明,行为人无论出于故意还是过失,有上述行为表现,因而发生重大伤亡事故或者造成其他严重后果的,均认定为重大责任事故罪。情节特别恶劣,是指有证据证明危害结果特别严重或者行为非常恶劣或者行为人明知危害结果可能发生却放任不管。①

（2）对于重大责任事故罪法定刑的评价

重大责任事故罪属于业务过失犯罪,过失致人重伤、死亡等属于普通过失犯罪。我国刑法理论界对于对重大责任事故罪的处罚是否应当重于对普通过失犯罪的处罚存在争议。一种观点认为,对业务过失犯罪的处罚应当轻于对普通过失犯罪的处罚。理由是:第一,尽管造成了严重后果,但业务上的过失犯罪属于工作上的失误,主观恶性比较小;第二,业务上的过失犯罪的发生,与生产设备条件、职工素质、规章制度的健全程度等诸多客观因素有关;第三,对于业务过失犯罪一味强调重判,不利于生产的发展和科技的进步,减少业务过失犯罪不应依靠刑罚处罚,而应依靠加强对职工的培养教育,提高企业管理水平。②

另一种观点认为,对业务过失犯罪的处罚应当重于对普通过失犯罪的处罚。理由如下:第一,从事业务活动的人员相较于普通人员来说,负有更多的注意义务,且这种注意义务经过法律化、规范化,更能被业务人员所熟知;第二,业务人员由于具有一定的专业技能和业务经验,比常人注意能力更强;第三,业务过失是因为业务人员主观错误造成的,并不完全取决于业务活动的客观条件,所以,不能将业务活动本身的危险性作为开脱罪责的理由;第四,由于业务过失犯罪一般表现为违反规章制度的行为,行为的违法性比一般过失更容易被行为人认识,在行为人尽到必要的注意义务的情况下,也更容易避免;第五,业务过失犯罪的危害结果通常重于一般过失犯罪。③

笔者赞同上述第一种观点,即对业务过失犯罪的处罚应当轻于对普通过失犯罪的处罚。根据我国当前形势状况,虽然生产作业中科技水平不断提高,极大地提高了生产效率,但是对于技术人员的专业水平要求也相应提高,操作风险也不断提高,重大责任事故罪涉及的行业范围较广,涉及的人员素质参差不齐,如果对此类业务过失主张

---

① 参见李兰英:《间接故意研究》,武汉大学出版社 2006 年版,第 282 页。
② 参见马克昌主编:《犯罪通论》,武汉大学出版社 1991 年版,第 342 页。
③ 参见姜伟:《犯罪故意与犯罪过失》,群众出版社 1992 年版,第 324 页。

重刑,会打击业务人员的积极性,不利于经济的发展。且作为业务过失犯罪,重大责任事故犯罪中行为人的主观心态是特定的业务过失,从刑罚效果上来看,对此类过失犯罪施以过重刑罚并不能有效减少此类犯罪的发生。

综上,笔者认为,厘清事故责任人主观方面属于过失还是故意犯罪,并据以认定罪行,避免单一地以重大责任事故罪问责是非常必要的;但是,以提高重大责任事故罪的法定刑来遏制矿难事故频发的主张却值得商榷。一方面,上述修改方式在实践中往往会导致对重大责任事故罪的重判,也使重大责任事故罪构成要件的主观方面模糊不清,在司法审判中难以把握;另一方面,作为一种业务过失犯罪,我国现行刑法典对于重大责任事故罪的法定刑本身是适宜的,并不存在偏轻或偏重。

2.理性看待刑法在遏制矿难方面的局限性

无论是提高重大责任事故罪的法定刑的呼吁,还是对责任人施以极刑的主张,实际上都反映了一种心态,即通过刑罚惩治矿难事故责任人,打击犯罪行为,以遏制矿难案件的发生。但是,刑法预防犯罪、惩罚犯罪的功能的发挥是有限的,在理论和实践中,必须理性看待刑法在遏制矿难案件发生方面的局限性。

刑法具有惩治犯罪的功能,并由此产生威慑力,在一定程度上遏制犯罪的发生。然而犯罪产生的原因是极其复杂的,是多种社会矛盾作用的结果,遵循着一定的客观规律。频繁发生的矿难事故,一方面是由于一些矿主重利益、轻安全,违规组织生产,漠视公共安全;另一方面也是由于采煤作业风险较大,我国煤矿生产安全设施落后、对矿工培训不足、矿工人身安全保障缺失等,且这属于深层次矛盾。在这些深层次的问题解决前,仅凭制定严厉的事后罚来遏制事故的发生显然不仅不能实现预期目的,也违背了刑法罪责刑相适应的基本原则和宽严相济的刑事政策。

理性看待刑法在遏制矿难案件发生方面的局限性,有助于在司法实践中对事故责任人准确定罪量刑,作出公正裁判。同时,我们应全面探索科学遏制矿难发生的方法,借鉴其他国家的经验,多管齐下,消除矿难频发的非自然因素,提高生产安全系数,以有效减少矿难案件的发生。

醉酒驾驶机动车的定罪与量刑

——高晓松危险驾驶案

王 瑾[*]

目 次
一、选案理由
二、基本案情
三、裁判要旨
四、引发的理论问题
（一）醉驾行为性质之认定
（二）醉驾案量刑情节之考量

一、选案理由

随着社会的发展，我国已由自行车时代进入了汽车时代，汽车驾驶行为与我国的酒文化陋习相结合，便衍生了给社会带来极大危险的醉驾行为。近5年来，醉驾行为所造成的重大交通事故时有发生，如2006年9月广东黎景全案、2008年12月成都孙伟铭案、2009年1月河南魏法照案、2009年8月鸡西张喜军案、2010年12月洛阳谷青阳案等，上述案件都造成了一人乃至多人死亡的严重后果，造成了严重的社会危害。在广大人民群众的强烈呼吁下，从防止实害、教育公众的角度出发，《刑法修正案（八）》将醉驾、追逐竞驶这两种危险驾驶行为以"危险驾驶罪"纳入刑法规制的范围，该修正案已于2011年5月1日起正式实施。《刑法修正案（九）》又进一步增设了危险驾驶罪的法定犯罪情节："在道路上驾驶机动车，有下列情形之一的，处拘役，并处罚金：（一）追逐竞驶，情节恶劣的；（二）醉酒驾驶机动车的；（三）从事校车业务或者旅客运输，严重超过额定乘员载客，或者严重超过规定时速行驶的；（四）违反危险化学品安全管理规

---

[*] 就职于林州市纪委监委审理室，北京师范大学法学院法律硕士研究生。

定运输危险化学品,危及公共安全的。"为了与《刑法》新规相衔接,修改后的《道路交通安全法》大幅提高了对酒后驾车的罚款额度。①

在我国法律致力于维护公共交通安全,从严惩治醉驾、追逐竞驶这两种危险驾驶行为的形势下,高晓松危险驾驶案因为当事人的背景,受到了众多媒体和社会大众的广泛关注与热烈讨论。作为危险驾驶行为入刑以来第一宗"顶格"拘役判决的案件,它产生了巨大的社会影响:演艺界名人纷纷倡议抵制酒驾,社会大众也积极自律。据公安部交管局的统计,2011年5月1日至5月15日,全国共查处醉酒驾驶2 038起,较去年同期下降35%,日均查处136起,较去年全年日均查处数下降43%。全国因醉酒驾驶发生交通事故死亡人数和受伤人数同比分别下降37.8%和11.1%。从各个地区来看,2011年5月1日至15日,北京共查处酒后驾驶505起,较前一年同期下降了82.2%;浙江共查处酒后驾驶1 100起,较前一年同期下降了77.3%;山西共查处酒后驾驶205起,较前一年同期下降了26.8%;上海共查处酒后驾驶665起,较前一年同期下降了55.8%。② 当然,酒驾事故减少的根本原因在于立法上对酒驾成本的提高,但是作为司法环节中的典型案例,高晓松危险驾驶案功不可没。

在醉驾入刑的初始阶段,高晓松醉驾案无疑具有标杆作用,因此社会大众在警醒的同时,对醉驾行为性质的认定、高晓松醉驾案量刑情节的考量、醉驾入罪的进一步完善等问题展开了热烈的讨论。可以说,高晓松危险驾驶案不仅给人们带来巨大的影响,而且给法学研究带来了诸多方面的启迪。对于立法机关和司法机关来说,该案无疑也具有很强的启示性。

二、基本案情③

2011年5月9日晚8时左右,高晓松与两个朋友在北京昆仑饭店29楼吃饭,当时喝了1瓶白葡萄酒,饭后被告人高晓松又到1楼和朋友喝了1瓶威士忌。后来,高晓松有事要走,与其喝酒的朋友吴某让服务生叫了代驾,等了20多分钟后代驾仍未赶到,

---

① 《道路交通安全法》中将第91条修改为:"饮酒后驾驶机动车的,处暂扣六个月机动车驾驶证,并处一千元以上二千元以下罚款。因饮酒后驾驶机动车被处罚,再次饮酒后驾驶机动车的,处十日以下拘留,并处一千元以上二千元以下罚款,吊销机动车驾驶证。醉酒驾驶机动车的,由公安机关交通管理部门约束至酒醒,吊销机动车驾驶证,依法追究刑事责任;五年内不得重新取得机动车驾驶证。饮酒后驾驶营运机动车的,处十五日拘留,并处五千元罚款,吊销机动车驾驶证,五年内不得重新取得机动车驾驶证。醉酒驾驶营运机动车的,由公安机关交通管理部门约束至酒醒,吊销机动车驾驶证,依法追究刑事责任;十年内不得重新取得机动车驾驶证,重新取得机动车驾驶证后,不得驾驶营运机动车。饮酒后或者醉酒驾驶机动车发生重大交通事故,构成犯罪的,依法追究刑事责任,并由公安机关交通管理部门吊销机动车驾驶证,终生不得重新取得机动车驾驶证。"
② 《严打醉驾 涉京交通事故明显降低》,载中新网(http://www.chinanews.com/auto/2011/05-20/3054410_2.shtml),最后访问日期:2011年5月25日。
③ 参见北京市东城区人民法院(2011)东刑初字第296号刑事判决书。

高晓松就自己驾驶英菲尼迪牌小型越野客车上路。当晚 10 时 30 分左右,该车行驶至北京市东城区东直门外大街十字坡路口东 50 米处时撞上 1 辆出租车,造成 4 车追尾、3 人轻伤。事发后,他人报警,高晓松在案发现场等候处理,后民警赶至案发现场将其查获。经司法鉴定,高晓松血液内酒精含量为 243.04mg/100ml,达到醉酒标准的 3 倍多。

检察机关对高晓松以危险驾驶罪提起公诉,追究其刑事责任。

北京市东城区人民法院作出一审判决,认定高晓松的行为符合危险驾驶罪的构成要件,构成危险驾驶罪,判处拘役 6 个月,并处罚金 4 000 元。

一审判决后,高晓松未上诉,检察机关也未抗诉。

三、裁判要旨①

在道路上驾驶机动车,血液酒精含量达到 80mg/100ml 以上的,属于醉酒驾驶机动车,构成危险驾驶罪,依照《刑法》第 133 条之一第 1 款的规定定罪处罚。

四、引发的理论问题

尽管本案案情简单明了,历时短暂,审判迅捷,对其定性基本没有争议,被告人高晓松也未提起上诉,但在该案的审理过程中及该案件审结后,围绕醉驾行为追诉门槛之界定、醉驾型危险犯与以其他危险方法危险公共安全罪的竞合以及高晓松案多种量刑情节的认定与适用等问题,舆论展开了激烈的争论。

(一) 醉驾行为性质之认定

舆论对醉驾行为罪与非罪的标准、醉驾行为此罪与彼罪的界限展开激烈争论。焦点就是醉驾行为的认定和醉驾追诉的标准;前者主要围绕危险驾驶罪和以危险方法危害公共安全罪两个罪名——罪名之差异造成行为人高晓松被判刑罚之不同。由于醉驾入罪的法规刚刚开始实施,相关执法程序与措施还在探讨与摸索中,因此有必要进一步厘清醉驾行为罪与非罪、此罪与彼罪的界限。依照我国《刑法》对醉驾型危险驾驶罪之规定,高晓松危险驾驶罪与非罪主要取决于其行为是否符合相关罪名之犯罪构成要件,本文同意北京市东城区法院对高晓松危险驾驶案之定性,但对于其判决理由和依据尚觉不够详尽和充分,因此有必要依据《刑法》对醉驾的具体规制进行进一步的解析。

《刑法》第 133 条之一对醉驾入罪的行为方式作了明确描述②,从中我们可以看出,

---

① 参见北京市东城区人民法院(2011)东刑初字第 296 号刑事判决书。
② 我国《刑法》第 133 条之一规定:"在道路上驾驶机动车,有下列情形之一的,处拘役,并处罚金:(一)追逐竞驶,情节恶劣的;(二)醉酒驾驶机动车的;(三)从事校车业务或者旅客运输,严重超过额定乘员载客,或者严重超过规定时速行驶的;(四)违反危险化学品安全管理规定运输危险化学品,危及公共安全的。机动车所有人、管理人对前款第三项、第四项行为负有直接责任的,依照前款的规定处罚。有前两款行为,同时构成其他犯罪的,依照处罚较重的规定定罪处罚。"

刑法对醉驾行为的规制分为两个层次:一是要求行为人实施了醉酒驾车上路的行为,同时对本罪所保护的法益造成了现实威胁,情节恶劣或者一定的实害结果不是醉驾入罪的构成要件。二是如果醉驾行为还造成了交通事故等实际危害结果,并且仅仅符合危险驾驶罪之犯罪构成,则可以根据其程度将该实害结果作为酌定情节从严量刑,但仍以危险驾驶罪定罪论处;若行为人之醉驾行为既符合危险驾驶罪之犯罪构成,又符合以危险方法危害公共安全罪或者交通肇事罪,则成立结果加重犯,对行为人须以以危险方法危害公共安全罪或者交通肇事罪定罪加重处罚。① 据此,醉驾行为构成危险驾驶罪的前提是醉驾,高晓松酒后驾车行为是否构成危险驾驶罪关键是看其行为是否成立醉驾。

1.醉驾行为之界定

依据我国刑法规定,醉驾是指行为人在醉酒状态下驾驶机动车在道路上行驶的行为。依据该定义可知,成立醉驾必须具备四个条件:首先,在行为条件方面,行为人本人必须实施驾驶机动车辆之行为。其次,在驾驶对象方面,醉驾之驾驶对象仅限于机动车。② 简而言之,行为人如果驾驶非机动车上路,则不在本罪的约束范围之内。再次,在行为发生方面,行为发生在交通道路上,而不能发生在医院、工厂等非道路的其他场所。从我国道路交通安全法对道路之规定来看,这里的交通道路排除了铁路、水路、空中航线等特殊通道。最后,就个人状态而言,行为人驾驶机动车在道路上行驶时,其醉酒状态必须达到醉酒标准。

从内容上看,醉酒的判断标准可分为两个:主观标准和客观标准。所谓主观标准,是指应依据行为人对酒精的不同耐受力而确立相应的醉酒标准;所谓客观标准,是指将行为人个体酒精耐受力的差异排除在外,统一以行为人血液中的酒精含量超过或者达到一定标准作为醉酒的判断标准。域外基本上采用客观标准,也就是在刑法或其他法规中明确规定,一旦行为人血液中或呼出的气体中酒精含量超过或者达到一定标准,就推定该行为人处于醉酒状态,不允许行为人以自身酒量大为由提出辩解。而我国当前的主要判断标准也是客观标准,即国家质量监督检验总局于 2004 年 5 月 31 日发布并实施的《车辆驾驶人员血液、呼气酒精含量阈值与检验》,该标准已于 2010 年修订并于 2011 年 7 月 1 日起实施。依据新的规定,我国对醉酒状态的检验标准采取的主要是血液、呼气酒精含量检验。该新标准规定了酒后和醉酒的客观标准,即饮酒驾车是指车辆驾驶人员血液中的酒精含量大于或者等于 20mg/100ml,小于 80mg/100ml 的驾驶行为;醉酒驾车是指车辆驾驶人员血液中的酒精含量大于或者等于 80mg/100ml 的

---

① 参见张明楷:《危险驾驶罪及其与相关犯罪的关系》,载《人民法院报》2011 年 5 月 11 日。
② 我国《道路交通安全法》第 119 条规定:"'机动车',是指以动力装置驱动或者牵引,上道路行驶的供人员乘用或者用于运送物品以及进行工程专项作业的轮式车辆。"

驾驶行为。①

就高晓松危险驾驶案而言,我们应当结合该案的具体情况判断其行为是否符合醉驾的标准。首先,被告人高晓松本人驾驶英菲尼迪牌小型越野车在道路上行驶,符合醉驾的驾驶对象条件、行为条件和事发地条件;其次,从醉酒状态来看,经司法鉴定,事发当时高晓松血液内的酒精含量为 243.04mg/100ml,已达到前述醉酒标准的 3 倍多,显然已符合醉酒标准。因此,被告人高晓松的酒后驾驶行为属于醉驾,这一点是没有争议的。但是,在本案发生后,多家媒体报道说被告人高晓松的朋友称其酒量大、个体酒精耐受能力强、八瓶啤酒不醉②,这一说法引发了舆论对醉酒标准的新一轮热议。对此,有必要对醉酒标准的认定作进一步的剖析。

(1)醉驾标准之界定

是否醉酒是判断醉驾之关键标准,目前我国司法实务中主要采用前述的客观标准,但是理论界对此标准尚存在争议。由于血液酒精含量检验结果比呼气酒精含量检验结果更为准确,程序要求更为严格,证据效力更高一等,因此在司法适用中,若行为者的呼气酒精含量检验结果和其血液酒精含量检验结果相冲突,则应当以其血液中酒精含量检验结果为准。如有学者认为,醉驾之本质是酒后驾车,它与行为人之意识清晰程度、控制能力并没有必然关系,因此判断行为人是否属于醉酒状态,其认定标准并不是根据行为人之意识状态,而是根据其血液中之酒精含量而定。③ 然而,笔者注意到,在立法审议时,全国人大常委会就有部分委员曾经提出,醉酒标准应当因人而异,即须综合考虑行为人个体之体重、身高、精神状态、平常酒量、对酒精之耐受程度等因素慎重确立醉酒的判断标准。还有学者认为,行为人饮酒后,酒精对行为人机体神经的麻痹虽然存在必然之客观影响,但是由于每个人对酒精的反应各不相同,对酒精之耐受程度也存在比较大的差异,所以在确立醉酒判断标准时必须考虑行为人对酒精之耐受程度,应当出台更为完善之检验标准来判断并规范醉酒驾驶。④

笔者认为,在确立醉酒之判断标准时,不但要考虑到该判断标准在适用上的统一性,同时也应当考虑醉驾行为人之个体差异性,我国对醉酒判断标准应采取一种以统一的客观标准为主、不同的主观标准为辅之判断标准。因此,将主观标准与客观标准相统一作为判断醉酒状态的标准是合理的。一方面,醉酒判断标准应当以客观标准为主。因为对一般人而言,当其处于醉酒状态时,酒精对其行为均会有不同程度的影响,

---

① 全国人大常委会法制工作委员会刑法室编:《中华人民共和国<刑法修正案(八)>条文说明、立法理由及相关规定》,北京大学出版社 2011 年版,第 72 页。
② 参见《高晓松酒量很大能喝八瓶啤酒不倒》,载 http://enews.xwhb.com/html/2011-05/12/content_256599.htm;《高晓松微博泄密曾有前科,好友称其酒量不错》,载 http://www.99shq.com/article-1721-1.html,最后访问日期:2011 年 5 月 25 日。
③ 参见莫洪宪、杨文博:《刑法修正案(八)"危险驾驶罪"之具体认定》,载《检察日报》2011 年 3 月 14 日。
④ 参见莫洪宪、杨文博:《刑法修正案(八)"危险驾驶罪"之具体认定》,载《检察日报》2011 年 3 月 14 日。

有的表现为冲动兴奋，有的表现为昏昏欲睡。即使行为人之酒精耐受力确有差异，但是该差异性主要体现在行为人所呈现的醉酒状态不同，并不能否认行为人在此期间之行为已经受到了酒精相当程度的影响。因此，行为人在此状态下的驾驶行为显然具有较大的危险性。此外，从诉讼便宜之角度来看，采取统一的客观标准不但可以简化诉讼程序，将司法机关从烦琐的举证、鉴定程序中解放出来，同时也可以大大节约司法资源。另一方面，我们也应当辅之以主观标准的适用。若行为人之酒精耐受力显著低下，在此情况下，该行为人极可能在尚未达到醉酒的客观标准时，就已经明显表现出兴奋异常、意识模糊或者共济失调状态。此时，行为人的醉酒行为之危险性客观上也是存在的；我们依据主观标准将其状态认定为醉酒状态，更符合刑事司法之公平公正原则的本质要求。总之，在司法实务中，认定醉驾时，我们应当严格按照这一主客观相统一的标准判断行为人是否属于醉驾。

（2）高晓松醉驾行为之界定

在本案中，被告人高晓松醉驾行为的界定也应当遵循上述主客观相统一的标准来判断。首先从醉酒之客观标准来看，依据查明的事实，事发当时高晓松血液内酒精含量为243.04mg/100ml，已符合醉酒之客观标准。其次，就上述酒精耐受力强、酒量大的主观情况来看，如此高含量的酒精在事发期间对高晓松的行为已经产生了实质影响，可以说，在此状态下高晓松驾驶车辆的行为显然具有较大的危险性——造成4车追尾、3人受轻伤。因此可以认定，高晓松酒后驾驶行为应属于醉驾。

2. 醉驾入刑应否有情节限制之辨

在本案审判过程中，被告人的辩护律师以时任最高人民法院副院长张军于2011年5月10日在全国法院刑事审判工作座谈会上的讲话为高晓松的醉驾行为做罪轻辩护。该案也由此引发了社会各界对醉驾入刑门槛新一轮的激烈争论。事实上，关于醉驾入刑是否应有情节限制问题，在《刑法修正案（八）》的立法审议过程中就曾引起过争议。而在高晓松危险驾驶案案发后，时任最高人民法院副院长张军在全国法院刑事审判工作座谈会上表示，对醉酒驾驶者追究刑责应慎重，应当注意与行政处罚的合理衔接。2011年5月17日，最高人民法院又在法院系统内部下发通知要求醉驾情节显著轻微不入刑，如果上报的醉驾案件已经采取强制措施的，醉驾被刑拘可以视案情取保候审。[①] 与最高人民法院的意见不同的是，公安部、最高人民检察院认为对经核实属于醉酒驾驶机动车的行为应当一律予以刑事立案、刑事起诉。[②] 最高人民法院和最高人民检察院、公安部对醉驾入刑标准的截然相反的态度让舆论哗然，一时争议四起。醉驾的追诉标准到底应如何界定？对于这一问题，笔者认为应当从实体法和程序法两个

---

① 参见《最高法下发指导意见：醉驾情节轻微不入罪》，载《南方日报》2011年5月16日。
② 参见邢世伟：《公安部：全国日均查醉驾136起 一律刑事立案》，载《新京报》2011年5月18日；《最高检表态只要证据充分醉驾一律起诉》，载《北京晚报》2011年5月24日。

(1)醉驾入刑应否有情节限制之实体法分析

从实体法之角度来看,对于醉酒入刑应否有情节限制这一问题,刑法学界存在支持论与反对论之争。

支持方认为,我国《刑法》第13条但书之规定对醉驾入刑应当具有约束作用,应当对醉驾入刑设置一定之情节限制。如有的学者认为,把握我国刑法分则中规定的各种具体犯罪之构成要件时,不能脱离总则条款规定之指导和制约。分则规定的所有轻微犯罪均应当受《刑法》第13条但书规定之指导和制约,危险驾驶罪当然也不例外。[1] 还有学者认为,酒驾行为人醉酒之程度不尽相同,其醉酒后驾驶之环境也存在差异,如若把任何醉驾行为均认定为犯罪行为,显然没有考虑到实际情况之复杂多样,将一些本应受行政处罚之行为上升为应受刑罚处罚,势必导致刑事打击面过宽过重。[2]

反对方认为,一方面,《刑法修正案(八)》明确将醉驾无条件入罪,本身就意味着刑法修正案认为"醉酒驾驶"本身就并非"情节显著轻微危害不大",若再用"情节显著轻微危害不大"作为醉驾入刑的门槛,从逻辑上会构成循环论证,从法理上会构成司法对立法的僭越;另一方面,"情节显著轻微危害不大"这一门槛在实务中很难相对确定,如果都由法官来判定情节属于严重还是轻微,其自由裁量权过大,会出现走后门、选择性执法等问题,最终导致法律不确定乃至不平等的严重问题。也有学者认为,不宜将但书规定作为醉驾免罪依据。因为《刑法修正案(八)》对危险驾驶行为之规定,决定了但书适用之可能性不大(并非完全不适用);《道路交通安全法》对醉驾行为之规定,要求尽可能少用但书对醉驾行为出罪;许多人包括司法机关目前都寄希望于最高人民法院早日出台相关案例来指导醉驾入刑之适用问题,这难免有一厢情愿之嫌。该学者认为,与其绞尽脑汁地注重情节是否轻微这一问题,还不如尊重立法原意、正视法律条文之本来含义,在此基础上再运用相关之司法技巧尽量减小打击面,例如适度适用定罪免刑或者缓刑等,这样既可以体现法律对醉驾行为之最严厉否定性评价,也可以减少关押之罪犯数量。[3]

针对以上两种截然不同的观点,笔者认为,对醉驾入刑作情节上的限制是合理的。醉驾行为形态各异,其具体情形造成的客观危害也不尽相同,对醉驾行为不应一律入刑。其原因如下:首先,醉驾入刑作为一种具体之犯罪类型,犯罪概念和罪刑法定原则对其司法适用应当具有制约作用。虽然依照罪刑法定原则,判断具体犯罪之成立与否一般不能直接依据其犯罪概念,但是,判断某种具体犯罪是否成立绝对不能超越犯罪概念之制约,这是刑法分则受刑法总则制约、指导的体现。"在理解和把握刑法分则规

---

[1] 参见刘宪权:《醉驾入刑应杜绝"模糊地带"》,载《法制日报》2011年5月17日。
[2] 参见曹坚:《并非在醉酒状态下驾车即构成醉酒驾车罪》,载《检察日报》2011年4月28日。
[3] 参见吴飞飞:《不宜将但书规定作为醉驾免罪依据》,载《检察日报》2011年6月6日。

定的各种具体犯罪的构成条件时,都必须受这个总则条款规定的制约和指导。"①因此,判断醉驾行为是否入刑时,不仅应当考量具体犯罪构成要件,而且应当考量是否符合严重的社会危害性这一基本特征。司法机关在判断醉驾行为是否属于危险驾驶罪时,应当排除"情节显著轻微危害不大的"这一情形。其次,犯罪客体之基本理论要求不应把醉驾行为一律入刑。醉驾行为构成危险驾驶罪,必须在客观上对道路交通安全构成威胁,否则便不能被认定为危险驾驶罪。可见,同样的醉酒驾驶,不同的情形对公共安全造成的威胁以及所反映出的行为人之主观性和人身危险性具有很大差别。最后,从《刑法修正案(八)》对醉驾和飙车入罪之情节表述上看,有无规定情节恶劣都要受《刑法》总则第 13 条之约束,只不过约束之角度和程度不同而已。具体而言,飙车入罪规定了情节恶劣,这是对刑法总则的细化,说明飙车入罪必须情节恶劣,大多数一般情节的飙车均不可入刑,情节显著轻微的飙车行为就更排除在外了,因而只有极少数情节恶劣的飙车行为才能入罪。立法者认为对于醉驾应该采取比飙车更为严格的处罚措施,但是这并不是说醉驾行为就应该一律入罪而不受第 13 条的制约,这只是说明立法者认为醉驾的社会危害性极大,大多数情节一般的均要入罪,只有少数情节显著轻微的醉驾行为才可以出罪。②

因而可以说,但书规定和醉驾具体规定之间不存在矛盾。在目前情况下,对于大多数一般情节的醉驾行为应该入罪,但是对于少数"情节显著轻微危害不大"的醉驾行为,则不应作为犯罪处理,而应当通过行政处罚加以惩处与制裁。③ 此外,在当前醉驾现象还相当严峻的形势下,若将所有的醉酒驾驶机动车的行为都纳入刑事制裁的范围,我国的刑事司法系统和监狱系统能否承受这一重大负荷也是充满疑问的。④

对于支持醉驾行为一律入刑的人所提出的"醉驾非一律入刑"会造成司法之不公这一观点,笔者认为,将本该入刑的醉驾行为予以入刑,对于情节显著轻微危害不大之醉驾行为,则将之出刑,纳入行政制裁的范围,这恰恰体现了司法公正;相反,将醉驾行为不考虑其情节轻重而一律入刑,则会导致司法不公,相关观点混淆了醉驾行为罪与非罪之间的界限。可以说,司法不公与"醉驾非一律入刑"之间并不存在必然的因果联系,认为"醉驾一律入刑"有助于消除对醉驾行为刑法规制方面之司法不公,实际上

---

① 杨维汉:《理性看待醉驾入罪标准 依法惩治醉酒驾车行为》,载《人民法院报》2011 年 5 月 12 日。
② 参见赵秉志:《醉驾不入刑只能是少数情况》,载《新京报》2011 年 6 月 10 日。
③ 参见刘宪权:《醉驾入刑应杜绝"模糊地带"》,载《法制日报》2011 年 5 月 17 日。
④ 仅就杭州一个地级市而言,其在 2010 年所查处的醉驾案件便多达 2 775 起。参见陈浩、马进:《杭州今年醉驾 2 775 起,100%拘留》,载《杭州日报》2010 年 12 月 22 日。而我国大约共有 300 多个地级市。考虑到地区差异等各种因素的影响,即便是按每市每年平均 800 起计算,全国每年要查处的醉驾案件也将多达 20 多万起。而从最高人民法院的统计数据来看,全国法院在 2009 年所受理的全部危害公共安全罪的一审案件是 86 987 起,所受理的全部刑事一审案件是 768 507 起。参见《2009 年全国法院司法统计公报》,载《中华人民共和国最高人民法院公报》2010 年第 4 期。

是一种奢求。

(2)醉驾入刑应否有情节限制之程序法分析

从程序法之角度来看,我国的刑事司法机关由公安机关、检察机关和法院三机关组成,刑事案件之办理过程严格依照分工合作、相互配合、相互制约之原则进行。《刑事诉讼法》明确规定:"对刑事案件的侦查、拘留、执行逮捕、预审,由公安机关负责。检察、批准逮捕、检察机关直接受理案件的侦查、提起公诉,由人民检察院负责。审判由人民法院负责。"可以看出,刑事案件之办理主要为立案、公诉和审判三个阶段,对于醉驾行为,不同的阶段有不同的追诉标准,从这个角度来看,不能以公安机关对醉驾一律立案、检察机关对醉驾一概起诉作为"醉驾一律入刑"之理由。

实际上,刑事案件的办理过程就是一个逐层筛选的过程。

在立案阶段,其标准最低,仅要求"认为有犯罪事实需要追究刑事责任",就应当立案。依照公安部的指示精神,对于醉驾案件各地公安机关要一律立案,但是立案仅仅表明了刑事办案流程的开始,绝非其终结。从理论上说,即便在立案阶段,公安机关也完全能够依照宽严相济的刑事司法政策的指导,在自己的法定权限范围内从宽处理部分轻微案件,甚至可以依照公安机关办理刑事案件的规则作出撤销案件的处理。

如果所有案件都侦查终结且移送起诉,检察机关在审查起诉的过程中也可以作出筛选。提起公诉和有罪判决的标准要求"犯罪事实清楚,证据确实、充分"。这里的"确实、充分",具体来说:首先,要求据以定案的证据均已查证属实;其次,要求每个证据必须和待证的犯罪事实之间存在客观联系,具有证明力;再次,属于犯罪构成要件的事实均有相应的证据加以证明;最后,所有证据在总体上已足以对所要证明的犯罪事实得出确实无疑的结论,即排除其他一切可能性而得出唯一结论。如果检察机关认为犯罪嫌疑人的犯罪行为确实属于情节轻微或者证据不充分,依照《刑法》规定不需要判处刑罚或者应当免除刑罚时,同样可以依据《刑事诉讼法》第177条第2款的规定,作出相对不起诉的决定,从而终结刑事程序。①

如果所有醉驾案件都符合公诉标准,在审判阶段法院依旧可以依据新的证据和事实进行审理,公安部和检察院的"意见"并不能直接适用于刑事裁判,若法院依法认定犯罪嫌疑人的犯罪行为确实属于情节显著轻微,仍可以作出无罪判决。因此,并非公安机关对醉驾立案、检察机关对醉驾行为人提起公诉了就一定要追究醉驾者的刑事责任。

综上可以看出,无论是从实体法的角度,还是从程序法的角度,"醉驾一律入刑"的观点都是片面的,在我国司法实践中是行不通的。也正因为如此,2017年最高人民法院《关于常见犯罪的量刑指导意见(二)(试行)》也明确规定:"对于醉酒驾驶机动车的

---

① 参见卢建平:《一个刑法学者关于醉驾入刑的理性审视》,载《法制日报》2011年5月25日。

被告人,应当综合考虑被告人的醉酒程度、机动车类型、车辆行驶道路、行车速度、是否造成实际损害以及认罪悔罪等情况,准确定罪量刑。对于情节显著轻微危害不大的,不予定罪处罚;犯罪情节轻微不需要判处刑罚的,可以免予刑事处罚。"

3.此罪与彼罪界限之辨

醉驾入刑进一步完善了我国《刑法》对醉驾及其肇事行为的规制,它是对交通肇事罪和以危险方法危害公共安全罪对醉驾行为法律规制的补充,但是醉驾入刑也使得我国惩治醉驾行为存在以危险方法危害公共安全罪、交通肇事罪和危险驾驶罪三罪并立的局面。

就本案4车追尾、3人轻伤的实害结果而言,从行为人的主观方面看,被告人高晓松事前曾叫过代驾,并且等了近半个小时之后才亲自驾车上路的,这一事实说明他在事前已经预见到其醉驾行为可能会造成危害交通安全的结果,也曾采取了防止危害结果发生的措施,只是因为后来相信自己的状态和驾驶技术应该可以避免危害结果才导致了危害结果的发生,因此应该认定被告人高晓松主观上是过于自信的过失。从客观方面来看,依据评估事实,高晓松醉驾案的上述危害后果尚未达到交通肇事罪的入罪标准,这一点是没有争议的。由此可见,被告人高晓松的醉驾行为不符合交通肇事罪的犯罪构成要件,不成立交通肇事罪。当然,如果被告人高晓松醉驾造成的实害结果达到了交通肇事罪所规定的严重程度,鉴于交通肇事罪的法定刑要明显高于危险驾驶罪的法定刑,应当以交通肇事罪追究其刑事责任。

在本案中,舆论对于高晓松危险驾驶案定性的讨论主要是围绕醉驾型危险驾驶罪与以危险方法危害公共安全罪的区别展开的。高晓松的醉驾行为是否构成以危险方法危害公共安全罪主要取决于两点:其一是主观方面被告人高晓松对其醉驾造成的实害结果是否具有故意;其二是客观方面其醉驾行为是否属于以危险方法危害公共安全罪中规定的其他危险方法。

(1)高晓松醉驾案之主观罪过

醉驾型危险驾驶罪与以危险方法危害公共安全罪在主观罪过上虽然存在一定的区别,如有学者认为,尽管两罪在主观上都属于故意,但危险驾驶罪仅仅表现为间接故意;而以危险方法危害公共安全罪既可以表现为直接故意也可以表现为间接故意。① 但总的来看,醉驾行为人对危险状态的主观心态主要持一种放任的态度。② 醉驾型危险驾驶罪与以危险方法危害公共安全罪在主观罪过上的区别主要体现在其罪过内容上。

---

① 参见赵秉志主编:《<刑法修正案(八)>理解与适用》,中国法制出版社2011年版,第189页。
② 从司法实务的角度看,不能排除危险驾驶罪在某种特殊情况下驾驶者是直接故意的,如行为人在酒精的作用下为了追求某种刺激而希望一些程度较轻的危险出现。转引自王志祥、敦宁:《危险驾驶罪探析》,载《中国刑事法杂志》2011年第7期。

首先是行为人对危险程度的认识不同。在我国刑法理论上，有学者认为醉驾型危险驾驶罪属于抽象危险犯①，这种观点有一定道理，因为从危险程度的角度来看，醉驾型危险驾驶罪的危险与以危险方法危害公共安全罪的危险在程度上是有区别的，即后者要求的危险程度更严重、更高，而前者要求的危险程度则较低。此种差异表现在行为人的主观罪过上，即行为人需要对其行为的危险程度有相应的认识。具体而言，醉驾型危险驾驶罪的行为人需要认识到其行为的危险程度较低，而以危险方法危害公共安全罪的行为人则需要认识到其行为的危险程度较高。②

其次是故意的认识内容不同，即对于成立危险犯的故意是否需要认识到其危险这一问题，当前仍然存在较大的争议。对此问题，日本刑法理论界主要存在三种不同的观点：第一种观点认为，不管是具体的危险犯还是抽象的危险犯，均不需要认识到其危险；第二种观点认为，由于具体危险犯中的危险属于构成要件要素，因此需要认识，而抽象危险犯中的危险属于拟制的危险，因此不需要认识；第三种观点认为，不管是具体的危险犯还是抽象的危险犯，均需要认识到其危险。一般认为，第一种观点由于忽略了具体危险犯中的危险是构成要件要素这一要点，因此是不妥当的。第二种观点属于日本长期以来的通说。但现在也有不少学者认为抽象的危险犯属于实质犯而不属于形式犯，所以危险的存在并非拟制而属于构成要件的内容，是故提倡第三种学说。③

笔者倾向于第二种观点。抽象危险犯中的抽象危险属于某类行为的固有属性，换言之，危险性本来就是这类行为的特点和属性，因此，行为人只要实施了此类行为，也就必然同时暴露了其中的危险。同理，只要在主观上行为人能够认识到此类行为的性质，也就意味着行为人能够同时认识到其中所包含的危险。由此可知，抽象的危险犯大体上等同于我国刑法理论中的行为犯。对于醉驾型危险驾驶罪而言，只要醉驾行为人在主观上能够认识到自己是在醉酒状态下驾驶机动车却依然为之，就已经满足了本罪主观故意的成立条件。除此之外，没有任何必要再要求醉驾行为人必须认识到所谓的抽象危险，另外，在司法实践中，对于醉驾行为人是否认识到抽象危险亦难以证明。如在司法实务中，判定"隔夜醉驾"④性质涉及对于危险驾驶罪主观方面的具体理解。有观点认为，一般来说，在"隔夜醉驾"的情况下，如果醉驾行为人认识不到自己是在醉酒驾车，则不应当以危险驾驶罪追究其刑事责任，否则会有客观归罪之嫌疑。但是，

---

① 抽象危险犯是指行为本身包含了侵害法益的可能性而被禁止的情形，抽象危险不属于构成要件，只是认定行为可罚的实质违法性根据，是立法者拟制或者说立法上推定的危险。王志祥：《危险犯研究》，中国人民公安大学出版社2004年版，第48—49页。
② 参见赵秉志：《"醉驾入刑"解读》，载赵秉志主编：《"醉驾入刑"专家谈》，法律出版社2011年版，第13—14页。
③ 参见陈家林：《外国刑法通论》，中国人民公安大学出版社2009年版，第216页。
④ "隔夜醉驾"是指行为人在前一天醉酒但并未驾驶机动车，在时隔一个夜晚后的第二天才驾驶机动车，但是仍被查明属于醉酒驾驶机动车。

如果行为人明知自己还处于醉酒状态而执意驾驶车辆的,则应当以危险驾驶罪追究其刑事责任。① 此种观点在判定"隔夜醉驾"行为的性质问题时,合理区分了行为人主观方面的不同情况,较为合理。又如在我国国内,许多食品或饮料的生产商为了使其产品更加可口、独特,而在其产品中添加了一定量的酒精或者含有酒精的食品添加剂。② 在此情况下,若没有通过明确的标识将此情况告知消费者,而消费者在饮用或食用其产品后又去驾驶机动车辆,那么由于行为人是在完全不知情的情况下饮用或食用了含有酒精的食品或饮料,因此不能认定其是在主观上明知自己处于醉酒状态的情况下仍旧执意实施驾驶机动车的行为。在主观上属于过失的情况下,不能以危险驾驶罪追究其刑事责任。③

就本案而言,被告人高晓松是在明知自己醉酒的状态下驾驶机动车上路的,因此,高晓松主观上放任了自己的醉驾行为,具备了危险驾驶罪的主观特征。

(2) 醉驾是否属于其他危险方法

以危险方法危害公共安全罪规定在《刑法》第114条和第115条中。由于这两个条文概括地使用"以其他危险方法"来表述其行为方式,因此有学者认为:"以其他危险方法"只是《刑法》第114条、第115条的兜底规定,而不是分则第二章的兜底规定。④ 尽管如此,从罪刑法定的基本原则及刑法解释规则的要求出发,我们不能将本罪的"其他危险方法"进行任意扩大解释,不能将所有分则未明确规定的危及公共安全的行为归入到其他危险方法中。刑法学界一般认为"其他危险方法",应当是指与放火、决水、爆炸、投放危险物质行为的性质与程度相当的足以危害公共安全的危险方法。

成立本罪的关键不是在后果状态上是否"危害公共安全",而是行为方式的危害性与放火罪等具有相当性,本罪不是分则第二章的补充或者兜底罪名,当发生没有明文规定的某种危害公共安全行为时,就不应首先考虑适用本罪。⑤ 危险驾驶罪中的醉驾行为客观上表现为行为人在醉酒的状态下在道路上驾驶机动车辆,危害公共交通运输安全的行为。可见,与以危险方法危害公共安全罪所规制的危险犯相比较,危险驾驶罪所规制的是一种危害程度较轻的具体危险犯,它规制的醉驾行为可能导致较轻的实害结果,也可能没有导致实害结果。可以说,危险驾驶罪只是合理扩大了《刑法》第114条、第115条的处罚范围,它并没有也不应该限制其适用范围。也就是说,若某种行为只是造成多数人心理恐慌或者其他轻微后果,并未造成《刑法》第115条第1款规定的致人重伤、死亡或者重大公私财物损失的后果,不得将该行为认定为以危险方法危害

---

① 参见洪常森:《危险驾驶罪的司法认定及刑事处理原则》,载《检察日报》2011年3月18日。
② 参见赵秉志主编:《刑法修正案(八)理解与适用》,中国法制出版社2011年版,第191页。
③ 参见王志祥、敦宁:《危险驾驶罪探析》,载《中国刑事法杂志》2011年第7期。
④ 参见张明楷:《危险驾驶的刑事责任》,载《吉林大学社会科学学报》2009年第6期。
⑤ 参见高艳东:《谨慎判定"以危险方法危害公共安全罪"的危险相当性——兼析具体危险犯的可罚性标准》,载《中国刑事法杂志》2006年第5期。

公共安全罪;若某种行为符合其他犯罪的犯罪构成,以其他犯罪论处更符合罪刑相适应的原则,应尽量认定为其他犯罪,不宜认定为本罪。但是,这并不是说危险驾驶罪的增加使得一切危险驾驶行为都成立危险驾驶罪。相反,危险驾驶行为如果与放火、爆炸等危险行为危险性相当时,该行为依然可能成立以危险方法危害公共安全罪。醉驾行为是否符合以危险方法危害公共安全罪的客观规定关键在于该行为是否属于我国《刑法》第114条、第115条规定的其他危险方法,而高晓松的醉驾行为是否属于"其他危险方法"则在于该行为是否与放火罪、爆炸罪等具有危险的相当性。

  如何判断高晓松的醉驾行为是否具有这种危险相当性,需要从主客观相一致的原则出发,结合具体案情作出具体判断。首先,从客观方面来看,认定醉驾行为与放火、爆炸等行为在危险程度上具有相当性的客观标准,是该行为必须具有致人重伤、死亡或者使公私财产遭受重大损失的现实可能性。在理论上,危险驾驶罪中的醉驾型危险犯属于危险程度较低的轻罪,而与放火、爆炸等行为具有相当危险性的醉驾型危险犯则属于危险程度很高的重罪,在司法实务中如何判断前者是否具有相当的危险性需要从一般标准出发来判断,一般认为包含醉酒程度对行为人基本驾驶能力的影响程度、车速、天气状况、路况、路段、是否一次肇事等诸多因素。如有学者认为,由于醉酒程度严重而导致基本丧失驾驶能力后在行人、车辆较多的路段高速长时间行驶的,因醉酒而基本丧失驾驶能力后在暴雨时段或者大雾天高速行驶的,醉酒后在高速公路上逆向追逐竞驶的,在暴雨时段或者大雾天且车辆、行人较多的路段追逐竞驶的,以及在车辆、行人较多的路段多次闯红灯追逐竞驶的①,均应认定为具有相当的危险性,属于以危险方法危害公共安全罪中规定的"其他危险方法"。结合本案,事发当天天气晴好,被告人高晓松在平坦的、非高速的城市交通道路上醉驾一次肇事,从相关事实资料可以看出,当时其醉酒程度虽然较严重但其基本驾驶能力却未丧失,而且当时已是晚上10点半多,路上行人、车辆相对稀少,一般情况下这种行为造成轻伤或者较大财产损失的现实可能性比较大,但造成《刑法》第115条规定的致人重伤、死亡或者使公私财物遭受重大损失的现实可能性很低,高晓松的醉驾行为造成的4车追尾、3人轻伤的实害后果便是明证,该后果未达到《刑法》第115条规定的严重后果。如果仅仅依据高晓松的醉驾行为危害了公共安全就认定该行为构成以危险方法危害公共安全罪,则有违刑法中罪责刑相适应的基本原则。因此可以说,高晓松的醉驾行为的危险性与放火罪、爆炸罪的危险性程度并不相当。其次,从主观方面来看,以危险方法危害公共安全罪要求行为人对其实害结果主观上持有故意的心态,而危险驾驶罪则要求行为人对其醉驾行为造成的实害结果主观罪过只能是过失。以危险方法危害公共安全罪与危险驾驶罪对待危害结果主观心态的主要区别就在于被告人高晓松对其醉驾行为造成的实

---

① 参见张明楷:《危险驾驶罪及其与相关犯罪的关系》,载《人民法院报》2011年5月12日。

害结果是否持否定态度。对该态度的评价我们只能从普通人的生活常识加以判定。在平坦的、非高速的城市交通道路上,一次肇事的醉驾行为人通常只是放任了其醉驾行为所可能导致的危险状态,对其醉驾行为造成的实际危害结果则是持否定态度的,也就是说行为人对其醉驾造成的危害结果主观上是过失。在本案中,高晓松的行为属于一次肇事,我们从其事前叫代驾和事后真诚悔罪的态度不难看出,其对所造成的较严重的实害后果在主观上是持彻底否定态度的,因此,不符合以危险方法危害公共安全罪的主观心态的要求。

从上述主客观方面的分析可以看出,高晓松的醉驾行为不具备与放火、爆炸等危险行为相当的危险性,其醉驾行为不属于"其他危险方法",不符合以危险方法危害公共安全罪构成要件中的主客观要件的规定,但符合危险驾驶罪构成要件中主客观方面的规定。因此,其醉驾行为不构成以危险方法危害公共安全罪,而应构成危险驾驶罪。

(二)醉驾案量刑情节之考量

1.醉驾案量刑与宽严相济刑事司法政策之关系

在量刑上,本案的"顶格"宣判也引发了一定争议。这实际上凸显了刑事法律与宽严相济的刑事政策之间的矛盾,他引发了笔者对严格依法定罪量刑与宽严相济刑事政策的贯彻的关系的思考。

宽严相济是我国的一项基本刑事政策。中共中央十六届六中全会通过的《关于构建社会主义和谐社会若干重大问题的决定》明确提出,宽严相济刑事政策是我国的基本刑事司法政策,它具有丰富的内涵。其具体内容之官方权威解释是:"对刑事犯罪区别对待,做到既要有力打击和震慑犯罪,维护法制的严肃性,又要尽可能减少社会对抗,化消极因素为积极因素,实现法律效果和社会效果的统一。""一方面,必须坚持'严打'方针不动摇,对严重刑事犯罪依法严厉打击,什么犯罪突出就重点打击什么犯罪,在稳准狠上与及时性上全面体现这一方针;另一方面,要充分重视依法从宽的一面,对轻微违法犯罪人员,要继续坚持教育、感化、挽救方针,有条件的可适当多判一些缓刑,积极稳妥地推进社区矫正工作。"①在理论界,主流观点认为,针对犯罪之不同情况区别对待,"该严则严,当宽则宽,严中有宽,宽中有严,宽严有度,宽严审时。"② 试图在"宽"和"严"之间寻求一种协调、平衡与结合。然而,目前,就我国的刑事立法来看,其结构模式依然体现为"严"为主导、"宽"为辅助之重刑特征,可以说在立法上宽与严失衡明显,均衡之宽严相济状态也只能通过宽严相济之刑事司法政策得以实现。为此,笔者

---

① 时任中央政法委书记罗干于 2005 年 12 月 5 日至 6 日召开的全国政法工作会议上的讲话。
② 参见高铭暄:《宽严相济刑事政策与酌定量刑情节的适用》,载《法学杂志》2007 年第 1 期;马克昌:《宽严相济刑事政策刍议》,载《人民检察》2006 年第 19 期;陈兴良:《宽严相济刑事政策研究》,载《法学杂志》2006 年第 1 期;樊凤林、刘东根:《论宽严相济的刑事政策与我国刑法的完善》,载赵秉志主编:《和谐社会的刑事法治》(上卷),中国人民公安大学出版社 2006 年版,第 257 页。

认为,在司法阶段,我们应当合理地主张刑罚之人道与宽和,即在"严"的立法现实中,在严格依法定罪量刑的基础上,通过司法机关之努力,适当地拓展"宽"的比例和空间;对于具备法定从轻、减轻或免除处罚情节的案件,应当严格依法兑现;对于具备酌定从轻、减轻或者免除处罚情节之案件,也应该依据刑事政策适当兑现等。这些才是宽严相济刑事司法政策之主旨所在,即宽严相济理应向"宽"倾斜。因此,主张和强调刑法之宽和、适当、人道与谦抑,作有利于被告人之定罪和量刑,应当是当前宽严相济政策之具体内涵。

明确了当前宽严相济司法政策之具体内涵,在把握刑事政策与刑事法律之关系方面,实践中还要避免两种错误倾向:其一,应当避免仅仅依据法律而忽视刑事政策的倾向。刑事政策对于刑事法律具有不能替代的指引作用和功能;如果仅仅强调刑事法律而忽视刑事政策,刑事司法活动就会缺乏明确具体的目标和导向,具体案件的处理也必将无法最大限度地实现司法之社会价值和社会效果。其二,应当避免因刑事法律被刑事政策代替而导致法律虚无主义倾向。虽然刑事政策对刑事法律具有指导意义,但刑事法律所具有之规则性和确定性也是刑事政策所不能取代的。

就本案而言,法院已依据其犯罪事实、定罪情节和相关刑事法律判处高晓松危险驾驶罪。在此基础上,假设高晓松具备《刑法修正案(八)》所增设的坦白法定情节,法院在其量刑中就应当严格依法兑现,假设高晓松除具有酌定从严量刑情节之外还具备其他的酌定从宽量刑情节,那么法院就应当依据当前宽严相济刑事政策的引导,从多个角度对不同种类的量刑情节依法予以综合考量,在刑罚裁量时也应当体现出对其酌定从宽量刑情节的考量,唯其如此,才符合当前宽严相济刑事政策的具体要求,最终实现该案所应带来的司法社会效应和社会价值。

2. 本案量刑情节之考量

在本案中,量刑偏重的争议主要围绕多种量刑情节的适用展开。从社会大众的态度来看,有舆论认为高晓松在案发后主动道歉,认罪态度好,属于坦白法定情节,可以予以从轻处罚。高晓松的辩护律师在辩护时也做了罪轻辩护,他在举证质证阶段出示了三项证据:首先是针对高晓松的平时表现向法庭做了一系列举证,证明高晓松一贯表现很好,此次醉驾属于初犯、偶犯;其次,案发前高晓松确实曾经找过代驾,该情节可以作为酌定从宽情节予以考虑;最后,高晓松真诚悔过、积极赔偿,并且被害人也自愿出具了刑事谅解书,希望法院对高晓松能够从轻处理。公诉机关也认为被告人高晓松到案后有一定的悔罪表现,可酌情从轻处罚。①

北京市东城区人民法院对高晓松危险驾驶案作出了"顶格"判决,该宣判刑虽然属于依法量刑,但是其判决书中仅仅提及了被告人高晓松醉驾行为造成的实害后果这一

---

① 《直击高晓松庭审现场 被判拘役六个月罚款四千元》,载华商网(http://fun.hsw.cn/system/2011/05/17/050944737_01.shtml),最后访问日期:2011 年 5 月 25 日。

种从严情节,对于上述辩护律师和检察院所提出的高晓松可能具备的其他酌定从宽量刑情节却没有作出回应。这一做法有违最高人民法院、最高人民检察院、公安部、国家安全部和司法部联合印发并于 2010 年 10 月 1 日起实施的《关于规范量刑程序若干问题的意见(试行)》(以下简称《意见》)的规定。该《意见》明确要求,对于检察院在公诉书中提出的量刑建议和辩护律师提出的量刑意见,法院应当在其量刑理由中说明是否采纳,并且应当说明采纳或者未采纳的理由和依据。在此情况下,法院作出的"顶格"判决确实难逃量刑过重之嫌疑。

根据刑法总则的规定,所谓量刑情节,是指除定罪情节以外的,据以在法定刑限度以内或者以下对犯罪人从重、从轻、减轻或者免除处罚的主客观事实情况,量刑情节能够反映行为人行为的社会危害性或者人身危险性。在正确定罪的前提下,理性地评价量刑情节,是"以事实为依据"的量刑基本原则的要求,是判定犯罪人刑事责任的唯一依据。在评价量刑情节过程中,如何对待和适用量刑情节是一个无法绕避的关键问题,探讨如何适用量刑情节,应该以有利于实现量刑公正为方向。然而长期以来,在理论界和司法实践中一直有人认为,在量刑过程中,法官可以拒绝适用某些量刑情节的做法是合理的。例如对于酌定量刑情节,司法实务中常常被理解为仅在量刑时酌情加以适用,至于是否适用酌定量刑情节,法官往往可以自行选择、取舍;有时甚至提出量刑必须从整体上对被告人的行为加以评判;如果整体上需要从重,那么法官有权拒绝适用某些法定可以从宽处罚情节。这种观点是不可取的。在本案中,舆论认为高晓松的名人身份与严打醉驾的社会形势被列入了量刑考虑的"整体因素",从而导致了高晓松的"顶格"宣告刑,舆论因此认为量刑偏重,人民争议主要在于是否公平适用了高晓松案中所具有的法定量刑情节及其酌定情节。那么,东城区人民法院是否公平合理地适用了高晓松醉驾案所具有的所有量刑情节呢?答案是否定的。本文拟在下文中进行具体分析。

(1)坦白法定量刑情节之考量

舆论认为被告人高晓松在案发后能够主动向司法机关交代自己的犯罪事实,认罪态度好,因此具备坦白法定情节。

依照刑法通说,法定量刑情节是指刑法规定的应当或可以从轻、减轻、免除处罚的情节和从重、加重处罚的情节。① 简而言之,法定量刑情节就是《刑法》明文规定的其具体内容能够影响量刑轻重的主客观事实情况,它既包括总则规定的对各种犯罪共同适用的情节,也包括分则对特定犯罪适用的情节。法定量刑情节具有法定性、功能确定性和内容明确性的特征。《刑法修正案(八)》已明确增设坦白情节属于法定情节,那么被告人高晓松是否具备坦白情节呢?

---

① 参见高铭暄主编:《刑法学原理》(第 3 卷),中国人民大学出版社 1995 年版,第 247 页。

坦白情节规定在《刑法》第67条第3款:"犯罪嫌疑人虽不具有前两款规定的自首情节,但是如实供述自己罪行的,可以从轻处罚;因如实供述自己罪行,避免特别严重后果发生的,可以减轻处罚。"根据上述法条规定,可以认为坦白是指犯罪分子被动归案后,如实供述自己罪行的行为。① 可见,坦白情节是法定的量刑情节,成立该情节必须同时具备以下两个特征:(1)犯罪人须是被动归案,即犯罪人是被司法机关采取强制措施归案的或者被司法机关传唤归案的或者被公民扭送到司法机关归案的。这一特征是与自首的自动归案相比较而言的,如果行为人主动归案并如实供述自己的罪行,则行为人成立自首而不成立坦白。(2)犯罪人须如实供述自己的罪行,也就是说,犯罪人被动归案后,须主动协助司法机关查清自己被指控的犯罪事实,并且按照犯罪行为发生的实际情况向司法机关不予隐瞒地交代自己的犯罪事实。

在本案中,被告人事发当时并没有主动报警,而是在他人报警后在案发现场被动等候处理,后民警赶至案发现场将其查获,次日被告人被刑事拘留。这一事实说明被告人高晓松是被司法机关采取强制措施后归案的,他具备了被动归案的特征;案发之后,被告人高晓松在各种场合都连说多个"对不起",并书面忏悔写下"酒令智昏,以我为戒""永不酒驾"。在庭审过程中,辩护律师多次为高晓松做罪轻辩护,并出示了相关证据,甚至称可以为其做无罪辩护,但其间两次被高晓松打断并制止,被告人高晓松劝说律师放弃这样的想法,高晓松说:"一切事实都存在,我不想回避什么,即使是有这种可能,也不要这么做。"在高晓松做出的最后陈述中,也表明了要惩戒自己的决心,他说:"第一,我完全认罪;第二,我相信法律公正;第三,我相信法律也会维护一个犯罪人的其他权利。我希望传达给公众的就是,酒令智昏,以我为戒。"② 上述事实表明被告人高晓松被动归案后确实如实向公安机关供述了自己的罪行。因此,被告人高晓松齐备了上述坦白法定情节的构成要件,属于坦白情节,依照我国《刑法》分则的相关规定,可以从轻量刑。

(2)酌定量刑情节之考量

所谓酌定量刑情节,是指根据立法精神从审判实践经验中总结出来的,《刑法》没有明文规定但予以认可的,反映犯罪行为的社会危害程度和犯罪人的人身危险程度,在量刑时灵活掌握适用的主客观事实。它在本质上表现为法律赋予法官的一种自由裁量权。根据刑法实践经验的总结,在理论中已形成通说的酌定量刑情节主要包括:犯罪动机,犯罪手段,犯罪的时间、地点,犯罪人犯罪前的一贯表现,被害人是否有过错,犯罪人犯罪后的态度,被害人的谅解等。由于酌定量刑情节具有不确定性的特征且范围广泛,本文主要针对本案中与被告人高晓松醉驾案相关的酌定情节加以具体

---

① 参见赵秉志主编:《刑法修正案(八)理解与适用》,中国法制出版社2011年版,第86—87页。
② 《高晓松获"满刑"判罚 专家称警示众人》,载(http://www.chinadaily.com.cn/micro-reading/dzh/2011-05-18/content_2648666.html),最后访问日期:2011年5月25日。

分析。

①醉酒程度及其醉驾实害后果之考量

在危险驾驶罪中,行为人的醉酒程度及其醉驾实际危害后果直接关系到该罪的社会危害性,反映了该罪可能造成之客观危害。在实践中,行为人的醉酒程度及其醉驾造成之实害后果往往与其社会危害性成正比,行为人之醉酒程度越严重,造成之客观危害就越大,该行为之社会危害性也就越大,因此司法实务中将其视为主要的酌定从严量刑情节,这符合罪责刑相适应之刑法基本原则。2013年最高人民法院、最高人民检察院、公安部《关于办理醉酒驾驶机动车刑事案件适用法律若干问题的意见》明确将"血液酒精含量达到200mg/100ml以上的"作为醉酒驾驶的从重处罚情节。本案中,依据司法鉴定结果可知,被告人高晓松驾车上路事发当时的血液内酒精含量为243.04mg/100ml,已属于严重醉酒驾驶,而且还造成了4车追尾、3人轻伤的严重实害结果。虽然该结果尚未达到以危险方法危害公共安全罪或者交通肇事罪的入罪标准,但仍属于危险驾驶罪的范畴。因本罪属于行为犯,危害结果不属于定罪情节,司法实践中常将其归入酌定从严情节。可以说,本案具备了两个酌定从严量刑情节。

②名人身份与"严打醉驾"社会形势之考量

近几年来,名人触犯法律的事情屡见不鲜,从漏税偷税、违规代言、斗殴吸毒到酒驾肇事,名人的社会责任感的极度缺失让社会大众深感失望。由于多种原因,我国现在的法治环境不够完善,法律的公平与正义容易受到其他因素干扰,在这样的法治环境下,名人由于集中了特别的权力与人脉关系,对司法的潜在干扰通常比普通民众要大得多,因此在案发后,社会大众会极度担心名人逃避法律的制裁。在本案中,这种担心稍显多余。首先,从定罪的角度看,法律面前人人平等的基本原则要求对所有人都平等地适用《刑法》,具体体现为:在法律适用中,相同的法益应该受到相同的保护,相同的行为应该受到相同的对待,定罪的标准和依据只能是行为人的犯罪事实和相关法律,名人身份和地位不属于定罪情节,更不属于脱罪情节。其次,从名人的社会效益与名人的量刑关系来看,将名人身份作为从宽或者从严量刑情节,从短期来看,由于名人特殊的社会效益都会产生较大的影响,但是从长远来看,这种做法违反罪刑相适应的基本原则的规定,不利于形成公平公正的法治环境,因此不能将名人身份作为酌定量刑情节。

在本案中,司法机关并未因为被告人高晓松的名人身份而对其从轻发落,反而适用了"危险驾驶罪"的"满额"刑罚,这一方面解除了社会公众担心名人逃避法律制裁的顾虑,充分说明在公正的司法面前,"名人"也只是个"人名",它没有成为法院定罪以及从宽量刑的影响因素。但是从另一方面来看,"顶格"从严量刑是否反映了司法机关想利用名人特殊的社会影响追求短期的震慑效果呢?这实质上是名人身份能否作为从严量刑情节的问题。诚然,被告人高晓松作为名人在道义上应该承担更多的责任,但是法律面前一视同仁，我们不能因此就将其名人身份作为从严量刑的酌定情节，这样做同样有违法律面前人人平等的基本原则。

高晓松醉驾案案发时，酒驾交通事故频发，《刑法》与《道路交通安全法》对酒驾行为的新规刚刚开始实施，这种"严打"的社会形势对于高晓松醉驾案的量刑的影响也成了社会各界争论的焦点之一。

所谓社会形势，是指由该社会经济基础决定和制约的、社会生活各个领域之间及其自身矛盾斗争而发展变化之状况和态势。① 从上述定义可以看出，社会形势具有以下主要特点：其一，客观性，社会形势是一种客观存在的社会状态，它不因人的主观意志转移而转移；其二，多变性，社会形势不是静止不变的，而是不断变化发展的；其三，复杂性，社会形势包括政治、经济、文化等许多方面，涉及社会生活的各个层次和方方面面，包罗万象。社会形势是否应作为酌定量刑情节予以考虑，这是我国刑法学界和司法实践中争议已久之问题，对此主要有否定与肯定两种截然相反之观点：

否定说认为，根据《刑法》第 3 条的规定②可知，量刑应当严格依照刑法的规定进行，否则就有悖于罪刑法定这一基本原则，所以不能把社会形势作为量刑依据予以考虑。如有学者认为，应该严格按照刑法规定适用刑罚以及规定量刑的轻重，社会形势不应该纳入考虑范围，而且社会形势易变，量刑中如果考虑形势之需要势必会导致量刑标准之多变，最终导致相似之罪行出现轻重不同之刑罚，对犯罪人来说，这显然是不公平的。③ 例如，在交通状况良好时，某甲醉驾致使 4 车追尾、3 人受伤，也许被判处 5 个月以下拘役甚至缓刑处理就可以了；而在交通事故频发时，某乙醉驾致使 4 车追尾、3 人受伤，就可能被判处 6 个月"满额"拘役刑。假设甲乙二人在犯罪的后果、情节等其他方面都大致相近，这不同的判决很显然就属于同罪不同罚，这对于犯罪人来说显失公平，更严重的是这种做法将神圣的法治置于何地，法律的威严何在？如果将社会形势的需要作为量刑的根据，势必会破坏我国社会主义法治的统一，最终导致盲目适用重刑，不利于对罪犯的教育及改造。

大多数学者还是持肯定之观点，认为社会形势应当纳入司法机关量刑考虑的范畴。如有学者认为："在我国，由于社会形势是影响犯罪之社会危害性大小的一个因素，是制定法律和政策、实施法律和政策之依据，因此，法官在适用刑罚时，也必须考虑社会之政治、经济、治安等方面的形势。"④肯定者在论述其理由时，主要有以下几种观点：第一种观点认为，"'法随时变'，法律本就是顺应社会之需要而应运产生和适时修

---

① 参见马克昌主编：《刑罚通论》，武汉大学出版社 1999 年版，第 363 页。
② 我国《刑法》第 3 条规定："法律明文规定为犯罪行为的，依照法律定罪处刑；法律没有明文规定为犯罪行为的，不得定罪处刑。"
③ 参见阮齐林：《中国刑法上的量刑制度与实务》，法律出版社 2003 年版，第 32 页。
④ 周振想：《刑罚适用论》，法律出版社 1990 年版，第 220 页。

改的,体现的是统治阶级之意志,'刑罚世轻世重','法与时转则治,治与世宜则有功',纵观古今中外,刑罚裁量活动无不受到社会形势的影响"①。第二种观点认为,"由于社会形势会增大和缩小某些作为量刑情节的主客观事实情况之社会危害性和人身危险性程度,从这个意义上讲,社会形势是影响量刑之外在因素之一"②。第三种观点认为,"社会形势影响量刑主要是基于一般预防的需要。在社会治安形势混乱、犯罪率上升的情况下,通过加重对犯罪人的刑罚处罚可以起到对潜在犯罪人的威慑作用,使其不敢铤而走险"③。第四种观点认为,"社会形势之所以能够影响量刑,是因为其对犯罪行为的社会危害性所产生的影响,作为犯罪本质特征的社会危害性与社会形势密切相关,国家政治、经济、文化方面的情况变化,直接影响着行为的社会危害程度"④。

笔者认为,社会形势对于适用量刑情节的影响,应当在不违背罪刑法定这一基本原则之前提下进行讨论,应主要体现在刑事立法中。众所周知,犯罪之根本属性是社会危害性,而社会形势之变化在一定程度上会影响某些行为的社会危害性判断,当某种社会条件发生显著的变化影响到某一行为之社会危害性时,立法者应当通过修改立法将这种变化体现在法律中。此时法官只需严格按照刑法规范之规定进行定罪和量刑,裁量结果一般也能同形势之需要相吻合,因而不需要过多考虑社会形势之需要。但是这并不意味着在任何时候都可以不考虑社会形势之需要,法律具有滞后性和局限性,它不可能包罗万象,而生活又是复杂多变的。因此,在严格遵守罪刑法定基本原则之前提下,在法定刑幅度之范围内对社会形势予以一定的考虑,将有利于更好地实现罪责刑相适应的基本原则。

综上,本文认为,对社会形势的需要是否影响量刑这一问题,持绝对否定或绝对肯定的观点都是不合理的。在定罪量刑时,首先应当严格遵守罪刑法定的基本原则,在以刑法规定为准绳之基础和前提下,将社会形势作为酌定量刑情节适度考虑。只有如此才能真正做到公正量刑,才能真正体现刑法之公平和正义。

在高晓松危险驾驶案中,严打醉驾的社会形势只应当是适当予以考虑的酌定量刑情节,它与坦白、被害人谅解等情节均是法官量刑时应当予以考虑的因素。换言之,这些量刑情节均表现为事实情况,都从不同角度反映了高晓松的行为社会危害性或者人身危险性,在适用过程中,其差别只能是对宣告刑所起的作用大小不同,而不是作用的有无。因此,法官对于高晓松危险驾驶案中的所有情节都必须予以考虑,忽略任何一个均是对"以事实为依据"的量刑基本原则的直接违背。也就是说,忽略或拒绝适用某些情节,本质上就是忽略事实,不以事实为依据,这种做法存在本末倒置的矛盾,也不

---

① 黄艳葵:《"酌定量刑情节研究"》,四川大学2006年硕士学位论文,第57页。
② 马克昌:《刑罚通论》,武汉大学出版社1999年版,第363页。
③ 陈兴良:《刑法哲学》,中国政法大学出版社1992年版,第139-147页。
④ 王勇:《定罪导论》,中国人民大学出版社1990年版,第236页。

符合对事物进行评价的逻辑过程。

③行为人犯罪前一贯表现情节与取得被害人谅解情节之考量

犯罪人在犯罪前的通常表现如何,是一贯遵纪守法,基本没有违法乱纪的行为,还是经常违法犯罪、作恶多端,这些情节均是司法部门在量刑时应当考虑的情节。若犯罪人之前一贯表现良好,本次系偶犯、初犯,说明该行为人的人身危险性和主观恶性均较小,因而该情节可以作为酌定从宽处罚的情节;相反,若犯罪人一贯表现恶劣、为非作歹,说明其人身危险性和主观恶性都较大,可以作为酌定从严处罚情节考虑。

本案中,辩护律师提供的两份证人证言证实被告人高晓松平时酒后一般都会叫代驾,且本次犯罪之前也曾叫过代驾,该证据证明被告人高晓松此次犯罪之前表现良好,此次犯罪属于初犯、偶犯,这一情节表明被告人高晓松的人身危险性和主观恶性均较小,将该情节作为酌定从宽处罚情节,符合刑法罪责刑相适应的基本原则,有利于鼓励人们平时遵纪守法。

所谓犯罪人赔偿并取得被害人谅解,是指犯罪人在犯罪后,对被害人所受经济损失进行赔偿并取得被害人谅解的行为。在司法实践中,对于绝大多数的犯罪而言,赔偿只是作为酌定量刑情节的考虑因素。除了社会危害性极大的暴力犯罪外,如果犯罪人在犯罪以后能够积极主动地赔偿被害人的损失并能够取得被害人的谅解,则不仅可以弥补国家、集体或他人财产的损失,缓和被害人与被告人之间的矛盾,同时也表明行为人主观上有悔过之意,因此在量刑时可以考虑从宽处理。在我国相应救济制度尚不完善的情况下,司法实务中充分考虑犯罪人的这一量刑情节具有非常重要的意义。若认为犯罪人的赔偿与量刑没有关系,那么行为人会认为"还与不还都是一个样",从而拒不赔偿被害人的损失,这样只会给受害人造成更大的经济损失。因此可以说漠视犯罪人积极赔偿并取得被害人谅解这一酌定从宽量刑情节的做法是不可取的。

本案中,辩护律师提供赔偿书证明被告人高晓松积极主动地赔偿了受害人,同时提供了被害人希望从轻处罚被告人高晓松的谅解书,这一情节反映了被告人高晓松真诚悔过的主观心态,不仅在一定程度上消除了双方之间的纠纷,弥补了受害人的损失,而且也从经济成本的角度警示了被告人。从量刑角度考虑高晓松积极赔偿并取得被害人谅解这一情节,适度从宽量刑,无疑会有效激励之后类似案件中犯罪人的趋同行为,从而更大程度上减少受害人的损失,有利于缓和相关社会矛盾、促进社会的和谐与安定。

综上可以看出,在高晓松醉驾案中多种量刑情节并存,既存在法定从轻情节,也存在酌定从宽与酌定从严情节,而法院所作判决仅仅考虑了量刑情节之一即酌定从严的实害情节,对于本案所具备的其他情节却没有提及,其判决书中的"顶格"宣告刑也没有体现出从轻量刑的迹象。与2011年5月1日晚上9点发生的郭术东醉驾案相比,两者所具备的量刑情节如下:从醉酒程度来看,高晓松的酒精检测结果为243.04mg/100ml,而郭术东的检测结果为236mg/100ml;从实害结果来看,高晓松醉驾导致4车追尾、3人轻伤,郭术东致3车追尾;从认罪态度和被害人谅解的角度看,两者均具备真诚的认罪态度,高晓松还积极赔偿被害人并得到了被害人的谅解书。从上述比较可以看出,高晓松醉驾案与郭术东醉驾案的量刑情节差别不大,但是从两案的判决结果来看,高晓松获刑6个月并处罚金4 000元而郭术东则获刑4个月并处罚金2 000元。从上述分析可以得出,高晓松醉驾案的顶格刑罚确实较重。在本案的处理中,北京市东城区人民法院的本意是为了严格依法定罪,使首个名人醉驾案的判决尽可能摆脱"名人影响"的嫌疑。尽管法院的愿望是良好的,但是这种片面量刑的行为,忽略了当前宽严相济刑事司法政策对刑事法律的指导作用,没有处理好醉驾入刑与宽严相济的刑事司法政策之间的关系,有违当前宽严相济的刑事司法政策,从长远来看,这无疑不利于社会矛盾的缓和与化解,不利于社会的和谐与安定。

3. 本案刑罚之合理适用

从上述分析和法院对高晓松醉驾案的判决中可以看出,高晓松醉驾案存在多种量刑情节,法院对量刑情节的考量重视行为人的醉酒程度和醉驾行为的实际危害结果等从严量刑情节,却忽视了坦白、被害人谅解等从宽量刑情节的考量。假设司法实践中又出现了李晓松醉驾案、马晓松醉驾案、张晓松醉驾案,这些案件的情节与高晓松醉驾案基本相同,不同之处在于行为人因各种原因没有对受害人进行赔偿也没有取得被害人的谅解,面对此类案件,司法机关又将如何裁决?作出相同的"顶格"宣告刑吗?这只能得出相同的法益得到不同的保护、不同的行为受到了相同的对待这一"量刑不公"的结论。从这一角度出发,在忽视了高晓松醉驾案所具有的从宽量刑情节考量的基础上作出的"顶格"宣告刑,无疑是较重的。

分析至此,多种量刑情节的合理适用就摆到了我们面前。多种情节并存是指一个案件中同时存在多种量刑情节,或者同时存在多个从宽处罚情节,或者同时存在多个从严处罚情节,或者既存在从宽处罚情节,又存在从严处罚情节。这种情况的量刑比较复杂,实践中做法各不相同,学理上也存在着诸如宽严相济法、择一量刑法、相加升格法、升降法等许多相异的主张,但都有失偏颇。

从罪责刑相适应的原则出发,对于多种量刑情节并存的情况,量刑时,司法部门一般首先要考虑该案件的社会危害性的大小,再结合所有情节来分析决定。如案件的整个社会危害性较轻的,一般遵循从宽兼从严的原则,如案件的社会危害性从总体上看较重,应遵循从严兼从轻的原则。具体应当遵循法定情节优于酌定情节,应当情节优于可以情节,罪中情节优于罪前、罪后情节的原则。值得注意的是,此处的"优于"仅仅指考虑的先后次序,而不能理解为只考虑前者不考虑后者。换言之,我们应当在考虑行为人行为的社会危害性的前提下,全面、充分地考虑案件所具有的量刑情节。

在多个从轻情节并存时,一般情况下,应根据各个情节的实际情况和犯罪的危害程度,确定各个情节从轻处罚的调节幅度,并采用同向相加的方法确定所有从轻情节对基准刑的调节比例,进而计算出量刑情节对基准刑的总的调节结果。需要注意的是,多个从轻处罚情节并存时,其结果只能是相对增大从轻处罚的分量,不能因为多个从轻处罚情节并存就合并减轻处罚,量刑情节对基准刑的调节结果在法定刑幅度内的,可以直接作为宣告刑;量刑情节对基准刑的调节结果低于法定最低刑的,以法定最低刑为宣告刑。当然,如果适用各个从轻情节判处法定最低刑仍然明显过重的,可以依据《刑法》第63条第2款的规定处理。① 当然,实务中还有其他的一些不错的做法,比如北京市海淀区人民法院提出的"量刑梯度"的设想等。

总之,对于多种量刑情节的合理适用问题,仁者见仁,智者见智,尽管目前还没有形成统一的行之有效的做法,还需不断研究与探索,但是全面、慎重考量所有量刑情节的原则是一致的。正如陈兴良教授所说:"刑法是一种不得已的恶。用之得当,个人和社会两受其益;用之不当,个人和社会两受其害。"所以,我们对量刑情节的考量,特别是对法定量刑情节的认定和适用,必须抱着慎之又慎的态度。

在高晓松危险驾驶案中,我们也应全面考量所有量刑情节,既要考量较重的醉酒程度和实害结果等从严情节,也要考量其所具备的"坦白情节"、偶犯、初犯、积极赔偿被害人并获得被害人谅解书等从宽情节,笔者认为,依照上述多种量刑情节并存时的考量规则,高晓松醉驾案的刑罚若改为"拘役5个月并处罚金4 000元人民币"将更符合宽严相济的刑事司法政策。也就是说,对于名人,不能一刀切式地从严处罚。"法律的对象永远是普遍的",立法者通常只按通常情况立法,醉驾入刑的威慑性取决两个因素:一是有罪必罚,即对所有威胁公共安全的醉驾行为及时、准确地予以惩治,不使任何具备危险的醉驾行为人逃脱法律的制裁;二是罚当其罪,司法机关应尽量全面、充分地考量个案中的所有量刑情节,宽严相济,适度量刑,以保证刑法的公平性与公正性。唯有如此,才能实现刑法规制醉驾行为的良性治理的目的;否则,就有可能陷入"严打醉驾"的怪圈,失去刑罚惩治醉驾行为的可持续性。将立法设计上的一般公正转化成具体案件裁量中的个别公正,便成了司法的使命,也是司法公正的要义。

---

① 参见陈学勇:《谈量刑情节的适用》,载《法律适用》2009年第8期。

与食品生产、销售相关的危害公共安全犯罪及其他罪名与刑罚问题

——以三鹿奶粉系列刑事案件为例

孙明经[*]

目　次
一、选案理由
二、基本案情
三、裁判要旨
四、引发的理论问题
（一）以危险方法危害公共安全罪的罪名判定——以张玉军案为例
（二）三鹿集团及其主管人员、直接责任人员罪名选择适用
（三）限制经济犯罪和逐步废止死刑适用语境下三鹿奶粉相关刑案探析

一、选案理由

　　2008年，三鹿奶粉事件备受国人关注，成为当年十大法治事件之首，并直接促生了《食品安全法》的出台，足见食品安全重于泰山。民众本以为随着三鹿奶粉系列刑案判决的尘埃落定，三聚氰胺的阴云已经散去，然而2010年3月15日"消费者权益保护日"中央电视台《焦点访谈》的报道显示：超标三聚氰胺奶粉又如幽灵般再现，而原材料就来自河北等地。人们不禁要问，这些本该在2008年就销毁的问题奶粉是怎样流入市场的？事实上，2010年不断有关于问题奶粉的新闻报道。2011年3月15日，央视新闻频道3·15特别节目《"健美猪"真相》有关双汇"瘦肉精"猪肉的报道，再次深深地刺痛了国人的心。

　　"民以食为天，食以安为先"，食品安全事关国计民生。应该说，三鹿奶粉事件是中

---

[*] 北京师范大学法学院2008级法律硕士研究生。

国食品行业的一次强烈地震,它使长期以来潜藏在行业内部的诸多问题集中暴露出来。该事件严重打击了国人对于国产奶制品的消费信心。令人惋惜之余,也为我国食品行业健康可持续发展敲响了警钟。

从《食品安全法》的出台到《刑法修正案(八)》对于相关经济犯罪罪名、罪状的修改与"食品监管渎职罪"的增设,我们看到了市场经济条件下法律所应承载的重托。笔者认为,在食品安全形势依然严峻的今天,结合新情况从刑法角度重新审视三鹿奶粉系列刑事案件及其相关判决,对于事实认定,罪名适用,乃至于限制经济犯罪和逐步废止死刑适用等问题进行思考并作相关法理研究,不仅具有一定的学理价值,而且将极具现实意义。

二、基本案情①

2007年7月,被告人张玉军明知三聚氰胺是化工产品,不能供人食用,人一旦食用会对身体健康、生命安全造成严重损害的情况下,以三聚氰胺和麦芽糊精为原料,在河北省曲周县河南疃镇第二疃村,配制出专供往原奶中添加、以提高原奶蛋白检测含量的混合物(俗称"蛋白粉")。后张玉军将生产场所转移至山东省济南市市中区党家庄村,雇用工人大批量生产"蛋白粉"。至2008年8月,张玉军累计生产"蛋白粉"770余吨,并以每吨8 000元至12 000元不等的价格销售给被告人张彦章及黄瑞康、张树和、刘继安、周全彬(均另案处理)等人,累计销售600余吨,销售金额为6 832 120元。

在此期间,被告人张玉军生产、销售的"蛋白粉"又经赵怀玉、黄瑞康、周全彬等人分销到石家庄、唐山、邢台、张家口等地的奶厅(站),被耿金平等奶厅(站)经营者添加到原奶中,销售给三鹿集团等奶制品生产企业。三鹿集团等奶制品生产企业使用含有三聚氰胺的原奶生产的婴幼儿奶粉等奶制品流入全国市场后,对广大消费者特别是婴幼儿的身体健康、生命安全造成了严重损害,导致全国众多婴幼儿因食用含有三聚氰胺的婴幼儿奶粉引发泌尿系统疾患,多名婴幼儿死亡。国家投入巨额资金用于患病婴幼儿的检查和医疗救治,众多奶制品企业和奶农的正常生产、经营受到重大影响,经济损失巨大。

在该系列案件中,司法机关还查明,2007年12月以来,被告单位三鹿集团陆续收到消费者投诉,反映有部分婴幼儿食用该集团生产的婴幼儿系列奶粉后尿液中出现红色沉淀物等症状,且相同投诉逐渐增多。2008年5月17日,三鹿集团客户服务部书面向被告人田文华、王玉良等集团领导班子成员作了通报。为查明原因,三鹿集团于

---

① 参见河北省石家庄市中级人民法院(2008)石刑初字第353号刑事判决书;河北省高级人民法院(2009)冀刑一终字第57号刑事裁定书;最高人民法院(2009)刑二复83394450号刑事裁定书;河北省石家庄市中级人民法院(2008)石刑初字第351号刑事判决书;河北省高级人民法院(2009)冀刑二终字第11号刑事裁定书。

2008年5月20日成立了由被告人王玉良负责的技术攻关小组,通过排查,确认该集团所生产的婴幼儿系列奶粉中"非乳蛋白态氮"含量是国内外同类产品的1.5倍至6倍,遂怀疑其奶粉中含有三聚氰胺。于是2008年7月24日三鹿集团将16批次婴幼儿系列奶粉送检,确定其中是否含有三聚氰胺。2008年8月1日,河北出入境检验检疫局检验检疫技术中心出具检测报告:送检的16个批次奶粉样品中有15个批次检出三聚氰胺。

2008年8月1日下午5时许,被告人王玉良将检测结果向被告人田文华进行了汇报。田文华随即召开集团经营班子扩大会进行商议。王玉良就婴幼儿奶粉中检测出三聚氰胺及三聚氰胺系化工原料、非食品添加剂,不允许在奶粉中添加的情况做了说明。会议作出了暂时封存产品、对库存产品的三聚氰胺含量进行检测以及以返货形式换回市场上含有三聚氰胺的三鹿牌婴幼儿奶粉等决定。同时,三鹿集团明知其婴幼儿系列奶粉中含有三聚氰胺,仍不停止奶粉的生产、销售。2008年9月12日,三鹿集团被政府勒令停止生产和销售。经检测和审计,2008年8月2日至9月12日,三鹿集团共生产含有三聚氰胺的婴幼儿奶粉72个批次,总量为904.2432吨;销售含有三聚氰胺1.71毫克/公斤至286.46毫克/公斤不等的婴幼儿奶粉69个批次,总量为813.737吨,销售金额为47 560 800元。

2008年8月3日,被告人杭志奇经被告人田文华同意,找到被告人吴聚生,通报了该集团奶粉中"非乳蛋白态氮"超标的情况,并指示将加工三厂拒收的"非乳蛋白态氮"超标的原奶,转送到其他加工厂以保证奶源。在8月4日的原奶事业部晨会上,吴聚生根据杭志奇的指示,对原奶事业部有关管理人员作了部署。会后,因"非乳蛋白态氮"检测不合格而被加工三厂拒收的原奶共7车29.806吨,先后被转往行唐配送中心、新乐闵镇配送中心。这些原奶与其他原奶再次混合后进入了加工程序。所生产的12个批次的液态奶经检测,均含有三聚氰胺,共计269.44062吨,并已经全部销售,销售金额合计1 814 022.98元。

三、裁判要旨①

明知大量生产、销售、专供往食品原料(原奶)中添加的非食品添加剂、非食品原料(含三聚氰胺混合物),会损害不特定多数消费者的身体健康、生命安全及公私财产利益,而放任危害结果发生,客观上造成了不特定多数人的人身伤亡及公私财产的重大损失,足以认定其主观上具有危害公共安全的故意,其行为方式的危险性与放火、爆炸

---

① 参见河北省石家庄市中级人民法院(2008)石刑初字第353号刑事判决书;河北省高级人民法院(2009)冀刑一终字第57号刑事裁定书;最高人民法院(2009)刑二复83394450号刑事裁定书;河北省石家庄市中级人民法院(2008)石刑初字第351号刑事判决书;河北省高级人民法院(2009)冀刑二终字第11号刑事裁定书。

等行为方式相当,构成以危险方法危害公共安全罪。

明知生产的食品(婴幼儿奶粉、液态奶)中含有对人体有害的非食品原料(三聚氰胺),仍继续生产、销售的,同时符合生产、销售有毒食品罪与生产、销售伪劣产品罪的构成要件,依法应当依照处罚较重的规定定罪处罚。在单位犯罪中起组织、指挥作用的直接负责的主管人员,应按照其组织、指挥的全部犯罪处罚;其他直接负责的主管人员按其参与的犯罪处罚;在犯罪中起次要作用的直接责任人员,是从犯,应减轻处罚。

四、引发的理论问题

笔者针对三鹿奶粉系列刑事案件提炼如下三个问题加以研究。

以危险方法危害公共安全罪的罪名判定——以张玉军案为例。"蛋白粉"本身并非食品也非食品原料,生产"蛋白粉"本身并不为法律所禁止。据此,有观点认为张玉军等人的行为是对"蛋白粉"添加者的一种帮助行为,应认定为"蛋白粉"添加者的共犯,从而构成"生产有毒食品罪",而不是法院判决的"以危险方法危害公共安全罪"。如何认识生产、销售"蛋白粉"的行为性质决定对本案的罪名认定。因此,以张玉军案为例研究"以危险方法危害公共安全罪"的罪名判定有一定理论价值。

三鹿集团及其主管人员、直接责任人员罪名选择适用。三鹿集团及其主管人员、直接责任人员的罪名一直扑朔迷离,也备受关注。田文华等人开始因涉嫌"生产、销售有害食品罪"被立案侦查,到审判阶段,检察机关指控的罪名为"生产、销售伪劣产品罪",而辩护人认为田文华构成"重大责任事故罪",法院最终以"生产、销售伪劣产品罪"对三鹿集团及田文华等分别进行了判处。在该案中,对于"明知"的认定以及法条竞合情形下罪名选择适用问题是值得研究的问题。

限制经济犯罪和逐步废止死刑适用语境下三鹿奶粉相关刑案探析。三鹿奶粉系列刑事案件中,共有11人因"生产、销售有毒食品罪"被定罪量刑,其中耿金平被判处死刑;三鹿集团及4名主管人员、直接责任人员也以"生产、销售伪劣产品罪"定罪。作为典型的经济犯罪案件,笔者以为在限制经济犯罪和逐步废止死刑适用的语境下,结合食品安全现状及刑事立法、司法动向对三鹿奶粉系列经济犯罪刑事案件及其判决进行探讨分析,并在此基础上做一展望,应该会对我国刑事法治的不断完善有所裨益。

(一)以危险方法危害公共安全罪的罪名判定——以张玉军案为例

以危险方法危害公共安全罪,是指行为人故意使用放火、决水、爆炸、投放危险物质以外的其他危险方法,危害公共安全的行为。本罪是一个独立的罪名。依据1997年《刑法》,以放火、决水、爆炸、投放危险物质以外的其他危险方法危害公共安全的,构成本罪。三鹿奶粉系列刑事案件中,生产、销售"蛋白粉"的张玉军正是因为触犯本罪而获判极刑的。

1979年《刑法》第105条规定:"放火、决水、爆炸或者以其他危险方法破坏工厂、矿场、油田、港口、河流、水源、仓库、住宅、森林、农场、谷场、重要管道、公共建筑物或者其他公私财产，危害公共安全，尚未造成严重后果的，处三年以上十年以下有期徒刑。"第106条第1款规定：放火、决水、爆炸、投毒或者以其他危险方法致人重伤、死亡或者使公私财产遭受重大损失的，处十年以上有期徒刑、无期徒刑或者死刑。"为保持刑法的稳定性，1997年《刑法》基本保留了1979年《刑法》对这一罪状的表述。2001年《刑法修正案（三）》将1997年《刑法》第114条修改为：放火、决水、爆炸以及投放毒害性、放射性、传染病病原体等物质或者以其他危险方法危害公共安全，尚未造成严重后果的，处三年以上十年以下有期徒刑。"将《刑法》第115条第1款修改为：放火、决水、爆炸以及投放毒害性、放射性、传染病病原体等物质或者以其他危险方法致人重伤、死亡或者使公私财产遭受重大损失的，处十年以上有期徒刑、无期徒刑或者死刑。"本次修改使犯罪对象不再局限于财产，而是扩大到财物和人。这是为了适应国内反恐斗争需要，对《刑法》所作的适时修改。

1997年《刑法》施行后，我国刑法理论界对于如何确定本罪罪名曾存有几种看法。一种看法是，应当统一使用"以危险方法危害公共安全罪"，因为如果按照行为人使用的具体危险方法确定罪名，就会出现太多的罪名，不利于司法统一。[1] 另一种看法是，应当依犯罪分子具体使用的危险方法来确定罪名，理由是以危险方法危害公共安全罪不是一个具体罪名，而是泛指以放火、决水、爆炸、投放危险物质以外的各种不常见的危险方法危害公共安全的犯罪。在罪名中如实反映出具体的危险方法，才能使人们通过罪名对具体案件的性质和特点一目了然，也易于分清此罪与彼罪的界限。[2] 这两种观点互有短长，前者虽便于司法适用，但难以表现案件特点。后者虽能体现犯罪个案特征，但罪名多样化，有碍司法统一。1997年12月16日发布的最高人民法院《关于执行〈中华人民共和国刑法〉确定罪名的规定》与1997年12月25日最高人民检察院印发的《关于适用刑法分则规定的罪名的意见》事实上采用了第一种观点，均将《刑法》第114条、第115条规定解释为"以危险方法危害公共安全罪"。

近期，司法机关对"危险方法"理解的宽泛性与适用本罪时的随意性显然与罪刑法定原则的明确性要求不相符合。然而"以危险方法危害公共安全罪所处罚的行为，均是《刑法》没有明文规定的危害公共安全行为，如果以罪刑法定来限制该罪的适用，必然会导致该罪没有任何适用的余地，成为空设"[3]。因此，司法机关认定本罪时必须严格把握构成该罪的特定要件，不能随便扩大解释，也不能任意缩小其范围，以免混淆罪与非罪、此罪与彼罪的界限。在分析张玉军生产、销售"蛋白粉"的行为是否危害公共安全以及该行为能否认定为"其他危险方法"之前，有必要先行对"公共安全""其他危

---

[1] 参见林亚刚：《危害公共安全罪新论》，武汉大学出版社2001年版，第136页。
[2] 参见鲍遂献、雷东生：《危害公共安全罪》，中国人民公安大学出版社2003年版，第64、70页。
[3] 赫兴旺：《以危险方法危害公共安全罪的司法认定》，载《法制日报》2006年1月12日。

险方法""相关司法解释及有关判决确定的危险方法"进行理解把握。

1. 对于公共安全(及危险状态)的理解

以危险方法危害公共安全罪的客体是公共安全。对于公共安全的含义,我国现行《刑法》及司法解释并未给予明确规定。由于对本罪的认识不尽相同,刑法学界对公共安全的含义自然也存在不同见解。概括起来主要有以下几种观点:第一种观点认为,公共安全,是指不特定多数人的生命健康、财产安全、重大公私财产安全和其他公共利益的安全。① 第二种观点认为,公共安全是指多数人的生命和财产安全,包括不特定多数人和特定多数人,或者说不区分特定还是不特定。② 第三种观点认为,公共安全是指不特定或者多数人的生命、健康、财产的安全。③ 支持第一种观点的人较多,至今仍然是我国刑法学界的通说。上述三种观点的共同之处是都认为公共安全的内容包括人的生命和财产安全。从我国《刑法》的现行规定来看,第124条规定了"破坏广播电视设施、公用电信设施罪",显然行为人实施破坏广播电视设施、公用电信设施的行为没有危及不特定多数人的生命、健康和财产安全,而是破坏了广播电视和公用电信设施的安全,此种法益(公共利益安全)应受刑法保护是自不待言的,理应包含于公共安全内容之内。而本罪的公共安全内容应仅限于人的生命、健康和公私财产安全是完全适当的,这从《刑法》第115条的规定即可得出结论。

危害"公共安全"是判断行为属于"其他危险方法"的前提条件,而判断有否危害"公共安全"则需要把握危险犯的概念。危险犯在我国刑法理论中已占据一席之地,并得到刑法学者的普遍认同。对于危险犯的概念,观点颇多,笔者赞同危险犯是指以故意或者过失实施的危害行为足以造成某种法定的危险状态为犯罪构成要件要素的犯罪形态。依据这一概念,在直接故意犯罪中,危险状态是区分完成罪与未完成罪的标志;在间接故意和过失犯罪中,危险状态是区分罪与非罪的标志。是否达到足以危害公共安全的危险状态关系到该罪危险犯成立与否以及是否既遂。④

在大陆法系刑法理论中,根据危险的程度不同,将危险犯的危险分为具体危险和抽象危险。具体危险是指在法律上需要明确地把危险规定于犯构成要件之中,法官应根据具体案情判断这种法律规定的危险是否存在;抽象危险是指行为本身即具有侵害法益的危险性,法律不必明文将危险规定于犯罪的构成要件之中,行为人只要实施了

---

① 参见高铭暄、马克昌主编:《刑法学》(下编),中国法制出版社1999年版,第609页;王作富主编:《刑法分则实务研究》(上),中国方正出版社2003年版,第65页。
② 参见赵秉志主编:《刑法相邻相近罪名界定与运用》(上册),吉林人民出版社2000年版,第93页。
③ 参见张明楷:《刑法学》(第2版),法律出版社2007年版,第538页。
④ 参见胡旻佳:《以危险方法危害公共安全罪的限制适用研究》,华东政法大学2010年硕士学位论文,第17页。

符合法律规定的行为,即推定其具有一般危险。① 对于《刑法》第114条规定,究竟为具体危险犯还是抽象危险犯,有两种观点:第一种观点将《刑法》第114条归入具体危险犯。② 第二种观点则认为,属于抽象危险犯。③ 笔者认为,第一种观点以法条罪状中明确要求危险(危害公共安全)作为判断具体危险犯标准,显然该危险状态并非立法所推定,符合罪刑法定原则对解释论的要求。因此,我国《刑法》第114条规定的是具体危险犯。在司法实践当中,危险状态的认定作为判断犯罪成立与否以及是否既遂的重要因素,应根据具体案件并结合如下情形进行综合考察分析:

危害行为的本质。"原因之中蕴含着未曾显露的结果的实质,结果则是原因内含实质的展开和外化。"④危害行为作为原因是否造成了足以危害公共安全的危险状态这一结果,应进行实质考察。只有危害行为一经实施,就会使不特定多数人的生命、健康、公私财产安全受到威胁,才能认为危险行为能够引起危险状态的发生。

危害行为的对象、手段。公共安全危险状态是否发生,不仅取决于危险行为是否具有威胁公共安全的属性,很多情况下还应考察犯罪对象以及实施危险行为的手段。放火罪、决水罪、爆炸罪、投放危险物质罪主要取决于危险行为的手段,而破坏交通工具罪、破坏易燃易爆设备罪等则取决于犯罪对象的特殊性。

危害行为的实行程度。实施危害行为与危险状态的出现并非同时,由于各种各样的原因导致危险状态并未出现的情形并不鲜见。如在实施爆炸的场合,由于环境潮湿行为人一直无法点燃导火线,形迹可疑被人发觉而被迫停止。应该讲这时危险状态还没有出现,对此不可疏于考察。

实害结果发生的现实可能性。危害行为实施完毕后危险状态是否形成就转移到实害结果发生的现实可能性上了。"危险状态在事后之所以能得以判断,主要的根据就在于其具有事后可预测性,即危险状态所预示的发生实害结果的可能性的范围和程度在事后是能够确定和衡量的。"⑤考察危险状态在特定的时空范围内会否发生,应当以全人类的知识、经验即科学法则为基准进行判断,即科学法则认为该行为具有危险时就是有危险的,科学法则认为该行为没有危险时就是没有危险的;不管行为人、一般人或平均人是如何认识的。⑥ 同时还要看实际损害可能发生的程度是否达到刑法对危险状态量的要求,不能是假想的"伪危险"。

---

① 参见高仰止:《刑法总则之理论与实用》,五南图书出版公司1983年版,第143页。转引自胡旻佳:《以危险方法危害公共安全罪的限制适用研究》,华东政法大学2010年硕士学位论文,第18页。
② 参见肖中华、陈洪兵:《"危险概念是一个危险的概念"——关于狭义危险犯的理论及立法检讨》,载《中国刑事法杂志》2005年第6期。
③ 参见鲜铁可:《新刑法中的危险犯》,中国检察出版社1998年版,第100页。
④ 赵炳寿主编:《刑法若干理论问题研究》,四川大学出版社1992年版,第119页。
⑤ 王志祥:《论危险犯的危险状态的判断》,载《山东警察学院学报》2005年第1期。
⑥ 参见张明楷:《未遂犯论》,中国法律出版社与日本成文堂1997年版,第224—225页。

2. 对"其他危险方法"的理解

《刑法》第 114 条、第 115 条对危险方法犯罪采取的是列举加概括性规定的表述方法。《刑法》采取这种表述方法体现了刑事立法的原则性与灵活性的统一，避免挂一漏万，便于司法实践中运用法律武器有效惩治各种形式的危害公共安全的犯罪行为，不至于因法无明文规定而放纵犯罪分子。也正是该罪名的概括性与补充性特征导致了法律适用当中的随意性。近期，司法实践中出现的较多判决正是这一扩大适用趋势的直接反映。因此，对于"其他危险方法"绝不可随意理解。由于《刑法》条文中仅规定了此罪的行为对象与性质等方面的要素，并未规定此罪的具体行为结构与方式，导致对于"其他危险方法"没有限定，因而不符合罪刑法定原则明确性的要求，对此罪的构成要件采取限制解释极为必要。"其他危险方法"应为《刑法》第 114 条、第 115 条的"兜底"规定，而不可扩展到刑法分则第二章。①

刑法学界普遍认为，从严格解释的角度出发，本罪中的"危险方法"应是与放火、决水、爆炸、投放危险物质危险性相当的方法，绝非泛指一切具有危害公共安全性质的行为。如果行为人用危险方法侵害了特定的对象，但是并不危及公共安全，对不特定多数人的生命、健康或者公私财产安全也无威胁，就不构成本罪，而可能构成其他犯罪。"只有行为人实施危害公共安全的行为所采用的危险方法与放火、决水、爆炸、投放危险物质的危险性相当，并且行为的社会危害性达到一定程度，应当追究刑事责任的程度，才能按以危险方法危害公共安全罪论处。在这一点上，'危害公共安全'是判断行为是否属于'其他危险方法'的关键。"②

刑法理论界对如何认定"其他危险行为"的危险相当性存在不同见解。有的学者认为，本罪中的危险行为是指"那些针对《刑法》第 114 条列举的对象具有严重'破坏'性，并且危害公共安全的危险行为"③。即这里"危险的相当性"体现为对公共安全的严重破坏性。有学者对与放火等罪"危险性相当"的行为进行了列举，认为包括私设电网、驾车冲撞人群、制输坏血等④。还有学者进一步阐释"其他危险方法"应与放火、爆炸等行为危险性相当，"即一经实施，就可能造成不特定或者多数人的伤亡或者致使公私财产遭受重大损失的方法"⑤。

笔者通过对上述观点的研究认为，"其他危险方法"必须限定为在性质与程度上与放火、决水、爆炸、投放危险物质方法相当。在性质上与放火、决水、爆炸、投放危险物

---

① 参见张明楷：《刑法学》（第 2 版），法律出版社 2003 年版，第 545 页。
② 谭绍木、黄秋生：《"以危险方法危害公共安全罪"中"危险方法"的展开》，载《南昌航空工业学院学报（社会科学版）》2005 年第 1 期。
③ 张明楷：《刑法学》（第 2 版），法律出版社 2003 年版，第 545 页。
④ 参见高铭暄、马克昌主编：《刑法学》，中国法制出版社 2007 年版，第 403 页。参见赵秉志主编：《刑法新教程》，中国人民大学出版社 2001 年版，第 473 页。
⑤ 李希慧主编：《刑法各论》，中国人民大学出版社 2007 年版，第 53 页。

质相当,意味着该危险方法一经实施就具备难以预料并不可控制的高度危险性。在程度上达到与放火、决水、爆炸、投放危险物质同等危险状态,则表现为该危险方法已经严重威胁到不特定多数人的生命、健康以及重大公私财产安全。所实施犯罪如不同时具备性质与程度上的危险特性,则不应归入"其他危险方法"范畴从而以以危险方法危害公共安全罪予以刑事追究。据此,判断是否为本罪的"其他危险方法"应当符合以下三个标准:第一,应为放火、决水、爆炸、投放危险物质之外的危险方法;第二,应为危害公共安全的危险方法;第三,应为具有同放火、决水、爆炸、投放危险物质危险性相当的方法。

3. 相关司法解释及有关判决确定的危险方法

近年,两高通过司法解释将"使用爆炸、投毒、设置电网等危险方法破坏野生动物资源""邪教组织人员以自焚、自爆或者其他危险方法危害公共安全""故意传播突发传染病病原体,危害公共安全"等危险方法纳入"以危险方法危害公共安全罪"中来。

司法实践中,通过司法审判认定的"其他危险方法"有:(1)发生交通事故后继续驾车冲撞的危险方法(成都孙伟铭案、佛山黎景全案);(2)不让瓦斯检测器报警并伪造瓦斯报表的危险方法(平顶山李新军案);(3)以含有病菌的塑料注射器进行针刺的危险方法(云南孙琪琪案);(4)非法生产、销售含有三聚氰胺"蛋白粉"的危险方法(三鹿奶粉张玉军案);(5)驾车在高速公路上逆行的危险方法(重庆万州张某案);(6)投寄虚假炭疽杆菌的危险方法(上海肖永灵案);等等。在上述案件中,肖永灵案判决后,曾在刑法理论界引起轩然大波。在该案中,肖永灵所投寄的是无毒、无害的食品干燥剂,而不是真正的炭疽杆菌,并且其所投寄的对象具体确定,不仅肖永灵自己明知,客观上该行为也完全不具有危害公共安全的现实可能性,更谈不上肖永灵主观上对于危害后果的希望或者放任。该案判决后通过的《刑法修正案(三)》第 8 条的规定充分证明了肖永灵的行为既不属于危害公共安全,也不是危险方法。该案判决违背了罪刑法定原则,定性错误,应通过审判监督程序予以再审改判。由于原《刑法》条文对肖永灵的行为没有明文规定,当然不能依据后通过的《刑法修正案(三)》对其以"投放虚假危险物质罪"追究刑事责任。

4. 对张玉军被判处以危险方法危害公共安全罪的分析

张玉军出于谋求非法利益的目的,大量生产、销售专供往原奶中添加的含三聚氰胺的混合物即"蛋白粉"的行为,如能认定为"其他危险方法",则张玉军有可能构成以危险方法危害公共安全罪。首先,该行为并不属于放火、决水、爆炸、投放危险物质无疑。

其次,该行为已严重危害到公共安全。表面看,张玉军生产、销售"蛋白粉"的行为不会直接对人的生命、健康安全或者重大公私财产安全造成危害,但事实并非如此。通常情况下,"蛋白粉"销售以后,尤其是添加到原奶中后,会"一路畅通",最终存在于奶制品中为广大消费者所食用。张玉军之所以能够长期、大量生产、销售"蛋白粉",原因就在于"蛋白粉"已经在较为广泛的程度上被添加到原奶中。"凯氏定氮法"这一通行的牛奶检测方法的缺陷,使得添加"蛋白粉"后的原奶因检测时蛋白质含量"增加"(并非实际增加),因而总能顺利通过验收。事实上,本案即使没有出现严重危害公共安全的后果,也已具备实害结果发生的现实可能性,即人食用含有三聚氰胺的奶制品后极有可能出现生命、健康安全问题,犯罪既遂所要求的危险状态已然满足。至于本案出现的危害公共安全的严重后果,则为结果加重的问题。张玉军对其所生产、销售的"蛋白粉"最终可能造成对于公共安全的危害后果是有所认识的,虽非故意追求,但也听之任之。

最后,该行为与放火、决水、爆炸、投放危险物质危险性相当。对于"危险方法"之"相当危险性"进行考察,是认定以危险方法危害公共安全罪的关键。事实上,放火、决水、爆炸、投放危险物质的行为方式不尽相同。"放火、决水、爆炸"具有"直接危险"的特性,方法本身即具有高度危险性,并且无须借助外力因素直接能够造成危害后果。而"投放危险物质"则有所不同,该行为既可能直接造成危害后果,也可能需要借助外力因素才会出现危害后果。有观点认为,"由于'蛋白粉'无法单独导致危险状态的出现,所以,如果不结合添加行为看,生产、销售'蛋白粉'的行为本身是不构成犯罪的"①。笔者对此不敢苟同。如前文所述,以危险方法危害公共安全罪是具体危险犯,危险状态的出现是犯罪既遂的标准。张玉军生产"蛋白粉"的行为本身的确并不为法律所禁止,并且销售"蛋白粉"的行为或者说生产、销售"蛋白粉"的行为(张玉军生产、销售"蛋白粉"应为一个连贯的整体行为,可把生产和销售看作该整体行为的不同阶段;不能将生产与销售行为割裂开来,应当准确把握销售行为是其实现非法牟利的实际手段的本质)的表现方式较为独特。这一行为实施完成后,需要借助一系列环节中的"添加"("蛋白粉")、"收购"(加入"蛋白粉"的原奶)、"生产"(受污染的奶制品)、"销售"(受污染的奶制品)、"食用"(受污染的奶制品)行为,三聚氰胺最终进入人体后,才会导致危害后果的出现。对此,笔者认为,张玉军生产、销售"蛋白粉"的行为与投放危险物质在一定程度上具有相似性。销售行为一经实施完成,张玉军就再也难以控制,造成不特定多数人重伤、死亡或使公私财产遭受重大损失的危害后果随时都会出现,并且具有相当的广泛性和不确定性。这种行为所导致的危害需经一定潜伏期方才显现,通常使人对其危险性难以及时觉察,就如同投放危险物质一样,在实害结果出现前,行为本身不具有即时破坏力。相关证据形成的链条已经证实了这样一个事实:正是张玉军所生产、销售的"蛋白粉"经过相关环节严重危害了公共安全,最终导致30余万婴幼儿因食用遭受三聚氰胺严重污染的婴幼儿配方奶粉引发泌尿系统疾患,造成

---

① 卢有学:《"三鹿奶粉"系列案定性探疑》,载《西南政法大学学报》2009年第5期。

多名婴幼儿死亡,并致使公私财产遭受了重大损失。笔者认为,生产、销售"蛋白粉"的行为与放火、决水、爆炸、投放危险物质危险性完全相当。

对张玉军以危险方法危害公共安全罪的判决,定罪是准确的。最高人民法院认为:被告人张玉军为谋求非法利益,置广大人民群众的身体健康、生命和财产安全于不顾,大量生产、销售专供往原奶中添加的含三聚氰胺的混合物即"蛋白粉",经逐级分销后被添加到原奶中,奶制品生产企业使用被添加含有三聚氰胺混合物的原奶生产的婴幼儿奶粉等奶制品流入市场后,对广大消费者特别是婴幼儿的身体健康造成严重损害,导致众多婴幼儿因食用遭受三聚氰胺严重污染的婴幼儿配方奶粉引发泌尿系统疾患,造成多名婴幼儿致病死亡,并致使公私财产遭受了重大损失,其行为构成以危险方法危害公共安全罪。张玉军犯罪情节极为严重,犯罪手段极其恶劣,社会危害性极大,应依法惩处。

(二)三鹿集团及其主管人员、直接责任人员罪名选择适用

在三鹿奶粉系列刑事案件中,三鹿集团及其主管人员、直接责任人员分别构成生产、销售有毒食品罪和生产、销售伪劣产品罪。本案认定中的关键问题是确定三鹿集团主管人员、直接责任人员对于所生产的婴幼儿奶粉中含有有毒的非食品原料三聚氰胺的明知,以及在法条竞合情形下对于罪名的选择适用。

1.两罪故意内容中"明知"的认定

(1)生产、销售有毒食品罪"明知"的认定

本罪在主观方面是故意,具体内容为明知是有毒的非食品原料而故意掺入其所生产、销售的食品中,或明知掺有有毒的非食品原料而故意予以销售。行为人实施本罪一般出于非法营利的目的,但营利目的不是必备要件,过失不构成本罪。[①]

行为人主观方面是否"明知",是本罪罪与非罪的重要界限。司法实践中,由于对"明知"的理解不同导致对案件的认定出现分歧。在认定生产、销售有毒食品罪的主观方面时,必须把握住"明知"的要件。刑法中虽然只对销售行为规定了要对产品中掺入有毒、有害的非食品原料有明知,但这不等于说生产行为就不需要有明知,刑法只是对销售行为中的主观认识作特别强调,而认为生产行为中对掺入的是足以严重危害人体健康、生命的非食品原料有明知无须作特别规定。[②] 有观点认为明知即确知,只有行为人确切地知道是有毒的非食品原料而掺入生产、销售的食品中,或者确切地知道销售的食品中含有有毒的非食品原料,才能依本罪论处。如果不确切知道掺入食品中的物质是有毒的非食品原料,或不确切知道销售的食品中含有有毒的非食品原料,就不能以本罪论处。这显然不符合立法意图。"明知"在刑法理论上有"狭义说"与"广义

---

① 参见陈兴良主编:《罪名指南》(上册),中国政法大学出版社2000年版,第225页。
② 参见周光权:《刑法各论讲义》,清华大学出版社2003年版,第229页。

说"。① "广义说"之"明知"是指"知道或者应当知道",此为通说,业已为我国司法实践所肯定,相关司法解释均采用同样的标准。② "知道"就是对将要发生的事实及其危害性已知晓明白;"应当知道"是指根据行为人的年龄、经历、学识、职业、职责等,推定其对某些事实情况及其危害性的明白知晓。判断生产、销售者是否明知,应根据主客观相统一的原则,进行综合衡量,既要考虑行为人自身的认识能力,又要考虑案件当时的具体情况,并参考社会一般人在当时能否认识等,对行为人的心理状态进行综合分析判断。笔者认为,对于三鹿集团这样的食品生产、销售企业而言,其负有保证产品安全的社会责任,事实上也具备相关知识与鉴别能力,理应具有更高的注意义务,即便不确知掺入的物质是有毒的非食品原料,或不确知食品中含有有毒的非食品原料,但只要认识到掺入的物质可能是有毒的非食品原料,或销售食品中可能含有有毒的非食品原料,就属于明知的范畴。

生产、销售有毒食品罪的行为人主观上一般是为了获取非法利润,对危害结果的发生往往持放任的心理态度。若行为人明知自己生产、销售有毒食品的行为会发生危害社会的结果,并希望这种结果发生,对这种结果持积极追求的态度,可认定行为人主观上有危害公共安全的故意,行为人的行为可构成危害公共安全方面的犯罪。

(2)生产、销售伪劣产品罪中"明知"的认定

本罪在主观方面表现为故意,是理论上已取得的共识。对生产伪劣产品者来讲,"明知"作为其罪过条件是不言自明的。《产品质量法》及其他相关法律、法规规定了各类产品的生产与质量标准,因而生产者对其所生产的产品是否符合生产及质量标准负有高度的注意义务,在知道不符合相关标准情形下仍然进行生产,显然是一种故意行为。对销售者而言,判断其是否"明知"所销售产品为伪劣产品,应当根据一定的认识、鉴别能力、成交价格、交接产品方式、产品有无质量合格证书、进货渠道是否正当等主客观条件进行综合分析。

2.法条竞合情形下对于罪名的选择适用

"法条竞合是指同一犯罪行为因刑事法律对法条的错综规定,出现数个法条所规定的构成要件在内容上具有从属或交叉关系的情形。"③《刑法》第141条至第148条所

---

① 参见赵秉志主编:《妨害司法罪》,中国人民公安大学出版社1999年版,第248—249页。
② 详见1998年最高人民法院、最高人民检察院、公安部、国家工商行政管理局《关于依法查处盗窃、抢劫机动车案件的规定》第17条;2000年最高人民法院《关于审理破坏森林资源刑事案件具体应用法律若干问题的解释》第10条;2001年最高人民法院、最高人民检察院《关于办理生产、销售伪劣商品刑事案件具体应用法律若干问题的解释》第6条;2004年最高人民法院、最高人民检察院《关于办理侵犯知识产权刑事案件具体应用法律若干问题的解释》第9条;2006年最高人民法院、最高人民检察院《关于办理与盗窃、抢劫、诈骗、抢夺机动车相关刑事案件具体应用法律若干问题的解释》第6条;2007年最高人民法院、最高人民检察院、公安部《办理毒品犯罪案件适用法律若干问题的意见》第2条。
③ 陈兴良等:《法条竞合论》,复旦大学出版社1993年版,第13页。转引自匡乃安、何正华:《刑事案件中法条竞合适用原则的重构》,载《法治论坛》2010年第3期。

规定各罪与《刑法》第140条所规定的生产、销售伪劣产品罪之间由于犯罪对象的不同而存在法条竞合的关系。《刑法》第140条是普通条款,《刑法》第141条至第148条是特别条款。行为人主观上只有一个罪过,客观上也只实施了一个犯罪行为,由于《刑法》本身错综复杂的规定导致这一行为符合了数个法条所规定的犯罪构成,这种情形下只能适用其中一个法条而不可能同时适用数个法条。

  从逻辑上讲,法条竞合存在着包容关系和交叉关系。生产、销售有毒食品罪与生产、销售伪劣产品罪在犯罪构成的客观方面规定不尽相同。生产、销售有毒食品罪只要实施该行为就构成犯罪,而生产、销售伪劣产品罪要求销售金额在5万元以上。判断"两罪"是包容关系还是交叉关系须对《刑法》第149条的具体规定进行分析。该条规定:"生产、销售本节第一百四十一条至第一百四十八条所列产品,不构成各该条规定的犯罪,但是销售金额在五万元以上的,依照本节第一百四十条的规定定罪处罚。生产、销售本节第一百四十一条至第一百四十八条所列产品,构成各该条规定的犯罪,同时又构成本节第一百四十条规定之罪的,依照处罚较重的规定定罪处罚。"通过对第149条的分析可以看出,生产、销售有毒食品行为构成犯罪有以下两种可能:一是销售金额不足5万元,不构成生产、销售伪劣产品罪,但构成生产、销售有毒食品罪;二是销售金额在5万元以上,构成生产、销售伪劣产品罪,同时构成生产、销售有毒食品罪。由此可见,两罪彼此存在交叉关系而不是包容关系。两罪之间只有在"销售金额五万元以上,构成生产、销售伪劣产品罪,同时构成生产、销售有毒食品罪"部分存在重叠关系时,才有法律适用的选择问题。在销售金额不足5万元时,就不存在法律适用的选择问题。因而笔者认为,只有当危害行为触犯了具有竞合关系的两个刑法规范的"重叠"部分,才产生法条竞合的法律适用选择问题。

  通常情况下"一个行为同时触犯同一法律的普通条款与特别条款"的法条竞合情形,应当依据特别法条优于普通法条的原则定罪处罚。一般而言,特别法条也就是法定刑较重的法条。但由于生产、销售伪劣产品罪以销售金额作为定罪处罚标准,并据此划分为四个量刑幅度。而生产、销售有毒食品罪只要具备生产、销售行为即可成立本罪,根据《刑法》第144条规定的精神,本罪在犯罪形态上属于行为犯,即只要行为人实施了在生产、销售的食品中掺入有毒的非食品原料的行为,或者销售明知是有毒食品的行为即成立本罪即遂,并不要求造成危害结果。如果已造成危害结果的,则按结果加重犯处以较重的刑罚。① 这样就会出现销售金额极其巨大却因没有"造成严重食物中毒事故或者其他严重食源性疾患""致人死亡或者对人体健康造成特别危害"的结果,导致依据生产、销售有毒食品罪只能判处5年以下有期徒刑或者拘役的情形。两罪在犯罪构成要件上的差别,导致了这样一种现象的出现:在两罪构成要件均符合的

---

① 参见高铭暄主编:《新编中国刑法学》(下册),中国人民大学出版社1998年版,第569页。

情况下,尽管生产、销售有毒食品罪的法定刑总体上比生产、销售伪劣产品罪重,但是按照特别法条优于普通法条原则选择法条定罪处罚时,特别法条有时却远比普通法条处罚为轻。这显然与立法宗旨不相符合。因此,《刑法》第149条第2款对于生产、销售伪劣商品罪中法条竞合情形下重法优于轻法原则的明文规定,弥补了特别法条优于普通法条原则的不足,有利于有效惩治制售伪劣商品犯罪。

《刑法》之所以在普通法条之外又制定特别法条,其根本目的在于依特别法条惩治特定种类的犯罪,以保护某种特定的法益。从我国《刑法》的规定来看,许多特别条款规定的犯罪并不轻,但其法定刑轻于普通条款的法定刑,如果绝对地采取特别法条优于普通法条的原则定罪量刑,就会造成罪刑不均衡的现象。在这种情况下,只要《刑法》没有禁止适用重法,或者说只要《刑法》没有指明适用轻法,为了贯彻罪刑相适应的基本原则,就应按照重法优于轻法的原则定罪量刑。①对此,有学者研究指出:"法条竞合时'重法优于轻法'的做法,最多只能适用于两个构成要件之间存在补充关系的情形,对于具有特别关系的两个犯罪而言,除非存在例外的《刑法》明文规定(例如《刑法》第149条第2款),不能适用'重法优于轻法'的例外规则。"②

3.对生产、销售伪劣产品案的具体分析

一审法院认为,被告单位三鹿集团,被告人田文华、王玉良明知其生产的三鹿牌婴幼儿奶粉中含有三聚氰胺,且明知三聚氰胺是对人体有害的非食品原料,仍不停止含有三聚氰胺的婴幼儿奶粉的生产、销售,被告单位三鹿集团,被告人田文华、杭志奇、吴聚生明知其收购的原奶中含有三聚氰胺,且明知三聚氰胺是对人体有毒、有害的非食品原料,仍将原奶调配到本集团下属企业,生产、销售含三聚氰胺的液态奶。被告单位及各被告人的行为均已构成生产、销售有毒食品罪。同时,其行为又符合生产、销售伪劣产品罪的构成要件,依法应当依照处罚较重的规定定罪处罚。因现有证据不足以证实被告单位及各被告人在2008年8月1日得知其产品中含有三聚氰胺以后,继续生产、销售的奶制品流入市场造成了危害结果,故应以生产、销售伪劣产品罪对被告单位及各被告人定罪处罚。一审判决后,田文华等提出上诉,二审裁定全案维持原判。

笔者认为,一审法院的判决及二审法院裁定是正确的,法院以2008年8月1日作为三鹿集团及相关被告人明知三鹿奶粉含有三聚氰胺的时间界限是准确的。根据法院审理查明的事实,2007年12月以来,三鹿集团就陆续收到消费者投诉,反映有部分婴幼儿食用该集团生产的婴幼儿系列奶粉后尿液中出现红色沉淀物等症状,且相同投诉逐渐增多。2008年5月17日,集团客户服务部就此类投诉向田文华、王玉良等领导班子成员作了书面通报。三鹿集团不仅成立了技术攻关小组,还通过自测确认了婴幼儿系列奶粉中"非乳蛋白态氮"含量是国内外同类产品的1.5倍至6倍,已经怀疑其奶

---

① 参见张明楷:《刑法学》(第3版),法律出版社2007年版,第372页。
② 周光权:《法条竞合的特别关系研究——兼与张明楷教授商榷》,载《中国法学》2010年第3期。

粉中含有三聚氰胺。在2008年8月1日河北出入境检验检疫局检验检疫技术中心检测报告出来之后，作为一家知名奶制品企业，已经知道至少婴幼儿系列奶粉中含有三聚氰胺，存在严重问题。也就是说，三鹿集团此时对其生产、销售问题奶粉的行为会发生危害社会的后果应当说是明知的。然而，我国《刑法》分则第144条规定"生产、销售对象"对于有毒性的明知是犯罪构成要件，仅有对于发生危害社会后果的明知显然是不够的。不过，已如前文所述，此处判断三鹿集团的主管人员、直接责任人员对于奶粉有毒性明知的标准无须要求其确知食品中含有有毒的非食品原料，推定应当知道销售食品中可能含有有毒的非食品原料即可。事实上，中国疾病预防控制中心《关于对三聚氰胺是否属于有毒、有害的非食品原料出具鉴定意见的函》等证据已经证明三聚氰胺是一种对人体有毒、有害的非食品原料。因此，2008年8月1日三鹿集团经河北出入境检验检疫局检验检疫技术中心检测知道其所生产、销售的婴幼儿奶粉中含三聚氰胺的事实后，仍然进行生产、销售，应当构成生产、销售有毒食品罪。

伪劣产品并非一定有毒，但有毒食品定属伪劣产品。三鹿集团及相关被告人构成"生产、销售有毒食品罪"，也同时构成了"生产、销售伪劣产品罪"。依照《刑法》第149条第2款规定，应当依照处罚较重的规定定罪处罚。关于比较两法条处罚轻重的问题，1998年1月13日起施行的最高人民法院《关于适用刑法第十二条几个问题的解释》第1条规定："法定刑较轻是指法定最高刑较轻；如果法定最高刑相同，则指法定最低刑较轻。"第2条规定："如果刑法规定的某一犯罪只有一个法定刑幅度，法定最高刑或者最低刑是指该法定刑幅度的最高刑或者最低刑；如果刑法规定的某一犯罪有两个以上的法定刑幅度，法定最高刑或者最低刑是指具体犯罪行为应当适用的法定刑幅度的最高刑或者最低刑。"这个解释是针对同一犯罪因刑法修订前后规定不一致的情况下法定刑的比较，但实际上确立了一种法定刑的对比原则，对于同一刑法中不同种数罪法定刑轻重的比较也同样适用。依据该解释，"处罚较重"不是单纯指刑法对某种犯罪规定的刑罚最高刑较重。"处罚较重的比较，所比较的是适用于具体案情的法定刑幅度中的最高刑的比较，而非某一罪名的法定最高刑。"[1]由此可见，笼统得出生产、销售有毒、有害食品罪比生产、销售伪劣产品罪处罚重是不正确的。前者有三个法定刑幅度，后者有四个法定刑幅度，两个法条的法定刑幅度并不对应，各有不同的客观要件，处罚较重应为具体犯罪行为应当适用的法定刑幅度的最高刑较重。

生产、销售有毒食品罪在认定时一般无须证明危害行为与危害结果的关系，但如果行为人的危害行为对人体健康造成严重危害，致人死亡或者对人体健康造成特别严重危害，则必须认定危害行为与危害结果之间具有因果关系，从而确定对行为人的处罚。在本案中，因现有证据不足以证实被告单位及各被告人在2008年8月1日得知其

---

[1] 祝铭山主编：《生产、销售伪劣商品罪》，中国法制出版社2004年版，第82页。

产品中含有三聚氰胺后,继续生产、销售的奶制品流入市场造成了危害结果。因此,如按"生产、销售有毒食品罪",最高刑只能判处 5 年有期徒刑。在被告单位及各被告人的行为同时符合生产、销售伪劣产品罪与生产、销售有毒食品罪的构成要件,依照处罚较重的规定定罪处罚时,应选择生产、销售伪劣产品罪。2008 年 8 月 2 日至 9 月 12 日,三鹿集团销售含有三聚氰胺的婴幼儿奶粉的金额为 47 560 800 元。依据生产、销售伪劣产品罪,销售金额为 200 万元以上的,处 15 年有期徒刑或者无期徒刑,并处销售金额 50%以上 2 倍以下罚金或者没收财产。另外,《刑法》第 150 条规定"单位犯本节第一百四十条至第一百四十八条规定之罪的,对单位判处罚金,并对其直接负责的主管人员和其他直接责任人员,依照各该条的规定处罚"。据此法院判决被告单位及各被告人构成生产、销售伪劣产品罪,三鹿集团被判处罚金,田文华等被判处无期徒刑及 5 年到 15 年不等有期徒刑并处罚金。

4.三鹿集团相关责任人员还应构成重大责任事故罪

在三鹿集团及其主管人员、直接责任人员生产、销售伪劣产品案中,法院并未对 2008 年 8 月 1 日之前的事实作出认定。笔者认为,三鹿集团相关责任人员 2008 年 8 月 1 日之前的行为,应构成重大责任事故罪。① 三鹿奶粉系列刑事案件在国内引起轰动的原因正是因为其生产、销售的问题奶粉发生了重大安全事故。

首先,我国法律、行政法规明确规定了食品卫生强制性标准,在食品安全管理领域也制定有相关国家标准。根据《标准化法》及《标准化法实施条例》的规定,食品卫生标准属于必须执行的强制性标准。当时有效的《食品卫生法》第 9 条第 2 项规定禁止生产经营含有毒、有害物质或者被有毒、有害物质污染,可能对人体健康有害的食品。这一规定属于食品卫生强制性标准。《食品企业通用卫生规范》第 3 条第 1 款第 2 项规定:"购入的原料,应具有一定的新鲜度,具有该品种应有的色、香、味和组织形态特征,不含有毒有害物,也不应受其污染。"上述法律法规及相关标准清楚地表明,食品加工企业应该保证食品及其原料符合强制性安全卫生标准。而三鹿集团违反了上述法律法规及相关标准的强制性规定。

其次,三鹿集团的问题奶粉造成重大食品安全事故。三鹿集团在 2007 年 12 月以后陆续接到消费者投诉,尤其是在通过单位技术小组自测确认婴幼儿系列奶粉中"非乳蛋白态氮"含量异常后,应当意识到问题的严重性。但其出于自身经济利益考虑,不仅没有停业整顿,排除危险,反而在确定奶源极有可能存在问题的情况下仍然违反法律法规的强制性规定进行生产经营活动,直至 2008 年 8 月 1 日,河北出入境检验检疫局检验检疫技术中心出具检出三聚氰胺的检测报告。上述事实已经法院审理查明。

---

① 《刑法修正案(六)》修正后的《刑法》第 134 条第 1 款规定:"在生产、作业中违反有关安全管理的规定,因而发生重大伤亡事故或者造成其他严重后果的,处三年以下有期徒刑或者拘役;情节特别恶劣的,处三年以上七年以下有期徒刑。"

三鹿集团违规收取原奶,生产并销售含有三聚氰胺问题奶粉的行为造成"至2008年8月1日,全国已有众多婴幼儿因食用三鹿牌婴幼儿奶粉出现泌尿系统结石等严重疾患,部分患儿住院手术治疗,多人死亡"的严重后果,危害行为与这一重大食品安全事故之间存在明显的因果关系。可以确定的是,三鹿集团的上述违法行为于检测报告检出三聚氰胺之前实施。

最后,三鹿集团相关责任人员对于食品安全事故的发生存在重大过错。三鹿集团违规收取原奶,生产并销售含有三聚氰胺的问题奶粉等行为,严重违反《产品质量法》《食品安全法》(也违反修改前的《食品卫生法》)及相关国家法律法规和标准。三鹿集团相关责任人员决策错误,对这一严重食品安全事故的发生存在重大过错,负有直接责任。故而对三鹿集团相关责任人员2008年8月1日以前的违法行为应当以重大责任事故罪进行刑事追究。

(三)限制经济犯罪和逐步废止死刑适用语境下三鹿奶粉相关刑案探析

三鹿奶粉系列刑事案件中,生产、销售伪劣产品罪和生产、销售有毒食品罪属于典型的经济犯罪。生产、销售伪劣产品罪并无死刑配置,因生产、销售有毒食品罪分别被定罪量刑的共有11人,其中耿金平1人获判极刑,应当说,判决很好地体现出当前我国限制经济犯罪和逐步废止死刑适用的现实状况,具有典型性。下文对三鹿奶粉相关经济犯罪存置死刑的合理性进行分析,由三鹿奶粉相关刑案判决展望了我国经济犯罪严格限制死刑适用的前景。

1. 经济犯罪的概念及特征

英国学者希尔(E. C. Hill)1872年在预防和控制犯罪国际会议上的演讲中首先提出了关于经济犯罪的重要性论断。1939年美国犯罪社会学者萨瑟兰(H. E. Sutherland)提出"白领犯罪"之后,经济犯罪才逐渐引起学术界的重视与研究。① 我国首次使用"经济犯罪"一词的规范性文件是全国人民代表大会常务委员会在1982年3月8日颁布的《关于严惩严重破坏经济的罪犯的决定》。在我国《刑法》中,经济犯罪并不是一个法定术语,没有任何《刑法》条款指明何种行为属于经济犯罪。虽有学者对经济犯罪的概念作出过界定②,但经济犯罪具体所指为何至今尚无定论。目前在理论界对经济犯罪的理解主要存在着三种观点:狭义的经济犯罪在外延上对应着刑法分则第三章"破坏社会主义市场经济秩序罪";次广义的经济犯罪在外延上不仅包括刑法分则第三章,还包括刑法分则第五章"侵犯财产罪";最广义的经济犯罪在外延上除了包括刑法分则第三章、第五章之外,还包括刑法分则第八章"贪污贿赂罪"。③ 无论何种理解,均可以看出经济犯罪贪利性的基本特征。笔者的论述建立在狭义经济犯罪的基础上。

---

① 参见林山田:《经济犯罪与经济刑法》,三民书局1981年版,第5页。
② 参见高铭暄、王作富主编:《中国惩治经济犯罪全书》,中国政法大学出版社1995年版,第37页。
③ 参见马长生主编:《经济犯罪热点问题研究》,湖南师范大学出版社2005年版,第6—7页。

2. 生产、销售有毒食品罪等经济犯罪死刑配置的历史原因及立法考察

我国1979年《刑法》分则第三章"破坏社会主义经济秩序罪"当中共设置了15个条文,规定了13种罪名,此中并没有配置死刑。"1979年《刑法》颁布后不久,我国旋即拉开改革开放的帷幕,经济、政治、文化各个领域逐渐发生重大变化,伴随而来的是,各种严重危害社会治安的犯罪和严重破坏经济的犯罪亦日益猖獗,犯罪状况趋于恶化。面对这种情势,我国刑事政策随之作了重大调整。"①死刑广泛地规定于单行刑法中,适用范围也进一步扩大。1997年修订的新《刑法》,被视为是对1979年《刑法》以及单行刑法和附属刑法的整合,关于可适用死刑的经济犯罪并无太大变化,只是略做调整而已。在第三章"破坏社会主义市场经济秩序罪"中规定可适用死刑的罪名总共有16种,其中就包括生产、销售有毒食品罪,而我国现行《刑法》法定最高刑为死刑的罪名总共有68种,经济犯罪的最高刑为死刑的罪名占了接近24%。足见经济犯罪配置死刑的比例之高。

毋庸讳言,我国《刑法》规定经济犯罪配置死刑是与我国社会特定的历史政治背景和制度环境息息相关的。在1997年3月6日第八届全国人民代表大会第五次会议上,全国人大常委会副委员长王汉斌在《关于〈中华人民共和国刑法(修订草案)〉的说明》中指出:"有些同志认为现行法律规定的死刑多了,主张减少。这是值得重视的。但是考虑到目前社会治安的形势严峻,经济犯罪的情况严重,还不具备减少死刑的条件。这次修订,对现行法律规定的死刑,原则上不减少也不增加。"②立法机关的这一阐释是我国现行《刑法》规定经济犯罪配置死刑的最好注脚。

3. 三鹿奶粉刑事案件相关经济犯罪存置死刑合理性分析

经济犯罪中广泛适用死刑并未取得理想的效果已为多年来的司法实践所证明。死刑并不是预防经济犯罪的灵丹妙药,经济犯罪有其利弊交织性、原因的复杂性、罪质的特殊性。然而,强调废止经济犯罪死刑适用的必要性,绝不意味着可以忽视生产、销售有毒食品罪等经济犯罪当前存置死刑的合理性。

(1) 废止经济犯罪死刑适用的必要性

①经济犯罪配置与适用死刑未能有效遏制经济犯罪

我国《刑法》规定经济犯罪死刑配置的原因与改革开放之初的国情密不可分。应当说,较之其他刑罚,死刑的特殊预防效果确定无疑。然而立法者借助死刑的威慑力减少经济犯罪数量,从而实现刑罚一般预防的目的却并未达到。"死刑要保持其持久的强力的威慑功能,死刑必须经常执行,因为死刑的威慑力会随着时间推移而逐渐淡化,而死刑的

---

① 高铭暄主编:《刑法专论》(上编),高等教育出版社2002年版,第535页。
② 黄太云等主编:《中华人民共和国刑法释义与适用指南》,红旗出版社1997年版,第679页。转引自孙国祥:《死刑废除与民意关系之审视》,载《华东政法大学学报》2009年第2期。

频繁执行又会使人们对之的心理刺激消失,习以为常,死刑的威慑力也因而减弱。"①尽管随着我国经济体制改革日渐深入,经济犯罪现状也发生了较大变化,但"从我国的现实情况来看,对经济犯罪适用死刑的威慑作用是极其有限的,严重经济犯罪的发案率居高不下便最好地证明这一点,因而,我们不能对死刑的适用会减少经济犯罪寄予奢望"②。就食品安全而言,生产、销售有毒食品等罪立法不可谓不厉,执法力度不可谓不强,但三鹿奶粉事件还是发生了。就在本文写作过程中,又一震撼国人的食品安全事件——双汇"瘦肉精"事件再现了"复活的三鹿"。这么多年来食品安全事件层出不穷,屡禁不止,我们对于配置与适用死刑在预防经济犯罪方面的有效性应慎重思考。

②经济犯罪有着复杂的政治、经济、社会等原因

"经济犯罪是社会综合征,它的产生,有犯罪人个人人格、心理上的原因,也有国家政策误导、经济管理混乱、社会监督机制缺乏或疲软等一系列政治、经济、社会因素。"③经济犯罪与市场经济几乎可以说是相伴而生的,不可片面强调经济犯罪的危害性而不惜动用死刑对之进行严厉打击,却忽略市场主体行为对于社会经济发展发挥的积极推动作用。对于预防经济犯罪而言,通过社会综合治理将之控制在社会能够容忍的水平,比过度适用死刑更加务实理性。只有更加深入地进行政治、经济体制改革,尽快完善相关市场法律法规,弥补管理、监督的体制缺陷,才能从根本上遏制经济犯罪。这也是有效抗制经济犯罪的必由之路。三鹿奶粉刑案的发生也同样是这一复杂原因的体现。仅从监督管理角度看,可以设想一下,如果当时我们不设立免检制度,食品监督管理部门能够切实地履行职责,及早发现问题,尽快排除隐患,该系列刑案也许就不会发生,至少不会造成如此严重的后果。

③经济犯罪适用死刑不尽符合罪责刑相适应原则

罪责刑相适应原则,规定在我国《刑法》第5条,即刑罚的轻重,应当与犯罪分子所犯罪行和承担的刑事责任相适应。经济犯罪属于法定犯范畴,大多数经济犯罪属于贪利性犯罪,侵犯的客体是市场经济秩序和公私财产所有权,这种非暴力性犯罪不同于侵害生命、健康权的暴力性犯罪,社会危害性、主观恶性及人身危险性相对较小。对该类犯罪分子判处无期徒刑、有期徒刑附加巨额罚金、没收财产及剥夺从业资格,已足以阻止其再犯,对其适用死刑,从罪责刑相适应的角度看,显得很不相称。世界各国对经济犯罪的惩治侧重点是罚金刑、没收财产刑和短期监禁刑,大规模在经济犯罪中配置死刑在世界范围内并不多见。当然,三鹿奶粉系列经济犯罪刑事案件中,生产、销售有毒食品罪不仅符合贪利性经济犯罪特征,还因其具有危及人的生命健康安全的特性,故而与通常的经济犯罪有所不同。对此笔者将在下文"生产、销售有毒食品罪存置死

---

① 郭立新:《论经济犯罪的刑罚调整》,载《中央检察官管理学院学报》1997年第1期。
② 李希慧:《经济犯罪适用死刑的司法控制》,载《政治与法律》2008年第11期。
③ 梁根林、张文:《对经济犯罪适用死刑的理性思考》,载《法学研究》1997年第1期。

刑合理性分析"中述及。

(2) 生产、销售有毒食品罪存置死刑的合理性分析

我国正处于社会主义初级阶段,人民群众日益增长的物质文化需要同落后的社会生产力之间的矛盾仍未根本改变,市场经济还很不发达,贫富分化严重,收入分配不公,经济犯罪形势依然严峻,因而短期内全面废止经济犯罪死刑并不具备条件,立法者也断然不会接受此一立法建议。"正如建筑家在建立一座大厦之前,先要检查和勘测土壤,看它是否能担负建筑物的重量一样;明智的创制者也并不从制定良好的法律本身着手,而是事先要考察一下,他要为之而立法的那些人民是否适宜于接受那些法律。"① 从社会人文环境和当前现实国情出发,生产、销售有毒食品罪存置死刑的确有其现实合理性。死刑对犯罪分子所具有的巨大威慑作用不容低估。《刑法修正案(八)》取消了近年来较少适用或基本未适用的 13 个经济性非暴力犯罪的死刑,这与中国目前经济社会的发展实际是相符合的。在贯彻落实宽严相济刑事政策的同时,无疑也是逐步废止经济犯罪死刑适用的良好开端。从这次《刑法修正案(八)》对生产、销售有毒食品罪所作修正的内容来看,非但没有废除本罪的死刑适用,反而完善了罪状,增强了刑法打击力度,这显然与当前我国的食品安全现状是直接相关的。

4. 由三鹿奶粉相关刑案判决展望我国经济犯罪严格限制死刑适用的前景

在三鹿奶粉系列经济犯罪刑事案件中,耿金平、耿金珠、张合社、张太珍、杨京敏、谷国平、董少英、董英霞、宇文对、赵胜茂、卞更顺触犯该罪名分别获刑,其中耿金平被判处死刑,其他 10 名被告人被分别判处了有期徒刑。这与我国当前"保留死刑,严格控制死刑"的死刑政策不无关系。司法机关对于该系列案件的判决是严格限制了死刑适用的。

耿金平生产、销售有毒食品罪一案,最高法院经复核确认:耿金平在河北正定县经营金河奶源基地,从事鲜奶收购和销售。为谋取非法利益自 2007 年 10 月起多次、大量购买含有三聚氰胺的混合物"蛋白粉",在明知该混合物为非食品原料、不能供人食用的情况下,将其添加到所收购的原奶中,销售到三鹿集团等处,销售金额为 280 余万元。三鹿集团以耿金平交售原奶为原料生产的含有三聚氰胺的奶制品流入市场后,给婴幼儿的身体健康及生命安全造成严重损害,全国已有多名婴幼儿因食用三鹿问题奶粉死亡、众多婴幼儿住院进行手术或治疗,危害后果特别严重。从而裁定核准了河北高院维持一审以生产、销售有毒食品罪判处被告人耿金平死刑,剥夺政治权利终身,并处没收个人财产的刑事裁定。应该说,耿金平作为共同犯罪的主犯,犯罪情节、后果均特别严重,又无法定及酌定从轻情节,对其判处死刑定罪准确,量刑适当。

既然生产、销售有毒食品罪等经济犯罪保留死刑并适时发挥其震慑力符合现实国

---

① [法] 卢梭:《社会契约论》(第 3 版),何兆武译,商务印书馆 2003 年版,第 55 页。

情,那么限制死刑适用就成为我们当前的务实选择。笔者以三鹿奶粉经济犯罪刑案判决为基点,从立法与司法控制角度对严格限制死刑适用作一展望,以期对经济犯罪立法改革与司法审判有些许助益。

(1)立法上严格控制经济犯罪的死刑适用

①在立法上,对"罪行极其严重"作出准确界定

我国《刑法》第48条第1款规定:"死刑只适用于罪行极其严重的犯罪分子。"应该说,"罪行极其严重"相较1979年《刑法》中"罪大恶极"的规定更加规范。但这一规定过于笼统,从字面理解似乎只强调了客观危害性程度,不能很好体现行为人的主观恶性。犯罪行为的危害性极其严重不能代表行为人主观恶性也同样严重。在行为人的危害行为极其严重,主观恶性和人身危险性并不严重时,适用死刑就有"客观归刑"之嫌,死刑的适用条件就大大降低了,有违立法者反对扩张死刑的立法目的。对"罪行极其严重"的内涵进行科学阐释确有必要。立法机关应适时对"罪行极其严重"作出明确的界定,从而有利于司法机关严格把握死刑的适用条件。有学者认为,"应进一步将刑法'罪行极其严重'以立法的形式明确规定为:罪犯主观恶性极大,犯罪手段极其恶劣,犯罪危害后果极其严重"[①]。"只有同时符合这三个要件才能满足于'罪行极其严重',才能考虑适用死刑。"[②]完全有理由相信,对于耿金平的死刑判决及裁定,若能依据这三个要件进行递进式说理,定会更具说服力,法律效果更佳。

②优化、完善经济犯罪刑罚结构

第一,优化死缓、无期徒刑、有期徒刑的刑罚结构。"从我国现行刑罚体系看,目前'死刑过重,生刑过轻'的矛盾比较突出,即使判处死缓、无期徒刑,通过减刑,其实际服刑的刑期也就十多年,宣告刑与实际执行的刑罚相去甚远。废除死刑,大幅度减少了刑罚供应量,不但难以满足人们对严重犯罪的报应心理,也影响人们对刑罚实现震慑、预防犯罪目的和效果的信心。"[③]上述问题已引起立法与司法机关的高度关注。继2010年2月8日颁布实施的最高人民法院《关于贯彻宽严相济刑事政策的若干意见》对减刑的起始时间、减刑幅度、最低执行期限、重型犯减刑条件等方面作出较大修改后,《刑法修正案(八)》更是对刑法总则作了大幅度修正,诸如提高了对死缓减为无期徒刑、有期徒刑后的实际执行刑期以及数罪并罚的总和刑期,增加了限制减刑和不得假释的规定。这是立法对司法实践相应问题的很好回应和总结。这样一来,就进一步落实了罪责刑相适应原则,同时也缓冲了民众对废止经济犯罪死刑后面对生刑过轻时的压力,客观上对严格限制死刑适用提供了条件,还为进一步削减死刑罪名作了良好铺垫。这是我国刑法理论与立法实践日趋成熟的表现。当然在笔者看来某些规定还

---

① 赵秉志:《死刑改革探索》,法律出版社2006年版,第403页。
② 同上注。
③ 孙国祥:《死刑废除与民意关系之审视》,载《华东政法大学学报》2009年第2期。

有微调的余地,比如数罪并罚的总和刑期等。刑法这次大规模修正虽非专门针对经济犯罪的刑罚结构,但效果依然是显著的。

第二,完善财产刑制度。经济犯罪的贪利性特征正是刑法完善财产刑制度的落脚点。该制度对于限制死刑适用的作用会随着时间的推移而逐渐显现。在我国,财产刑主要包括罚金和没收财产,均为附加刑。从我国《刑法》的规定来看,对经济犯罪的处罚一般都程度不同地规定了财产刑。基于经济犯罪贪利性的特点,笔者认为,应在完善财产刑制度的基础上将其规定为主刑。事实上,财产刑已成为司法实践中与经济犯罪抗制适用最多的刑法手段之一,将财产刑规定为主刑尤其有利于惩治单位经济犯罪。在经济犯罪方面,罚金要远比没收财产重要。从世界范围看,许多国家将罚金刑规定为主刑,例如日本、巴西、意大利、朝鲜、瑞士等国;在有些国家,罚金刑既可作主刑适用,又可作附加刑适用,例如蒙古、匈牙利等国;还有些国家对主刑与附加刑不加区分,例如奥地利、阿根廷、印度等国。① 我国的罚金制度存在一定缺陷,已不能适应规制经济犯罪的需要,应在立法中进一步完善。我国《刑法》第53条规定了罚金减免制度,由于人员与经费所限,法院无力对罪犯的财产进行适时监控,转移财产不缴纳罚金的情形极为普遍,最终导致罚金刑的威慑力和惩治作用大为削弱。法律可规定将交不起罚金的罪犯放到社区为国家或公益团体做工抵销罚金。使罪犯既不脱离社会,又能得到监管,为社会提供服务的同时,也减轻了国家财政负担,达到法律效果与社会效果的良好统一。比如三鹿奶粉经济犯罪刑事案件中,相关被告人程度不同地被判处了罚金附加刑。对于无力缴纳罚金的罪犯,在其刑满释放后可到社区做工抵销罚金,当然,这与判处罚金主刑会有所不同。

第三,增设禁止从业权利的资格刑。资格刑是剥夺犯罪人享有或行使一定权利之资格的刑罚总称。我国《刑法》中虽然没有使用资格刑这一概念,但有些刑种的内容是以剥夺犯罪人某些资格为其表现形式的,如剥夺政治权利、剥夺政治荣誉、剥夺军衔。② 资格刑通过剥夺犯罪人从事某种活动的资格,来达到惩罚和预防犯罪的目的。我国资格刑的内容和种类还很不完善,经济犯罪中有必要在刑罚体系中增加禁止从业权利的资格刑,将禁止从业权利内容纳入资格刑,通过资格刑剥夺其从事某种职业的权利,其效果应当是显著的。以三鹿奶粉经济犯罪刑事案件为例,可以在对被告人判处徒刑的同时判决附加剥夺其终身从事奶制品或食品行业的资格。这一资格刑的判决在特殊预防功能上消除了犯罪分子再犯的基本物质条件,在一般预防功能上使犯罪分子面临谋生手段被剥夺的现实可能性从而不敢逾越雷池。增设剥夺从业权利的资格刑,更大程度上是从预防经济犯罪角度起到限制死刑适用的作用。对于经济犯罪立法改革而言,这是应当引起立法者高度关注的问题。

---

① 参见陈兴良:《刑法哲学》,中国政法大学出版社1992年版,第417—418页。
② 参见高铭暄主编:《新型经济犯罪研究》,中国方正出版社2000年版,第112页。

③完善市场经济配套法律法规

市场经济是法治经济,而法网严密是轻刑化的必要前提。三鹿事件后,基于食品安全事故频发的现状,国家出台了《乳品质量安全监督管理条例》,修改后出台了《食品安全法》及《食品安全法实施条例》,《刑法修正案(八)》在《刑法》第408条后增设了"食品监管渎职罪"。相信这些法律法规的出台对于完善食品安全市场必将起到一定的保障作用。法律问题在某种程度上也是社会问题,三鹿事件中,奶农、奶牛场处于产业链的底端,既没有得到应有的扶持,又在生鲜乳收购环节遇到不合理的降低等级、压低价格等情况,奶农、奶牛场在生鲜乳中掺假使假与这些问题不无关系。① 因此,在当前及今后一段时期,应因循市场经济规律不断完善配套法律法规。只有配套法律法规健全后,才能有效减轻刑罚的压力,尤其是减轻适用死刑的压力。经济犯罪在发生之初就得到及时制裁,而不是待犯罪人恶贯满盈时对其施以极刑。正如贝卡里亚的著名论断所指出的那样,对于犯罪最强有力的约束力量不是刑罚的严酷性,而是刑罚的必定性。

(2)司法上严格控制经济犯罪的死刑适用

充分发挥司法者在经济犯罪死刑控制中的作用非常关键。我国《刑法》对经济犯罪的死刑适用条文,均为选科制,三鹿奶粉经济犯罪刑事案件中,生产、销售有毒食品罪就是如此。在生产、销售的食品中掺入有毒的非食品原料的,或者销售明知掺有有毒的非食品原料的食品,致人死亡或者有其他特别严重情节的,处10年以上有期徒刑、无期徒刑或者死刑。可见司法者在适用刑罚时有很大的空间。司法者应本着主客观相统一的综合评价原则,考量可能适用死刑的犯罪的事实、性质、情节和对社会的危害程度。不仅充分考虑我国《刑法》总则规定的自首、立功等法定从轻、减轻情节,还应深刻领会最高人民法院《关于贯彻宽严相济刑事政策的若干意见》的精神,严格执行最高人民法院、最高人民检察院、公安部、国家安全部、司法部《关于办理死刑案件审查判断证据若干问题的规定》,充分运用现有的有利于限制死刑适用的实体法和程序法资源,避免死刑的启动和适用。耿金平没有法定、酌定从轻的情节,这是最高人民法院在其作为主犯,犯罪情节、后果均特别严重情形下最终裁定核准执行死刑的重要考量因素之一。死刑缓期执行制度为我国所独创,面对当前全面废止经济犯罪死刑尚不具备条件的现状,司法机关应严格死刑适用的条件与程序,扩大死刑缓期执行制度的适用范围,弥补死刑适用只有消极剥夺而无积极改造功能的缺陷,更好地发挥一般预防与特殊预防的作用,对经济犯罪的死刑适用加以有效抑制。

---

① 参见王全兴、汤云龙:《我国食品安全事故的法律责任分析框架新探——以"三鹿奶粉事件"为切入点》,载《中州学刊》2009年第6期。

以危险方法危害公共安全罪的情形及相关动物检疫人员渎职行为定性处罚问题研究

——刘襄等非法生产、销售"瘦肉精"案

康文娟[*]

目　次

一、选案理由
二、基本案情
（一）刘襄等非法生产、销售"瘦肉精"案
（二）相关的防疫检疫人员王二团等玩忽职守案
三、裁判要旨
四、引发的理论问题
（一）以危险方法危害公共安全罪的具体认定
（二）卫生防疫部门有关人员渎职行为的性质

一、选案理由

食品安全是近些年来引起国内外普遍关注的重大民生问题，而"瘦肉精"事件无疑是继三鹿奶粉事件之后我国在食品安全方面的又一典型事件。应该说，"瘦肉精"事件是中国食品行业的一次强烈地震，它使长期以来潜藏在行业内部的诸多问题集中暴露了出来。如何不让"健美猪"从猪圈再流向消费者的餐桌，深度忧虑之余，各界有识之士积极建言献策，充分表明国人对于构建一个安全的食品市场的强烈渴求，只是关于刑法治理方面的建言还不是很多。危害食品安全行为应当如何定罪量刑，对刑法学界

---

[*] 北京师范大学法学院法律硕士研究生。

也提出了新的挑战。

从《食品安全法》的出台到《刑法修正案(八)》对于相关经济犯罪罪名的修改以及"食品监管渎职罪"的增设,我们看到了市场经济条件下法律所应承载的重托。为保证农牧产品的质量安全,农业部(现农业农村部)要求各级监管部门一定要高度重视"瘦肉精"的检测工作,做到责任到人、措施严密,对于生猪养殖区域要重点排查,严格执行产区准出与销地准入制度,确保"瘦肉精"生猪在进入肉制品市场前能够完全被拦截并销毁。笔者认为,在食品安全形势依然严峻的今天,结合新情况从刑法角度重新审视刘襄等非法生产、销售"瘦肉精"案件相关判决,梳理事实认定,阐明罪名适用及量刑的根据,不但有深刻的学理价值,而且极具现实指导意义。

二、基本案情

(一) 刘襄等非法生产、销售"瘦肉精"案[①]

2007 年初,被告人刘襄从江苏省常州亚邦制药公司辞职后,与被告人奚中杰商议生产、销售盐酸克仑特罗("瘦肉精"中最常见的一种)。二人明知盐酸克仑特罗是国家法律明令禁止在动物饲料和饮用水中使用的,并且人食用含有盐酸克仑特罗的饲料喂养的生猪后会影响人体健康甚至造成生命危险。他们在利益的驱使下,双方约定:刘襄主管技术开发和生产,奚中杰主管销售,二人各出资人民币 5 万元,获利一人一半。

2007 年八九月份,研制出盐酸克仑特罗后,刘襄便与奚中杰将少量产品卖给被告人陈玉伟、肖兵。肖兵和陈玉伟回去后卖给收猪经纪人试用,经一段时间的试验后,感觉效果显著,他们便迅速将此消息反馈给了刘襄、奚中杰。得知效果不错后,刘襄等人意识到赚钱的机会来了,于是便大规模生产。截止到 2011 年 3 月份,刘襄生产、销售"瘦肉精"达 2 700 多公斤,销售总金额达 640 多万元,非法所得为 250 万元。奚中杰、肖兵也从中分别获利 200 多万元。陈玉伟还将从刘襄处购买的盐酸克仑特罗与计算好量的淀粉勾兑搅拌,大幅提高利润。被告人刘鸿林明知刘襄并未取得国家相关部门允许而私自生产,且明知这些盐酸克仑特罗的购买者欲把该药物添加至供人食用的生猪的饲料里,仍对其提供帮助。以上五名被告人生产、销售的"瘦肉精"经过层层分销,最终销至北京、广东等八个不同省市。生猪养殖户用勾兑了盐酸克仑特罗的饲料喂养生猪,对广大人民群众的身体健康形成严重威胁,并使公私财产遭受特别重大损失。

对于上述情形,河南省焦作市中级人民法院一审判决认为,被告人刘襄、奚中杰、肖兵、陈玉伟、刘鸿林明知使用"瘦肉精"饲养生猪对人身生命健康的危害,仍大量非法生产、销售"瘦肉精",最终导致用"瘦肉精"饲养的生猪大量流入市场,严重危害不特定多数人的生命、健康,并致使公私财产遭受特别重大损失,仅济源双汇食品有限公司在

[①] 参见河南省焦作市中级人民法院(2011)焦刑初字第 9 号刑事判决书;河南省高级人民法院(2011)豫法刑一终字第 133 号刑事裁定书。

这一事件中的各项经济损失就高达 3 400 多万元，社会危害性极高，在社会公众中造成极坏的影响，五名被告人的行为均已构成以危险方法危害公共安全罪，系共同犯罪。

之后，刘襄等人均提出上诉请求，河南省高级人民法院二审裁定维持原判，并且以以危险方法危害公共安全罪核准刘襄死缓。

（二）相关的防疫检疫人员王二团等玩忽职守案①

王二团、杨哲、王利明本是沁阳市柏香动物防疫检疫中心站的工作人员，他们不认真履行国家工作人员相应的职责，玩忽职守，违反《防疫法》和河南省有关行政法规，没有检疫必须经过检疫合格后才能出县境的生猪，必须进行消毒处理的运输工具也没有采取相应的消毒措施，尤其是在应当进行盐酸克仑特罗检测的前提下，没经检测就开具了相应的合格证明。上述行为，导致了 3.8 万头包括一些是以添加盐酸克仑特罗的饲料喂养长大的生猪流向了其他省市，给人民生命、健康安全造成了重大危害，还令公私财产遭受了重大损失。其间，王二团还有过委托、默许无资质人员代开相关合格证明的违规行为。

对于上述情形，河南省沁阳市人民法院一审判决认为，被告人王二团、杨哲、王利明本是国家工作人员，违反检验检疫职责，致使一批批含有大量"瘦肉精"的生猪进到市场，通向人们的餐桌，损坏消费者人身健康，形成了极不好的社会负面结果，其行为都已经构成玩忽职守罪，且构成"情节特别严重"。

之后，王二团等人均提起上诉，河南省焦作市中级人民法院二审裁定维持原判。

三、裁判要旨②

研制并大量生产、销售专用于往生猪养殖饲料中添加的、明知有害的物品（如盐酸克仑特罗），放任其行为对不特定多数人的人身和财产安全可能造成损害，并在客观上严重危害了不特定多数人的生命、健康，并致公私财产遭受重大损失的，构成以危险方法危害公共安全罪。其行为还同时触犯了生产、销售有毒、有害食品罪，非法经营罪，依法应以处罚较重的罪即以危险方法危害公共安全罪定罪处罚。

被国家机关聘用代表国家机关在行使职权的组织中从事公务的人员可以成为玩忽职守罪的犯罪主体。被告人的玩忽职守行为造成的具体人身伤害和财产损失无法确定，但造成了极其恶劣的社会影响，可以认定为玩忽职守罪中的情节特别严重。

四、引发的理论问题

笔者针对刘襄等人非法生产、销售"瘦肉精"案件提炼出以下三个问题加以研究。

---

① 参见河南省沁阳市人民法院（2011）沁刑初字第 234 号刑事判决书；河南省焦作市中级人民法院（2011）焦刑一终字第 50 号刑事裁定书。
② 参见河南省焦作市中级人民法院（2011）焦刑初字第 9 号刑事判决书；河南省高级人民法院（2011）豫法刑一终字第 133 号刑事裁定书。

第一个问题是：以危险方法危害公共安全罪的罪名判定。"瘦肉精"不是食品也不是食品原料，依相关规定生产"瘦肉精"本身法律也并不禁止。据此，有观点认为刘襄等人的生产及添加行为应构成非法经营罪，而不是法院判决的以危险方法危害公共安全罪。如何认识生产、销售"瘦肉精"的行为性质直接影响本案罪名的认定。因此，以本案为例研究以危险方法危害公共安全罪的罪名判定以及一系列危害食品安全行为的刑法定性有一定理论价值。第二个问题是：结合本案，深度辨析非法经营罪，非法生产、销售有毒、有害食品罪以与以危险方法危害公共安全罪等罪间的区别和联系。法院最终以以危险方法危害公共安全罪对刘襄等人分别进行了判处，并对刘襄判处死刑缓期2年执行，但是刘襄等人的行为是否也构成了非法经营罪呢？在限制死刑的时代浪潮下，对刘襄的量刑是否妥当呢？如若刘襄等人符合其他罪名的构成要件，那么，彼此间是构成想象竞合吗？在此种竞合情形下又该如何进行罪名的适用？第三个问题是由该案件对应而来：王二团等人作为卫生防疫部门的检验检疫工作人员，对于当地食品安全具有监管督导义务。他们疏于职守，没有检验必须经过检疫合格后才能出县境的生猪，对运输工具也没有采取相应的消毒措施，尤其是在应当进行盐酸克仑特罗检测的前提下，没经检测就开具了相应的合格证明。以上行为应以何种罪名定罪量刑较为妥当？此外，结合本案，以当前我国刑事立法、司法动向探讨经济犯罪限制和加强食品安全监管问题为背景，剖析2011年5月起实施的《刑法修正案（八）》中新设的食品监管渎职罪，深入探讨该罪的设立背景及司法适用，对刑事法治的不断完善应当有所裨益。

（一）以危险方法危害公共安全罪的具体认定

1. 公共安全的界定

危害公共安全，即危险行为须具有公共危险。也就是说，危害公共安全罪保护的法益是公共安全。

那么，我们首先来讨论下公共安全中的"公共"。刑法理论界主要有以下四种观点：第一种观点认为，公共危险是指对不特定人的生命、身体或者财产的危险；第二种观点认为，不管是否特定，只要是对多数人的生命、身体或者财产的危险，就是公共危险；第三种观点认为，公共危险是指对不特定并且多数人的生命、身体或者财产的危险；第四种观点认为，公共危险是指对不特定或是多数人的生命、身体或者财产的危险。① 上述第三种观点通常为我国刑法界学者们所采纳，将公共安全定义为不特定且多数人的生命、健康安全或者重大的公私财产安全。有的学者认为"公共"指的应该是不特定或者多数人②，这时会有一个问题就是，如果一名犯罪嫌疑人为报私仇，主观目标明确想要杀害一家五口人，而且客观实际也只是杀害了受害人一家五口人，并未也

---

① 参见张明楷：《刑法学》（第3版），法律出版社2007年版，第514页。
② 参见张明楷：《刑法学》（第3版），法律出版社2007年版，第515页。

不可能存在伤及他人的可能性,按照此种说法也会被认定为危害公共安全,可是这种情况显然还不足以危害公共安全。

笔者认为,在认定公共安全这一范畴时,应当坚持刑法界通说,即公共安全中的"公共",是指不特定且多数人。此处我们讲的多数人是一种较为广泛的人数概念,不宜具体量化,也不是限定范围内的少数人、个别人。由于危害公共安全罪,是以危害公共大众的生命、健康等为重点的犯罪,故应特别关注行为是否侵犯"公众"的生命、健康利益。量上的"多数"是"公共"概念的核心。"少数"的情况应该排除在外。"不特定",就是犯罪行为侵害的对象和潜在危害是不能提前预知和确定的,行为人无法预料也无法控制该危险行为的发展态势以及行为所造成的危害后果,并且此危害后果随时都可能发展得更加严重。那么,若是这种场合是"不特定的",就意味着这种状况有相当的可能性向"人数众多"发展,很有可能使社会多数人的生命、健康安全受到威胁或是伤害。我们再来谈一下"多数人"的概念,它并不方便用数字具体化,只要是让较多的人感到生命、健康等受到威胁,即应视为对公共安全构成威胁。

此外,我们还不禁要问,单纯的财产安全是否也应归入公共安全的范畴呢?《刑法》第115条中规定的"使公私财产遭受重大损失"与之前的"致人重伤、死亡"之间用的是"或者",这就说明单纯的财产安全也属于公共安全。但是,必须强调一点,只有"重大损失"才可上升到公共安全的高度,即重大的公私财产安全属于公共安全的范畴。

2. 对"其他危险方法"的理解

(1)"其他危险方法"的主要表现

"其他危险方法",在《刑法》第114条、第115条中规定,采用的是概括性规定加列举式的方法。刑法采取这种表述方法初衷是好的,为的是在司法实践中能够有效地打击各种形式的危害公共安全犯罪,也利于司法人员对于常见危险方法的识别和判定,体现了刑事立法的原则性与灵活性的统一。但是,也正是如此,使司法实践中该罪的司法适用表现出一定的随意性。因为《刑法》条文中并没有规定该罪的具体行为构成和行为方式,而仅仅提及了该罪的行为对象与和行为性质等方面,导致对"其他危险方法"没有具体限定。最近几年,以危险方法危害公共安全罪作为兜底罪名在司法实践中频频适用,该罪名出现明显扩大化的趋势。罪刑法定原则要求法条要具有明确性,因此,对此罪就必要要进行限制解释。其中,对于"其他危险方法"的正确理解就十分重要了。

(2)"其他危险方法"的本质特征

《刑法》第114条规定了"以其他危险方法危害公共安全"的情形。"其他危险方法"本质上要有两个特征:第一,行为人实施的危险行为必须与放火、决水、爆炸、投放危险物质等的危险性相当。第二,行为人所采取的行为方法是除放火、决水、爆炸、投放危险物质等《刑法》已经明确入罪的犯罪方法以外的危险方法。① 由上述推论,本罪的犯罪方法形式多样,不固定,只要行为人实施的犯罪行为不属于放火、决水、爆炸、投放危险物质等,但却能够产生与上述方法危害性质相当的严重后果,即有可能会危害不特定多数人的生命、健康利益或者造成重大公私财产的损失,足以或已经危害公共安全的,那我们就可以将其归入到"其他危险方法"的范畴。

笔者认为,对于其他危险方法的本质特点的把握,至少应从三个方面来剖析:(1)危害行为的本身。对危险相当性的认定,主要就是要看行为本身是否具有一定的严重社会危害性,是不是足以危害公共安全,是不是足以产生致人重伤、死亡,或使公私财产遭受重大损失的结果。(2)危害行为的对象。犯罪对象的不特定性是本罪具有严重社会危害性的一个重要特征,且为不特定多数人的生命、健康安全这样重大的人身利益或是重大的公私财产利益。(3)危害结果发生的现实可能性。危险行为——危险状态——危害结果具有有机的内在联系,三个阶段环环相扣,处罚危险行为的本质原因就在于其导致危害公共安全的危险状态的形成,而这种危险状态引起实害结果有一定的可能性。②

对于危害结果发生的现实可能性的把握较为复杂。笔者认为,要结合行为人所采取行为时的具体时间、空间条件来看,因为行为的危险性程度是与行为发生的时空环境密切相关的。比如,行为人在人迹罕至的深山老林或是在不允许他人随意打扰的私人空间私拉电网,与在乡村农田、房前屋后菜园果园私拉电网的危害性远不相同。还有些行为会随着时间的转换而危险性大大提高或者是大大减低,像行为人在山林里生火烧饭,如果是在森林的多雨期则没有什么太大危险。但是,如果是在旱季禁火期,则危险性就急剧升高,即使行为人只是吸支烟,而且高度注意、十分谨慎,也是被严厉禁止的,因为此时这种普通行为因时间、空间的特定性而变得非常危险。因此,我们在认定某行为是否具有公共危险性、危害公共安全时,一定不能撇开时空环境来简单分析,而应该根据外在的客观环境作出具体判断。

联系本案,危害结果的发生与行为人生产、销售"瘦肉精"的数量、销售金额、产品辐射范围及作案持续时间等因素有密切联系。这些对认定其是否构成"危险方法"也都有着十分重要的作用。2012年3月罗某生产、销售含有莱克多巴胺("瘦肉精"的一种)的饲料案,因销售金额不大,辐射范围较小,不足以达到危害公共安全的程度,所以以非法经营罪定罪。而本案中,刘襄等人在2007年初至2011年3月间累计销售金额高达640余万元,使生产、销售的盐酸克仑特罗用于生猪并听任其流向河南、山东、北

---

① 参见谭绍木、黄秋生:《"以危险方法危害公共安全罪"中"危险方法"的展开》,载《南昌航空工业学院学报(社会科学版)》2005年第1期。
② 参见冯江菊:《以危险方法危害公共安全罪中"危险方法"之界定》,载《中国海洋大学学报(社会科学版)》2009年第1期。

京、湖南、海南、安徽、黑龙江、广东八个省市的市场，给广大人民群众的身体健康造成了严重的损害，并使重大公私财产遭受损失，仅济源双汇食品有限公司在这一事件中的各项经济损失就高达3 400多万元，焦作市辖区销毁含"瘦肉精"生猪700多头，经济损失为100多万。所以，本案认定为以危险方法危害公共安全罪是罪责刑相适应的体现。

（3）"其他危险方法"的具体认定

从司法实践上来看，以危险方法危害公共安全罪的犯罪方法多种多样。例如在公共场所向公众开枪，在人群密集的地方驾驶汽车随意冲撞，违反规定私架电网，等等。可以说，危害公共安全的方式是我们所无法穷尽，也没有必要一一列举的。只要其符合本罪的本质特征，就可以构成以危险方法危害公共安全罪。如果某种方法不能使不特定多数人的生命、健康受到威胁或者损害，或者重大公私财产毁损的后果，就不属于本罪的"以其他危险方法"。例如：在空旷的广场上燃放烟花爆竹，虽然也可能对他人的生命、健康及公私财产造成威胁和损害，但可能造成的危害结果是有限的并且容易控制，其严重程度还不足以与放火、决水、爆炸、投放危险物质行为相提并论，因而不能认定为本罪中的其他危险方法。

总体来看，司法实践中，通过司法审判认定的"其他危险方法"有：发生交通事故后继续驾车冲撞的危险方法（成都孙伟铭案、佛山黎景全案）；故意破坏瓦斯传感器致检测器不报警的危险方法（平顶山李新军案）；用含有病菌的塑料注射器针刺他人的危险方法（云南孙琪琪案）；非法生产、销售含有三聚氰胺"蛋白粉"的危险方法（三鹿奶粉张玉军案）；投寄虚假炭疽杆菌的危险方法（上海肖永灵案）；等等。① 其中，上海肖永灵案被刑法界普遍认为违背罪刑法定原则，案件定性错误，投寄虚假炭疽杆菌明显不具有与放火、决水、爆炸、投放危险物质等行为相当的危险性。② 本案中刘襄等人生产、销售"瘦肉精"的危险方法与2008年三鹿奶粉系列案件中所采用的危险方法极为相似，但是，并不是所有生产、销售"瘦肉精"的案件中的危险方法都符合"其他危险方法"，都会构成以危险方法危害公共安全罪。总之，要结合具体情况具体分析案情。

3.关于危害食品安全行为刑法性质的分析

对于危害食品安全的行为应该如何定罪、量刑最为妥当，《刑法》中与其相关的主要有三个罪名，分别是生产、销售有毒有害食品罪，非法经营罪，以危险方法危害公共安全罪。下面我们就这些行为侵犯的客体及客观方面来逐一分析。

（1）是否构成生产、销售有毒有害食品罪的探讨

依照《刑法》第144条之规定可知，生产、销售有毒、有害食品罪是指违反我国食品

---

① 参见孙明经：《三鹿奶粉系列刑事案件法理研究》，北京师范大学2011年硕士学位论文，第8页。
② 参见游伟、谢锡美：《"罪刑法定"原则如何坚守——全国首例投寄虚假炭疽恐吓邮件案定性研究》，载《华东刑事司法评论》2003年第1期。

卫生管理法规,在生产、销售的食品中掺入有毒、有害的非食品原料,或者销售明知掺有有毒、有害的非食品原料的食品的行为。司法实践中,行为人的具体表现为:(1)行为人向食品或是食品原料中掺入了有毒、有害的非食品化学物质。行为人掺入的是有毒、有害的非食品化学物质,即这些物质是人类根本不可以食用的。此外,此处的"掺入"也应理解为除了包括积极地向食品或食品原料中添加非食用化学物质,还包括将非食用化学原料充当食品或者是食品原料来出售。(2)销售明知已经掺有有毒、有害的非食品原料的食品或是食品原料。危害食品安全行为中的生产、销售三聚氰胺、地沟油、陈化粮、毒豇豆、苏丹红鸡蛋、塑料袋米粉等行为因为不是属于向食品或者是食品原料中掺入了有毒、有害的非食品性化学物质,就是属于销售明知已经掺有有毒、有害的非食品原料的食品或是食品原料,严重危害或是损害了人体生命、健康利益,侵犯了生产、销售有毒、有害食品罪所保护的客体,并且显而易见,也符合生产、销售有毒、有害食品罪的客观方面。

但是,在本案中,刘襄等人大规模研发、制造、生产、销售盐酸克仑特罗,混入猪饲料中,卖给生猪养殖户。盐酸克仑特罗并不属于国家规定的食品添加剂的范畴,确实符合非食用化学物质的特征。可是,刘襄等人并不是直接向食品或者食品原料中掺入有毒、有害的非食用化学物质,也没有故意销售已经掺有有毒、有害的非食品化学物质的食品或食品原料,而是通过饲料喂养牲畜致使盐酸克仑特罗大量沉积于动物体内组织中,从而威胁、危害人类生命、健康利益。虽然客观上侵犯了市场经济秩序和公众人身健康安全,但是却不符合生产、销售有毒、有害食品罪的客观方面要件,所以,笔者认为,刘襄等人的犯罪行为是不构成生产销售、销售有毒、有害食品罪的。

(2)是否构成非法经营罪的分析

根据我国《刑法》第225条的规定,非法经营罪是指未经许可经营专营、专卖物品或其他限制买卖的物品,买卖进出口许可证、进口原产地证明以及其他法律、行政法规规定的经营许可证或者批准文件,未经国家有关主管部门批准非法经营证券、期货、保险业务,或者非法从事资金支付结算业务,以及从事其他非法经营活动,扰乱市场秩序,情节严重的行为。该罪侵犯的客体为正常的社会主义市场经济秩序。行为人往往违反国家的相关管理规定,通过添加化学药品、造假等方式来制造表面看来"质优价廉"的产品来迷惑消费者。例如塑料袋米粉,有些不法商贩用成本低廉的废旧塑料袋,经过加工制成色泽光亮的"优质米粉",销售价格自然具有较强的竞争力,可以比普通米粉低得多,致使普通的健康米粉销量锐减,甚至滞销,对正当经营的米粉商造成沉重打击。这毫无疑问侵犯了国家的经营管理制度及正常的市场经济秩序,侵犯了非法经营罪所保护的客体。在客观上,非法经营罪的行为具有三个方面的特征,即"违反国家规定""从事非法经营活动,扰乱市场秩序"和"情节严重"。

对于本案,很显然,非法生产、销售"瘦肉精"的行为违反了国家相关的管理规定,属于非法经营活动,严重破坏了市场经济秩序。此外,上文提到的最高人民法院、最高人民检察院《关于办理非法生产、销售、使用禁止在饲料和动物饮用水中使用的药品等刑事案件具体应用法律若干问题的解释》(以下简称《解释》)第1条中规定,未取得药品生产、经营许可证件和批准文号,非法生产、销售盐酸克仑特罗等禁止在饲料和动物饮用水中使用的药品,扰乱药品市场秩序,情节严重的,依照《刑法》第225条第1项的规定,以非法经营罪追究刑事责任。由此可知,刘襄等人未取得药品生产、经营许可证件和批准文号非法生产、销售盐酸克仑特罗的行为,即使未卖给生猪养殖户用于喂养生猪,未销售至八大省市的市场也已经构成了非法经营罪。基于此,如果认定为非法经营罪,显然不能适应罪责刑相适应的要求,有放纵犯罪之嫌。

(3)是否构成以危险方法危害公共安全罪的辨析

根据《刑法》第115条规定可见,以危险方法危害公共安全罪,是指故意以放火、决水、爆炸、投放危险物质以外的其他危险方法危害公共安全的行为。这里的"其他危险方法"是指与放火、决水、爆炸、投放危险物质的危险性相当,足以危害公共安全,致使不特定或者多数人的生命、身体健康受到威胁或损害的方法。"其他危险方法"都有哪些,刑法采用的是概括性列举的表述方法。上文中我们已经论述过。此种"相当性"应从本质上而不是从形式上加以考虑。从本质上确定其"相当性"就是可行的路径。①"其他危险方法"是指除了放火、爆炸、决水、投放危险物质以外的其他方法并且与放火等犯罪方法具有"相当性"。对于危害食品安全的行为,判断其是否构成以危险方法危害公共安全罪,关键是要看是否符合"其他危险方法"的内核、本质特征。比如2008年的三鹿奶粉案件中,行为人生产、销售三聚氰胺并添加于液态奶中,利用"凯氏定氮法"的固有缺陷,一路畅通直到为广大消费者所饮用,人食用含有三聚氰胺的奶制品后极有可能出现生命、健康安全问题,最终导致30余万婴幼儿因食用遭受三聚氰胺严重污染的婴幼儿配方奶粉引发泌尿系统疾患,造成多名婴幼儿死亡。另外,行为人对此危害结果即使不是有意追求,至少也是听之任之的态度,所以对该行为就是以危险方法危害公共安全罪定罪的。

通过上文对非法生产、销售"瘦肉精"的行为性质的论述,我们了解到,类似刘襄案中的这种特别严重的非法生产、销售"瘦肉精"的行为,既侵犯了非法经营罪的客体同时也侵犯了以危险方法危害公共安全罪的客体,存在想象竞合关系。非法经营罪与以危险方法危害公共安全罪的法条所规定的保护客体和犯罪构成的客观方面差别很大,两罪名间彼此并不存在法条上的交叉关系或者包容关系,不是法条竞合关系。

对于想象竞合犯,我国刑法理论界一贯主张这实为实质的一罪,只能以一个罪名来定罪量刑,司法实务部门对此也表示认可,一直也是这样操作的。选择适用过程中

---

① 参见赵秉志:《死刑改革探索》,法律出版社2006年版,第103页。

遵循的原则是"从一重罪处",即依照相关数个罪名中法定刑较重的那个来定罪量刑。而且,我们注意到《解释》第 5 条也明确规定"实施本解释规定的行为,同时触犯刑法规定的两种以上犯罪的,依照处罚较重的规定追究刑事责任"。①

那么,在本案中,对于非法经营罪和以危险方法危害公共安全罪,以哪个罪名追究行为人的刑事责任时法定刑更重呢?

非法经营罪,《刑法》第 225 条中规定有两档法定刑:第一档"情节严重的",对应的量刑是单处罚金或是 5 年以下有期徒刑或者拘役并处罚金;第二档"情节特别严重的",对应的量刑是 5 年以上有期徒刑,并处罚金或者没收财产。如何认定"情节特别严重",笔者认为,应结合具体案情来判定,包括生产、销售"瘦肉精"的动机、手段、实现目的所采取的形式以及生产、销售"瘦肉精"的数量、销售金额、非法获利金额、经营时间、经营规模、产品销售情况、销售区域、损害主要针对的人群特点、损害后果的严重程度、消除危害所需成本等,来综合考虑、全面分析社会危害程度、社会不良影响等因素。很明显,刘襄案应属于"情节特别严重",对应的量刑是 5 年以上有期徒刑,并处罚金或者没收财产。

以危险方法危害公共安全罪,《刑法》第 114、115 条规定有两档法定刑:第一档"尚未造成严重后果的",处 3 年以上 10 年以下有期徒刑;第二档出现严重后果"致人重伤、死亡或者使公私财产遭受重大损失的",处 10 年以上有期徒刑、无期徒刑或者死刑。其中,若是过失犯前款罪的,处 3 年以上 7 年以下有期徒刑,情节较轻的,处 3 年以下有期徒刑或者拘役。刘襄等人明知使用盐酸克仑特罗饲养生猪对人身生命健康的危害,仍大量非法生产、销售,最终导致用盐酸克仑特罗饲养的生猪大量流入市场,严重危害不特定多数人的生命、健康,虽然由于"瘦肉精"危害的特殊性没有出现致人重伤、死亡的后果,但也绝不属于"尚未造成严重后果",并且该行为已经致使公私财产遭受重大损失,对应量刑应为 10 年以上有期徒刑、无期徒刑或者死刑。

非法生产、销售"瘦肉精"用于添加到动物饲料和饮用水中的行为,毫无疑问构成非法经营罪。当然,如果生产、销售数量较大、持续时间较长、波及范围较广,且食用了"瘦肉精"的牲畜已然投入市场,就可能涉嫌构成以危险方法危害公共安全罪。论述及此,与江西南昌罗某非法经营一案相比,刘襄等人的行为更恶劣,影响范围更大,危害后果更严重。如果以非法经营罪定罪,显然不能很好地体现此种行为的严重危害性和危害后果,不能有效地保护公共安全。

在本案中,刘襄等人的行为,第一,侵犯的客体是公共安全,危害了不特定多数人的生命、健康利益,并导致重大公私财产的损失。第二,刘襄等人的行为性质符合《刑法》规定的危害公共安全的"其他危险方法"。他们共生产 2 700 多公斤盐酸克仑特

---

① 参见赵秉志:《简析河南"瘦肉精"案的定罪量刑》,载《法制日报》2011 年 8 月 10 日。

罗,给养殖户或相关经营者直接导致了数千万元的财产损失,给当地的生猪养殖业造成了数亿元的间接损失,同时也给消费者的健康安全埋下了严重的隐患,刘襄等人的行为严重地危害了公共安全,其行为性质属《刑法》规定的"以其他危险方法"危害公共安全的行为。第三,主观方面上看,行为人明知国家严禁家畜饲料中添加盐酸克仑特罗等"瘦肉精",明知用含有"瘦肉精"的饲料喂养的猪肉中会残留大量"瘦肉精",人类食用后会对生命、健康等产生重大危害,仍然有预谋、有计划地进行"瘦肉精"的生产、销售,行为人主观上存在故意,至少是放任的心态。第四,主体方面,本罪是一般主体,刘襄等人均符合本罪的主体要件。所以将刘襄等人判定为以危险方法危害公共安全罪是有理有据的。

综上所述,对于危害食品安全的行为如生产、销售"瘦肉精"、三聚氰胺等应该如何定罪、量刑,应结合案情具体情况来看,非法生产、销售"瘦肉精"的行为通常构成非法经营罪,情节恶劣时也可能构成以危险方法危害公共安全罪;生产、销售三聚氰胺、地沟油等的行为通常构成生产、销售有毒、有害食品罪和非法经营罪,情节恶劣时也可能构成以危险方法危害公共安全罪。

4.本案裁量死刑合理性的思考

本案中,被告人刘襄以以危险方法危害公共安全罪定罪,被判处死缓缓期执行。在积极倡导限制、废止死刑的国际环境下,对刘襄裁定死刑是否合理? 随着人类的进步,死刑这一极其残忍的、以暴制暴、漠视生命的刑罚终会被废止。但是,我们也要认识到这一过程必将是逐步进行并且要经历漫长过程的,尤其是在中国。受我国历史文化传统的影响,"崇尚重刑、迷信死刑"的思想深入人心,"杀人者死""杀人偿命"作为民族情感的一个重要元素根深蒂固,加之我国正处于社会主义初级阶段,人民群众日益增长的物质文化需要同落后的社会生产力之间的矛盾仍未改变,贫富分化严重,市场经济还很不发达,经济犯罪形势依然严峻,因而短期内并不具备废止经济犯罪死刑的条件。

对于刘襄非法生产、销售"瘦肉精"的这种已经严重危害社会公共安全的行为,依法判处被告人死缓具有相当的合理性,体现了我国司法机关严惩危害食品安全犯罪的决心和力度。第一,刘襄非法生产、销售"瘦肉精"的唯一用途是添加到饲料中用于生猪养殖。第二,"瘦肉精"能够引起人体一系列急、慢性中毒,诱发恶性肿瘤甚至危及生命。第三,结合刘襄生产、销售"瘦肉精"的数量、销售金额、非法获利金额、经营时间、经营规模、产品销售情况、销售区域、损害主要针对的人群特点、损害后果的严重程度、消除危害所需成本等因素来综合考虑,深入分析,截至案发虽然尚未发现致人重伤、死亡的直接后果,但是其行为已经对公共安全,对不特定多数人的生命、身体健康造成严重危害。第四,刘襄的非法行为给相关肉制品加工企业、生猪养殖户造成了特别重大的经济损失。第五,法院认定刘襄没有自动投案,不成立自首;因刘襄等人主观上有共同的犯意联络,客观上实施了危害公共安全的行为系共同犯罪,所以刘襄到案后供述同案犯的情况不构成立功。

综合以上几点,对类似被告人刘襄这样罪行极其严重的犯罪分子不适用死刑,不利于打击风头正盛的危害食品安全犯罪,也与党和国家关注民生、保护民生的理念相悖,必然难以为广大社会民众所接受,对社会的和谐稳定极为不利。基于这样一种现实,综合考虑本案其他特殊情节,如没有直接的人员伤亡等,对被告人适用死缓,是比较合理、公正的选择。就此而言,该案的判决很好地体现了我国宽严相济的刑事政策。

学界对于死缓规定中的"应当判处死刑"的理解大体一致,但对于何种情形下"不是必须立即执行",由于法律并未作出具体规定,理论界对此有一定分歧。一方面,"罪行极其严重"的犯罪分子应当判处死刑,对于何为"罪行极其严重",应当坚持主客观相统一原则,考虑主客观双方面因素,不仅要看犯罪的客观危害后果是否极其严重,而且要看被告人的主观恶性是否极深、犯罪手段是否极其恶劣、人身危险性是否极大。有学者认为,"应进一步将《刑法》'罪行极其严重'以立法的形式明确规定为:罪犯主观恶性极大,犯罪手段极其恶劣,犯罪危害后果极其严重"①。"只有同时符合这三个要件才能满足于'罪行极其严重',才能考虑适用死刑。"②

另一方面,"不是必须立即执行",笔者认为,应该从以下几个方面来综合考虑。第一,如果被告人是共同犯罪中的从犯、犯罪未遂或者存在自首、立功等法定从轻处罚情节的,不是必须立即执行。第二,如果被告人如实供述了自己的同种罪行,或者坦白了自己所犯罪行,认罪态度较好,确有悔罪表现和酌定从轻情节的,不是必须立即执行。第三,如果被告人的犯罪后果并未直接致人重伤、死亡,不是必须立即执行。第四,如果案件是因被害人之过错引起的,不是必须立即执行。第五,如果被告人确有悔罪表现,积极赔偿被害人或被害人家属的经济损失并已获得对方的谅解,不是必须立即执行。第六,被告人作案时主观恶性较小,属于放任危害后果发生而非积极主动追求的,不是必须立即执行。第七,案件个别事实情节尚未完全查清且难以查清,量刑时须留有一定余地,不是必须立即执行。刘襄案中存在第二、三、六种情形,所以符合"不是必须立即执行",判处死缓,这既体现了对这起严重犯罪和他本人严重罪行的严厉惩处,又体现了对严重犯罪严惩的基础上严中有宽的一面,也契合了现阶段我国严格控制和慎重适用死刑,尤其是慎重适用死刑立即执行的死刑立法与政策精神。③ 限制死刑的同时,我们还要进一步优化死缓、无期徒刑、有期徒刑的刑罚结构。"从我国现行刑罚体系看,目前'死刑过重,生刑过轻'的矛盾比较突出,即使判处死缓、无期徒刑,通过减刑,其实际服刑的刑期也就十多年,宣告刑与实际执行的刑罚相去甚远。废除死刑,大幅度减少了刑罚供应量,不但难以满足人们对严重犯罪的报应心理,也影响人们对刑

---

① 赵秉志:《死刑改革探索》,法律出版社 2006 年版,第 103 页。
② 赵秉志:《死刑改革探索》,法律出版社 2006 年版,第 104 页。
③ 参见赵秉志:《简析河南"瘦肉精"案的定罪量刑》,载《法制日报》2011 年 8 月 10 日。

罚实现震慑、预防犯罪目的和效果的信心。"①《刑法修正案(八)》废止了近年来较少适用或基本未适用的13种非暴力犯罪的死刑,这与中国目前经济社会的发展实际是相符合的,也不会对社会稳定和治安形势造成负面影响。《刑法修正案(八)》对刑法总则所作的大幅度修正,也是对司法实践相应问题的很好回应和总结。诸如提高了对死缓减为无期徒刑、有期徒刑后的实际执行刑期以及数罪并罚的总和刑期,增加了限制减刑和不得假释的规定等。应当说,此种规定,虽是刑法规范迈出的一小步,对于改变法治观念、推进法治进程而言却是一大步。这次修正虽非专门针对经济犯罪刑罚结构,但效果依然是显著的,是宽严相济刑事政策的充分体现。

(二)卫生防疫部门有关人员渎职行为的性质

1.对于本案王二团等人玩忽职守罪的判定

玩忽职守罪,《刑法》第397条有明确规定。联系本案,从犯罪构成来看:第一,该罪所侵犯的客体是国家机关的正常管理活动以及公共财产、国家、集体和人民的利益。本案中行为人作为卫生防疫部门的工作人员未尽监管督导当地食品安全的义务,也未正常履行管理职责,侵犯了国家机关的正常管理活动,使人民的利益遭受损失。第二,本案中行为人之行为符合本罪的犯罪客观方面,即实施了玩忽职守的行为,使公共财产、国家和人民利益遭受了重大的损失。王二团等人主管生猪检疫工作,却马虎从事,违反《动物防疫法》和河南省有关行政法规,没有检疫必须经过检疫合格后才能出县境的生猪,对必须进行消毒处理的运输工具也没有采取相应的消毒措施,尤其是在应当进行盐酸克仑特罗检测的前提下,未经检测就违规出具《动物产地检疫合格证明》《出县境动物检疫合格证明》《动物及动物产品运载工具消毒证明》《牲畜一号、五号病非疫区证明》。此外,王二团还有过委托、默许不具备检疫资格的人员代开相关合格证明的违规行为。第三,该罪的犯罪主体是特殊主体,即具有国家机关工作人员身份的人。王二团等人是河南省沁阳市柏香动物防疫检疫中心站的工作人员,符合主体要件。第四,犯罪主观方面只能是过失,即行为人严重不负责任,不履行或者不认真履行职责,对所造成的危害结果是出于过失。本案中王二团等人作为国家机关的工作人员理应忠于职守,尽心尽力,但他们履行管理义务时并没有做到时刻保持高度注意义务,行为人持一种疏忽大意或过于自信的心态,对自己玩忽职守的行为可能导致的公共财产、国家和人民利益的重大损失应当预见而没有预见,或者已经预见而轻信能够避免。综上,王二团等人符合玩忽职守罪的构成要件,成立本罪。

2.关于食品监管渎职罪的理解和适用

(1)食品监管渎职罪的设立背景与主要表现

2011年5月1日起实施的《刑法修正案(八)》增设了"食品监管渎职罪",即"负有

---

① 孙国祥:《死刑废除与民意关系之审视》,载《华东政法大学学报》2009年第2期。

食品安全监督管理职责的国家机关工作人员,滥用职权或者玩忽职守,导致发生重大食品安全事故或者造成其他严重后果的,处五年以下有期徒刑或者拘役;造成特别严重后果的,处五年以上十年以下有期徒刑"。并且规定"徇私舞弊犯前款罪的,从重处罚"。本罪设立的意义在于督促和惩治食品安全监管过程中的失职渎职行为。食品监管渎职罪的主体是特殊主体,是指负有食品安全监督管理职责的国家机关工作人员。根据我国《食品安全法》的相关规定,负有食品安全监督管理职责的国家机关工作人员包括:县级以上人民政府、卫生行政、农业行政、质量监督、工商行政管理、食品药品监督管理等部门的国家机关工作人员以及国务院食品安全委员会的工作人员。这类人一旦滥用职权或者玩忽职守,就会对我国食品安全监督管理活动造成严重不良影响,也非常有可能导致重大食品安全事故等其他严重后果的发生。

在《刑法修正案(八)》出台前,依照《刑法》规定,对负有食品安全监督管理职责的国家机关工作人员发生渎职犯罪,根据犯罪主体身份不同,分别以不同的罪名予以定罪处罚,如商检徇私舞弊罪、动植物检疫徇私舞弊罪、放纵制售伪劣商品犯罪行为罪。《刑法修正案(八)》的出台,解决了相同性质(即职责性质相同)的渎职犯罪行为因行为人所处单位部门不同而承担不同刑事责任(即同质不同罚)的法律问题,从而对同样负有食品安全监督管理职责的国家机关工作人员发生渎职犯罪,并且导致重大食品安全事故或造成其他严重后果的,统一以食品监管渎职罪处罚,从而达到定罪与量刑统一。但是,需要注意的是在此之前的司法解释中,对于同一条款既含有滥用职权又包括玩忽职守行为的,通常都解释为两个罪名,如滥用职权罪与玩忽职守罪,国有公司、企业人员失职罪与国有公司、企业人员滥用职权罪,而最高人民法院、最高人民检察院2011年4月27日公布的《关于执行〈中华人民共和国刑法〉确定罪名的补充规定(五)》却把通过《刑法修正案(八)》第49条增设的《刑法》第408条之一第1款的规定仅仅解释为食品监管渎职罪一个罪名,这种解释与之前的解释前后不一致。笔者认为,在适用该条款时应当注意行为人到底是滥用职权还是玩忽职守从而导致发生的重大食品安全事故或者造成其他严重后果。

根据前述内容,卫生行政部门、质量监督部门等有关国家机关工作人员在对食品安全履行监管职责的过程中,由于滥用职权或是玩忽职守而发生重大食品安全事故或者发生其他与食品安全事故有关的严重后果,应认定为食品监管渎职罪;如果没有发生上述严重后果,则应按滥用职权罪、玩忽职守罪、放纵制售伪劣商品犯罪行为罪定罪处罚。

食品监管渎职罪中的滥用职权行为具体可以表现为对明知违法而不予以处罚,导致食品企业生产、销售不符合安全标准的食品或者有毒、有害食品,造成重大食品安全事故或者其他严重后果;还可以表现为对明知食品企业是正常合法地进行生产、销售经营,行为人违反规定对其进行处罚,干扰食品企业正常的生产、销售和经营活动,造成严重后果的情况。食品监管渎职罪中的玩忽职守行为,是指未履行其食品监管职责所要求的行为,在执行职务期间违背其职责义务,擅自脱离监管岗位,或者虽然有履行其监管职责的行为,但未完全履行监管职责等。具体表现为食品安全监管人员不履行监管职责或者不认真履行监管职责,监督管理活动走过场,对违法行为视而不见,甚至接受吃请送礼后,不履行监管职责或者不认真履行职责,因而产生重大食品安全事故或者其他严重后果的情况。

(2) 对"其他严重后果"的理解与适用

食品监管渎职罪的法定情节为"发生重大食品安全事故或者造成其他严重后果",和一般渎职罪一样,该情节表述也较含糊。但是,"重大食品安全事故"和"其他严重后果"的确定对认定是否犯罪却是相当关键的。

"其他严重后果"是类比食品安全事故而来的,是指与发生食品安全事故恶劣性质、恶劣程度相当的,但不能认定为此种事故的一类严重后果。食品安全事故通常是指由食品引发的对人体健康有危害的事故,包括食物中毒、食源性疾病、食品污染等。《国家重大食品安全事故应急预案》中明确规定,重大食品安全事故是指在食物(食品)种植、养殖、生产加工、包装、仓储、运输、流通、消费等环节发生食源性疾患,造成社会公众大量病亡或者可能对人体健康构成潜在的重大危害,并造成严重社会影响的事故。此外,《国家重大食品安全事故应急预案》中依据食品安全事故的性质、危害程度和涉及范围,将其分为四级,其中的Ⅰ级和Ⅱ级食品安全事故作为《刑法》中认定的重大食品安全事故。本案中刘襄等人生产、销售"瘦肉精"的行为虽未造成社会公众大量病亡,不属于重大食品安全事故,但是已经对人体生命、健康利益造成了潜在的重大危害,且造成了严重的社会影响。

那么,关于"其他严重后果"我们该如何理解呢?关于食品安全事故的认定,行政监管部门的规章中或许有相关标准,但是现行法律和司法解释中没有相关参考标准,鉴于相关部门规章的可修改性,如果没有相关明确的司法解释出台,实际上确定罪与非罪的标准还是落回了行政监管部门手里,于法理不合,同时给检察机关查处该类犯罪增加了难度。

笔者认为,对本罪的"其他严重后果"的理解可以参照污染环境罪中的相关规定,一系列具体指标来量化后果的严重性,降低入罪门槛,增强司法可操作性。食品安全事故也具有一定"潜伏性"和"累积性",可能后果在短期内显现不出来。出现了食品安全问题,一段时间内看不到"严重后果"。有学者认为,食品监管渎职罪是结果犯。[①] 但是,笔者认为食品安全监督渎职犯罪似乎可以作为一种危险犯来认定,即因国家工作人员的渎职行为,将公共安全置于危险状态,虽未产生个体或者群体的明显的危害结

---

① 参见郭立新、黄明儒主编:《刑法分则典型疑难问题适用与指导》,中国法制出版社 2012 年版,第 751 页。

果,却给人民身体健康利益造成了潜在的危险性,若干年难以消除,或者是涉案金额巨大或者特别巨大,即可以认定造成了严重后果,构成了渎职行为,甚至是渎职犯罪行为。这样有利于加大打击力度,因此期待相关配套的司法解释和立案标准出台,便于新法的实施。

笔者建议,"其他严重后果"的认定标准至少应包括以下几个方面:(1)通过生产、销售有毒、有害食品的数量、销售金额、获利金额等因素来确定影响的地域范围、波及人群的广度;(2)受害人群是否具有特殊性(如老人、孕妇、残疾人、婴幼儿等)等;(3)导致人身伤亡的人数、公私财产遭受损失的数额等;(4)是否在人体内形成残留,对人体生命体征及日后生活质量、就医诊疗质量的影响;(5)是否已导致受害人出现了因食用该有毒、有害食品而出现相应毒副作用,受害人的数量、比例;(6)国家、集体和个人等为防止危害扩大以及消除危害而采取必要合理措施的实际费用,以及恢复受害公众身体健康所需费用及时间;(7)因该危害食品安全行为所造成的所有有形和无形危害、直接和间接损失等;(8)其他严重危害后果的情形。司法实践中,在综合评估各种因素的基础上,可由有关机关对危害食品安全行为的危害程度作出司法鉴定,作为司法机关定罪量刑的重要依据。

3. 本案中王二团等人行为的罪名认定

司法机关认为,被告人王二团、杨哲、王利明身为动物防疫、检疫工作人员,不履行职责,导致大量未经检疫、消毒和"瘦肉精"检测的生猪流入市场,危害消费者身体健康,扰乱食品市场秩序,造成恶劣的社会影响,其行为均已构成玩忽职守罪,且属于"情节特别严重"。通过上文论述,笔者认为,王二团等人的渎职行为无疑已经酿成与重大食品安全事故性质相当的严重后果,符合食品监管渎职罪的构成要件。

王二团等人的行为客观上既侵犯了玩忽职守罪的犯罪客体,同时也侵犯了食品监管渎职罪的客体,即国家机关对食品安全正常的监管活动。联系上文论述内容,行为人基于一个罪过,只实施了一个犯罪行为,却同时侵犯了数个罪名的犯罪客体,此数罪之间为想象竞合关系,行为人为实质的一罪,只能以一个罪名来认定。想象竞合,从一重论处,玩忽职守罪中不是"特别严重的"处3年以下有期徒刑或者拘役,最高刑期为7年;食品监管渎职罪起刑点为5年,最高刑期为10年,明显后罪重于前罪。而且,《刑法》第397条第1款规定"本法另有规定的,依照规定",说明玩忽职守罪对《刑法》中其他条款所规定的具体玩忽职守罪名而言,通常是起补充适用作用。如果国家机关工作人员不履行相应职责的行为《刑法》中有其他明确、具体的规定,就应当按其他具体罪名定罪处罚,只有在《刑法》对行为人的玩忽职守行为没有明确、具体的规定,而同时又符合玩忽职守罪构成要件的,才应当按玩忽职守罪论处。目前来看,王二团等人的行为应当定为食品监管渎职罪而非玩忽职守罪。

但是,刑法总则规定对行为人适用刑罚时,应当本着"从旧兼从轻"的原则。王二团等人的行为大约发生在 2007 年至 2011 年,食品监管渎职罪是《刑法修正案(八)》中新设立的罪名,《刑法修正案(八)》于 2011 年 5 月 1 日起实施,该案于 2011 年 7 月进行公开审判,当行为时的法律与审判时的法律不同时,本着"从旧兼从轻"的原则,应当对行为人适用行为时的法律,应当以玩忽职守罪评价才妥当。

综上所述,对王二团等人应以玩忽职守罪定罪量刑。

泄露内幕信息罪及内幕交易罪构成研究

——董正青内幕交易案

唐 燕[*]

目　次

一、选案理由

二、基本案情

三、裁判要旨

四、引发的理论问题

(一) 本案犯罪主体的认定

(二) 本案中关于内幕信息的界定

(三) 本案内幕交易犯罪的客观方面

五、我国内幕交易犯罪立法及监管制度完善建议

一、选案理由

作为证券交易主要参与主体之一的证券公司的总裁从事内幕交易行为，使证券投资者对证券交易的"三公原则"产生了怀疑，严重影响投资者对国内证券市场的信心，因此，依法处理董正青案对建立有序的证券交易，树立投资者对证券市场的信心有很强的示范作用。本文从董正青内幕交易案这个典型案例入手，针对案件审理过程中提出的法理问题，理论联系实际，结合国内外对内幕交易罪的认定，对我国的内幕交易、泄露内幕信息罪进行分析论证，并提出内幕交易、泄露内幕信息罪的立法完善建议，对防范内幕交易犯罪行为，维护证券市场健康发展，保护广大证券投资者利益具有一定现实意义。

---

[*] 北京师范大学法学院 2008 级法律硕士研究生。

二、基本案情①

广发证券成立于1993年,公司主要股东包括辽宁成大及吉林敖东等公司。② 随着广发证券的不断发展,通过上市募集资金成为广发证券亟须解决的问题。2006年1月,广发证券在年度工作会议上首次提出要把公司上市作为2006年度的主要工作。2006年2月27日,广发证券召开公司大股东代表和公司董事会成员参加的座谈会讨论广发证券上市的方式,会议讨论时本案被告人董正青提出,广发证券2003年亏损,根据证监会关于A股市场首次发行上市的有关规定,发行人上市前必须满足连续3年盈利的前提条件,如果采用IPO的形式③,广发证券只能等到2007年才能向证监会申请公开发行上市,由于这些硬伤,广发证券只能选择借壳上市。此次会议最终确定广发证券准备借壳上市,并由董事会授权时任广发证券总裁的董正青主持开展借壳工作。2006年4月17日,董正青召集广发证券部分高管人员开会,研究讨论广发证券借壳上市的问题,并提出了借壳的几个原则性要求。值得注意的是,此次会议的会议记录中首次出现了"延边公路"的字样,初步选择了延边公路作为备选壳之一。④ 2006年4月底,广发证券并购部开始寻找壳资源,5月6日制作了《目标公司建议书》,将延边公路正式作为广发证券借壳上市的备选六个壳之一,并于5月8日广发证券借壳上市工作会议上正式向被告人董正青等广发证券高级管理人员与辽宁成大法定代表人尚书志汇报。5月10日,广发证券确定以辽宁时代⑤、延边公路两家公司为备选壳的借壳上市方案。5月11日,因股票价格异常波动,延边公路发布公告,澄清该公司未与广发证券就借壳上市事项有任何接触。其后,被告人董正青指派人员前往吉林敖东和辽宁成大,向李秀林(吉林敖东法定代表人)和尚书志汇报广发证券借壳延边公路和辽宁时代的方案。同年5月底,被告人董正青与李秀林、尚书志在长春讨论,确定广发证券以辽宁时代为主、延边公路候补的借壳上市方案。同年6月2日,董正青和广发证券大股东

---

① 参见广州市天河区人民法院(2008)天法刑初字第689号刑事判决书;广东省广州市中级人民法院(2009)穗中法刑二终字第115号刑事裁定书。
② 辽宁成大股份有限公司(简称辽宁成大,600739),吉林敖东药业集团股份有限公司(简称吉林敖东,000623)。
③ 证监会2006年5月发布的《首次公开发行股票并上市管理办法》第33条规定,证券发行人应当符合下列条件:(一)最近3个会计年度净利润均为正数且累计超过人民币3 000万元,净利润以扣除非经常性损益前后较低者为计算依据;(二)最近3个会计年度经营活动产生的现金流量净额累计超过人民币5 000万元;或者最近3个会计年度营业收入累计超过人民币3亿元;(三)发行前股本总额不少于人民币3 000万元;(四)最近一期末无形资产(扣除土地使用权、水面养殖权和采矿权等后)占净资产的比例不高于20%;(五)最近一期末不存在未弥补亏损。
本条已经2015年12月证监会令第122号、2018年6月证监会令第141号决定修改完善——2020年7月补注。
④ 延边公路建设股份有限公司(简称延边公路,000776),主要股东为吉林敖东。
⑤ 辽宁时代服装进出口股份有限公司(简称辽宁时代,600241)。

之一的辽宁成大相关领导向证监会汇报广发证券借壳延边公路上市的方案。① 同年6月5日，延边公路、吉林敖东同时发布公告，称吉林敖东正与广发证券就借壳延边公路事项进行协商。同日，延边公路股票停牌。

2006年7月，中国证监会对董正青在广发证券借壳延边公路一事中涉嫌内幕交易的行为展开调查。2007年5月，中国证监会依照相关规定将广发证券借壳上市过程中有关人员涉嫌经济犯罪的线索移送公安机关。2007年6月12日，本案被告人董德伟（董正青之弟）被刑事拘留，2007年6月22日，被告人董正青被广州市公安机关抓获归案，本案的另一被告人赵书亚（董正青同学），于2007年7月1日被抓获归案，次日刑事拘留。经公安机关查明，被告人董正青、董德伟、赵书亚犯罪事实如下：

根据公安机关从深圳证券交易所调取的交易记录显示，自2006年2月23日起，董德伟通过其控制的股票资金账户开始买入延边公路股票，2月份买入252 129股，3月份买入3 905 050股，4月份买入9 788 057股。4月6日，持股比例超过延边公路流通股份的5%②，4月17日，持股比例超过延边公路流通股份的10%。至5月10日，达到持股最高峰值14 573 888股，占流通股比重达15.639%。随着广发证券借壳上市工作逐步推进，延边公路成为广发证券壳资源的可能性越来越大，董正青告知董德伟"广发证券借壳上市有可能选中延边公路这个壳，你在买入延边公路股票时要注意安全"，并明确要求董德伟不要用自己的名字账户买入。至同年5月底，广发证券已经决定借壳延边公路上市，为避免董德伟买卖延边公路股票的事情被监管机关查出，董正青要求董德伟卖掉延边公路股票。从2006年5月10日起，董德伟开始通过多次倒仓进行大量减仓。至6月5日延边公路停牌前，董德伟持股数量减为3 088 908股，持股比例为3.314%，延边公路复牌后于10月16日至18日全部卖出。董德伟在2006年交易延边公路股票的账面盈利合计为5 000多万元。

公安部门的调查结果显示，在2006年5月10日至6月5日广发证券借壳延边公路的研究决策阶段，赵书亚数次打电话给时任广发证券总裁的董正青，求证核实广发证券借壳延边公路上市的情况。2006年5月11日，延边公路发布公告澄清"未与广发证券公司就借壳上市事项有任何接触"，但被告人赵书亚仍从次日开始突然持续大量

---

① 张丁月：《内幕交易、泄露内幕信息罪的争议问题研究》，兰州大学2009年硕士学位论文。
② 《证券法》第86条规定"通过证券交易所的证券交易，投资者持有或者通过协议、其他安排与他人共同持有一个上市公司已发行的股份达到百分之五时，应当在该事实发生之日起三日内，向国务院证券监督管理机构、证券交易所作出书面报告，通知该上市公司，并予公告；在上述期限内，不得再行买卖该上市公司的股票。投资者持有或者通过协议、其他安排与他人共同持有一个上市公司已发行的股份达到百分之五后，其所持该上市公司已发行的股份比例每增加或者减少百分之五，应当依照前款规定进行报告和公告。在报告期限内和作出报告、公告后二日内，不得再行买卖该上市公司的股票"。根据该条规定，董德伟应在持股比例达到5%时按照规定进行披露，但董德伟未尽通知义务，已违反《证券法》规定。2019年12月修订的《证券法》对上述规定进行修订——2020年7月补注。

地买入延边公路股票。经公安机关查明,正是该日董正青将"延边公路和辽宁时代都是广发借壳上市的备选壳重点。延边公路的可操作性强,借壳上市快,广发借壳延边公路上市的可能性大,辽宁时代的可操作性小,广发借壳辽宁时代上市可能性较小"的重要信息通过电话告诉赵书亚。证监会稽查部门的调查显示,赵书亚用其妻子黄祥婷的账户分别在 2006 年 5 月 12 日和 5 月 15 日买入延边公路的股票 342 000 股和 93 000 股,通过黄祥松(黄祥婷之弟)的账户在 2006 年 5 月 24 日买入 59 500 股,累计买入金额为 2 427 877 元人民币。并在 6 月 5 日延边公路停牌前,累计卖出延边公路股票 294 968 股,卖出金额为 1 824 953 元人民币,2006 年 10 月延边公路股票复牌后,赵书亚将所持有的延边公路股票全部卖出,共获利 110 万元左右。

三、裁判要旨①

内幕信息的基本特征是重要性和非公开性,确定性并非内幕信息的基本特征;中国证监会依法享有认定内幕信息的内容和范围的权力。董正青作为广发证券的总裁,主持并参与广发证券借壳延边公路上市工作,属于法律规定的内幕信息知情人员。相关人员异常的股票交易及事后向监管机构作伪证等行为可以证实行为人有泄露内幕信息及内幕交易行为,构成泄露内幕信息罪的,依法并处或单处罚金,不以行为人有违法所得为必要。

四、引发的理论问题

董正青案作为具有重大影响的"券商内幕交易第一案",在庭内庭外均造成了巨大影响,同时也有许多争议。

关于三名被告人的犯罪主体资格的争议问题。本案中,法院最终判定董正青为"证券交易内幕信息知情人员",判定董德伟、赵书亚为"非法获取证券交易内幕信息人员",但董正青、董德伟及赵书亚在法庭审理阶段均宣称自己不符合内幕交易犯罪的主体资格,控辩双方就此进行了激烈辩论。那么本案三名被告人是否具有犯罪主体资格,根据案情及内幕交易犯罪主体分类应如何判定董德伟、赵书亚为"非法获取证券交易内幕信息人员"?由此也产生另一个问题,董德伟是否可因其是董正青的弟弟成为"证券交易内幕信息知情人员"而获罪?

本案内幕信息形成时间的有关争议。内幕信息的成立时间将会影响司法机关判定三名被告人内幕交易行为的开始时间及内幕交易的获利总额,从而直接影响对三名被告人的量刑,因此,本案开庭审理时,控辩双方就内幕信息到底何时形成展开了激烈辩论。最终,法院采信了证监会做出的对内幕信息形成时间的认定,并基于董德伟 5

---

① 参见广州市天河区人民法院(2008)天法刑初字第 689 号刑事判决书;广东省广州市中级人民法院(2009)穗中法刑二终字第 115 号刑事裁定书。

月10日到6月5日的获利金额共2 284余万元,对其定罪量刑。那么,本案中内幕信息的界定标准是什么,本案中内幕信息又是何时成立,证监会做出的认定是否有效力?这将是本文需要重点研究的问题。

"利用内幕信息"是否应成为内幕交易罪的前提条件?本案中,董德伟、赵书亚及辩方律师声称董、赵二人并未利用内幕信息获利,董德伟买卖延边公路股票是基于其对证券市场及延边公路的分析做出的投资决策,而赵书亚声称其买卖延边公路股票是基于"市场传闻"及自己所做的分析。那么,本案中董德伟、赵书亚是否知道并利用内幕信息买卖延边公路股票,"利用内幕信息"进行股票交易是否应当成为本案定罪的条件?

获利行为是否应属于成立内幕交易犯罪的前提条件,董正青是否可以成立内幕交易罪?本案中,法院最终认定董正青没有股票买卖行为,也没有获得任何利益,因此没有证据证明董正青与董德伟有合谋买卖股票的行为,那么"获利"是否是成立内幕交易罪的前提条件?没有获利的董正青是否可以被认定为内幕交易罪?

(一)本案犯罪主体的认定

1.董正青案犯罪主体的有关争议

审理本案的两级法院认定董正青为"证券交易内幕信息知情人员",并根据其犯罪行为判处董正青犯泄露内幕信息罪;认定董德伟与赵书亚为"非法获取证券交易内幕信息人员",并根据公安机关查明的犯罪行为判处二人内幕交易罪。但在法庭审理时,控辩双方就三名被告是否具有内幕交易、泄露内幕信息罪主体资格展开了辩论。董正青及其辩护人称:在广发证券借壳延边公路上市一事中,主导人或决策人并非董正青,而是广发证券的大股东,董正青自始至终也无权决定将延边公路作为广发证券借壳上市的壳资源,而在5月10日前根本不知道广发证券会从六个壳公司中选择哪一个,直至6月2日向证监会汇报广发证券借壳工作时,董正青才真正明确知悉广发证券借壳延边公路的内幕信息,在此之前,董正青没有任何买卖股票的行为,也无法将其根本不知道的内幕信息泄露给董德伟与赵书亚,据此证明董正青未泄露内幕信息,也未实施内幕交易。董德伟及其辩护人则称:董德伟具有丰富的证券二级市场股票交易经验,董德伟买卖延边公路股票是基于其对延边公路财务状况及经营情况分析判断的正常市场交易行为,与广发证券借壳延边公路上市不具有关联性,同时董德伟称其获取"广发证券借壳延边公路"的信息并非是通过董正青,而是市场传闻,因此其不具有"非法获取证券交易内幕信息人员"的主体资格。赵书亚则称其5月10日看到网上关于广发证券借壳延边公路的传闻后,经过自己的分析,决定买卖延边公路的股票,而并非从董正青处获得了内幕信息,因此,赵书亚及其辩护律师也辩称其不具有"非法获取证券交易内幕信息人员"的主体资格。

对于三名被告人的抗辩理由,公诉机关也提出以下证据:一是广发证券董事会授权董正青主持开展借壳工作,同时董正青在2007年6月1日向广发证券提出辞职的原因是"作为广发证券上市工作的主要领导者、决策者、推动者和参与者,广发证券上市工作未获得监管部门最后批准",且从广发证券借壳工作的进程来看,董正青在广发证券的借壳过程中发挥着绝对的主导作用,因此,董正青称其在6月2日前不知道借壳延边公路的明确信息的说法不成立;二是董正青与董德伟向公安机关承认,自2006年2月起董正青要求董德伟买入延边公路股票,并且也曾告知董德伟广发证券借壳延边公路的可能性很大,因此,董德伟知悉的广发证券借壳延边公路的信息来自董正青;三是延边公路曾于2006年5月11日发布未与广发证券就借壳事项进行任何接触的澄清公告,按照常理推断,理性投资者不应再继续买入延边公路股票,而赵书亚却于5月12日起大量买入延边公路股票,根据董正青与赵书亚向公安机关的供述,董正青于5月11日将"广发证券借壳延边公路的可能性很大"这一信息电话告知了赵书亚,因此,公诉机关认定赵书亚的说法不成立。

笔者认为,关于三名被告人是否具有内幕交易犯罪主体资格有一定程度的争议,矛盾的焦点主要集中在董德伟、赵书亚获知"广发证券借壳延边公路"这一信息后是否属于"非法获取证券交易内幕信息人员",同时产生了一个问题,董德伟是否具有成为"证券交易内幕信息知情人员"的资格。

2. 内幕交易犯罪主体的分类

内幕交易属于复杂的经济行为,随着证券市场的发展,科技手段的日新月异,越来越多的人参与内幕交易行为,内幕交易主体的范围逐步扩大,从董正青案可以看出,对内幕交易主体的合理分类也成为认定内幕交易犯罪行为的首要问题。

我国《刑法》第180条第1款规定,内幕交易、泄露内幕信息罪的犯罪主体为"证券、期货交易内幕信息的知情人员或者非法获取证券、期货交易内幕信息的人员"。因此,我国学术界一般根据《刑法》规定将内幕交易人员分为"证券、期货交易内幕信息知情人员"及"非法获取证券、期货交易内幕信息的人员"。

(1)证券、期货交易内幕信息知情人员

虽然对内幕交易人员进行了分类,但刑法本身并没有对犯罪主体的全部范围做出具体解释,《刑法》第180条第3款规定"知情人员的范围,依照法律、行政法规的规定确定",依照这一规定,中国证券内幕交易的主体应当指《证券法》第74条所规定的七类人员。[①] 2009年《刑法》修订后,第180条增加了第4款,扩大了内幕交易信息知情人

---

① 这七类人员具体为:(1)发行人的董事、监事、高级管理人员;(2)持有公司5%以上股份的股东及其董事、监事、高级管理人员,公司的实际控制人及其董事、监事、高级管理人员;(3)发行人控股的公司及其董事、监事、高级管理人员;(4)由于所任公司职务可以获取公司有关内幕信息的人员;(5)证券监督管理机构工作人员以及由于法定职责对证券的发行、交易进行管理的其他人员;(6)保荐人、承销的证券公司、证券交易所、证券登记结算机构、证券服务机构的有关人员;(7)国务院证券监督管理机构规定的其他人员。
本条已被2019年修订的《证券法》第51条修改完善——2020年7月补注。

员的范围。① 从七类人员及第 180 条新增第 4 款所规定的范围上来看,我国的"证券、期货交易内幕信息知情人员"的范围与美国"传统内部人"及"推定内部人"的范围基本相当,均是基于特定身份或与上市公司有一定业务联系的人员。但与美国不同的是,我国规定的范围不包括上市公司本身。笔者认为,根据我国法律规定,上市公司不得从事在证券市场上进行自身发行股票的买卖行为,上市公司如购买自身发行的股票,应按照规定做减少注册资本处理。因此,在我国不需要将上市公司本身列入内幕交易主体的范围。

(2)非法获取证券、期货交易内幕信息的人员

无论是《刑法》还是《证券法》均没有对"非法获取证券、期货交易内幕信息的人员"给出明确的解释,一般意义上来说,采取"非法获取"手段时一般是积极的、主动的,但是如果获取信息的手段是消极的、被动的,此时是否属于"非法获取"则存在较大争议。因此,确定此类人员的问题的焦点主要集中在如何确定"非法获取"的行为。笔者认为应当从规范内幕交易行为与打击内幕交易犯罪两个不同的范畴来有所区分。

为建立公平、公开、公正的证券交易市场,需要规范内幕交易行为,规范内幕交易的法律规制主要包括《刑法》《证券法》及相关法律法规、证监会的部门规章等。而中国的证券市场一直具有"政策市""消息市"的特点,A 股市场中依靠打听"小道消息"或"内幕信息"进行股票交易的人比比皆是,如果将"非法获取"的范围无限扩大,则证券市场甚至可能难以维系,因此,我们必须认识到不是所有的内幕交易行为都是犯罪,只有触犯刑法的内幕交易行为才构成内幕交易犯罪。从规范内幕交易行为的立法角度来看,对"非法获取"行为应当从更宽泛的角度加以解释。即"非法获取"应当解释为"不该获得而获得",而"不该获得"是指行为人与内幕信息之间并无职务或业务上的信赖关系,即行为人属于被相关法律法规禁止接触或获取证券交易内幕信息的人员。也就是说,当一项信息还未通过合法的形式进行披露时,如按照合理推断,行为人不应当获得该项信息,那么不论行为人获取信息的过程和方法如何,均因其对证券市场不特定投资者存在公平交易的义务而被禁止利用该项内幕信息进行交易。换句话说,任何"不该获得而获得"内幕信息的人从事相关上市公司的证券交易行为均应当受到适当的规范。

从打击内幕交易犯罪的角度来看,刑法在整个法律体系中处于保障法的地位,具有最后的补充性,刑法理论认为不可能也不需要把所有的非法行为都作为刑事处罚对象,刑法只应选取那些社会危害性较大的内幕交易行为进行严惩,因而不宜将刑法调

---

① 2009 年《刑法》修订后第 180 条增加第 4 款:证券交易所、期货交易所、证券公司、期货经纪公司、基金管理公司、商业银行、保险公司等金融机构的从业人员以及有关监管部门或者行业协会的工作人员,利用因职务便利获取的内幕信息以外的其他未公开的信息,违反规定,从事与该信息相关的证券、期货交易活动,或者明示、暗示他人从事相关交易活动,情节严重的,依照第 1 款的规定处罚。

整的内幕人员的范围界定得太宽,因此,应当将部分符合内幕交易主体标准但不需要被追究刑事责任的人排除在本罪主体范围之外。笔者认为,可以通过以下两条原则判定应当追究刑事责任的"非法获取证券、期货交易内幕信息的人员"的范围:

其一,根据刑法理论通说,非法获取内幕信息是指内幕信息知情人员以外以欺诈、窃取、骗取、刺探或者收买等方式获取证券交易内幕信息的情况。这些手段社会危害性较强,而利用这些可能触犯刑法的违法手段获取内幕信息的人员,再利用非法获取的内幕信息从事证券交易行为或泄露内幕信息的行为应当被追究刑事责任。此类行为人使用了社会危害性较高的违法手段获取了内幕信息,根据刑法理论及刑法规定,其违法行为可能已经构成了其他犯罪,因而应当追究其刑事责任。

其二,对于未使用前述社会危害性较大的违法手段而非法获取内幕交易信息的人员,笔者认为应当根据该人员是否主动获知内幕信息、内幕信息来源以及是否对该上市公司负有"信用或其他类似义务"来确定其是否符合作为内幕交易犯罪的主体资格,通过对内幕交易行为归纳总结,常见的非法获取内幕信息的行为主要有以下三类:

一是如非法获取内幕信息人员主动从内幕信息知情人处获得内幕信息,则此内幕信息知情人对上市公司的"信用义务"传递至该非法获取信息人,该非法获取信息人符合内幕交易犯罪主体资格。例如本案中,董德伟、赵书亚主动从董正青处获得内幕信息,因而董正青作为证券交易内幕信息知情人员对上市公司的"信用义务"传递至两人,从而使董德伟与赵书亚具有了内幕交易犯罪的主体资格。

二是如非法获取内幕信息人员主动从另一非法获取内幕信息人员处获得内幕信息,则属于间接获取信息,笔者认为,在内幕信息流传过程中,内幕信息经常是一传十,十传百,而内幕信息间接获取人得到的消息本来就是传来信息,有真有假,能否利用信息获利还需要自己判断,如果对所有这些人都处以刑事责任的话,无疑会扩大打击面,因此应当根据该人员的身份区别对待。如间接非法获取信息人对上市公司承担信用义务,则其应当作为内幕交易犯罪的主体,例如上市公司普通员工,虽然根据其所处职位不成为第一类的内幕信息知情人员,但如其间接获取公司内幕信息并利用该信息进行交易,则由于该员工对上市公司负有"信用义务",则该员工符合内幕交易犯罪主体资格。如间接非法获取信息人对上市公司不承担信用或其他类似义务,则其不成为内幕交易犯罪主体。假设本案中赵书亚真如其在法庭中宣称的是通过互联网得知了广发证券借壳延边公路的信息,并且赵书亚未向董正青求证此信息的真实性,则由于赵书亚对该上市公司不负有"信用义务",其不具有内幕交易犯罪的主体资格。

三是如非法获取内幕信息人被动获得内幕信息,则应当根据其身份区别对待。如被动获得信息人对上市公司承担信用义务,则其应当作为内幕交易犯罪的主体;如被动获得信息人对上市公司不承担信用或其他类似义务,则其不成为内幕交易犯罪主体。例如某上市公司董事会办公室秘书未将关于公司重大资产重组项目的文件草稿粉碎处理，公司员工小张无意在复印室看见该文件，并立刻买入公司股票获利，由于小张对公司负有"信用义务"，他应当符合内幕交易犯罪主体资格。如将小张换为公司清洁工，由于清洁工并不对上市公司承担信用义务，则其不符合内幕交易犯罪主体资格。

由于此类非法获取内幕信息的犯罪主体往往是与上市公司没有直接联系的人员，涉及范围较广泛，而非法获取的方式也多种多样，在案件审理过程中也具有较大争议，因此需要司法机关根据法理及法律规定对具体案情具体分析来判定行为人是否具有犯罪主体资格。

3.董正青案犯罪主体的进一步分析

在明确了我国内幕交易犯罪主体的分类后，笔者结合案情及分类进一步分析董正青案中三名被告人的犯罪主体资格问题：

董正青自2003年6月至2007年6月案发前一直担任广发证券的总裁，负责广发证券的日常经营管理工作。自2006年2月开始，董正青领导的经营班子获得广发证券董事会授权，负责广发证券的借壳上市工作，并由董正青亲自主持广发证券借壳延边公路的全部过程。虽然董正青在选壳的过程中也多次征求广发证券主要股东辽宁成大与吉林敖东法定代表人的意见，但在广发证券的选壳、论证及向证监会汇报的过程中，董正青均发挥着主导作用，其辞去广发证券总裁一职时也自认是借壳上市工作的主要领导者，因此董正青在借壳工作中的地位并非其在庭审时所宣称的属于非主导者，而是借壳工作的主要领导者、决策人。因此，董正青具有《证券法》第74条关于内幕信息知情人的资格，属于内幕交易犯罪主体中的第一类"证券、期货交易内幕信息知情人员"。①

根据公安机关提供的三名被告人的供词，董正青曾多次要求董德伟买入延边公路股票，并且在5月10日之后明确告知董德伟"广发证券可能选择延边公路作为壳公司"，并提醒董德伟在操作时要注意安全。上述供词说明董德伟与董正青非常清楚董德伟买卖延边公路股票是基于董正青所掌握的内幕信息，而非董德伟宣称的是基于其对延边公路股票深入分析所做的投资决策。而赵书亚在网上获悉广发证券借壳延边公路的传闻后，多次通过电话向董正青求证信息的真实性，而董正青也向其透露辽宁时代不如延边公路可操作性强，广发证券借壳延边公路的可能性较大，虽然董正青没有明确告诉赵书亚广发证券最终的借壳目标，但董正青作为广发证券总裁，其对两个目标公司的判断基本代表了广发证券的选择方向，因此，可以判定赵书亚已经获得了广发证券借壳的内幕信息。根据前述判定"非法获取"行为的原则，董德伟、赵书亚均成立"非法获取"行为。董德伟、赵书亚均是从"证券、期货交易内幕信息知情人员"董正青处获取广发证券借壳延边公路这一内幕信息的，并且两人均知道或应当知道董正

---

① 2019年修订的《证券法》第51条修订完善了证券交易内幕信息的知情人的范围。

青属于内幕信息知情人而负有内幕信息保密的义务,两人在获知广发证券借壳的内幕信息后,董正青对上市公司的"信用义务"传递给董德伟与赵书亚二人,使得两人也因承担了这一信用义务而具有内幕交易犯罪的主体资格,属于内幕交易犯罪主体中的第二类"非法获取证券、期货交易内幕信息知情人"。本案尚存在的问题是公安机关无法获取董正青告知董德伟、赵书亚信息的确切证据,仅靠三名被告人的供词来判定三名被告人具有内幕交易犯罪的主体资格,虽然供词也能作为证据,但仅有供词也使得三名被告人当庭翻供不承认有泄露及获取内幕信息时,公诉机关缺乏其他证据来证明三人的犯罪行为。笔者认为这是由内幕交易犯罪的特点决定的,由于内幕信息往往就是一两句话即可说清楚的事项,因此公安机关在调查时很难查到其他证据来证明被告人的犯罪行为。但具体到本案,笔者认为在有供词的情况下,三名被告人虽然在庭审时翻供,但也没有拿出能够推翻其证词的证据,并且三名被告人的供词能够相互印证,因此三名被告人的供词可以作为判定三人具有犯罪主体资格的证据。

正如前文所述,本案同时产生了另外一个问题,即作为董正青弟弟的董德伟是否可以成为"证券、期货交易内幕信息知情人员",从前文中可以看出,证明第一类犯罪主体的犯罪行为相对来说比较容易,如根据我国法律法规规定,能判定董德伟属于第一类内幕交易人员,则本案判定其犯罪行为时会相对容易,也能够有效打击内幕交易行为。在美国,内幕信息知情人的亲属可以作为"传统内部人",因此美国内幕交易犯罪的主体的范围更为广泛。在我国,《证券法》与《刑法》均未规定内幕信息知情人的亲属可以作为第一类内幕信息知情人,在司法实践中也是将此类人作为"非法获取"内幕信息人员予以定罪。而由于不同司法人员对"非法获取"行为的不同解释,致使司法尺度有所不同,不利于对内幕交易行为的规范。为规范内幕交易行为,证监会2007年出台了《证券市场内幕交易行为认定管理办法》,该办法规定证券行业人员的近亲属属于内幕交易主体,这是我国在确认内幕交易主体方面的一大进步。但该办法存在很多问题,一是该办法仅作为试行办法在证券行业内使用,甚至没有对公众公开;二是证监会内部试行办法效力较低,因此只有借鉴参考作用,而不能作为审判依据;三是该办法仅将证券行业内部人员的配偶及父母作为内幕交易主体进行约束,未能将兄弟姐妹等亲属直接确定为内幕交易主体,在实践中缺乏规范力度。因此,关于内幕交易主体的范围还需要不断完善。

(二) 本案中关于内幕信息的界定

内幕信息是内幕交易的基础,是内幕交易行为的载体,没有内幕信息也就谈不上内幕交易。内幕信息由形成到公开,存在着价格敏感期,而价格敏感期是判断内幕交易行为是否属于内幕交易犯罪的重要因素,同时,内幕信息的形成时间对内幕交易犯罪的量刑起着至关重要的作用,因此,从本质上清楚认识内幕信息,准确界定内幕信息及其形成时间对于规制内幕交易犯罪具有非常重要的意义。

1. 董正青案关于内幕信息的争议

从本案基本案情介绍可以获知,董正青自2006年4月董事会授权开始主持广发证券的借壳工作,经过一段时间的研究论证,在多次与广发证券的股东汇报协商后,于5月10日确定了辽宁时代与延边公路为备选壳的借壳上市方案,并在6月2日向证监会做了汇报,6月5日延边公路正式公告广发证券计划借壳延边公路上市的信息,并正式停牌。在本案庭审时,控辩双方一致认可"广发证券借壳延边公路"是本案的内幕信息,对5月10日至6月5日这一段时间属于内幕信息价格敏感期也不存在争议,但对于2006年2月至5月是否属于内幕信息的价格敏感期则持不同观点,由于价格敏感期不同会影响内幕交易的获利总额,进而影响量刑,因此,双方在庭审时就本案内幕信息的形成时间展开了激烈的辩论。

公诉方认为,由于董正青对借壳上市有绝对的主导权,内幕交易时间的认定,应该从董正青"内心"决定借壳延边公路开始算起,时间约为2006年2月。当时董正青"内心"应当已经确定了包括延边公路在内的借壳对象,则2006年2月起内幕信息已经形成,董德伟在此期间买卖延边公路股票的行为也构成内幕交易。因此,公诉方指控董德伟非法获利金额为5 000多万元,即董德伟2月至6月5日买卖延边公路的获利总额。

辩护律师对公诉人提出的"内心决定"说提出了反驳,认为刑事诉讼案应该以证据为依据,而不应用主观假设。董正青认为,虽然其作为广发证券借壳工作的主要参与人员,但自始至终也无权决定将延边公路作为广发证券借壳上市的壳资源,而在5月10日前其不确定广发证券会选择哪一个壳公司,所谓的"广发证券借壳延边公路"这一内幕信息尚不存在,因此泄露内幕信息的说法也不成立。董德伟及其辩护人则称,董德伟具有丰富的证券二级市场股票交易经验,董德伟则列举了大量证券买卖方面的专业数据,以证明2月到5月购买延边公路的股票是出于自己对于证券市场的分析和判断。

证监会认定本案内幕信息为"广发证券借壳延边公路",5月10日至6月5日为内幕信息价格敏感期。最终,法院采信了证监会做出的对内幕信息形成时间的认定,并基于董德伟5月10日到6月5日的获利金额共2 284余万元,对其定罪量刑。那么,本案中内幕信息的界定标准是什么,以5月10日至6月5日为内幕信息价格敏感期是否合理,证监会的认定是否有效力?

2. 本案"内幕信息"的认定

现代证券市场交易行为复杂多变,内幕信息形式繁多,对于内幕信息的确认标准,由于各国国情不同,证券市场发展的水平不同,法律规范的形式不同,对同一问题的认识也有一定的偏差,因此各国认定内幕信息的标准有所不同,但都包含着内幕信息的一些本质特征。综合国内外内幕信息的界定标准,笔者认为内幕信息具有非公开性、重大性、相关性、真实性四个重要特征,并从四个特征来判定本案内幕信息形成时间的合理性。

(1)内幕信息的非公开性

内幕信息之所以被称为内幕信息,最根本的原因就在于信息的非公开性。任何证券相关信息一旦按照规定进行公开披露,证券投资者(包括内幕人员)利用这种信息进行证券交易就是法律所允许的,因此明确一项信息是否是未公开的信息就成为界定内幕信息的关键所在。所谓"未公开",是指还没有被证券市场上的投资者所知悉。[1] 对于什么样的信息属于"未公开"信息,各国一般做法是规定采取何种形式披露属于信息"公开"。那么一项信息达到什么标准才属于"公开信息"?对此各国的规定有所差异,但基本上可以归纳为两种标准:一是形式公开标准;二是实质公开标准。

形式公开标准是指一项信息已经按照有关信息披露制度的要求予以公开,则此项信息属于公开信息。关于上市公司信息披露制度,各国均以不同形式有所规定。美国虽然没有在成文立法中对信息公开披露的形式做出规定,但在实务判例中确定了几种披露渠道:道琼斯资讯系统、路透社经济资讯网络、美联社、一种在纽约市范围内普遍发售的报纸等。上市公司将信息通过以上渠道中的任何一种予以公开均符合形式公开要求。

在我国,并没有对"未公开"予以明确的定义和规定确切的标准,而是通过规定上市公司信息披露的方式对信息"公开"予以了明确。我国《证券法》第 70 条规定:依法必须披露的信息,应当在国务院证券监督管理机构指定的媒体发布,同时将其置备于公司住所、证券交易所,供社会公众查阅。[2] 证监会发布的《上市公司信息披露管理办法》第 6、7 条规定,上市公司及其他信息披露义务人依法披露信息,应当将公告文稿和相关备查文件报送上市公司注册地证监局、证券交易所登记,并在证监会指定的媒体发布,同时置备于公司住所供社会公众查阅。信息披露义务人在公司网站及其他媒体发布信息的时间不得先于指定媒体,不得以新闻发布或者答记者问等任何形式代替应当履行的报告、公告义务,不得以定期报告形式代替应当履行的临时报告义务。通过以上规定可以看出,在我国,形式公开的标准是有具体规定的,公司口头宣布信息,不能看作公开。上市公司只要将有关信息报送主管证监局、证券交易所并在证监会指定媒体上公告后,就可以认定该信息已经是公开的信息了,公告后任何证券投资者都可以利用该信息进行证券交易,而不会构成内幕交易。

---

[1] 参见刘宪权:《证券期货犯罪理论与实务》,商务印书馆 2005 年版,第 317 页。
[2] 2019 年修订的《证券法》以第 86 条将本条内容修改为:"依法披露的信息,应当在证券交易场所的网站和符合国务院证券监督管理机构规定条件的媒体发布,同时将其置备于公司住所、证券交易场所,供社会公众查阅。"

实质公开标准是建立在经济学"有效市场理论"基础上的,实质公开要求信息不仅要以合法形式公告,并且要求该信息已经被证券市场投资者消化吸收。美国确定信息已经公开除要求符合形式标准,更加重视实质性公开的程度,即信息公开后,应当经过一定时间的"等待期",只有当该信息已经被相当数量的投资人所知悉,并且该信息的影响已经从股票的价格上得到了反映,才能视为信息被公开。但是信息公布多久之后,才能视作已经被市场消化和吸收,美国并没有制定统一的标准。一般来说,等待期的长短与证券市场的成熟度、信息的性质和内容、传播范围和途径、传播的速度、投资者关注程度等因素有关。同时,不同信息需要消化吸收的时间是不同的,因此,无法规定统一的时间标准,只能依据个案的具体情况具体分析。在我国,尽管上海、深圳证券交易所均在交易规则中规定,上市公司在交易日发布公告要停牌半天,给证券投资者消化、吸收该信息的时间。但是,相对于大众投资者来说,内幕信息知情人已经对内幕信息进行了深度消化吸收,已经做好充分准备,信息公告一旦符合公告形式,他们即可进行交易,而对大众投资者来说半天的时间不足以应对。可见我国法律、法规的规定更加注重形式意义上的公开,对实质性公开规定得简单又不明确。但笔者认为,随着我国证券市场的不断发展完善,我国也会逐渐向实质性公开标准靠近。这将会对我国有效规制证券内幕交易以及证券内幕交易犯罪有更大的帮助。

本案中,广发证券借壳延边公路的信息在6月5日经延边公路发布公告而实现了信息的公开性,而在6月5日前,该信息仅有广发证券高管层及小部分工作人员知悉,且未以任何形式向公众公开,因而此信息在6月5日前处于保密状态,满足非公开性的要求。

(2)内幕信息的重大性

世界各国对内幕信息的认定标准虽然不完全相同,但在要求内幕信息具有重大性方面态度一致。重大性是美国在司法实践中创立的认定内幕信息的重要条件,美国法院在判定一项信息是否重大时有两条标准:一是理性投资人确认标准,即如果一个理性投资人有很大可能性认为一项信息会对其投资决策有重大影响,那么此信息具有重大性;二是市场反应确认标准,即如果一项信息的披露将会使相关公司的股票市场价格发生较大变化,则这一信息将被认为具有重大性。美国法院经常以这种"可能性"为依据来判定一项信息是否重大,这与英美法系的特点有关,但这种方式主观性太强。

我国对内幕信息采取了定义加列举的方式做出了明确的界定,这种方式与美国有很大不同。我国《证券法》第75条规定:证券交易活动中,涉及公司的经营、财务或者对该公司证券的市场价格有重大影响的尚未公开的信息,为内幕信息。并列举了八种内幕信息(第 75 条第 2 款)①以及对上市公司有重大影响的 12 项重大事件(第 67 条第 2 款)。② 我国《证券法》通过对内幕信息的定义及外延进行了详细规定,以便对信息的重要性进行判断。这种方式既有立法习惯的原因,也与我国的司法与执法现状有关,这种立法方式有其巨大的优点。通过定义对内幕信息做了一般原则性规定,在列举具体事项的基础上,授予证监会对法律未列明或有遗漏事项进行认定的权利,比较全面地为守法和执法提供了指引,有利于对内幕交易的预防和规制,是对国外立法经验的综合借鉴和对证券立法的一种发展。内幕交易者之所以对内幕信息如此趋之若鹜,很大程度上是因为内幕信息会对股票价格产生重大影响,从而给他们利用内幕信息进行股票交易以谋取利益的机会,因此重大性是各国公认的界定内幕交易信息的重要标准。

广发证券借壳延边公路上市会导致延边公路的股权结构、主营业务、公司高管等事项发生重大变化,一旦消息公布必将导致股价有所波动,仅是市场传闻就使股价有所异动,董德伟更是从中获利 5 000 多万元,可见该信息对股票价格影响巨大,因此符合重大性标准。

(3)内幕信息的相关性

相关性是界定内幕信息的又一条重要的标准。虽然许多国家都将相关性作为界定内幕信息的标准之一,但是与上市公司经营情况相关的信息是否都属于内幕信息尚无统一的说法。对一家上市公司有重大影响的信息一般来自两方面:一是来自公司内部,例如公司经营情况、利润分配政策、重大资产重组等;二是来自公司外部,例如利率变化、宏观政策调整、行业政策等,这些信息都有可能会对特定上市公司的股票价格产生重大影响,是否这些信息都应作为内幕信息呢? 来自上市公司内部的信息属于内幕

---

① 《证券法》第 75 条规定内幕信息具体包括以下八类:(一)本法第 67 条第 2 款所列重大事件;(二)公司分配股利或者增资的计划;(三)公司股权结构的重大变化;(四)公司债务担保的重大变更;(五)公司营业用主要资产的抵押、出售或者报废一次超过该资产的 30%;(六)公司的董事、监事、高级管理人员的行为可能依法承担重大损害赔偿责任;(七)上市公司收购的有关方案;(八)国务院证券监督管理机构认定的对证券交易价格有显著影响的其他重要信息。
上述内容已被 2019 年修订的《证券法》第 52 条、第 80 条第 2 款、第 81 条第 2 款修订——2020 年 7 月补注。

② 《证券法》第 67 条第 2 款规定的重大事件包括:(一)公司的经营方针和经营范围的重大变化;(二)公司的重大投资行为和重大的购置财产的决定;(三)公司订立重要合同,可能对公司的资产、负债、权益和经营成果产生重要影响;(四)公司发生重大债务和未能清偿到期重大债务的违约情况;(五)公司发生重大亏损或者重大损失;(六)公司生产经营的外部条件发生的重大变化;(七)公司的董事、1/3 以上监事或者经理发生变动;(八)持有公司 5%以上股份的股东或者实际控制人,其持有股份或者控制公司的情况发生较大变化;(九)公司减资、合并、分立、解散及申请破产的决定;(十)涉及公司的重大诉讼,股东大会、董事会决议被依法撤销或者宣告无效;(十一)公司涉嫌犯罪被司法机关立案调查,公司董事、监事、高级管理人员涉嫌犯罪被司法机关采取强制措施;(十二)国务院证券监督管理机构规定的其他事项。
本条已被 2019 年修订的《证券法》第 80 条修改——2020 年 7 月补注。

信息没有争议,此问题的主要分歧在于内幕信息是否包括对证券市场整体有重大影响的宏观政策。笔者认为宏观政策变化是由国家权力机关和政府机关掌握和确定,而不是由企业掌握和控制的,虽然宏观政策的变化会对证券价格产生重大影响,但对证券市场的影响是系统性的,这种系统性影响使得此类信息丧失了与特定企业的关联性,不会成为特定知情人员独占的信息,不应由《证券法》及相关法律法规来调整,如将此类信息作为内幕信息,打击范围过大,也不利于真正规范证券市场。因此,笔者认为内幕信息应当指仅与特定上市公司相关的信息。本案中,自2006年5月10日起,广发证券借壳上市的信息与特定上市公司延边公路有着密切联系,符合内幕信息的相关性标准。

(4)内幕信息的真实性

我国《证券法》及证券相关法律法规并未对真实性的标准做出明确规定,笔者认为是因为部分内幕信息最终并未转化为事实,因此将真实性作为内幕信息的界定标准具有争议,但笔者认为将真实性作为界定内幕信息的辅助标准并非毫无意义。首先,要明确内幕信息具有真实性不等于内幕信息就是既定事实,只要信息不是谣传或凭空想象,是关于正在发展中的事物的准确信息,即使尚未实现,尚未成为客观事实,在判定内幕信息时就应当考虑进去。其次,内幕信息的真实性将内幕交易行为与利用谣传的欺诈行为区别开来,散布谣言进行证券交易,可以达到扰乱市场,牟取暴利的目的,但这种行为属于操纵证券市场,不属于内幕交易行为。最后,真实性将利用内幕信息交易的行为与利用市场传闻的行为区分开来,实践中,证券交易市场中总会流传着一些市场传闻,传闻来自何处不得而知,但事实上确实有部分市场传闻事后被证实为极具价值的内幕消息,那么是否利用这些市场传闻获利的投资者均被定性为内幕交易呢?笔者认为,这需要根据交易人的不同来确定,如果交易人不知道或不应当知道该市场传闻是否属实,而仅凭赌一把的想法根据传言内容进行交易,则其行为不应认定为内幕交易。而如果依据交易人的身份能够准确判定他人眼中的市场传言其实是内幕消息时,那他实质上已经区别于一般投资者而成为内幕消息知情者,如其进行证券交易则应该定性为内幕交易。① 虽然广发证券借壳还只处于论证阶段,尚未成为事实,但广发证券的确在酝酿借壳上市,且延边公路于5月10日公告承认了该信息,因此该信息符合真实性标准。

3.董正青案内幕信息形成时间的分析

那么,广发证券借壳延边公路的内幕信息是何时形成的呢?笔者认为,虽然董正青在广发证券借壳上市的工作中处于领导地位,但仅有董正青一人是不能做出此重大决策的,需要由董事会、投资银行、股东会共同进行决策,即使在5月10日选定辽宁时

---

① 参见魏东:《关于内幕交易、泄露内幕信息罪司法认定的若干问题再研究》,载赵秉志主编:《新千年刑法热点问题研究与适用》(下),中国检察出版社2001年版。

代和延边公路作为备选壳后,仍不能最终确定壳公司是延边公路。而2月至5月10日董正青要求董德伟买卖延边公路股票只能说明董正青本人可能倾向于借壳延边公路,此时董正青具有从事内幕交易的嫌疑,但由于此时并未形成符合内幕信息界定标准的决策,控诉方也无法举证说明2月至5月10日形成了怎样的内幕信息,因此无法认定董正青在这一阶段泄露了内幕信息。但5月10日确定备选壳后情况则截然不同,此时虽然尚未最终确定选择哪一个作为壳公司,但"广发证券将借壳延边公路或辽宁时代"的信息已经成为符合四项界定标准的内幕信息,无论董正青要求董德伟买卖哪一个公司的股票,均是泄露内幕信息的行为,而董德伟也成立内幕交易。综上所述,广发证券借壳延边公路上市的内幕信息自2006年5月10日起符合内幕信息的四项界定标准,因此本案内幕信息的形成时间是2006年5月10日,自5月10日至6月5日为内幕信息价格敏感期。

本案中,法院主要采信了证监会对内幕信息形成时间的认定,而对于证监会出具的内幕信息形成时间为5月10日的认定是否有效存在一定的争议。笔者认为,证监会作为我国证券市场的监督管理机构,是规范证券内幕交易行为的主要执行机关,且我国关于内幕交易的文件均是由证监会制定,同时,内幕交易行为及内幕信息的判定具有较强的专业性,作为证券行业的直接监管部门,证监会在认定内幕交易行为方面具有权威性。因此法院采信证监会的认定是合理的。

(三)本案内幕交易犯罪的客观方面

现行《刑法》第180条第1款规定的内幕交易、泄露内幕信息罪的客观方面是"在涉及证券的发行,证券、期货交易或者其他对证券、期货交易价格有重大影响的信息尚未公开前,买入或者卖出该证券,或者从事与该内幕信息有关的期货交易,或者泄露该信息,或者明示、暗示他人从事上述交易活动"。即本罪的客观方面主要表现为三种行为:买卖行为;泄露信息行为;明示、暗示交易行为。以下笔者将结合本案分别对三种行为进行论述。

1. 买卖行为分析

《刑法》第180条对买卖行为的表述是在影响证券、期货价格重大信息未公开前,买入或者卖出该证券,或者从事与该内幕信息有关的期货交易。出于严谨,《刑法》将期货买卖行为表示为交易,这是由期货的特性决定的,由于本文是建立在对董正青案的分析基础上,因此无论是买卖证券,或是从事期货交易,本文均统一表述为买卖行为。买卖行为在内幕交易、泄露内幕信息罪客观方面中最为典型,若满足犯罪构成要件,则成立内幕交易罪。从第180条的内容来看,成立内幕交易罪的行为模式也仅指买卖行为,买卖行为包括以自己的名义买卖、与他人合伙买卖、借他人名义或他人证券户头买卖,或者受他人之托为他人买卖等行为。

在信息技术飞速发展到数字化的今天,证明内幕交易主体的证券买卖行为相对比较容易,而本罪关于内幕交易的买卖行为,在理论上一直存在着一个有分歧的问题,即内幕交易是否以"利用内幕信息"为要件。本案中,关于董德伟与赵书亚是否利用了内幕信息进行交易就是一个比较有争议的话题。关于这一问题有两种截然不同的观点:第一种观点是信息占有说,此理论认为只要内幕人员在从事买卖行为时知道内幕消息就应当承担责任,而不论其在从事交易决策时是否利用了其所掌握的相关内幕信息。此种理论的主要体现是美国1988年《内部人交易与证券欺诈执行法》,该法明确指出政府没有必要证明被告人是由于知道其拥有的重要的、非公开的信息才做出买卖证券的行为,只要政府能证明被告人买入或卖出证券时知道其拥有重要的、非公开的信息即可。第二种观点是信息利用说,即过错推定责任说。该学说认为只要被告人从事交易时已获悉内幕信息,便可直接推定被告人有"利用"内幕信息获利的意图,如被告人主张自己的交易行为与内幕信息无关,可通过举证责任倒置,由被告人举证以证明自己没有进行内幕交易。①

在我国,究竟适用哪种观点来判定比较模糊,事实上,从《刑法》第180条的规定来看,我国《刑法》并没有要求内幕交易人必须在事实上利用了内幕信息。② 似乎我国适用了信息占有说,但在司法实践中,往往又以行为人利用内幕信息买卖证券为定罪依据,似乎在适用信息利用说。本案中,董德伟与赵书亚在法庭审理时突然翻供,均声称自己买卖延边公路的股票是基于自身的分析判断,而没有"利用内幕信息"。董德伟列举大量证据证明自己购买延边公路股票不是基于"广发证券借壳延边公路"这一内幕信息,而是凭借自身在证券投资方面的丰富经验做出的正确决策。控诉方则举证说明董德伟在证券市场投资多年,从其交易记录来看,其历史上交易比较成功的股票是吉林敖东、辽宁成大等与广发证券有密切联系的股票,而在其他股票上的投资业绩表现一般,因此控诉方认为董德伟并没有拿出有力证据证明其是通过自己的分析做出的投资决策。而对于赵书亚表示其是根据市场传闻而非利用内幕信息的说法,控诉方提出赵书亚在2006年5月11日延边公路澄清广发证券将借壳延边公路上市的传闻的次日,大量买入延边公路股票,这不符合投资常理,同时赵书亚也未拿出其投资决策依据,因此赵书亚所谓的"不是利用其于5月11日获知的内幕信息做出的股票的买卖行为的说法不成立"。本案中控辩双方对董德伟、赵书亚证明自己没有利用内幕信息进行交易的问题进行辩论说明在我国司法实践中还是采用了信息利用说。

笔者认为,内幕交易人是否利用内幕信息进行内幕交易只有本人最清楚。笔者更赞成采取举证责任倒置的信息利用说。通过推定过错的方式使司法机关回避了证明行为人确实利用了内幕信息的难题,又通过被告人的自我举证来排除某种特殊原因下获罪的情况。既有效打击了内幕交易人利用举证难回避法律规制,又避免了特殊情况

---

① 参见程皓:《内幕交易、泄露内幕信息罪若干问题研究》,载《法学评论》2006年第4期。
② 参见赵秉志主编:《破坏金融管理秩序犯罪疑难问题司法对策》,吉林人民出版社2000年版,第205页。

下错判的情况,从而保证了证券市场"公平、公正、公开"三原则的真正实现,相信这更符合立法者禁止、制裁内幕交易的立法初衷。

2. 泄露内幕信息行为分析

泄露内幕信息,指行为人将自己知悉的内幕信息在尚未按照合法形式公开前,故意予以泄露的行为。泄露信息的方式多种多样,可以是公开泄露,也可以是秘密泄露,可以通过口头泄露,也可以通过电子邮件、信件等方式泄露,本案中,董正青向董德伟泄露内幕信息即通过口头泄露。泄露内幕信息构成犯罪,应当具备以下几个要素:

泄露内幕信息的行为人主观上必须是故意的,过失不构成犯罪。[①] 不管泄露信息人是出于与他人合谋获取非法利益的目的,或是为了其他目的,只要其主观上是故意的,就不影响其泄露内幕信息行为的成立。而行为人过失泄露不应构成本罪。假如董正青将广发证券选壳方案带回家中,其弟董德伟在董正青不知情的情况下偷看到该文件并利用该信息获利,则董正青泄露内幕信息的过失行为不构成犯罪。

泄露信息行为人承担法律责任是以获知信息者实施了相关证券交易行为为前提条件。对于这一条件,有的学者认为只要行为人泄露了内幕信息即构成犯罪,无论信息接收者是否利用该信息进行证券期货交易。持此观点的人认为内幕信息一旦泄露,会导致许多投资者进行证券期货交易,使一部分投资者和上市公司的利益受到损害,不符合公平原则。虽然我国《证券法》和《刑法》并未规定泄露内幕信息的行为不必以证券期货交易行为发生为前提条件,但从客观的角度来讲,如果没有任何人因接受内幕信息而进行证券期货买卖的行为,那么泄露信息人的泄露行为并未给证券市场的正常秩序造成破坏,又如何判定泄露信息人应当承担的法律责任呢? 如果董德伟与赵书亚在获知董正青泄露的内幕信息后,由于各种原因并未从事证券买卖行为,那么法院又如何判定董正青应承担的法律责任呢? 因此,笔者认为,泄露内幕信息人承担法律责任的前提是接受信息人有利用所获信息进行证券期货交易的行为。

本案中,法院认定董正青向被告人董德伟、赵书亚泄露重大内幕信息,判处董正青泄露内幕信息罪,但由于没有充分证据证明董正青与董德伟、赵书亚有共同故意的行为,因此判定董正青内幕交易罪不成立。换个角度来看,法院认为董正青在本案中既没有自己买卖股票的行为,也没有从董德伟、赵书亚买卖股票的收益中获得利益,因此认定董正青内幕交易罪不成立。由此引申出内幕交易犯罪中两个重要问题。

第一个问题是内幕交易罪的成立是否需要以"获利"为前提。关于这个问题,理论界持有不同的观点。本案中,证监会调查显示,赵书亚在5月10日至6月5日这一内幕信息的价格敏感期,通过其控制的账户累计买入延边公路的股票498 100股,买入金额为2 427 877元人民币;累计卖出延边公路的股票294 968股,卖出金额为1 824 953

[①] 参见马松建:《证券期货犯罪研究》,郑州大学出版社2003年版,第148页。

元人民币,账面盈利为 1 017 308.6 元人民币,剩余股票在 10 月延边公路复牌后卖出。赵书亚曾经提出其在 5 月 10 日至 6 月 5 日的股票交易实际上是亏损的,因此其内幕交易罪不成立。法院认为内幕交易罪并不以犯罪主体是否"获利"为前提,因此认定赵书亚内幕交易罪成立。可见,在本案中,法院采用了内幕交易罪的成立不以"获利"为前提的理论。事实上,笔者认为,董正青"故意"将内幕信息泄露给董德伟,并指导董德伟买卖股票获利,可以视为两个人有从内幕交易获利的共同故意,如果说董正青在此次交易中不会获得任何利益,估计相信的人不会很多,但非常遗憾,公安机关也很难获取证据来证明内幕交易主体是否获取了利益,而未获利益也成为众多内幕交易犯罪逃避惩罚的一种说辞。① 因此,从有效打击内幕交易的角度来看,笔者支持"获利"不应成为内幕交易罪是否成立的前提这一观点。

第二个问题是董正青的泄露行为是否可以成立内幕交易罪。前文已经说明泄露内幕信息的行为要构成犯罪需要满足两个要素:一是主观故意;二是接受信息人实施了内幕交易行为。本案中董正青满足这两个要素,其泄露信息的行为已经构成犯罪。事实上在存在泄露行为的内幕交易犯罪中,泄露行为与买卖行为是密切相关,相互联系的,泄露信息的行为本就是内幕交易行为的一种客观表现。笔者认为,从董正青在本案中的犯罪行为表现来看,可以认定董正青成立内幕交易罪:一是董正青在主观上是故意的;二是既然获利不成为确定内幕交易罪的前提,那么本案中,董正青将内幕信息泄露给董德伟,并指导董德伟实施买卖股票,其犯罪目的并不是仅仅为了将内幕信息告知董德伟,而是希望能够在股票交易中获利;三是董德伟的确实施了股票买卖行为。通过以上分析,笔者认为可以认定董正青与董德伟共同实施了买卖股票的行为,应当认定董正青内幕交易罪成立。

3. 明示或暗示内幕信息行为分析

本案中,董正青以电话告知赵书亚内幕信息的具体内容是"延边公路和辽宁时代都是广发借壳上市的备选壳重点。延边公路的可操作性强,借壳上市快,广发借壳延边公路上市的可能性要大,辽宁时代的可操作性小,广发借壳辽宁时代上市可能性较小",从内容上来看,董正青并未直接明确告知赵书亚"广发证券借壳延边公路"这一信息。本案犯罪行为发生在 2006 年,而将明示或暗示行为纳入《刑法》第 180 条是在 2009 年,因此学术界一直将董正青向赵书亚透露内幕信息的行为视作建议行为,而法院则确认为泄露行为,但从董正青告知赵书亚的内容上来看,更符合暗示的行为方式。此次刑法修正前学术界就一直在争论是否应把建议他人买卖证券的行为作为本罪的一种行为方式,此次《刑法修正案》将明示或暗示行为作为本罪的一种客观行为进行规制,对于规范内幕交易行为,打击内幕交易犯罪有了进一步的完善。下面笔者将明示、

---

① 参见杨亮:《内幕交易论》,北京大学出版社 2001 年版,第 124 页。

暗示行为分别与建议行为及泄露内幕信息行为进行比较分析：

明示或暗示行为比建议行为的范围更大。建议行为往往是一种明确表示的行为，例如某内幕知情人建议其朋友买入某只上市公司的股票，但未告知其买入的原因，这是一种典型的建议行为，相当于明示行为。如果某内幕知情人的朋友向其咨询相关股票是否可以买卖时，该内幕知情人不明确表示是否可以，而是通过该公司发展前景好等信息做出暗示，该内幕知情人未做出建议行为，为有效规制此类行为，《刑法》规定的明示或暗示行为范围要更为宽泛。

明示或暗示行为是对泄露内幕信息行为的补充。在《刑法》第180条修改前，《刑法》未将建议行为或明示、暗示的行为作为内幕交易犯罪的行为方式，因此司法实践中有时会将此类行为作为泄露内幕信息的一种方式来定罪，但明示或暗示行为人往往不将内幕信息告知他人，而是采取建议或暗示其买入某只股票的方式以达到规避法律的目的。这样买卖证券的人可以宣称不知道内幕信息，行为人也以其并未泄露内幕信息作为抗辩理由，导致此类行为人虽然泄露了内幕信息但却无法追究其法律责任。因此明示或暗示行为不是泄露内幕信息行为的一种方式，而是对泄露内幕信息行为的一种补充。

五、我国内幕交易犯罪立法及监管制度完善建议

1.扩大内幕交易犯罪主体范围

随着我国证券市场的快速发展，内幕交易犯罪主体也逐步扩大。从目前我国对内幕交易行为的立法体系来看，我国对内幕交易的法律规制主要体现在《证券法》《刑法》以及证监会的规定之中。从司法实践来看，虽然我国《证券法》及《刑法》在修正过程中逐步扩大了内幕交易犯罪主体的范围，但在规范内幕交易行为方面，证监会出台的各项文件发挥着重要作用。前文已就董德伟是否可因其是董正青的弟弟而成为第一类内幕交易犯罪主体进行过讨论，从内幕交易犯罪的客观方面来看，司法机关只需要证明"证券、期货交易内幕信息知情人员"知悉内幕信息，并实施了内幕交易犯罪的行为，则其内幕交易犯罪成立，而不需要再证明其是否实施了"非法获取"内幕信息的行为。从司法实践来看，具有特定身份的内幕信息知情人往往不自己实施内幕交易行为，而是通过其亲属进行相关股票交易，从而达到在规避法律惩罚的同时获得利益①，本案中董正青与董德伟的内幕交易行为就比较典型。对于这些人利用配偶、直系亲属等开展内幕交易规避法律责任的行为尚没有法律层面的规定。虽然证监会出台了《证券市场内幕交易行为认定管理办法》，该办法将证券行业从业人员的配偶及近亲属纳入内幕信息知情人的范围予以规范，但由于该办法效力不高，且具有行业特性，无法起到与法

---

① 参见魏东：《关于内幕交易、泄露内幕信息罪司法认定的若干问题再研究》，载赵秉志主编：《新千年刑法热点问题研究与适用》（下），中国检察出版2001年版，第855页。

律相当的约束作用。因此笔者建议借鉴美国的做法,扩大内幕交易犯罪主体的范围,通过《证券法》这一层面的法律把"证券、期货交易内幕信息知情人员"的配偶、亲属等人员纳入"证券、期货交易内幕信息知情人员"的范围,相信可以有效打击内幕交易行为。

2.将内幕交易罪与泄露内幕信息罪的罪名合并

我国《刑法》第180条规定的内幕交易、泄露内幕信息罪是一个选择性罪名,而两种罪名分别对应不同的犯罪行为,内幕交易罪主要对应股票买卖行为,而泄露内幕信息罪主要对应泄露行为及明示或暗示行为。但从本案法院认定董正青内幕交易罪不成立的理由来看,由于董正青没有买卖行为,也没有证据证明董正青与董德伟有合谋的行为,因此认定董正青内幕交易罪不成立。那么,如果有证据证明董正青与董德伟在本案中有共谋的行为,是否就可以认定董正青成立内幕交易罪,而不是泄露内幕信息罪了呢?如果这样,是否可以说内幕交易罪比泄露内幕信息罪的等级更高?笔者认为,在大多数内幕交易犯罪的案例中,泄露内幕信息的行为本身就是内幕交易行为的主要环节,泄露行为与买卖行为本就密不可分。从美国对内幕交易犯罪行为的定罪来看,美国只确定了一种罪名即内幕交易罪。笔者认为主要区别是由于语言环境的差异造成的。在我国,交易一般是买卖行为,而美国关于交易的概念要更广泛些,泄露信息其实本身也是一种交易。因此,笔者认为我国也没有必要根据犯罪主体的行为方式将罪名分开,建议将本罪的三种行为全部确定为内幕交易行为,只定内幕交易罪一个罪名即可。

3.强化内幕交易行为的非刑事责任

证券内幕交易行为本身是一种复杂的经济行为,仅依靠《刑法》或《证券法》对内幕交易行为进行规制远不足以有效控制内幕交易。需要综合运用民事法、经济法、行政法、刑事法等各种法律手段。从刑法在法律保障体系中发挥的作用来看,内幕交易行为必须达到一定程度的社会危害性,即情节严重,才应适用《刑法》进行规范。如果内幕交易行为的社会危害性不严重,则通过行政处罚、承担民事责任等方式能够更快、更有效地规制内幕交易行为,也可以将内幕交易行为控制在一定程度之内,防止其再演化为犯罪行为。因此,建议在完善内幕交易行为承担民事责任立法的同时,加强对违法者行政责任处罚的力度,防止行为人为了追求私利而实施内幕交易行为,这样既可以达到行政监管的目的,又可以防止行为人进一步实施犯罪行为。

利用合法的互联网融资平台集资构成集资诈骗罪若干问题研究

——全海晖等人集资诈骗案

姜 磊[*]

目 次

一、选案理由
二、基本案情
三、裁判要旨
四、引发的理论问题
（一）集资诈骗的"非法性"问题
（二）"非法占有目的"的司法认定问题
（三）侵害法益的辨析与认定问题
（四）单位犯罪的认定问题
五、互联网融资平台刑事风险防范对策

一、选案理由

互联网融资平台借贷属于新型的金融借贷模式，网络融资具有的公开性以及自发性，使融资平台成为犯罪的高发地。随着互联网经济的不断发展，集资诈骗的犯罪手段也不断发生变化。全海晖集资诈骗案即是一个典型的案例。2016年，全海晖等人通过虚构抵押担保建立中投慧德投资担保公司，与互联网融资平台订立担保合作框架协议，之后串通借款人在平台发布虚假的招投标项目而非法集资，最终造成200余名投资者共计890万元的重大财产损失，且严重扰乱了金融秩序。

本文聚焦于全海晖等人集资诈骗案所涉及的相关法律问题。首先，"非法性"是非

---

[*] 北京师范大学法学院2019届法律硕士研究生。

法集资类犯罪的基本特征之一,但集资诈骗罪具有非法吸收公众存款罪的基本特征,本案行为人利用合法的互联网融资平台实施非法融资,区别于其他传统型集资诈骗案件。其次,非法占有目的是区别集资诈骗罪与非法吸收公众存款罪的关键,在涉及集资诈骗罪时,不具有非法占有目的往往成为此类犯罪常见的辩护理由。再次,案发后,融资平台主动归还了200余名被害人的财产损失,由此产生了法益损失与现实损失不一致的情形,在构成要件的分析过程中应注意区别。此外,单位犯罪也是集资诈骗类犯罪中具有的普遍性的问题,也是常见的辩护理由。本文通过对单位犯罪与自然人犯罪的区分,借鉴国外法人犯罪的理论学说对单位犯罪进行论述。最后,在对全案分析之后,笔者提出了以犯罪化思路应对互联网金融犯罪的建议,希望具有一定的积极意义。

二、基本案情①

2015年8月,全海晖伙同他人成立了中投慧德(北京)资本管理有限公司(以下简称"中投慧德公司"),并借用他人的身份证件通过代办公司办理了营业执照。2016年,被告人全海晖伙同他人,使用由其实际控制的中投慧德公司并冒充该公司法定代表人,以该公司的名义与中投摩根信息技术(北京)有限责任公司(以下简称"中投摩根公司")签订《担保合作框架协议》。协议约定:中投摩根公司是通过网络平台帮助投资人及融资人达成借款协议以实现投资融资目的的信息服务供应商,由中投慧德公司为融资人提供不可撤销的连带责任保证担保,向投资人出具不可撤销的连带责任保证担保函。中投摩根公司为中投慧德公司核定的保证额度为人民币1 500万元整,其中单笔金额不得超过中投慧德公司净资产的10%。融资人向中投摩根公司提出融资申请,由中投慧德公司对融资人进行全面审查。审批通过后中投摩根公司协助中投慧德公司融资人签订委托担保合同及反担保合同,后中投慧德公司缴纳项目保证金,项目募集成功并放贷前,中投慧德公司收取担保费用。

中投慧德公司通过中投摩根的公司网站发布虚假的借款用途,提供虚假的个人及公司材料、虚假担保,与投资人签订协议进行诈骗。11个抵押项目中只有3个为中投慧德公司实际控制,其余抵押均未登记。2016年,中投慧德公司与中投摩根公司签订了11份借款合同,共计放款金额为15 634 500元,涉及8户借款人,在平台的融资项目总数为39个,涉及项目投资人918人。

在具体操作中,由借款人出示身份证、营业执照等真实资料,中投慧德公司制作虚假房产及项目、报表等虚假资料,贷出的钱款由中投慧德公司和借款人按比例分配,借款人不需还款,而是由中投慧德公司偿还。中投摩根公司运营的互联网融资平台收取

---

① 参见北京市第二中级人民法院(2017)京02刑初153号刑事判决书;北京市高级人民法院(2018)京刑终109号刑事裁定书。

借款总额的10%,外加百分之几的服务费;剩余钱款给借款人10%,其余70%由中投慧德公司私分。

全海晖等人设立的中投慧德公司利用中投摩根公司运营的互联网融资平台,采取向社会公众发布虚假借款项目,提供虚假担保等手段,骗取222名被害人的钱款共计人民币8 900 718.45元。其间,除全海晖等人将以2 147 600元的价格购买的三处房产抵押给中投摩根公司外,其余房屋抵押均系虚假抵押,全海晖将上述三处房产抵押给中投摩根公司,是继续给中投摩根公司制造假象,以达到继续诈骗的目的,该行为不影响对犯罪事实的认定,只是可将房产购入的金额从犯罪数额中予以扣除。案发后,中投摩根公司垫付了应向投资人支付的投资本金及利息890万元。

三、裁判要旨①

以欺骗手段以他人名义设立公司并实际控制公司的行为人,欺骗、利用合法的互联网融资平台,以非法占有为目的,利用互联网平台向不特定社会公众发布虚假信息,提供虚假担保,募集资金数额较大的,构成集资诈骗罪。其控制的公司设立后以实施犯罪为主要活动的,不以单位犯罪论处。

四、引发的理论问题

(一)集资诈骗的"非法性"问题

集资诈骗罪,是指以非法占有为目的非法集资,数额较大的行为。② 从本罪的犯罪定义上看,集资诈骗罪具有三个主要的特征,即非法占有目的、非法集资的行为和数额较大的程度。通过与非法集资罪的比较可以发现,集资诈骗罪与非法集资罪最主要的差异为行为人的主观方面,因而集资诈骗罪具有非法集资罪的主要特征。根据2010年最高人民法院《关于审理非法集资刑事案件具体应用法律若干问题的解释》(以下简称《2010年解释》)第1条规定的非法吸收公众存款的四种情形可以看出,非法集资罪兼具公开性、利诱性、社会性与非法性。上述四个特征亦应为集资诈骗罪所包含,虽然在犯罪认定方面不能用特征直接定罪量刑,但是准确理解犯罪特征对于区别此罪与彼罪仍具有十分积极的意义。

上述四个特征在本案中的具体体现为:首先,在公开性特征方面,全海晖等人利用中投摩根公司合法经营的互联网融资平台公开宣传,不特定的多数投资人可以通过中投摩根公开的融资平台参与投资。对此,有的学者认为集资犯罪的公开性没有存在的必要,因为公开性并不能直接区分非法集资与合法融资的界限,对此笔者还是认为应

---

① 参见北京市第二中级人民法院(2017)京02刑初153号刑事判决书;北京市高级人民法院(2018)京刑终109号刑事裁定书。
② 参见赵秉志、李希慧主编:《刑法各论》(第3版),中国人民大学出版社2016年版,第144页。

按照司法解释全面分析。其次,在利诱性特征方面,涉案 11 个项目均许诺年化收益率高达 14%,远高于同行标准。再次,在社会性特征方面,中投摩根公司运营的互联网融资平台是公开的,面向社会不特定的多数对象。最后,非法性特征是指违反国家金融管理法律规定吸收资金。① 在非法性特征方面,全海晖等人利用不知情的中投摩根公司公开募集资金,客观上是以合法的手段进行融资,这与以往通过非法手段建立互联网融资平台进行非法集资具有明显的区别,下文对此特征将着重论述。

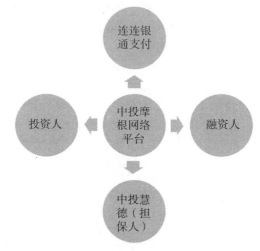

图 1　本案"四方合同"融资关系

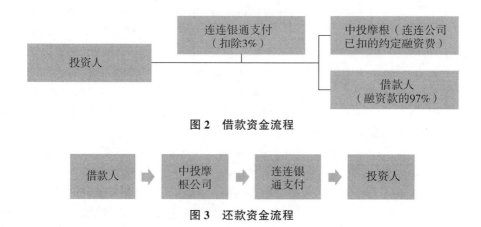

图 2　借款资金流程

图 3　还款资金流程

---

① 刘为波:《〈关于审理非法集资刑事案件具体应用法律若干问题的解释〉的理解与适用》,载《人民司法》2011 年第 5 期。

1.互联网平台"四方法律关系"分析

本案案情虽然没有达到疑难的程度,但是所涉及的法律关系相对复杂,如果不能清晰地梳理案件中的法律关系,将会直接影响案件事实的判断以及法律关系的定性。明晰全海晖一案的法律关系也有助于集资诈骗罪、非法集资罪与民间借贷之间的区分。通过对本案法律关系的梳理,可以看出本案所涉及的"四方合同"(如图1所示)融资关系的核心问题主要涉及两方面,一方面为中投慧德公司虚构抵押项目与中投摩根公司签订《担保合作框架协议》,系担保法律关系;另一方面为中投慧德公司虚构借款项目与融资平台签订的融资法律关系。中投摩根公司是本案最关键的连接点,故以中投摩根公司为出发点,对全海晖等人的全案行为进行全面完整的梳理。

首先,在中投摩根公司与中投慧德公司之间,系担保法律关系。中投慧德公司与中投摩根公司签订了《担保合作框架协议》,主要内容为中投摩根公司依托互联网融资平台撮合投资人与借款人达成项目借款协议,中投慧德公司为借款人提供担保,并且向投资人出具不可撤销的连带责任担保函,中投慧德公司签订担保协议的主要功能就是为融资人的借款提供保证。换句话说,在融资的过程中,借款人要与中投摩根公司签订借款合同,需要同时提供借款人相关证明以及中投慧德公司的担保。

其次,在中投摩根公司与融资人之间,系民间借贷法律关系。融资人与中投摩根公司签订《借款服务合同》,之后再由中投慧德公司为融资人出具不可撤销的连带责任担保函,以前两种法律关系为依托,融资人的融资项目才可以在中投摩根公司运营的互联网融资平台上线进行融资,投资人也可以在中投摩根公司的网站上看到融资项目。不难发现,中投慧德公司与中投摩根公司的担保法律关系、融资人与中投摩根公司的民间借贷法律关系中,中投摩根公司负有对抵押和融资项目的真实性进行审查的义务。对借款人的审查,主要审查借款人的身份证明或者公司的相关证明情况,融资资金以及抵押物等真实情况的证明。中投慧德公司在没有担保资格、融资人也不具备借贷资格的情况下仍可以成功融资是因为中投摩根公司的风控专员李某(另案处理)帮助中投慧德公司和中投摩根公司签订合作协议,并且帮助中投慧德公司通过担保审核。

最后,从中投摩根公司与连连公司、投资人之间的关系分析。从借款资金流程的角度分析(见图2),投资人在中投摩根公司运营的互联网融资平台上确定招投标项目后,将资金打入第三方支付平台连连公司的账户,连连公司按照与中投摩根公司约定的投资比例扣除中投摩根公司的中介服务费,最后将剩余的投资款打入借款人的银行账户。在中投摩根公司与连连公司的服务费分担上,从之前已扣除中投摩根公司的中介服务费中,再扣除连连公司的服务费,其余的钱归中投摩根公司。从还款的角度分析(见图3),借款人将本金和利息直接汇入中投摩根公司的银行账户,中投摩根公司再把钱汇入连连公司的账户,最后由连连公司向投资人的账户还款。

2. 行为人利用合法交易平台的"非法性"认定

新型网络借贷模式,有助于借款人和出借人在互联网平台上直接成交、点对点借贷。① 全海晖等人正是利用互联网融资平台的这一特点实施了集资诈骗的行为,手段行为的"非法性"是本案的最大特色,也是案件定性的核心。在本案中,全海晖等人的行为客观上利用合法的互联网融资平台实施集资诈骗行为,在国内判例中实属罕见。本案被告人利用互联网融资交易平台实施集资诈骗的行为是否具有非法性特征,对于集资诈骗罪的论证产生了一定的影响。有部分人认为,如果可以认定全海晖等人虚构虚假项目的行为是不法的,为客观论证全海晖等人的行为符合集资的非法性提供了重要的小前提,与此同时结合下文将要提及的主观具有"非法占有目的",根据主客观相统一的原则,可以充分论证构成集资诈骗罪。另一部分人认为,如果认定全海晖等人虚构抵押的行为具有虚假性,结合上文提及的四方合同法律关系可以看出中投慧德公司实际上仅与中投摩根公司签订《框架担保协议》以及不可撤销的连带责任保函,根据合同的相对性应认定全海晖等人的行为满足了合同诈骗罪的非法性特征,应以合同诈骗罪论处。还有部分人认为,如果认定全海晖等人提供的项目是虚假的,而抵押是真实的,则应认定为非法吸收公众存款罪;如果提供的项目是真实的,抵押是虚假的,则应认定合同诈骗罪。

《2010 年解释》第 1 条第 1 款第 1 项规定:"未经有关部门依法批准或者借用合法经营的形式吸收资金。"② 由此可见,行为人客观上实施了《2010 年解释》第 1 条第 1 款第 1 项规定的行为,就具备了非法吸收公众存款的非法性特征,在本案中也是认定构成集资诈骗罪的非法性特征的基础。通过法条的描述,我们不难发现全海晖等人的行为与第 1 条第 1 款第 1 项规定的情形高度吻合,由于法条规定的两个行为之间是并列的关系,故将着重分析"借用合法经营的形式吸收资金"行为的非法性认定。中投摩根公司合法经营互联网融资平台毋庸置疑,那么本案的焦点就转向了对中投慧德公司"借用"该平台吸收资金的非法性认定。如果单从法条字面意思来看,"借用"可理解为一种手段行为,如果客观上全海晖等人没有实施"借用"的行为,就难以认定是否具备非法吸收公众存款的非法性特征。全海晖等人客观上没有直接体现"借用"的行为,而是通过订立《框架担保协议》以及不可撤销的连带责任保函的形式为投资人提供担保,这种通过订立合同与中投摩根公司建立的关系究竟是一种商业合作关系还是为实施

---

① 参见彭冰:《P2P 网贷与非法集资》,载《金融监管研究》2014 年第 6 期。
② 参见《2010 年解释》第 1 条规定:违反国家金融管理法律规定,向社会公众(包括单位和个人)吸收资金的行为,同时具备下列四个条件的,除刑法另有规定的以外,应当认定为《刑法》第 176 条规定的"非法吸收公众存款或者变相吸收公众存款":(一)未经有关部门依法批准或者借用合法经营的形式吸收资金;(二)通过媒体、推介会、传单、手机短信等途径向社会公开宣传;(三)承诺在一定期限内以货币、实物、股权等方式还本付息或者给付回报;(四)向社会公众即社会不特定对象吸收资金。未向社会公开宣传,在亲友或者单位内部针对特定对象吸收资金的,不属于非法吸收或者变相吸收公众存款。

集资诈骗罪的手段行为应纵观全案进行判断。

首先,从全海晖等人的抵押行为来看,行为人与中投摩根公司签订的房屋抵押合同,只有三处房产是真实的。换句话说,全海晖等人以虚构借款用途、提供虚假房产抵押担保等方式,通过中投摩根公司运营的互联网融资平台发布11个虚假的抵押项目,而抵押项目中只有3个为中投慧德公司实际控制,其余均是尚未登记的虚假抵押。由此可以判断,全海晖等人虚假的抵押行为具有非法性。其次,从全海晖等人的借款行为来看,中投慧德公司通过中投摩根公司网站发布虚假的借款用途、提供虚假的个人及公司材料、虚假担保,与投资人签订协议实施集资诈骗的行为,可以得出全海晖等人的行为具有集资的非法性的结论。对于上述案件事实,全海晖等人的辩护人主张,尽管全海晖等人的行为实际上给投资人造成了巨大的财产损失,中投慧德公司与中投摩根公司之间因签订《担保框架协议》与不可撤销的连带责任担保函,是一种商业合作关系。也就是说,中投慧德公司没有实施法条规定的"利用"行为,不具备非法性特征,不应认定构成犯罪。

笔者认为,针对上述行为人利用合法互联网融资平台实施非法集资的行为与法条规定"借用"行为之间的关系还是应该坚持主客观相统一的原则综合全面判定。梳理"四方合同"法律关系有助于对案件事实的进一步理解,但是不能因此受到民事法律关系的限制,因为行为人所实施的行为构成犯罪,只是对犯罪行为的定性存有一定的争议,因此,需以犯罪构成的基本特征以及因果关系的判断为主线,以理解案件事实的民事法律关系为辅助。"借用"不应局限于租借或者使用行为,应根据全案事实综合理解。虽然全海晖等人与中投摩根公司订立《担保框架协议》与不可撤销的连带责任担保函,但其目的是通过订立合同的方式与中投摩根公司建立关系,为进一步实施犯罪做准备,实质上就是通过"借用"中投摩根公司合法运营的互联网融资平台发布虚假的招投标项目,在网络上以较高的年化收益率吸引诸多不特定的投资者,进而完成集资诈骗罪的全部行为。因此,应当推定全海晖等人的行为具备了《2010年解释》第1条第1款第1项规定的违法性特征。

(二)"非法占有目的"的司法认定问题

集资诈骗罪与非法吸收公众存款罪在客观上都表现为非法集资的行为,两者的主要区别之一就是非法集资人是否具有非法占有目的。[①] "非法占有目的"的认定是判断全海晖等人构成集资诈骗罪的关键因素。"非法占有目的"为犯罪构成要件中的主观要件,尽管在司法实践中已有相关司法解释规定,符合一定条件可以仅凭借客观证据直接认定,但主客观相统一原则更具说服力。我国目前已有《关于审理诈骗案件具体应用法律的若干问题的解释》(以下简称《1996年解释》)、《全国法院审理金融犯罪

---

① 参见赵秉志、徐文文:《民营企业家集资诈骗罪:问题与思考》,载《法学杂志》2014年第12期。

案件工作座谈会纪要》(以下简称《2001年纪要》)、《2010年解释》,这三份由最高人民法院公布的关于非法占有目的认定的法律文件,客观上为非法占有目的的推定提供了一定的法律依据,但是仍存有一定的不足。对非法占有目的的认定,在以上述三份法律文件为依据的基础上,还应该强调坚持主客观相统一的刑事责任原则,既要避免客观的依结果归罪,也不能仅凭行为人的供述归罪,而应当根据具体案件具体分析。①

1."非法占有目的"的认定标准

本案中,非法占有目的的成立与否直接影响到全海晖等人的行为是否构成集资诈骗罪。因此,对于"非法占有目的"的认定显得尤为重要。认定标准主要有两种:其一为客观标准,其二为主客观相统一标准。

其一,客观标准。在对"非法占有目的"认定的实践操作中,即使没有言辞证据相印证,只要客观证据符合《2010年解释》第4条规定的八种情形之一,可认定全海晖等人具有"非法占有目的",从而认定构成犯罪。但是,由于纯客观标准有违反主客观相统一原则之嫌,在司法实务的认定过程中应十分谨慎。

其二,主客观相统一标准。虽然充足的客观要件就可以推定被告人具有犯罪的主观目的进而推定构成犯罪,但采用主客观相统一的证明标准来认定构成犯罪更具确信力,因此在实践中的个案更应坚持主客观相统一的原则。然而,在主客观相统一的标准下,准确推定非法占有的目应考虑诸多因素:一是行为人缔约的手段;二是行为人的履约能力;三是行为人的履约行为;四是行为人违约后的态度;五是行为人对合同标的物的处置;六是行为人未履行合同的原因。据主客观相统一基本原则,结合上述六种考虑的因素,从主观上的社会危害性和客观上的危害社会的行为和主客观之间的关联性,综合推定构成犯罪更具说服力。

2."非法占有目的"的具体认定

(1)"非法占有目的"的争议

《2010年解释》在非法占有目的的认定问题上,对集资诈骗罪与非法集资罪作出了明确的区分。"非法占有目的"的认定是法庭辩论的焦点,因为非法占有目的的论证,将直接决定此罪与彼罪,故围绕非法占有目的被告人与公诉方均作出了有力的论证,下文将针对非法占有目的的认定展开论述。《2010年解释》第4条规定:"以非法占有为目的,使用诈骗方法实施本解释第二条规定所列行为的,应当依照刑法第一百九十二条的规定,以集资诈骗罪定罪处罚。"《2010年解释》采取列举式的客观推定模式认定非法占有目的。

结合本案,控辩双方分别从不同角度对"非法占有目的"的认定展开了论证。一方面,从被告人的角度,全海晖等人的辩护理由主要围绕以下两点:首先,全海晖认为自

---

① 参见赵秉志、徐文文:《民营企业家集资诈骗罪:问题与思考》,载《法学杂志》2014年第12期。

已不具有非法占有的目的。其次,全海晖辩称中投摩根公司与中投慧德公司是基于民事法律关系的商业合作关系,对担保所获的募集款项均有使用权。借款人未及时清偿的借款已经由中投摩根公司代为偿还,没有造成投资人实际财产损失。另一方面,从公诉方的角度。基于被告人的辩护理由,以与案件事实查明不符为由做出了以下回应。首先,全海晖伙同他人,冒用他人名义收购中投慧德公司并由其实际控制,然后全海晖冒充该公司法定代表人与中投摩根公司洽谈合作并签订协议,之后寻找虚假借款人并编造虚假项目,利用中投摩根公司合法经营的互联网融资平台发布虚假消息,通过虚假行为诈骗不特定多数投资人的钱款,全海晖等人的行为已符合集资诈骗罪的构成要件。其次,中投摩根公司虽收取了一定的手续费,但不能据此就认定双方存在商业合作关系。最后,中投摩根公司为避免投资人的损失,主动垫付了投资人的投资及利益不意味着没有侵害实际投资人的权利,应在刑法的语境下严格区分犯罪行为所侵害的犯罪客体与客观现实中的实际损失。

（2）"非法占有目的"法理推定的注意问题

司法实践中依然存在仅根据行为人无法返还较大数额的非法集资款的结果或仅根据行为人存在将集资款用于个人消费或挥霍的情形就推定行为人具有非法占有目的的案例,将一些本属非法吸收公众存款的行为认定为集资诈骗行为。①《2010年解释》第4条规定了8种可以认定具有非法占有目的的情形,鉴于与本案案件事实的联系,下文主要分析以下两种情况:集资后不用于生产经营活动或者用于生产经营活动与筹集资金规模明显不成比例,致使集资款不能返还的;肆意挥霍集资款,致使集资款不能返还的。

首先,在"无法返还"的原因方面。以"无法返还"为由推定"非法占有目的"的过程中,应注意导致"无法返还"的原因。一方面,从"无法返还"与"非法占有目的"的关系看,无法返还是具备非法占有目的的表现行为之一,但是,并不是所有的无法返还都处于非法占有目的的支配。换句话说,前者只是后者的充分条件,而非必要条件。另一方面,从无法返还的原因方面来看,归纳起来可以分为两种:第一种系客观经营不善所致;第二种系主观原因所致。对于第一种因客观上经营管理不善导致无法返还资金的情形,不能认定具有非法占有的目的。对于第二种因行为人主观因素导致无法返还资金的情形,则可推定具有非法占有的目的。因此,"非法占有目的"的认定应着重针对无法返还的原因进行分析。

其次,集资款的用途认定方面。非法集资所得钱款用途认定,很大程度上取决于行为人不能返还的数额,为避免"唯数额论",应对集资款的用途加以区分,通过行为人筹得集资款的用途准确反映行为人的主观意图。首先,应明确"挥霍"的程度,在此需

---

① 参见刘宪权:《刑法严惩非法集资行为之反思》,载《法商研究》2012年第4期。

要结合《2010年解释》第5条关于集资诈骗款额的认定标准,如果"挥霍"尚未达到最低标准亦不应认定。

(3)非法占有目的认定

针对上述关于非法占有目的的论争,笔者将以构成集资诈骗罪主观目的的法律规定为大前提,以具体案件事实为小前提,根据主客观相统一原则充分论证全海晖等人具有非法占有的目的。从《2010年解释》第4条规定的情形可以看出,集资后未用于生产经营活动,并且集资后挥霍致使集资款无法返还的,可以认定具有非法占有目的。结合上述控辩双方对非法占有目的认定的主张,全海晖等人骗取集资款后私分并没有用于中投慧德公司的实际经营,此外,中投慧德公司除了实施本案犯罪行为外,没有从事任何经营活动。虽然没有直接证据表明全海晖等人在集资后因挥霍致所得钱款无法返还,但有充足证据证明全海晖等人有私分钱款据为己有的行为。笔者结合案件事实分析如下:

①全海晖等人的缔约手段。非法占有目的是区别集资诈骗行为与非法集资行为的关键,缔约合同的手段行为是两罪通常的表现,但缔结合同的手段可以从一定程度上反映行为的主观目的。如果行为人在签订合同时便有虚构事实、隐瞒真相的行为,进而通过订立合同的形式骗取不特定多数人的钱款,那么行为人具有非法占有目的的故意就显而易见了。本案中,被告人全海晖等人的借款用途、提供的房产抵押担保均是虚假的,通过互联网融资平台发布的11个抵押项目中,只有3个为中投慧德公司实际控制,其余均是尚未登记的虚假抵押。

②全海晖等人的履约能力与履约行为。本案中由于抵押和招投标项目均是虚假的,故全海晖等人根本不具有现实还款能力的前提条件。通过被告人的供述可知,借款人的身份证、营业执照等材料是真实的,但是房产项目、报表均是虚假的。全海晖等人通过上述虚假行为贷出来的资金和借款人按比例分配,并且与借款人约定称借款人不需要还款,而是由全海晖等人进行归还。由于借款平台会收取20%的服务费及其他费用,再将贷款总额10%的费用分给借款人,最后剩下贷款总额70%的钱款归全海晖等人所有。

③全海晖等人对钱款的处置。犯罪行为后的资金去向是认定行为人具有非法占有目的最重要的因素,甚至可以直接决定非法占有目的的有无。据全海晖供述,贷款总额高达1 500余万元,分给平台100余万元,剩余1 300余万元,分给借款人100余万元,还款400余万元。由于之后中投摩根公司运营的互联网融资平台提高了要求,全海晖等人又花费200余万元购买了三处房产作为抵押。除去全海晖等人的日常开销,最后将剩余的钱款进行平分。

基于上述对全海晖等人主观目的的分析,可以作出全海晖等人具有非法占有目的推定,全海晖等人利用中投摩根公司运营的互联网融资平台骗取社会上不特定多数人的巨额钱款,可认定全海晖等人已构成集资诈骗罪。具体来看:首先,从客观方面分析,全海晖等人实施了集资诈骗的行为,并达到了既遂的状态。全海晖等人的行为具有非法集资的特征,行为人先是采用虚构借款项目、提供虚假担保等方式与中投摩根公司建立合作关系,然后组织借款人通过融资平台上线发布招投标的项目进行非法融资,最后骗取不特定多数投资人的钱款。其次,从主观方面分析,全海晖等人具有非法占有的目的。在审查起诉阶段全海晖等人也供认成立中投慧德公司的目的就是为了骗取贷款并且据为己有,其他证人的供述也证实了全海晖等人成立中投慧德公司也是虚假注册成立,并且通过行为人的供述可知其主观至少是明知的。最后,全海晖等人集资诈骗所得的钱款达到了数额特别巨大的程度。尽管对集资诈骗所得款额达到数额特别巨大的标准没有异议,但对集资诈骗所得款额的认定应采用何种标准值得商榷。

(三)侵害法益的辨析与认定问题

本案中犯罪客体的认定也是一个值得注意的问题,其重要意义同非法占有目的一样,可以直接影响犯罪构成与否。从本案判决书的判决理由可以看出,虽然对辩护人提出的因投资人没有遭受实际损失这一主张做出了回应,但是没有明确对犯罪行为所侵害的客体进行界定,而是直接按照犯罪构成要件驳回了辩护人的辩护意见。对此,笔者将从犯罪客体与社会危害性、犯罪客体与犯罪对象的角度分别论述,进而明确全海晖等人的犯罪行为侵犯的法律意义上的客体。

1.犯罪客体的辨析

理论上犯罪客体的学说主要有以下几种:社会利益说、社会关系和利益说、犯罪对象说、社会关系修正说、权益说、刑事被害人说、法律说、法律秩序说、法律关系说。而我国通说为社会修正说,犯罪客体指刑法所保护的而为犯罪行为所侵犯的社会关系。[1]

(1)犯罪客体与社会危害性

从刑法的体系角度来看,犯罪客体属犯罪论,而社会危害性则属于犯罪的本质特征。社会危害性的理论源于苏联刑法理论的四个方面:社会危害性、形式违法性、罪过性、应受惩罚性。[2] 从犯罪客体与社会危害性的关系来看,二者既相互联系又相互区别,可以说在一定程度上二者互为表里。首先,从本质属性来看,社会危害性体现了犯罪的本质属性,而犯罪客体仅仅是犯罪构成四要件之一。其次,从范围上来看,社会危害性具有更加宽泛的概念,而犯罪客体仅指犯罪行为所直接侵害的刑法所保护的社会关系范围。最后,从外在表现来看,社会危害性不仅通过犯罪客体表现,还通过行为的方式、方法、手段等表现,而犯罪客体仅表明行为所侵害的社会关系。

---

[1] 参见赵秉志主编:《刑法总论》(第3版),中国人民大学出版社2016年版,第200—201页。
[2] 参见马克昌、卢建平主编:《外国刑法学总论(大陆法系)》(第2版),中国人民大学出版社2016年版,第50页。

(2) 犯罪客体与犯罪对象

犯罪客体与犯罪对象可以理解为一种相交的关系,尽管在一定程度上会发生重合,但是仍为两个截然不同的概念。首先,从抽象与具体的角度来看,犯罪对象为具体现实存在的人或物,而犯罪客体则是一种抽象化的受到法律保护的社会关系。其次,从性质上来看,仅凭借犯罪对象不能表明犯罪性质,对于犯罪性质的判断必须要通过犯罪对象找到犯罪行为所侵害的犯罪客体。再次,从损害程度来看,每一个犯罪行为都会造成犯罪客体的侵害,但是犯罪对象则未必遭受实际损害。最后,从犯罪分类的角度看,我国刑法分则共分十章,每一章的分类均按照犯罪行为所侵害的共同客体为依据,而犯罪对象则无法体现。

2.集资诈骗罪与合同诈骗罪的辨析

合同诈骗罪与集资诈骗罪为两个截然不同的罪名,此处将两罪进行辨析,是因为全海晖案在公安机关移送审查起诉时认定的罪名是合同诈骗罪,而检察院在审查起诉阶段将案件定性为集资诈骗罪。笔者认为出现认定罪名不同的状况主要存在以下两种原因:其一,公安机关混淆了犯罪行为侵害的法益与犯罪行为导致的损失的区别;其二,混淆了犯罪的手段行为与犯罪的目的行为。在本案中围绕着两罪的辨析,主要从以下三个方面展开论述:

首先,从刑法分则体系中的定位来看。合同诈骗罪规定于扰乱市场秩序罪一节。集资诈骗罪规定于破坏社会主义市场经济秩序一章金融诈骗罪一节。刑法分则实质是根据犯罪行为所侵害法益不同而进行的归类。其次,从两罪的定义内容来看。合同诈骗罪是指以非法占有为目的,在签订、履行合同的过程中,以虚构事实或隐瞒真相等方法,骗取对方当事人的财物,数额较大的行为。① 而集资诈骗罪是指以非法占有为目的,使用诈骗方法非法集资,数额较大的行为。② 最后,从两罪的构成要件角度看。合同诈骗罪客观方面的行为表现为在签订、履行合同中骗取财物达到了数额较大的标准。

从上述三个角度可以看出,无论犯罪行为的客观表现如何,最终均指向了受侵害的法益或犯罪客体,因此,对于犯罪客体的把握是认定全海晖案定何罪的关键。基于此,公安机关将全海晖等人的行为认定为合同诈骗是不恰当的。

公安机关立案侦查时认为,客观上,全海晖等人通过虚构抵押的方式建立中投慧德公司,之后又通过虚构的担保、项目与中投摩根公司订立《框架担保协议》以及不可撤销的连带责任保函,最终结果是给中投摩根公司造成了1 500余万元的损失,全海晖等人是在与中投摩根公司签订框架担保合同的过程中,以虚构事实或隐瞒真相的方法,骗取对方当事人的财物;主观上,全海晖等人具有"非法占有目的";在犯罪所得数

---

① 参见高铭暄、马克昌主编:《刑法学》,北京大学出版社、高等教育出版社2000年版,第459页。
② 参见赵秉志、李希慧主编:《刑法各论》(第3版),中国人民大学出版社2016年版,第144页。

额上,达到数额特别巨大的程度。因此,公安机关错误地把行为人所侵害的法益与实际遭受的损害相混淆,错误地认定为合同诈骗罪。

而检察院审查起诉时则认为,客观上,全海晖等人之所以采取欺骗的手段设立中投慧德公司,并与中投摩根公司订立《框架担保协议》以及不可撤销的连带责任保函,是为利用平台实施非法集资诈骗的手段行为。尽管最终中投摩根公司遭受了实际的财产损失,但中投摩根公司赔偿投资人损失的行为发生于全海晖等人取得非法集资诈骗所得钱款之后,赔款时全海晖等人的非法集资行为已实施完毕,全海晖等人具有"非法占有目的";犯罪所得数额认定为1 500余万元,达到了数额特别巨大的程度。本案犯罪客体的界定下文将予以详细阐述。

3. 犯罪客体的具体认定

现实客体是犯罪行为直接指向的对象,而法律客体是基于行为人的犯罪行为,法律层面上行为所侵害的法律关系或法益。从两者的关系上来看,现实客体在一定程度上可以转化为法律客体。

基于中投摩根公司与中投慧德公司订立的《框架担保协议》以及不可撤销的连带责任保函,辩护人始终坚持认为两公司为商业合作关系,并提出中投慧德公司对投资款额享有使用权并且在中投慧德无力补偿投资人的损失的前提下,中投摩根公司已主动向受到财产损失的投资人归还投资款的本金及利息,投资人客观上并没有实际损失,不能认定全海晖等人虚构项目侵害了不特定多数投资人的财产所有权。此外,不能归还投资款的行为是因公司经营不善导致,进而否认中投慧德公司构成集资诈骗罪。辩护人的辩护理由表面上看有一定的道理,但是完全混淆了犯罪客体与现实受损害客体之间的界限。法律与事实是两个截然不同的层面,现实未受到任何损失不代表没有侵害特定的法益。本案中,全海晖等人以非法占有目的,利用虚构抵押、招标项目的方式,通过互联网融资平台发布虚假信息,并且成功骗取了投资人的钱款,侵害了金融秩序以及公私财产所有权,完全符合集资诈骗罪的构成要件。

对于如何理解中投摩根公司的还款行为存在两种不同的主张。第一种观点认为,中投摩根公司的还款行为是基于与中投慧德公司的商业合作关系对投资人受到损失的补偿;第二种观点认为,中投摩根公司的还款行为是在中投慧德公司实施集资诈骗行为之后,与中投慧德公司的诈骗行为无关。笔者认为第二种观点更为可取,应当按照全海晖等人犯罪行为实施完毕的时间点进行界定和划分。首先,全海晖等人以非法占有目的,利用虚构抵押、招标项目的方式,通过互联网融资平台发布虚假信息,并且成功骗取了投资人的钱款,符合集资诈骗罪既遂的构成要件,也就是说全海晖等人的整个诈骗过程已经完全实施终了,不需要再进行评价。其次,之后中投摩根公司的还款行为完全是出于维护平台的信誉,为了不影响平台的正常运营,因此,中投摩根公司的还款行为与中投慧德公司是否构成集资诈骗罪无关。

4.集资诈骗数额的认定

现有证据表明,全海晖等人集资贷款总额为 1 500 余万元,分给平台 100 余万元后,全海晖等行为人与投资人实际骗取 1 300 余万元,分给借款人 100 余万元,还款 400 余万元。之后,由于融资平台提高了担保要求,花费 200 余万元购买了三处房产作为担保。外加日常开销及娱乐共计 100 余万元,全海晖个人最终分得 30 余万元。

对于违法所得数额的认定存在不同的观点。第一种意见认为,对于集资款额的认定应该以行为人实际分得的款额为准,即应认定集资诈骗违法所得为 1 300 余万元;第二种意见则认为,对于集资款额的认定应该以行为人实际骗取的款额为准,而不考虑行为人实际取得的违法所得,即应认定集资诈骗的数额应为 890 万元。上述两种观点争论的核心在于违法所得的数额应以"实际分得"为标准,还是以"实际骗取"为标准。对此,笔者认为后一种观点更有说服力,应该从集资诈骗实际侵犯的犯罪客体角度分析。

本案集资诈骗所得钱款的数额认定按照投资人实际骗取的钱款进行认定。对于违法所得数额的认定标准以最高人民法院《关于废止 1980 年 1 月 1 日至 1997 年 6 月 30 日期间发布的部分司法解释和司法解释性文件(第九批)的决定》(以下简称《废止决定》)为界限,在《废止决定》生效之前,一直以《1996 年解释》为标准,并以不能返还的金额认定。但《废止决定》生效后,"在具体认定金融诈骗犯罪的数额时,应当以行为人实际骗取的数额计算"①。目前我国对集资诈骗违法所得数额的认定采取的是"实际骗取"标准。以此来看,行为人实际得到的款额与因诈骗行为所给公私财产造成损失的数额为两个截然不同的概念。并且,第二种观点也与《2010 年解释》第 5 条第 2 款的规定相呼应,在认定全海晖等人集资诈骗数额时以实际骗取的数额为标准。

(四)单位犯罪的认定问题

1.单位犯罪相关问题与争议

司法实践中,在涉及单位的相关刑事案件中,辩护人往往会以属于单位犯罪作为个人行为的辩护理由,犯罪嫌疑人或者被告人也会以单位犯罪的辩护理由逃避或者减轻相应的刑事责任,因此,准确认定单位至关重要。本案中,自然人犯罪与单位犯罪的区分,将直接影响到全海晖等人的责任承担问题,如果不能准确认定犯罪主体,将难以做到罪责相适应。下文围绕辩护人提出的单位犯罪辩护意见加以论述。

辩护人提出,全海晖等人通过中投摩根公司运营的互联网融资平台集资的行为系单位犯罪行为,并非全海晖等人的个人行为。全海晖在审查起诉阶段供述,在钱款去向方面,集资所得的款额分给了借款人,还给中投摩根公司本金及利息,并且购买了三处房产,剩下的钱用于租用公司办公地、暂住地及人员的开支和日常花销,由此辩称集

---

① 李立众编:《刑法一本通:中华人民共和国刑法总成》(第 13 版),法律出版社 2017 年版,第 273 页。

资的行最终为单位谋利,应认定单位犯罪。

经过调查发现,全海晖等人以非法占有为目的,利用互联网融资平台发布虚假招投标项目,骗取并实际取得200余名投资人的钱款,已构成集资诈骗罪既遂。基于行为人的上述行为,存在两种意见。第一种观点认为,全海晖等人的行为符合单位犯罪的构成要件,以为单位谋利的目的并将所得钱款用于单位的实际经营,之后不能还款是因为中投慧德公司经营不善所致。第二种观点认为,尽管客观上表现为将集资诈骗所得的钱款用于单位的实际经营,但是仍然不能否认具有为自己牟利的目的,客观上全海晖等人控制的中投慧德公司除了实施本案犯罪事实外,没有其他正当的经营行为,因此不应认定构成单位犯罪。笔者认为,第二种观点更为可取,下文将对此展开分析。

2.单位犯罪的理论依据

(1)我国单位犯罪的立法发展

从我国刑法的发展历程来看,1979年《刑法》颁行之初并没有直接对单位犯罪予以规定,而是之后通过《海关法》对单位责任主体进行规定,并规定了单位犯罪的刑罚承担,标志着首次明确单位可以承担刑事责任。之后在此基础上,《关于惩治贪污罪贿赂罪的补充规定》《关于惩治走私罪的补充规定》《铁路法》等法律文件分别对单位犯罪的主体地位予以完善。最终,1997年《刑法》将单位犯罪写入刑法总则,并在分则部分章节的具体罪名中明确规定单位可以成为犯罪主体,采用总则与分则相结合的方式确立单位犯罪构成以及责任承担。

我国刑法的本质是"惩罚犯罪、保障人权",任何违反刑法明确规定的禁止性行为都应接受法律的制裁。具体来看,单位犯罪的刑事责任明确规定于《刑法》第30条:第一,关于单位作为犯罪主体的范围问题,在单位主体范围方面,主要包括公司、企业、事业单位、机关、团体。第二,单位犯罪必须贯彻落实罪刑法定原则,因为许多犯罪具有明显的行为和身份特征,因此并不是每个犯罪都可以由单位构成。只有分则明确规定犯罪主体可以包含单位的罪名,单位才有可能对该罪承担责任,这也是罪刑法定原则在刑法中的具体表现。由此可见,单位可以构成集资诈骗罪。

单位犯罪与自然人犯罪的区分越来越得到世界各国的重视,随着经济的发展以及互联网的普及,单位犯罪的数量显著上升,还有很多自然人为了逃避法律的惩罚,以法人的名义实施犯罪,界定法人犯罪与自然人犯罪就显得尤为重要。而我国刑法规定的单位犯罪被外国刑法规定为法人犯罪,对此,笔者通过大陆法系、英美法系法人犯罪与我国单位犯罪的规定,进一步明确单位犯罪与自然人犯罪在具体司法实践中的认定标准。

(2)单位犯罪与法人犯罪的关联

单位并非实质意义上的法律概念,单位这一概念在法律上的使用与法人既相互区别又相互联系。法人是一个传统的民法概念,同时成为民法、行政法、经济法这些法律关系的主体。① 关于单位犯罪与法人犯罪的异同,学界一直存有争议。一种观点认为应将单位犯罪改为法人犯罪,以便在法律体系中形成统一的概念;另一种观点则认为在刑法领域应当继续保留单位犯罪。针对上述两种观点,笔者认为,应从顺应当今我国刑法的"犯罪化"发展方向的角度思考这个问题。

第一,二者具有相同的理论依据。首先,尽管各国对于单位或是法人是否构成犯罪存有一定争论,但在这二者均为不具有认识或控制能力的社会集合体这点上已达成一致。其次,在单位或者法人构成犯罪的诸多学说中,具代表性的是替代责任论、法人人格说以及区别二元论。而我国刑法分则规定的单位犯罪与区别而分说较为相似,将单位中的相关人员划分成相关负责主管人员与普通人员两部分,但在此基础上考虑了利益归属,综合判断行为人是否具有为单位谋取利益的目的,并且在刑罚方面实行"双罚制"。由此可见,单位犯罪与法人犯罪的成立,具有相同的理论依据,只是在具体的司法认定以及处罚方面存有一定差异。

第二,单位犯罪符合我国刑法"犯罪化"的发展方向。我国《刑法》明确规定单位可以构成犯罪,即"公司、企业、事业单位、机关、团体实施的危害社会的行为,法律规定为单位犯罪的,应当负刑事责任"。法人是严格意义上的刑法概念决定其具有一定局限性,"单位犯罪是法人这个有机整体实施并完成的"②,单位犯罪更符合我国刑法"犯罪化"③的发展方向。

(3) 法人成立犯罪的域外法借鉴

大陆法系对于法人犯罪是否能够成为犯罪的主体具有不同的规定,在德国、日本等大陆法系国家的刑法理论中,对于法人是否具有刑事能力,存在肯定说、否定说之争。④ 一方面,否定论者主张法人没有犯罪能力,进而无法实施符合构成犯罪的行为,法人不像自然人一样具有自由意志,无法进行道义责任的非难。德国、日本和意大利等国家多支持否定说。但另一方面,肯定论者主张尽管法人没有像自然人一样基于自由意志实施行为的能力,但是法人仍然具有一定的行为能力,能够作为犯罪主体并且承担相应的责任。肯定论者认为:首先,世界范围内法人犯罪越来越频繁,不对法人施加刑罚难以维护社会秩序。其次,法人虽然不具有个人意志,但法人是由集体共同意志所决定,具有一定的意志能力。再次,客观上由法人集体意志决定所实施的犯罪行为,不处罚有违一般的社会观念。最后,在刑罚承担上也不具有任何障碍,尽管不能对法人判处具有人身性的监禁刑,但是财产性本身也是严厉的刑罚手段。尽管德国、日

---

① 参见赵秉志:《关于法人不应成为犯罪主体的思考》,载《法学研究》1989 年第 5 期。
② 何秉松:《单位(法人)犯罪的概念及其理论根据——兼评刑事连带责任论》,载《法学研究》1998 年第 2 期。
③ 参见张明楷:《司法上的犯罪化与非犯罪化》,载《法学家》2008 年第 4 期。
④ 参见马克昌、卢建平主编:《外国刑法学总论(大陆法系)》(第 2 版),中国人民大学出版社 2016 年版,第 74 页。

本和意大利等少数国家仍坚持否定说,但肯定说已成为大陆法系国家刑法理论界的通说。

不同于大陆法系国家,在英美法系特有的双层控辩模式中,并没有将法人犯罪直接规定在犯罪构成要件中,而是规定于责任要件中,要想界定法人犯罪承担刑事责任与否,需明确英美法系关于刑事责任的划分。英美法系国家将法人犯罪与替代责任进行了对比区分,具体来说二者之间是一种交叉的关系。英美法系国家将法人犯罪按照行为人是否属于法人的实际控制管理者而分为两种:第一种为法人非代理责任人实施的犯罪行为;另一种为法人代理责任人实施的犯罪行为。对于第一种法人非代理人实施的犯罪行为,即行为人的身份不属于法人的实际控制管理者,其犯罪行为应该为法人所吸收,法人需要承担一定的替代责任;对于第二种法人代理人实施的犯罪行为,即行为人的身份为法人的实际控制管理者,直接按照法人犯罪追究责任。

3.单位犯罪认定及分析

关于单位犯罪相关问题的理论分析,应基于法条对单位犯罪的相关规定,我国《刑法》第30条、第31条分别规定了单位负刑事责任的范围与单位犯罪的处罚原则。鉴于单位的处罚实施双罚制,因此,在认定单位犯罪时应明确两个问题:其一为是否构成单位犯罪;其二是关于主管人员及其他责任人员的身份认定。

(1)单位犯罪的认定

针对《刑法》第30条的规定可知,单位承担刑事责任需要具备三个前提要件:作为犯罪主体的单位的范围界定,客观上实施了危害社会的行为,以及法律明确规定单位可以构成的犯罪。结合法条规定单位承担刑事责任的三个方面,区别本案构成犯罪与否的分析如下:首先,从犯罪主体的角度来看,中投慧德公司在单位犯罪的主体范围之内;其次,刑法分则明确规定单位可以构成集资诈骗罪的犯罪主体;最后,就是关于实施危害社会行为的认定问题。前两个前提是从法律条文中可以直接认定的,认定的过程中不存在任何分歧,单位实施危害社会行为则是本案构成单位犯罪与否的辩论焦点。

关于单位实施危害社会行为的认定,涉及两层含义:第一层为犯罪行为是由单位实施;第二层为实施的行为达到了危害社会的程度。首先,最高人民法院《关于审理单位犯罪案件具体应用法律有关问题的解释》(以下简称《99年单位犯罪解释》)第2条规定:"个人为进行违法犯罪活动而设立的公司、企业、事业单位实施犯罪的,或者公司、企业、事业单位设立后,以实施犯罪为主要活动的,不以单位犯罪论处。"从《99年单位犯罪解释》可以看出,行为人设立单位的目的是重要考虑因素,即行为人是否以正常经营为目的设立公司。经过调查发现,全海晖等人控制的中投慧德公司除实施了本案犯罪事实外,没有其他正当的经营行为,符合了《99年单位犯罪解释》第2条的规定,应认定为全海晖等人的个人行为。此外,《99年单位犯罪解释》第3条规定:"盗用单位名义实施犯罪,违法所得由实施犯罪的个人私分的,依照刑法有关自然人犯罪的规定定罪处罚。"全海晖等人取得1 500余万元后,分给平台100余万元,剩余1 300余万元,分给借款人100余万元,还款400余万元,最后私分了剩余的800余万元违法所得。符合《99年单位犯罪解释》第3条的规定,应认定为自然人犯罪。其次,关于行为是否达到了危害社会行为的程度,可以结合上文关于集资诈骗行为所侵害的犯罪客体的分析进行判断。

(2)单位犯罪相关责任人员身份认定

《2001年纪要》关于单位直接负责的主管人员和其他责任人员规定:"直接负责的主管人员,是在单位实施的犯罪中起决定、批准、授意、纵容、指挥等作用的人员,一般是单位的主管负责人,包括法定代表人。"从《2001年纪要》可以看出,主管人员或者其他责任人员主要是对单位具有控制能力的人员,一般表现为法定代表人。但是,在本案中全海晖通过欺骗的手段骗取本案证人曹某的身份证和银行卡,并在曹某本人毫不知情的情况下,利用其身份信息注册了中投慧德公司,并将曹某设为公司的法定代表人。由此可见,本案的实际控制人与法定代表人发生了分离,下文将从公司筹划设立阶段、公司上线担保阶段以及违法所得使用阶段分别加以论述。

首先,在公司筹划设立阶段。由于全海晖等人所实施的犯罪行为是在中投慧德公司成立之后,因此为了对全海晖等人的行为全面把握,应从中投慧德公司成立之初开始分析。由全海晖的供述可知,为了使项目通过审核,全海晖通过给中投摩根公司的风控经理(另案处理)好处费的方式获取了一份需要准备的公司成立材料清单,包括营业执照、资产报表、企业结算、银行流水等,并了解到最好不要自己做法定代表人,成立中投慧德公司只需要具有担保的资质就可以和中投摩根签订合作协议。基于此,全海晖等人采用虚假的房产抵押手续,并且在没有使用自己的真实身份的情况下,通过骗取曹某的身份证件,并在其本人毫不知情的情况下将其设立为公司的法定代表人。由此可见,全海晖不但在设立公司时进行虚假的抵押,并且还采用了隐瞒真实身份的手段注册中投慧德公司,表明全海晖实际上掌握着中投慧德公司的实际控制权。

其次,在公司上线担保阶段。在中投慧德公司成立之后,通过与中投摩根公司的风控经理私下串通,进而与中投摩根公司洽谈,之后顺利签订《担保合作框架协议》,约定中投摩根公司依托互联网融资平台撮合投资人与借款人达成借款协议,中投慧德公司为借款人提供担保,向投资人出具担保函,最终通过了中投摩根公司风控人员的审核。由此可以看出,中投慧德公司在融资平台上线担保,实质是全海晖等人进一步实施犯罪的手段行为。

最后,在违法所得使用阶段。通过融资平台借来的资金根本没有用于中投慧德公司的实际经营,除了极少的一部分实际分给借款人,大部分钱款被全海晖等人私分。对于全海晖辩称的将所得钱款用于购买房产、租借办公地点,法院认为其目的根本不是实际经营,而是制造经营的假象进一步实施犯罪。由此可见,在违法所得集资款方面,全海晖等人的行为完全符合《99 年单位犯罪解释》第 2 条、第 3 条的规定。

综上所述,在认定集资诈骗罪的相关直接责任人员的身份时应根据不同情况具体分析,把握好以下几个方面:第一,应区分单位直接负责主管人员与法定代表人。对此,笔者认为还是应坚持以单位的实际管理或控制人员为标准认定,而对于实际控制人员的认定应以单位的设立以及经营发展过程为主线综合判断。第二,违法所得的归属不仅影响单位犯罪的成立与否,也是判断单位直接负责人员的重要依据。集资诈骗罪不论是由自然人实施,还是由单位实施,犯罪的最终目的均为获得不法收益,而不法收益的所有者通常是对犯罪行为产生重要决定作用的人员。纵观全海晖等人犯罪行为的各阶段可以看出,全海晖等人设立中投慧德公司并在融资平台上线虚假招投标项目是实施集资诈骗罪的手段行为,之后获取的违法所得并没有用于中投慧德公司的实际经营,而是私分据为己有,尽管中投慧德公司的法定代表人为毫不知情的曹某,但是并不影响全海晖是中投慧德公司的实际控制人的身份。

五、互联网融资平台刑事风险防范对策

2015 年 7 月 18 日国务院十部委颁布的《关于促进互联网金融健康发展的指导意见》指出,互联网金融是指"传统金融机构与互联网企业(以下统称从业机构)利用互联网技术和信息通信技术实现资金融通、支付、投资和信息中介服务的新型金融业务模式"。互联网融资平台逐渐形成了"去中心化"的趋势,这种"去中心化"的趋势体现了互联网新时代的发展趋势,但是也存有潜在的风险。"它就是搭建一个交易平台,让所有的需求和供给都在这个平台上自我搜寻和匹配,把集中式匹配变成分布式的'点对点'交易状态",也就是所谓的"P2P"模式。即网贷平台作为信息中介,居中撮合借款人和投资者以实现点对点小额借贷交易的一种金融模式。① 总的来说,互联网金融平台可以分为三种类型:单纯的融资平台类型、担保类型以及债券转让类型。

结合本案来看,以中投摩根公司为依托的网络融资平台就属于单纯的融资类型,"这种模式的特点表现在平台上卖方越多,对买方的吸引力越大,同样卖方在考虑是否使用这个平台的时候,平台上买方越多,对卖方的吸引力也越大"。换句话说,中投摩根公司的融资平台仅具有发布融资人信息的功能,而不插手融资人与投资者之间的交易,只是作为媒介收取一定的手续费。

1.互联网融资的发展特点

互联网融资平台方便融资方和投资方点对点进行直接融资,进而订立相关合同,但是在投资方与融资方之间的特定风险也逐渐显现出来。互联网金融平台的运营模

---

① 参见李鸿、夏昕主编:《P2P 借贷的逻辑》,机械工业出版社 2016 年版,第 3 页。

式,从根本上决定着平台的法律属性及风险级别。① 2015 年发生的"e 租宝"事件震惊全国,引起了我们对于网络融资平台风险防范的高度重视,自此以后非法集资与互联网融资平台成为业内首要风险。

互联网融资平台直接为投资人与融资人提供信息促成交易的特征决定其具有内在的非法集资性特点,融资平台的本质就是帮助融资人向不特定的社会公众吸收资金。互联网融资平台一般是一个债务人对应多个债权人,由一个债权人发布招投标项目,多个债权人进行投资并约定年化收益率。利用合法平台融资模式实施涉众型经济犯罪的突出特点为,融资平台自身是合法经营且平台自身是没有罪过的,行为人正是利用这一特征,实施了公开的非法集资的行为,此种方式具有较强的隐蔽性。本案中,中投摩根公司本身并无任何过错,全海晖等人利用平台实施集资诈骗的行为,相当于将中投摩根公司作为实施犯罪的工具,这也是本案与以往集资类案件的重要区别。正如前文所述,即使是正当经营的互联网平台也可能被卷入到集资类经济犯罪中,尽管正当经营者本身并不是实施犯罪的行为人。

我国对于互联网金融平台的监管分成两个阶段:第一阶段为 2015 年之前,在此阶段由于互联网融资平台刚刚起步,尚未有相关法规进行监管和规制;第二阶段为 2016 年以后,随着震惊全国的"e 租宝"事件的发生,监管部门意识到对互联网融资平台监管的必要性,随着《网络借贷信息中介机构业务活动管理暂行办法》的出台,行业自此进入规范发展阶段。与此同时,互联网金融平台上也出现了涉众型网络犯罪。涉众型网络犯罪的突出表现为非法集资,非法集资相当于"口袋罪",囊括了侵害社会主义市场经济秩序的相关犯罪,这些犯罪以非法吸收资金为共同特点。随着互联网融资平台的发展,非法集资行为已经成为我国网络监管的重点。因此,在互联网经济时代,加强对网络融资平台的监管迫在眉睫。

2.对互联网融资平台的刑法规制

不论是互联网融资平台直接发布虚假的招投标信息,还是第三方通过互联网融资平台间接发布招投标信息,互联网融资平台已经成为网络犯罪的高发区。在刑法与网络融资平台的关系上,应处理好刑法的犯罪化与谦抑性的关系,既要对网络平台进行刑法规制,又要保障融资平台的经济活力。但对于网络融资犯罪的刑法规制存在以下两种主张。第一种主张认为,应该限制刑法规制的范围,体现刑法的谦抑性,更有利于促进互联网经济的发展。支持该观点的学者认为,刑法理当进行限缩性规制,摆正其作为社会"最后一道防线"的位置。②第二种观点认为,在没有基础性立法或相关性立

---

① 参见刘宪权:《互联网金融平台的刑事风险及责任边界》,载《环球法律评论》2016 年 5 期。
② 参见刘宪权:《论互联网金融刑法规制的"两面性"》,载《法学家》2014 年第 5 期。

法的情况下,完全可以直接规定规制 P2P 网络借贷的刑法条款或刑法规范。① 上述两种观点的论证均有一定道理,我们可以发现争议的实质就是对互联网融资平台的刑法规制是应扩张还是限缩,换句话说也就是我们对于刑法规制的态度。笔者认为,第二种观点更符合我国刑法的发展方向,更有利于保障互联网经济的发展,具体实现路径为"犯罪化"与司法解释科学化相结合的措施。

(1)扩大刑法"犯罪化"规制

在金融交易秩序之外,互联网金融运行模式引发的某些问题业已超出传统法益的解释范畴,对传统犯罪观构成了一定的挑战。② 刑法属于上层建筑范畴,为一定物质生活条件所决定,由于滞后性是制定法的固有属性,因此法律应随着社会经济的发展不断完善。对于互联网融资平台的刑法规制不应仅限于网络建立阶段,还应扩大至互联网融资平台的运营阶段。扩大刑法对网络融资平台的规制范围也体现了我国刑法"犯罪化"的发展趋势。

在提出扩大互联网融资平台犯罪圈的同时,应对刑法的谦抑性作出合理的解释。因为有些学者提出,刑法的谦抑性,是指立法者应当力求以最小的支出——少用甚至不用刑罚(而用其他刑罚替代措施),获得最大的社会效益——有效地预防和抗制犯罪。③ 另有学者认为,刑法谦抑性的本质在于如何确定刑法对社会的介入程度,找到平衡点,使得国家与人民两受其利。④ 笔者认为,扩大刑法规制范围与刑法谦抑性之间并不是简单的犯罪圈的扩大与缩小,而是基于刑法规制功能前提下的与时俱进。因此,为应对新型的利用合法经营的网络融资平台实施集资诈骗的行为,应扩大刑法对互联网融资平台的规制,必要时可将由治安管理处罚法规制的行为纳入由刑法规制的范围。

(2)扩大司法解释科学化

扩大司法解释一方面可以维持刑法的安定性,另一方面可以防止犯罪圈过度扩大。对于新出现的犯罪情形,若能通过司法解释加以明确规定,则不需要通过立法的方式扩大犯罪圈,扩大司法解释相当于通过增加犯罪圈的弹性对犯罪行为加以规制。

如本案所述,在"犯罪化"与司法解释科学化的视野下,区别于以往的传统型网络融资犯罪,中投慧德公司并未通过建立互联网融资平台进而实施集资诈骗行为,而是通过建立担保公司,与中投摩根公司运营的互联网融资平台签订担保框架协议,之后

---

① 参见李晓明:《P2P 网络借贷刑事法律风险防控再研究——以刑事一体化为视角》,载《中国政法大学学报》2015 年第 4 期。
② 参见王志祥、单奕铭:《互联网金融犯罪刑法规制研究》,载《辽宁师范大学学报(社会科学版)》2019 年第 3 期。
③ 参见陈兴良:《刑法的价值构造》(第 2 版),中国人民大学出版社 2006 年版,第 292 页。
④ 参见刘嫒嫒:《刑法谦抑性及其边界》,载《理论探索》2011 年第 5 期。

利用虚假的招投标项目实施犯罪。对于类似行为可以列为集资诈骗罪的加重情形。一方面,因为利用已合法运营的融资平台具有更强的隐蔽性,并且关联到合法运营平台的利益。若投资者在平台遭受巨大财产损失,将会降低平台的社会信誉以及安全性,这远比遭受财产损失更加严重。另一方面,本案中投摩根公司的融资平台在案发后主动归还了投资人遭受的巨额财产损失,尽管从犯罪构成要件的角度分析,受害人是不特定多数的投资者,但是事实上遭受巨额损失无法得到赔偿的是融资平台本身,此类犯罪在影响范围以及社会危害性上均强于传统集资诈骗罪。与此同时,在司法解释的科学化视野下,可通过司法解释对利用合法运营的互联网融资平台实施犯罪的行为加以规定,在惩罚该类犯罪行为的同时又能起到预防犯罪的作用。

集资诈骗罪的认定与刑罚适用
——吴英集资诈骗案

徐文文[*]

目　次
一、选案理由
二、基本案情
三、裁判要旨
四、引发的理论问题
（一）集资诈骗罪的司法认定
（二）集资诈骗罪死刑的司法适用
（三）集资诈骗罪死刑的立法废止探讨
五、结语

一、选案理由

吴英集资诈骗案因案件的复杂性、特殊性及一审、二审的判决结果，而备受公众关注。这起案件所引发的集资诈骗罪与非罪之争、死刑改革等刑法问题，以及民间融资困境、金融体制改革等话题都凸显出吴英集资诈骗案深远的现实意义。尤其是在吴英案二审宣判以后，在短短半个月的时间里，该案迅速演变为一起法治事件。不仅有众多刑法学者、经济学者高度关注吴英案，一些知名律师甚至写信给最高人民法院为吴英求情；广大网民也密切关注本案，一些网站还开设了"吴英该不该死"的投票专栏，结果显示大部分民众基于朴素的价值观认为吴英罪不至死。从普通公众到法学专家、金融专家，都不同程度地关注着吴英案件，这不仅给最高人民法院的死刑复核造成了巨大压力，也注定吴英案会成为中国法治史上一个标本式案件。在《刑法修正案（九）》正

---

[*] 北京师范大学法学院2010级法律硕士研究生。

式取消集资诈骗罪死刑的今天,回顾吴英集资诈骗案的死刑适用问题,更加凸显了典型个案在推动我国法治进步中起到的作用。

第一,吴英集资诈骗案本身在定罪量刑上存在较多的争议。首先,由于案情的特殊性,控辩双方最大的争议点就是集资诈骗罪的司法认定问题,主要涉及"以非法占有为目的"的认定、间接故意是否可以构成此罪、"非法集资"及诈骗方法的认定等几个方面。例如,吴英集资诈骗案中,颇具争议的一个问题就是此案的直接受害人只有11个人,广大的受害者都是这11个人的下线,从而形成金字塔式的集资结构。因此,如何认定这11个人,即其是否属于不特定多数人,就成为控辩双方争议的一个重点。再如,刑法中的诈骗一般是指行为人虚构事实、隐瞒真相,使相对人陷入错误认识,并基于错误认识而"自愿"交付财物。而吴英集资诈骗案中的直接被害人大多是专业的高利贷者或融资方,具有较高的风险意识,他们将借钱视为一种投资行为,即使明知资金被借出后可能无法获得借款人所承诺的回报,也甘冒风险,以赢取巨额利润。在这种情况下,是否可以认定吴英使用了诈骗方法也是一个争议点。其次,在吴英构成集资诈骗罪的情况下,控辩双方及法院对其是否应该被判处死刑持不同观点。法院的判决书中认为吴英案涉及的数额特别巨大,并给国家和人民利益造成特别重大损失,属于犯罪情节特别严重。但是,吴英的辩护人并不认同法院的观点,其认为即使构成集资诈骗罪,考虑到吴英借款行为的社会危害性没有达到极其严重的地步;吴英的犯罪情节并非特别恶劣;集资诈骗、非法吸收公众存款与民间借贷并非泾渭分明;我国信贷管理体制本身存在巨大缺陷等原因,也不应该判处吴英死刑。

第二,吴英集资诈骗案引起公众极大关注的背后反映出各方利益的博弈。首先,普通网民大多认为吴英罪不至死,主要是基于道德层面的判断,包括长期形成的"欠债还钱、杀人偿命"的社会心理、网民仇官仇权心理的放大化和对弱势群体的同情。其次,众多意见领袖的参与,使网络舆情更加高涨。尤其是一些法学家和经济学家,他们反对判处吴英死刑,或是基于对集资诈骗罪设置死刑这一立法现状的不满,或是源于对现有经济金融制度的一种反思。

综上,吴英案复杂之处不仅在于案件本身的定罪量刑,还有案件所反映出的各方利益博弈。吴英集资诈骗案的意义已远远超过了案件本身。正如有论者所言:"是否关注现实重大问题,乃是衡量法律学人的社会责任感和学术良知的重要标志。刑事法治是现代法治的重要方面,其保护利益的广泛性、重要性和对违法制裁的特殊严厉性,决定了刑事法治领域的重大现实问题往往事关国家文明、社会进步和公民基本权益,因而尤应为刑法学者所关注。"[①]

[①] 赵秉志:《刑法基本问题》,北京大学出版社2010年版,第2页。

二、基本案情[①]

被告人吴英于2003年8月在浙江省东阳市开办东阳吴宁贵族美容美体沙龙;2005年3月开办东阳吴宁喜来登俱乐部,同年4月开办东阳市千足堂理发休闲屋,同年10月开办东阳韩品服饰;2006年4月成立东阳市本色商贸有限公司,后注册人民币5 000万元(下均为人民币)成立本色控股集团有限公司,同年7月成立东阳市开发区本色汽车美容店、东阳开发区布兰奇洗衣店,同年8月先后成立浙江本色广告有限公司、东阳本色洗业管理服务有限公司、浙江本色酒店管理有限公司、东阳本色电脑网络有限公司、东阳本色装饰材料有限公司、东阳本色婚庆服务有限公司,同年9月成立东阳本色物流有限公司,同年10月组建本色控股集团,子公司为本色广告公司、本色酒店管理公司、本色洗业管理公司、本色电脑网络公司、本色婚庆公司、本色装饰公司、本色物流公司等。公司股东工商登记为吴英及其妹吴玲玲,但吴玲玲并未实际出资和参与经营。自2005年3月开始,被告人吴英就以合伙或投资为名,向徐玉兰、于亚素、唐雅琴、夏瑶琴、竺航飞、赵国夫等人高息集资。至2006年4月本色集团成立前,吴英已负债1 400余万元。

2005年5月至2007年2月间,被告人吴英以高额利息为诱饵,以投资、借款、资金周转等名义,先后从林伟平、杨卫凌、杨志昂、杨卫江、蒋辛幸、周忠红、叶义生、龚益峰、任义勇、毛夏娣、龚卫平等11人处非法集资77 339.5万元,用于偿还集资款本金、支付高额利息、购买房产、汽车及个人挥霍等,至案发尚有38 426.5万元无法归还。

此外,被告人吴英还用非法集资所得资金购买的房产于2006年11月至2007年1月向王香镯、宋国俊、卢小丰、王泽厚、陈庭秀抵押借款共计6 619万元,案发前已归还1 000万元,尚欠5 619万元。因公司装修、进货、发售洗衣卡、洗车卡等,由相关单位和个人向公安机关申报债权总计2 034万余元。2006年10月,吴英以做珠宝生意为名从方黎波处购进标价为12 037万元的珠宝,支付货款2 381万元,其中大部分珠宝被吴英直接送人或抵押借款。

案发后,公安机关依法查封和冻结了被告人吴英及相关公司和相关人员名下的财产和银行存款,经鉴定,总价值17 164万元。

三、裁判要旨[②]

法院认定吴英并未将大部分非法集资款用于公司的经营事务上,而是用于归还先

[①] 参见浙江省高级人民法院(2010)浙刑二终字第27号刑事裁定书;中华人民共和国最高人民法院(2012)刑二复43120172号刑事裁定书;浙江省高级人民法院(2010)浙刑二重字第1号刑事判决书。
[②] 参见浙江省高级人民法院(2010)浙刑二终字第27号刑事裁定书;中华人民共和国最高人民法院(2012)刑二复43120172号刑事裁定书;浙江省高级人民法院(2010)浙刑二重字第1号刑事判决书。

前所欠的集资款和个人挥霍,具有非法占有的目的;吴英采用虚假宣传和虚构投资的方式欺骗集资对象,使用了诈骗的方法;吴英的直接集资对象虽只有11人,但其委托他人向社会公众集资,属于向不特定多数人进行非法集资的行为;本色集团实质上是吴英实施犯罪的工具,不构成单位犯罪;吴英揭发他人犯罪的行为,是建立在其为谋取非法利益而向他人行贿的基础之上,不应构成重大立功。综上,吴英的行为符合集资诈骗罪的构成要件,且情节十分恶劣。浙江省高级人民法院对吴英案作出终审判决,以集资诈骗罪判处吴英死刑,缓期2年执行。

四、引发的理论问题

第一,集资诈骗罪的司法认定。关于吴英案的性质认定,吴英的辩护律师为其进行无罪辩护,并认为吴英的行为并非刑法所规制的犯罪行为,而是民法中的一种借贷纠纷。吴英先前虽辩称自己无罪,但在二审庭审中又改称自己的行为应构成非法吸收公众存款罪。本案的一审、二审法院则认为,被告人吴英以非法占有为目的,采用诈骗的方法进行非法集资,其行为已构成《刑法》中规定的集资诈骗罪。吴英案中控辩双方的争议主要集中在吴英的行为是否具有"非法占有的目的"、吴英的借款行为是否属于"非法集资"行为、吴英是否使用了"诈骗方法"等几个方面。

第二,集资诈骗罪死刑的司法适用。死刑的司法适用问题主要包括涉案数额在死刑量刑时的作用、对《刑法》第199条的理解与适用[1]、被害人因素及舆情民意对死刑量刑的影响等。本案的辩护人认为民众持吴英罪不至死的观点并非毫无道理,吴英借款行为的社会危害性没有达到极其严重非杀不可的地步,其犯罪情节也并非特别恶劣,并且我国信贷管理体制本身就存在巨大缺陷,这些都是在量刑时应该考虑的因素。此外,吴英曾检举揭发他人的违法犯罪行为,应认定为重大立功表现,在量刑时予以考虑。但是,一审、二审法院均认为吴英的集资诈骗行为属于"犯罪数额特别巨大,并给国家和人民利益造成了特别重大损失"的情况,犯罪情节特别严重。而吴英检举揭发他人犯罪的行为,不构成重大立功。因此,死刑适用时应考虑的因素及其对量刑结果的影响便成为吴英集资诈骗案中需要重点研究的问题。

第三,集资诈骗罪死刑的立法废止。吴英集资诈骗案的判决结果,再一次引起了人们对集资诈骗罪死刑存废问题的关注,也在一定程度上推动了《刑法修正案(九)》正式取消这一罪名的死刑。与多数恶性暴力犯罪不同,民众对吴英集资诈骗案的死刑判决普遍持反对态度,这不仅符合当前国际社会普遍废止或者严格限缩死刑的大趋势,也有利于推动集资诈骗罪死刑立法废止之进程。集资诈骗罪死刑是我国特定历史时期的立法产物。在当前社会背景下,集资诈骗罪已不再是我国社会生活的突出问题。

---

[1] 修订后的《刑法》已删去此条。——编者注

无论是从犯罪性质、罪刑均衡、社会现状、防治效果、被害人责任的角度看,还是从更好履行国际义务的方面看,我国都已经不再具备保留集资诈骗罪死刑的正当理由,应当考虑及时废除其死刑。尤其是在《刑法修正案(八)》已取消了13个非暴力性犯罪之死刑的情况下,废除集资诈骗罪的死刑显得尤为必要。

(一)集资诈骗罪的司法认定

吴英集资诈骗案中,控辩双方最大的争议就是集资诈骗罪的司法认定问题,并主要涉及"以非法占有为目的"的认定、间接故意是否可以构成此罪、"非法集资"行为及诈骗方法的认定等。因此,此部分将重点围绕上述四个问题展开,并进一步明确集资诈骗罪的相关界限。

1. 集资诈骗罪之犯罪主观特征的认定

吴英集资诈骗案中,控辩双方的争议之一就是吴英是否符合集资诈骗罪主观方面的特征,即吴英的行为是否"以非法占有为目的"以及间接故意是否可以构成本罪。在"以非法占有为目的"的认定中,控辩双方对"以非法占有为目的"的含义和几个相关司法解释的具体理解存在偏差,导致双方在这一问题上存在重大的分歧。另外,控辩双方虽没有围绕主观故意展开辩论,但是有一些学者认为吴英实施集资行为的主观心态可能是间接故意。由此带来的问题是,集资诈骗罪是否只能由直接故意构成。

(1)非法占有目的的概念

在大陆法系国家,对"非法占有"的理解一般有三种观点:第一种观点是排除权利者意思说,指排除权利者行使所有权的内容,将自己作为该财物的所有人而对待;第二种观点是利用处分说,认为非法占有是指通过他人的财物取得某种经济利益的意思;第三种观点是折中说,是指排除权利者行使所有权,将他人的财物作为自己的所有物,并遵从该财物的经济用途进行利用或者处分的意思。就具体国家而言,日本的审判实践倾向于第三种观点,但对其内容存在缓和化的倾向;而德国刑法理论认为非法占有目的包括排除占有和建立占有两个因素,倾向于支持上述第一种观点。①

在我国刑法界,学者们对非法占有目的的理解也不尽相同,主要有非法所有说、非法获利说、非法占有说和不法所有说等几种观点。② 其中,非法所有说即大陆法系的排除权利人意思说,是指具有永久性剥夺公私财产的意图,并将他人财物作为自己的所有物进行支配。非法占有说即意图占有说,是对非法占有目的的一种狭义理解,只强调从占有字面的意义来理解,指明知是他人的财物,而意图把它非法归于自己或第三人占有。不法所有说相当于大陆法系的折中说,即排除权利者意思说加利用处分说,强调非法占有目的不仅包括意图占有或控制财物,还要有利用或处分该财物的目的。非法获利说相当于大陆法系的利用处分说,认为非法占有的目的主观上都是为了追求

---

① 参见张明楷:《诈骗罪与金融诈骗罪研究》,清华大学出版社2006年版,第294页。
② 参见赵秉志主编:《金融诈骗罪新论》,人民法院出版社2001年版,第19页。

非法获利。

上述几种观点中,学者们大都认为非法获利说存在严重的缺陷,最具有争议的是非法占有说、非法所有说与不法所有说三种观点。非法占有说对非法占有目的进行了严格的字面解释,认为非法占有目的仅指永久性剥夺公私财产的意图。而非法所有说和不法所有说都对非法占有目的进行了超出其字面意思的解释,即对其附加了一些特殊的内容。但是两者所附加的具体内容却不尽一致,非法所有说认为除了排除权利者行使所有权的内容,还包括将自己作为该财物的所有人而对待;而不法所有说不仅包括上述内容,还包括遵从该财物的经济用途进行利用或者处分的意思。

笔者认为非法所有说更具合理性,即非法占有目的是指排除权利者行使所有权的内容,将自己作为该财物的所有人而对待。首先,非法占有说存在以下问题:第一,对非法占有目的进行字面解释,其内容已经包含于主观故意中,再将其作为独立的主观要素,似乎已无必要。第二,非法占有说不具有区分罪与非罪、此罪与彼罪的功能,不利于实现此主观要件的立法价值。在区分盗窃罪与一时盗用行为时,非法占有说均认为行为人构成盗窃罪;在区分盗窃罪与毁坏财物罪时,不管行为人是以毁坏他人财物的意图取出财物并毁坏财物的,还是以毁坏他人财物的故意取出财物并占有的,非法占有说均认为其成立盗窃罪。第三,从大陆法系的刑法理论及判例来看,日本和德国对非法占有目的的理解都要求不仅有排除权利人对其财物支配的意图,还必须具有将他人财物作为自己的财物进行支配的意思。

其次,不法所有说虽是日本较为通行的观点,但也受到了有力的批判。有学者认为在以毁弃、隐匿为目的而窃取他人财物的场合,因行为人不具有非法占有目的,而不构成盗窃罪,显然是不合理的。并且,不法所有说过于考虑被害人的定罪问题,有可能造成对被害人合法权利保护不力的结果。①

最后,非法所有说更符合我国的刑事立法和司法现状。在行为人以隐匿财物为目的窃取他人财物后予以隐匿的情况下,非法所有说认为其构成盗窃罪而不是毁坏财物罪,更符合我国刑法理论界通说和司法实践。然而,有学者指出,非法所有说不可取的主要原因是其并不能很好区分诈骗罪、盗窃罪与故意毁坏财物罪的界限。② 笔者不认同这种说法。以盗窃罪与故意毁坏公私财物罪为例,在行为人出于毁坏他人财物的意图而窃取他人财物予以毁坏的情况下,虽然从主观上无法将两者区分开,但是两罪在客观方面的行为表现不同。故意毁坏财物罪只有毁坏财物的表现而无秘密窃取的行为,如果既有毁坏财物的表现又有秘密窃取的行为,则应认定为盗窃罪。

(2)非法占有目的与主观故意

学者们对非法占有目的与故意的关系主要有两种不同的认识,多数学者认为非法

---

① 参见赵秉志主编:《金融诈骗罪新论》,人民法院出版社2001年版,第20页。
② 参见赵秉志主编:《金融诈骗罪新论》,人民法院出版社2001年版,第303页。

占有目的是取得罪的故意内容。① 也有一些学者认为非法占有目的是目的犯之目的，是故意之外的主观要件要素。② 笔者认为，之所以出现上述分歧是因为学者们对非法占有目的的概念存在不同理解。如果对非法占有目的的概念采非法占有说，对其进行字面解释，很容易得出非法占有目的是故意所包含的内容。因为剥夺公私财产的意图可以包括在盗窃等取得罪故意的意志因素中。相反，如果对非法占有目的的概念附加某种含义，不管是非法所有说，还是不法所有说，非法占有目的都很难包含于故意的内容中。此时取得罪中的主观要件包括两个犯罪目的：一是立法者从被害角度规定的侵犯法益目的，这是犯罪直接故意认识因素的内容，属于一般犯罪目的；另一个是立法者从加害角度出发规定的影响法益侵害程度的行为人的类型性犯罪目的，这是目的犯得以成立的目的。③ 此时目的犯目的的内容超出取得罪故意的认识范围，属于主观的超过要素。

厘清非法占有目的与故意的关系有利于更好认识集资诈骗罪的主观罪过形式。关于集资诈骗罪的主观罪过形式，主要有两种观点：一种认为集资诈骗罪只能由直接故意构成，这是我国刑法理论界的通说。此观点认为犯罪目的只存在于直接故意犯罪之中，间接犯罪没有犯罪目的。④ 另一种观点认为集资诈骗罪可以由间接故意构成，并且从多个方面对传统理论提出质疑。有学者从客观事实方面出发，提出在认定金融诈骗罪特别是涉外金融诈骗罪的司法实践中，可能存在行为人在过程中或事后才认识到自己的行为会使对方陷入错误认识的情况，并放任对方交付财产这一结果的发生，此情况下行为人主观方面就是间接故意。⑤ 有学者从规范层面的角度出发，认为同一个国家的先后两部《刑法》中有关法定犯的规定可能不同，即同一罪名可能在旧《刑法》中被规定为法定犯，而新《刑法》可能取消此规定；不同国家关于同一罪名的规定也不尽相同，有的国家可能将其规定为目的犯，而有的国家可能没有此种规定。⑥ 也有学者从犯罪目的本身的内涵和外延入手，分析其特征，认为犯罪目的能和间接故意相互"兼容"。⑦

笔者赞成通说，认为集资诈骗罪只能由直接故意构成。首先，从间接故意的心理来看，虽然它是在追求其他目的的过程中存在的，但放任行为本身没有目的。边沁曾

---

① 参见高铭暄、马克昌主编：《刑法学》（第5版），北京大学出版社、高等教育出版社2011年版，第119页。
② 参见张明楷：《诈骗罪与金融诈骗罪研究》，清华大学出版社2006年版，第263页。
③ 参见姜爱东、郭健：《论金融诈骗罪的罪过形式——以目的犯基本理论为思考路径》，载《法学杂志》2009年第11期。
④ 参见高铭暄、马克昌主编：《刑法学》（第5版），北京大学出版社、高等教育出版社2011年版，第123页。
⑤ 参见白建军：《金融欺诈及其预防》，中国法制出版社1994年版，第14页；孙军工主编：《金融诈骗罪》，中国人民公安大学出版社1999年版，第10页。
⑥ 参见张明楷：《诈骗罪与金融诈骗罪研究》，清华大学出版社2006年版，第276页。
⑦ 姜爱东、郭健：《论金融诈骗罪的罪过形式——以目的犯基本理论为思考路径》，载《法学杂志》2009年第11期。

说过:"一个结果,当它是故意引起的时候,既可以是直接故意,也可以是间接故意。当预期产生某种结果构成促使行为人决心实施其行为的因果锁链中的一个环节时,就可以说,行为人对这一结果的态度是直接故意;当结果虽然是预料之中的,并且是在行为的实施过程中很可能伴随出现的,但预期产生这种结果不构成上述因果锁链中的一个环节时,就可以说,行为人对该结果的态度是间接故意或伴随故意。"① 对于放任行为来说,不可能存在特定的目的。行为人即使在追求某一目的的同时,放任构成要件的结果发生,其所追求的目的也不是犯罪目的。其次,从客观事实分析,有学者提到在涉外金融诈骗罪的司法实践中可能存在行为人并非事前就认识到自己的行为可能使对方陷入错误认识,而是在过程中或者事后才认识到并放任对方交付财产的情况,此时的确存在放任的问题,但这种放任并非行为人诈骗的故意,只是行为人在实施行为过程中的一种心理状态。另外,在这种情况下,行为人不管是出于直接故意还是间接故意,都需要根据其主观故意的变化将其行为区别对待。因为《刑法》中的行为与罪过同时存在原则要求刑法上的行为必须与罪过相对应。如果在实施某行为的过程中或之后才产生犯罪故意,则此故意产生之前的行为都不是刑法上的行为。

回到吴英集资诈骗案中,有学者认为吴英将部分集资款投到了经营中,一开始难以认定其有非法占有的目的,可能是在后期资金链断开的时候,对自己能否还款并无把握,抱着侥幸的心理或者随机应变的态度,继续非法吸收存款并放任危害结果的发生。通过上文对集资诈骗罪主观故意的分析可以得出如下结论:即使吴英是在集资过程中产生非法占有集资款的意图,并放任危害结果的发生,也不能认为其主观心态是间接故意,吴英仍属于直接故意。

2."非法占有目的"的司法推定

集资诈骗罪中"非法占有目的"的认定一直是学界争论的焦点。有学者甚至主张,鉴于此要件的模糊性,不如直接取消这一要件。② 作为集资诈骗罪构成要件中的主观要件,"非法占有目的"不易通过客观证据直接反映,一般需要在客观证据的基础上使用司法推定的方法进行认定。如克罗斯和琼斯所说的那样,事实的推定"由于它往往是能够证明被告心理状态的唯一手段,因而在刑事司法中起着重要作用。法官应该对陪审团作出这样的指示,即它有权从被告已经实施了违禁行为的事实中,推断出被告是自觉犯罪或具有犯罪意图,如果被告未作任何辩解,推断通常成立"。③ 而这种司法推定的方法也得到了司法解释的认可。目前,对集资诈骗罪中"非法占有目的"的认

---

① 〔英〕鲁珀特·克罗斯、菲利普·A.琼斯:《英国刑法导论》,赵秉志等译,中国人民大学出版社1991年版,第30页。
② 参见周丹:《集资诈骗行为认定问题探讨——以杜益敏集资诈骗案为例》,载《浙江省法学会金融法学研究会2010年暨"民间融资引导与规范"研讨会论文集》,第267页。
③ 〔英〕鲁珀特·克罗斯、菲利普·A.琼斯:《英国刑法导论》,赵秉志等译,中国人民大学出版社1991年版,第56页。

定,主要有三份法律文件,分别是 1996 年颁布的最高人民法院《关于审理诈骗案件具体应用法律的若干问题的解释》(以下简称《1996 年解释》)、2001 年的《全国法院审理金融犯罪案件工作座谈会纪要》(以下简称《2001 年纪要》)和 2010 年最高人民法院《关于审理非法集资刑事案件具体应用法律若干问题的解释》(以下简称《2010 年解释》)。

但是,"非法占有目的"的司法推定并没有因为上述三份法律文件的出台变得易于操作,相反,有不少学者认为上述法律文件的部分内容不仅在表述上存在问题,也与一些刑法学的基本理论相冲突,而其中隐含的重刑思想更是令人担忧。例如,《1996 年解释》列举的四种情形均是以行为为出发点,根据结果来代替推断,并非对非法占有目的的直接推定;而《2001 年纪要》虽然在第一种情形中明确规定"明知没有归还能力"这一主观要件,但是仍需要对行为人是否具有"明知"进行推定,并不比证明"非法占有目的"更容易。① 本文将重点对最新出台的《2010 年解释》进行分析:

第一,《2010 年解释》中规定的一些内容与非法占有目的的概念不符。上文认为对非法占有目的理解应采非法所有说,即排除权利者行使所有权的内容,将自己作为该财物的所有人而对待。然而,《2010 年解释》列举的七种情形中,有一些情形无法体现出行为人具有排除权利者行使所有权并将自己作为该财物的所有人而对待的意图。尤其是第一种情形,仅仅依据"集资款使用不当"无法推定出行为人主观上有排除他人财产所有权的目的。

第二,《2010 年解释》的内容与主观故意的部分理论不相符。前文在论述非法占有目的与故意间的关系时指出,由于对"非法占有目的"的理解不同,存在两种不同的观点。但是不管是哪种观点,都认为目的犯不以结果论。但是,《2010 年解释》中删除了《2001 年纪要》中"明知没有归还能力而大量骗取资金"的规定,进一步体现出由果溯因的反推模式。在多数情况下,这种推定可能是符合事实的,但是,有时候仅根据行为人没有返还财物的结果,并不一定能得出行为人具有非法占有目的的结论。

综上,《2010 年解释》对"非法占有目的"的司法推定过于关注教条化的客观事实,而忽视对行为人主观的考察和判断,易造成冤案错案。对非法占有目的的认定,应该坚持主客观相统一原则,既要避免客观的依结果归罪,也不能仅凭行为人的供述归罪,而应当根据具体案件具体分析。在具体案件中,应以行为人实施的活动为基础,综合案件所有事实,尤其要注意行为人提出的反证,排除任何其他可能,以得出正确的结论。

就吴英集资诈骗案而言,吴英的辩护人和法院先后围绕《2001 年纪要》和《2010 年解释》进行激烈论辩。吴英案一审时,由于《2010 年解释》尚未实行,双方的争论焦点即对《2001 年纪要》的理解,以明确吴英的行为是否符合《2001 年纪要》中列举的情形。

---

① 参见钟瑞庆:《集资诈骗案件刑事管制的逻辑与现实——浙江东阳吴英集资诈骗罪一审判决的法律分析》,载《法治研究》2011 年第 9 期。

公诉人认为吴英的行为是以"非法占有为目的",主要是依据《2001年纪要》中的第1项"明知没有归还能力而大量骗取资金"和第3项"肆意挥霍骗取资金"。关于《2001年纪要》中的第1项,公诉人和法院主要认为吴英给予的利率过高(年利率最高时为400%),从客观上看,吴英根本无法偿还承诺的高额利率,其行为应认定为是以非法占有为目的。但是,吴英的辩护人并不认同这一观点,并认为在现有证据无法证明的情况下,法院的推断过于绝对化。因为在实践中,某个特定行业的获利情况是很难清楚推断出来的。关于《2001年纪要》中的第3项,法院认定吴英肆意挥霍集资款的行为主要包括其购买珠宝、汽车等高档消费行为。但是,吴英的辩护人则主张吴英将集资款的主要部分用于公司营业,只用很少的集资款购买珠宝,而且这也属于一种经营,不能认为是挥霍集资款的行为。由此可见,公诉人和法院在认定吴英是否"以非法占有为目的"时,明显带有《2001年纪要》所体现的客观归罪倾向,而吴英的辩护人则采取主客观相统一的方式,试图论证吴英不具有非法占有目的。笔者认为,双方在认定非法占有目的时坚持的原则不同导致在此问题上出现了较大的分歧。因此,有必要在上述法律文件中贯彻主客观相统一的认定原则,并在司法实践中切实坚持这一原则。

除此之外,在认定非法占有目的时还涉及判断立场的问题,即认定集资诈骗行为人的非法占有目的时,应该基于社会的普遍价值观,还是个体所处的特殊环境和思维方式进行考量?在吴英集资诈骗案中,公诉人和法院基于金融行业的一般利率和本色集团当前的运营状态,认为以吴英的经营方式不可能有那么多钱来还本付息,必然是越借欠债越多,进而认定吴英明知自己没有偿还能力而大量借款,具有非法占有目的。但是吴英的辩护人指出,吴英的认识却并不是这样,她借来的钱除了部分还债外全部投入到经营中,这一举动就表明了吴英自认为能够赚钱还本付息,不具有非法占有的目的。这种观点上的冲突不仅反映出两种不同的思维逻辑,更体现了认定非法占有目的时判断立场的冲突。笔者认为,在认定非法占有目的时,应该结合具体案件,从有利于被告人的角度出发,结合个体所处的特殊环境、思维方式和客观行为综合考量。就吴英集资诈骗案而言,法院的判决过于强调社会利益,而忽视个体的特殊因素,由此得出的结论难免有失公正。

3."非法占有目的"的产生时间

关于"非法占有目的"的产生时间,虽然有观点认为,其既可以产生于行为前、行为中,也可以产生于行为后。更有学者提出了"事后故意"或者"事后非法占有目的"等概念,认为以贷款诈骗罪为例,如果行为人在贷款的初期无非法占有贷款的目的,而随着情况的变化,产生了非法占有目的,因此拒不归还贷款的,仍构成贷款诈骗罪。① 但是,大多数学者们都认为"非法占有目的"只能在行为前或行为时产生。笔者支持这一

---

① 参见周振想主编:《金融犯罪的理论与实务》,中国人民公安大学出版社1998年版,第410页。

观点。

就集资诈骗罪而言,非法占有目的产生的时间点,既可以是集资前,也可以是集资过程中。对此可以从以下两个方面进行理解:第一,如果行为人非法吸收公众存款时具有归还钱财的意图,但在取得了集资款后产生非法占有的目的,之前的行为不能认定为集资诈骗罪,而只能构成非法吸收公众存款罪。第二,如果行为人是在集资过程中产生非法占有的目的,不能认为行为人在整个集资过程中都具有非法占有目的,而应根据非法占有目的产生的时间分析行为的不同性质。以下面的案例为例,行为人持续非法吸收公众存款,意图利用集资款进行营利活动。但是,由于经营不善等问题导致资金链断裂,当行为人吸收集资款至 500 万元的时候,产生了非法占有的目的。此后行为人又吸收集资款 300 万元。对此案例,应按照非法占有目的产生的具体时间将行为人的行为分为两个阶段,即非法占有目的产生之前的行为和非法占有目的产生之后的行为。在前一阶段中,行为人由于不具有非法占有目的,只能以非法吸收公众存款罪定罪(金额为 500 万元);在后一阶段,行为人以非法占有为目的,实施了吸收集资款的行为,应构成集资诈骗罪(金融为 300 万元)。另外,这两个罪名之间没有包容关系,应实行数罪并罚。

在吴英集资诈骗案中,有学者提出吴英一开始还是有一定的投资经营的想法,可能没有非法占有的目的,而是在资金链断裂的时候,才产生此种目的的。如果认为吴英的非法占有目的产生于集资过程中,就应该按照上文所述,根据非法占有目的产生的时间,将吴英的行为分为不同的阶段,而不宜一概而论,认为其一定构成集资诈骗罪或是非法吸收公众存款罪。

4. 集资诈骗罪之犯罪客观特征的认定

吴英集资诈骗案中,控辩双方针对吴英的行为是否符合集资诈骗罪的客观特征展开论辩。关于"非法集资"行为的认定,吴英的辩护人认为吴英的借款对象全部是亲戚朋友,根本不属于"社会公众"。但是,法院则认为虽然本案的直接受害人仅有 11 人,但吴英显然知道这 11 人的款项是面向社会公众集资所得,构成向不特定的多数人集资。关于诈骗方法的认定,吴英的辩护人认为法院的认定与事实不符,尤其是没有考虑到投资领域的自身特点,而本案中的骗与被骗的关系也不同于普通诈骗罪中的关系。因此,本文此部分将重点分析社会公众的含义以及间接对象可否作为集资诈骗罪的对象,并通过对集资诈骗罪与普通诈骗罪进行对比,结合投资市场的自身特点,从集资者和被集资者两个方面来认定"诈骗"方法。

(1)"非法集资"的认定

非法集资行为认定中的难点之一就是对"社会公众"的界定。关于"社会公众"的含义,主要有两种不同的观点,一种观点是不特定说,认为集资诈骗罪中的"社会公众"

指不特定的多数人,而不是本单位内部的人或少数特定的人。① 这也是我国学界较为通行的观点。另一种观点是不特定或多数说,认为"社会公众"一般是指多数人或不特定人,在特定范围内向多数人募集资金的行为也成立非法集资类犯罪。持此种观点的学者从不同方面对不特定说提出质疑。例如,有学者从"不特定对象"的概念出发,认为"不特定对象"并不是指非特定范围内的不特定人或单位,而是指出资者或被害人有随时增加的可能性。② 有学者从集资诈骗罪与普通诈骗罪的区分入手,明确指出"社会公众"特定与否并不能区别集资诈骗罪与诈骗罪。③ 也有学者从个案出发,认为是否要求具备"不特定性",应根据不同案件具体分析,不宜一概而论。一般情况下,集资诈骗罪的对象应具有不特定性的特征,但在人数众多且特定的情况下,如果否认其公众性特征会不适当地排除对某些具有实质违法性行为的处罚,不应再要求其具有不特定性的特点。④

笔者赞成不特定说,并认为不特定或多数说存在如下问题:第一,对"不特定对象"的理解不适当。国务院《非法金融机构和非法金融业务活动取缔办法》(以下简称《取缔办法》)中规定非法集资行为必须针对不特定的对象,这是考虑到社会危害性的严重程度,对集资方式和范围作出的限制,即要求集资方式和范围具有公开性、广泛性和不受限性。从这个角度考虑,"不特定对象"虽然包含了出资者或被害人随时增加的可能性,但绝不仅限于此,更重要的是强调非特定范围的不特定人或单位。第二,司法实践中,普通诈骗罪的对象一般来说是特定的,是针对特定人员的财物;而集资诈骗罪的对象则是社会不特定多数人,这一点可以帮助区分集资诈骗罪与普通诈骗罪,但绝不是两罪的主要区别。通常,在区分集资诈骗罪和普通诈骗罪时,应该主要考虑犯罪的行为方式和客体。因此,不管"社会公众"特定与否都不会影响集资诈骗罪与普通诈骗罪的区别。第三,会不当扩大刑法的打击范围。在行为人向自己的亲友借款的情况下,一般而言,不宜视为犯罪。但是,根据不特定说或多数说,这种情况也应视为非法吸收公众存款的行为。如果将特定的多数人也视为社会公众,必然会扩大吸收公众存款行为的外延,将一些民间借贷行为入罪,从而不恰当地扩张了刑法圈。

在吴英集资诈骗案中,虽然控辩双方在"社会公众"的含义上都认同不特定说,但因为对集资诈骗罪对象的认定存在分歧,导致双方在吴英行为的对象是否属于"社会公众"上存在不同认识。吴英的辩护人认为本案的债权人只有 11 个人,且这 11 个人都是吴英的朋友或熟人,不属于不特定的社会公众。吴英借款行为的性质是向朋友借款,而非向不特定的社会公众借款。虽然法院并不否认这些人中有一些与吴英在借款

---

① 参见高铭暄、马克昌主编:《刑法学》(第 5 版),北京大学出版社、高等教育出版社 2011 年版,第 420 页。
② 参见张明楷:《诈骗罪与金融诈骗罪研究》,清华大学出版社 2006 年版,第 498 页。
③ 参见张建、俞小海:《集资诈骗罪对象研究中的认识误区及其辨正》,载《中国刑事法杂志》2011 年第 9 期。
④ 参见谢望原、张开骏:《非法吸收公众存款罪疑难问题研究》,载《法学评论》2011 年第 6 期。

前就是朋友,但认为这些人有的是专门做"资金生意"的,且吴英明知他们的款项是从社会公众处吸收而来的,仍向他们借款,因此,吴英的行为的对象具有不特定性。

笔者认为,法院据此认定吴英行为的对象具有不特定性略显牵强。理由如下:第一,因果关系的相对性决定了吴英行为的对象只能是 11 个债权人。刑法中的因果关系特指危害行为与结果之间引起与被引起的关系,不能被随意扩展。吴英集资诈骗案中吴英直接借款的对象是 11 个特定的人,吴英行为的性质是由其向 11 个特定人借款的性质所决定的,与这些人的款项是否为社会公众的集资款无关。第二,从集资诈骗罪侵犯的法益考虑,对非法吸收公众存款行为应作限制性解释,即将其严格限制为不具有经营金融业务资格和许可证的单位或个人,面向不特定的公众非法吸收存款,并非法发放所吸收的存款,通过存贷款利率差谋取不法利益,扰乱金融秩序的行为。对于单纯的出资方或借款方的出资行为和借款行为,不宜认定为非法集资行为。吴英集资诈骗案中真正的非法融资者是林卫平等 11 个人,他们无疑是面向社会公众吸收存款。但是作为借款人的吴英则不宜认定为直接面向社会公众吸收存款。

当然,法院给出的上述理由虽难以成立,但并不表示不可以通过其他途径认定吴英集资行为的对象。因为在刑法中也存在因果关系可以拓展的情况,即行为人与直接借款人是共犯的关系。在本案中,如果能证明吴英和 11 个直接借款对象是共犯,则其不仅应向这些债权人负责,还应该对这些人的吸收公众存款行为负责。法院在判决书中曾提到"吴英委托他人向社会公众集资",如果能有证据加以证实,吴英就应对这一集资行为负责,但应仅限于其委托他人所集资的款项,而不包括所有集资行为。

(2)诈骗方法的认定

一般而言,诈骗是指行为人用虚构事实,隐瞒真相的方法,使对方陷入或者继续维持错误认识,对方基于错误认识处分财物,行为人因此取得财物所有权。然而,近期有学者认为上述教义学标准可以适用于传统罪名而难以套用于新型罪名。并进一步指出上述理论的机械化表现在两个方面:一是把诈骗罪的构造固定化,不能完全适应日益变化的社会生活;二是把诈骗罪的逻辑构造普适化,直接适用于所有类型的诈骗行为。[1] 也有学者从集资诈骗罪与一般诈骗罪的关系入手,认为在非法集资类诈骗案件中,由于借贷双方身份的特殊性,在认定诈骗方法时理应更加谨慎。[2]

笔者认为,上述看法有一定的道理。随着社会生活的不断发展,对诈骗行为的认定,不能仅仅从行为人的角度出发,而应关注行为人的加害行为与被害人的被害行为间的互动,在此互动的基础上认定行为人的加害行为是否真正属于诈骗行为。尤其是对高利贷案件而言,在对民间金融活动缺乏必要监管的情况下,许多民众在投机牟利与一夜暴富心理的驱使下,往往明知这些民间金融活动不受现行法律保护,甚至明知

---

[1] 参见高艳东:《诈骗罪与集资诈骗罪的规范超越:吴英案的罪与罚》,载《中外法学》2012 年第 2 期。
[2] 参见叶良芳:《从吴英案看集资诈骗罪的司法认定》,载《法学》2012 年第 3 期。

集资被借出后,在正常情况下根本不可能获得借款人、融资人所承诺的巨额回报,仍然甘冒风险,心甘情愿参与被骗的过程中。在这种情况下,行骗与被骗的界限已经没有在传统诈骗罪中那么明显。

就集资诈骗罪而言,根据《1996年解释》第3条第2款的规定,诈骗方法"是指行为人采取虚构集资用途,以虚假的证明文件和高回报率为诱饵,骗取集资款的手段"。但是,在司法实践中,集资诈骗罪中行骗与被骗的界限已相当模糊。首先,从集资者的角度看,越来越多的集资者能够很轻松地从专门从事资金生意的融资方处集资数亿元,而不需要用《1996年解释》中的虚假文件或虚构投资项目的方法骗取集资款。之所以会出现这种现象,不仅与民间融资活动缺乏必要的监督有关,也与借款的高额回报有关。近年来,在经济较为发达的地区,在一些民营企业为扩大规模急需资金之际,往往会有大量的民间资金蜂拥而至,就是很好的例子。其次,从被集资者的角度看,集资行为的对象如果是专业的高利贷者,很难说他们会陷入错误认识。对专门从事资金生意的高利贷者而言,他们对金融投资有着较强的判断力,因此,不能用社会一般人的标准来衡量他们是否被骗。正如有论者所言,"如果被欺诈者是缺乏知识和经验的人,他就比一般人更容易受骗。一般来说,当被害人是知识、经验丰富的人时,那就会减轻行为人的告知义务,不能因为行为人没有向其特别明示,就认为是采用隐瞒真相的方式实施欺诈"①。另外,这些高利贷者并不在乎集资者的投资项目,也不关心投资项目的收益多少,实际上只是为了高额的回报率。他们甚至明知自己被集资者所骗,仍心甘情愿参与被骗的过程,只要"击鼓传花"最后被骗的不是自己就行。

在吴英集资诈骗案中,也应该从吴英的行为和11个贷款人的情况两个方面进行分析。第一,从吴英的行为来看,法院在判决书中认定吴英是以投资商铺等虚构的投资理由进行集资行为,其在借款时不仅没有向债权人明确告知其企业已负债,还进行虚假宣传,应认定为诈骗行为。而吴英的辩护人则认为法院的上述认定与事实不符。笔者认为,从法院的判决书来看,推理过程确实不够详尽,尤其是考虑到投资领域的特殊性,在判断"诈骗"时理应更加谨慎。例如,法院认为吴英将珠宝放在办公室是为了炫富,并在公司经营严重亏损的情况下使用集资款偿还高额利息,明显使用了诈骗的方法。笔者认为上述论断难以成立,首先,将珠宝堆放在办公室并非一定是为了炫富,如果有炫耀的成分,也可能只是为了满足个人的虚荣心,不能据此就认定吴英实施了诈骗行为。其次,在公司经营严重亏损的情况下仍使用集资款偿还高额利息,是吴英履行合同的方式之一。在这种情况下,如果不支付高利给贷款人,才更可能构成诈骗行为。因此,从法院认定的事实看,无法断定吴英的行为属于诈骗行为。第二,从11个贷款人的特殊身份看,有必要在认定诈骗行为时将其考虑在内,而法院在认定时显然

---

① 〔日〕林干人:《刑法各论》,东京大学出版社1999年版,第231页。

没有考虑到这一因素。在一般诈骗案件中,行为人与相对人之间往往存在信息严重不对称的情况。但在本案中,由于吴英集资的对象是 11 个特定的人,且多为专门从事资金生意的高利贷者,他们对投资领域的诈骗有自己的判断标准,不能与社会一般人的标准相混淆。而法院的判决书中也没有涉及林伟平等人认为自己被骗的证言。相反,吴英的辩护人在一审辩护中给出的证据显示林伟平等人均不认为自己被吴英所骗。综上,法院认定吴英的行为属于诈骗行为理由不充分,就目前的事实看,无法认定吴英实施了诈骗行为。

5. 集资诈骗罪的相关界限

(1) 与非罪的界限

吴英集资诈骗案中,吴英的辩护人认为吴英的行为属于民法中的借款纠纷行为,即使存在一些不太规范的地方,也在一定程度上侵犯了金融管理秩序,造成了大额集资款无法偿还的结果,但绝对不属于犯罪行为。因此,有必要区分本罪与民间集资纠纷间的界限。

集资诈骗与民间借贷都是不通过国家认可的金融机构而自行进行的集资借贷活动,从广义上说,实践中许多集资诈骗案件也属于民间借贷,但属于非法的民间借贷,而且由于其社会危害性极其严重,已经需要用刑法加以制裁。而正常的民间借贷则属于民事法律行为,受法律保护。因此,集资诈骗罪与民间借贷之间极易混淆,需要严格加以区分。集资诈骗罪尽管也具有民间借贷的特征,但因为与民间借贷在借款目的、借款对象、承诺的利息方面有所不同,而与之相区别。首先,就目的而言,民间借贷主要是行为人为了解决其在生产、生活过程中暂时的资金短缺问题而借款,并在约定时间内偿还本息的活动;而集资诈骗罪则是以非法占有为目的,侵吞投资者的投资款。其次,民间借贷行为的借款对象没有要求具有不特定性,而集资诈骗罪中非法吸收公众存款行为的对象则必须具有不特定性。最后,集资诈骗罪与民间借贷行为在利率高低上有所不同。正常的民间借贷行为,按照 1991 年最高人民法院《关于人民法院审理民间借贷案件的若干意见》的规定,其利率可以适当高于银行利率,各地人民法院可根据本地区的实际情况具体掌握,但最高不得超过同类贷款利率的 4 倍(包括利率本数)。超出此限度的,超出部分的利息不予保护。但是,集资诈骗罪中行为人经常向投资者承诺高额利率。一般情况下,集资诈骗罪中的行为人向投资者承诺的利息要高出银行同期存款利率的几倍、十几倍甚至几十倍以上。在上述区别中,第一个因素是两者最主要、明显的区别,即两者的集资目的的不同。

吴英集资诈骗案中,如果不能认定吴英的行为具有非法占有的目的,且其集资行为系面向不特定多数人,则很难认定吴英构成集资诈骗罪。

(2) 与非法吸收公众存款罪的区别

吴英集资诈骗案中,虽然吴英的辩护人始终坚持为其进行无罪辩护,但吴英在二审开庭时曾称自己的行为构成非法吸收公众存款罪。因此，集资诈骗罪与非法吸收公众存款罪之间的界限也是本文应该探讨的问题。

非法吸收公众存款罪与集资诈骗罪在客观上都表现为非法集资的行为，两者的区别主要是：第一，犯罪目的不同。集资诈骗罪以非法占有为目的，即侵吞投资者的投资款；非法吸收公众存款罪在主观上不具备非法占有的目的，而是企图通过募集资金，进行营利活动。即使是在将非法募集来的资金用于经营而失败无法归还的情况下，只要在吸收存款时不具有非法占有集资款的目的，也不能认为构成集资诈骗罪。第二，犯罪的行为不同。集资诈骗罪的行为人必须使用诈骗的方法，即用虚构事实、隐瞒真相的方法，使对方陷入或者继续维持错误认识，并基于错误认识处分财物，行为人因此取得财物所有权；而非法吸收公众存款罪不以诈骗方法为构成犯罪的要件之一。第三，犯罪的客体不同。集资诈骗罪不仅侵犯了国家的金融管理秩序，而且侵犯了他人的财产所有权；而非法吸收公众存款罪仅仅侵犯了国家的金融管理秩序。在上述区别中，犯罪目的的不同是两者最主要的区别。

吴英集资诈骗案中，吴英是否具有非法占有的目的，是其构成集资诈骗罪还是非法吸收公众存款罪的主要区别。

(3) 与普通诈骗罪的区别

吴英集资诈骗案中，有学者认为由于吴英的直接贷款对象只有 11 个人，很难认定吴英构成非法吸收公众存款罪或集资诈骗罪，可以考虑其是否构成普通诈骗罪。集资诈骗罪是一种特殊的诈骗罪，与普通诈骗罪存在一定的区别。

第一，犯罪的行为方式不同。普通诈骗罪通常是隐瞒自己行为的真实意图、编造虚假情况，使财物所有人或保管人信以为真，以实现使他人财物为自己所有的目的；而集资诈骗罪主要是使用诈骗方法，以高额利息向社会不特定多数人非法集资。普通诈骗罪的诈骗方式多种多样，而集资诈骗罪的行为方式则是特定的。根据特别法优于普通法的规定，只有在不满足集资诈骗罪的行为方式时，才能考虑是否构成普通诈骗罪。第二，犯罪的客体不同。普通诈骗罪的客体是单一客体，即公私财产所有权；而集资诈骗罪的客体是复杂客体，不仅包括公私财产所有权，还包括国家正常的金融管理秩序。第三，侵犯的对象不同。司法实践中，普通诈骗罪的对象一般来说是特定的，即针对某一特定人员的金钱或财物；而集资诈骗罪侵害的对象则是不特定社会公众的资金。

本案中，如果认定吴英的行为以非法占有为目的，且使用诈骗方法，但是其集资的对象并非不特定多数人，则不满足集资诈骗罪的构成要件，可以考虑是否构成普通诈骗罪。

6. 结论

通过上文分析，笔者认为法院在吴英案的司法性质认定上尚存一定的疑问。具体而言，在主观方面，法院在认定吴英是否"以非法占有为目的"时，没有贯彻主客观相统一原则,也没有从有利于被告人的角度出发,得出的结果难免有失公正客观。在客观方面,法院在认定"非法集资"时,认定吴英行为的对象具有不特定性略显牵强,因为吴英行为的对象只是11个特定的债权人,除非法院能证明吴英和11个直接借款对象是共犯;法院在认定"诈骗方法"时,从其判决书来看,推理过程不够详尽,尤其是考虑到投资领域的特殊性,在判断"诈骗"时理应更加谨慎。因此,法院在认定吴英构成集资诈骗罪时尚未做到有理有据,其结论仍需大量证据进一步支撑。

在无法认定吴英的行为构成集资诈骗罪的情况下,应如何认定吴英行为的性质?首先,吴英的行为不构成非法吸收公众存款罪。非法吸收公众存款罪要求行为人必须具有"非法集资"的行为,而本案现有证据尚无法证明吴英的借款对象是不特定的多数人。其次,吴英的行为并不仅仅是民事借贷行为。虽然没有充分的证据证明吴英的行为构成非法集资类犯罪,但也绝不像辩护人所说的那样依法构成无罪。吴英的集资行为所承诺的借款利率远远高出法定的贷款利率,不仅侵犯了金融管理秩序,也造成巨额集资款无法偿还的严重后果。在这种情况下,如果认为吴英的行为仅仅是一种民间借贷行为,无法与其行为造成的严重社会危害性相匹配。最后,可以考虑吴英的行为是否构成普通诈骗罪。虽然法院在认定"诈骗方法"时,推理过程不够详尽,但是也不能排除吴英使用诈骗手段的可能性。如果法院能提供充分的证据证明其使用了诈骗方法,吴英的行为应构成普通的诈骗罪。

(二) 集资诈骗罪死刑的司法适用

吴英集资诈骗案中,在吴英构成集资诈骗罪的情况下,控辩双方及法院对其是否应该被判处死刑持不同观点。法院的判决书认为,吴英集资诈骗数额特别巨大,并给国家和人民利益造成特别重大损失,犯罪情节特别严重,应依法予以严惩。而吴英的辩护人则认为,即使构成集资诈骗罪,考虑到吴英借款行为的社会危害性没有达到极其严重的地步;吴英的犯罪情节并非特别恶劣;集资诈骗、非法吸收公众存款与民间借贷并非泾渭分明;我国信贷管理体制本身存在巨大缺陷等原因,也不应该判处吴英死刑。针对上述争议,本文此部分将从两个层面对集资诈骗罪死刑的司法适用进行分析,即集资诈骗类案件量刑的一般考量因素和吴英集资诈骗案量刑时的特殊考量因素。

1. 集资诈骗罪死刑适用的一般考量因素

(1)《刑法》第199条的理解与适用

《刑法》第199条规定了集资诈骗罪死刑的适用条件,即"数额特别巨大并且给国家和人民利益造成特别重大损失"。为正确适用这一法律规定,有必要厘清两个问题。

第一,对"数额特别巨大"和"给国家和人民利益造成特别重大损失"的理解。

首先,对"数额特别巨大"中"数额"的认定。在集资诈骗罪中,主要存在以下几种数额:一是总额说,即行为人使用欺骗手段非法集资的总数额;二是实际所得数额说,即行为人使用欺骗手段非法集资的总额,减去案发前行为人返还出资人本息和给予出资人回报的数额后的数额;三是实际损失说,即行为人使用欺骗手段非法集资案发,经司法机关追偿后最终给被害人造成的实际损失数额;四是实际获利说,即行为人使用欺骗手段非法集资后,除去行为人返还出资人的本息和投资损失,行为人实际非法占有的数额;五是行为后的隐匿数额和潜逃时的携款数额。① 刑法条文虽然将数额规定为集资诈骗罪的量刑因素,但是实践中关于数额的认定,并没有统一的认识。《2001年纪要》指出:"在具体认定金融诈骗犯罪的数额时,应当以行为人实际骗取的数额计算。对于行为人为实施金融诈骗活动而支付的中介费、手续费、回扣等,或者用于行贿、赠与等费用,均应计入金融诈骗的犯罪数额。但应当将案发前已归还的数额扣除。"从这一法律文件可以看出,其采取的是实际所得数额说。但是,也有一些学者认为上述观点存在一定缺陷,并提出自己的看法,例如,有学者认为应当采总额说②,也有学者认为应当采实际损失说③。

笔者认为实际损失说更具合理性。理由一,有利于改变处理经济案件的思路,即从"先刑后民"转变为"先民后刑"。对经济犯罪的处理适用"先刑后民"是我国司法机关的一贯做法。1987年最高人民法院、最高人民检察院、公安部《关于在审理经济纠纷案件中发现经济犯罪必须及时移送的通知》中指出:"人民法院在审理经济纠纷案件中,发现经济犯罪时,一般应将经济犯罪与经济纠纷全案移送,依照刑事诉讼法第五十三条和第五十四条的规定办理。对于经公安、检察机关侦查,犯罪事实搞清楚后,仍需分案审理的,经济纠纷部分退回人民法院继续审理。"但是对集资诈骗类案件而言,这种处理思路不符合刑法介入经济领域的有限性、最后性原则。如果按照这种处理思路,多数民事欺诈也因具有非法占有目的而符合诈骗罪的构造标准,容易导致民事欺诈与集资诈骗罪相混淆,使民事欺诈失去存在的余地。对此,正确的做法应该是出现经济纠纷后,先通过民事诉讼救济权利,追偿被害人的集资款;在通过民事诉讼无法救济被害人的权利时,才考虑采用刑事程序,而此时是否把司法机关已追偿的集资款算入在内起着重大的作用。理由二,采取实际损失说,有利于鼓励犯罪分子积极、主动地尽早偿还非法集资款。集资诈骗罪中的行为人在案发后,经司法机关追偿返还的部分,从严格意义上讲,行为人已经实际控制了该集资款,只是因为司法机关追偿才返还给被集资者的,应认定为既遂。但是,这一认定不利于鼓励犯罪分子偿还集资款,从而造成更大的损失。因此,基于此方面的考虑,集资诈骗罪中的数额不应包括案发后行为人返还的部分。

其次,关于"给国家和人民利益造成特别重大损失"的含义,学者们有不同的观点。

---

① 参见张明楷:《诈骗罪与金融诈骗罪研究》,清华大学出版社2006年版,第510页。
② 参见刘彬:《集资诈骗罪犯罪数额研究》,载《湖南警察学院学报》2012年第5期。
③ 参见胡东平、詹明:《论犯罪"数额"与金融诈骗罪的定罪量刑》,载《昆明理工大学学报(社会科学版)》2009年第6期。

有学者认为"给国家和人民利益造成特别重大损失"是指在一审判决前经过被害人、司法机关采取追讨、追缴等措施后，仍然未能挽回的财产损失重大。① 也有学者认为"给国家和人民利益造成特别重大损失"并不仅仅指数额和损失，而应该在考虑其他情节后综合评判。② 笔者支持后一种观点，理由一，《刑法》第199条将"数额特别巨大"和"给国家和人民利益造成特别重大损失"相并列，说明两者的意思肯定不一样。在对"数额"的认定持实际损失说的情况下，如果认为"给国家和人民造成特别严重的损失"也是实际损失，就会自相矛盾。理由二，与处10年以上有期徒刑或者无期徒刑的量刑规定相比较，"给国家和人民利益造成特别重大损失"应是"其他特别严重情节"的具体表现形式。通过比较集资诈骗罪死刑的规定和判处10年以上有期徒刑或者无期的规定，可以发现"有其他特别严重情节"与"给国家和人民利益造成特别重大损失"之间具有密切的联系。"其他特别严重情节"是高度概括的抽象的法律用语，而"给国家和人民利益造成特别重大损失"是"其他特别严重情节"的具体表现形式。因此，仅以数额和损失作为金融诈骗罪死刑适用的条件并不合适，因为其他没有规定死刑的金融诈骗罪同样也可以达到数额特别巨大或损失特别严重的条件。理由三，从立法原意出发，将"给国家和人民利益造成特别重大损失"仅限于损失，不利于限制死刑的适用。立法在"数额特别巨大"之后又规定"给国家和人民利益造成特别重大损失"的原意是为了限制集资诈骗罪死刑的适用，如果在死刑裁量时，仅考虑数额和损失，显然不利于更好限制死刑的适用。尤其是在判处有期徒刑的情况下，还会考虑数额和其他犯罪情节，而在判处死刑时，却只考虑数额和损失，显然是不合理的。

最后，集资诈骗罪的死刑裁量绝不能"唯数额论"。《2001年纪要》中规定："对于罪行极其严重、依法该判死刑的犯罪分子，一定要坚决判处死刑。但需要强调的是，金融诈骗犯罪的数额特别巨大不是判处死刑的惟一标准，只有诈骗'数额特别巨大并且给国家和人民利益造成特别重大损失'的犯罪分子，才能依法选择适用死刑。对于犯罪数额特别巨大，但追缴、退赔后，挽回了损失或者损失不大的，一般不应当判处死刑立即执行；对具有法定从轻、减轻处罚情节的，一般不应当判处死刑。"对经济犯罪而言，虽然数额是经济犯罪的主要量刑情节，但量刑情节应该是包含犯罪数额在内的各种主客观因素的统一。从经济犯罪的特点看，经济犯罪不仅仅给国家、个人经济利益造成一定损失，同时也侵犯了国家正常的经济秩序，败坏社会风气，产生其他危害后果。这就决定了数额只能在一定程度上决定其判刑，而不能绝对化。

在吴英集资诈骗案中，法院的判决书认定吴英非法集资7.7亿元，至今尚有3.8亿元无法归还，因此属于数额特别巨大，并且给国家和人民利益造成特别重大损失，犯罪情节特别严重，应依法予以严惩。笔者认为法院的这一认定存在下面一些问题：第一，

---

① 参见张明楷：《诈骗罪与金融诈骗罪研究》，清华大学出版社2006年版，第490页。
② 参见林辉：《金融诈骗罪设置死刑条款的质疑》，载《中国法学会刑法学研究会2003年学术年会论文集》。

对集资诈骗罪中"数额"的认定采实际损失说的话,吴英案中的集资诈骗数额即为3.8亿元。根据《2010年解释》的规定,"个人进行集资诈骗……数额在100万元以上的,应当认定为'数额特别巨大'",吴英集资诈骗的数额应属于"数额特别巨大"。但是,吴英的辩护人认为法院对3.8亿元损失的计算存在诸多疑问。因此,不能过于依靠这一饱受质疑的数字判处吴英死刑。第二,法院认为吴英的行为给国家和人民利益造成了特别重大损失,而这一结论难以成立。本案中吴英的借款对象为特定的11个人,既不涉及国家机关或单位,也不涉及国家财产,仅仅因为集资诈骗罪被规定在破坏金融秩序罪之中,就认定吴英的行为破坏金融秩序,损害国家利益,实在牵强。另外,考虑到吴英集资诈骗案中被害人身份的特殊性以及本案中骗与被骗的模糊性,这些高利贷者的损失很难被认定为人民利益的损失。第三,除了数额和损失外,法院并没有考虑其他因素。本案在死刑裁量时,除了考虑数额因素外,还应该考虑一些特殊因素,例如,吴英的主观恶性、人身危险性、制度缺陷以及群众反响等。

第二,本条文与《刑法》第48条的关系。

虽然《刑法》分则第199条规定了集资诈骗罪死刑的具体适用,但是此罪的死刑裁量还应考虑《刑法》总则第48条关于死刑适用的规定。1979年《刑法》第43条规定"死刑只适用于罪大恶极的犯罪分子",1997年《刑法》第48条规定"死刑只适用于罪行极其严重的犯罪分子"。两部《刑法》关于死刑适用的规定在表述上没有实质差异。根据文义解释,"罪行极其严重"相当于"罪大",均为可计量的客观行为危害程度。"恶极"则指行为人的主观恶性和人身危险性的大小。能否判处死刑取决于客观行为危害是否达到极其严重的程度,即罪大。可否适用死缓则主要看犯罪人的主观恶性和人身危险性的大小,即恶极。所谓"恶极",主要需要考察罪前表现、罪中情形和罪后行动。其中,有的情节是法定情节,多数则是酌定情节。

吴英集资诈骗案中,从罪前、罪中和罪后吴英的行为看,其绝不是"恶极"。第一,从罪前吴英的行为看,吴英积极从事服务业合法经营,无劣迹;第二,从罪中吴英的行为看,吴英主要是为了融资方便而编造谎话,但没有卑劣的犯罪动机和险恶的犯罪手段的证据;第三,从罪后吴英的行为看,案发后吴英基本上做到了配合司法机关的工作,而且还有坦白表现,二审法院还承认吴英不仅交代了自己的行贿行为也揭发了他人的受贿行为。因此,吴英的行为即使达到了罪行极其严重的程度,也有理由认为其主观恶性与人身危险性并不深重,即不是恶极的犯罪分子,不必判处死刑立即执行。

(2)社会危害性的考察

①集资诈骗罪社会危害性的特征

首先,集资诈骗罪的社会危害性具有拟制性的特点。不同于自然犯是对社会最基本伦理道德的破坏,经济犯罪属于法定犯,是对国家经济管理秩序的破坏,不能较充分体现出犯罪人的反伦理性。而这一特征又可通过集资诈骗罪的"双重违法性"得以体现。其"双重违法性"表现为集资诈骗罪既违反了行政法规,又违反了刑法规范。其中,后者以前者为前提,即行为只有违反了行政法规,才可能构成犯罪。集资行为如果没有违反相关法规,即使出现再严重的危害后果,也不构成集资诈骗罪。因此,从集资诈骗违反的行政法规上看,其社会危害性具有拟制性的特点。

其次,集资诈骗罪的社会危害性具有易变性的特点。社会危害性是一个历史的范畴,某一犯罪的社会危害性会随着社会的发展而变化。一行为在某一特定历史时期,具有严重的社会危害性,而在另一个时期,可能就不是有害于社会的行为。最典型的如投机倒把罪和某些长途贩运行为,在计划经济时代它们具有严重的社会危害性,但在市场经济环境下,已不再是严重危害社会的行为。集资诈骗罪作为法定犯,其社会危害性的易变性特征更为明显,主要表现在以下两个方面:第一,其社会危害性随着国家经济制度的改动而变化。这种变化既有质的变化,也有量的变化。质的变化表现为某一行为从没有社会危害性变为具有社会危害性,或者从有社会危害性变为没有社会危害性;量的变化表现为某一犯罪行为由较大的社会危害性变为较小的社会危害性,或者由较小的社会危害性变为较大的社会危害性。① 我国1979年《刑法》尚没有规定集资诈骗罪这一罪名,而1997年《刑法》则专门规定了此罪。可见,随着国家经济体制由计划经济向市场经济转变,金融诈骗罪的社会危害性也呈现出从无到有的趋势。另外,立法者在征求《关于惩治破坏金融秩序犯罪的决定》草案意见时,有的委员和单位提出,当前一些犯罪分子以集资为名,在社会上进行非法集资,并将骗得的巨款卷逃、挥霍的情况比较突出,这类犯罪活动严重破坏金融秩序和人民群众的正常生活秩序,影响社会稳定,建议对集资诈骗罪增设死刑,最后人大常委会吸收上述意见,将集资诈骗罪的最高刑规定为死刑。② 这一立法过程反映出集资诈骗罪社会危害性程度的变化,即由市场经济初期较轻的社会危害性发展到后来较严重的社会危害性。第二,集资诈骗罪社会危害性的具体量化因素随着社会发展而有所变化。作为法定犯,集资诈骗罪的社会危害性难以直接衡量,而需要借助一些具体因素进一步量化其大小。在集资诈骗罪中,数额是常用来衡量犯罪社会危害性大小的重要因素。然而,随着经济的发展,人民生活水平的不断提高,集资诈骗罪中相同涉案数额反映出的社会危害性必然会发生一定的变化。根据《2001年纪要》,金融诈骗的数额可参照《1996年解释》的规定执行,即"数额较大"指个人诈骗公私财产2 000元以上。但是,根据《2010年解释》,集资诈骗罪中的"数额较大"是指个人进行集资诈骗数额在10万元以上,单位进行集资诈骗数额在50万元以上的。同样是"数额较大",2001年是以2 000元为标准,而2011年则是以10万元为标准。假设某一非法集资行为的犯罪数额是3 000元,适用前一个标准具有严重的社会危害性,而适用后一个标准则不具有严重的社会危害

---

① 参见赵秉志、陈志军:《社会危害性与刑事违法性的矛盾及其解决》,载《法学研究》2003年第6期。
② 参见赵秉志主编:《金融诈骗罪新论》,人民法院出版社2001年版,第46页。

性。因此,社会经济生活的发展变化,决定经济犯罪的社会危害性会随之发生变化。

②集资诈骗罪社会危害性的考察因素

在对经济犯罪的社会危害性进行考察时,应坚持主客观相统一的立场。首先,应该对行为的客观方面进行考察,主要考察行为违反的国家规定,行为涉及的数额、情节、后果、对象和行为的手段、时间、地点等。其次,应该对行为的主观方面进行考察,考察的因素主要有行为人的主观目的和动机等。最后,可以从行为人身份、被害人和民意方面进行考察。由于集资诈骗罪属于经济犯罪的一种,在考察其社会危害性时,也可以适用上述考察立场和考察因素。由于犯罪数额、情节、后果、主观目的等因素已在上文论述过,而被害人、民意等因素将在下文详细论述,因此,本文此部分将重点分析行为违反的国家规定。

经济犯罪虽然以违反一定的经济法律、法规为前提,但不能简单认为只要行为违反了相关的国家规定,就一定具有社会危害性。由于前置性法规可能存在滞后性、易变性的特点,因此,必须对相关国家规定的合理性进行考察。对国家规定合理性的考察,应该是基于当前经济发展现状下的一种考察,看相关的前置性规定是否适应经济发展。如果某项前置性规定已经不利于市场经济自由发展,就应对其合理性进行质疑,并重新考察相关行为的社会危害性。就集资诈骗罪而言,对集资诈骗行为的认定主要依据《取缔办法》。而这一行政法规,早就因为金融垄断的问题,为经济学家们所诟病。早在2003年8月18日,杜兆勇、胡星斗、张星水、孙达等经济学家,就曾上书全国人民代表大会常务委员会,建议审查修订或废止《取缔办法》。胡星斗教授等人认为《取缔办法》存在严重不足:一是从立法思想来看,带有明显的计划经济和政府本位色彩;二是从技术上来看,明显操作不便;三是从立法立场来看,《取缔办法》旨在保护国有金融垄断,但是实践中国有金融效率低下,腐败猖獗,浪费了中国巨额的资本财富,而且靠国有金融也无法解决农村金融问题;四是对我国百年来商业传统的漠视;五是《取缔办法》的严格实施将给众多民营企业、部分中小国有企业带来灾难,进而可能毁掉中国经济持续增长的势头。① 由此可见,《取缔办法》已难以适应市场经济发展的需要,迫切需要对其进行修改和完善。而依此行政法规认定集资诈骗罪的社会危害性,已不具备科学性和准确性。

从吴英集资诈骗案发生的社会背景看,也能说明上述法律规定的不合理性。我国已改革开放多年,但至今金融市场还没有完全开放,实行的仍然是政策性的金融垄断。随着我国货币政策从宽松转为紧迫,金融市场资金紧张,企业融资难,民营企业融资更难,很多民营企业不得不转向民间借贷,而民间借贷利率很高。这种超高的利率,常导

---

① 参见胡星斗:《关于打破金融垄断、尽快废止〈非法金融机构和非法金融业务活动取缔办法〉的建议——在非法吸收公众存款罪与融资问题研讨会上的发言》,载爱思想网(http://www.aisixiang.com/data/18532.html),最后访问日期:2013年1月12日。

致一些企业陷入高利贷深渊,造成企业资金链断裂。吴英正是在这种有缺陷的金融制度下,酿成了巨额集资款无法偿还的悲剧。正如一些经济学家在探讨吴英案时所说的:"计划经济时代不会有'吴英案',完善的市场经济时代也不会有'吴英案';'吴英案'是当前金融体制改革过渡时期的产物"。① 因此,从国家规定上看,在当前形势下,集资诈骗罪的前置性法律规定已不具备科学性和准确性,基于此认定吴英行为的社会危害性极其严重并不妥当。

2. 集资诈骗罪死刑适用的特殊考量因素

(1)被害人过错对死刑量刑的影响

本文所指被害人是由于犯罪行为直接侵犯具体权利并由此而直接承受物质损失或精神损害的人或单位,不包括国家。② 在对犯罪人量刑时,不仅要从加害人角度考察其主客观方面,也应从被害人方面考察被害人与加害人的相互关系,以更好认定双方责任大小,实现罪刑相均衡。正如本杰明·卡多佐所说的:"法官作为社会中的法律和秩序之含义的解释者,就必须提供那些被忽略的因素,纠正那些不确定性,并通过自由决定的方法——'科学的自由寻找'——使审判结果与正义相互和谐。"③本文此部分将分别从刑法理论和司法实践两部分出发,探讨被害人过错对死刑量刑的影响。

关于被害人过错影响量刑的根据,西方学者主要有两种观点:一是责任分担说。这种观点从犯罪学的因果关系角度出发,认为部分犯罪行为是由被害人的过错引起的,因此,被害人应该因自己的过错分担部分责任,从而影响犯罪人的刑事责任。例如,德国犯罪学家汉斯·冯·亨蒂在1941年发表的《论犯罪人与被害人的相互作用》一文中指出:"在犯罪行为进行的过程中,受害人不再是被动的客体,而是主动的主体。在犯罪行为的产生和进行过程中,受害人也是在起作用的。"④二是谴责性降低说。这种观点从犯罪动机的角度出发,认为根据意志自由的趋利避害原则,被害人的某些行为可能会促使行为人实施犯罪行为,从而应受一定的谴责,并影响犯罪人的应受谴责性和刑事责任。

就国内学者而言,在探讨这一问题时也有不同的看法,有的学者通过比较上述西方学说的优劣,认为谴责性降低说更具有合理性。⑤ 而更多的学者则认定上述西方学说虽有合理之处,但其缺陷也是不可忽视的,并进一步提出了自己的看法。例如,有学者提出了主客观并合说,即结合了分担责任说和谴责性降低说。该学者认为只有将两者结合起来才能完整地说明被害人过错影响定罪量刑的根据,加害人刑事责任的大小

---

① 章苒、余靖静、裘立华:《"吴英案"引热议 凸显中国金融体制改革急迫性》,载《青年文摘》2012年2月9日。
② 参见高铭暄、张杰:《刑法学视野中被害人问题探讨》,载《中国刑事法杂志》2006年第1期。
③ 〔美〕本杰明·卡多佐:《司法过程的性质》,苏力译,商务印书馆1998年版,第5页。
④ 〔德〕汉斯·约阿希姆·施奈德:《犯罪学》,吴鑫涛、马君玉译,中国人民公安大学出版社1990年版,第214页。
⑤ 参见陈旭文:《西方国家被害人过错的刑法意义》,载《江南大学学报(人文社会科学版)》2004年第1期。

只能以被害人分担责任后的客观危害和通过被害人过错揭示出来的应受谴责性大小为依据。① 也有学者认为鉴于上述两说的弊端,仍应坚持在现行刑法理论框架之内寻求适当解释路径,即被害人过错对刑事责任的影响大体可以分为三类情形:通过超过和阻断因果关系而实现;通过被害人过错对行为人行为的违法性减弱来实现;通过被害人过错责任对行为人行为责任的抵消实现。② 通过分析上述观点,笔者发现,学者们主要在以下两方面存在争议:一是关于谴责降低说的正确理解;二是关于研究视角的问题。首先,关于责任分担说,大多数学者的看法一致,认为其存在较多的缺陷。例如,此说认为只要有过错就应该对自己的过错承担刑事责任,而未对被害人过错的范围进行一定的限制。由于刑法学上的被害人过错之概念不同于犯罪学上的被害人过错,因此,被害人过错在刑法学和犯罪学中的范围也不一样。从犯罪学的角度看,只要被害人存在一定过错,不管其程度是否严重,都成立犯罪学上的被害人过错行为;而从刑法学的角度看,刑法学上的被害人过错不仅需要被害人客观上实施了过错行为,主观上存在一定的过错,而且还需要被害人的过错行为达到一定程度。其次,关于谴责降低说,学者们的理解不尽一致。认为谴责降低说更为合理的学者坚持"此观点是运用客观危害和应受谴责性两个基本范畴进行推演,信奉只有对犯罪的严重性产生影响的被害人过错才具有刑法学意义"③。而对其进行批判的学者则认为此观点只关注了犯罪的主观方面,而忽视了客观方面,并认为当被害人过错与加害行为没有因果关系时,此观点就难以自圆其说。④ 由此可见,持不同观点的学者都认同对被害人过错影响定罪量刑的研究应该兼顾主客观两个方面,只是在对谴责降低说的理解上存在偏差。最后,学者们研究的视角并非完全一致。例如,有学者认为上述西方学说与现行的犯罪构成行为人中心体系发生矛盾,应坚持在现行刑法理论框架之内寻求适当解释路径。⑤ 而有的学者则认为被害人过错的刑法意义只有在互动的二元模式下才能得到诠释,因此,应在刑法学中移植犯罪人—被害人的二元互动模式,并在此模式下探讨被害人过错对犯罪人定罪量刑的影响。⑥

综上,笔者认为在现有刑法理论框架内,应该坚持主客观相统一的立场,从行为的客观危害和被害人主观的应受谴责性两个方面进行分析,严格把握被害人过错的范围,防止扩大被害人过错对量刑的影响。

被害人过错对量刑的影响,没有仅仅停留在理论界的研讨阶段,我国《刑法》和司法解释中的一些条文也体现出被害人过错对量刑的影响。例如,《刑法》第61条规定:

---

① 参见齐文远、魏汉涛:《论被害人过错影响定罪量刑的根据》,载《西南政法大学学报》2008年第1期。
② 参见黎邦勇:《关于被害人过错的法理探析》,载《北京科技大学学报(社会科学版)》2009年第2期。
③ 陈旭文:《西方国家被害人过错的刑法意义》,载《江南大学学报(人文社会科学版)》2004年第1期。
④ 参见齐文远、魏汉涛:《论被害人过错影响定罪量刑的根据》,载《西南政法大学学报》2008年第1期。
⑤ 参见黎邦勇:《关于被害人过错的法理探析》,载《北京科技大学学报(社会科学版)》2009年第2期。
⑥ 参见齐文远、魏汉涛:《论被害人过错影响定罪量刑的根据》,载《西南政法大学学报》2008年第1期。

"对于犯罪分子决定刑罚的时候,应当根据犯罪的事实、犯罪的性质、情节和对于社会的危害程度,依照本法的有关规定判处。"由于被害人的过错行为,不仅可能影响犯罪者的主观故意,也会影响犯罪行为的社会危害性。① 因此,被害人过错必然会对量刑产生一定的影响。再如,最高人民法院 2000 年发布的《关于审理交通肇事罪刑事案件具体应用法律若干问题的解释》第 2 条规定,"交通肇事具有下列情形之一的,处三年以下有期徒刑或者拘役:(一)死亡一人或者重伤三人以上,负事故全部或者主要责任的;(二)死亡三人以上,负事故同等责任的"。这一规定也体现出被害人过错对量刑的影响。

就死刑适用而言,除了严格把握"罪行极其严重"这一要件,被害人过错在量刑中也起着越来越重要的作用。在某些司法文件中,被害人过错被作为一种酌定量刑情节,一定程度上限制了死刑的适用。由于死刑案件大量集中在暴力犯罪案件中,关于被害人过错的规定也多存在于此类犯罪中。例如,1999 年最高人民法院在《全国法院维护农村稳定刑事审判工作座谈会纪要》中提出,在故意杀人案件中,"对于被害人一方有明显过错或对矛盾激化负有直接责任,或者被告人有法定从轻处罚情节的,一般不应判处死刑立即执行"。由此可见,最高人民法院已经将被害人过错视为死刑适用的酌定量刑情节,在因被害人过错引发的案件中应慎用死刑。

关于被害人过错对集资诈骗罪死刑适用的影响,虽没有任何直接的相关法律规定,但是《取缔方法》第 18 条规定:"因参与非法金融业务活动受到的损失,由参与者自行承担。"这一规定从侧面反映出被害人的过错应该成为减轻犯罪人刑事责任的情节之一。另外,在现实生活中,集资诈骗类案件中的被害人常存在一定的过错。有学者认为"集资诈骗罪的受害者通常为普通民众,而票据诈骗罪、金融凭证诈骗罪、信用证诈骗罪的受害者多为专业人士(如金融机构工作人员)。从被害人的过错程度来考察,票据诈骗罪、金融凭证诈骗罪、信用证诈骗罪的受害者的过错程度较高,集资诈骗罪的受害者的过错程度较低"②。而《修法修正案(八)》仍保留集资诈骗罪的死刑,可能也是考虑到这一原因。

笔者并不赞成上述看法,理由如下:第一,被害人是普通民众还是专业金融人士,无法成为区分被害人过错程度高低的标准。"受制于商事法追求高效率的原则,金融从业人员对于票据等金融工具往往只能进行形式审查或见票即付,犯罪发生的责任应更多归责于行为人,受害人的过错性很小。"③判断被害人过错程度的关键是看其是否有明显的投机心理,而不是根据其社会地位、职业等因素。不管是普通百姓还是金融从业人员,只要其在金融诈骗过程中具有投机和贪利的心理,就存在一定的过错。第

---

① 参见周晓杨、陈洁:《刑事被害人过错责任问题研究》,载《法学杂志》2003 年第 6 期。
② 张明楷:《诈骗罪与金融诈骗罪研究》,清华大学出版社 2006 年版,第 480 页。
③ 高艳东:《诈骗罪与集资诈骗罪的规范超越:吴英案的罪与罚》,载《中外法学》2012 年第 2 期。

二,即使被害人的社会地位、职业等可以成为判断被害人过错程度的标准,集资诈骗罪的直接被害人已不再限于普通民众,越来越多的受害人是专门从事资金生意的高利贷者。这些高利贷者往往明知非法集资活动不受现行法律保护,甚至明知集资被借出后,在正常情况下根本不可能获得借款人、融资人所承诺的巨额回报,为了获取高额利润,仍然甘冒风险,心甘情愿参与被骗。第三,从集资诈骗罪频发的原因看,其中重要的一点就是被害人心存贪念,意图获得暴利,明知对方非法吸收存款而将资金交与对方,因而所谓的被害人在促成非法吸收公众存款等犯罪中所起的作用较大。因此,在集资诈骗案中,被害人多少都存在一定的过错,而这也决定了集资诈骗罪不应保留死刑。

在吴英集资诈骗案中,有 11 个被害人,他们多是专门从事资金生意的高利贷者或者有余钱的富人,而非为生计所迫的贫苦百姓。这些被害人参与集资活动的目的是为了赚取高额利润,即使明知其中的风险,仍受利益驱动,甘冒风险。正如上文在诈骗方法认定部分的分析,集资诈骗罪中的这些受害者已经不符合诈骗罪的基本特征。因此,可以断定吴英集资诈骗案中的被害人具有一定的过错,在考虑到这一酌定量刑情节的情况下,不应对吴英适用死刑。

(2)舆情民意对死刑适用的影响

吴英集资诈骗案二审宣判以后,引起公众极大的关注,网络舆情也持续高涨。短短半个月的时间,该案已经迅速演变为一起法治事件,一个名叫"吴英案舆论汇总"的微博,每日高密度更新相关评论;北大、清华、浙江大学等高校的学者和一些知名律师致信最高人民法院为吴英求情;有的网站开设"吴英该不该死"的投票,结果显示,绝大部分投票者认为吴英罪不至死。① 舆情民意出现如此严重的"一边倒"现象,给最高人民法院死刑复核造成了巨大压力。

卢梭认为舆论"也是一种法律,而且是各种法律之中最重要的一种。这种法律既不是铭刻在大理石上,也不是铭刻在铜表上,而是铭刻在公民们的内心里;它形成了国家的真正宪法;它每天都在获得新的力量;当其他的法律衰老或消亡的时候,它可以复活那些法律或替代那些法律,它可以保持一个民族的创新精神,而且可以不知不觉地以习惯的力量取代权威的力量"②。舆情民意本身虽然不会增加或减少案件的社会危害性,但是,它可以在一定程度上反映案件的社会危害性。因此,舆情民意在一定程度上可以帮助司法机关衡量案件社会危害性的大小和死刑的适用问题,以更好收获司法裁判的社会效果。因此,在司法实践中如何处理好民意与司法独立的关系是本文此部分将要解决的问题。

美国废奴运动领袖菲力普斯曾说过,"若是没有公众舆论支持,法律是丝毫没有力

---

① 参见《死刑判决引罕见讨论 吴英案演变成一起法治事件》,载《京华时报》2012 年 2 月 7 日。
② 〔法〕卢梭:《社会契约论》,何兆武译,商务印书馆 2005 年版,第 70 页。

量的"。但是,在现实生活中,舆情民意却又常常无法实现与司法公正的良好互动,甚至会出现影响司法公正的尴尬局面。因此,舆情民意对司法公正的影响是双面的,既可能是积极的推动与促进,也可能是消极的挑战与威胁。

首先,舆情民意对司法公正具有积极的促进作用。舆情民意对司法的监督主要是为了制衡国家公权力的行使,使其依法、公平、公正地行使司法权,保证人民根本权益的实现。这种监督,不仅得益于公民民主意识的不断增强,也与网络舆情主体普遍具有求真相求公正的社会心理相关。在这种公平正义价值观的主导下,网民通过对案件事实、诉讼程序、审理结果的关注,实现对个案司法公正的有效监督,进而促进整个司法活动运行机制和体制的完善。其次,舆情民意对司法公正具有一定的阻碍作用。由于舆情民意难免会受一些因素的影响,例如,公众"杀人偿命"的朴素价值观、网络推手的不当影响、媒体的失真报道等,而具有明显的非理性特征。[1] 如果用这些非理性的舆情民意去影响甚至是引导司法的价值取向,必然会导致公众对法律价值、法律理念和法律规则的错误理解,对司法专业性形成一定的冲击。长此以往,公众将对司法的权威性产生怀疑,司法必将失去法律赋予的价值,成为"民意审判"的形式工具,进而失去应有的法律公信力。

就死刑适用而言,舆情民意对其影响也是双面的,即舆情民意既可能阻碍司法公正的实现,也可能促进其实现。就前一种情况而言,比较有代表性的案件有张金柱案、刘涌案及药家鑫案。这几个案件的共同特点是案件不仅在当时引起了极大的民愤,民意强烈要求判处被告人死刑,而且由于公众朴素的价值观、媒体的失真报道、网络推手等因素的共同影响,案件所反映出来的舆情民意具有较强的非理性特征,并在一定程度上影响司法公正的实现。就后一种情况而言,比较有代表性的即吴英集资诈骗案。此案件体现出的舆情民意与当前国际社会普遍废止或严格限缩死刑的背景相吻合,是一种值得重视和肯定的民意走向。它不仅反映出民众对待死刑的慎重而理性的态度,也符合我国死刑制度改革的方向和刑事法治进步的需要,有利于实现司法的公正。

之所以会出现上述情况,笔者认为主要有以下几个方面的原因:第一,受"杀人偿命欠债还钱"这一朴素价值观的影响,大多数人认为药家鑫该死,是因为他残忍杀害了别人;而吴英罪不至死,她只是大量借钱没能力偿还而已。第二,受仇官仇权心理以及同情弱者心理的影响,大多数人认为药家鑫该死,是因为相信其是"官二代"而被害人是弱者;而吴英不应被判处死刑,则是因为在和当地政府的对抗中,吴英属于弱者。在吴英集资诈骗案中,吴英的身份受到网民极大关注,在被贴上了"年轻人""自主创业""无权无势""商业神话"等一系列标签后,吴英不仅得到广大网民的同情,甚至被一些偏激的网友视为偶像和英雄,这成为网民认为吴英不应判死刑的有力原因之一。另

---

[1] 参见黄晓亮、徐文文:《刑事案件网络舆情及其司法应对措施》,载《江苏警官学院学报》2012年第4期。

外,在当地司法机关对吴英资产的不当处置成为关注和争议的热点问题后,这也成为公众认为吴英不应被判处死刑的原因之一。第三,舆情民意是否明显表现出非理性的特征。在药家鑫案中,某著名音乐人就曾发微博如下:"朋友问我怎么看药家鑫案?我说即便他活着出来,也会被当街撞死,没死干净也会被补几刀。人类全部的历史告诉我们:有法有天时人民奉公守法,无法无天时人民替天行道。"这一微博竟得到无数网民的转发。而某教授认为"药家鑫长的是典型杀人犯面孔"的言论也受到多数网民的肯定和追捧。足见药家鑫案中的舆情民意已经表现出非理性的特征。而在吴英案中,舆情民意主要是围绕死刑改革、民间借贷合法化、金融垄断等问题进行探讨,并没有太过偏激的观点和看法。

因此,死刑裁量既不可能完全忽视相关的舆情民意,但也不能一味相信所谓的舆情民意。"司法机关需要对死刑的舆情民意作认真的分析,合理吸纳其中的合理成分,但也不能唯死刑的舆情民意而马首是瞻,应当在倾听并合理引导死刑的舆情民意的过程中,更好地秉持中立立场,维护法律的权威和司法的公正。"①因此,在考量民意时,应先对民意的理性程度进行判断,防止出现"多数人的暴政"。由于民意多掺杂了传统的道德观及朴素的价值观,因而可能具有非理性的特征。就一些恶性暴力犯罪而言,公众往往基于"杀人者偿命"的传统观念,认为实施故意杀人行为的犯罪人都应被判处死刑,这种民意就带有明显的非理性特征。另外,随着科技的飞速发展,网络已成为公众表达看法的主要平台,并开始形成各种各样的网络舆情。对这些网络舆情,也应多加判断。网络舆情虽能代表大多数网民的看法,但并不一定就是民意的真实反映。笔者认为,网络舆情如果受到网络环境下一些因素的影响,可能呈现出严重的非理性特征,从而偏离真实的民意。这些干扰因素主要包括网络推手的恶意干扰、众多意见领袖的引导、网络媒体的失真报道等。因此,有必要将民意区分为理性的民意和非理性的民意。对于理性的民意,在适用死刑时,应予以考虑,力求考察结果能最大限度地符合民意;对于非理性的民意,在考量时则要坚决避免受其影响,保证法律的公正性。

就吴英集资诈骗案而言,案件一、二审判处吴英死刑的结果受到许多公众的关注,反对适用死刑的声音高涨,并形成一边倒的民意。面对如此集中的民意,司法机关在审理案件时,应该予以考虑。与许多恶性暴力案件不同,绝大多数人对吴英案的死刑判决持反对态度。它反映出民众对待死刑的慎重态度,在当前全球普遍废止或严格限制死刑的背景下,是一种较为理性的民意。司法机关审理案件时,应该考虑这种理性的民意,力求判决结果体现民意,以更好实现法律效果与社会效果的有机统一。

(三) 集资诈骗罪死刑的立法废止探讨

我国集资诈骗罪的死刑立法始于 1995 年 6 月 30 日第八届全国人民代表大会常务

---

① 赵秉志:《关于中国现阶段慎用死刑的思考》,载《中国法学》2011 年第 6 期。

委员会第十四次会议通过的《关于惩治破坏金融秩序犯罪的决定》(以下简称《决定》)。我国1997年《刑法》基本上沿用了该《决定》的做法,规定集资诈骗罪"数额特别巨大并且给国家和人民权益造成特别重大损失的",可判处死刑。近年来,随着我国政治、经济、文化、法治的不断进步和人权观念的不断提升,尤其是《刑法修正案(八)》取消了13个非暴力性犯罪的死刑,对于集资诈骗罪是否应当继续保留死刑,人们还存在不同的认识。直到《刑法修正案(九)》进一步减少适用死刑的罪名,删除了《刑法》第199条,至此全部金融诈骗罪无死刑。对此,笔者认为,无论是从集资诈骗罪死刑废止的必要性,还是从集资诈骗罪死刑废止的可行性两个方面分析,我国已经不再具备保留集资诈骗罪死刑的正当理由,集资诈骗罪的死刑确实应当予以废止。

1. 集资诈骗罪死刑废止的必要性分析

(1) 集资诈骗罪死刑设置的社会背景有所改变

历史地看,全国人大常委会在1995年制定《关于惩治金融秩序犯罪的决定(草案)》之初,只对严重危害国家和人民利益的伪造货币罪的最高法定刑由无期徒刑提高到死刑,而当时对集资诈骗罪的最高法定刑,规定为15年有期徒刑、无期徒刑。① 但在征求草案的意见时,有委员提出当前集资诈骗的情况较为突出,严重破坏了金融秩序和人民群众的正常生活秩序,建议对集资诈骗罪增设死刑。② 此后,全国人大常委会才将集资诈骗罪的法定最高刑规定为死刑。应当说,在我国社会主义市场经济制度建立之初的20世纪90年代中期,对集资诈骗罪规定死刑具有一定的历史合理性,有利于维护正常的金融管理秩序和社会生活秩序。不过,在当前的社会条件下,对集资诈骗罪保留死刑已经缺乏合理的社会基础。主要表现在以下几个方面:

第一,随着我国社会主义市场经济体制的不断成熟和我国金融管理制度的日益健全,近年来,具有重大社会影响的集资诈骗案件虽然也时有发生但数量极为有限,集资诈骗犯罪已经不再是影响我国社会生活的突出问题。而且,近年来我国也极少对集资诈骗罪适用死刑。

第二,由于经济水平的提高和公众相关金融意识的不断加强,集资诈骗案件引发的恶性事件数量变少。立法保留集资诈骗罪的一个重要原因就是此类案件容易引发恶性事件。在集资诈骗犯罪刚兴起的时候,普通民众对此类骗局缺乏必要的认识,容易在高额利益的吸引下,把家产全部投进去。如果这些钱要不回来,往往会波及全家,甚至无法保障基本生活。因此,参与非法集资的公众在钱财无法要回之际,往往反应

---

① 参见《关于惩治破坏金融秩序的犯罪分子的决定(草案)的说明》,载法律图书馆网(http://www.law-lib.com/fzdt/newshtml/20/20050810225158.htm),最后访问日期:2010年7月14日。

② 参见王叔文:《全国人大法律委员会关于<全国人民代表大会常务委员会关于惩治破坏金融秩序的犯罪分子的决定(草案)>审议结果的报告——1995年6月23日在第八届全国人民代表大会常务委员会第十四次会议上》,载《中华人民共和国全国人民代表大会常务委员会公报》1995年第5期。

相当强烈,情绪十分激动,纷纷聚集上访甚至闹事。有的地方由此而引发的游行、示威、静坐、请愿、集体上访等事件竟多达100多起,威逼打骂、扣押人质、哄抢财物、抢占住房等事件数十起。在韩玉姬集资诈骗案中,因宇金工贸总公司没有给集资户兑付本金和利息,许多集资户就冲击该公司,逼韩玉姬等人还本付息,严重影响了当地的生活稳定。① 但是,现如今集资诈骗案多集中在经济发达的地区。一方面,这些地区经济水平较高,公众手中有一定数额的闲余资金可用于投资,而这些资金的损失相对来说对其基本生活的影响不大;另一方面,这些地区发生的非法集资案所涉及的出资人多是专业的高利贷者,他们不仅对风险有较高的判断能力,也能够接受这种高风险投资带来的任何后果。因此,集资诈骗案引发恶性事件的可能性已经变小。

第三,我国现在处于民间金融监管制度不够完善的时代,这种制度背景滋长了集资诈骗类案件的发生。"用历史的眼光看,我们身处一个市场经济仍有待发育完善的特定历史时期,一个民间金融功罪交集的时代,一个经济快速发展推动对资本的渴求和现行资金供给体制之间的冲突已经尖锐化和公开化的时期。"② 一方面,在金融市场还没完全开放的时期,民营企业要发展,可是却无法通过正规金融渠道获得资金,这就为民间金融的发展提供了土壤;另一方面,民间金融对经济的发展的确起到重要作用,特别是在浙江等地区,民营企业和民营经济的快速发展很大程度依赖于民间借贷。正是在这样一种制度背景下,当民间借贷行为运行正常时,就被视为合法的民事行为;一旦出现任何问题,就会被视为触犯《刑法》的行为并受到严厉的制裁。这显然是有失公平的,在制度存在一定问题的情况下,不能把责任全都推到非法集资行为人的身上。因此,考虑到上述金融制度的缺陷,不应对集资诈骗罪配置死刑。

(2)集资诈骗罪的社会危害程度发生一定变化

集资诈骗罪作为破坏金融管理秩序的一种犯罪,是从普通诈骗罪中分裂出来的,普通诈骗罪没有死刑的规定,其他几种金融诈骗犯罪也没有死刑的规定。有学者认为立法这样规定是因为集资诈骗罪的社会危害性程度一般而言要大于其他的金融犯罪和普通诈骗罪,并主要表现为:造成公众经济巨大损失;引发恶性事件;滋生腐败现象。③ 笔者认为,随着社会的不断发展,集资诈骗罪的社会危害性程度也发生了一定变化。

首先,从集资诈骗罪违反的国家规定看,对集资诈骗行为的认定主要依据《取缔办法》。而这一行政法规,早就因为金融垄断的问题,为经济学家们所诟病。在此基础上认定集资诈骗罪的社会危害性,也不具备科学性和合理性。其次,从涉案数额方面看,虽然涉案数额对集资诈骗罪的定罪、量刑具有重要作用,应作为主要因素予以考虑。

---

① 参见赵秉志主编:《金融诈骗罪新论》,人民法院出版社2001年版,第134页。
② 章苒、裘立华等:《吴英案惹争议 绝大部分网民说吴英罪不至死》,载《北京青年报》2012年2月7日。
③ 参见赵秉志主编:《金融诈骗罪新论》,人民法院出版社2001年版,第133页。

但不管犯罪数额在判断社会危害性时起多大的作用,都不能"唯数额论",必须结合其他因素予以综合考察。再次,从被害人角度看,一般而言,集资诈骗罪的社会危害性与被害人的数量、涉及的范围成正比,而与被害人的经济状况成反比。但是,集资诈骗罪中的被害人多具有投机、赌博的心理,客观上具有一定的过错。在被害人具有过错的情况下,犯罪人集资诈骗行为的应受谴责性变低,导致集资诈骗罪的社会危害性变小。最后,从民意的角度看,与许多恶性暴力案件不同,绝大多数公众对集资诈骗罪保留死刑持反对态度,这也反映出集资诈骗罪的社会危害性较小。

(3)集资诈骗罪死刑规定不符合刑法的谦抑性原则

刑法的谦抑性原则要求能适用较轻的刑罚足以制止某种犯罪行为的,就不需要规定更重的刑罚,即强调刑罚的不可避免性。一般来说,具有以下三种情况之一的,就说明某一危害行为不具备刑罚之不可避免性:无效果,指将某一危害行为规定为犯罪,并且处以刑罚,也不能达到预防与遏制的效果;可替代,指某一危害行为即使不运用刑罚手段,也可以运用其他社会或者法律手段达到预防和遏制的目的;太昂贵,指通过刑罚所得的收益要小于其所产生的消极作用。① 就集资诈骗罪而言,其死刑的设置不符合上述三种情况的任何一种,严重违背了刑法的谦抑性原则。

第一,从有无效果来看,死刑并不具有遏制集资诈骗犯罪的效果。就浙江地区而言,在过去5年间,该省共有219人因犯集资诈骗罪而被判处刑罚,因集资诈骗获刑人数从2007年的8人上升到2011年的75人,5年增长数超过8倍。另据统计,过去3年,浙江全省至少有10人因犯集资诈骗罪而被判处死刑、死刑缓期执行。② 由此可见,在遏制集资诈骗犯罪上,重刑并没有起到很好的作用,集资诈骗犯罪反而愈演愈烈。而出现这种情况的原因有两方面:首先,从报应的立场看,不应对集资诈骗罪设置死刑。报应主义强调,对罪犯适用刑罚的根据是罪犯过去的恶行及其罪责,刑罚应当与罪行的严重性和罪责相适应,社会正是通过对犯罪的报应来恢复公正和正义。③ 集资诈骗罪属于财产犯罪,其社会危害性主要表现为对他人财产权益的侵犯。从惩治的角度看,对集资诈骗罪的主要惩治方法应当是剥夺犯罪人的财产;如果剥夺财产尚不能满足惩治犯罪的需求,还可以剥夺犯罪人的自由。对集资诈骗犯罪人适用自由刑已基本能平复受害人的受害心理,因而没有必要再适用死刑。其次,从功利的立场看,死刑并不能很好地遏制集资诈骗犯罪。功利主义强调刑罚作为社会控制手段的合目的性和功利性,主张刑罚的目的是预防犯罪防卫社会,重视追求刑罚的社会效益。④ 集资诈

---

① 参见陈兴良:《刑法哲学》(修订版),中国政法大学出版社2004年版,第9页。
② 参见陈东升、王春:《浙江219人因集资诈骗获刑5年增长8倍 暴利驱动定罪模糊致浙江非法集资泛滥》,载《法制日报》2012年2月9日。
③ 参见梁根林、张文:《对经济犯罪适用死刑的理性思考》,载《法学研究》1997年第1期。
④ 参见梁根林、张文:《对经济犯罪适用死刑的理性思考》,载《法学研究》1997年第1期。

骗罪的原因很复杂,既有国家政策、金融管理体制、社会监管等方面的因素,也有犯罪人、被害人等方面的因素。刑罚在社会治理中的作用是十分有限的,即使能发挥一时之效,也不会长久的。

第二,从有无可替代性看,预防和遏制集资诈骗犯罪不能过分依赖刑罚手段甚至是死刑,而是要综合运用各种手段进行社会治理。对经济犯罪来说,刑法应尽量减少对经济生活的干预,尽量少设置严厉的刑罚。因为市场经济是一种自由的经济,在市场经济中,如奥地利裔著名思想家哈耶克所言,存在一种自发的经济秩序,而法律要维护这种自发的经济秩序而不是消灭它,这种情况下《刑法》对经济秩序的介入就不应较深,也不需要设置严厉的处罚。① 从集资诈骗罪的犯罪原因看,社会责任或制度缺陷起着主要作用,而个体因素所起的作用相对较小。要预防和遏制集资诈骗犯罪,不从完善治理的角度出发,不把重点放在提高公众的投资风险意识上,只是一味强调刑罚的严厉性,是不科学不合理的。

第三,从是否符合经济性的角度看,对集资诈骗罪适用死刑的消极作用大于其积极作用,成本高于效益,投入大于产出。正如前文所分析的,刑法不应过多介入经济领域或设置过于严厉的刑罚。某些经济行为虽然在一定程度上妨害正常的金融秩序,但是,与其相关的社会经济行为也可能促进经济的发展。如果对此类经济犯罪的处罚过于严厉,甚至不惜适用死刑,则不仅会影响市场主体参与市场经济的积极性,也会妨害合法经济行为的快速发展。对某些经济犯罪保留死刑,可能收获一时、有限的预防遏制效果,但却以市场经济萎缩为代价,结果必然是得不偿失。

(4)集资诈骗罪死刑规定完全不符合国际相关立法惯例

根据大赦国际组织在《大赦国际年度死刑报告》中公布的数据看,在2011年里,联合国193个成员国中,只有20个国家执行了死刑判决,比10年前少了1/3。这不仅表明了执行死刑的国家在明显减少,进一步反映出当今世界各国废除或严格限制死刑的潮流。国际公约作为国际刑法的直接渊源之一,在顺应并指导国际社会废除死刑的趋势上发挥着重大的作用,并主要体现在一系列关于人权的国际公约上。

1948年联合国通过的《世界人权宣言》第3条规定:"人人有权享有生命、自由和人身安全。"在古典自然学派看来,任何人都有不受侵害和平等生活的权利,这是人类所能够得到的最基本的理性启示之一,也是最基本的自然法精神。② 作为人权国际保护的纲领性文件,《世界人权宣言》强调了生命、自由和人身安全的权利,为死刑的限制和废除奠定了坚实的基础。1950年的《人权和基本自由欧洲公约》和1966年联合国通过的《公民权利和政治权利国际公约》为死刑的废止提供了进一步的理论支持。《公民权利和政治权利国际公约》第6条第2款规定:"在未废除死刑的国家,判处死刑只能是

---

① 转引自陈兴良:《当代中国的刑法理念》,载《国家检察官学院学报》2008年第3期。
② 参见〔英〕霍布斯:《利维坦》,黎思复、黎廷弼译,商务印书馆1985年版,第97页。

作为对最严重的罪行的惩罚,判处应按照犯罪时有效并且不违反本公约规定和防止及惩治灭绝种族罪公约的法律。这种刑罚,非经合格法庭最后判决,不得执行。"上述规定是国际公约中首次对死刑的适用明确加以限制。20世纪80年代,为增补《人权和基本自由欧洲公约》而作出的《关于废除死刑的第六附加议定书》和联合国通过的《旨在废除死刑的〈公民权利和政治权利国际公约〉第二项任择议定书》使死刑废止在一定范围内开始成为国际法规范。作为国际法中第一个废止死刑的约束性文件,《关于废除死刑的第六附加议定书》不仅影响了各国刑罚中死刑的实际适用和执行,而且促使以后的国际公约沿用死刑废止的相关规定。《旨在废除死刑的〈公民权利和政治权利国际公约〉第二项任择议定书》规定:"认为废除死刑有助于提高人的尊严和促使人权的持续发展……深信废除死刑的所有措施应被视为享受生命权方面的进步……1.在本议定书缔约国管辖范围内,任何人不得被处死刑。2.每一缔约国应采取一切必要措施在其管辖范围内废除死刑。"1997年4月联合国人权委员会通过的《联合国关于死刑的决议》,号召未废除死刑的国家进一步控制适用死刑的犯罪的数量,要求保留死刑的国家及时公开死刑的执行情况,为全面废除死刑做铺垫。

上述国际性法律文件不仅为限制或废除死刑确立了国际法依据,使成员国在限制或废除死刑问题上承担了相应的法律义务,也为限制或废除死刑的运动建立了国际保障机制。死刑不但已失去了其在刑罚体系中的核心地位,而且限制、减少死刑乃至废除死刑已成为世界性的潮流与趋势。

2. 集资诈骗罪死刑废止的可行性分析

(1)生刑期限的提高

2011年2月25日,第十一届全国人民代表大会常务委员会第十九次会议通过了《刑法修正案(八)》,其废除13个罪名死刑的规定被学界认为具有重大的里程碑意义。同时,为弥补削减死刑罪名后的制度空白,《刑法修正案(八)》还进一步提高了生刑的期限,例如,将死缓减为有期徒刑的期限由"十五年以上二十年以下"改为"二十五年",并将有期徒刑数罪并罚的期限由"最高不能超过二十年"改为"总和刑期在三十五年以上的,最高不能超过二十五年"。关于这一提高生刑期限的规定,很多学者认为其对死刑的废止起到了重要的推动作用,但是,也有少数学者并不赞同。而两种观点的分歧主要集中在限制、废除死刑与提高生刑期限的关系上,因此,本部分将重点探讨此问题。

关于限制、废除死刑与提高生刑期限的关系,大多数学者持赞成说,认为生刑期限的提高有利于推进死刑的废止进程。如有学者指出我国现行刑罚体系存在"生刑过轻、死刑过重"的结构性缺陷,如果不从立法上进行完善和改进,就很难适应限制与减少死刑乃至全面废止死刑的客观需要。① 有学者认为死刑是刑罚结构中的重刑,在保留死刑的情况下,通过刑罚结构的调整可以降低对死刑的依赖,从而为死刑创造条件。② 但是,也有少数学者持否定说,认为通过提高生刑的期限来限制或废止死刑的做法并不可取。如有学者认为中国在限制、废止死刑的过程中,不必设置终身刑,也不必提高有期徒刑的最高期限,相反,应维持中国现行《刑法》关于有期徒刑与无期徒刑的规定。③ 也有学者认为,通过提高生刑期限来限制或废止死刑,就相当于在增加善的同时增加一种性质相当甚至更为严重的恶,没有必要提高实际已经不轻的生刑的期限。④

笔者支持赞成说,认为提高生刑期限对死刑的废止起到重要的推动作用。理由如下:第一,从《刑法修正案(八)》之前的相关规定看,我国现行刑罚体系的确存在着"生刑过轻"的结构性缺陷。以无期徒刑为例,一方面,由于我国立法中仍有一些罪名配置了死刑,相比之下,无期徒刑的严厉性往往易被忽视;另一方面,在实际执行中,判处无期徒刑的罪犯经过两年后常常可以减刑,一般减为有期徒刑15年至20年。作为严厉性程度仅次于死刑的无期徒刑,如果仅仅相当于有期徒刑22年的话,其严厉性自然无法与死刑的严厉程度相衔接。但是,有学者却认为无期徒刑从某种程度上说,其严厉性并不亚于死刑,刑法中如此广泛的适用无期徒刑,本身已经是"生刑过重"的体现,而非所谓的"生刑过轻"。笔者认为,只从无期徒刑的定义和我国立法上规定此刑罚的适用范围看,上述结论并不合理,应同时考虑我国立法上对无期徒刑的适用与执行的相关规定,即无期徒刑变为有期徒刑甚至进一步减刑的现实性和极高的概率。第二,从司法实践看,我国也存在生刑过轻的问题。《刑法修正案(八)》实施以前,据学者统计,在我国司法实践中,被判处无期徒刑的,一般服刑期限在15年左右;被判处有期徒刑15年的,一般服刑期限在12年左右。⑤ 在立法规定的刑罚已明显偏低的情况下,罪犯的宣判刑与实际执行刑之间存在的差距,进一步导致了我国生刑过轻的状况。第三,适当提高生刑期限并不违背刑罚的轻缓化趋势。当前,以美国为代表的西方国家采用两极化走向的刑事政策,即储槐植教授概括的"轻轻重重"刑事政策。这种刑事政策要求对社会危害性严重的犯罪适用更为严厉的刑罚,而对轻微犯罪适用较轻的刑罚,其强调"重重"并不是对刑罚轻缓化的否定,只是对刑罚轻缓化的部分调整。正如有论者所说,单纯的重刑化和轻刑化都是对西方刑罚发展趋势的片面理解,应该重中有轻,轻中有重,朝着两极化的方向发展。⑥

综上,要实现死刑的废止,必须适当提高生刑期限。而《刑法修正案(八)》对生刑

---

① 参见赵秉志:《中国死刑替代措施要论》,载《学术交流》2008年第9期。
② 参见陈兴良:《中国死刑的当代命运》,载《中外法学》2005年第5期。
③ 参见张明楷:《刑法学者如何为削减死刑作贡献》,载《当代法学》2005年第1期。
④ 参见刘宪权:《限制或废除死刑与提高生刑期限关系论》,载《政法论坛》2012年第3期。
⑤ 参见陈兴良主编:《宽严相济刑事政策研究》,中国人民大学出版社2007年版,第20页。
⑥ 参见刘东根:《两极化——我国刑事政策的选择》,载《中国刑事法杂志》2002年第6期。

期限的提高,在一定程度上有利于推进和保障死刑的废止。在这一背景下,废除集资诈骗罪的死刑也因此具有更大的可行性。

(2) 理性的死刑民意逐步形成

在死刑存废问题上,民意是一个不得不考虑的因素。一方面,在保留死刑的国家里,民意往往成为一种重要的支持因素,而妨碍死刑的废止。英国学者胡德在论及民意与死刑政策时曾指出:"在对是否废除、保留或恢复死刑进行决策时,民意非常频繁地被引为主要因素之一。例如,日本、一些前苏联国家、中国、泰国以及其他一些地区的政府官员都宣称,支持死刑的民意的力量使得对死刑的废除无法进行。"①在这种情况下,民意是死刑能否废止的一个重要条件。另一方面,在一些已经废止死刑的国家中,即使民意支持死刑,死刑仍能够得以废止。例如,法国1981年废止死刑的时候,大部分民众反而支持保留死刑。因此,民意是否影响死刑的废止以及如何正确看待民意对死刑的影响就成为此部分研究的重点问题。

首先,死刑的舆情民意,不仅在一定程度上影响死刑的立法和司法,也影响具体死刑个案的裁决,甚至影响我国死刑制度的改革。"在中国的传统司法中,民意自身就是一种正当性资源,法官允许它招摇过市地进入司法过程。传统法官采用平民化、大众式的思维方式,力求判决能够体现民众的意愿。"②在这种状况下,舆情民意不可避免会影响中国死刑的存废。其次,死刑改革过程中不仅需要聆听民众的声音,更需要国家积极引导民意循着理性方向发展。民意是可以被引导的。正如有论者所说,"死刑改革应当注意倾听、引导民意与科学决策相结合。现代民主国家的死刑改革不能不注意倾听民意,反映民众的合理诉求;对死刑民意还要注意引导其理性化发展和与时俱进变革,从而争取使民意成为死刑改革的基础力量"③。

与许多恶性暴力案件不同,绝大多数民众对吴英集资诈骗案件的死刑判决持反对态度。在当前国际社会普遍废止或严格限缩死刑的背景下,这是一种值得重视和肯定的民意走向。它反映出民众对待集资诈骗罪死刑的慎重而理性的态度,符合我国死刑制度改革的方向和刑事法治进步的需要。司法机关应当善待这种民意,保证民众的正当诉求得到基本满足,加快废止集资诈骗罪的死刑,促进民意朝着更加理性的方向发展,以便为我国刑事法治发展和死刑制度改革创造更好的社会环境。

3. 集资诈骗罪死刑废止的现实意义

(1) 有利于切实贯彻罪责刑相适应的原则

罪责刑相适应原则是我国刑法的一项基本原则,它要求刑罚与犯罪人的罪行和所承担的刑事责任相适应。在立法上,罪责刑相适应不仅要求某一具体犯罪的内部罪刑

---

① 〔英〕罗吉尔·胡德:《死刑的全球考察》,刘仁文、周振杰译,中国人民公安大学出版社2005年版,第475页。
② 孙笑侠、熊静波:《判决与民意——兼比较考察中美法官如何对待民意》,载《政法论坛》2005年第5期。
③ 赵秉志:《中国死刑改革的进展与趋势》,载《法制日报》2010年11月17日。

相适应,而且要求行为性质和危害程度相类似的犯罪之间保持罪刑均衡。但是,在当前社会背景下,对集资诈骗罪保留死刑妨碍我国刑法的罪责刑相适应原则的实现。

首先,在集资诈骗罪内部,作为死刑适用标准的诈骗数额和损失与死刑的适用难以体现罪刑相适应。根据我国1997年《刑法》第199条的规定,对集资诈骗罪适用死刑的条件是"数额特别巨大并且给国家和人民利益造成特别重大损失"。但事实上,无论诈骗财产的数额和损失有多大,都不能将其与死刑所要剥夺的生命权相提并论。因此,集资诈骗罪以诈骗数额和损失作为适用死刑的条件,不仅具有唯数额论的倾向,而且也不符合我国《刑法》第48条关于死刑只适用于"罪行极其严重的犯罪分子"的规定,不利于罪责刑相适应原则的实现。

其次,在集资诈骗罪与其他同类犯罪的关系上,对集资诈骗罪保留死刑难以保持集资诈骗罪与其他同类犯罪之间的罪刑均衡。在《刑法修正案(八)》废止了其他三种金融诈骗罪死刑的情况下,仍保留集资诈骗罪的死刑,易导致集资诈骗罪与其他金融诈骗类犯罪的罪刑不均衡。从司法实践看,其他三种金融诈骗犯罪造成的社会危害性完全有可能和集资诈骗罪的社会危害性相当,甚至超过后者。在这种情况下,如果只保留集资诈骗的死刑,明显与罪刑相适应原则不相符。另外,从渊源上看,集资诈骗罪是从普通诈骗演变而来的,对其设置死刑不利于其与普通诈骗罪刑罚的均衡。集资诈骗罪与普通诈骗罪是特殊与一般的关系,两个罪名侵犯的客体虽有所不同,但主观上都是以非法占有为目的,客观上都采用了诈骗的方法。然而,在刑罚上,却只对集资诈骗罪设置了死刑,明显有违罪责刑相适应的原则。

(2)有利于推进废止非暴力犯罪尤其是经济犯罪死刑之进程

面对国际限制、废除死刑的潮流趋势和国内立即全面废止死刑的不现实性,可以考虑先废止非暴力犯罪尤其是经济犯罪的死刑。首先,从犯罪的社会危害性程度看,非暴力犯罪尤其是经济犯罪主要侵犯的是财产权益或者社会秩序,其造成的损失主要是经济性财产损失,而这些损失可以通过追赃、无偿劳动等形式得到一定的补偿。与故意杀人、绑架、抢劫等直接侵犯公民人身权利的暴力犯罪相比,其社会危害性明显较低,不属于"危害极其严重的犯罪",应尽快废止其死刑。其次,从民众的可接受程度看,由于非暴力犯罪不具有反伦理性、残酷性等暴力犯罪的特征,废止其死刑不易引起民众的抵触情绪。最后,从非暴力犯罪尤其是经济犯罪的发生机理来看,其原因是多方面的,既有个体原因、被害人原因,也有社会原因、制度原因。而制度原因是其中比较重要的方面,例如经济管理上的混乱、政策上的疏漏、法律法规的不健全等。因此,对经济犯罪的遏制,应重视弥补制度管理上的缺陷,并进一步健全法律法规,而不是完全依赖死刑。

集资诈骗罪在犯罪性质上明显具有非暴力性和经济性的特征。一方面,集资诈骗罪的行为不包括侵害他人人身权利的暴力行为,因而不会对被害人的人身产生直接侵害,属于非暴力犯罪;另一方面,集资诈骗罪侵害的只是被害人的经济利益和国家正常的金融管理秩序,属于经济犯罪。集资诈骗罪的这种性质使得其与死刑之间缺乏合理的对等关系。生命权与财产权毕竟属于两种性质完全不同的权利,两者在任何情况下都不能画等号。而事实上,无论是基于报应的观念还是出于预防目的的考虑,对非暴力的经济犯罪不应适用死刑已经成为现代刑法的基本理念,也是我国刑事法学界的基本共识。因此,我国应尽快废止集资诈骗罪的死刑,以更好推进废止非暴力犯罪尤其是经济犯罪死刑的进程。

(3)有利于履行国家义务及开展国际刑事司法合作

关于死刑适用的国际标准,联合国《公民权利和政治权利国际公约》第6条第2款规定:"在未废除死刑的国家,判处死刑只能是作为对最严重的罪行的惩罚。"而关于"最严重的罪行",联合国经济及社会理事会《关于保护面对死刑的人的权利的保障措施》第1条规定,"……但应理解为死刑的范围只限于对蓄意而结果为害命或其他极端严重的罪刑"。与此同时,在2005年4月20日通过的联合国2005/59号决议中,联合国人权署敦促各国必须"确保死刑不被适用于如金融犯罪、宗教活动或意识形态的表达以及成年人间经同意的性行为"①。在我国已经签署《公民权利和政治权利国际公约》的背景下,废止集资诈骗这一金融诈骗罪的死刑,有利于我国承担《公民权利和政治权利国际公约》等有关限制和废止死刑的国际义务。

同时,随着经济全球化的不断发展,法律全球化的趋势也日益明显,这在一定程度上促进了各国刑事司法合作的有效开展。但是,从当前国际刑事司法合作的实践看,死刑是阻碍国际刑事司法合作的重要因素之一。事实上,从国外的立法例来看,一方面,废除死刑已经成为当今国际社会发展的主要潮流,当今世界的绝大多数国家或者地区都已经从立法上或者事实上废除了死刑;另一方面,据统计,即便是在保留并适用死刑的国家或者地区,也没有关于集资诈骗相关犯罪死刑的立法。在这种国际背景下,我国应坚决废止集资诈骗罪的死刑,顺应国际社会的刑事立法趋势,以利于我国就集资诈骗犯罪开展国际刑事司法合作。

五、结语

通过对吴英集资诈骗案相关法理问题的研究,本文认为吴英集资诈骗案虽在司法认定方面存在着一定的疑问,但在司法适用方面没有判处死刑立即执行是正确的。具体而言,在司法认定方面,法院在认定吴英是否"以非法占有为目的"时,没有贯彻主客观相统一原则,也没有从有利于被告人的角度出发,得出的结果难免有失公正客观;法院在认定"非法集资"时,认定吴英行为的对象具有不特定性略显牵强,因为吴英行为

---

① 赵秉志:《论全球化时代的中国死刑制度改革——面临的挑战与对策》,载《吉林大学社会科学学报》2010年第2期。

的对象只是11个特定的债权人,除非法院能证明吴英和11个直接借款对象是共犯;法院在认定"诈骗方法"时,从其判决书来看,推理过程不够详尽,尤其是考虑到投资领域的特殊性,在判断"诈骗"时理应更加谨慎。因此,法院在认定吴英构成集资诈骗罪时尚未做到有理有据,其结论仍需大量证据进一步支撑。在司法裁量方面,最高人民法院未核准对吴英执行死刑是正确的,尤其是考虑到以下问题:数额不是死刑量刑的唯一因素;《刑法》总则第48条关于死刑适用的规定决定非"罪大恶极"者不能适用死刑;集资诈骗罪的社会危害性已发生变化,不再属于极其严重的犯罪;被害人具有一定的过错应作为本案的酌定量刑情节;本案的民意并不支持判处吴英死刑,这是一种理性的民意,司法机关应予以考虑并力求判决体现此种民意。

此外,吴英集资诈骗案还集中反映出立法上废止集资诈骗罪死刑的必要性和迫切性,一定程度上推动了立法正式取消集资诈骗罪的死刑。废止集资诈骗罪的死刑具有一定必要性,并突出体现在其设置的社会背景发生变化、其社会危害性发生变化、不符合刑法谦抑性原则和不符合国际相关立法惯例四个方面。同时,废止集资诈骗罪的死刑还具有一定的可行性,尤其是考虑到生刑期限的提高和理性民意的逐步形成。废止集资诈骗罪的死刑设置,有利于更好地贯彻罪责刑相适应的刑法原则,加快推进废止非暴力犯罪尤其是经济犯罪的死刑之进程并促进履行国家义务及开展国家司法合作。

对吴英集资诈骗案的相关法理问题进行研究,有着重大的理论和现实意义。第一,随着我国经济体制改革的深入和市场经济的不断发展,集资诈骗类案件呈现出形式多样化、行为越来越隐蔽、被害人结构不断变化等趋势,增加了司法机关认定、查处相关案件的难度,不利于对此类犯罪的打击。因此,对此类案件司法认定中的相关疑难问题进行深入研究,有助于严格贯彻罪刑法定原则,有效打击集资诈骗活动,保护国家的金融管理秩序和公民的合法财产。第二,在当前全球普遍废止或严格限制死刑的背景下,回顾集资诈骗罪的死刑适用及其立法废除问题,有利于推动我国限制适用死刑乃至废止死刑的进程。研究集资诈骗罪的死刑存废问题,有利于从不同方面追问死刑设置的正当性、合理性问题,引导公众树立理性的死刑观,凸显死刑改革的必要性、紧迫性和可行性,以期推动其他非暴力犯罪死刑的废止。

在华外企职员侵犯商业秘密有关问题研究
——胡士泰侵犯商业秘密案

赵秉志 邵成举*

目 次
一、选案理由
二、基本案情
三、裁判要旨
四、引发的理论问题
(一)商业秘密的内涵及其构成特征
(二)危害结果的认定标准及其对定罪量刑的影响
五、结语

一、选案理由

  轰动国际的力拓员工胡士泰侵犯商业秘密案已尘埃落定,该案凸显的中国商业秘密泄露问题引发业内外广泛思考。力拓案只是展现了外国公司在华间谍行为的冰山一角,让公众在揭开经济间谍面纱的同时,也对商业秘密保护有了一个全新的认识。一个刑事案件能够引起大家的高度关注并非坏事,至少可以说明国人法律意识在不断增强。然而,力拓案给我们的启示却远远超出了案件本身的意义和影响,笔者认为有必要以力拓案为契机,深入探讨一下商业秘密的刑法保护,以构建一种和谐有序的市场机制,更好地保护民族企业的自主创新和知识产权。

二、基本案情[①]

  2003年5月,澳大利亚力拓公司上海代表处成立,被告人胡士泰(澳大利亚国籍)

---

* 北京师范大学法学院2010级法律硕士研究生。
① 参见上海市第一中级人民法院(2010)沪一中刑初字第34号刑事判决书。

自2004年12月至2009年2月担任该代表处首席代表。2008年2月,力拓新加坡公司上海代表处成立,被告人胡士泰担任首席代表,葛民强担任销售经理,刘才魁担任销售主管。被告人胡士泰在各代表处的主要工作职责是铁矿石的市场开发、产品推荐、长协客户的发展等业务。2008年12月至2009年6月期间,被告人胡士泰、葛民强、刘才魁、王勇为掌握本年度中国钢铁企业的国际铁矿石价格谈判策略,以便为其所属力拓公司制定相应的对策,利用力拓公司在国际铁矿石贸易中的优势地位,运用利诱及其他一些不正当手段,获取了中国钢铁企业2009年度的国际铁矿石进口价格谈判的多则商业秘密。另查明,2005年4月至2008年10月期间,被告人胡士泰、葛民强、刘才魁、王勇为使力拓公司在对华铁矿石贸易中牟取更多的利润,非法获取了中国钢铁企业的多则商业秘密。

(略)

被告人胡士泰、刘才魁、王勇、葛民强实施的上述行为,严重损害和影响了中国有关钢铁企业的竞争利益,使中国有关钢铁企业在国际铁矿石进口谈判中处于不利地位,并导致2009年中国钢铁企业与力拓公司铁矿石价格谈判突然中止,造成首钢国贸公司、莱钢国贸公司等二十余家钢铁企业多支付预付款人民币10.18亿元,仅2009年下半年的利息损失即达人民币1 170.30万余元。

上海市人民检察院第一分院指控被告人胡士泰、王勇、葛民强、刘才魁犯非国家工作人员受贿罪、侵犯商业秘密罪。上海市第一中级人民法院经审理认为被告人胡士泰犯非国家工作人员受贿罪,判处有期徒刑7年,并处没收财产人民币50万元;犯侵犯商业秘密罪,判处有期徒刑5年,并处罚金人民币50万元,决定执行有期徒刑10年,并处没收财产人民币50万元、罚金人民币50万元。被告人王勇犯非国家工作人员受贿罪,判处有期徒刑13年,并处没收财产人民币500万元;犯侵犯商业秘密罪,判处有期徒刑3年,并处罚金人民币20万元,决定执行有期徒刑14年,并处没收财产人民币500万元、罚金人民币20万元。被告人葛民强犯非国家工作人员受贿罪,判处有期徒刑6年,并处没收财产人民币50万元;犯侵犯商业秘密罪,判处有期徒刑3年6个月,并处罚金人民币30万元,决定执行有期徒刑8年,并处没收财产人民币50万元、罚金人民币30万元。被告人刘才魁犯非国家工作人员受贿罪,判处有期徒刑5年,并处没收财产人民币30万元;犯侵犯商业秘密罪,判处有期徒刑4年,并处罚金人民币40万元,决定执行有期徒刑7年,并处没收财产人民币30万元、罚金人民币40万元。上述被告人违法所得予以追缴。

一审判决后,胡士泰等人没有上诉,检察机关也没有抗诉。

三、裁判要旨①

法院认为,本案八则信息在被告人获取之时均未解密,相关权利单位也采取了保密措施,且未经商业秘密所有人许可,故信息具有非公知性;从相关信息内容来看,各条信息均与铁矿石贸易及价格谈判相关联,直接关系到权利人的经济利益,能为权利人带来竞争优势,具有实用性。故信息符合商业秘密的特征,应认定为商业秘密。被告人胡士泰作为单位直接负责的主管人员,采取利诱及其他不正当手段侵犯商业秘密,给相关权利单位造成特别重大损失,其行为已构成侵犯商业秘密罪。②

四、引发的理论问题

在一审法院进行审理的过程中,公诉机关和一审辩护律师在对直接影响本案性质的事实及法律问题上一直都持有不同的意见。主要有以下几点:1.关于涉案信息是否属于商业秘密的问题。公诉机关认为,本案八则信息在被告人获取之时均未解密,相关权利单位也采取了保密措施,且未经商业秘密所有人许可,故上述信息具有非公知性;从相关信息内容来看,各条信息均与铁矿石贸易及价格谈判相关联,直接关系到权利人的经济利益,能为权利人带来竞争优势,具有实用性。故涉案的八则信息符合商业秘密的特征,应认定为商业秘密。而辩方提出,涉案的八则信息中,中国钢铁工业协会召开的无锡会议、南宁会议、首都钢铁公司减产相关情况以及66号文均不具有非公知性和实用性,故不应认定为商业秘密。2.关于四名被告人是否采取利诱及其他不正当手段获取商业秘密的问题。公诉机关认为,涉案信息系被告人采用利诱及其他不正当手段获取的。而辩方提出,本案所涉八则商业秘密中,部分系相关企业人员主动透露的,部分系他人获取后转发给被告人的,还有部分具体来源不明,故不能认定四名被告人系采取利诱及其他不正当手段获取商业秘密。3.关于本案损失认定是否合理及相关信息被泄露与损失之间是否具有因果关系的问题。公诉机关认为,中联资产评估有限公司作出的《资产评估报告书》、相关证人证言、中国钢铁工业协会及首钢国贸公司等权利人出具的情况说明和四名被告人的供述均证实,本案中有关中钢协会议内容、铁矿石贸易及价格谈判方面的信息均属相关钢铁企业的商业秘密。被告人胡士泰等人所在单位非法获取中国钢铁企业有关谈判策略等商业秘密后必然采取相应措施,导致中国钢铁企业在铁矿石贸易谈判中陷入被动,对中国钢铁企业的铁矿石价格谈判及竞争利益均造成了直接的影响和损害。综上,被告人胡士泰等人采取利诱及其他不正当手段,非法获取权利人的商业秘密,其行为与相关权利人遭受重大损失之间具有因果关系,应以侵犯商业秘密罪追究被告人胡士泰等人的刑事责任。而辩方提出,起诉

---

① 参见上海市第一中级人民法院(2010)沪一中刑初字第34号刑事判决书。
② 参见上海市第一中级人民法院(2010)沪一中刑初字第34号刑事判决书。

认定的损失及计算方法并不合理,且公诉机关出示的证据不足以证实本案被告人的行为与损害结果之间具有因果关系。①

由此引发了以下两个法理问题:如何理解商业秘密的内涵及其构成特征?危害结果的认定标准及其对定罪量刑的影响。

(一)商业秘密的内涵及其构成特征

1.商业秘密的概念

商业秘密是国际上通用的法律术语,学者们对此有着各自的见解。有的将其称为有关商务内容的技术秘密;有的则称之为不具有独立性或整体性的技术秘密;还有的学者将其称为工商秘密。我国《刑法》第219条和《反不正当竞争法》第9条都对商业秘密做了明确界定,商业秘密是指不为公众所知悉、能为权利人带来经济利益、具有实用性并经权利人采取保密措施的技术信息和经营信息。因此商业秘密包括两部分:非专利技术和经营信息。如与经营销售有关的保密资料、情报、计划、方案、方法、程序、经营决策等经营信息;生产配方、工艺流程、技术诀窍、设计图纸等技术信息。商业秘密关乎企业的竞争力,对企业的发展至关重要,有的甚至直接影响到企业的生存。②

2.商业秘密的构成要件

根据我国相关法律规定,商业秘密的构成要件有四个:一是秘密性,即不为公众所知悉;二是价值性,即能为权利人带来经济利益;三是实用性,即该项商业秘密具有实际利用的价值;四是保密性,即权利人对该项商业秘密采取了保密措施。

(1)秘密性

"秘密性"是商业秘密的核心特征,也是认定商业秘密的难点和争议的焦点。法律规定的"不为公众所知悉"即指商业秘密的秘密性,是指权利人所主张的商业秘密未进入"公有领域",非"公知信息"或"公知技术"。秘密性是商业秘密与专利技术、公知技术相区别的最显著特征,也是商业秘密维系其经济价值和法律保护的前提条件。一项为公众所知、可以轻易取得的信息,无法借此享有优势,法律亦无须给予保护;一项已经公开的秘密,会使其拥有人失去在竞争中的优势,同样也就不再需要法律保护。③对于在具体案件中"不为公众所知悉"如何理解和适用,国家工商行政管理局《关于禁止侵犯商业秘密行为的若干规定》(以下简称《若干规定》)第2条第2款规定:"本规定所称不为公众所知悉,是指该信息是不能从公开渠道直接获得的。"该解释是从字面含义和从信息的消极获取渠道所作的界定,并未从正面揭示出它的内涵。"不为公众所知悉"是对商业秘密内容的要求,主要是要求作为商业秘密的信息应有新颖性,只是对这种新颖性要求较低,只要与众所周知的信息有最低限度的区别或有新意即可。"不

---

① 参见上海市第一中级人民法院(2010)沪一中刑初字第34号刑事判决书。
② 参见田宏杰、温长军:《侵犯商业秘密罪的规范解读和司法适用》,载《政法论坛》2009年第6期。
③ 参见刘党英:《商业秘密构成要件新探》,载《平原大学学报》2005年第5期。

能从公开渠道直接获得"是对商业秘密来源的要求,下面有必要对"公众"和"公开渠道"做出界定。

第一,公众的相对性。首先,公众在主体上的相对性与我国《反不正当竞争法》的立法宗旨相吻合。《反不正当竞争法》调整的是竞争者之间的竞争行为,因而商业秘密相对的"公众"当然不是泛指社会上不特定的多数人,而是指该信息应用领域的竞争者,即同业竞争者。一项构成商业秘密的信息并不是指除了合法持有人以外没有任何人知悉,而是指该信息在本行业或本领域内不为公众所知。① 其次,公众在地域范围上的相对性。由于我国地域辽阔,不同地区的经济文化、科学技术的发展很不平衡,有的技术在沿海地区和经济发达地区早已推广应用成为公知技术,而在一些边远地区和经济欠发达地区可能还鲜为人知,属于先进技术。和国外相比,则中国与世界先进国家在科技方面存在着很大差距,某些国外即将淘汰的技术,被我国企业引进之后,可能被当作先进技术,具有秘密性。因此,秘密性的地域范围并不是像专利发明的新颖性那样,有一确定的空间标准,而是随着个案中涉及的有利益冲突的主体性质的不同而不同。② 例如,当所涉及的是两个跨国公司的竞争关系时则应考虑世界范围内的相关公众,如果涉及的是一个国家的两大企业之间的竞争关系,则应考虑这个国家的公众。因此,"公众"的地域范围是随着个案中涉及的有利益冲突的主体性质的不同而不同。"公众渠道"包括以下几种情况:一是在公开发行的出版物上公开发表,并能付诸实施。二是产品被公开销售、陈列。三是商业秘密被公开使用。四是以口头谈话、报告发言、视听报道、模拟演示等形式为公众所知的信息,也丧失其秘密性。

第二,秘密性的相对性。商业秘密作为一种以秘密状态保守的知识产权,无法以一个硬性的、绝对的标准衡量其秘密性,因此,我们对其秘密性的理解是相对的而不是绝对的。这种相对性具体体现在以下四种情形中,换句话说,在以下四种情形中,尽管从形式上,该信息为权利人以外的其他人知悉,但并不能由此否认该信息是商业秘密,侵权方以此作为非罪的抗辩理由的,不能成立。③ 这四种情形是:一是独立多重发明。由于商业秘密的特殊性,会出现权利人和他人各自都以为自己是该商业秘密的唯一权利人,或者相互之间发生横向关系共同采取保密措施的,这种情形通常被称为"独立多重发明"。二是反向工程。根据商业秘密权利人投入市场的产品,有人通过自己的研究发现该产品的商业秘密,并且同样作为秘密管理,即为"反向工程"。三是在商业秘密的使用与管理中,一定限度的公开。在商业秘密的使用与管理中,一定限度的公开是无法避免的,如一个厂商在使用某商业秘密时,不可避免要有一些工厂中的员工接近、掌握该秘密。四是为其他行业、专业领域知悉。商业秘密的秘密性是在同一知识

---

① 参见孔祥俊:《商业秘密保护法原理》,中国法制出版社1999年版,第135页。
② 参见刘党英:《商业秘密构成要件新探》,载《平原大学学报》2005年第5期。
③ 参见赵秉志:《侵犯知识产权犯罪研究》,中国方正出版社1999年版,第308页。

水平、同一专业技术知识领域内而言的,因为一种经营信息或技术信息,可能对于一个外行人来说,没有任何意义,也不会利用它实现某种利益目的。① 例如,一个出版商的客户名单,对于竞争对手如获至宝,对于并非该行业的人来说,可能一文不值、毫无意义。

从胡士泰案不难发现,所涉商业秘密中的受害人应是中国的二十几家钢铁企业,那么也就意味着所涉商业秘密为二十几家中国钢铁企业所共有。而"中钢协"作为一个非营利性的、自律性的社团法人是否能拥有商业秘密呢?根据《中国钢铁工业协会章程》,中钢协不属于在工商行政管理机关登记的市场主体,其宗旨是为企业服务,为行业服务,为政府服务,为社会服务。所以,中钢协一般不会拥有商业秘密,因为其不需要参与市场竞争。假设本案中中国二十几家钢铁企业所拥有的信息能通过公开渠道获得,那该信息就不属于商业秘密的范畴。辩方认为,在涉案的八则信息中,无锡会议、南宁会议、首钢公司减产相关情况及66号文均不具有非公知性,其中部分信息已可从公开途径获取。但公诉机关出示的鉴定结论等证据均证实,涉案的八则信息均属商业秘密,在公布前已采取保密措施,不为公众所知悉。笔者认为,一项构成商业秘密的信息并不是指除了合法持有人以外没有任何人知悉,而是指该信息在本行业或本领域内不为公众所知。具体来说,公众是指同行业竞争者,而非同业竞争者,如一般公民和其他组织被排除在外。即使竞争者也仅指同行业、同领域的能够凭借该信息取得经济利益的企业、科研机构或个人。结合本案,胡士泰所属公司即为同行业竞争者,在获取涉案信息后即可改变谈判计划和策略,以从中牟取更多的经济利益,所以法院判定涉案的八则信息均属商业秘密,被告人胡士泰等人系非法获取。

(2)商业秘密的价值性和实用性

"价值性"是指商业秘密具有现实的或者潜在的商业价值,能为权利人带来竞争优势。商业秘密的价值性是保护商业秘密的根本原因,因为侵犯商业秘密行为的背后,是经济利益的驱动。权利人对商业秘密的维护,国家法律对商业秘密的保护,其重要目的也在于维护或谋求经济上的利益。"实用性"是指商业秘密的客观有用性,即通过运用商业秘密可以为权利人创造出经济上的价值。实用性要求商业秘密具有确定性,它应该是个相对独立完整的、具体的、可操作性的方案或阶段性技术成果。实用性与价值性是密切相关的,实用性是价值性的基础,没有实用性就谈不上价值性。② 实用性不能单纯地理解为可以实际应用,直接产生效益,任何能为权利人带来竞争优势的,被竞争对手获取后能为其节省竞争成本(包括经济成本或时间成本)的信息均具有实用性。它包括成功的技术方案、数据,也包括阶段性的、失败的经验、数据。《若干规定》第2条第3款规定:"本规定所称能为权利人带来经济利益、具有实用性,是指该信息

---

① 参见刘宪权、吴允锋:《侵犯商业秘密罪若干争议问题研究》,载《甘肃政法学院学报》2006年第4期。
② 参见刘党英:《商业秘密构成要件新探》,载《平原大学学报》2005年第5期。

具有确定的可应用性,能为权利人带来现实的或者潜在的经济利益或者竞争优势。"这表明,不管是现实的可直接使用的商业秘密,还是正在研究、试制、开发等而具有潜在价值的信息,都可以构成商业秘密,受法律保护。①

本案中,会议纪要是否具有经济实用性,值得商榷。理由如下:

第一,作为卖家的力拓等国际矿业巨头与作为买家的中国钢铁企业之间的买卖合同关系是在双方平等自愿的基础上达成的,合同定价除了由协商谈判确定之外,最终是由市场决定的,因为这是市场经济的游戏规则。而案件中查明的事实却是,被告人胡士泰等人所在单位非法获取中国钢铁企业有关谈判策略等商业秘密后必然采取相应措施,导致中国钢铁企业在铁矿石贸易谈判中陷入被动,对中国钢铁企业的铁矿石价格谈判及竞争利益均造成了直接的影响和损害。从这一事实中可以发现,中国钢铁工业协会召集众钢铁企业参会研究的是联合压价以增加谈判筹码,系联合抵制交易行为,那这就涉及反垄断的问题了。因为根据我国《反垄断法》第13条之规定,排除或限制竞争的协议是垄断协议。而是否系垄断协议,就应当由中国商务部或人民法院认定,如果决议涉嫌违法,那违法的信息,是不受法律保护的。

第二,即使中华人民共和国商务部或人民法院最终认定这个压价协定不构成垄断协议,根据最高人民法院相关司法解释的规定,这一压价协议的信息是否具有现实或者潜在的商业价值?能否为本案中二十余家中国钢铁企业带来竞争优势呢?笔者认为,这也是本案的争议焦点之一。因为铁矿石买卖是由市场决定的,买卖双方根据市场地位来确定价格,供求关系决定价格。当然,如果买家联合或许卖家会给一个团购价,但这取决于买家对团购者的考量和市场博弈能力,如果力拓等3家公司不愁卖,那么即使你团购也无法压低价格,在这里力拓等是否涉及垄断倒不是本案的考量因素了,这属于另外一个法律关系。因为即使力拓等构成垄断行为,说明其市场博弈能力巨大,更不在乎你们联合压价;如果不构成垄断,市场决定价格,最后决定价格的仍是市场,凭什么说你们联合压价就能把价格压下来,这其中有很大的不确定性。因此,判决书中所谓的导致中国二十余家钢铁企业多支付10亿元是如何算出来的不无疑问。

第三,联合压价协议算不算具有潜在的商业价值,笔者认为比较难以认定,因为其所谓联合压价行为不具有确定性,相当于锦囊妙计,要看对方中不中计,如果不中,就等于什么都没有。可以说,联合压价协议只是一种联合谈判的策略,不具有实用性。

(3) 保密性

商业秘密的保密性是指权利人对商业秘密采取了一定的保密措施,从而使一般人不易从公开渠道直接获取,该要件强调的是权利人的保密行为,而不是保密的结果。之所以有此规定,盖因法律鼓励为权利而斗争者,不应保护权利上的睡眠者。保密性

---

① 参见田宏杰、温长军:《侵犯商业秘密罪的规范解读和司法适用》,载《政法论坛》2009年第6期。

的客观存在,使得竞争对手在正常情况下通过公开渠道难以直接获悉该信息。

第一,不采取保密措施,商业秘密不受保护。如果权利人对一项信息没有采取保护措施,对该项信息采取放任其公开的态度,则说明他自己就不认为这是一项商业秘密,或者其并不要求保护。

第二,保密措施法律宽容的规定。秘密性的判断应当以合理性为标准,要求权利人采取万无一失的保密措施是不切实际的,即要求持有信息的人采取措施并合理执行,而不要求措施的万无一失。因此,对权利人来说,只要采取了合理的、适当的保密措施,使商业秘密在合法的条件下不至于被泄露就应当认为具有秘密性。《若干规定》第2条第4款规定:"本规定所称权利人采取保密措施,包括订立保密协议,建立保密制度及采取其他合理的保密措施。"国家工商行政管理局《关于商业秘密构成要件问题的答复》(以下简称《答复》)中指出:"只要权利人提出了保密要求,商业秘密权利人的职工或与商业秘密权利人有业务关系的他人知道或应该知道存在商业秘密,即为权利人采取了合理的保密措施,职工或他人就对权利人承担保密义务。"可见《答复》中对保密措施成立的要求较《若干规定》更为宽松,只要权利人提出保密要求即可。将权利人是否采取保密措施作为认定商业秘密的要件之一,在学理上有颇多争议,但从公安部门查办案件的角度来看,作为认定的要件十分必要。根据司法实践,权利人只要采取了下列措施之一,即认为采取了保密措施:一是是否建立了保密规章制度;二是是否与相对人或职工签订了保密协议或提出了保密要求;三是涉及商业秘密的特殊领域是否采取了适当的管理或警戒措施;四是其他为防止泄密而采取的具有针对性及合理性的保密措施。①

3.结合本案的结论性分析

本案中,法院认定被告人胡士泰等侵犯商业秘密的犯罪行为导致中国二十余家钢铁企业多支付10亿多元,如此重要的商业秘密,其保密措施必然是非常严格的,笔者认为,中国钢铁工业协会至少应采取以下保密措施:

(1)严格限制接触秘密的参会人员,只有具有相当职位的高级人员才能知晓;

(2)与所有涉密人员签订严格规范的保密协定,并约定泄露商业秘密应承担的法律后果;

(3)会议纪要上必须标明"机密"字样,并存放于保密场所;

(4)事前对所有涉密人员进行保密性教育。

以上保密措施,没有在判决书中有所体现,仅有几个证人证言和鉴定机构出具的鉴定意见,就将涉案的八则信息认定为商业秘密。笔者认为,法院在认定事实的过程中,应对涉案八则信息是否采取保密措施这一事实予以查明,不能仅以会议纪要上书

---

① 参见田宏杰、温长军:《侵犯商业秘密罪的规范解读和司法适用》,载《政法论坛》2009年第6期。

"机密"二字,也不能仅凭"被害单位"出具的情况说明,更不能仅以鉴定机构事后的一纸鉴定意见为依据就下结论,而应从中国钢铁工业协会和"被害单位"是否采取相应保密措施入手,综合评判相应证据后再予以确定。

(二) 危害结果的认定标准及其对定罪量刑的影响

由于法律规定的缺失和司法实践的不统一等原因,导致在办理侵犯商业秘密罪的案件中对侵犯商业秘密罪中"重大损失"的理解存在诸多争议。在本案中,控辩双方对于起诉认定的损失及计算方法和被告人的行为与重大损失之间是否具有因果关系等问题持有不同意见。

对于重大损失的理解和损害结果的计算直接影响着本罪的定性和量刑。

1. 刑法及司法解释对侵犯商业秘密罪"重大损失"的规范

侵犯商业秘密罪是1997年修订《刑法》时新制定的罪名,以造成"重大损失"作为构成要件之一,但对于什么是"重大损失"没有作出明确规定。2004年12月8日,最高人民法院、最高人民检察院联合发布《关于办理侵犯知识产权刑事案件具体应用法律若干问题的解释》(以下简称《解释》),其中第7条规定,实施《刑法》第219条之行为,对商业秘密的权利人造成损失数额在50万元以上的,属于"给权利人造成重大损失"。2010年5月颁布的最高人民检察院、公安部《关于公安机关管辖的刑事案件立案追诉标准的规定(二)》(以下简称《追诉标准(二)》)第73条的规定,又对"重大损失"做了重新界定:一是给商业秘密权利人造成损失数额在50万元以上的;二是因侵犯商业秘密违法所得数额在50万元以上的;三是致使商业秘密权利人破产的;四是其他给商业秘密权利人造成重大损失的情形。追诉标准由三种到一种再到四种的变化可以看出实务部门对于"重大损失"的理解是有分歧和不断变化的。司法实践也恰好印证了这一观点,如有的学者根据媒体和法院的判决书总结出司法实务部门认定"重大损失"的基本模式:一是以被告人因侵权所获得的利益来认定"重大损失";二是以商业秘密的价值来认定"重大损失";三是其他认定模式,如按商业秘密的市场价格或者根据被告人生产出来的产品价值来认定是否造成"重大损失"。主要是以第一种为主。①

2. 重大损失的具体内涵

《追诉标准(二)》既然对"重大损失"的认定做了解释,那么在司法实践中,应依照该解释进行理解,对其中不明确的地方再辅以其他法律法规规定内容合理阐释。

(1) 损失数额是否包括间接损失

对"重大损失"应当包括直接经济损失,这点理论界和实务界没有争议,但对是否应当包括间接损失,有不同的看法,这是自1997年《刑法》修订以来就争议不断的问

---

① 参见李发亮:《侵犯商业秘密罪中的"重大损失"问题研究》,载江苏省宜兴市人民检察院官网(http://www.yxjcy.gov.cn/readnews.asp?id=268),最后访问日期:2010年11月18日。

题。笔者认为,现有的司法解释并没有将间接损失排斥出"重大损失"之外。比较几次司法解释的异同,可以看出,2001年最高人民检察院、公安部《关于经济犯罪案件追诉标准的补充规定》将"直接经济损失数额五十万元以上"作为追诉起点,而2004年的《解释》就将"直接"二字去掉,改成"造成损失数额在五十万元以上",2010年5月的《追诉标准(二)》又对这一规定进行重申,可见,司法解释并未排斥"间接损失",认为"重大损失"仅限于直接经济损失的观点已经失去了司法解释上的依据。并且,也与本罪的实际不符。因为本罪不同于传统的财产犯罪,一方面,后者通常以财物为犯罪对象,侵犯财物给所有人造成的损失,一般仅限于财物本身的价值,而不扩及财物被侵犯后给所有人造成的间接损失,而侵犯商业秘密给权利人造成的损失则更多体现于其运用能给权利人带来的经济收益和竞争优势;另一方面,商业秘密受到侵犯以后,权利人并不必然丧失其商业秘密,可能仍旧可以使用。

(2)直接损失和间接损失的范围

由于《追诉标准(二)》也像过去的司法解释一样没有详细阐述"损失数额"应当包括的内容和计算标准,因此留下了学理研究和司法操作的空间。可以说,商业秘密罪中的直接经济损失应当是指商业秘密受侵犯以后,与侵权行为有直接因果关系而造成的损失,如商业秘密价值的损毁、减少或者权利人下降的营利数额等。而间接经济损失是指由直接经济损失引起和牵连的其他损失,如在正常情况下可能获得的利益、许可转让费(有时候可能是直接经济损失)、竞争优势的丧失所带来潜在经济利益的丧失数额和为恢复正常的管理活动或者挽回所造成的损失所支付的开支、费用等。虽然司法解释并没有将间接经济损失排除在外并作为追究刑事责任的根据,但笔者认为,司法实践中追究当事人刑事责任时应当首先以直接经济损失为根据,适当运用间接经济损失,将间接经济损失作为追究刑事责任的根据时应当特别慎重。为防止不必要的争论,可以司法解释的形式界定一定范围内的间接经济损失数额作为追究刑事责任的根据,如将为恢复正常的管理活动或者挽回所造成的损失所支付的必要的、合理的开支、费用等作为根据之一。①

(3)具体案件要具体分析

商业秘密损失包括很多方面,如其研发成本(如投入的人力、物力、时间耗费)、保密成本、市场价值、许可使用费等,如有的学者认为计算商业秘密的损失应当考虑:商业秘密研制开发的成本;商业秘密的利用周期;商业秘密的使用、转让情况;商业秘密的成熟程度;市场容量和供求情况;受害人营业额的实际减少量;行为人对商业秘密的窃取程度、披露范围、使用状况等。不同的侵权行为造成的损失不同,损失数额的计算方式就不同,不可能把上述要考虑的因素都计算于内。② 因此,笔者认为从犯罪手段方

---

① 参见田宏杰、温长军:《侵犯商业秘密罪的规范解读和司法适用》,载《政法论坛》2009年第6期。
② 参见刘蔚文:《侵犯商业秘密罪中"重大损失"司法认定的实证研究》,载《法商研究》2009年第1期。

面来讨论具有一定的意义。第一,非法获取商业秘密行为。主要有:若非法获取行为完全排斥了或者部分排斥了商业秘密权利人对商业秘密的占有,这时就应当以商业秘密被排斥部分的评估价值和必然遭受的损失,如预期可得到的利润、许可使用费等作为损失内容;若权利人并未丧失其商业秘密的全部或者部分,仍可继续使用,非法获取的侵权人并非权利人的竞争对手,也没有利用该商业秘密从事非法活动,则不应当计算损失;若侵权人系权利人的竞争对手,则根据该商业秘密与侵权人的密切联系程度,以该商业秘密被侵权人的利用率使权利人丧失的竞争优势或领先时间来计算损失。第二,非法披露商业秘密行为。若非法披露商业秘密行为导致商业秘密的全部或者部分为公众所知并丧失了秘密性,则应当根据失密部分的价值确定损失,充分考虑研制开发成本、保密成本、权利人未来合理时间内的预期收益等因素;若非法披露商业秘密行为仅导致商业秘密为部分公众所知,但知晓该商业秘密的人并未实施侵权行为,可以通过弥补挽回,则可以将因弥补侵害所做的努力计入损失数额;若非法披露商业秘密行为致使权利人的竞争对手知悉且无可挽回,则应当根据该商业秘密与侵权人的密切联系程度,以侵权人对该商业秘密的利用率使权利人丧失的竞争优势或领先时间来计算损失。

3.需要纠正的两种不当观念及其解决措施

(1)对统一标准的过度追求

正是因为对"重大损失"存在许多理论上的争议,"多元的认定模式也带来了执法的混乱和随意等不良后果",一些专家、学者和法律工作者期望能够迅速找到一个统一的标准进行适用,这对防止任意出入罪和司法的任意性是有积极意义的。但是,如果不顾我国现有的对侵犯商业秘密罪的司法实践的经验还不足以及保护商业秘密的保护措施还处于不断摸索的阶段的事实,盲目追求一个绝对的统一标准是不合理的,即使找到了一个所谓的标准,对于现实又有何影响,都是值得怀疑的。如在其他普通犯罪中,比如盗窃犯罪,窃得1 000元钱的盗窃犯就应该比盗窃999元钱的盗窃犯多受到处罚吗?因此,笔者认为,司法实践是一个随着时代变化而不断变化的过程,特别是涉及经济犯罪类案件,在尚未成熟的条件下,为司法操作寻求一个统一的标准是不现实的。追求统一标准的思想,归根结底是因为我国刑法体系是一个定性加定量的模式,这一点不改变,包括侵犯商业秘密罪在内的所有犯罪都需要寻找一个"统一的标准",并需要不断修改。因此,根据现有的情况,给予实务部门一定的自由裁量权是必要的。

(2)对刑罚威慑作用的过度追求

不可否认的是,对侵犯商业秘密罪"重大损失"的认定在司法实践中出现了难题,但是不能因为法律在实施中出现了难题,就随意解释法律,扩大《刑法》处罚范围,而应当在严格遵守罪刑法定原则的前提下,反思《刑法》规定的不当之处,修改法律,否则刑法的基本原则还有什么用?人们还能从遵守法律的规定中获得安全感吗?其实,一遇到实践难题就任意解释法律的思想,是片面注重刑罚的作用了,无论从历史长河还是中外立法比较看,滥用刑罚都不会有什么好的结果。片面注重刑罚作用的人还忽视了两个问题:一是追究侵犯商业秘密罪等经济犯罪人的刑事责任面临的最大难题不是法律规定、计算模式问题,而是司法的地方化、地方保护主义的问题。片面追求经济指标的政绩观,导致制定"土政策"、消极执行公务、直接干预办案、判决而不执行等地方保护主义泛滥,架空法律规定,这一问题不解决,即使有了统一的标准、具体的计算方法,也没有用。二是要严密民事与行政制裁的规定。如对于严重侵犯他人商业秘密,情节严重的,给予终身禁入该行业的处罚,同时加大民事赔偿的力度,如英美国家立法规定惩罚性赔偿,给予权利人以精神抚慰,标准为其实际赔偿损失的2倍至3倍等。①

4.结合本案的简要分析

结合本案,笔者难以理解的是,被法院采信的有关鉴定机构的鉴定意见认为胡士泰等侵犯商业秘密的行为导致二十余家钢铁企业多支出预付款10亿元,那么损失就应当按照10亿元计算,怎么能仅仅计算利息损失呢?多支出肯定是指原来可能以某价格达成交易,后来,由于泄露了商业秘密,导致价格上升,多付10亿元。如果前面两个条件构成,那么损失就无可避免,该案给权利人造成的损失就应认定为10亿元。问题是,如何能确定原来可以以何种价格达成交易呢?在现实中,权利人最难证明的就是这个实际损失,实践中这个标准在各地也不尽一致。本案中鉴定机构的鉴定方法和依据值得商榷,法院不能轻易地仅以一纸鉴定就确认该鉴定结论的合法性,而应综合评判相应证据再予以认定。

五、结语

本案以胡士泰服判画上了一个"圆满"的句号,但对本案涉及的相关法理的争论远未止歇,这样一个关乎国家经济安全的跨国大案,对其进行法理研究意义是十分重大的。就在本案审理终结不久后,国资委出台了《中央企业商业秘密保护暂行规定》,根据该规定,中央企业依法确定本企业商业秘密的保护范围,主要包括:战略规划、管理方法、商业模式、改制上市、并购重组、产权交易、财务信息、投融资决策、产购销策略、资源储备、客户信息、招投标事项等经营信息;设计、程序、产品配方、制作工艺、制作方法、技术诀窍等技术信息。中央企业在商业秘密保护工作中,对成绩显著或作出突出贡献的部门和个人,应当给予表彰和奖励。但如果发生商业秘密泄密事件,由本企业保密委员会负责组织有关部门认定责任,相关部门依法依规进行处理。国资委还要求

---

① 参见刘金波、朴勇植:《日、美商业秘密保护法律制度比较研究》,载《中国法学》1994年第3期。

各中央企业要高度重视商业秘密保护工作,加快研究制定相关实施细则,切实保障企业利益不受侵害。该规定的颁布对我国保护商业机密和经济安全具有重要意义,是非常符合实际需要的措施。这使得今后中国企业在国际贸易中对商业秘密的保护有法可依,对促进中外企业的公平交流,切实维护合作方利益也将带来益处。但要打好商业机密保护的攻防战,必须要有好的武器,好的策略和好的防护。

故意杀人罪共犯的分工及死刑分配
——吕德彬雇凶杀妻案

李建志[*]

目 次
一、选案理由
二、基本案情
三、裁判要旨
四、引发的理论问题
（一）雇凶杀人案死刑适用的疑难问题
（二）共同犯罪案件中死刑适用的限制
五、结语

一、选案理由

  死刑的最终废止应以严格限制适用为起点。而死刑限制的焦点和难点则在故意杀人罪的死刑控制。控制了故意杀人罪的死刑适用，我国的死刑限制问题自会迎刃而解。鉴此，最高人民法院于1999年10月印发的《全国法院维护农村稳定刑事审判工作座谈会纪要》对于"准确把握故意杀人犯罪适用死刑的标准"提出了明确要求，即"对故意杀人犯罪是否判处死刑，不仅要看是否造成了被害人死亡结果，还要综合考虑案件的全部情况"。这一规定的精神也在最高人民法院后来发布的其他政策性文件中得到体现。自2005年底开始，我国逐渐实行宽严相济的刑事政策。为了切实减少与限制死刑的适用，自2007年1月1日起，最高人民法院收回了死刑案件的核准权，死刑的适用受到严格控制。

  死刑限制与预防和打击犯罪作为我国现阶段两项重要的刑事政策，如何在逆向运

---

[*] 北京师范大学法学院法律硕士研究生。

行中相互协调,既可避"重刑主义""轻视人权"之恶名,又可收犯罪控制之功?犯罪控制是刑事法学研究的实践性目标。基于"饱和性法则"①的支配,传统的消灭犯罪的目标不可能实现。犯罪控制成为刑事法理论和实践的基本选择。对死刑限制适用,特别是对共同犯罪案件限制适用死刑,是否属于适合我国国情、具有可行性的两全之策,显然需要给予深入的研究。河南省原副省长吕德彬雇凶故意杀妻一案,也充分体现出该问题的重要性。

二、基本案情②

吕德彬与陈俊红于1998年经人介绍结婚。婚后,二人关系长期不和,经常发生矛盾。2004年10月至11月,时任河南省新乡市人民政府副市长的尚玉和先后在郑州市两次宴请吕德彬。酒后,尚玉和提出想调回郑州工作,吕德彬向尚玉和提及家庭矛盾,二人便预谋找人以买衣服或买车等为由骗陈俊红外出借机将陈俊红杀害。

2004年底,尚玉和让张松雪参与作案。为使张松雪能认识陈俊红,尚玉和按事先预谋,于2005年元旦、春节期间,带领张松雪到吕德彬家送花、送烟。2005年4月初,吕德彬将尚玉和叫到办公室,提出让尚找人带陈俊红出去旅游,趁机把陈俊红推下山,因恐陈不死,二人遂预谋仍用买车的办法将陈俊红骗出杀害。同年4月中旬,尚玉和与张松雪以买车为名带陈俊红到汽车交易市场看车以骗取陈的信任,后尚玉和交给张松雪15万元现金供其作案使用。其间,张松雪为作案,先后从张占彬(另案处理)处购得仿制手枪两支。5月份,张松雪又让在劳动教养期间认识的被告人徐小桐参与作案。

2005年6月1日,吕德彬在宁波开会时电话催促尚玉和抓紧行动。6月2日,在吕德彬的办公室,吕、尚二人又进行了预谋。吕提出让人冒充检察院的人将陈俊红叫出,借机用车撞陈俊红。因尚感到容易暴露,二人遂又预谋在河南农业大学家属院吕的住房内杀害陈俊红。吕德彬将农大住房钥匙交人配制后于6月4日上午在河南宾馆交给尚玉和,尚将该钥匙交给张松雪后,张又配制了该钥匙并购买了4张手机卡。当日下午,尚玉和将钥匙和一张手机卡交给吕德彬,并告知其用新购手机卡保持单独联系。6月6日,徐小桐将找人制作的假车牌豫A-21803挂在尚玉和提供的帕萨特汽车上。6

---

① 意大利刑法学家恩里科·菲利(Enrico Ferri)在《犯罪社会学》中提出了著名的犯罪饱和法则:"无论是自然犯罪还是法定犯罪,在总量上都是继续增加的,但每年的变化有时增多,有时减少,这些变化在一个较长的时间内,会积累成为一系列真正的犯罪浪潮。由此可见,它与某些化学定律的法则相一致,我称之为犯罪饱和法则。就像一定量的水在一定的温度下会溶解一定量的化学物质,而且不多也不少那样,在有一定的个人和自然条件的特定社会环境中,也会发生一定量的犯罪,不多也不少。"这一法则的典型表现是犯罪的周期性波动和犯罪的周期性增长。每个社会都有其应有的犯罪,这些犯罪之产生是由自然及社会条件所引起的,其质和量与每个社会集体的发展是相适应的。

② 参见河南省郑州市中级人民法院(2005)郑刑二初字第85号刑事判决书;河南省高级人民法院(2005)豫法刑一终字第440号刑事附带民事裁定书。

月7日上午,张松雪、徐小桐驾车到农大家属院作案,因保姆在家未能得逞。张松雪电话告知尚玉和后,尚、张二人分别用手机约陈俊红外出买车。

2005年6月8日上午,张松雪、徐小桐先购买一手机卡与陈俊红取得联系,后驾驶帕萨特轿车从银行取出10万元现金到农大家属院门口接上陈。张松雪驾车行至郑州市花园路北环立交桥附近时,徐小桐将陈俊红按倒在车内,二人分别用手卡脖子、按腿、用手枪砸头的方法将陈杀死。后二人开车到黄河东路一工地附近将尸体塞进后备厢,并换上原豫G-08997车牌。徐小桐将陈的手机卡取出交给张松雪,张给徐现金2万元。徐小桐单独驾车将尸体运至唐河县虎山水库。当晚徐用事先准备的尖刀、塑料袋、帆布包、汽车内胎等工具将尸体肢解包装后沉入水底。之后,徐驾车到南阳市关庄瓦关路口附近将汽车内胎、死者衣物等放在一麦秸垛上焚毁。

6月8日下午,张松雪在郑州市将陈俊红的手机卡装在自己的手机上,给吕德彬发了内容为"你夫人在我这里,请你三天后准备50万元。到时我会提供账号给你,记住不要报案"的短信。吕德彬接到短信后,电话告知省政府工作人员其妻陈俊红被绑架,省政府工作人员遂向公安机关报案。案发后,公安机关从虎山水库中打捞出部分尸块,经鉴定,死者确系陈俊红,且系被他人扼颈致机械性窒息死亡后用尖刀类锐器分尸。经侦查,吕德彬终于案发。

三、裁判要旨①

雇凶杀人的预谋、积极策划者,应对实行犯造成的死亡结果承担相同性质的刑事责任,即使其不知具体实施杀人行为者为谁,不影响对其共同杀人犯罪的认定。本案中,四被告人分工明确,犯意联系紧密,配合积极主动,均起主要作用,均系主犯,均构成故意杀人罪,且罪行极其严重,社会危害性极大,均应严惩。四被告人均以故意杀人罪被判处死刑。

四、引发的理论问题

副省长雇凶授意杀妻,不仅结束了自己大好的政治前途,也先后结束了包括自己在内的5个人的珍贵的生命,酿成了一件震惊国内外的特大新闻。在法院判决吕德彬等四人死刑立即执行后,人们不断思考,对于这样一起造成一名被害人死亡的雇凶杀人案件中,多名被告人被判处死刑是否能体现司法公正?对必须适用死刑的共同犯罪,如何在组织犯、教唆犯、帮助犯、实行犯之间进行主从犯区分及在主从犯之间如何适用死刑?在连环雇凶杀人案件中,对雇主和受雇者(实行犯)、前雇主和后雇主如何区别适用死刑?某一顺序雇主有多人时如何适用死刑?受雇人有多名时如何适用死

---

① 参见河南省郑州市中级人民法院(2005)郑刑二初字第85号刑事判决书;河南省高级人民法院(2005)豫法刑一终字第440号刑事附带民事裁定书。

刑？在现有法律现实下,如何限制共同犯罪中的死刑适用等法理问题,成了法学理论界及实务界关注和争议的焦点。

(一)雇凶杀人案死刑适用的疑难问题

1.仅造成一名被害人死亡的雇凶杀人案件的死刑适用

毋庸置疑,根据法院认定的事实,本案中四名被告人的行为构成共同犯罪。笔者结合共同犯罪理论分析其中的死刑适用问题。

(1)共犯角色的区分

根据各共犯人在共同犯罪中的分工不同,将共同犯罪人分为组织犯、实行犯、教唆犯及帮助犯。组织犯,即组织、领导、策划、指挥共同犯罪的犯罪行为人;实行犯,即共同犯罪中实施符合犯罪构成客观方面要件的犯罪行为人;教唆犯,即故意劝说、收买、威胁或者采用其他方法唆使他人故意实施犯罪的犯罪行为人;帮助犯,即故意提供信息、工具或者排除障碍协助他人故意实施犯罪的犯罪行为人。[1]

教唆犯的主观方面是明知他人无犯罪意图或犯罪意图尚不坚定,自己的唆使行为会使他人产生或者坚定犯罪意图,从而去实施犯罪,并且希望或放任他人去实施犯罪并产生危害结果。教唆犯的认识因素是认识到自己的行为是在促使他人实施某种具体犯罪。在该案件中,尚玉和不仅与吕德彬共谋杀害陈俊红,还与张、徐共同制定了作案计划,联系实行行为人,还做了帮助实行人熟悉环境、提供手机卡等故意杀人行为的帮助行为,其行为要件满足共同犯罪中组织行为、教唆行为、帮助行为的要求。吕德彬与尚玉和共同策划犯罪方案,虽该方案没有得以实施,其将住房钥匙交人配制后交给尚玉和,客观上为杀人行为提供了便利,但这都应当于属于故意杀人行为的附属行为,其行为要件满足共同犯罪中教唆行为和帮助行为的要件。同时,尚玉和的预谋、指使行为,也构成教唆。故意杀人的最终实施是由张松雪、徐小桐共同实行的,完全符合实行犯的要件。

故此,笔者认为,本案分工中,尚玉和为组织犯、教唆犯、帮助犯,吕德彬为教唆犯、帮助犯,张松雪、徐小桐为实行犯。这与对他们适用死刑的问题紧密相关。

(2)主从犯的区分

根据我国现行《刑法》的规定,在共同犯罪中,根据共犯人在犯罪中的地位和作用,将其区分为主犯、从犯和胁从犯。简单地说,主犯是指在共同犯罪中起主要作用的犯罪分子;从犯是指在共同犯罪中起次要或者辅助作用的犯罪分子;胁从犯是指被胁迫参加犯罪的犯罪分子。胁从犯从广义上说也属于从犯。主从犯的认定影响着刑事责任的大小。主犯具有独立性,即没有主犯不可能有从犯,但可能仅有主犯而没有从犯。但一般情况下,在共同犯罪案件中,各共犯人还是有主从区分的。具体区别共犯人在

---

[1] 参见高铭暄、马克昌主编:《刑法学》,北京大学出版社、高等教育出版社2000年版,第168页。

共同犯罪中所起的作用是主要还是次要还是辅助作用,应综合考虑行为人在共同犯罪中的角色分工、地位、参与犯罪的程度、实施犯罪的情节、社会危害性等因素来确定。

组织犯的行为使犯罪的计划性增强,使犯罪向规模化、专业化方向发展,从而使共同犯罪的社会危害性特别严重。组织犯的组织、领导、策划或者指挥性质,或者说其行为性质,决定了其对其他共同犯罪人的支配、控制和制约关系,是共犯中的核心人物,因而其在共同犯罪中起主要作用,是当然的主犯。本案中,尚玉和实施了故意杀人的组织行为。因而,可以确定尚玉和起主要作用而属于主犯。

我国《刑法》第27条规定:"在共同犯罪中起次要或者辅助作用的,是从犯。"其中起"辅助作用的"人,实质上就是帮助犯。帮助犯的特征是自己不直接实行犯罪,不参加实施犯罪构成客观方面的行为,在他人产生犯罪决意后,以非实行行为协助准备或实施犯罪,为他人实行犯罪创造便利条件。帮助犯是否可以成为主犯呢?我国通说认为,帮助犯是起辅助作用的从犯,是从犯罪的一种,不存在主犯问题。从司法实践来看,一般情况下对帮助犯都是以从犯论处的,帮助犯是从犯的观念也已经得到司法人员和人民群众的普遍认同。若把帮助犯作为主犯论处,扩大了刑罚的量,既不符合刑法谦抑性原则①的要求,也不利于分化瓦解和有效惩治共同犯罪人。② 但是,如果帮助者还有教唆、组织、指挥等行为,那么就不一定再属于从犯。吕德彬就是如此。

案件中吕德彬的行为构成教唆和帮助,其杀妻的起因是夫妻矛盾激化,据媒体报道,吕德彬与前妻都有高学历,关系不和离婚。离婚后,经人介绍和陈俊红成婚。在产下一子后,陈俊红对吕德彬颇多猜疑,且看管甚严,经常破口大骂,还动手打人,甚至让吕德彬下跪。作为一名从农村成长起来具有博士研究生学历的农业科学家暨高级干部,在政治上很有前途,在社会上也颇有地位和脸面,但在家中竟遭到妻子如此羞辱,吕德彬不能忍受,曾提出离婚,但陈俊红不同意。吕德彬说,升任副省长后,他曾就家里的情况,向组织上作过反映。2005年6月初,吕德彬夫妻大吵一架,陈俊红以握有吕德彬受贿的把柄为由要挟吕,并声称"如果离婚就全家同归于尽",吕德彬终于失去理智动了杀心。可见,其杀人动机的产生也有被害人陈俊红的过错责任。且从二审法院查明的事实可以看出,吕德彬虽然是本案共同犯罪的犯意最初发动人,但他并未明确提出"杀害"陈俊红,而是在尚玉和的提议下产生了犯意,进而二人密谋如何杀害陈俊红的。吕德彬提出的预谋杀人方案也没有得到落实。在犯罪的实行阶段,吕德彬没有参与其中,也没有提供直接的帮助行为,而是将一切交由尚玉和安排。在其后的犯罪过程中,吕德彬除了电话询问进展情况,及假告政府工作人员其妻被绑架而报警外,基

---

① 刑法的谦抑性,又称刑法的经济性或者节俭性,是指立法者应当力求以最小的支出,少用甚至不用刑罚而用其他刑罚替代措施,获取最大的社会效应,有效地预防和抵制犯罪。参见陈兴良:《刑法哲学》(修订版),中国政法大学出版社1997年版,第7页。

② 参见吴光侠:《主犯论》,中国人民公安大学出版社2007年版,第201—212页。

本没有什么实质行为。故从犯罪动机、犯罪情节、人身危险性等案件整体情况考虑,笔者认为,吕德彬虽在故意杀人犯意产生中起到了一定的作用,但在共同犯罪中没有起到主要作用,不宜认定为主犯。

虽然有学者认为,教唆犯在共同犯罪中通常起主要作用,审判实践中一般将教唆犯作为主犯处罚。① 但笔者认为,教唆犯可能是主犯,也可能是从犯。判断标准应从教唆犯的事实、性质、情节和对于社会的危害程度入手,进行综合考察。教唆犯的犯罪事实,主要是指教唆方法。教唆方法比较恶劣,如利诱、嘱托、胁迫、欺骗、刺激等,对被教唆人的影响力大的,视为起主要作用,以主犯论处。教唆犯的犯罪性质,是指教唆他人所犯之罪的性质。教唆犯的犯罪情节,可以从教唆的次数、内容和对象情况考察。次数多、内容详细具体,教唆对象没有任何犯罪意图和犯罪的思想基础的,说明教唆犯参与程度大,所起作用大,视为主犯。教唆犯对社会危害的程度,应当结合被教唆人考察。对被教唆人影响的持续性大小、被教唆人的犯罪情况,对教唆犯量刑具有重要影响。② 运用地位和角色分析法、主观与客观相结合分析法、全过程分析法、原因力大小分析法、比较与排除分析法,重点从教唆行为方式的危害程度、对于被教唆人犯罪的心理原因力大小和教唆犯的主观恶性程度等方面③,结合法院认定的尚玉和犯故意杀人未遂、贪污罪等情节④,笔者认为,尚玉和人身危险性极大,在本案中起到关键作用,列为主犯妥当;张松雪、徐小桐二人有实行杀人行为,手段恶劣,社会影响极坏,在造成陈俊红死亡的事实中起主要作用,列为主犯也妥当;但吕德彬仅实施了教唆、帮助行为,列为主犯值得探讨斟酌,对其适用死刑立即执行也值得推敲。

(3)多名被告人被判处死刑的司法公正问题

对我国雇佣犯罪案件判处死刑的情况进行纵向的历史统计和与别的国家的横向比较,不难看出,雇佣犯罪是我国适用死刑较多的一类案件,其中较常见的雇凶杀人、雇凶伤害案中,只要造成死亡结果,罪犯大多都被判处了死刑。比如袁宝璟雇凶杀人案中,判处三名被告人死刑、一名被告人死缓;李长河案中三名罪犯被判处死刑立即执

---

① 参见高铭暄、马克昌主编:《刑法学》(第3版),北京大学出版社、高等教育出版社2007年版,第194页。
② 参见陈兴良:《刑法适用总论》(上),法律出版社1999年版,第558—562页。
③ 地位与角色分析法认为,主犯是在共同犯罪中处于支配和主导地位,扮演主角色的人;主观与客观相结合分析法认为,主犯是共同犯罪中的主观故意形成和客观行为实施过程中起主要作用的人;全过程分析法认为,从共同犯罪人的实际参与程度来看,主犯是在犯罪的犯意产生,共同故意形成,犯罪准备,共同犯罪行为实施,共同犯罪完成的罪前、罪中甚至罪后整个过程中起主要作用的人;原因力大小分析法认为,主犯是共同犯罪中罪行较大、造成共同犯罪社会危害的主要原因的人;比较与排除分析法认为,主犯一般是与从犯比较而言的,是排除从犯以后的共同犯罪人。参见吴光侠:《主犯论》,中国人民公安大学出版社2007年版,第191—201页。
④ 2004年4月至5月,尚玉和为报复他人,授意张松雪采用爆炸方法杀害范学贵,张松雪又让徐小桐参与作案,因张、徐二人自动放弃,致使其杀害范学贵的目的未能得逞,构成故意杀人罪未遂。2004年4月至11月,尚玉和还利用职务之便,将60万元财政扶持资金据为己有,构成贪污罪。

行,两名罪犯被判死缓;谢福建雇凶杀人案中三名被告人在一审中都被判处了死刑立即执行等等。"两命抵一命""三命抵一命""四命抵一命",在造成一名被害人死亡的情况下判决多名被告人死刑立即执行这种现象在雇凶犯罪中的判决中似乎司空见惯。① 本案被害人为一人,被告人为四人,而一审和终审均判决该四名被告人死刑立即执行。从刑罚报应的公正立场考察,无论是从案件性质还是从案件的危害大小来看,本案死刑适用数量明显过多,判决过重,这一判决无疑与我国较长期以来严格限制死刑适用的司法精神相违背。

在我国,雇凶和受雇杀人是故意杀人犯罪案件中的一个从重量刑情节。在简单的雇凶杀人案件中,杀人行为是由被雇者具体实施的,但由于被雇者实施的杀人行为是雇主引起的,因此,雇主成立故意杀人罪的教唆犯,被雇者成立故意杀人罪的实行犯。当被告人的罪行极其严重,按照我国刑法的规定应当对被告人判处死刑,且根据案情只应当判处一人死刑时,就应当正确衡量教唆犯与实行犯刑事责任的轻重,以确定死刑的适用。在一般情况下,应对被雇者即故意杀人罪的实行犯适用死刑。主要理由有:从客观上看,对故意杀人罪的实行犯适用死刑是由其在共同犯罪中所起的作用决定的;从主观上看,杀人行为的实行者具有严重的可谴责性;从犯罪发生的原因看,雇主雇用他人杀害被害人往往是事出有因。②

根据《刑法》第 48 条第 1 款的规定,死刑只适用于罪行极其严重的犯罪分子;对于应当判处死刑的犯罪分子,如果不是必须立即执行的,可以判处死刑同时宣告缓期 2 年执行。适用死刑立即执行的犯罪分子所犯的罪行必须同时满足达到"极其严重"和"必须立即执行"的双重标准。据此,本案中各被告人的罪行是否满足这两个条件,应有一个基准的判断标尺。有论者认为,在被害人为一人的多人犯罪案件中,原则上应当判处死刑的犯罪人数限制为一人,即使考虑到本案性质的严重性和犯罪人本身的危险性,也不应当将该类案件的死刑判决人数超过二人,即至多将犯罪人中的雇凶者和被雇者各一人判处死刑立即执行,这样才能够从适用数量上严格控制死刑。③

从本案的判决书中可以看出,吕德彬从重量刑的情节主要有:一是因家庭矛盾即采用雇凶杀人方式杀害其妻子,犯罪性质恶劣;二是与尚玉和多次共谋杀害陈俊红,提供和策划了杀人方案;三是身为副省级领导干部,实施严重的刑事犯罪行为,知法犯法,社会影响极坏;四是其他几名犯罪人均是为了吕德彬个人利益而实施犯罪行为。尚玉和从重量刑的情节主要有:一是采用雇凶杀人的方式杀害他人,犯罪性质恶劣;二

---

① 参见林燕:《雇凶共同犯罪适用死刑之影响因素的现实考察——李长河雇凶伤害案法理分析》,载赵秉志主编:《死刑个案实证研究》,中国法制出版社 2009 年版,第 155 页。
② 参见赵秉志、何荣功:《雇凶杀人案件中的死刑适用问题研究》,载《法商研究》2010 年第 2 期。
③ 参见王东阳:《雇凶杀人的共犯区分与死刑适用问题——吕某雇凶杀人案法理分析》,载赵秉志主编:《死刑个案实证研究》,中国法制出版社 2009 年版,第 308 页。

是主动提出雇凶杀人;二是与吕德彬多次密谋杀人方案,并最终确定实施方案;三是直接联系、指使杀手作案,并向受雇者提供资金、作案工具等;四是除本案外,尚玉和还实施了雇凶杀害范某(未遂)、贪污等犯罪,具有较大的人身危险性。

吕德彬从轻量刑的情节主要有:一是系初犯,没有前科,人身危险性较小;二是被害人陈俊红在处理夫妻关系上方法简单、脾气暴躁,对吕的家人不热情,对于吕德彬雇凶犯意的产生,虽然没被法院认定为刑法意义上的过错,但也应当成为对吕德彬考虑从轻量刑的情节;三是虽然作为第一当事人,但在雇凶过程中处于帮助的地位。尚玉和从轻量刑的情节主要有:一是尚玉和没有直接参与本案的实行行为;二是在同案犯供述犯罪之后如实供述了犯罪。

从上述二人的量刑情节对比可以看出,在本案中,吕德彬有较多的从轻量刑情节,而尚玉和的从轻情节较少而从重情节很多。根据罪责刑相适应原则,就死刑适用而言,依照学界通行的观点,"罪行极其严重"不仅是指行为人所犯罪行客观危害严重,犯罪性质恶劣,而且指行为人的主观恶性极大。而"必须立即执行"是指犯罪人人身危险性大,不堪教育改造。由此,吕德彬所犯罪行虽然性质恶劣,但综合全案所反映的主观恶性和人身危险性相对较小,对其适用死刑立即执行过于严厉;尚玉和所犯罪行不仅性质恶劣,而且具有较大的主观恶性和人身危险性,应当先于吕德彬被考虑适用死刑立即执行。①

结合刑法中的相关规定和刑罚理论,笔者认为,判决四名被告人死刑立即执行的刑罚过重,有必要从法理上予以深入分析,以结法理,以益将来。

2. 连环雇凶杀人既遂案件中的死刑适用

在我国,雇佣犯罪并不是一个法定的术语,至于雇佣犯罪的定义,我国刑法学界尚存争议,但学者们一般都认为,雇佣犯罪是指雇主与被雇者事先就某种犯罪达成协议,一方以提供报酬或其他利益为条件,要求另一方实施特定犯罪的情形。② 连环雇凶杀人,是指在雇凶杀人案件中,雇主雇用他人实施杀人行为,而他人在接受雇佣后又再雇用第三者,形成多级雇佣关系,最终对被害人实施杀害行为的情形。例如,甲雇用乙去杀害丁,乙在接受甲的雇佣后并未直接杀害丁,而是雇用丙去杀害丁。在这类雇佣杀人案件中犯意的发起者甲被称为"前雇主",乙被称为"后雇主"。在本案例中,吕德彬、尚玉和的行为是典型的"雇凶杀人"行为,张松雪、徐小桐的行为是受雇杀人行为。吕德彬为前雇主,尚玉和为后雇主,张松雪、徐小桐为受雇者。

目前,在司法实践中,对于共同犯罪案件,即使犯罪分子罪行极其严重,根据我国刑法的规定,应当对被告人判处死刑的,也只能判处罪行最严重的被告人死刑。对于

---

① 参见王东阳:《雇凶杀人的共犯区分与死刑适用问题——吕某雇凶杀人案法理分析》,载赵秉志主编:《死刑个案实证研究》,中国法制出版社2009年版,第306页。
② 参见龚明辉:《雇佣犯罪中雇主的刑事责任问题》,载《法制日报》1996年1月25日。

实施抢劫、杀人等犯罪仅造成一名被害人死亡的案件,法院原则上尽量不判处一名以上被告人死刑。① 由于连环雇凶杀人案件往往比较复杂,在雇凶杀害一名被害人的场合,根据案情和我国刑法的规定,如果原则上只应当对一名被告人适用死刑的,在雇主和被雇者之间如何选择适用死刑? 这是一个困难的问题。

(1) 前雇主、后雇主的死刑适用

从客观上讲,虽然犯罪的实行行为和法益侵害结果的实现是由于雇主的教唆、组织间接导致的,但从时空上看,雇主只是促使受雇者产生杀人犯意,其本身的教唆行为对于法益不具有现实的侵害性。从因果关系考量,法益侵害的结果是受雇者的实行行为直接导致的。受雇者的实行行为是法益遭受侵害的直接原因,雇主的教唆、组织行为只有借助受雇者的实行行为才能实现对法益的侵害,这正是刑法理论承认教唆犯具有从属性的根本原因。雇主的教唆行为与受雇者(实行犯)的社会危害性相比,明显较小,因此,根据罪责刑相适应原则,在造成被害人死亡的情况下,率先考虑判处被雇者死刑,对雇佣者的刑罚制裁应轻于受雇者。具体到本案,造成被害人陈俊红一人死亡,根据上文,应当判处一名被告人死刑,就应该在受雇者张松雪和徐小桐中区分刑事责任大小后择重者判处死刑立即执行,对吕德彬、尚玉和应该在死刑立即执行以下判处刑罚。这点不难理解。

但假设一种案情,甲雇用乙杀害三名仇人,乙在接受雇佣后却没有直接去实施,而是雇用丙和丁二人对三名被害人实施杀人行为并既遂,根据案情应当判处三名被告人死刑。根据以上理论,除判处受雇者丙和丁死刑外,还需要区分前雇主甲和后雇主乙的刑事责任孰大孰小,择一判处死刑,这着实是个复杂困难的问题。前雇主和后雇主都是教唆犯,都实施了雇凶行为,都以造成他人死亡为目的,从表现上看,似乎两者罪行大小不差上下,但仔细分析就会发现有一定区别。①尽管总体来说,整个案件的发生是由于第一雇主即前雇主的教唆行为引起的,但那只能理解为犯意表示,具体故意杀人行为是由后一级雇主教唆下去,犯意层层传递,而具体的杀人行为是由最终的受雇者去实施的。如果在传递过程,到某一级雇主时教唆行为中止了,那么故意杀人的行为可能就不会发生了,因此后雇主的刑事责任大小不亚于前雇主。②从犯罪发生的动机上看,前雇主雇用他人杀人往往是事出有因的,从犯罪学角度讲,其犯罪动机的产生有时也有被害人的过错。有的是素有积怨,有的是受到欺压,有的是为了铲除对手或者阻碍者,有的是为了防止被害人告发自己的罪行,等等。虽然这些犯罪动机不能减轻前雇主的责任,但相比之下,前雇主犯罪毕竟是"事出有因",而一般来说,后雇主却和受雇者一样,与被害人之间既无宿怨也无新仇,有的只是有很少的矛盾纠纷,大部分后雇主和被害人之前根本就未曾谋面,后雇主接受雇佣单纯是为了得到钱财(一般

---

① 参见赵秉志、何荣功:《雇凶杀人案件中的死刑适用问题研究》,载《法商研究》2010 年第 2 期。

是为了"赚""差价")或其他利益,就置被害人生命于不顾,亲自去雇凶杀人,主观恶性较大。并且,后雇者相当于前雇主来说,也是受雇者,与实行犯一样,而通常情况下,受雇者多为有犯罪前科的劳教或刑满释放人员或者属于地痞恶霸甚至黑社会组织成员,其人身危险性本身就较大,更需要动用重刑进行严惩。③从主观上讲,后雇主具有完全的辨认和控制能力,对于是否去实施杀人行为具有完全的意志自由,对于杀人行为的法律性质和社会危险性是明知的。但其不但没有制止前雇主的行为,反而接受教唆并再次实施雇凶杀人行为,主观上具有更强的可谴责性。④从客观上讲,前雇主引起犯意产生,后雇主在前雇主的教唆下产生杀人意图后,积极主动地推动杀人意图的实现,相比之下,具有更大的社会危害性。因此,笔者认为,在连环雇凶杀人案件中,一般情况下,后雇主的刑事责任大于前雇主,在造成多名被害人死亡的情况下,除率先考虑判处受雇者即实行犯死刑外,应当将后雇主的刑罚严厉位次排在前雇主之前。即在以上假设案情中,应当判处丙、丁、乙死刑立即执行,而判处甲死缓或严厉程度更轻的刑罚。以此类推,同理可以得出,在多层连环雇凶杀人案件中,判决刑罚的严厉程度应当是从最后一级的受雇者即实行犯,到倒数第一级的后雇主,到倒数第二级的后雇主,到倒数第三级的后雇主……到第一级的雇主这样的顺序"倒序"排列。

(2)某一顺序雇主有多人时的死刑适用

上文假设案例中,同一顺序的雇主为一人,但在司法实践中,同一顺序雇主有多人的案件也时有发生。比如,甲雇用乙、丙杀害两名仇人,乙、丙在接受雇佣后,并没有直接去实施,而是雇用丁对两名被害人实施杀人行为并既遂,根据案情应当判处两名被告人死刑。依然根据以上分析,笔者认为,除判处实行犯即最终受雇者丁死刑外,还应在乙和丙之间择一判处死刑,这就需要根据案情对乙和丙的刑事责任大小进行区分。但在有的情况下,同一顺序的雇主罪行相当,轻重难分。如:甲、乙二人同时在场,每人给丙10万元,以一致的犯意表示,雇用丙去杀害两名追债人并既遂,根据案件情节应当判处两名被告人死刑。对于造成两名被害人死亡的结果,甲、乙均是雇主,并且地位相等,罪行相当。如何确定死刑适用的对象呢?对此,有三种不同的认定观点和处理方法:一是认为罪责等同,难分轻重,对甲、乙都判处死刑;二是认为既然罪责分不清轻重,就应当按照有利于被告人的原则处理,对甲、乙都不宜适用死刑;三是认为罪责不可能等同,事物总是可分的,从对等报应的角度出发,判处其中一人死刑,其余在死缓刑以下量刑。① 第一种观点显然超出了最基本的刑罚报应限度,也造成了死刑在共同犯罪中的滥用,不利于限制死刑政策的实现。第二种观点从有利于被告人和限制死刑的角度提出,出发点是好的,但不符合我国目前的社会现实,难为社会大众所接受。笔者赞同第三种观点,同一顺序的多名雇主的刑事责任大小还是可以通过考量社会危害

---

① 参见陈华杰:《论死刑案件的事实证据审查》,载赵秉志主编:《死刑制度之现实考察与完善建言》,中国人民公安大学出版社2006年版,第175页。

性和人身危险性等方面因素作出区分的。一方面,罪行相当总是相对而言的,社会评价不可能像数量关系那样精确,没有绝对同一的罪责,也没有罪行绝对均等的犯罪人。另一方面,犯罪都是主客观的统一,即使各行为人在客观上完全相同,其在推动雇佣犯罪意思形成及实行中的作用也会不同,反映出的各行为人的主观恶性程度及人身危险性大小会存在差异。这便要求在对同一层次的雇主适用死刑时,应本着限制适用的原则,结合犯罪人的各种主观因素加以认定,通过考察行为人犯罪意思形成的先后,对共同犯罪意志形成的推动作用,及其人身危险性的评价,对于罪行最严重的雇主可以考虑适用死刑。①

(3) 受雇者有多人时的死刑适用

比如,甲雇用乙杀害一名仇人,乙在接受雇佣后,并没有直接去实施,而是雇用丙和丁实施杀人行为并既遂,根据案情应当判处一名被告人死刑。依照前述分析,笔者认为,应在丙和丁之间择一判处死刑,这就需要根据案情对丙和丁的刑事责任大小进行区分,在客观上讲,这是个很困难复杂的工作。理论界和实务部门一般也认为,在很难区分各犯罪人在共同犯罪中的作用大小时,可以将共同犯罪人全部认定为主犯。但从案件的具体情况分析,犯罪人在共同犯罪中的作用还是存在一定差别的。结合吕德彬雇凶杀人案,需要区分张松雪和徐小桐的刑事责任大小来择一判处死刑立即执行。在该犯罪实行过程中,张松雪为实施犯罪积极准备工具,提供条件,而在杀害陈俊红的过程中,张松雪负责开车,进行配合,徐小桐直接实施了卡脖、捂嘴、手枪砸头等实行行为,并且在杀害被害人后实施了分尸、弃尸行为。在案件发生过程中,张松雪占据主动和支配地位,在尚玉和的安排下直接负责杀人的实施,直接联系徐小桐参与作案,徐小桐直接实施了杀人和毁尸行为,作案手段残忍;在罪后情节上,张松雪有主动供述和揭发他人犯罪的表现,而徐小桐认罪态度较好,二人的人身危险性有所降低。综合全案来看,张松雪在其中所起作用较大,但徐小桐作案手段残忍,所反映的主观恶性较大。可以说,二人在罪行上均表现为"极其严重",符合死刑适用的总的标准。但是否同时符合"必须立即执行",还要考虑二人的人身危险性,因张松雪在杀害陈俊红的具体实行中仅是"一边低速开车,一边阻止被害人蹬踹车门"②,处于帮助犯的地位,归案后主动供述其他犯罪人,主动供述司法机关尚未掌握的其他罪行,积极检举他人的犯罪行为,其可以认定为从轻处罚的考虑情节显然多于徐小桐。因此,总的来说,在二者择一适用死刑上,徐小桐应先于张松雪判处死刑立即执行。③

---

① 参见冯江菊:《共同犯罪中的死刑限制适用及其立法化》,载赵秉志、〔加〕威廉·夏巴斯主编:《死刑立法改革专题研究》,中国法制出版社2009年版,第424页。
② 河南省郑州市中级人民法院(2005)郑刑二初字第85号刑事附带民事判决书。
③ 参见王东阳:《雇凶杀人的共犯区分与死刑适用问题——吕某雇凶杀人案法理分析》,载赵秉志主编:《死刑个案实证研究》,中国法制出版社2009年版,第307页。

(二) 共同犯罪案件中死刑适用的限制

死刑使公民对犯罪评价严厉化。在我国,死刑立即执行是最为严厉的刑罚,按照罪刑相适应原则,最严重犯罪的犯罪人必须被立即处死才能体现刑罚的公正性。但是,近年来,随着人权观念的日益弘扬,生命权日益被视为不可剥夺、不可克减的"天赋人权";死刑之废存也愈益成为与社会文明程度、法治发展状况乃至人权发展水平等休戚相关之重要问题。① 如何理解《刑法》第 48 条第 1 款的"罪行极其严重"并严格限制死刑适用,成为刑事法理论界研讨的焦点。有论者认为,罪行极其严重是指犯罪对于国家和人民的危害特别严重,罪行是否极其严重,不仅要考察犯罪行为的客观危害,还要考察行为人的主观恶性和人身危险性。② 有论者认为,罪行极其严重也就是俗话说的"罪大恶极",其含义仍应从"罪大"和"恶极"两方面加以把握,"罪大"是指犯罪行为及其后果极其严重,给社会造成的损失巨大,体现出犯罪的客观危害的一面,是社会对犯罪危害行为和危害后果的一种物质的、客观的评价。"恶极"是指犯罪分子的主观恶性和人身危险性特别大,通常表现为犯罪分子蓄意实施严重罪行、犯罪态度坚决、良知丧尽、不思悔改、极端蔑视法治秩序和社会基本准则等,是社会对犯罪人的一种主观心理评价。③

站在全球视野考察死刑,通过学界对一些国家现有死刑司法制度的研究,我们可以认识到,面对国际社会坚决反对死刑和国内民众强烈要求保留死刑的双重压力,国家关于死刑政策的确定与贯彻应当非常慎重,既不能一味地屈从国际社会压力而脱离实际地废除死刑,也不能罔顾国际趋势,只考虑国内民意而多用乃至滥用死刑。在必须保留死刑的情况下,应当慎用死刑并严格控制死刑的适用,不断完善死刑案件的诉讼程序,赋予死刑犯充分的权利救济手段,力求在保留死刑与保障人权之间做出适当的妥协。④

1. 死刑限制适用的可行性依据和理论支撑

(1) 宽严相济的基本刑事政策

2005 年 12 月,时任中共中央政法委员会书记的罗干同志在全国政法工作会议上要求政法机关要更加注重运用多种手段来化解矛盾纠纷,更加注重贯彻宽严相济的刑事政策,促进社会和谐稳定,并明确界定了宽严相济刑事政策的概念,即对刑事犯罪区别对待,做到既有力打击和震慑犯罪,维护法制的严肃性,又要尽可能减少社会对抗,化消极因素为积极因素,实现法律效果与社会效果的统一。2006 年 10 月,中国共产党十六届六中全会通过了《中共中央关于构建社会主义和谐社会若干重大问题的决定》,

---

① 参见赵秉志:《论中国非暴力犯罪死刑的逐步废止》,载《政法论坛》2005 年第 1 期。
② 参见赵秉志主编:《新刑法典的创制》,法律出版社 1997 年版,第 79、81 页。
③ 参见陈兴良主编:《刑法疏议》,中国人民公安大学出版社 1997 年版,第 139—140 页。
④ 参见〔英〕罗吉尔·胡德:《死刑的全球考察》,刘仁文、周振杰译,中国人民公安大学出版社 2005 版。

其中明确要求"实施宽严相济的刑事司法政策,改革未成年人司法制度,积极推行社区矫正"。同年11月,全国政法工作会议提出,在和谐社会建设中,各级政法机关要善于运用宽严相济的刑事司法政策,最大限度地遏制、预防和减少犯罪;12月28日,最高人民检察院通过了《关于在检察工作中贯彻宽严相济刑事司法政策的若干意见》。2007年1月15日,最高人民法院出台了《关于为构建社会主义和谐社会提供司法保障的若干意见》,其中提出了"坚持宽严相济,确保社会稳定"等意见;在2010年2月又发布了《关于贯彻宽严相济刑事政策的若干意见》。这些文件成为宽严相济政策法律化的重要标志,也昭示着宽严相济刑事政策的法治化进程。宽严相济政策有助于形成和谐的社会氛围,体现了对犯罪规律的科学认知,符合法律经济学的基本原理,契合世界刑事法治的潮流方向。[①]

宽严相济刑事政策作为基本刑事政策,对于完善我国刑事法律体系具有重要的指导作用,对于控制死刑具有更为重要的意义,也为死刑限制适用提供了坚强的政策依据。2006年《最高人民法院工作报告》要求贯彻宽严相济的刑事政策,对罪当应处死刑但具有法定从轻、减轻处罚情节或者不是必须立即执行的,依法判处死缓或无期徒刑。在量刑、行刑等司法活动中,应当全面贯彻我国的"少杀、慎杀"死刑政策,完善死刑程序,对死刑的适用特别是对死刑立即执行进行有效控制。

(2)罪责刑相适应原则的理论蕴含

罪责刑相适应原则是刑法的基本原则之一,其基本含义是:犯多大的罪,就应承担多大的刑事责任,法院亦判处其相应轻重的刑罚,做到重罪重罚,轻罪轻罚,罪罚相称;罪轻罪重,应当考虑行为人的犯罪行为本身和其他各种影响刑事责任大小的因素。我国《刑法》第5条规定:"刑罚的轻重,应当与犯罪分子所犯罪行和承担的刑事责任相适应。"在刑事司法中,法官对犯罪分子裁量刑罚,不仅要看犯罪行为及其所造成的危害结果,而且要看整个犯罪事实包括罪行和罪犯各方面因素综合体现的社会危害性程度,讲求刑罚个性化。但量刑时如何妥当处理客观危害与主观恶性、社会危害性与人身危险性的关系,这是个疑难问题。有学者认为,罪责刑相适应原则的基本要求之一就是,量刑要同时顾及客观危害与主观恶性、社会危害性与人身危险性,既不能片面强调犯罪行为的客观危害和社会危害性而忽视犯罪人的主观恶性和人身危害性在决定刑罚轻重中的作用,也不能片面强调犯罪人的主观恶性和人身危害性而忽视犯罪行为的客观危害和社会危害性在决定刑罚轻重中的作用。犯罪的本质属性是社会危害性,因此,量刑应主要考虑刑罚与犯罪行为的客观危害和社会危害性相适应,在此前提下再考虑刑罚与犯罪分子的主观恶性和人身危险性相适应。从以往的司法实践看,在具体案件中,为尽量做到罪责刑相适应,司法人员尤其要防止重刑主义思想,不能一味强

---

① 参见刘沛谞:《宽严相济刑事政策系统论》,中国人民公安大学出版社2010年版。

调犯罪的外部表现及客观损害而对犯罪人确定刑罚。当然,也不能过分注重刑罚的特殊预防功能,从而对一些虽然犯罪人主观恶性和人身危险性不大但客观危害极大的犯罪行为作出罪刑失衡、宽纵罪犯的判决。具体而言,根据不同的犯罪种类、不同的案情,司法人员一方面要考察犯罪行为的实施手段方法、危害结果大小(含犯罪数额)、危害对象的特点、犯罪时间和地点等情况;另一方面也要考察行为人的年龄、身份、刑事责任能力状况,主观罪过形式,犯罪目的与动机,违法性认识程度,犯罪起因,是否初犯或偶犯,犯罪前一贯表现,犯罪后有无自首、立功、坦白表现及其程度,有无毁灭罪证、畏罪潜逃、栽赃陷害等不良表现等。总之,凡是能够影响行为人刑事责任大小的因素,都应当认真细致地考察,并以之作为刑罚裁量的依据。[①]

《刑法》第48条从罪行的严重程度上,将适用死刑的对象限定为"罪行极其严重"的犯罪分子,但客观而言,已达到"极其严重"程度的各种罪行,其实际上的严重程度也会有所不同。虽然无论是死刑立即执行还是死刑缓期执行都属于死刑的范畴,但在判断是否"必须立即执行"时,就必须考虑犯罪分子所犯具体罪行的严重程度,在裁量刑罚轻重时,就必须考虑是否遵循了罪责刑相适应的基本原则,即所判之刑是否与其罪行相适应。

(3)限制死刑的民意和司法基础

在"法不外乎情理"的传统观念影响下,我国目前的死刑与民意的关系问题反映在两个方面:一方面,在宏观层次,主流的民意是反对废止死刑的,这与大部分法学家强烈要求废止死刑的态度形成鲜明对照;另一方面,在微观层次,虽然也有要求对犯罪人"不杀不足以平民愤"的个案,但对绝大多数具体案件民意却希望免除死刑、枪下留人。比如,对于孙志刚在被收容期间伤害致死案中的被告人,民众的反应大多是"立即枪毙";对于"科技精英"徐建平杀妻案中的被告人则有多人上书法院请求枪下留人。[②]在当前形势下,社会的进步和科学技术的发展使得民意的形式与内容、传播途径与方法、作用的方式和结果都发生了深刻的变化,特别是互联网这种传媒方式的广泛应用,使得在极短时间内形成强大的、铺天盖地的"一边倒"的网络舆论压力成为可能,无形中对司法审判工作产生不应有的影响。但在批判的同时,我们也应客观看到,民众对司法审判的关注,说明了社会公众法律意识的整体提高,网民们为部分杀人案件的被告人的"免死"发声,也在一定程度上反映了民众对死刑限制适用的理解和接受,这其实是一个好的现象。在当前形势下普及与死刑相关的知识,让公众知悉我国死刑立法、司法的真实状况,了解国际死刑废止的发展趋势,正确认识死刑的功能和弊端,逐步从死刑崇拜或刑罚迷信中摆脱出来,将对我国宏观死刑政策和立法的调整、完善起

---

① 参见赵秉志主编:《当代刑法学》,中国政法大学出版社2009年版,第37页。
② 参见卢建平:《死刑适用与"民意"》,载赵秉志主编:《死刑制度之现实考察与完善建言》,中国人民公安大学出版社2006年版,第149—159页。

到积极作用。

2.共同犯罪案件中死刑的限制适用

我国《刑法》未限定共同犯罪案件中死刑适用的对象的范围,导致司法实践中雇凶杀人案件的从犯也被适用死刑的情况,这不符合罪责刑相适应原则,既不能体现刑罚个别化,也与我国宽严相济、严格控制适用死刑的政策相悖。

尽管共同犯罪中各共同犯罪人分工协作、互相配合,但其中起核心作用的仅是少数共同犯罪人,因此,基于刑罚谦抑性的精神和严格限制死刑的政策,对于共同犯罪案件,并非对所有罪责极其严重的共同犯罪人都一定要判处死刑,只有其中"罪责最严重"的共同犯罪人才能适用死刑,以限制死刑的适用。

在共同犯罪中,在严格控制死刑适用数量的基础上,应当综合全案情况对被告人的犯罪情节和量刑情节予以全面考量,以死刑适用总的标准来对犯罪人适用死刑的优先位次进行排序,要严格按照"情节特别严重"和"必须立即执行"的双重标准,把握好死刑立即执行的人数关。

(1)从犯的死刑适用

从犯在共同犯罪中只是起到次要和辅助作用,按照《刑法》第27条第2款规定,应当从轻、减轻或免除处罚。而胁从犯是受到暴力威胁或精神威胁而被迫参加共同犯罪的,其具有主观上的不自愿性和客观上的消极性特征,在共同犯罪中所起的作用较小,罪行较轻,人身恶性较低。《刑法》第28条规定,对于胁从犯,应当按照他的犯罪情节减轻处罚或者免除处罚。这使得从犯、胁从犯在共同犯罪量刑中属于法定的从轻、减轻情节。死刑只能适用于其中罪行最严重的犯罪分子,体现在共同犯罪中应只适用于其中罪行最严重的共犯人。因此,有学者认为有必要在立法上限定共同犯罪案件中死刑仅能适用于主犯,而排除对从犯的死刑适用。① 这一点也在国外的司法实践中得到了认可。如"美国联邦最高法院也做出很多判决,将死刑适用主体做了限定,其中包括对一级谋杀罪中的未参与杀人的从犯不适用死刑。过去很长一段时间中,美国许多州对在共同故意一级谋杀罪中的从犯适用与主犯同样的法律责任,即可以一并判处死刑。在 Enmund 诉佛罗里达州一案中,最高法院根据量刑的比例性原则认为,如果从犯仅仅是参与共同抢劫,而没有共同杀人故意的,不应该对杀人的行为负责,也不应该与实施杀人行为的主犯一样适用死刑"②。根据日本综合法务研究所1988年发表的统计研究报告显示,在共同犯罪中,起主要作用的罪犯,非常容易被判处死刑。相反地,在

---

① 参见冯江菊:《共同犯罪中的死刑限制适用及其立法化》,载赵秉志、〔加〕威廉·夏巴斯主编:《死刑立法改革专题研究》,中国法制出版社2009年版,第441页。

② 虞平:《美国死刑量刑制度的统一性与个别化的协调》,载《法学》2007年第11期。

共同犯罪中,处于从属地位的罪犯,几乎不可能被判处死刑。① 从立法上严格限制共同犯罪中死刑适用的范围,应适当放宽从犯的标准,对相对而言在共同犯罪中起到次要作用的共犯人,应认定为从犯。在共同犯罪案件中,死刑只能适用于主犯,而不应适用于从犯。如在吕德彬案中,就只应判处尚玉和、张松雪、徐小桐这些主犯死刑,而对吕德彬不应适用死刑。

(2)共同实行犯的死刑适用

对于共同实行犯的处罚,现代各国的通例是采用责任区分主义,即对共同实行犯的刑事责任的认定实行区别对待:一是坚持团体责任原则,即各共同实行犯都要对共同实行的犯罪行为的整体负责;二是坚持个人责任原则,即要严格区分各共同实行犯在整个犯罪中的地位、作用,区别量刑;三是过限自负原则,即各共同实行犯仅应对共同犯罪范围内所实施的犯罪承担共同责任,如果有行为人超出共同故意范围而实行了别的犯罪,根据罪责自负原则,只能由具体实行人自己对该罪承担责任,其他共犯人对该过限行为不承担责任。对于共同实行犯在衡量死刑适用时,应以谦抑性原则为基础,结合案情,考量最直接致害因素、参与犯罪的程度、在共同犯罪中地位、犯意的提起、身份等情节,对共同实行犯的刑责大小进行区分,对罪行最严重的实行犯可以考虑适用死刑。但需要指出的是,要对共同犯罪人区分主从犯,对作用相同归为主犯的应区分作用大小,实行责任差异。如在吕德彬案中,共同实行犯张松雪、徐小桐虽然都是主犯,但也应认真区分其刑事责任轻重,择其重者考虑适用死刑立即执行,而对稍轻者适用死缓或者以下的刑罚。

(3)组织犯与实行犯的死刑适用

对组织犯的量刑同样应坚持共同犯罪处罚的团体责任与个体责任相结合原则,首先,在共同犯罪中,应将组织犯作为主犯进行处罚,其应对组织、领导、策划、指挥的所有罪行负刑事责任。其次,在集团犯罪中,根据主客观相统一原则,组织犯只对自己组织、领导、策划、指挥实施的罪行负责。最后,对于刑法分则规定的共同犯罪行为,如组织、领导、参加黑社会性质组织行为,应当作为实行行为,按照刑法分则的具体规定对其量刑。对于组织犯的处罚,重点在于确定其对实行犯的支配程度。但在有的共同犯罪案件中,组织犯对实行犯的实行行为具有绝对的支配力,即组织犯的责任应大于实行犯的责任;而在有的共同犯罪中,组织犯对于实行犯的实行行为的支配力很弱,实行犯本身应当承担更大的责任。因此,对于组织他人犯罪的共同犯罪,在罪行特别严重需要适用死刑时,也不能对组织犯一概适用死刑,特别是死刑立即执行,应结合共同犯罪的形式、共同犯罪人的主观内容、共同犯罪的类型、在共同犯罪中的地位、共同犯罪

---

① 参见黎宏:《日本的死刑适用状况考察》,载赵秉志主编:《死刑制度之现实考察与完善建言》,中国人民公安大学出版社2006年版,第490页。

人的主观要求等方面进行综合考察评定。只有组织犯的罪行符合了"罪行特别严重"的标准,犯罪行为极其严重,主观恶性极大时,才可以考虑对组织犯适用死刑。在吕德彬案中,尚玉和是组织犯,张松雪、徐小桐是实行犯,犯罪行为后果极其严重,性质恶劣,都可以考虑适用死刑,但要在等量报应等刑罚主义指导下,严格限制适用死刑,特别是死刑立即执行。

(4)教唆犯与实行犯的死刑适用

一般情况下,死刑的适用应以实行犯为基准,在行为评价上,实行犯的责任应大于教唆犯的责任。特别是在雇凶杀人案件中,实行犯往往是为了得到钱财而人性泯灭,主观恶性和人身危险性较大,故实行犯的责任应大于教唆犯的责任,更应首先评价为死刑适用的对象。但教唆犯罪表现多样,不同方法体现出教唆人对被教唆人不同的影响力,也反映了被教唆人在实施犯罪时不同的自由度,有的是间接教唆,有的是连锁教唆①,有的教唆是概括性教唆,有的教唆是明确性教唆,有的还同时传授犯罪方法,情况复杂。特别是在雇凶杀人案件中,无法一概认定实行犯为死刑适用的首要对象,必须结合案情实际分析评判,在率先考虑对实行犯适用死刑的前提下,如果教唆犯组织实施整个犯罪,在整个犯罪过程中起到核心、关键作用,属于主犯,对其刑责评价超过实行犯,也可能作为死刑适用对象率先考虑。在吕德彬案中,吕德彬、尚玉和都属于教唆犯,但尚玉和在雇凶杀人过程中起到主犯作用,对其应当适用死刑;而吕德彬仅起到辅助作用,不应作为死刑适用的对象。

3.死缓替代死刑立即执行的现实可能性

既然部分死刑立即执行不是必需的,那么寻求一种替代措施就成了必然考虑。死刑替代措施是一种代替死刑的刑罚方法。"如果要废除死刑就必须找出一种处于死刑和无期徒刑中间程度的刑罚制度,这就是所谓的死刑替代措施。"②我国有学者将其界定为"刑法规定的在功能上能够代替死刑并能避免死刑诟病的刑法分则关于具体犯罪所没有规定的刑罚方法"③。

《刑法》第50条规定:"判处死刑缓期执行的,在死刑缓期执行期间,如果没有故意犯罪,二年期满后,减为无期徒刑;如果确有重大立功表现,二年期满以后,减为二十五年有期徒刑;如果故意犯罪,情节恶劣的,报请最高人民法院核准后执行死刑;对于故意犯罪未执行死刑的,死刑缓期执行的期间重新计算,并报最高人民法院备案。"此即死缓制度,是我国刑法颇具特色的一项死刑制度。死刑缓期执行,是我们党和国家"少

---

① 在间接教唆犯的情况下,间接教唆犯与被教唆的人之间隔着一个或者两个以上教唆犯,这种辗转教唆的情形,在学理上称为连锁教唆。参见褚剑鸿:《刑法总则论》,台北有盈印刷有限公司1984年版,第269页。
② 〔韩〕申洋均:《通过绝对的终身刑来废止死刑》,载赵秉志主编:《中韩死刑制度比较研究——"第五届中韩刑法学术研讨会"学术文集》,中国人民公安大学出版社2008年版,第107页。
③ 袁彬:《死刑替代措施的模式及其立法选择》,载陈泽宪、贾宇、曲新久主编:《刑法理论与实务热点聚集》(上卷),中国人民公安大学出版社2010年版,第763页。

杀慎杀"政策的法律体现,它对于限制和减少死刑的最终执行起到了极其重要的缓冲作用。有学者指出,只要被判处死缓,99.9%的犯罪人最后都没有被实际执行死刑。① 尽管死缓犯还有被实际执行死刑的可能,但我们不得不承认,死缓就是"死刑中的生刑",死缓的实质就是"减死之刑",换句话说,适用死缓就相当于不执行死刑。有学者认为"适用死缓就是废除死刑",在我们这样一个暂时不可能从立法上废除死刑的国家,明确死缓适用标准就是为废除死刑做贡献。在审判最严重的犯罪案件时,如果通过该法定刑的可选择性的严格考量,仍不得不判处死刑的,若没有极其充足的理由必须立即执行的,仍然应当尽量考虑判处死刑同时宣告缓期2年执行,以充分发挥死缓制度对于限制和减少死刑执行的特殊功能。适用死缓就是废除死刑的最好方法,应当不断明确死缓与死刑立即执行的边界,不断扩大死缓的适用范围,不断降低死缓的适用标准。

4. 共同犯罪死刑限制的立法设计建议

中国的死刑立法和司法现状与当今国际社会法治发展进步趋势的反差,引发了关乎现行刑事法治中死刑的配置与适用问题的深刻反思。如今,越来越多的有识之士逐渐认识到,中国的死刑立法过多,死刑司法状况也令人担忧。刑法界对死刑弊端之批判日趋增多,开始出现探讨死刑逐步废止甚至立即废止的见解。②

5. 刑法学界的死刑限制司法建议

有学者认为,应该修订《刑法》第50条的死缓判刑制度,明确规定死缓犯在死缓考察期满合格后只能减为无期徒刑,不能再次减为有期徒刑。③ 同时,为了鼓励死缓犯积极改造,可以考虑实行不定期的死缓考验期制度;对于那些改造确有成效的死缓犯,在考验期满应该减为无期徒刑;对于不积极改造、不能认罪悔过的死缓犯,以及在考察期内有违法违规行为、实施过失犯罪和轻微故意犯罪的死缓犯,将延长死缓考验期;对于实施了严重的特定故意犯罪的死缓犯,可以执行死刑。④ 也有的学者认为,在我国目前死刑适用过多的情况下,绝对的无期徒刑是一种理想的死刑替代措施。理由如下:首先,绝对的无期徒刑与死刑的惩罚性相当,能够代替死刑发挥其功能,符合我国死刑替代措施的特点要求。其次,将绝对的无期徒刑作为我国死刑的替代措施,有利于提高我国民众的认可度,符合我国现阶段的国情要求。最后,将绝对的无期徒刑作为我国死刑的替代措施,循序渐进,有利于简便立法,符合我国刑事立法的基本规律。有论者建议在《刑法》总则第四章"刑罚的具体运用"的第一节"量刑"中增加一条规定:"因犯

---

① 参见胡云腾:《死刑通论》,中国政法大学出版社1995年版,第241页。
② 参见赵秉志:《中国逐步废止死刑之建言——以废止非暴力死刑为中心》,载赵秉志、〔加〕威廉·夏巴斯主编:《死刑立法改革专题研究》,中国法制出版社2009年版。
③ 参见陈兴良:《中国死刑的当代命运》,载《中外法学》2005年第5期。
④ 参见赵兴洪:《死刑缓期两年执行适用标准研究》,载陈兴良主编:《刑事法评论》第19卷,北京大学出版社2007年版,第87—88页。

危害国家安全罪、危害公共安全罪、暴力性犯罪、贪污贿赂犯罪、毒品犯罪等被判处无期徒刑的犯罪分子,人民法院可对其宣告不得减刑和假释。"①还有学者建议,为了实现死刑立即执行、死缓适用中的平衡和协调统一,最高司法机关应当进一步加强司法解释工作,尽可能为各种可以判处死刑的犯罪之死刑适用提供明确具体的标准。加强适用死刑立即执行、死缓案例的编撰工作,对于刑事审判工作也具有重要的指导作用。②

6.笔者对《刑法》第48条的修改建议

根据1999年10月27日颁布的《全国法院维护农村稳定刑事审判工作座谈会纪要》的慎刑精神,结合《刑法》第26条第4款、第27条第2款、第28条、第29条第2款、第232条之规定,笔者大胆建议,可在第48条的第1款"死刑只适用于罪行极其严重的犯罪分子。对于应当判处死刑的犯罪分子,如果不是必须立即执行的,可以判处死刑同时宣告缓期二年执行"和第2款"死刑除依法由最高人民法院判决的以外,都应当报请最高人民法院核准。死刑缓期执行的,可以由高级人民法院判决或者核准"中间增加一款:"共同犯罪致人死亡中,死刑只适用于主犯,被判处死刑立即执行的人数不得超过造成死亡的人数。"

设置此款的理由有三:一是明确主张仅能对主犯适用死刑,对于从犯坚决不能适用死刑的原则,换言之,即使从犯罪行特别严重,性质特别恶劣,但只要在案件中起的作用没有达到主要作用,仍属于从犯地位,就只能在死刑以下判处刑罚。二是表明一种立场,切实从立法上解决当前司法实践中造成一名或者少量被害人死亡,而对多名共同犯罪人判处死刑立即执行的量刑过重问题,但又同时允许根据案情实际,为了严惩罪犯,可以判处超量的主犯死刑,但不一定都是死刑立即执行。三是明确规定共同犯罪中判处死刑立即执行的被告人的数量限制,即使共同犯罪案件中的所有主犯都罪行极其严重,犯罪情节极其恶劣,均需判处死刑,但也要合理利用我国的死刑立即执行和死刑缓期2年执行的死刑制度设计,体现出差别,发挥出该独创的刑罚制度的优势,严格区分主犯的刑责大小,原则上在造成死亡被害人人数范围内判决主犯死刑立即执行,而对其余应当判处死刑的主犯适用死缓及以下刑罚。但同时也要注意与其他案件的平衡问题。

就司法实践而言,要严格按照罪责自负的原则,综合全案的各项情况,根据犯罪人在共同犯罪中的地位、作用,能划分主从犯时尽量划分主从犯,确定责任,准确量刑。存在多名主犯的情况下,要充分考虑各主犯有无法定从宽处罚情节、酌定从宽处罚情节,或有无基于动机、证据考虑的特殊因素,按照行为的严重性程度,区分其在犯罪中的作用和具体情况,给主犯们排出"罪行阶梯"。如果确实无法厘清罪责大小,应根据

---

① 袁彬:《死刑替代措施的模式及其立法选择》,载陈泽宪、贾宇、曲新久主编:《刑法理论与实务热点聚焦》(上卷),中国人民公安大学出版社2010年版。

② 参见高铭暄主编:《刑法专论》(第2版),高等教育出版社2006年版,第529页。

主犯在共同犯罪中所起作用或情节上的差错,对罪行极其严重、情节特别恶劣、没有宽宥因素、排列在前的主犯,判处死刑立即执行;对于罪行稍轻排列在后的主犯,则可考虑判处死缓,最大限度地限制共同犯罪中的死刑适用。总之,增加此款,从立法上明确对共同犯罪中死刑适用的严格限制,强调只能对主犯适用死刑,既能顺应我国当前不能废除死刑的现状,符合民意的要求,又能做到严格限制死刑适用以为将来废止死刑服务。

五、结语

限制死刑,除了在最大限度上缩小死刑的适用范围,还要最大限度地减少死刑的实际执行。因为一个经济发展迅速,人民物质生活改善的现代中国,没有任何特殊理由需要适用更多死刑;一个独立的、在国际上日益强大的现代中国,没有任何特殊原因需要规定更多死刑。当然,死刑限制适用直至废除死刑的设想,究竟在司法实践中能否得到实现,还取决于司法人员死刑观念的改变、民众对死刑犯罪的宽容度等诸多因素。

当代法治先进国家和地区的发展实践证明,刑事法治的现代化程度及与之相应的刑法基础观念的普及程度,乃是一个国家、一个社会法治文明、人权事业进步的重要标志。其中,死刑的法治命运和理念至关重要。严格限制共同犯罪中的死刑适用,仅是社会主义法治国家建设征程的一小部分。我们相信,严格限制、逐步减少乃至尽可能早地废止死刑,有益于中国的法治文明、人权保障和社会进步。

跨国有组织犯罪、国际恐怖主义犯罪的刑事管辖权及其实现相关问题研究

——以糯康案为例

赵 远[*]

目 次

一、选案理由

二、基本案情

三、裁判要旨

四、引发的理论问题

（一）关于本案犯罪类型的认识

（二）关于本案的刑事管辖权问题

（三）关于本案所涉及的国际刑事司法合作问题

（四）关于本案的定罪量刑问题

（五）本案对于中国的意义

五、结语

一、选案理由

2013年3月1日，随着特大武装贩毒集团的首犯糯康在云南昆明被执行死刑，糯康案件（又称湄公河惨案、"10·5"惨案）尘埃落定，此时距离罪行发生已有将近一年半的时间。湄公河惨案中，13名中国船员被残忍杀害于泰国清莱府清盛县的湄公河水域，震惊了世界，引起了中国与其他相关国家政府的高度重视。同时，由于该案有着案情复杂、危害严重、性质恶劣、侦破困难、涉案人员众多、涉及多国合作等特点，引起了我国社会各界的广泛关注。本案在司法实践上为中国未来频繁的国际刑事司法协助

---

[*] 北京师范大学刑事法律科学研究院博士研究生。

树立了一个优质范本,为中国以后处理此类重大案件指明了方向,可谓有着里程碑式的意义。而本案的相关法理问题也同样有着重大的研究价值,对推进我国国际司法合作制度的创新具有重要意义。因此,选择糯康案件,研究其所涉的国际、国内刑事法问题,所具有的重要的理论价值和现实意义不言而喻。

二、基本案情[①]

糯康,缅甸腊戍人,系特大武装贩毒集团——糯康集团的首脑。糯康集团主要在泰国、缅甸以及老挝三国边境交界处的"金三角"地区长期从事运毒、贩毒、抢劫、杀人及爆炸等犯罪活动。随着糯康集团的影响越来越大,糯康本人也逐渐成了"金三角"地区最大的毒枭之一。2007年起,糯康集团利用湄公河运输毒品的同时,也开始向河上的过往船只收取保护费,并杀害"不合作"的船员。糯康集团的严重罪行使得该集团的几名首要犯罪分子遭到了中国、泰国、缅甸、老挝的通缉。但由于糯康花费重金收买缅甸部分政府与军方官员,使其直至2009年仍拥有一个被缅甸政府承认的"合法身份"——大其力北部小镇红列镇民兵团领导人。因此,即便被多国通缉,糯康集团仍然肆无忌惮地实施犯罪行为。至糯康被抓获,该集团近年来在湄公河上实施的抢劫、枪击犯罪近百起,造成数十人伤亡。

早在2011年9月27日,糯康就得到消息,有两艘中国籍船只称自己没有运输毒品,拒绝支付保护费,并曾同意与缅甸军方合作,协助清剿糯康集团的部分据点。糯康甚为气愤,决心教训这两艘中国船只上的船员。随后,他召集了其集团的二号人物桑康与三号人物依莱到缅甸散布岛的糯康集团基地内,商议把一些毒品放在这两只中国船上进行栽赃,并杀害全部船员,之后再买通一些泰国军人来查处毒品。

计划确定后,依莱便主要负责作案的准备工作。他首先安排了一些眼线,密切留意该两艘船只的动向,并及时汇报。之后,他又亲自与手下选定了准备实施杀人行为的水域地点。最后,以提供抓捕毒贩的机会为诱饵,诱使9名泰国军人同意参与其犯罪计划。同时,依莱还依糯康指示,要求事成之后,泰国军方给糯康集团提供清盛码头的出入方便,并索要了一些武器。这些要求也得到了涉案泰国军人的答允。

2011年10月5日,根据之前的情报,糯康得知两艘船只将会于当日驶经湄公河上糯康集团所掌握的区域,遂指示手下实施之前的杀人栽赃计划并安排桑康监督。糯康手下的犯罪分子于是截停了"华平号"与"玉兴8号"两艘船只,将两船船员全部绑好集中于一船,并驾驶两船驶往泰国清莱府清盛县的湄公河水域。随后,犯罪分子残忍地杀害了13名中国船员。据报道,当警方赶到时,船舱的地板与附近的小片水域都被血水染红,打捞上来的尸体显示每名中国船员都身中数枪,现场惨不忍睹。

[①] 参见云南省昆明市中级人民法院(2012)昆刑一初字第162号刑事附带民事判决书;云南省高级人民法院(2012)云高刑终字第1765号刑事附带民事裁定书。

杀害中国船员后,这些犯罪分子又依照糯康的犯罪计划将从附近运来的大量毒品藏于中国船只中,并通知埋伏在附近的已被收买的泰国军人上船查毒。泰国军人再次用枪械对船只进行了扫射,并将大部分中国船员的尸体抛入水中,将现场伪造成两艘船只运毒并抗拒抓捕,遂与泰国军方交火的情况。①

抓捕糯康集团的犯罪分子十分困难,即便多国警方通力合作,整个抓捕过程也持续了半年有余。2011年12月至2012年4月,糯康集团的主要犯罪分子相继落网。2012年4月25日,在掌握了大量线索之后,中、老两国警方最终于老挝境内将本案最重要的犯罪嫌疑人糯康抓捕归案,并于5月10日由老挝公安部移交给中国公安部,同日由中国云南省西双版纳傣族自治州公安局执行逮捕。

该案于2012年8月2日由云南省公安厅直属公安局侦查终结并移送起诉。公安机关认为犯罪嫌疑人糯康、桑康、依莱涉嫌故意杀人罪、运输毒品罪、绑架罪、劫持船只罪,犯罪嫌疑人扎西卡、扎波涉嫌故意杀人罪、绑架罪、劫持船只罪,被告人扎拖波涉嫌劫持船只罪。云南省昆明市人民检察院经过审查,于2012年8月12日向昆明市中级人民法院就该案提起公诉。

2012年9月20日,昆明市中级人民法院对湄公河中国船员遇害一案进行了公开开庭审理。由于该案影响重大、案情复杂、涉及多国证人,昆明市中级人民法院对该案的审理过程长达一个半月之久。2012年11月6日下午,昆明市中级人民法院对该案做出一审宣判,法院判决认定被告人糯康、桑康、依莱三人成立故意杀人罪、运输毒品罪、绑架罪、劫持船只罪,依照数罪并罚的原则判处死刑立即执行;被告人扎西卡成立故意杀人罪、绑架罪、劫持船只罪,依照数罪并罚的原则判处死刑立即执行;被告人扎波成立故意杀人罪、绑架罪、劫持船只罪,依照数罪并罚的原则判处死刑缓期2年执行;被告人扎拖波成立劫持船只罪,判处有期徒刑8年。判决做出后,6名被告人皆不服,当庭提出上诉。

2012年12月20日,云南省高级人民法院对糯康案件进行了二审公开开庭审理,并于当月26日做出终审裁定,认为该案事实明确、证据充足,适用法律正确,遂依法驳回上诉、维持原判。

三、裁判要旨②

关于犯罪性质和管辖权的问题。糯康集团长期在湄公河流域实施跨国有组织犯罪、国际恐怖犯罪活动,其犯罪活动严重危害了湄公河流域的航运秩序及沿岸各国的公共安全和公民的人身、财产权利。尤其是他们实施的绑架17名中国公民和杀害13

---

① 参见《湄公河惨案真相》,载《羊城晚报》2012年9月23日。
② 参见云南省昆明市中级人民法院(2012)昆刑一初字第162号刑事附带民事判决书;云南省高级人民法院(2012)云高刑终字第1765号刑事附带民事裁定书。

名中国公民两起恶性案件,后果更是极其严重的。他们对中国公民所犯的罪行虽在我国领域外发生,但均系在我国船舶内实施,依照我国刑法有关规定,我国司法机关有权对这些犯罪人进行追诉和审判。

关于被告人所犯罪名问题。被告人糯康、桑康、依莱的行为触犯了我国《刑法》关于危害公共安全、侵犯公民人身权利、妨害社会管理秩序的相关罪名及刑罚规定,分别构成故意杀人罪、运输毒品罪、劫持船只罪、绑架罪;被告人扎西卡、扎波的行为亦分别构成故意杀人罪、劫持船只罪、绑架罪,对以上被告人均应依法数罪并罚。被告人扎拖波的行为构成劫持船只罪。

关于各共同犯罪人的罪责大小和刑罚裁量问题。被告人糯康、桑康、伊莱系犯罪集团的首要分子;被告人扎西卡因系犯罪集团的骨干成员,也被认定为该案的主犯,他们的罪行极其严重,依法判处死刑立即执行。糯康虽有悔罪表现,但不足以减轻其极其严重的罪行。扎波、扎拖波的罪行相对较轻,而被分别判处死刑缓期 2 年执行及有期徒刑 8 年。

此外,对 6 名被告人的违法所得的所有财物均予以收缴;前 5 名被告人并被判决依法赔偿各民事诉讼原告人的各项经济损失。

四、引发的理论问题

糯康案件之所以被国际社会各界所关注,是由于该案件案情复杂,影响重大,牵扯多国利益,并因为案情特殊而具有多方面重大的理论研究价值。具体而言,该案件的理论研究价值可以分为以下几个方面:

关于本案的犯罪类型问题,即该案件是否属于国际恐怖主义犯罪和跨国有组织犯罪? 这两类国际犯罪对世界各国都有着十分严重的危害性,是国际社会所共同打击的对象。20 世纪中叶以来,针对这两类最严重的国际罪行,联合国先后制定了多项国际条约,以促进各国共同防范与惩治此两类犯罪。部分国家间也签订了相关的双边或多边条约,以建立与健全针对此两类犯罪的国际司法合作。若糯康案件符合国际恐怖主义犯罪、跨国有组织犯罪的特征,便可以借鉴国际上打击这两类犯罪的经验,以达到事半功倍的效果。

关于本案的刑事管辖权问题。糯康案件的刑事管辖权问题同样十分复杂,曾引起多国的纷争。该案件发生在两艘中国船只上,但案发时两艘船只却处在泰国的水域中;该案件的行为人分别为缅甸籍、泰国籍、老挝籍,但该案件的被害人都是中国籍。因此,该案件从法理上讲,既可以由中国管辖,也可以由其他几个涉案国管辖。那么,究竟应该由哪国对本案行使刑事管辖权? 这就要详细分析本案的具体案情,以确定哪一国家取得本案的刑事管辖权最为合理。

关于本案的国际刑事司法协助问题。由于本案涉及多个国家,因而单靠一个国家的力量很难公平、高效地处理此案,国际刑事司法合作无疑是最明智的选择。本案从刑事侦查、犯罪嫌疑人的抓捕,到犯罪嫌疑人的引渡,再到法庭审判阶段的证据交换以及证人出庭作证,无一不涉及多国的司法合作问题。实际上,本案不仅仅是开创了我国同时与多个国家实行如此紧密的国际司法合作之先河,更为今后我国以及其他相关国家处理类似案件指明了方向。

关于本案中各被告人的刑事责任及量刑问题。此次抓获的多名糯康集团犯罪成员大多犯有数罪,且在犯罪集团中的地位也各不相同。因此,一方面司法机关需要根据现有证据确定他们在集团中的身份地位,以及他们在各项犯罪中所起的作用,从而确定他们在每项犯罪中所应分别承担的犯罪责任;另一方面,司法机关需要依照数罪并罚及其他相关的处罚原则,确定每名被告人最终应被判处的刑罚。同时,本案中的死刑问题也受到了各国的高度关注。对糯康等行为人应不应该适用死刑,而他们最终又会不会真的被执行死刑?都是国际社会所关心的问题。

最后,关于本案对中国的影响。一方面是本案对于中国本身的刑事立法与司法有什么启示,对于中国现阶段的死刑改革又有着怎样的影响;另一方面是本案是否会对将来中国与其他国家的国际司法合作有所助益,中国的国际地位又会受到怎样的影响等。

(一)关于本案犯罪类型的认识

普通民众对跨国有组织犯罪的印象并不那么深刻,但此类犯罪的危害性毫不亚于国际恐怖主义犯罪。实际上,这两类犯罪有着一定的交集,规模较大、危害严重的国际恐怖主义犯罪往往也都属于跨国有组织犯罪,例如"9·11"恐怖袭击事件、伦敦"7·7"地铁爆炸案等。而笔者认为糯康案件也同样属于这两类犯罪。只有将这两类危害严重的国际犯罪结合起来分析,才能真正研究透彻这些犯罪的本质和特点,从而得出对立法与司法有所助益的结论。

1. 国际恐怖主义犯罪历史沿革及概念界定

真正将恐怖主义活动作为手段的现代恐怖主义犯罪出现于20世纪60年代,也正是在这一时期,恐怖主义活动开始显现出明显的国际化趋势。据统计,仅1968年至1980年,世界范围内的恐怖主义犯罪就多达6 714起,造成3 668人死亡。① 因此,可以说国际社会普遍认可现代恐怖主义始于1968年。② 同时,从这一时期开始,恐怖主义犯罪活动的形式也由原来较为单一的暗杀行为发展出劫机、爆炸、绑架等多种行为方式,国际恐怖主义活动渐入高潮。而该类犯罪中最骇人听闻的,当属上文提到的2001年美国"9·11"恐怖袭击事件。一瞬间,数千人丧生,当时纽约的地标性建筑——世界

---

① 参见赵秉志、阴建峰:《论惩治恐怖活动犯罪的国际国内立法》,载《法制与社会发展》2003年第6期。
② 参见中国现代国际关系研究所反恐怖研究中心编著:《国际恐怖主义与反恐怖斗争》,时事出版社2001年版,第2页。

贸易中心双子塔,轰然倒塌。世界为之震惊,该案所造成的影响十余年也未衰退。

时至今日,恐怖主义犯罪没有一个国际通行的概念。国际条约对恐怖主义犯罪的界定,最早可追溯到1937年在瑞士日内瓦签订的《防止和惩治恐怖主义公约》。该公约在今日的国际反恐合作中仍起着举足轻重的作用。该公约第1条规定,恐怖行为,即指直接反对一个国家,而其目的和性质是在个别人士、个别团体或公众中制造恐怖的犯罪行为。① 其后,1977年《制止恐怖主义欧洲公约》则概括恐怖主义犯罪的具体罪行作为其定义:包括绑架、爆炸、劫持航空器、劫持人质、危害外交代表等行为。除此之外,1985年及1987年两次联合国大会也都讨论了关于恐怖主义犯罪的定义问题。②

各国的立法例也对恐怖主义犯罪做出了不同的界定。1997年起实施的现行《俄罗斯联邦刑法典》将恐怖主义犯罪定义为恐怖行为罪,具体是指为破坏公共安全、恐吓居民或对权力机关作出决定施加影响,而实施爆炸、纵火或其他具有造成他人伤亡、重大财产损失或者其他危害社会后果的危险的行为,或者为了同样的目的而以实施上述行为相威胁的行为。③ 1992年颁布并于1994年起生效的现行《法国刑法典》第421-1条则将恐怖主义犯罪规定为恐怖活动罪,其含义为实施故意杀人、故意伤害、绑架、非法拘禁、劫持交通工具等侵犯人身犯罪,或者盗窃、勒索、破坏、毁坏、损坏财产等侵犯财产以及计算机信息方面的犯罪,在其同以严重干扰公共持续为目的,采取恐吓手段或恐怖手段进行的单独个人或集体性攻击行为相联系时所构成的犯罪。④

由于文化背景不同,各国学者分析问题的角度也有差别。因此,各国学者对于恐怖主义犯罪也有着种种不同的界定。有学者认为恐怖主义行为是以暴力、恐吓等方式通过杀害、绑架、暗杀、强盗和爆炸等手段实施的;其行为对象是政府或公民;其行为具有组织性与政治目的性。⑤ 这一观点在20世纪后期曾得到过许多支持,但现在,更多的学者对这一理论提出了反对意见,主要是针对其中政治目的性的问题。法国学者提出,恐怖主义犯罪是一种运用一切犯罪手段意图引发他人内心的恐惧或以此来威吓他人,由此达到该行为人预期目标的行为。⑥ 我国有学者认为,恐怖主义犯罪是指组织、策划、领导、资助、实施以对人身和财产造成重大损害或制造社会恐怖气氛的暴力、威胁或危险方法,危害公共安全的行为。⑦ 笔者赞同上述第三种观点。一方面,界定恐怖主义犯罪就应当突出其客观上制造了恐怖气氛,危害了公共安全的特点,并明确指出其手段体现出侵犯人身、财产的特征;另一方面,不宜过分强调恐怖主义犯罪具有政治

---

① 参见赵永琛编:《国际刑法约章选编》,中国人民公安大学出版社1999年版,第387页。
② 参见杨宇冠、杨晓春编:《联合国刑事司法准则》,中国人民公安大学出版社2003年版,第136页。
③ 参见黄道秀等译:《俄罗斯联邦刑法典》,中国法制出版社1996年版,第106—118页。
④ 参见罗结珍译:《法国刑法典》,中国人民公安大学出版社1995年版,第142—145页。
⑤ 参见莫洪宪:《国际社会反恐怖活动组织犯罪及我国刑事立法》,载《法学评论》1999年第4期。
⑥ 参见〔法〕安德鲁·博萨:《跨国犯罪与刑法》,陈正云等译,中国检察出版社1997年版,第15页。
⑦ 参见王秀梅:《论恐怖主义犯罪的惩治及我国立法的发展完善》,载《中国法学》2002年第3期。

目的性,这是因为现代恐怖主义活动除出于政治性目的外,还有可能是出于宗教、社会方面或其他的动机。将该类犯罪的目的仅限于政治方面,在理论上不够全面,在实践中不利于各国联合打击国际恐怖主义犯罪。因此,对于恐怖主义犯罪,不严格限定其政治性目的,但突出其制造恐怖的客观影响之定义显得更为贴切。

2.跨国有组织犯罪

相对于定义争议较大的国际恐怖主义犯罪,跨国有组织犯罪的界定则并不十分困难。该定义主要可由2000年11月15日第55届联合国大会通过的《联合国打击跨国有组织犯罪公约》(以下简称《有组织犯罪公约》)中得出。该公约第2条为术语的使用,第3条为条约适用范围,此两条明确界定了跨国有组织犯罪中的一些关键问题。首先,该犯罪应有一定的跨国性,所谓跨国犯罪在《有组织犯罪公约》第3条中有所规定,是指以下几种情况:(1)在一个以上国家实施的犯罪;(2)虽在一国实施,但其准备、筹划、指挥或控制的实质性部分发生在另一国的犯罪;(3)犯罪在一国实施,但涉及在一个以上国家从事犯罪活动的有组织犯罪集团;(4)犯罪在一国实施,但对于另一国有重大影响。其次,该犯罪应有一定的组织性,应存在一个相应的有组织犯罪集团。根据该公约第2条,有组织犯罪集团是指"由三人或多人所组成的、在一定时期内存在的、为了实施一项或多项严重犯罪或根据本公约确立的犯罪以直接或间接获得金钱或其他物质利益而一致行动的有组织结构的集团"。再次,该集团所实施的犯罪应达到一定的严重程度。根据《有组织犯罪公约》第2条规定,所谓严重犯罪,是指"构成可受到最高刑至少四年的剥夺自由或更严厉处罚的犯罪的行为"。因此,所谓跨国有组织犯罪应当是同时具备上述跨国性、组织性以及犯罪程度严重性三个性质的犯罪行为。

3.两类犯罪的特点及本案与两类犯罪的关系

国际恐怖主义犯罪与跨国有组织犯罪既相互联系又相互区别,它们有着一定的重合部分,但又不能将两类犯罪等同看待。只有详细分析二者的联系同时比较二者的区别,才能最终得出糯康案件是否属于这两类犯罪的结论。

国际恐怖主义犯罪与跨国有组织犯罪的联系主要体现在两个方面:(1)这两种犯罪都具有一定国际性,或称其为跨国性,存在着一定的国际影响。具体是这两类犯罪具备以下情况中的一种或一种以上:第一,案件的多个犯罪行为人具有不同国籍;第二,案件涉及几个分属不同国家的犯罪组织;第三,案件的行为地超过一个以上的国家范围;第四,案件的行为地为一个国家,但结果地或者该犯罪的准备、筹划、指挥的部分发生在其他国家;第五,犯罪的行为地为一个国家,但对其他一个或一个以上国家的利益有重大影响。(2)此两种犯罪的具体行为都具有严重的危害性。国际规约及惯例一般认为只有采取暴力手段,造成较大范围内实质的恐怖气氛之犯罪才可被认定为恐怖主义犯罪;而《有组织犯罪公约》更是明确规定了可被判处4年或以上有期徒刑、终身监禁或死刑的犯罪才被视为该公约涉及的严重犯罪。

从以上两点分析,糯康案件恰恰具备了这两类犯罪的共同特点。一方面,糯康案件具有明显的跨国性。该案的主要犯罪分子分属不同国籍:糯康与扎波具有缅甸国籍,桑康系泰国国籍,依莱无国籍,扎西卡系老挝国籍;该案所涉及的糯康特大武装犯罪集团遍布湄公河流域多个国家;该案的第一现场为中国籍船只内,除此之外犯罪行为地还涉及了泰国(泰国清莱府清盛县的湄公河水域);糯康集团组织、策划实施该犯罪的地点为缅甸散布岛;该犯罪直接危害了中国公民的利益,藐视中国国家主权,并对湄公河流域国家造成重大影响。另一方面,该案件中,糯康集团的犯罪分子枪杀了13名中国船员,明显属于暴力犯罪;案发后,湄公河航运量锐减90%,案件造成了明显的公众恐慌①;另外,该案的恶劣罪行无论依照中、缅、泰、老四国,乃至世界上任何一个国家的刑法规定都远远不止于应处4年有期徒刑。

国际恐怖主义犯罪与跨国有组织犯罪也存在着明显的区别,这些区别主要有以下几个方面:首先,犯罪性质不同。国际恐怖主义犯罪必须是暴力犯罪,主要包括杀人、绑架、劫持飞行器、纵火、爆炸等犯罪行为;而跨国有组织犯罪则并没有这一要求,只要该犯罪可被判处4年自由刑即可。《有组织犯罪公约》中还明确做出了对于洗钱罪、腐败犯罪、妨害司法罪等的相关规定。其次,国际恐怖主义犯罪在客观上制造了社会的恐怖气氛,造成公共安全的危害;而跨国有组织犯罪包括许多经济类犯罪,显然不会必然造成对公共安全的危害。最后,虽然国际恐怖主义犯罪一般也存在着一定的组织性,但个人也可直接实施该种犯罪;而跨国有组织犯罪则强调必须具有一定的组织性,即存在由三人或三人以上为了实施《有组织犯罪公约》所明确或概括涵盖的严重犯罪而成立的具有长期稳定性的犯罪组织。

从两类国际犯罪的区别来看,糯康案件中涉及的犯罪行为也分别符合这两类犯罪的特点。首先,糯康集团长期在湄公河流域实施杀人、绑架、劫持船只等暴力犯罪。其次,糯康集团的行为造成了湄公河沿岸的恐怖气氛,严重影响了相关国家的水运贸易。最后,糯康集团的成员超过100人,具有很强的组织纪律性,层级分明,并在固定范围内长期实施固定的几项犯罪行为。

综上所述,糯康案件中集团犯罪分子所实施的犯罪行为完全符合恐怖主义犯罪与跨国有组织犯罪的特点,国际社会及相关国家应以有效打击这两类严重的跨国犯罪为原则积极展开国际合作,并参考相关国际条约、惯例,依涉案国国内立法公正处理此案。

4.对两类犯罪的惩治

近20年来,国际恐怖主义犯罪与跨国有组织犯罪这两类国际性犯罪的数量明显激增,其危害性日益突显。过去手段较为单一的两类国际性犯罪,如今出现了许多新

---

① 参见冯锐:《亮剑湄公河——中国警方"10·5"案件侦破纪实》,载《北京文学(中篇小说月报)》2012年第12期。

的犯罪形式,例如利用网络跨地区,甚至跨国实施遥控爆炸、控制交通工具等。早年间,跨国犯罪的危害范围一般最多涉及几个相邻的国家和地区,而随着交通的发展以及网络的出现,当今跨国犯罪动辄便会影响整个世界。这些变化都向我们传达这样一种信息:世界各国必须联合起来打击国际恐怖主义犯罪与跨国有组织犯罪,否则各国人民将永无宁日,上至国家元首,下至平民都有可能成为这两类跨国犯罪的被害人。打击国际犯罪已经不仅仅是为了维护国家的利益,更是为了维护国际社会中每个个体的利益。

从国际恐怖主义活动初露端倪开始,国际社会就从未停止过与这类国际犯罪的抗争。20世纪中叶至今,在联合国的倡导下,各国签订了大量的双边及多边条约以便各国打击跨国和国际性恐怖主义犯罪。而1937年《防止和惩治恐怖主义公约》更是作为这些国际公约的开端,如今仍对打击恐怖主义活动起着至关重要的作用。还有一些联合国制定的国际刑法规范也十分重要,如1979年《反对劫持人质国际公约》,1997年《制止恐怖主义爆炸事件的国际公约》,2001年《国际合作防止恐怖主义行为》等。此外,国际司法合作也成了世界各国对抗跨国犯罪的有效方法,其中又以欧盟所实施的区域刑事合作取得之效果最为明显。欧盟的"欧洲逮捕令"制度大大简化了欧盟国家间的引渡程序,这使得在惩治跨国犯罪中的"国界障碍"大大消除。① 然而,以国际恐怖主义犯罪为首的跨国犯罪如同顽疾,在短时间内几乎不可能将其连根拔去。国际社会仍需要与这两种跨国性犯罪做长期斗争。

世界各国在未来与国际恐怖主义犯罪及跨国有组织犯罪的斗争中应着重从两方面入手:一方面,是要进一步扩充打击跨国性犯罪的双边及多边国际条约。尽管自20世纪末至今,联合国已制定了多部关于打击跨国性犯罪有关的国际条约,而诸如欧盟等区域也存在着相关国家的合作公约。但是,发达国家与发展中国家,发展中国家之间的相关多边、双边条约仍然十分稀缺。另外,发展中国家与其他国家间的引渡条约也并不完善,这就使得跨国犯罪分子利用这些法律的漏洞,多藏匿于发展中国家。只有世界各国,特别是发展中国家,在未来与其他国家缔结更多的关于打击跨国性犯罪的双边以及多边条约,并使之有效运行,才能使实施这些犯罪的行为人无处遁形。另一方面,世界各国应加强国际司法合作。如上文所述,实行跨国性犯罪的行为人多利用"国界障碍"以规避刑事制裁。而当今国际环境中,很少有国家之间能够做到如欧盟成员国间的合作无间,国际司法合作的开展举步维艰。腐败犯罪更是严重影响各国刑事合作的毒瘤,许多跨国犯罪组织都有着雄厚的财力,这使得他们可以轻易渗透进各国政府内部并采取种种手段妨碍国际司法合作。因此,如何开展行之有效的国际司法合作,将会是今后,各国政府在处理跨国性犯罪问题中的重要课题。

---

① 参见黄风:《引渡问题研究》,中国政法大学出版社2006年版,第41页。

(二) 关于本案的刑事管辖权问题

糯康案件自发生直至犯罪嫌疑人悉数落网，其管辖权问题一直备受各方争议，这主要是由于本案所涉及的管辖问题十分复杂。具体而言，这些问题主要有：本案犯罪嫌疑人众多，他们的国籍也不相同；本案的被害人皆为中国国籍；本案的第一现场在中国籍的船只上，但当时该船行驶于外国的水域内；本案的后续犯罪在外国境内，且与之前的犯罪有着紧密的联系；多个犯罪嫌疑人分别在不同国家被抓获；等等。正是因为糯康案件中上述与管辖权有关的种种因素的复杂性，将该案的管辖分别指向不同国家，才使得多国都主张本国应对该案件行使管辖权，理论界更是众说纷纭，莫衷一是。

1. 刑事管辖权原则概述

法律是文明社会中由掌权的统治阶级依其意志所制定并约束社会个体或单位组织行为的规范。然而，无论是国际规约还是一国的法律规范都不可能适用于所有情况。因此，任何法律规范都有其适用范围，刑事法律亦不例外。刑法的适用范围也称为效力范围，它划分了刑法适用的时空边界，包括刑法的空间效力和刑法的时间效力。而这里所提及的刑法的空间效力，基于国家主权上的表现即是国家的刑事管辖权。尽管刑法的空间效力与刑事管辖权在学理上仍有着许多区别①，但在实践中，这两个概念所涉及的范围基本是一致的。

对于跨国犯罪而言，由于该类犯罪构成中的一个或多个要素牵扯到两个或两个以上的国家，因此就涉及刑事管辖权的竞合与纠纷。每个国家都意图尽可能地维护本国的主权与利益，但其刑事管辖权又不可能无限延伸，需要顾及其他国家的主权与国际关系问题，并遵循一定的原则。目前，国际上普遍适用的刑事管辖权原则一般被分为四类，并且这四类管辖权原则在我国刑法中都有所体现。下面将简述这四类刑事管辖权原则。

第一，属地原则，也称为领土原则。简单来说，属地原则即是以地域为管辖的划分标准，凡发生在一国领域内的犯罪，无论行为人与被害人是否属于该国公民，都适用该国刑法。属地原则是最古老的刑事管辖权原则，很多国家的刑事法典里都有相关的规定。例如，根据我国《刑法》第6条第1款规定，凡在我国领域内发生的犯罪行为都适用我国刑法，法律另有特别规定的除外。而根据该法第6条第3款的规定，犯罪的行为或者结果有一项发生在我国领域内的，就视该犯罪行为发生在我国境内。1998年颁布的现行《德国刑法典》第3条规定，所有在德国领域内发生的犯罪都适用德国刑法；而该法典第4条则明确规定，德国的船舶及航空器内部的空间也属于德国的领域，受德国管辖。② 现行《日本刑法典》第1条第1款规定，在日本国内的一切犯罪人都适用日

---

① 参见赵秉志主编：《当代刑法学》，中国政法大学出版社2009年版，第85—87页。
② 参见徐久生、庄敬华译：《德国刑法典》，中国方正出版社2004年版，第3—4页。

本刑法;第2款规定,对于日本国外的日本船舶或日本航空器内犯罪的人,也适用本法。①《新西兰犯罪法》也作了类似规定,只要犯罪行为人策划、准备犯罪的地点,犯罪实际实行或犯罪结果发生的地点其一在新西兰领域内,就视该犯罪在新西兰领域内发生。② 除此之外,意大利③、芬兰④、瑞士⑤、俄罗斯⑥也都在其刑法典中做了相似的规定。由于属地原则很好地体现了国家对于其主权的行使,一般被认为是最基本的刑事管辖权原则。因此,根据国际法的一般原则,主权国家都应享有领土最高权,即在国际刑事案件中,优先适用属地管辖权原则。然而,优先适用,并不意味着其他管辖权原则都形同虚设,如果基于公平性、社会危害性、公共安全性、事态的急迫性等方面考虑,一起案件更适合适用其他刑事管辖权原则的,那么也不排除该案件最终适用其他管辖权原则的情况。

第二,属人原则。此原则以犯罪行为人的国籍作为刑事管辖权的依据。属人原则在国际法上又往往被区分为两种有所差异的刑事管辖权原则:主动国籍原则与被动国籍原则。主动国籍原则,是指具有某国国籍的公民犯罪,无论该犯罪的发生、过程与结果是否在该国领域内,都适用该国法律,即各国有权制定法律用以规范本国国民在国内外的行为。⑦ 此外,在一些案例中,这个原则也可适用于拥有居住权的个人。因该原则以被告人的国籍为管辖权依据,又被称为被告人国籍原则。⑧ 而被动国籍原则,也被称作受害人国籍原则,即以被害人的国籍为行使刑事管辖权的依据,无论该犯罪是否发生在该国领土内。被动国籍原则旨在保护本国公民的利益,这一原则被保护管辖原则所涵盖,因此,包括中国在内的许多国家并没有将这一原则作为基本的行使管辖权原则而独立研究。值得一提的是,这一管辖原则曾遭到普通法系国家的强烈反对,然而,随着国际恐怖主义犯罪以及跨国有组织犯罪的危害日益明显,国际社会逐渐认识到被动国籍原则在管辖此类犯罪上的诸多益处,反对的声音也就日渐衰弱了。

第三,保护原则,也被称为安全原则。该原则以最大限度地保护本国利益为其基本出发点,凡侵害本国国家或公民利益的,皆适用该国法律,对于犯罪人的国籍以及犯罪地点则在所不问。根据我国《刑法》第8条的规定,外国人在中国领域外对中国或中国公民犯罪,依中国刑法其所犯罪行的最低刑为3年以上有期徒刑的,应适用中国刑

---

① 参见张明楷译:《日本刑法典》(第2版),法律出版社2006年版,第5页。
② 参见林欣、李琼英:《国际刑法新论》,中国人民公安大学出版社2005年版,第45—46页。
③ 参见黄风译:《最新意大利刑法典》,法律出版社2007年版,第5页。
④ 参见于志刚译:《芬兰刑法典》,中国方正出版社2005年版,第3页。
⑤ 参见徐久生、庄敬华译:《瑞士联邦刑法典》,中国方正出版社2004年版,第3页。
⑥ 参见赵路译:《俄罗斯联邦刑事法典》,中国人民公安大学出版社2009年版,第9页。
⑦ 参见王世洲主编:《现代国际刑法学原理》,中国人民公安大学出版社2009年版,第94—98页。
⑧ 参见 R v. Sawoniuk [1999] upreported,(http://www.icrc.org/ihl-nat.nsf/72ac608e14b9c5d241256486004ad09f/95d2c9d10c739213c1256ba4005001fb! Open Document),最后访问日期:2013年3月31日。

法,但依照犯罪地法律不受处罚的除外。实际上,保护原则的实质就是平等地授予每个国家采取任何符合国内法律的措施以保护本国的利益。① 如果说属地原则是对于国家主权的基本体现,那么保护原则就是最大限度地扩张国家主权。保护原则经常与其他刑事管辖原则产生冲突,故在该原则产生初期也曾遭到国际社会的质疑。然而,随着时间的推移,保护原则对于本国利益的保护被越来越多的国家所认可与重视,越来越多的判例也都开始援引保护原则作为一国行使管辖权的依据。

第四,普遍管辖原则,亦称为世界性原则。该原则以保护各国的共同利益为标准,无论犯罪人是何国籍,犯罪地是何处,只要犯罪人出现在一国境内,并且其所犯罪行是该国所认可的国际犯罪,该国都对该犯罪有刑事管辖权。至于何谓一国所认可的国际犯罪,包括我国在内的许多国家,都给出了类似的定义:本国所参加或者批准的国际公约中规定的侵害各国共同利益的犯罪。根据我国《刑法》第9条之规定,对于我国缔结或者参加的国际条约所规定的罪行,我国在所承担条约义务的范围内行使刑事管辖权,适用我国刑法。普遍管辖原则最初只是针对海盗罪提出的,这一原则至今也没有被多数国家完全认可,包括我国也仅是有保留地采纳这一原则。但值得一提的是,这些没有在其立法例里明确涉及普遍管辖原则的国家,仍然依照其所参与的国际规约,从实际上对相应的国际犯罪行使管辖权。② 因此,在当今国际背景下,普遍管辖原则对于惩治国际犯罪起到了举足轻重的作用。

此外,还有两个新兴刑事管辖权原则在第二次世界大战后才被提出,分别为代理原则与永久居所或营业地原则。代理原则是指犯罪人在本国领域内,而本国对其犯罪没有管辖权且由于种种原因无法将犯罪人引渡给有管辖权的国家,在此种情况下,依有管辖权的国家之请求,对该犯罪代理行使管辖权的情形。这一原则虽然与"或引渡或起诉"原则以及移转管辖的情形相类似,但与之不同的是,代理行使管辖权的国家所依据的是原本有管辖权的国家之请求,而非国际条约。永久居所或营业地原则是由相应的民事管辖权原则转变而来的。早年间,该原则多被普通法系国家所采用,而近年来一些大陆法系的国家也开始采用这一原则解决犯罪行为人具有多重国籍或国籍不明的情况。以上两种新兴的刑事管辖权原则,虽然在国际上也得到了一些国家的认可,但其被认可的程度及与其有关的案例远不及上文所述的四种刑事管辖原则。当然,具体到个案应适用何种管辖权原则,还应该根据具体案情详细分析。

2. 各国对本案管辖权的纷争

糯康案件的案情十分复杂,涉及的犯罪行为人众多,犯罪地、抓捕地也都属于不同国家。因此,对于该案件的管辖权,泰国、缅甸、老挝、中国政府曾相持不下,各国的公众、媒体、学者也是各执一词。上文简要概述了国际上所普遍认可的国家行使刑事管

---

① 参见王世洲主编:《现代国际刑法学原理》,中国人民公安大学出版社2009年版,第99页。
② 参见林欣、李琼英:《国际刑法新论》,中国人民公安大学出版社2005年版,第54—55页。

辖权的几类原则,接下来就要以这些理论来分析本案的管辖权纷争:

泰国政府主张管辖权的依据有两点:其一,是依据属地原则。糯康集团与不法泰国军人杀人并沉尸的地点是泰国清莱府清盛县的湄公河水域,该地点在泰国领域内,根据刑事管辖权中的属地原则与泰国刑法的规定①,泰国有权对该案行使刑事管辖权。其二,是依据属人原则。糯康集团的二号人物桑康拥有泰国国籍,他在案发前参与了案件的谋划与组织,之后,在糯康的授权下作为湄公河惨案的指挥与监督参与了全案的实行,对该案的发生起到了十分重要的作用。另外,该案件有不法泰国军人参与,虽然可能没有实际杀害中国船员,但他们都知晓糯康集团的整个犯罪计划,并也依计划行事,对两艘船只进行了扫射,并将中国船员的尸体抛入水中,帮助伪造犯罪现场。按照共同犯罪的理论,他们既在主观上与糯康集团有共同实施杀人、栽赃等犯罪行为的故意,又在客观上有共同实施具体犯罪的行为,因而这9名不法泰国军人与糯康集团的犯罪分子构成共同犯罪。依照属人管辖原则中的主动国籍管辖原则,泰国对该案也应有权管辖。

至于缅甸方面,其主张刑事管辖权的理由也有两点:其一,同样是基于属地管辖。船舶"玉兴8号"被查证系缅甸籍,即登记国为缅甸。② 而一国的船舶或者航空器在国际上一般被认为是该国领土的延伸领域,该国可基于国家主权对其船舶及航空器内的犯罪行使刑事管辖权。因此,缅甸也可以依照属地原则对糯康案件实行管辖。再者,糯康与其同伙起初谋划犯罪的地点是位于缅甸散布岛的糯康集团基地内,因此,缅甸应被认定为该犯罪行为的预备地。其二,也是基于属人原则,不过这里指的是主动国籍原则。湄公河惨案的主犯糯康拥有缅甸国籍,他是该案件的始作俑者。糯康不但是糯康武装犯罪集团的首脑,而且他参与了湄公河惨案的组织、策划并居于核心地位。他虽然没有参与实行具体犯罪,甚至没有直接与泰国不法军人联络,但其在整个案件中所起到的作用远远大于其他同案犯。因此,缅甸方面认为基于属人原则,他们也应该获得该案的管辖权。

老挝方面也曾提出过刑事管辖权要求。老挝管辖的依据是普遍管辖原则。尽管犯罪行为人、被害人以及犯罪地都不在老挝,但糯康最终是被中、老警方合作于老挝波乔省的码头抓获的。这就符合了犯罪分子在本国境内被发现的要求。再者,老挝于2003年12月签署并于2009年9月正式加入《有组织犯罪公约》,因此老挝负有惩治该公约所规定的跨国有组织犯罪的义务。而如上文所述,糯康案件属于典型的跨国有组织犯罪,因此,老挝应拥有对该案件的管辖权。而且该案犯罪嫌疑人糯康在老挝领土内被抓获,由老挝管辖最为方便。若其他国家要行使刑事管辖权,则需要将犯罪嫌疑人引渡至该国,这就涉及两国间存在的引渡条约,相关的国际规则,犯罪嫌疑人可能被

---

① 参见吴光侠译:《泰国刑法典》,中国人民公安大学出版社2004年版,第12—13页。
② 参见李超:《13中国船员喋血金三角》,载《南方人物周刊》2011年第35期。

认定罪名、可能被判处的刑罚等一系列问题。

我国自案件发生起就主张我国对该案件拥有管辖权。一方面,案发时两艘船只都挂有中国国旗,且"华平号"于 2006 年 5 月 22 日在中国思茅海事局登记并取得中国籍。而根据本案公诉机关所搜集的材料显示,"玉兴 8 号"虽然已经注销了中国籍,但截至案发时该船未在他国登记注册,并没有证据证明该船具有缅甸籍。此外,该船于 2011 年 1 月 31 日被我国公民购买,案发时悬挂中国国旗,包括船长在内的所有船员均为中国籍,因而按照国际惯例"玉兴 8 号"也应被认定为中国船只。依照我国《刑法》第 6 条第 2 款的相关规定以及国际惯例,一国的航空器与船舶理应属于该国领土的延伸领域,在其内部的犯罪应该接受该国的刑事管辖。故依照属地管辖权原则,我国有权对糯康案件行使管辖权。另一方面,被害的 13 名船员皆被证实为中国国籍,该案件所侵害的是中华人民共和国公民的权利,具体为公民的生命权。该案件对我国危害最为严重,是对我国公民的公然杀害,是对我国主权的公然挑衅。因此,无论是从被动国籍管辖原则,还是保护管辖原则,我国都应当取得对该案件的刑事管辖权。

3.中国对本案行使刑事管辖权的依据

虽然我国没有取得对糯康案件全案的刑事管辖权,但该案件的主要犯罪嫌疑人糯康、桑康、依莱等糯康集团的骨干犯罪分子仍然被引渡到我国接受刑事审判。我国对该案件行使刑事管辖权是于法有据,符合国际惯例以及国际上被普遍认可的行使管辖权原则的,对维护我国以及其他涉案国家的利益有着积极的意义,当然,也对该案中 13 名惨死的中国船员有所告慰。具体而言,我国管辖此案有如下几条依据:

首先,从属地原则来看,该案件应属于在我国领域内发生的刑事案件。尽管糯康集团谋划犯罪行为的地点为缅甸散布岛,实施杀人、抛尸犯罪行为的地点是泰国清莱府清盛县的湄公河水域,但该案件发生的第一现场被证实为在两艘悬挂中国国旗的船只内。根据国际条约、惯例与我国刑法的规定,我国的船舶、飞机及其他航空器内部,我国驻外使领馆内部都被视为我国领土的延伸领域,我国可以对该空间发生的犯罪行为行使管辖权。虽然遇害的两艘船只中,"玉兴 8 号"后被证实已注销中国籍,但事发时该船并未取得他国国籍,且悬挂的国旗为中国国旗,因而还应属于我国的主权管辖范围。因此,糯康集团公然犯下如此严重的罪行显然是在蔑视我国的国家主权。如上文所述,国际上一般认为属地性是管辖权的首要根据,属地原则是一切管辖原则中最古老与最基本的原则。根据国际法的一般原则,任何国家都应享有属地优越性,即一般情况下,在国际刑事管辖权原则纠纷中,属地原则应优先于其他管辖原则而被使用。

其次,就保护原则而言,该案件严重侵犯了我国公民的利益。虽然该案件的首犯糯康为缅甸国籍,主要执行者桑康为泰国国籍,其他犯罪行为人也均不是中国国籍,但遇害的 13 名船员均为中国公民。从国际一般管辖权规则来看,该案件由中国行使管辖权既符合受害人国籍原则(被动国籍原则),又符合保护原则。如上文所述,近年来,被动国籍管辖原则多被使用于国家管辖恐怖主义犯罪与跨国有组织犯罪的情况,对于这两类犯罪,此管辖原则有着良好的国内国际效果。尽管我国的法条没有规定受害人国籍原则,但这一原则大致被蕴含在了我国刑法关于保护原则的规定中,凡侵害我国国家或公民利益的犯罪,我国都享有刑事管辖权。糯康集团的犯罪分子严重侵害了我国公民的生命权,故该案理应依保护原则受我国刑事管辖。

再次,从普遍管辖角度出发,我国也应具有刑事管辖权。此处所提的刑事管辖就不再是针对湄公河惨案一案了,而是针对糯康集团长期在湄公河流域所实施的刑事犯罪。糯康集团长期在湄公河流域实施制毒、运毒、贩毒等毒品犯罪行为,而毒品犯罪又是国际社会所公认的具有严重危害、各国应共同打击的犯罪之一。根据1988年《联合国禁止非法贩运麻醉药品和精神药物公约》第3条的规定,各缔约国应当采取必要措施将该条所列举的故意行为确定为其国内法中的刑事犯罪。所以,即使仅针对糯康集团所长期实行的制毒、贩毒行为,根据国际条约、惯例及我国刑法中关于普遍管辖原则的规定,我国也对其犯罪行为拥有刑事管辖权。①

最后,从国际道义上来看,糯康案件对我国国家及人民的利益侵害最大。"金三角"地区及湄公河流域案件多发的情况已经存在多年,相关国家并没有行之有效的方法来解决这一地区的问题。上文在介绍关于糯康的生平以及案件情况中也提到,糯康直至2009年底还仍拥有一个被缅甸政府承认的"民兵团领导人"的"合法身份",而泰国方面更是有不法军人的直接参与。很难想象,案件若由这些国家来管辖,我们可以得到一个公平的审判结果。我国13名船员最基本的生命权都被这伙犯罪分子残忍剥夺了,他们需要一个公正的结果,我国也需要一个为他们伸张正义的机会。因此,由中国来行使对糯康案件的刑事管辖权最符合国际道义。

当然,中国近几十年综合国力的增长也是不可或缺的因素,一个在国际上无足轻重的国家,很难想象其他国家会尊重它的主权完整,并关心该国人民的利益。另外,我国没有索要该案件的全部刑事管辖权,对于涉案的9名泰国不法军人,中国方面已经将相关证据移交给泰国,并承认泰国方面拥有此案这一部分的管辖权。② 相信在不久的将来,随着我国国力的持续增长,我国将可以在国际刑事管辖权纠纷中更好地捍卫国家主权。

(三)关于本案所涉及的国际刑事司法合作问题

糯康案件不但案情十分复杂,而且由于该案的犯罪行为人、被害人、犯罪地都涉及多个国家,导致该案件包括侦查、抓捕、引渡、审判在内的司法过程都十分曲折。但是,在历经重重困难后,我国司法机关从本案中开创、探索了许多崭新的国际司法合作方

---

① 参见王秀梅:《中国司法有权审判湄公河惨案主凶》,载《法治周末》2012年5月12日。
② 参见柳青:《泰国舆论关注糯康伏法"10·5"案件仍有疑点待破》,载CRI online国际在线网(http://gb.cri.cn/27824/2013/03/01/2625s4034238.htm),最后访问日期:2013年4月7日。

式,这些方法势必对以后我国与东盟地区,乃至与更为遥远的世界其他国家合作指明道路。

1. 本案的侦破过程及多国合作问题

如上文所述,在糯康案件刚刚发生后,案情扑朔迷离,泰国当局并没有给出任何确切的说法。案件发生后,泰国警方向当地媒体展示了缴获的毒品,并声称这些毒品是在两艘悬挂中国国旗的船只内发现的。其中大多数的毒品为冰毒,价值上千万元人民币。这令国际社会不禁怀疑两艘挂有中国国旗的船只是用于走私毒品的。①

之后,案件的情况又发生了转折。根据2011年10月6日《曼谷邮报》报道,泰国军方于10月5日接到有关毒品走私入境的消息,并于当天下午发现事发船只,之后与船上5名武装分子发生交火,其中1名武装分子被当场击毙,其余逃离。据调查,该名被击毙的武装分子不是中国籍。随后几天内,泰国警方宣称是毒贩劫持了中国船只,并随后杀害了中国船员。这一判断的依据是被找到的中国船员的尸体,这些尸体被抛在邻近水域。②

为了取得该案件的有效线索,我国警方走访了在湄公河惨案中遇害的13名中国船员的家属以及当天可能还与该案有所联系的其他船只的中国船员。通过总结所得到的材料,我国警方很快否定了该13名中国船员运送毒品的可能,但对于该案件的真相依然知之甚少。而泰国方面也同样没有传出关于湄公河惨案的进一步消息。此时,我国司法机关已经认识到该案件单凭一国之力很难调查出真相。于是,我国官员及司法机关工作人员立刻前往泰国,约见泰国主管安全事务的副总理以商讨两国开展关于湄公河惨案的刑事侦查合作工作。

随着两国刑事侦查合作的展开,案件很快就取得了突破性进展,两国警方查明在湄公河流域杀害中国船员的犯罪分子并非贩毒武装分子,而是隶属于泰国第三军区的9名军人。然而,令人意想不到的是,9名泰国军人落网并没有让湄公河惨案的真相水落石出,他们坚持声称自己是去查处毒品的。当然,泰国方面的消极审讯也是造成这一情况的原因之一。案件再一次陷入了僵局。

2011年10月31日,为了恢复因湄公河惨案而受到严重影响的湄公河沿岸经济、商业贸易,中国、老挝、缅甸、泰国四国领导人就有关问题进行了会谈并发布了《中华人民共和国 老挝人民民主共和国 缅甸联邦共和国 泰王国关于湄公河流域执法安全合作的联合声明》(以下简称《中老缅泰关于湄公河流域执法安全合作的联合声明》),就在湄公河流域加强联合巡逻执法、联合整治治安突出问题、联合打击跨国犯罪、共同应对

---

① 参见冯锐:《亮剑湄公河——中国警方"10·5"案件侦破纪实》,载《北京文学(中篇小说月报)》2012年第12期。
② 转引自《中国11名船员在泰国遭劫持杀害 疑系毒贩所为》,载新浪网新闻中心(http://news.sina.com.cn/c/2011-10-09/172723274436.shtml),最后访问日期:2013年3月17日。

突发事件等议题达成了共识。① 这一声明也在客观上促进了之后四国对于湄公河惨案的刑事司法合作。

随后，中国警方也开始了同缅甸方面的合作。中国警方通过对之前湄公河流域靠近案发地点的多起犯罪的分析以及从缅甸、泰国警方那里交换到的情报，得出对于湄公河惨案糯康集团有重大嫌疑的结论。然而，由于糯康集团利用贩毒等犯罪得来的赃款贿赂了许多泰国、缅甸官员，再加上糯康总是向其盘踞地附近的村民施以小恩小惠，使得糯康总能提前得到中、缅警方对其实施抓捕活动的情报而在被追捕时安然脱身。在屡次失败后，中、缅警方总结经验教训，改变策略，开始频繁清剿糯康犯罪集团的各个据点。

在老挝警方也加入联合执法的情况下，糯康集团的三号人物依莱、二号人物桑康相继落网。根据此二人的交代，四国警方得到了大量有用的线索，湄公河惨案的案情也逐渐拨云见日。然而，由于糯康对泰国、缅甸两国十分了解，又收买了许多地方官员，再加上部分地方村民阻挠，四国警方对糯康的围捕依然屡次落空。

四国警方再次改变策略，由中国警方敦促泰、缅两国警方加强在泰、缅两国境内对糯康集团盘踞点的清剿力度与频率，逐步缩小糯康的活动范围，最终逼其逃往老挝。而中国与老挝警方合作无间，早就布置好了天罗地网等待糯康。最终，糯康于老挝波乔省境内的孟莫码头落网，而随后对其的审讯也令湄公河惨案真相大白。

纵观糯康案件的整个刑事侦查以及抓捕过程，不难看出，多国司法合作在本案中起到了举足轻重的作用。在本案发生之前，中国就曾与东盟十国商讨过共同打击犯罪、交流培训司法人员以及共同研究法学理论等问题。2009年11月，首届东盟与中国（10+1）打击跨国犯罪部长级会议在柬埔寨举行，该会议修订了《中华人民共和国政府和东南亚国家联盟成员国非传统安全领域合作谅解备忘录》（以下简称《备忘录》）。《备忘录》中明确表示中国与东盟的合作领域包括联合执法合作，要求中国与东盟各成员国就共同涉及的跨国犯罪应当在证据收集、逃犯缉捕和遣返、犯罪收益的追缴与返还等方面通力合作，并鼓励各国间签订相关的双边条约。《备忘录》在本案发生之初，成了中泰两国警方的合作依据。随后，《中老缅泰关于湄公河流域执法安全合作的联合声明》充当了本案四国警方合作更为具体的依据性国际文件，对本案的侦破提供了极大帮助。另外，本案中各国警方针对不同情况所采取的不同策略，如分工协作、顺藤摸瓜、逐个击破、虚虚实实等策略在案件的侦破中取得了十分突出的效果，也为我国与东盟成员国，以及世界其他国家的司法合作开创了新的模式。

2.本案中的犯罪嫌疑人引渡问题

尽管本案的主要犯罪嫌疑人已悉数落网，但由于本案牵扯到多国的管辖权争议问

---

① 参见冯锐：《亮剑湄公河——中国警方"10·5"案件侦破纪实》，载《北京文学（中篇小说月报）》2012年第12期。

题,因此,各国的司法合作并没有结束。正如上文所提到的,糯康最终在老挝境内被中国与老挝警方合力抓获,且被暂时关押在当地。随后,中国、缅甸以及泰国都依照相应法律程序向老挝方面提出了引渡糯康的申请。老挝司法机构与政府部门经过详细研究,考虑了案情、抓捕过程、各国参与程度等各方面的因素,决定将糯康移交给中国管辖。

在移交现场,老挝警方声明了将该犯罪嫌疑人移交给中国的多项原因,大致可被总结为以下三条:第一,对于本案件的侦查以及对犯罪嫌疑人的抓捕行动,中国警方与老挝警方的合作最为紧密,时间也为期半年之久,并且两国警方在最终抓捕行动中起到了主要作用。第二,确定糯康系湄公河惨案主要犯罪嫌疑人的线索,是由中国方面所掌握的两名核心嫌疑人所提供的。第三,根据案情分析,中国是湄公河惨案的主要受害国,该案件的主要受害人均为中国国籍,被劫持的船只为中国籍船只,第一案发现场也位于中国船只内。因此,由中国来管辖此案最为合适。稍后,时任中国公安部禁毒局局长刘跃进也肯定了这些理由,并表示根据属人原则与保护原则,本案应由中国行使刑事管辖权。①

从中国向老挝提出引渡,到糯康正式被引渡至中国接受审判,再到糯康终审被驳回上诉,维持一审中的死刑判决这整个过程中,国内外社会各界就本案的引渡问题有激烈的讨论。在这其中有几个问题特别需要探讨:

(1) 本案的引渡依据

尽管在移交现场,老挝警方已经公开声明了将该犯罪嫌疑人移交给中国进行管辖的理由,但上述的三个理由并不是国际惯例中所一般遵循的引渡依据。在国家间的引渡问题中,国际上一般采用的是"条约前置主义"。② 即一些国家要求以与请求国存在双边引渡条约关系作为开展引渡合作的前提条件,在不存在这种双边条约关系的情况下就无法向外国实行引渡。③ 虽然近年来"条约前置主义"被越来越多的国家所放弃,如英国在其现行的引渡法中,就不再将双边引渡条约的存在作为引渡的前提,但就目前而言,"条约前置主义"仍然是国际引渡问题中的重要原则之一。再者,亚洲地区并没有与欧盟的"欧洲逮捕令"相似的便捷引渡依据,故而两国间的双边条约至少对亚洲国家间的引渡还是十分重要的。另外,值得一提的是,虽然中国与老挝都参加了《有组织犯罪公约》,且中国承认该公约可作为本国与他国间展开引渡合作的依据,但老挝并不接受该公约作为引渡合作的法律依据。

我国与老挝于 2002 年 2 月 4 日签署了《中华人民共和国和老挝人民民主共和国引

---

① 参见胡玲、钟明亮、赵玮:《老挝解释为何将糯康移交给中国而非缅甸泰国》,载凤凰网(http://news.ifeng.com/mainland/special/zgchuanyuanbeisha/content-4/detail_2012_05/11/14448748_0.shtml),最后访问日期:2013 年 4 月 10 日。
② 参见〔韩〕李万熙:《引渡与国际法》,马相哲译,法律出版社 2002 年版,第 11 页。
③ 参见黄风:《引渡问题研究》,中国政法大学出版社 2006 年版,第 2 页。

渡条约》(以下简称《中老引渡条约》),该条约第 1 条明确规定,中国与老挝都有义务依据对方的请求,按照本条约之规定,向对方引渡遭到对方国家通缉并在本国境内被发现的行为人。而该条约第 2 条对于两国间"可引渡的犯罪"则提出了四个基本要求:(1)该犯罪应在两国都构成犯罪,且依照两国法律都可判处 1 年以上有期徒刑或其他更重刑罚;(2)若请求方法院已就根据本条约可引渡的犯罪判处了该行为人相应的刑罚,则要求该行为人被判决的尚未服完的刑期为 6 个月或以上;(3)确定某行为是否依双方法律均构成犯罪时,不应考虑对方法律是否将该行为归入同一犯罪种类或者使用同一罪名;(4)如果引渡请求涉及两项以上根据双方法律均构成犯罪的行为,只要其中一项行为符合本条第 1 款和第 2 款规定的刑罚期限的条件,被请求方即可以针对上述各项行为同意引渡。糯康所涉及的罪名包括了故意杀人罪、运输毒品罪、绑架罪、劫持船只罪,这些犯罪行为显然在中国与缅甸都应被认定为犯罪,而其法定刑的起点也都高于 1 年有期徒刑。因此,根据我国与老挝所签订的《中老引渡条约》,糯康应当被引渡至中国接受审判。

(2)本案中的引渡材料问题

在老挝公开决定将糯康引渡给中国而非泰国、缅甸两国时,大量的外国媒体、学者以及公众对中国是否向老挝提供了充足的引渡材料产生怀疑,要求老挝当局公开中、缅、泰三国所提交的申请引渡材料进行比较。国际社会之所以会有这样的声音,可能和本案的案情长期扑朔迷离,各国民众都以本国媒体所报道的案情为准的情况有所关联。实际上,从老挝警方在移交现场的声明不难看出,糯康与本案的联系是由中国警方所控制的本案其他两名主要犯罪嫌疑人所提供的。因此,应该说中国司法机关有着十分充分的关于糯康实施犯罪的证据。退一步讲,即便中国方面向老挝提交的申请引渡之材料中没有充足的关于糯康犯罪的证据,也不影响老挝将该犯罪嫌疑人引渡给中国。

在引渡请求中,关于请求方应当向被请求方所提供的材料,在国际上存在着三类标准:第一类证据标准被称作"表面证据"标准,即请求方所提供用于申请引渡的证据,应当在未遭到反驳的情况下,依被请求国的法律足够将相关行为人交由法院审判。第二类证据标准被称作"合理依据"或"重大嫌疑"标准,略宽松于第一类标准,即请求国需要提供存在充足证据的证明,而不需要提供证据本身。这些证明通常是证据清单及依被请求国的法律,足够将相关行为人交由法院审判的指控说明等。第三类证据标准被称为"零证据"标准,此标准最为宽松,它只要求请求国提供关于被请求引渡人的逮捕令以及案件的简要说明即可。依照这一标准,被请求国只对请求国的引渡申请进行形式审查,而不要求请求国提供任何实质证据或相关的证据说明。实践中,由于"零证据"引渡标准简便、快捷,又最适合两国互利互惠,因此,在近年间,国际上所出现的双边引渡条约越来越多地采用此项引渡证据标准。我国与老挝所签订的《中老引渡条约》也使用"零证据"标准,故而所谓"中国向老挝提交的引渡申请没有足够的支持引渡之证据,不应被老挝所同意"的说法,是没有认清中、老两国间的引渡规则而妄下的结论。

(3)本案中的政治犯不引渡问题

在糯康案件的引渡问题中,也有人提出糯康多年来所实施犯罪与政治具有一定的牵连性,而政治犯不应当引渡。笔者认为这一观点是不符合当今关于引渡问题的国际现状与法治趋势的。

自19世纪初期开始,政治犯不引渡原则就作为引渡法中的基本原则而存在。法国大革命后,政治犯罪多被视为一种进步思想的表现,这也是政治犯不引渡原则的由来。① 当时,许多国家在引渡法以及双边引渡条约中多明确将政治犯排除在可引渡的范围之外。在这一时期,政治犯不引渡原则一方面有效地保障了被请求引渡人的人权与被请求国的国家主权;另一方面却成为了犯罪分子规避法律制裁的有效手段。

然而,在第二次世界大战后,政治犯不引渡原则在引渡问题中的适用发生了翻天覆地的变化。随着国际恐怖主义犯罪、跨国有组织犯罪、腐败犯罪及其他危害人类的生存与基本权利的国际犯罪日益猖獗,为打击这些犯罪,越来越多的国家通过修改本国引渡法或签订其他国际条约的办法,将多种犯罪排除出政治犯的概念范围,从而限制政治犯不引渡原则的适用。其中,比较著名的案例有智利前总统皮诺切特引渡案。②

对于将恐怖主义犯罪排除在"政治犯罪的范畴以外"的倾向,在19世纪末就已经产生,而在20世纪60年代以后,这一倾向达到了高潮。1977年《制止恐怖主义欧洲公约》在其第1条与第2条中明确规定,对于劫持航空器、诱拐、劫持人质、危害受保护人员、使用爆炸物以及使用重大暴力侵害他人生命、身体、自由的行为均不应当视为政治犯罪。1996年《欧盟成员国间引渡公约》也在其第5条中规定,被请求成员国不得以政治犯罪为理由拒绝引渡。虽然该条约允许其成员国在这一问题上有所保留,但不得与《制止恐怖主义欧洲公约》相冲突。随后,1997年《制止恐怖主义爆炸事件的国际公约》及1999年的《制止向恐怖主义提供资助的国际公约》也都明确将恐怖主义犯罪排除在政治犯罪之外。

我国在与其他国家所签订引渡条约中,有时也会对政治犯罪的引渡有所保留,但恐怖主义犯罪一般都被明确排除出政治犯罪的范畴。这一倾向在我国与泰国、阿拉伯联合酋长国、巴西、西班牙、纳米比亚所签订的引渡条约中都有所体现。其中,在2005年《中华人民共和国和西班牙王国引渡条约》的相关条款中,更是明确地将恐怖主义犯罪纳入了"不得视为政治犯罪"的范畴中。③

---

① 参见〔韩〕李万熙:《引渡与国际法》,马相哲译,法律出版社2002年版,第46页。
② 参见刘亚军:《引渡新论——以国际法为视角》,吉林人民出版社2004年版,第141—143页。
③ 参见黄风:《引渡问题研究》,中国政法大学出版社2006年版,第67—68页。

《中老引渡条约》同样也对政治犯罪的引渡有所保留,该条约第 3 条第 1 款规定,若引渡请求针对的是政治犯罪,则被请求国应当拒绝该引渡请求。这也正是上文所提及的那些反对此次引渡的人们所持的观点。然而,笔者在上文已有论述,以当前国际社会所通行的理论来看,国际恐怖主义犯罪并不必然带有政治目的,更不是必然属于政治犯罪,跨国有组织犯罪更是如此。纵观糯康一案的全部案情,糯康集团所实施的杀人、劫船等犯罪行为丝毫不含有政治性目的,若被认为是政治犯罪则过于牵强。再者,当前国际上将恐怖主义犯罪排除出政治犯罪的趋势盛行,引渡中也多奉行这一做法。因此,认为糯康属于政治犯而不应该引渡的观点是不成立的。

(4) 本案中的死刑不引渡问题

本案中还有一个争议问题,就是在我国的审判中糯康等 4 人被判处死刑立即执行,而在当今国际趋势下,死刑不引渡是大多数国家通行的做法。这也是此次案件中,许多外国媒体及学者抨击我国的原因。

死刑不引渡原则同样是国际引渡规则中的重要一环。与政治犯不引渡原则逐渐边缘化的趋势相反,死刑不引渡原则在近 20 年来被越来越多的国家所认可,并逐渐成为处理引渡问题中的刚性原则。1990 年通过的联合国《引渡示范条约》第 4 条明确规定了死刑不引渡原则。近年来国家间所签订的双边引渡条约中,对死刑不引渡原则可保留的余地越来越小,一般都要求将此原则明确写入引渡条约。甚至连一些已经废除了死刑的国家也将该原则明确写入双边引渡条约。例如,荷兰与澳大利亚均属于已废除死刑的国家,但在两国 1988 年所缔结的双边引渡条约中依然明确将被判处死刑的人员排除在可引渡的范围之外,除非引渡申请国承诺不判处该人死刑或不执行死刑。[①]

我国作为仍然保留死刑的国家之一,近年来对死刑的适用也是特别谨慎的。对死刑严格限制适用的态度体现在几个方面:首先,近年来我国所判处的死刑案件越来越少;其次,我国所判处死刑的案件都属于社会危害性特别严重、性质特别恶劣且多数都是造成了被害人死亡的极端案件;再次,依照我国刑事诉讼法规定,可能判处死刑的案件应由中级以上人民法院进行审理,并应当向被告人提供相应的司法援助;最后,除中级人民法院所判处的死刑缓期 2 年执行的案件由高级法院核准外,其他死刑案件都需要经过最高法院的死刑复核才可以生效并被执行。

在以往的引渡案件中,我国通常承诺对被引渡人员不判处死刑。然而,糯康案件有其特殊性,具体表现在两个方面。首先,本案中糯康等人的犯罪行为极其严重,手段特别残忍,社会危害性极大,影响特别恶劣。除了此次杀害中国 13 名船员外,中国警方曾表示,仅 2008 年,糯康犯罪集团针对中国船只的犯罪就多达 28 起,造成 16 人死亡,3 人重伤。除此之外,中国司法机关还掌握了大量糯康集团涉嫌向中国境内走私毒

---

① 参见黄风:《引渡问题研究》,中国政法大学出版社 2006 年版,第 26—27 页。

品的证据,而毒品犯罪也是国际所公认的几种最严重的犯罪之一。根据《公民权利和政治权利国际公约》第 6 条第 2 款的规定,在未废除死刑的国家和地区,只有最为严重的犯罪行为才可以被判处死刑。而糯康集团的 4 名主要犯罪分子显然达到了这一关于死刑的国际标准。而对糯康等 4 人判处死刑的做法在我国亦不是没有先例,前几年我国也曾有对日本籍及英国籍公民判处死刑的案例。此外,在其他未废除死刑的国家,如新加坡和印度尼西亚,也都曾因外国公民实施严重的毒品犯罪而对其判处死刑。① 其次,在《中老引渡条约》中,并没有明确涵盖死刑不引渡原则。该条约的第 3 条与第 4 条规定了一些应该和可以拒绝引渡的情形,其中主要包括了政治犯罪、军事犯罪、本国公民等 9 种情况,但并未含有可能判处死刑的犯罪行为人。再者,我国也从未声明过在一切涉及引渡的犯罪中,均不适用死刑。因此,即便严格依照《中老引渡条约》来讲,我国法院对糯康判处死刑,也并未违背任何先前的承诺与我国所加入的国际条约。

当然,对于死刑的限制乃至废除是当今的国际发展趋势,越来越多的国家废除了死刑,或在实践中长期不使用死刑。我国在未来很长的一段时期内,也可能逐步废止死刑。因此,在引渡问题上,普遍适用死刑不引渡原则,也将会是我国未来处理引渡问题的发展趋势。

(四) 关于本案的定罪量刑问题

2012 年 9 月 20 日,昆明市中级人民法院对湄公河中国船员遇害一案公开开庭审理。由于该案影响重大、案情复杂、涉及多国证人,昆明市中级人民法院对该案的审理过程长达一个半月之久。2012 年 11 月 6 日下午,昆明市中级人民法院对该案做出一审宣判,法院判决认定被告人糯康、桑康、依莱三人成立故意杀人罪、运输毒品罪、绑架罪、劫持船只罪,依照数罪并罚的原则判处死刑立即执行;被告人扎西卡成立故意杀人罪、绑架罪、劫持船只罪,依照数罪并罚的原则判处死刑立即执行;被告人扎波成立故意杀人罪、绑架罪、劫持船只罪,依照数罪并罚的原则判处死刑缓期 2 年执行;被告人扎拖波成立劫持船只罪,判处有期徒刑 8 年。判决做出后,6 名被告人皆不服,当庭提出上诉。2012 年 12 月 20 日,云南省高级人民法院对糯康案件进行了二审公开开庭审理,并于当月 26 日做出终审裁定,认为该案事实明确、证据充足,适用法律正确,遂依法驳回上诉、维持原判。至此,震惊中外的湄公河惨案尘埃落定,糯康集团多名犯罪分子也受到了应有的惩罚。

1. 本案的定罪问题

根据云南省昆明市人民检察院的起诉书,公诉机关对糯康等人的指控主要围绕两个案件:其一是上文详细介绍过的湄公河惨案;其二是 2011 年 4 月由本案被告人所共

---

① 参见王秀梅:《中国司法有权审判湄公河惨案主凶》,载《法治周末》2012 年 5 月 12 日。

同实施的一起劫船绑架案。2011年4月2日、3日,被告人桑康、扎西卡、扎波等人分别于湄公河"挡石滩"滩头和"孟巴里奥"附近水域劫持三艘中国货船"渝西3号""正鑫1号""中油1号"与一艘老挝客船"金木棉3号",并将此4艘船只的十余名船员扣押为人质,向船只的出资人及出资公司索要赎金。直至4月6日,被告人依莱收到船只出资人及出资公司送来的2 500万泰铢赎金后,才将人质释放。另有相关证据显示,糯康明确地知晓这起劫船绑架案的全部过程,桑康、依莱等人在犯案过程中还多次向糯康请示并得到了糯康的答复。

昆明市中级人民法院根据具体案情和相关证据对本案作出一审判决。根据昆明市中级人民法院的判决书,糯康、桑康和依莱三人为糯康武装犯罪集团的首要分子(下文会详细论述),需要对上述两起刑事案件承担全部刑事责任;其他3名被告人扎西卡、扎波、扎拖波则根据其具体实施的犯罪行为以及在共同犯罪中所处的地位及所起的作用,确定其刑事责任。

根据人民法院所掌握的证据显示,在"4·2"劫船绑架案中,糯康、桑康、依莱在事前组织和策划了整起犯罪,桑康、扎波、扎西卡等人实施了具体的劫船、扣押人质的行为,而依莱则负责接收船只出资人及出资公司的赎金。而在湄公河惨案中,糯康为了报复中国船只不交保护费,与桑康、依莱策划和组织了派出部分手下,伙同糯康犯罪集团所收买的泰国不法军人共同实施劫船、杀人及栽赃行为。在具体犯罪行为的实施过程中,糯康是总指挥,桑康则负责现场监督与指挥,依莱负责收集情报、收买泰国不法军人及踩点,扎西卡、扎波等人实施了劫船、杀害中国船员的行为,扎拖波等人负责外围警戒、放哨,不法泰国军人负责处理尸体,翁蔑(已向缅甸政府投诚,另案处理)等人负责运送毒品并将毒品放入中国船只进行栽赃。根据以上案情,昆明市中级人民法院判决糯康、桑康与依莱三人,都构成故意杀人罪、运输毒品罪、劫持船只罪及绑架罪;扎西卡、扎波二人都成立故意杀人罪、绑架罪及劫持船只罪;扎拖波构成劫持船只罪。①

关于本案的定罪问题,被告人扎西卡的辩护人认为在"4·2"劫船绑架案中,行为人所构成的应该为非法拘禁罪,而非绑架罪。这一观点是没有实际根据的,也没有被法院所采纳。绑架罪与非法拘禁罪的区别表现在两个方面:主观上,绑架罪表现为以勒索财物或其他非法利益为目的,扣押他人只是为达到索财目的之手段,而非法拘禁罪的目的则是单纯为了非法限制他人的人身自由(索要债务的情况除外);客观上,绑架罪除了有限制他人人身自由的行为外,还需要有利用被害人向他人索取财物或其他非法利益的行为,而非法拘禁罪仅有非法限制他人人身自由的行为,而且实践中一般非法拘禁罪的暴力程度明显低于绑架罪。在"4·2"劫船绑架案中,糯康集团的犯罪分子既有主观上勒索财物的目的,又有客观上扣押人质换取赎金的行为,依莱更是亲自

---

① 参见云南省昆明市中级人民法院(2012)昆刑一初字第162号刑事附带民事判决书。

收取赎金。因此,显而易见,本案被告人在"4·2"劫船绑架案中所共同构成的是绑架罪,而不是非法拘禁罪。

另外,还有部分本案被告人当庭提出,他们将毒品放在中国船只是为了报复栽赃,并非谋取利益,不应构成运输毒品罪。而根据我国刑法的相关规定,运输毒品罪在客观上表现为行为人实施了从一地运输毒品到另一地的行为,主观上行为人需要明知所运输的物品是毒品,一般以营利为目的,但不排除其他目的。因此,以营利为目的并非我国刑法关于运输毒品罪在主观上的必然要求,只要明知运输的是毒品,并客观上实施了运输毒品的行为,即可成立运输毒品罪。

2.本案的共同犯罪问题

糯康案件的复杂性在于该案不但牵扯到故意杀人、运输毒品、抢劫船只等单独罪名,还涉及了共同犯罪,以及共犯中更为特殊的集团犯罪问题。根据我国《刑法》第26条第2款的规定,所谓犯罪集团,需具备三个条件:第一,组成该犯罪组织的人数为三人以上;第二,组成犯罪组织的目的为共同实施犯罪;第三,该组织较为固定。而糯康集团成员众多,远远超过三人;该集团长期在湄公河流域实施杀人、绑架、贩毒等严重犯罪;该集团组织严密,存续时间已有十余年。从以上情形看来,糯康集团显然已符合了上述三个条件,应当被认定为犯罪集团。糯康集团的犯罪分子涉及多项罪行,多次重复实施。该案的所有被告人都涉嫌抢劫船只罪,并且其中有5名被告人还共同涉嫌故意杀人罪与绑架罪,在他们所涉及的罪行中构成了典型的共同犯罪。他们在实施犯罪的过程中,同时具备共同的主观心理(在本案所涉及的罪名中都表现为故意)与共同的客观行为。尽管他们所具体实施的犯罪行为内容各不相同,但这只是在共同犯罪中分工的不同,不影响其共同犯罪的成立。在分析共同犯罪问题时,需要考虑到行为人的行为在整个犯罪中所起的作用以及行为人在共同犯罪中所居地位,以确定各行为人刑事责任的分担情况及刑事责任的大小。

在本案中,糯康、桑康和伊莱系糯康犯罪集团的首要分子,组织、策划了包括湄公河惨案在内的多起杀人案、劫持船只案以及绑架案、运输毒品案,属于这些犯罪中的主犯与组织犯,并在一些案件中还充当了实行犯,因此,他们应该对这些全部罪行负刑事责任。这里还涉及一个问题,糯康曾辩称其只是要求手下杀害1名中国船员,其余的船员交给不法泰国军人解决,但该名手下却杀害了全部中国船员,没有遵照他的命令,因此对于其他12名中国船员的被害,糯康说他本人不应负责。其辩护人也提出共同犯罪中的杀害其他12名船员的行为属于其他被告人的实行过限行为,糯康不应负责。这条抗辩理由是十分荒谬的。根据我国《刑法》第26条第3款的规定,犯罪集团的首要分子需要对集团所犯的全部罪行负刑事责任。经其他多名犯罪嫌疑人交代,糯康原先的计划中确实是让其手下只杀害1名船员,其他船员交由其收买的泰国不法军人杀害。但这也只是分工上的不同,故意杀害13名中国船员的犯罪行为不管具体是哪个人实施,都属于糯康集团所犯罪行,且都在糯康事先的计划之内,因此,糯康需要对糯康集团的全部罪行负相应的刑事责任,并不存在实行过限问题。另外,糯康犯罪集团人员众多,集团二号人物桑康以及三号人物伊莱都在多起刑事案件中起到了组织、策划、领导犯罪的作用。而在湄公河惨案中,该二人事先与糯康策划犯罪,并具体帮助糯康联络泰国军人、选定犯罪地点,甚至参与、监督了具体犯罪行为的实施。因此,桑康和伊莱也应被认定为犯罪集团的首要分子,对犯罪集团的全部犯罪行为负责。

被告人扎西卡系糯康集团的骨干分子,在包括公河惨案在内的多起案件中是主要实行犯,对犯罪的实施起到了至关重要的作用,应被认定为共同犯罪中的主犯。根据我国《刑法》第 26 条第 4 款的规定,被告人扎西卡属于非集团首要分子的主犯,应对其组织、参与的全部犯罪负相应刑事责任。

被告人扎波同样也参与了"4·2"劫船绑架案与湄公河惨案,并作为实际犯罪的实行者,实施了劫船、绑架、故意杀人等犯罪行为。虽然扎波并不是犯罪集团的首要分子或骨干分子,但也同被告人扎西卡一样属于非集团首要分子的主犯,应对其所组织、参与的全部犯罪负相应刑事责任。当然,由于他们二人在犯罪集团内部所处的地位以及对于整个犯罪案件所起的作用存在着一定区别,他们所需承担的刑事责任大小是不同的。另外,对于其辩护人所提出的"扎波属于胁从犯"的辩护意见,法庭并没有采纳。根据我国《刑法》第 28 条规定,胁从犯应该是被胁迫而参加犯罪的人。而根据被告人扎波之前的供述以及法庭所掌握的其他证据都无法得出扎波是被胁迫参加犯罪的这一结论。

而被告人扎拖波只参与了湄公河惨案劫持船只的犯罪,且在犯罪中仅负责外围警戒,在整个案件中起到辅助和次要的作用。因此,其辩护律师所提出的"扎拖波属于本案的从犯,可以从轻处罚"的辩护意见,被法庭采纳。

3. 本案中的量刑问题

昆明市中级人民法院关于本案的判决充分体现了罪刑法定的刑法基本原则与我国宽严相济的刑事政策在量刑中的作用。云南省高级人民法院也在本案的二审中维持了一审判决。① 具体而言,被告人糯康、桑康、依莱三人系糯康武装犯罪集团的首要分子,需要对集团所犯的全部罪行负刑事责任。因此,在"4·2"绑架劫船案及湄公河惨案中,此三人根据糯康犯罪集团所实施的罪行,都成立故意杀人罪、运输毒品罪、绑架罪以及劫持船只罪。被告人扎西卡系糯康武装犯罪集团的骨干分子,属于非首要分子的主犯,应对其所组织、参与的全部犯罪负相应刑事责任,即构成故意杀人罪、绑架罪、劫持船只罪。以上 4 名被告人所实施的犯罪行为后果特别严重,手段特别残忍,情节特别恶劣,依照数罪并罚的处罚原则,应被判处死刑立即执行。尽管 4 名被告人都

---

① 参见云南省高级人民法院(2012)云高刑终字第 1765 号刑事附带民事裁定书。

有不同程度的悔罪表现,糯康还积极赔付了被害人家属,但由于他们的罪行过于严重,这些表现都不足以减轻其刑罚,这也正是我国宽严相济的刑事政策在指导量刑中"严"的体现。被告人扎波作为"4·2"绑架劫船案及湄公河惨案两起案件的实行者,属于主犯,尽管其犯罪行为所造成的危害也十分严重,但其在整个犯罪中所起的作用以及所处的地位都不及上述4名被判处死刑立即执行的被告人。根据具体案情,法院最终认定其刑事责任略轻于上述4名被告人,故判处其死刑缓期2年执行。而被告人扎拖波只参与了湄公河惨案中的劫持船只犯罪,且在犯罪中负责外围警戒,只起到辅助和次要作用,属于从犯。依照我国《刑法》第27条第2款规定,对扎拖波的刑事处罚应当从轻或减轻,故法院依法从宽判处其有期徒刑8年。对被告人扎波、扎拖波的处罚,正是我国宽严相济的刑事政策在指导量刑中"宽"的体现。

事实上,糯康案件之所以造成了全球性的轰动,一方面是由于该案件影响巨大、涉及多国、性质恶劣,另一方面是由于我国一次性就判处了4名具有外国国籍的被告人死刑立即执行。我国人民法院对该案的死刑判决,一度遭到国际社会的强烈质疑。然而,我国政府与司法机关顶住了这一压力,依照我国法律并兼顾我国所加入的国际条约,秉公审判了这一案件。作为保留死刑的国家,我国近年来确实对死刑的适用慎之又慎,但这并不代表我国不在实践中依法适用死刑。而糯康案件的主要犯罪分子作为外国人也不可能享有法律规定以外的足以影响定罪量刑的特权。国际社会的舆论压力亦不能干扰我国的司法权,这正是我国国家主权的体现。若对于像糯康这样横行多年,藐视法律、轻视正义,危害多国国民的安全以及多国国家利益的极其凶残的犯罪分子都不能判处死刑,那才是我国主权的丧失,司法正义的遗憾。

(五)本案对于中国的意义

随着2012年12月26日云南省高级人民法院做出终审裁定,维持一审对糯康等4人的死刑判决,骇人听闻的湄公河惨案终于落下帷幕。该案件从案发直至终审判决确定,共历时15个月。在这一年多的时间里中国司法创下许多个"第一",对中国的国际司法实践具有里程碑式的意义。具体说来有以下几个方面:

1.对于中国国际司法合作的意义

中国与东盟成员国在地缘上十分接近,双方进行经济、文化交流十分便捷,并且对双方的整体发展都有着十分重要的作用。近年来,中国已初步与东盟国家建立了经济合作机制。2002年,中国与东盟签订了《中华人民共和国与东南亚国家联盟全面经济合作框架协议》,开始建设中国-东盟自由贸易区。2010年,随着这一贸易区的正式启动,双方的经济贸易合作日益密切,也带给了双方无可比拟的经济利益。

然而,中国与东盟的国际司法合作则稍显滞后。在湄公河惨案发生以前,关于双方实行刑事司法合作的法律文件寥寥无几,仅可依靠并非所有东盟国家都签署的《禁毒谅解备忘录》《联合国反腐败公约》及《有组织犯罪公约》。在糯康案件发生后,《中老缅泰关于湄公河流域执法安全合作的联合声明》的发表,为四国合作执法确立了新的国际法律文件依据。更重要的是,在糯康案件的侦办过程中,中、老、缅、泰四国首次启动了四国警务与联合执法合作机制,开创了中国与东盟间实行司法合作的崭新实践。

这一司法合作实践不但促成了对糯康集团主要犯罪分子的抓捕,更为中国与东盟地区今后开展更为广泛的司法合作指明了道路。今后,中国与东盟的国际司法合作应该朝着三个方向发展:首先,将本次四国间的司法合作声明条约化,确定为切实可行的双边及多边国际条约。其次,增加参与司法合作的国家,将东盟其他国家也纳入国际刑事司法合作中来。中国应积极倡导制定普遍适用于中国-东盟地区的刑事司法合作的国际性法律文件,并将有关司法协助以及引渡等国际司法问题纳入进来,为今后双方的司法合作工作提供便利。最后,应该将联合执法的领域逐步扩展至东盟内陆。尽管东盟地区的许多犯罪都是在湄公河沿岸发生的,但也不排除一些跨国性犯罪出现在内陆地区的可能。若能将双方合作执法区域扩展至内陆地区,必将大大提高打击中国-东盟地区的国际犯罪的效率。

此外,糯康案件还开创国际引渡之先河。湄公河流域,特别是"金三角"地区鱼龙混杂,在此盘踞的犯罪集团当然不只糯康集团一个。中、老、缅、泰四国警方在处理湄公河惨案时,还得到了一些关于其他犯罪集团的有用情报,这也就意味着将来四国可能还会面临相似的国际刑事案件。届时,糯康案件将成为处理类似刑事案件的先例,指导各国有关方面实施刑事司法合作以及引渡合作。

2. 对于中国国际地位的影响

糯康案件还开创了另一个"第一",即外国人在外国实行的犯罪,由中国实行管辖。这种情况不但在中国属于首例,在世界范围内也十分罕见。糯康案件受到国际社会的强烈关注,美国《侨报》更是将该案称为中国司法史上的新界碑,在报道中多次使用"史上罕见""开创先河"等字眼。[1]

中国此次积极与老、泰、缅三国开展刑事合作,最终抓获包括糯康在内的本案多名主要犯罪嫌疑人,有效维护了中国的国家主权。案发时,两艘船只悬挂中国国旗,13名被杀害的船员也全部为中国籍。糯康集团的犯罪分子在湄公河上公然实行劫船、杀人、栽赃等犯罪行为,严重危害了中国公民的利益,是对中国国家主权的践踏。糯康等犯罪分子的落网以及被引渡至中国受审,是中国维护本国公民的利益与国家主权的表现。同时,也是向世界表明,中国的国家主权神圣不可侵犯。

此外,本案的成功司法实践,也有助于使海外中国公民的利益得到更好的保障。在之前的一些案件中,我国并没有很好地保护海外中国公民的利益。身处外国的中国

---

[1] 参见欧阳宇佳:《美媒:中国破获糯康案史上罕见司法创下多第一》,载搜狐新闻网(http://news.sohu.com/20130301/n367524878.shtml),最后访问日期:2013年4月12日。

公民经常成为犯罪分子的侵害目标,而又得不到及时的法律救济。糯康等 4 人被判处死刑后,对其他犯罪分子将是一个很好的震慑,而在海外的中国公民之人身安全也会得到相对更好的保障。

本案主要犯罪嫌疑人之所以能被成功引渡,还有赖于近年来中国国家实力的增强。近几十年来,中国经济蓬勃发展,随着中国的国际地位不断提高,中国在国际事务中扮演着越来越重要的角色。因此,中国才能在国际交往中得到更多国家的认可,更好地行使国家权力,更有力地维护国家主权。

五、结语

糯康案件不仅仅是 2012 年的重大国际刑事案件,该案件所涉及的司法合作创新对我国今后打击跨国性犯罪会起十分重要的指导作用。我国在此次案件中的成功司法实践让世界为之惊叹,也有力地维护了我国的国家主权。

实际上,本案还有一些问题有待解决:将毒品放入中国船只栽赃的犯罪分子沃兰仍然在逃。将来,沃兰落网后,其刑事管辖权问题必然会引起一轮新的争论。除此之外,9 名与糯康集团勾结的犯下严重罪行的泰国军人至今都没有受到审判。这一部分案件的刑事管辖权属于泰国方面,中国仍在与泰国交涉,敦促其尽快审判这 9 名犯罪分子。再者,此案所展现出的中国与其他国家进行国际司法合作之前景,应当得到进一步的完善与发展。在未来的几年或十几年内,中国司法机关应探索并创建一套普遍适用于国际司法合作的法律机制。

死刑裁量正当性的要素分析
——以孙某某故意杀人个案为例

解 彬[*]

目 次

一、选案理由
二、基本案情
三、裁判要旨
四、引发的理论问题
（一）刑事政策对故意杀人死刑裁量的影响
（二）投案自首对故意杀人案死刑裁量的影响
（三）被害方谅解行为对故意杀人案死刑裁量的影响
（四）被害人过错对故意杀人案死刑裁量的影响
五、结论

一、选案理由

2006年发生在山东省寿光市的为每斤辣椒差价5分钱致一死一重伤案即孙某某故意杀人案，曾引发了社会极大关注。该案被告人孙某某存在自首，同时被害方对矛盾的激化负有明显的过错，但因被害方家属拒不谅解，坚决要求"以命抵命"，给审判实践带来了困惑。一审法院虽认定了被告人孙某某的法定自首情节，但仍判处被告人孙某某极刑，判决主文对被害人过错有所论及，但并未阐述对量刑的影响，亦未提及被害方谅解对量刑的影响。被告人不服，向山东省高级人民法院提起上诉，时值最高人民法院发布《关于进一步加强刑事审判工作的决定》，明确对因被害人过错引发的故意杀人案件，案发后真诚悔罪并给付赔偿的，应慎用死刑立即执行。后省高院以"投案自

---

[*] 西藏自治区纪委六室副主任，北京师范大学法学院2012届法律硕士研究生。

首、量刑过重"为由改判被告人死刑缓期2年执行。①

被告人孙某某被从死刑的边缘拉回来了,但对于法治来说,其意义已经超过了案件本身,我们在关注案件本身的同时,更应关注的是这种个案刑罚裁量的正当性及合理性。因为在我国当前甚至很长一段时期内,暴力犯罪死刑适用仍较为严峻。而本案既涉及死刑的刑事政策,又有自首、被害人过错以及被害方不予谅解等因素,对于研究故意杀人案死刑适用具有较大的理论价值。笔者试图通过本案对影响死刑适用的有关因素进行法理分析,阐述各种因素对故意杀人案死刑适用的影响与作用,由点到面,为我国故意杀人案死刑适用提供一个更为理性的注脚,这也是本文的研究意义所在。

二、基本案情②

孙某一、孙某二和孙某某系寿光市纪台镇孙家村村民。2006年5月11日上午,孙某一、孙某二(孙某一侄子)找本村村民孙某某卖辣椒,当时说辣椒6毛钱一斤。但下午孙某某到孙某一的小卖部结账时,孙某一告诉他按5毛5分钱结算,孙某某不愿意,对孙某一说按6毛钱算,不行就拉回来,双方不欢而散。

次日下午1时许,孙某某喝酒后又到孙某一的小卖部与孙某一谈辣椒价格,双方争吵起来,在孙某一家门口看棋的孙某二在外边说了句"你好多事来"。孙某某听后遂从孙某一的小卖部内拿起一把剔骨刀,朝孙某二捅去,孙某一也拿起木板与孙某某打斗,孙某二右前胸、左腰部、左腰背部、右前臂中段被捅伤,孙某一的左胸部被捅伤。

捅伤孙某一、孙某二两人后,孙某某非常害怕,迅速逃离现场,后孙某二、孙某一被送至寿光市人民医院,孙某二抢救无效死亡。寿光市公安局接报后立案侦查,法医鉴定孙某二系心脏破裂致失血性休克死亡,孙某一胃破裂构成重伤。

2006年5月15日,孙某某在家人陪同下到寿光市公安局投案自首。

后该案移送潍坊市人民检察院,由潍坊市中级人民法院作为一审,在一审庭审中,死者孙某二的家属、伤者孙某一及其家属三十余人到庭参加旁听,当被告人孙某某出现在法庭门口时,三十多人站起来,举起右手齐喊"杀了他!杀了他!……",法庭秩序一度混乱不堪。后经法警介入,在带走七八个人之后,法庭秩序恢复了正常。庭审结束时,旁听的二十多人又齐齐跪下,要求给他们一个公道。此外,被害人家属拒不接受被告人孙某某卖房拼凑的赔偿款,只要求判处被告人孙某某死刑,潍坊市中级人民法院迫于压力,判处被告人孙某某死刑,剥夺政治权利终身。

被告人孙某某不服一审判决,向山东省高级人民法院提起上诉。在山东省高级人民法院门口,被害人的家属拉起横幅,要求孙某某必须得死。二审判决作出前,最高人

---

① 参见山东省潍坊市中级人民法院(2006)潍刑一初字第91号刑事判决书;山东省高级人民法院(2006)鲁刑三终字第119号刑事判决书。

② 同上注。

民法院出台《关于进一步加强刑事审判工作的决定》,针对有被害人过错的杀人案件,归案后悔罪表现明显,且愿意赔付被害人的,兼顾惩治犯罪及慎用死刑的原则,一律适用死刑缓期2年执行。省高级人民法院根据本案案情,结合上诉人的自首情节及赔偿事宜,改判孙某某死刑,缓期2年执行。

三、裁判要旨①

一审法院认为被告人孙某某因民事纠纷而持刀朝被害人要害部位捅刺,致使孙某二死亡、孙某一重伤,其行为已构成故意杀人罪。由于被告人孙某某作案手段残忍,犯罪情节恶劣,造成一人死亡、一人重伤的严重后果,虽有投案自首情节,亦不能对其从轻处罚,以故意杀人罪判处被告人孙某某死刑,剥夺政治权利终身。

二审法院认为,上诉人孙某某因民事纠纷而持刀朝被害人要害部位捅刺,造成一人死亡、一人重伤的严重后果,其行为已构成故意杀人罪,理应依法严惩。但鉴于孙某某作案后能投案自首,故可判处其死刑,不立即执行。上诉人提出"投案自首,量刑过重"的上诉理由及相关辩护意见予以采纳。维持刑事判决对被告人孙某某的定罪部分,即被告人孙某某犯故意杀人罪。撤销刑事判决对被告人孙某某的量刑部分,即判处被告人孙某某死刑,剥夺政治权利终身。上诉人孙某某犯故意杀人罪,判处死刑,缓期2年执行,剥夺政治权利终身。

四、引发的理论问题

纵览孙某某故意杀人案,本案既涉及"保留死刑、严格控制和慎重适用死刑"的刑事政策,又有自首、被害方谅解及被害人过错等因素,较为典型,值得研究。

(一)刑事政策对故意杀人死刑裁量的影响

"死刑问题,主要是一个刑事政策问题。"②我国目前保留死刑,是基于现阶段废除死刑不能维护良好社会主义法治秩序,促进社会的和谐稳定,并不意味着要严刑峻法,"凡是可杀可不杀的,一律不杀""保留死刑,严格控制和慎重适用死刑"的宽严相济刑事政策可以限制与减少死刑适用,具体包括:一是"是否适用死刑";二是"如何适用死刑"③。其中,前者是政策的核心和前提。

1. 死刑刑事政策对"是否适用死刑"的贯彻

政策是法律的"灵魂",有什么样的死刑政策就有什么样的死刑立法,从而也会产

---

① 参见山东省潍坊市中级人民法院(2006)潍刑一初字第91号刑事判决书;山东省高级人民法院(2006)鲁刑三终字第119号刑事判决书。
② 张军、姜伟、郎胜、陈兴良:《刑法纵横谈》(总则部分),法律出版社2003年版,第339页。
③ 赵秉志:《死刑改革探索》,法律出版社2006年版,第103页。

生与之相应的死刑司法。① 《刑法》第 48 条规定死刑立即执行的适用条件是"罪行极其严重",死刑缓期执行的适用条件"不是必须立即执行",这种模糊、笼统的原则性表述,导致司法实践中死刑适用条件不一,宽严相济的刑事政策有助于理解和把握"是否适用死刑",保证死刑作为惩治犯罪的最后手段,维护被破坏的法益,维护社会秩序。

2. 死刑刑事政策对"如何适用死刑"的贯彻

因死刑的适用缺乏明确而具体的标准,使得死刑适用充满了不确定性。刑事政策通过研究如何描述犯罪构成要件以便达到与犯罪实际情况相对应的目的;进而尝试不同刑事制裁措施的适用方式,斟酌刑法作为公权力在社会中的延伸程度,以避免不必要地限制公民的合法权利②,指导司法机关"如何适用死刑"以限制死刑的适用。

3. 故意杀人案的刑事政策的完善

现阶段,"少杀、慎杀"的刑事政策,在刑法中没有明确规定,刑事诉讼程序上也没有一个可供操作的流程,实践中司法者的理解与认识存在差异,对刑事政策把握尺度的不一,导致其作用没有得到有力的体现。③ 这些都需要进一步完善。

立法上应将死刑刑事政策具体化。最高人民法院明确因婚姻家庭、邻里纠纷等民间矛盾激化引发的故意杀人案,适用死刑要十分慎重,但对"民间矛盾"未进行解释或界定,导致司法实践中认定不一,因此有必要立法,使之具体化。

死刑适用程序上,要穷尽所有救济方法。目前,我国检察院的法律监督权一定程度上能维护被告人的权益,如死刑执行时的派员监督权。但"保留死刑,严格控制和慎重适用死刑"的死刑刑事政策在适用程序上仍亟待完善,在死刑复核程序阶段,仍需保障被告人辩护权的实现,保证死刑复核程序的多方参与,使正义以一种看得见的方式实现。

编撰死刑适用案例,确保死刑适用规范。加强故意杀人死刑立即执行与死刑缓期执行案件的编撰工作,使"保留死刑,严格控制和慎重适用死刑"的死刑刑事政策具体化,指导故意杀人案死刑适用的审判工作。

加强死刑刑事政策学习,规范法官的自由裁量权。"法官的人格是实现正义的保证。"④加强法官死刑刑事政策的学习,在判决书主文中应明确故意杀人罪适用死刑或者不适用死刑的理由,在具体案件适用过程中,不能脱离死刑刑事政策的理念指导,需要形成合乎法律原则的刑事政策思维。

(二)投案自首对故意杀人案死刑裁量的影响

根据《刑法》第 67 条规定,自首包括:一是犯罪以后自动投案,如实供述自己的罪

---

① 参见钊作俊:《死刑限制论》,武汉大学出版社 2001 年版,第 61 页。
② 〔德〕汉斯·海因里希·耶塞克、托马斯·魏根特:《德国刑法教科书》,徐久生译,中国法制出版社 2001 年版,第 29 页。
③ 参见曲新久:《刑事政策的权力分析》,中国政法大学出版社 2002 年版。
④ 〔美〕本杰明·卡多佐:《司法过程的性质》,苏力译,商务印书馆 1998 年版,第 6 页。

行的行为;二是被采取强制措施的犯罪嫌疑人、被告人和正在服刑的罪犯,如实供述司法机关还未掌握的本人其他罪行的行为。对于投案自首的犯罪分子,可以从轻或减轻处罚。

1. 投案自首是否必然免死

投案自首,是犯罪嫌疑人在自己的意志支配下,主动将自己交付国家追诉,愿意接受国家审查与裁判,是体现其认罪、悔罪态度或在一定程度上减弱其人身危险性的量刑情节。在故意杀人案中,投案自首能否成为"免死牌"。最高人民法院于2010年2月8日发布的《关于贯彻宽严相济刑事政策的若干意见》,规定了两种不适用于从轻的例外情形:一是罪行极其严重、主观恶性极深、人身危险性极大;二是恶意地利用自首规避法律制裁的。

笔者亦认为对投案自首应加以区别,该情节不能成为犯罪分子实行曲线免死的护身符和通行证,对主观恶性极深及恶意规避法律制裁的,投案自首不能免死。本案孙某某在实施故意杀人后投案自首,一审法院也予以认定,但仍判处其死刑立即执行,可见,投案自首并不能成为犯罪分子免除极刑的量刑情节,如其罪行极其严重,仍应判处死刑。

2. 投案自首在死刑裁量中从宽处罚的幅度

依据法律规定,投案自首是"从宽"的依据,但又不是必然导致"从轻"的依据,因此投案自首并不必然排除死刑的适用。

(1) 投案自首从宽处罚的幅度的法律规定

2010年12月最高人民法院发布《关于处理自首和立功若干具体问题的意见》,在该意见中,犯罪事实、犯罪性质、犯罪情节、危害后果、社会影响、被告人主观恶性和人身危险性、投案的主动性、供述的及时性和稳定性等都被作为需要考虑的因素,综合予以判定。

(2) 投案自首情节从宽处罚的幅度之实践要求

在故意杀人案中,针对从宽处罚的幅度,法院的判决应着眼于法律本身进行阐释,包括基础法理阐释,深层逻辑推理。本案在投案自首从宽幅度的认定上,法院应在孙某某故意杀人"处死刑、无期徒刑或者十年以上有期徒刑"基准刑上,考量其故意杀人的犯罪手段是否严重,作案动机是否恶劣,主观恶性、人身危险性是否极大等从重情节,结合其投案自首从宽处罚情节的效力,二者进行对比,在法理方面阐述从宽的幅度,从而使投案自首从宽、从轻处罚有一个合乎逻辑、合乎法理、严谨且周详的论证。

(三) 被害方谅解行为对故意杀人案死刑裁量的影响

死刑案被害方谅解,是指在排除那些严重危害社会秩序、罪行极其严重、必须判处犯罪分子死刑立即执行的死刑案件后,在被告人真诚悔罪的情况下,基于被害方自愿与被告方达成赔偿协议,并表示谅解被告人,法院根据被告人的情节及悔罪表现,对被告人处于死刑立即执行幅度以下的判决。①

1. 被害方谅解影响刑事责任的依据

(1) 被害方谅解行为影响刑事责任的法律依据

我国《刑法》和《刑事诉讼法》并没有明确的被害方谅解制度,但我国刑事司法中将被害方谅解作为量刑情节予以考虑。最高人民检察院2006年发布《关于在检察工作中贯彻宽严相济刑事司法政策的若干意见》,在刑事司法中要贯彻惩治犯罪与保障人权的统一,不仅要严厉打击危害社会的犯罪行为,也要切实保护犯罪人的合法权益,对于被告人诚恳认罪并积极赔偿被害人损失,已取得被害人谅解的案件,量刑方面趋于从轻、减轻是具备合理性的。可见被害方是否谅解,对于被告人的刑事责任是有明确影响的。

(2) 被害方谅解影响刑事责任的法理根基

①被害方谅解与刑罚不得已原则相契合

鉴于刑罚的制裁措施是剥夺、限制公民的基本人权,学者们纷纷强调刑罚不得已原则。意大利刑法学家贝卡利亚提出,"只要刑法的恶果大于犯罪所带来的好处,刑罚就可以收到它的效果。……除此之外的一切都是多余的,因而也是蛮横的"②。日本刑法学者西原村夫认为,刑罚"作为恶的刑罚的适用是国家在其他保护手段与方法无法有效地发挥作用时,迫不得已的最后一种手段"③。被害方谅解是刑法不得已原则在司法实践中的具体履行,它削弱或消弭犯罪人的人身危险性,使犯罪行为破坏的社会关系在某种程度上得以恢复。

②被害方谅解行为与刑事和解之辨合

刑事和解,是指在犯罪发生后,通过调解人的帮助,加害人和被害人直接接触和交谈,正视犯罪给被害人带来的伤害,然后双方达成赔偿协议,最终解决刑事纠纷。刑事和解的目的在于弥补被害人受到的伤害、恢复被加害人所破坏的社会关系并使加害人有机会改过自新,重返社会。被害方谅解是实现刑事和解的前提。

③被害方谅解行为具有重要的刑事政策意义

刑罚的目的在于惩罚犯罪与保障人权。被害方谅解既最大限度地弥补被害方家庭的损失,也能让法官在量刑时作为一种从宽处罚的情节予以考虑,使本来可能被判处死刑的被告人,被判处死缓或者无期徒刑,合理地减少了死刑的适用和执行,最大限度地增加和谐因素,减少不和谐因素,与我国"少杀、慎杀"的刑事政策相一致。

2. 被害方谅解对于死刑适用的影响力分析

在死刑司法实践中,被害方谅解与死刑适用的关系重大而脆弱:处理好二者的关

---

① 参见孙牿昌、黄文忠:《死刑案件被害方谅解可否判处死缓》,载《检察日报》2007年7月2日。
② 〔意〕贝卡利亚:《论犯罪与刑罚》,黄风译,中国法制出版社2002年版。
③ 李海东:《刑法原理入门》(犯罪论基础),法律出版社1998年版,第10—11页。

系不仅有利于弱化被害方的报复欲望、激愤情绪,也从宏观上贯彻了我国"少杀、慎杀"的刑事政策;但是由于被害方谅解和死刑适用与司法正义息息相关,处理不好极易造成司法不公的现象出现,如以钱赎命,损害大众对于司法公正的认知及法律的尊严。因此在死刑适用中,如何考虑被害方谅解的情节,必须慎之又慎。

(1) 正确区分被害方谅解与"花钱买刑""以钱赎刑"的界限

所谓"花钱买刑""以钱赎刑",是指被告人拿钱出来同国家司法机关进行交易,从而获得免除处罚或者从轻、减轻处罚。"以钱赎刑"是破坏司法公正,无视法律尊严的违法犯罪行为。而被害方谅解,是指被害人介入司法程序,被告人以认罪、道歉、经济赔偿等方式消弭双方冲突,取得被害方的谅解,从深层次化解矛盾,减少双方的对抗性。

(2) 正确对待被害方谅解与民事赔偿

根据《刑法》第 36 条第 1 款,民事赔偿是犯罪分子履行经济赔偿义务的体现。但在当前执行难的大背景下,存在以"购买来的被害方谅解"兑换刑事案件轻缓化处理的情形,使得普通公民对此产生"以钱买刑"的质疑,成为民事赔偿与死刑适用的一种困境。①

笔者认为,司法者应该树立正确的被害方谅解影响死刑适用的观念。民事赔偿是加害人向被害人家属支付金钱,其目的是遏制来自被害人家族的复仇,维护的是一种私法益。以"赔"免"罚",有失法律的正当性。正如有论者所言:"赔偿被害人损失是法院在量刑时考虑的情节,是对被告人赔偿行为的一种积极鼓励和引导。但是,绝对不允许将其看作获取量刑的砝码。"②

(3) 正确把握被害方谅解对死刑适用的影响

有学者认为,虽然被害方谅解不是死刑判决的条件或要素,但考虑到刑罚本身对被害方的安慰作用,在因为民事赔偿达成谅解的情况下,足以说明被害方心理上的恢复程度较高,所以在此情况下判处死刑就没有很大的必要性了。笔者认为,这种观点有其不合理性。被害方家属谅解,虽然在一定程度上能影响对被告人的主观恶性与人身危险性的评价,但量刑是一个综合的过程,既要考虑犯罪的性质、情节、后果及主观恶性、社会危害性等各种因素,还要体现宽严相济的刑事政策,不能片面夸大被害方谅解情节的作用。

3. 被害方谅解的司法适用问题

在宽严相济的刑事政策的法治背景下,被害方谅解作为量刑情节,在理论上有依据,在法律上有渊源,在实践中有需要,确有必要对被害方谅解如何限制死刑适用的问题进行探讨。

---

① 参见赵秉志、彭新林:《论民事赔偿与死刑的限制适用》,载《中国法学》2010 年第 5 期。
② 李云平:《民事赔偿与刑事责任》,载《人民检察》2008 年第 13 期。

（1）被害方谅解作为影响死刑适用的情节的法定化问题

被害方谅解作为酌定量刑情节，在死刑适用中能够使法院在判决中正确评价犯罪行为的客观危害性和犯罪者的人身危害性；同时，被害方与犯罪者达成谅解有利于平息矛盾，对社会关系的重新秩序化产生重要的作用。但关于故意杀人罪死刑适用中被害方谅解的问题在我国刑法及司法解释中未有涉及，笔者认为有必要将这一酌定情节法定化。

（2）正视被害方不予谅解时的死刑适用问题

在现代法治社会，人权保障是重要的法治理念，无论是犯罪者还是受害者的生命权都是应该敬畏的，死刑在我国"逐渐被废除"是发展的趋势。其中，获得被害方谅解可以作为限制和减少死刑适用的一个重要因素。如果被害人家属不谅解，坚决要求"杀人偿命"，通过上访，或以"找记者""上网发帖"寻求舆论关注的方式向法院施加压力，审判结果尚未得出，提前在法律和道德上作出"裁判"，若一味迁就被害方，势必会造成冤假错案，使法院的裁决量刑有失偏颇。陈兴良教授曾指出，在可杀可不杀的案件中，被害人亲属的意见发挥作用，是可以实现的。但是在根本不应杀的案件中，法院过分迁就被害人亲属的意见，满足其要求判处死刑的愿望而杀，在法律上是没有任何根据的。①

4. 被害方谅解对本案死刑适用之影响的分析

本案被告人孙某某投案后，其家属变卖财产，积极赔偿被害人孙某一、孙某二的亲属，争取获得被害人家属的谅解。但其后被害人家属坚持要求"杀人者死"，要求判处被告人孙某某死刑，对被告人孙某某刺死孙某二、刺伤孙某一的行为坚决不予谅解。为此，被害人家属一审前在法院门口拉起横幅，要求"杀人偿命"，甚至一度扰乱庭审法庭秩序，要求法院判处被告人孙某某死刑。

笔者认为，最高人民法院《关于贯彻宽严相济刑事政策的若干意见》的精神内核是"宽严有据，罚当其罪"，从宽从严，必须依法律规定进行。被告人孙某某既有自首情节，被害人孙某二、孙某一的过错也是导致孙某某实施故意杀人的原因，综观之，应予从宽处罚。被害人家属谅解，这种被害方的量刑建议权，是被害人家属基于自己的感受，基于朴素的感情等对法院的一种量刑建议，应综合全案案情，对于片面要求"杀人者死"的无理要求，不予采纳。

（四）被害人过错对故意杀人案死刑裁量的影响

德国犯罪学家汉斯·冯·亨梯（Hans Von Hentig）提出，"在某种意义上说，被害人决定并塑造了犯罪"②。该理念提出将被害人过错设置为犯罪人刑事责任减轻的情节，

---

① 参见陈兴良：《被害人有过错的故意杀人罪的死刑裁量研究——从被害与加害的关系切入》，载《当代法学》2004年第2期。
② 郭建安主编：《犯罪被害人学》，北京大学出版社1997年版，第153—154页。

为很多国家的刑事立法所采纳。最高人民法院 1999 年发布的《全国法院维护农村稳定刑事审判工作座谈会纪要》中提出，被害人对于故意杀人行为有明显的过错或者是对矛盾产生有着直接责任的情况下，被害人过错是需要考虑的量刑情节。

1. 被害人过错概述

对于故意杀人案中的被害人过错，是指被害人针对被告人实施的，与引发被告人杀人有着直接或间接关系，违背社会伦理或法律精神应受谴责的行为。

（1）被害人过错的特征

主体的特定性。无论是诱引性、侵害性，还是继发性的事实，被害人一方必须亲力亲为，否则不能认定存在被害人过错。

被害人过错行为的应受谴责性。是指被害人的相关行为违背了所处社会中的公共舆论及导向，侵犯了相关人员尤其是犯罪人的合法权益。

被害人过错与犯罪结果具有关联性。这种关联须具有时间关联性，一般被害人过错发生在犯罪行为发生前及犯罪实施过程中，对于犯罪行为实施完毕后的被害人过错，笔者认为此时的过错是事后继发性的不良后果，与先行行为具有关联性，时空也存在一致性。

过错的严重性。从一般公众的可接受程度讲，被害人行为存在道义或法律上的可谴责或归责性。对于过错的程度，要求"不仅被害人的行为具有违反社会公序良俗的不正当性，而且还应达到刑法意义上所述的被害人过错行为，即可以影响刑法量刑的质的变化"①。

（2）被害人过错对量刑的影响

我国目前的刑罚体系，是以犯罪人为中心构建的，绝大多数不会主动对被害人过错进行考量，大部分只对犯罪分子单方面的行为进行研究，不会主动考虑被害人的过错对于犯罪行为发生的诱导性，也不会解决被害人与犯罪人的责任分担问题。《全国法院维护农村稳定刑事审判工作座谈会纪要》规定犯罪人酌定从轻处罚的情形有两种：一是被害人有明显过错；二是被害人对导致事件发生的矛盾激化负有直接责任。

被害人有明显过错。最高人民法院发布的王勇故意杀人案，对正确理解"被害人有明显过错"具有重要的指导意义；其一，被告人的过错程度至少应达到重大过错，轻微不当行为不应认定为"明显过错"；其二，被告人自身的行为是诱发犯罪的主导因素；其三，被害人的过错与故意杀人行为在时间上前后相随，在性质上具有因果关系。

被害人对矛盾激化有直接责任。在最高人民法院发布的刘加奎故意杀人案中，对于双方之前的矛盾，犯罪人曾多次向有关部门进行反映，但是在相应部门提出调解方案要求双方各自治伤再协商解决后，被害人却又再三无理逼迫犯罪人为其治伤，导致

---

① 赵良剑：《刑事被害人过错认定的若干实务问题》，载《四川警官高等专科学校学报》2006 年第 3 期。

犯罪人产生一定的恐惧心理,遂产生与其同归于尽的想法,并且杀人后实施了自杀的行为。纵观全案的发展过程,被害人一方在案件起因及矛盾激化发展上有一定过错。

通过以上两个案例可知,两种情形的区别在于,在被害人对导致事件发生的矛盾激化负有直接责任的情形中,被害人与犯罪人有着明显的互动,相互作用、相互影响,致使矛盾不断升级,最终导致杀人的后果。

2. 被害人过错的司法实践适用

被害人过错作为酌定量刑情节,对于限制故意杀人案中死刑适用的意义,已为法学理论与司法实践所接受,人民法院在故意杀人案中也越来越重视被害人过错这一酌定量刑情节在案件审判活动中的作用。笔者认为,对于被害人过错对死刑适用的意义,我们不能矫枉过正,不能从一个极端走向另一个极端,要体现"罚当其罪",即轻罪轻罚、重罪重罚、轻重适度、罪行相当、罚当其罪、不枉不纵。在被害人过错程度轻微或不大而引发的严重的故意杀人案中,如无其他从轻情节,对被告人不予以从宽处罚。

3. 被害人过错情节的法定化

因我国刑法立法及修正案都没有予以规定,被害人的过错充其量不过是一个"酌定"情节,有必要在立法上将被害人过错这一情节法定化。

(1) 被害人过错情节法定化的问题

对被害人过错,"去酌定化,要法定化",学界呈现"一边倒"的态势。有学者建议在刑法总则适用方面增加相应条款,还有学者建议直接对刑法第20条增设一款,即被害人对于犯罪行为的发生有过错的,可以对犯罪人从轻或者减轻处罚。[①]

笔者认为,我国现行关于被害人过错酌定情节的规定存在着不规范性和局限性。首先,量刑过程中存在适用随意性过大的缺陷,不同法院或不同法官对其适用与否、怎么适用存在着不同的理解。其次,受被害人家属、民愤、媒体影响,故意杀人案中一些法官不能保持其司法独立性,对被害人过错这一酌定量刑情节不予考虑。最后,一些法官基于严刑峻法的思维定式与司法习惯,对重罪从严打击,也不怎么考虑被害人过错对量刑的影响。

(2) 国外立法将被害人过错情节法定化

纵观国外的一些刑事立法,对被害人过错有相对明确的规定,有的规定在总则中,有的规定在分则中,可以为我国的刑事立法提供借鉴。

《德国刑法典》第46条规定,法院在对犯罪嫌疑人进行量刑时,要充分考虑到对行为人有利或者是不利的情形,其中被害人过错就是对犯罪嫌疑人量刑时应该考虑的有利的一个情形。《俄罗斯联邦刑法》在总则中将因受害人暴力、挖苦、严重侮辱等违法或者是不道德行为引发的义愤杀人作为犯罪嫌疑人减轻处罚的理由。[②] 1976年《德国

---

① 张杰:《被害人过错责任应成为法定量刑情节》,载《人民检察》2006年第2期。
② 赵薇译:《俄罗斯联邦刑法》,法律出版社2003年版,第290页。

刑法典》第 213 条中将被害人过错的情形的具体化，如果被害人对其个人或者是家属进行了虐待或是侮辱等行为，犯罪者义愤杀人，那么其可能仅仅被判处 1 年以上 10 年以下的自由刑。① 由此看见，被害人的严重过错，对犯罪人从宽处罚的影响非常明显。

(3) 关于被害人过错情节法定化的建议

纵观国外立法及我国法学界的主流观点，被害人过错，在故意杀人死刑中，由酌定量刑情节上升为法定量刑情节，应是大势所趋。无论在总则中予以规定，还是在分则中予以明确，都将是法治的进步。笔者认为应从以下方面完善：

故意杀人死刑适用中，被害人过错酌定量刑情节适用时可有可无，可大可小的定位，不利于被害人从事件中反思自身过错，也不利于司法判决权威的确立与尊严的维护，更不利于对被告人人权的保护和公正量刑的实现。作为对被告人量刑一个不可忽视的减轻情节，其法定化对行为人刑事责任程度的评价意义重大。鉴于被害人过错在故意杀人死刑适用中是一个多发的因素，其酌定情节的法定化应提上立法日程，如在《刑法》第 61 条总的量刑原则后或第 232 条故意杀人罪法条中增加一款，采取概括或列举式，将被害人过错的形式分为轻微过错、一般过错、重大过错，并且设置相应的减刑幅度。

4. 被害人过错对本案影响分析

被害人过错作为从宽量刑情节，对规范死刑适用具有重要的研究意义。但被害人过错的从轻处罚情节，要准确把握，避免出现"一刀切"的不良现象。本案中孙某某因 5 分钱辣椒单价与被害人孙某一发生纠纷，被害人孙某一执意按每斤 5 毛 5 分钱结算，双方发生了异议。这时因被害人孙某二突然插嘴贬低并挑衅被告人孙某某，被害方对引起被告人实施杀人行为具有过错，本案属于事出有因。

需准确定定被害人过错程度的大小，结合被害人过错的性质、所侵害法益的大小以及过错行为与犯罪行为之间的关联性，把握适当的从宽幅度。本案中被告人在喝了酒的情况下，原想孙某二是和自己一同卖辣椒的，又是自己的朋友，而且这次卖给孙某一也是孙某二联系的，孙某二应该最清楚当时对辣椒价格的约定，原指望孙某二能从中说句公道话，没想到孙某二这样做，这时碰巧孙某某站立旁边的柜台上有一把孙某一的卖肉刀，孙某某便顺手抄起来走到孙某二面前质问孙某二，两人打在一处。以社会正常人的标准看，被害人孙某二以言语激怒被告人具有明显过错，应对被告人从轻处罚。

五、结论

通过孙某某故意杀人案的整个过程，我们看到了被告人与被害人的互动关系，以

---

① 参见史卫忠：《论被害人过错对故意杀人罪量刑的影响》，载《山东法学》1995 年第 2 期。

及形式正义与实质正义的合理平衡等深层次的问题,也正是这些问题反映着法治进程的点滴,关系着法治进程的脚步。

削弱被害人和社会的报复心理,促进被告人积极赔偿和悔过,应是被害方谅解价值的应有之义。故意杀人案死刑适用中,被害方的谅解应当导致法律在允许范围内的宽容,任何法律上的诉求,也许都有报复的意义,但法律终究不以报复为目的,法律实现的是正义,构建的是秩序,在惩罚之上必然要有合适的宽容与和解。本案中被害方是否谅解,是他们情感的权利与自由,但刑法意义上的被害人家属谅解价值,其取向应当是能够争取法律的宽容。被告人孙某某在一审法庭上要求对被害方进行赔偿,是为求得被害方的谅解,进而在法律层次上求得允许的宽容。

被害人的过错对故意杀人案的死刑适用应有一定的影响。对本案犯罪人孙某某社会危害性与人身危险性的评价,应适当认识孙某一、孙某二的过错程度。对于农民来说,对每斤 5 分钱的重视程度甚于城镇居民,在说好价后对方反悔,是导致孙某某犯罪动机的直接原因。该犯罪动机的形成离不开被害人的明显过错与对矛盾的激化,因而在量刑时应予以适当考虑。

刑罚随着人类文明的进步,始终在沿着宽缓化、人道化方向发展,被害人的主体地位从以前被漠视到现在越来越受到重视,这是刑事法治理念的进步,但故意杀人案中的被害人因素在这个进程中不能矫枉过正,扩展到过分的地步。涉及的刑事立法有待完善,但这不能一蹴而就。笔者结合典型案例,尝试从被害人因素方面的角度出发,规范故意杀人的死刑适用,也希望本文能引起实务界与理论界对故意杀人案死刑适用的进一步研究,推动死刑改革不断规范适用。

交通肇事转化型故意杀人罪的认定及其刑罚考量
——郑锡铭故意杀人案

刘 晶[*]

目 次

一、选案理由
二、基本案情
三、裁判要旨
四、引发的理论问题
（一）本案定罪问题分析
（二）由交通肇事转化的故意杀人罪之量刑问题
（三）有关交通肇事罪的立法建言

一、选案理由

交通肇事是伴随着现代化交通工具逐步发展和丰富而呈现出的一种常见的过失犯罪，其犯罪主体亦越来越广泛，交通肇事后逃逸的案件也屡屡发生，对公共安全和社会秩序造成严重危害。尤其是近年来数起社会影响广泛的交通肇事大案以及《刑法修正案（八）》的颁布和正式实施，都使得与交通肇事相关的犯罪案件成为社会关注的焦点。

最高人民法院2000年发布的《关于审理交通肇事刑事案件具体应用法律若干问题的解释》（以下简称《解释》）第6条规定了交通肇事罪转化犯，明确了由交通肇事罪转化的故意伤害罪或者故意杀人罪的特定情形，但因为该条文对交通肇事罪先行为的含糊界定，造成了对罪数认定的不同理解，由此引发了理论和司法实务界的巨大争议，使得该条文无法满足司法实践中具体运用的需要。因此，明确和细化交通肇事转化的

---

[*] 北京市东城区园林绿化局干部，北京师范大学法学院2013届法律硕士研究生。

相关罪名迫在眉睫。本文研究的辽宁省盖州市郑锡铭交通肇事转化的间接故意杀人案是一起典型且争议较大的复杂案件,笔者意在通过对这一案件的争议焦点进行法理学的分析,从而更加明确界定交通肇事逃逸致人死亡与故意杀人行为的区别。因此,以此案为切入点,通过了解现行关于交通肇事转化的相关罪名的法律规定,借鉴其他国家关于交通肇事转化犯的相关法律,对交通肇事转化的故意杀人罪进行详细的阐释,从理论上找出亟待解决的疑难点,能够更好地区分交通肇事逃逸致人死亡与故意杀人行为,进而得出对于整个案件的结论。同时,通过研究本案并结合我国的立法现状及相关理论,就如何厘清我国现行立法中有关交通肇事转化的相关罪名和如何正确适用法律问题提出建设性意见,有助于对相关的立法提出合理化构想,并能对司法实践中正确认定和处理交通肇事案件有所助益。

二、基本案情[①]

2011年1月14日早晨6时许,被告人郑锡铭驾驶无证照白色普通型桑塔纳轿车行驶至辽宁省盖州市二线交通岗南70米左右时,将上学途中的中学生姜潇楠撞伤。肇事后郑锡铭当即停车,将昏迷的姜潇楠抱到车内,继续驾车行驶。郑锡铭为了逃避法律制裁,驾车至盖州市清河桥北西侧市府路100米左右处,将重伤昏迷的姜潇楠遗弃在南侧道路上,然后驾车逃离。被害人姜潇楠被晨练者发现后送至医院,经抢救无效于2011年1月25日死亡。经鉴定,被害人姜潇楠系因头部外伤造成严重的颅脑损伤而死亡。郑锡铭逃逸后将撞损的桑塔纳轿车送到修理厂修复,并将车的坐垫套、假牌照换下销毁。得知被害人死之后,同月29日早上,犯罪嫌疑人郑锡铭到盖州市公安局投案,主动交代了肇事的情况,此后又交代了肇事后驾车将被害人姜潇楠带离现场并遗弃于道路上的罪行。

此案发生后在辽宁省引起了极大的反响,身为人民警察的郑锡铭,知法犯法的行为所隐含的对生命的漠视和对法律的挑衅,激起了社会舆论的愤怒。此案从2011年1月14日案发到同年5月5日检察机关提起公诉,再到2012年8月15日一审宣判,历时1年7个月,辽宁省营口市政法委就本案召开了多次会议,市委副书记、市政法委书记暨市委宣传部、市公安局、市检察院、市法院、盖州市委、政法委、盖州市公安局参加会议。营口市中级人民法院审判委员会也多次进行讨论,组织专家论证,并报请辽宁省高级人民法院;辽宁省高级人民法院遂即组成合议庭对本案进行评议,并报请最高人民法院刑一庭对本案进行审核;最高人民法院在审核过程中也征求了专家学者的意见。在此期间,多家媒体一直关注该案,电视、广播电台、报纸杂志、网络均有相关报道、评论。该案甚至被舆论称为"盖州药家鑫案"。被害人姜潇楠的家属情绪激动,态

[①] 参见辽宁省营口市中级人民法院(2011)营刑初字第34号刑事附带民事判决书。

度非常强烈,多次到高院上访,强烈要求判处郑锡铭死刑。

三、裁判要旨①

行为人在交通肇事后为逃避法律追究,将被害人带离事故现场后隐藏或者遗弃,致使被害人无法得到及时求助而死亡的,主观上是放任的故意,构成间接故意杀人罪;应综合个案具体情节、后果、社会影响,裁量对被告人的刑罚。

四、引发的理论问题

郑锡铭交通肇事转化的间接故意杀人案件,存在如下刑法理论问题值得探讨。

首先,交通肇事罪在犯罪构成上与其他一些犯罪有相似之处,和有些犯罪构成相比,仅因为在犯罪客体或主观方面差别而分别构成不同的罪名。因此,有必要区分交通肇事罪与相关犯罪的界限。在本案中,即为交通肇事罪与故意杀人罪的界限。

其次,交通肇事转化的相关罪名认定问题。转化犯作为由法律明文规定的概念,其转化的依据是法定的,目前13种法定转化情形的犯罪均由刑法明确规定。新型交通肇事类犯罪的出现,在实质上已经涉及犯罪情节的转化问题,虽然《解释》对此问题作出了认可和进一步规定,但是,《刑法》并没有明确的规定,因而造成司法实务中适用的混乱。故很有必要明确交通肇事转化的相关罪名。

再次,交通肇事罪中一罪与数罪的认定。行为人交通肇事后逃逸又将被害人带离事故现场遗弃,并且导致被害人死亡的,是否构成交通肇事后逃逸所导致的数罪?对于交通肇事后毁灭证据所导致的犯罪,是否要进行数罪并罚?

最后,交通肇事逃逸案件中自首的认定。行为人交通肇事逃逸后,对其自首的范围如何确定和处理?下面分别进行研究。

(一)本案定罪问题分析

1.定罪问题争议

道路交通是经济发展的先决条件,是社会生产力发展的重要标志。我国从古代封建王朝开始就意识到了道路交通的发展和管理,并制定了各项法规由专门的机构实施。随着生产力和社会经济的不断发展,与交通肇事罪相关的犯罪情形愈发复杂,因此,我国交通肇事罪的立法得到了持续的发展和丰富。

1979年《刑法》第113条规定:"从事交通运输的人员违反规章制度,因而发生重大事故,致人重伤、死亡或者使公私财产遭受重大损失的,处三年以下有期徒刑或者拘役;情节特别恶劣的,处三年以上七年以下有期徒刑。非交通运输人员犯前款罪的,依照前款规定处罚。"

---

① 参见辽宁省营口市中级人民法院(2011)营刑初字第34号刑事附带民事判决书。

1997年《刑法》第133条①对交通肇事罪相比较之前的法律做了较大幅度的修改,该法条首次将交通肇事逃逸以及逃逸致人死亡确立为交通肇事法定刑升格的情节,将法定刑幅度增至三种,最高刑期提高至15年,从而进一步完善了该罪的立法。

为便于司法实践中正确适用法律,1998年3月17日起施行的最高人民法院《关于审理盗窃案件具体应用法律若干问题的解释》第12条规定,"在偷开机动车辆过程中发生交通肇事构成犯罪,又构成其他罪的,应当以交通肇事罪和其他罪实行数罪并罚"。

为了配合1997年《刑法》的实施,2000年11月15日最高人民法院颁布了前述的《解释》,对交通肇事罪的具体法律应用问题在司法认定和处罚方面做了细化的规定,试图解决立法中不明确和有分歧的问题。该《解释》第6条②、第5条③分别对交通肇事逃逸以及逃逸致人死亡的相关定义作出了界定;《解释》第8条对由交通肇事构成的重大责任事故罪、重大劳动安全事故罪、过失致人死亡罪等作出了规定。④

《道路交通安全法》,其第91条规定:"醉酒驾驶机动车的,由公安机关交通管理部门约束至酒醒,吊销机动车驾驶证,依法追究刑事责任;五年内不得重新取得机动车驾驶证。"

2011年5月1日起开始施行的《刑法修正案(八)》在交通肇事罪的原有第133条规定后面增加了危险驾驶罪,严惩高速飙车、酒后驾车、无证驾驶等严重危害公共安全的行为,认定由原先的结果犯转化为行为犯,为交通肇事罪的认定和区分提供了更为翔实的法律依据。

2011年对《道路交通安全法》进行了修订,新的《道路交通安全法》实现了与《刑法修正案(八)》的对接。

结合本案,应如何对被告人郑锡铭的交通肇事及此后的犯罪行为定罪?针对此问题主要有三种不同的观点:一是交通肇事罪转化为故意杀人罪;二是定交通肇事罪并从重处罚;三是故意杀人罪(未遂)和交通肇事罪(逃逸)数罪并罚。应如何看待这些主张?

第二种意见认为应以交通肇事定罪并从重处罚,其主要理由是被告人郑锡铭的肇

---

① 该条规定:"违反交通运输管理法规,因而发生重大事故,致人重伤、死亡或者使公私财产遭受重大损失的,处三年以下有期徒刑或者拘役;交通运输肇事后逃逸或者有其他特别恶劣情节的,处三年以上七年以下有期徒刑;因逃逸致人死亡的,处七年以上有期徒刑。"
② 该条规定:"行为人在交通肇事后为逃避法律追究,将被害人带离事故现场后隐藏或者遗弃,致使被害人无法得到救助而死亡或者严重残疾的,应当分别依照刑法第二百三十二条、第二百三十四条第二款的规定,以故意杀人罪或者故意伤害罪定罪处罚。"
③ 该条规定:"'因逃逸致人死亡',是指行为人在交通肇事后为逃避法律追究而逃跑,致使被害人得不到救助而死亡的情形。"
④ 参见张军主编:《解读最高人民法院司法解释之刑事卷》(上),人民法院出版社2011年版,第254页。

事行为而非遗弃行为造成了被害人姜潇楠的死亡。其不妥之处：一是没有证据证明被告人郑锡铭的遗弃行为是导致被害人姜潇楠死亡的直接原因，即被害人姜潇楠若能及时获救是否还会死亡，实际上被害人姜潇楠在被延误救治的情况下，11 天之后才最终死亡，不能认定构成刑法上关于交通肇事罪加重情节的因果关系。二是若按第二种意见，则对被告人郑锡铭也不能按"逃逸致人死亡"追究责任，而只能按照"肇事后逃逸"在 3 年以上 7 年以下有期徒刑范围内追究刑责，因为上述《解释》第 5 条规定："'因逃逸致人死亡'，是指行为人在交通肇事后为逃避法律追究而逃跑，致使被害人因得不到救助而死亡的情形。"如此则仅评价了被告人郑锡铭逃跑的行为，而无法评价他将被害人带走并遗弃的行为，而且也将导致处罚失之过轻，罚不当罪。三是对于被告人交通肇事后遗弃被害人的主观方面由过失转变为间接故意的心理，无法作出评价。

第三种意见认为，应以交通肇事罪和故意杀人罪（未遂）定罪，其主要理由是被告人郑锡铭的遗弃行为与姜潇楠的死亡结果之间没有因果关系，其遗弃行为不构成由交通肇事罪直接转化为故意杀人罪；但郑锡铭实施了将姜潇楠置于再次被其他车辆碾压的高度现实危险境地的行为，主观上至少是放任被害人姜潇楠死亡结果的发生，由于意志以外的原因而未得逞，即死亡行为不是由遗弃行为造成而是由交通肇事行为所致。被告人遗弃被害人并最终致被害人死亡的情节，已经作为故意杀人罪的情节被使用，不能再在量刑情节中作为交通肇事罪的法定情节成为提升法定刑的依据而重复使用，否则就有悖于刑法学上的禁止重复评价原则。故认为郑锡铭构成故意杀人罪（未遂）和交通肇事罪（逃逸），应数罪并罚。该种观点显属不当：一是被告人郑锡铭对被害人姜潇楠的死亡主观上是放任而不是希望，放任心理构成间接故意犯罪，而间接故意杀人不存在未遂，只有结果发生才能构成故意杀人罪。二是被告人在交通肇事后为逃避法律追究，将被害人带离事故现场后遗弃，最终致使被害人姜潇楠死亡。被告人郑锡铭的前一行为是交通肇事行为，是过失行为；而交通肇事后将被害人带离事故现场遗弃他处的行为，在主观心态上是故意的；前后两个行为是紧密衔接的。在整个犯罪过程中，被告人郑锡铭的主客观表现因为主观方面的变化而发生了质的转变，其行为完全脱离了先行为的质的规定性而符合了他行为的质的规定性，应当按故意杀人罪或者故意伤害罪定罪量刑。① 交通肇事已转化为间接故意杀人而不宜再定此罪。

第一种意见认为，被告人郑锡铭交通肇事后，为逃避法律制裁将被害人姜潇楠带离肇事现场又遗弃他处，致被害人死亡，其行为已由交通肇事罪转化为故意杀人罪。比较分析前两种观点，笔者赞成这种意见。

间接故意的故意杀人罪的主观特征是：主观上行为人具有放任被害人死亡的意图；客观上行为人实施了放任被害人死亡的行为，并且实际上因为这种行为也发生了

---

① 参见荆培才：《浅析交通肇事罪的转化犯》，载《法制与经济（中旬刊）》2011 年第 5 期。

被害人死亡的危害结果。本案符合间接故意杀人的故意杀人罪的主客观特征:客观上被告人郑锡铭驾车将被害人姜潇楠撞伤后不仅不及时报案和施救,而且将被害人姜潇楠带离肇事现场后又遗弃于 500 米之外的行车道路上,既放任被害人姜潇楠不能得到及时抢救而死亡的结果,亦放任其被别的过路车辆碾压而死亡的可能,最终导致被害人姜潇楠没有得到及时救治并死亡;主观上被告人郑锡铭基于逃避交通肇事罪的心理,显然具有放任被害人姜潇楠死亡的意图,并在此意图支配下实施了上述行为。上述行为主客观特征的齐备和结合,使行为人郑锡铭具备了间接故意的故意杀人罪的犯罪构成。

因此,对本案以交通肇事转化的故意杀人罪定性是比较妥当的。

2. 由交通肇事转化的故意杀人罪的认定

交通肇事罪是日常社会生活中最常见的犯罪之一,也是司法实践中频发的犯罪。但是,有关交通肇事罪的概念,刑法学理论界始终存在争论。第一种观点认为,只有特定主体,即从事交通运输的人员才能造成交通肇事行为。但是,刑法明确规定交通肇事罪的主体为一般主体,因此,此观点明显不符合立法原意。第二种观点认为,交通肇事是违反交通运输管理法规的行为。此观点可能造成一些违反交通管理法规的行为无法适用该法条,存在法律漏洞。第三种观点认为,交通肇事罪是指行为人违反道路交通管理法规,因而发生重大事故,致人重伤、死亡或者使公私财产遭到重大损失的行为。笔者认为,第三种观点既符合立法原意,又切合实际应用,因而予以赞同。因此,交通肇事罪,是指违反交通运输管理法规,因而发生重大事故,致人重伤、死亡或者使公私财产遭受重大损失的行为。①

本罪的主体为一般主体,包括从事交通运输的人员和非交通运输人员。本罪的客体是交通运输安全。交通运输是指铁路、公路、水上、航空、管道(石油、天然气)运输。由于刑法将重大飞行事故罪和铁路运营安全事故罪从交通肇事罪中分离出来另行成罪,因此,本罪范围主要是指发生在航空、铁路运输以外的陆路交通运输和水路交通运输中的重大交通事故。本罪的客观方面指违反交通运输管理法规,因而发生重大事故,致人重伤、死亡或者使公私财产遭受重大损失的行为。违反规章制度的行为可以表现为作为,也可以表现为不作为。本罪的主观方面是过失,可以是疏忽大意的过失,也可以是过于自信的过失,即行为人对自己违反交通运输管理法规的行为可能是出于故意,但是,对于因此而发生交通肇事的严重后果则是过失。即行为人并未预见到可能发生严重后果,或者虽然已经预见,但轻信能够避免。②

2000 年最高人民法院发布的《解释》第 3 条规定,"交通肇事后逃逸"是指行为人在交通肇事后,为逃避法律追究而逃跑的行为。就该《解释》的基本精神而言,逃逸是

---

① 参见高铭暄、马克昌主编:《刑法学》(第 5 版),北京大学出版社、高等教育出版社 2011 年版,第 359 页。
② 参见高铭暄、马克昌主编:《刑法学》(第 5 版),北京大学出版社、高等教育出版社 2011 年版,第 362 页。

指一种为逃避法律责任有意脱离事故现场的行为。"因逃逸致人死亡",是指行为人在交通肇事后为逃避法律追究而逃跑,致使被害人因得不到救助而死亡的情形。交通肇事逃逸是交通肇事罪的法定刑升格的条件。对此,目前理论上仍有较多争议,存在不同认识。但是,通行观点主张肇事后,为了逃避罪责,毁灭罪证,故意将被害人移至丛林、沟壑、涵洞等难以发现的地方,使其失去被抢救的机会,引起死亡,或者在驾车夺路逃跑时,故意撞、压他人致死的,则应定故意杀人罪。

交通肇事罪中"因逃逸致人死亡",属于典型的不作为的结果犯,行为人实施的转移或遗弃行为与被害人死亡的结果之间必须具有刑法上的因果关系,才能认定行为人应当对转移或遗弃行为承担法律责任。在这种情况下,被告人逃逸导致被害人死亡的结果,虽然没有对被害人以作为的方式实施进一步的加害行为,但是其不救助被害人且逃离事故现场的行为,实际上是以不作为的方式对被害人的死亡结果有了原因力的作用,且该行为侵害的客体是被害人的生命健康权。因此,行为人的转移或遗弃被害人致使被害人死亡的行为,构成不作为的故意杀人罪。而此不作为义务来源于犯罪人的先行行为,即交通肇事行为。但是,并不是有先行行为就能引起作为义务,必须构成一定的条件时才负有作为义务:其一,先行行为必须是行为人本人的行为;其二,必须有足以侵害他人法益的危险状态存在;其三,先行行为与危险状态必须具有直接的因果关系。同时具备以上三个条件,先行行为人才负有作为义务。[1]

转化犯在我国刑法学界提出以来,得到刑法理论和司法实践中较为普遍的认可。转化犯是指行为人在实施基本罪的危害行为过程中,由于出现特定的犯罪情节,而使基本罪的性质发生改变,过失地造成了另一种更严重的危害结果,转化为较之先行行为相对更严重的犯罪,并且按转化后的罪名定罪量刑的犯罪形态。[2] 即转化犯一般是故意犯罪向过失犯罪的转化。转化犯由法律明文规定,其转化的依据即法律的规定,否则犯罪是不能转化的。这是罪刑法定原则的必然要求。但是,本案在司法实践中,却是过失犯罪向故意犯罪的转化,属于拟制的转化犯,并得到《解释》的明确规定。

犯罪的间接故意,是指行为人明知自己的行为可能发生危害社会的结果,并且放任这种结果发生的心理态度。间接故意要求同时具有特定的认识特征和意志特征,在认识特征上,间接故意表现为行为人认识到自己的行为"可能"发生危害社会结果的心理态度。即行为人根据对自身犯罪能力、犯罪对象情况、犯罪工具情况,或者犯罪的时间、地点、环境等情况的了解,认识到行为导致危害结果的发生只具有或然性、可能性,而不具有必然性。这种对危害结果可能发生的认识,为间接故意的意志因素即放任心理的存在提供了前提和基础。如果明知行为必然发生危害结果而决意为之,就超出了间接故意认识因素的范围,应属于直接故意。在意志特征上,间接故意表现为行为人

---

[1] 参见高秀东:《交通肇事罪的认定与处理》,人民法院出版社2005年版,第177页。
[2] 参见金泽刚:《论转化犯的构成及立法例分析》,载《山东法学》1998年第4期。

放任危害结果发生的心理态度。即行为人没有积极追求犯罪结果的发生,但是,对于犯罪结果的发生也并不否定。由此,行为人在发生交通肇事的过程中具有间接故意的主观心态是符合常态的。

被告人郑锡铭在行为方式上则是不作为(不及时施救)与作为(将被害人带离现场并丢弃于道路上)的结合。按照《解释》第 6 条,行为人在交通肇事后为逃避法律追究,将被害人带离事故现场后隐藏或者遗弃,致使被害人无法得到救助而死亡或者严重残疾的,应当分别以故意杀人罪或故意伤害罪定罪处罚。对该条的理解,有两种观点。① 一种观点认为,被害人死亡或者严重残疾的后果系因被隐藏或者遗弃而无法得到救助所致,被害人死亡或者严重残疾是在没有被带离现场或者被遗弃前发生的,如事故当场即死亡或因伤势严重,被带离现场或者被遗弃前后不可避免地要发生死亡,不能对肇事人以故意杀人罪或者故意伤害罪定罪处罚。② 另一种观点认为,"行为人在肇事后,为了掩盖罪行、毁灭证据、逃避法律追究,将被害人带离事故现场后隐藏或者遗弃,如隐藏在杂草丛中,使被害人处于无法获得救助的境遇,主观上是希望或者放任被害人死亡结果的发生。对于这种情形,根据被害人伤亡的结果对行为人定罪处罚是适当的"③。该意见并未要求被害人的伤亡结果和遗弃行为之间存在因果关系。

笔者倾向于同意上述后一种主张,并认为这种意见更具理论和实践的合理性:交通肇事后,被害人一般处于危险状态,行为人负有积极救助的义务,如果其不仅不救助被害人反而将被害人隐藏或者遗弃,使被害人处于无法获得救助的境遇,其主观方面已由最初的过失转化为剥夺他人生命的直接或者间接故意,主观恶性发生质变,在该故意支配下实施的隐藏或遗弃行为的危害性,无异于典型的故意杀人罪。如果按照一般构成要件的要求,以行为人后续行为和被害人死亡之间是否具有因果关系作为构成故意杀人的标准,那么对遗弃行为与死亡结果之间不具有明确因果关系的情况,只能以交通肇事(逃逸)处罚,这种认定不能对危害性更大的后续行为,特别是行为人发生质变的主观恶性进行适当的评价,导致罪责刑严重不相适应。因此,《解释》第 6 条在客观方面更注重对肇事行为和遗弃行为进行整体评价,强调的是整体的行为与死亡结果之间的因果关系,而不是强调单独的肇事行为与死亡或者遗弃行为单独与死亡结果之间的关系,是在主观故意确定的情况下,以结果定罪。这是一种典型的主观主义的解读,侧重于惩罚行为人的主观恶性,对客观的因果关系并不特别关注,是依据法律规定,而不是依据一般的构成要件标准来定罪,在定罪原则上与《刑法》第 269 条④是一

---

① 参见李运才:《交通肇事后隐匿、遗弃被害人的罪名分析——对"交通肇事罪司法解释"第六条的质疑》,载《中国刑事法杂志》2009 年第 5 期。
② 参见:《倪庆国交通肇事案》,载《刑事审判参考》总第 30 辑,法律出版社 2003 年版。
③ 熊选国主编:《刑事诉讼法司法解释释疑》,中国法制出版社 2002 年版。
④ 该条规定:"犯盗窃、诈骗、抢夺罪,为窝藏赃物、抗拒抓捕或者毁灭罪证而当场使用暴力或者以暴力相威胁的,依照本法第二百六十三条的规定定罪处罚。"

致的。

因此,郑锡铭的行为符合《解释》第 6 条的规定,应以故意杀人罪追究其刑事责任。虽然根据对被害人姜潇楠的死亡原因的《补充论证意见》,郑锡铭的遗弃行为与被害人姜潇楠的死亡结果之间没有因果关系,但在案证据足可以证实郑锡铭肇事后为逃避法律追究,将被害人姜潇楠遗弃在可能被其他车辆二次碾压致死的行车道上,因此其遗弃时至少是放任被害人姜潇楠死亡结果的发生。其先前的肇事行为已致姜潇楠处于极度危险的状态,又实施遗弃行为,其整体行为导致了被害人的死亡,属于《解释》第 6 条规定的情形,其行为已构成故意杀人罪。

郑锡铭将被害人姜潇楠遗弃不久,姜潇楠即被路人发现送医救治,那么,这种情况是否属于"使被害人处于无法获得救助的境遇"? 对此,可以考虑按"举轻以明重"予以理解,即把被害人隐藏或者遗弃一般都符合司法解释的要求,而把被害人遗弃在更危险的机动车道上,行为人主观犯意转化,排除他人救助的意图更明显,亦更加符合司法解释的精神。

根据以上阐释,本案被告人郑锡铭具有合法的驾驶资格,案发时驾驶机动车在公路上行驶,首先满足交通肇事罪的主体条件。在此基础上,被告人郑锡铭系完全刑事责任能力人,案发时能够完全地辨认和控制自己的行为,具有刑事责任能力,当然满足故意杀人罪的主体条件。

其次,被告人郑锡铭在交通肇事后,为逃避法律追究,将被害人带离案发现场,至照明条件不好,而且有车辆行驶的道路上,将姜潇楠横着近乎垂直放置在外侧机动车道上,实际上是将姜潇楠置于再次被其他车辆碾压的高度现实危险的境地。且从现场情况分析,郑锡铭如果如他辩解的那样只希望别人发现姜潇楠,他可直接将姜潇楠从后车门抱下放在路边或人行道上即可,完全没有必要刻意绕到车尾,将姜潇楠放在外侧车道中间。据此,认定该遗弃行为系故意杀人行为(间接故意),符合交通肇事罪向间接故意杀人罪转化的客观方面。

再次,被告人郑锡铭当时驾驶机动车行驶的道路是公共交通道路,并且其肇事行为与被害人最终的死亡结果间存在关联,被告人驾驶无合法手续的机动车,在公共交通区域内行驶,将被害人姜潇楠撞伤,为逃避法律责任将其带离并遗弃,并最终导致了被害人死亡结果的发生,侵害了他人的生命健康权。从这个方面来说,被告人郑锡铭的肇事逃逸行为满足交通肇事罪转化的故意杀人罪对于犯罪客体的相关要求。

虽然以下情况尚不足以认定郑锡铭系积极追求姜潇楠死亡结果的发生:(1)当时系清晨,该条道路上车辆很少,而且姜潇楠被遗弃在最外侧车道,正常路况下该车道行驶的车辆较少,相对于里侧车道较安全,人放置在该处也易于被发现。(2)姜潇楠被遗弃后约 15 分钟被晨练的人发现并救助,该情况与郑锡铭的辩解能够印证。(3)郑锡铭指认第一现场的照片和其供述证实,肇事地点为内侧快车道,其危险性显然高于第二现场;两个现场相隔500米,在短时间内郑锡铭对被害人伤情的判断不会发生实质性变化,如果他想通过其他车辆碾压姜潇楠而逃避罪责的话,直接离开第一现场即可,但是其却将被害人姜潇楠带至第二现场遗弃。仅依据郑锡铭遗弃被害人的地点、方式、周围环境推定其追求被害人死亡结果的发生显然不当。

但是,被告人郑锡铭系每天驾车的司机,他将昏迷的姜潇楠放置在机动车道上时应当预见到可能会使被害人姜潇楠被其他车辆二次碾压致死,因此其遗弃姜潇楠时至少是放任死亡结果发生的。所以,郑锡铭的主观心态是间接故意,符合故意杀人罪的主观方面。

综上所述,笔者认为,法院对于被告人郑锡铭构成故意杀人罪的认定,符合法理与情理,是正确的。

(二)由交通肇事转化的故意杀人罪之量刑问题

我国《刑法》第232条规定:"故意杀人的,处死刑、无期徒刑或者十年以上有期徒刑;情节较轻的,处三年以上十年以下有期徒刑。"

辽宁省营口市中级人民法院,经审理对本案形成了两种量刑意见:第一种意见认为,郑锡铭的行为构成间接故意杀人,他身为国家司法机关工作人员,理应以身作则,却在交通肇事后,不仅未积极抢救伤者、保护现场,反而将被害人带离现场并遗弃他处,致使其死亡。作案后又毁灭证据,意图逃避法律制裁,虽自动投案,但未如实交代主要犯罪事实,不构成自首。且其犯罪情节及社会影响极其恶劣,罪行极其严重,被害人家属态度极其强烈,社会关注度又很高,综合考虑应以故意杀人罪判处被告人郑锡铭死刑,剥夺政治权利终身。第二种意见认为,本案因交通肇事引发,被告人郑锡铭并不追求姜潇楠死亡结果的发生,且主动投案,亦认罪、悔罪,案发后积极赔偿被害人家属经济损失,与附带民事诉讼原告人达成调解协议,虽自动投案,但未如实交代主要犯罪事实,不构成自首。应以故意杀人罪判处被告人郑锡铭死刑,缓期2年执行,剥夺政治权利终身。

1.郑锡铭自首情节的认定

郑锡铭的辩护人在庭审中提出了一系列郑锡铭有自首情节的意见,人民法院最终没有采纳。法官认为,被告人郑锡铭在投案后未如实供述主要犯罪事实,只供述了交通肇事后逃逸,未供述将被害人姜潇楠带离并遗弃;在公安机关已经掌握了相关线索后,才交代了其遗弃姜潇楠的事实,不符合自首的成立要件,故不能认定被告人郑锡铭有自首情节。

根据我国《刑法》第67条之规定,自首是指犯罪分子犯罪以后自动投案,如实供述自己的罪行,接受审查和裁判的行为;被采取强制措施的犯罪嫌疑人、被告人和正在服刑的罪犯,如实供述司法机关还未掌握的本人其他罪行的,以自首论。① 我国刑法规定的自首制度,是一种以惩办与宽大相结合的刑事政策为根据的刑罚裁量制度,意在鼓励罪犯自动投案、悔罪自新。在本质上,是犯罪人出于本人的意志而将自己交付国家追诉,它与违背犯罪人意志的被动归案,或者在被动归案后如实交代罪行的坦白行为的本质区别在于:自首犯罪人的人身危险性较小。

自动投案,是自首的前提条件。所谓自动投案,是指犯罪分子在犯罪之后,在未受到讯问、未被施以强制措施之前,出于其本人的意愿而向有关机关或个人承认自己实施了犯罪,并自愿置于有关机关或个人的控制之下,等待进一步交代犯罪事实的行为。② 1984年4月16日最高人民法院、最高人民检察院、公安部联合发布的《关于当前处理自首和有关问题具体应用法律的解答》中曾规定:"在司法实践中,对于犯罪分子作案后,同时具备自动投案、如实交代自己的罪行、并接受审查和裁判这三个条件的,都认为是自首。"1997年《刑法》第67条规定:"犯罪以后自动投案,如实供述自己的罪行的,是自首。"1998年最高人民法院《关于处理自首和立功具体应用法律若干问题的解释》中申明自首必须具备自动投案和如实供述自己罪行这两个条件,同时强调指出,犯罪嫌疑人自动投案后又逃跑的,不能认定为自首。实践中还是坚持了自首的三个条件的要求。

犯罪分子自动投案之后,只有如实供述自己的罪行,才足以证明其有自首的诚意,也才能为司法机关追诉其所犯罪行并予以从宽处理提供客观根据。因此,如实地供述自己的罪行,是自首成立的核心条件。所谓"如实供述自己的罪行",根据《解释》是指犯罪嫌疑人自动投案后,如实交代自己的主要犯罪事实。所谓"主要犯罪事实",是指对认定行为人的行为有决定意义的事实、情节(即定罪事实)以及对量刑有重大影响的事实、情节,包括决定对行为人应适用的法定刑档次是否升格的情节,以及在总体危害程度上比其他部分更重大的事实、情节。③ 因此,要求犯罪嫌疑人根据客观事实供述所犯的所有罪行,对事实既不缩小也不夸大,才能认为符合如实供述自己的罪行的条件。一般而言,"如实供述自己的罪行",是向有关机关或者个人承认自己实施的所有的犯罪,即承认自己实施的特定犯罪或承认某些特定犯罪系自己所为。在供述的过程中隐瞒主要的犯罪事实,或者推诿罪责、保全自己,意图逃避制裁;或者故意歪曲事实性质、隐瞒重要情节、避重就轻,企图蒙混过关,试图减轻罪责等,均不属于如实供述自己的罪行,不能成立自首。此类行为并没有自首的诚意,因而不能成立自首。

具体到本案,被害人家属在审理过程中提出本案存在可能有人给被告人郑锡铭通风报信的情况,笔者认为即使存在这个事实,郑锡铭也属于自动投案。但是郑锡铭的

---

① 参见叶高峰主编:《危害公共安全罪的定罪与量刑》,人民法院出版社2001年版,第376页。
② 参见赵秉志主编:《刑法学各论研究述评(1978—2008)》,北京师范大学出版社2009年版,第56页。
③ 参见刘德权主编:《最高人民法院司法观点集成6刑事卷》,人民法院出版社2010年版,第181页。

行为构成故意杀人罪,其遗弃被害人的情节是本案的主要犯罪事实,郑锡铭投案后在前两次的供述中均隐瞒该情节、避重就轻;在侦查机关通过测谎、侦查实验手段确定其未如实供述,即侦查机关已经认定其有遗弃被害人嫌疑的情况下,加大审讯力度,他才供述了遗弃姜潇楠的情节,因而他不属于如实供述。据此,人民法院认定被告人郑锡铭定不具有自首情节是符合本案事实和相关法律规定的。

2.郑锡铭案的宽严情节

本案具有宽严情节并存的两个方面。从宽情节有:(1)本案系非预谋的间接故意犯罪,被告人郑锡铭并不积极追求被害人姜潇楠的死亡结果发生;(2)行为人案发后自动投案,且认罪、悔罪;(3)行为人积极主动承担民事赔偿责任,赔偿了附带民事诉讼原告人姜家福、温淑艳(被害人姜潇楠的监护人)经济损失人民币50万元。从严情节有:(1)被告人郑锡铭身为人民警察,驾驶一辆从非正当渠道购买且无合法行车手续的车辆发生肇事,知法、执法而犯法;(2)被告人交通肇事后对被害人既不施救也不报案,反而为逃避法律责任将之带离并以近乎垂直于行车道的方向遗弃在路中间;(3)被告人案发后毁灭罪证,且案发在被确定为犯罪嫌疑人后才投案;(4)虽系自动投案,但投案时未如实供述主要犯罪事实,庭审供述中也隐瞒重要情节、避重就轻,做不合理的狡辩,企图蒙混过关。全案情节极为恶劣,后果特别严重,社会影响恶劣。综合以上情节衡量,可认为其罪行严重,应依法惩处。应做到既严肃执法,又严之有度,且不致严之失重。

被害人姜潇楠的亲属反应极为强烈,坚决要求判处郑锡铭死刑,社会舆论压力极大。网络上将此案与交通肇事后又凶残地杀人灭口的西安药家鑫案相提并论,甚至认为此案比药家鑫案更加严重,这种看法是有失偏颇的。药家鑫在交通肇事后又杀人灭口,以极其残忍的手段凶残地直接杀害了奄奄一息、毫无反抗能力的被害人,其犯的是直接故意杀人的罪行,而且堪称穷凶极恶;本案的被告人所犯的是间接故意的杀人罪行,即被告人郑锡铭并未直接而积极地追求被害人的死亡。因此,被告人郑锡铭被判处死刑并宣告缓期2年执行。

3.事后赔偿问题

本案在辽宁省营口市中级人民法院审理期间,被害人姜潇楠的父母表示坚决不同意调解,要求立即判处郑锡铭死刑,并多次到辽宁省高级人民法院上访,态度非常强烈。2011年8月15日,被告人郑锡铭之妻刘锡英将人民币50万元赔偿款交至营口市中级人民法院,表示愿意对被害方进行赔偿。最终,双方达成附带民事诉讼调解。

交通肇事罪转化的相关犯罪附带的民事诉讼,是司法机关在追究被告人刑事责任的同时,附带解决对被害人由于被告人的犯罪行为而遭受的物质损失的赔偿问题的活动。① 附带民事诉讼就本质而言,属于民事诉讼性质,但是,又和一般的民事诉讼有区别。因为这种赔偿是由犯罪行为引起的,是在刑事诉讼中提出并由审判刑事案件的审判组织一并审判的,它的成立和解决,都与刑事案件紧密相连,因此,具有特殊性。

交通肇事罪的犯罪人在事故发生后对被害人及其家属的赔偿是其救助义务的一种合法延伸,赔偿不仅是对被害人及其家属被损害权益的恢复和救济,更直接反映了肇事者的认罪、悔罪的态度和主观恶性的减轻。由交通肇事犯罪造成的损害赔偿,必须基于双方自愿,特别是被害方谅解的基础上,犯罪人在肇事后应当积极主动地对被害人及其家属作出经济补偿,以求最大限度地弥补被害人物质上的损失,同时也能给予被害人及其家属一定的精神慰藉和心理安慰。刑事附带民事赔偿制度,从微观上来说,一方面被害人及其家属在损害既成且不可挽回的情况下,得到了最大限度和最有效的补偿;另一方面也是给了犯罪人一个改过自新的"赎罪"机会,使其可以通过积极赔偿经济损失的方式,弥补自己的过失,同时也是对犯罪人的一种惩罚,以达到刑罚惩罚与犯罪预防的目的的实现。从宏观上来说,事后赔偿是对传统刑事司法对交通肇事罪处理方式的单一、不合理的补充,缓解了犯罪人和受害人双方的冲突,从而化解了社会矛盾,构建出一个安定有序的和谐社会。

因此,将事后赔偿作为交通肇事罪的从宽处理情节,不仅与主客观相一致的刑事责任原则相切合,而且也体现了交通肇事罪作为过失犯罪的处罚要求。最高人民法院《关于刑事附带民事诉讼范围问题的规定》第4条也明确将被告人赔偿被害人物质损失的行为,纳入酌定的量刑情节。可见,将事后积极赔偿作为从宽处理情节有助于维护社会公平正义。

但是,在司法实践中,如果仅仅因为被告人家里有钱,愿意积极赔偿就可以从轻处罚,实质上意味着有钱就可以买命买刑,如果不加以区分,只要进行事后赔偿就予以从宽处理,必然会违背立法初衷,不仅严重破坏法律的公平和正义,而且会损害司法的权威。因此,适用该量刑情节时,要正确把握每个个案的具体情况,以此来区分其社会危害性的大小,确定是否适用,保证交通肇事罪中从宽量刑情节适用的正当性。笔者认为,将事后赔偿作为交通肇事罪定罪量刑的从轻情节应注意以下几个方面:

(1)双方自愿为前提。交通肇事犯罪人认罪、悔罪,并通过积极的物质赔偿,弥补犯罪对被害人及其家属的伤害。被害人及其家属作为犯罪后果的直接承受者,对犯罪行为有着切肤之痛,其对被告人表示谅解,必须是在没有外力施压或强迫的情况下,自愿地接受肇事者的赔偿,对司法机关在肇事者进行赔偿后从轻或减轻处罚没有异议。并且在这一过程中,人民法院不应当以贯彻宽严相济刑事政策的要求为名义,加大对此类案件的民事调解工作力度,促成被害方的谅解,其所扮演的角色应该是中立的政

---

① 参见高秀东:《交通肇事罪的认定与处理》,人民法院出版社2005年版,第302页。

策解读者和结果确认者,而不是主动调解者。

(2)事后赔偿必须同时获得被害人的谅解。被害方对被告人表示谅解,在一定程度上反映了犯罪社会影响的减弱。在司法实践中,通常只有在行为人主观恶性小、认罪态度好,同时又进行积极赔偿的情况下才能够获得被害人的原谅,所以在一定程度上反映了被告人人身危险程度的变化。被告人积极赔偿认罪悔罪、被害方谅解,属于犯罪后情节,在一定程度上影响了犯罪人主观恶性和人身危险性的评价。因此,在量刑时应当予以考虑,将获得被害人的原谅作为量刑时考虑的情节,既防止那些犯罪情节恶劣、主观恶性大的人通过赔偿获得减轻处罚的情形出现,又防止损害被害人权益,破坏社会公正的现象出现。

(3)事后赔偿不能免除对肇事者的最终的刑事处罚。交通肇事罪中的事后赔偿只是在刑事责任处置过程中,司法机关可以根据双方达成的协议,从轻、减轻对其的处罚,这并不能说明肇事者不构成交通肇事罪,不用接受刑法的任何处罚。根据罪刑法定原则,法律明文规定为犯罪行为的,必须依照法律定罪处罚,构成交通肇事罪的行为人承担了民事责任,并不能免除其应负的刑事责任。对于严重危害社会治安、严重影响公共安全、犯罪情节特别恶劣、犯罪后果特别严重的案件,以及犯罪分子主观恶性极深、人身危险性极大的案件,即使被告人积极赔偿,获得被害方的谅解,但论罪应当判处无期徒刑以上刑罚的,不能因为犯罪人的经济赔偿而从轻、减轻判决。需着重考虑犯罪行为的社会危险性以及由此造成的严重社会影响,对量刑社会效果的评价不能仅局限于赔偿和被害方的谅解。因此,在交通肇事罪中,即便肇事者进行了事后赔偿,也并不能就此抵消肇事者所有的刑事责任。

(4)严格限制适用情形。《刑法》第133条将交通肇事罪划分为三种情形,分别是:处3年以下有期徒刑或者拘役;处3年以上7年以下有期徒刑;处7年以上有期徒刑。刑事附带民事赔偿制度应当适用于交通肇事犯罪的所有情形,但是第二种和第三种法定刑对应的犯罪情节更加恶劣,犯罪人的主观恶性也较大,犯罪人的主观方面更是从过失转化为了故意,所以,对于后两种情形事后赔偿已经不足以弥补犯罪人的过失。因此,在交通肇事犯罪中,刑事附带民事赔偿应当作为强制性规定,但是,事后赔偿可以作为酌定从轻情节的应只适用于犯罪人被判处3年以下有期徒刑或者拘役的情形。量刑是一个综合衡量的过程,其中犯罪性质和犯罪行为给社会造成的危害程度是决定被告人刑罚的最基本因素,片面夸大积极赔偿或谅解等罪后情节的作用,忽视犯罪行为的性质和犯罪行为本身的社会危害都是不正确的。[①] 在司法实践中,在决定被告人最终刑罚时,还需要结合宽严相济刑事政策的要求进行综合评价。

---

① 参见陈兴良、张军、胡云腾主编:《人民法院刑事指导案例裁判要旨通纂》(下卷),北京大学出版社2013年版,第495页。

(三)有关交通肇事罪的立法建言

1.明确界定交通肇事罪的转化犯

2000年《解释》对交通肇事罪转化犯规定的缺陷,影响了司法实务界对交通肇事罪的刑事追究,尤其是《解释》新增了交通肇事罪共犯的规定,但对于"因逃逸致人死亡"的罪过形态却没有作出规定,造成了司法实践中对《解释》第6条的适用混乱。所以,明确交通肇事罪转化犯的规定势在必行。因此,笔者建议将《解释》第6条①、第7条关于共犯之规定纳入《刑法》,作为《刑法》第133条之第2款,删除原有的将交通肇事逃逸作为加重处罚情节的规定,对于"因逃逸致人死亡"的,应规定依照《刑法》第232条故意杀人罪或第233条过失致人死亡罪定罪量刑。正式将交通肇事罪转化的故意杀人罪、故意伤害罪调整至刑法规定的转化犯之列,并明确"因逃逸致人死亡"的罪过为故意与过失。

2.完善交通肇事罪的法定刑配置

我国现行刑法有关交通肇事罪法定刑配置的规定刑种类单一,适用范围狭窄,仅有拘役和有期徒刑两种,没有规定罚金刑。交通肇事罪作为一种过失犯罪,其主观恶性、人身危险性相对较小,对于造成危害后果的,金钱赔偿是除了刑法处罚之外对受害人与其家属最实际有效的补偿方式,因此,罚金刑对过失犯罪应具有较大的适用面。且罚金刑亦兼具惩罚和特殊预防的功能,既剥夺了犯罪人继续实施同类犯罪的资本,同时可以对受害人因为交通肇事所造成的损害进行一定的弥补,既达到了惩罚改造的目的,又彰显了刑法的谦抑性。因此,建议在交通肇事罪中增设罚金刑,这对于完善交通肇事罪的法定刑有着积极意义。

对于完善交通肇事罪的法定刑配置,有的学者主张增设资格刑,即吊销犯罪人一定期限的驾驶执照甚至终身禁驾。② 而从国外的有些规定来看,许多国家和地区都对交通肇事罪(逃逸)规定了资格刑,与这些国家和地区相比,我国刑法的交通肇事罪和以危险方法危害公共安全罪都没有设置罚金刑和资格刑,这显然不利于预防犯罪人再犯罪,会在一定程度上削弱刑法对交通肇事罪的打击力度。因此,我国也应当对交通肇事罪增设资格刑。

3.提高交通肇事罪的法定刑

在司法实践中,交通肇事罪的刑期一般为3年以下有期徒刑或者拘役,而缓刑和拘役在此基础上又适用普遍,因此,对犯罪人惩罚力度过轻,刑法打击力度明显不够,根本不足以给交通肇事者以警戒,导致交通肇事罪的预防功能远离了立法本意。随着

---

① 该条规定:"行为人在交通肇事后为逃避法律追究,将被害人带离事故现场后隐藏或者遗弃,致使被害人无法得到救助而死亡或者严重残疾的,应当分别依照刑法第二百三十二条、第二百三十四条第二款的规定,以故意杀人罪或者故意伤害罪定罪处罚。"
② 参见赵秉志、张磊:《"酒驾"危害行为的刑法立法对策》,载《法学杂志》2009年第12期。

城市道路交通建设的快速发展,道路交通工具数量猛增,交通道路状况愈发复杂,涉及的人身和财产安全众多,一旦发生交通事故,危害性远远高于其他犯罪,因而有人建议提高交通肇事罪的法定刑,加强威慑和预防作用,减少事故的发生,最终达到犯罪预防的目的。因此,适当提高交通肇事罪的法定刑,并在司法实践中慎用缓刑,是符合社会对刑罚的心理评价和预期的。

4.对交通肇事后行为人的救助义务予以立法规定

交通肇事罪虽然为过失性犯罪,但是交通肇事逃逸应是故意的,即行为人在明知发生交通事故的情况下,为逃避履行法定义务而从现场逃走。发生交通肇事后行为人的义务大致有两种:一是保护现场并报告公安机关听候处理的义务;二是及时抢救伤者和财产的义务。《解释》第3条指出"交通运输肇事后逃逸",是指行为人在发生交通事故后,为逃避法律追究而逃跑的行为。因此,法律明文规定的义务为保护现场并报告公安机关听候处理,而避免逃避法律追究的义务,忽略了对伤者和财产及时抢救的义务。

从立法原意上看,立法惩治交通肇事后逃逸的目的应当是保护交通事故被害人的生命健康权,避免行为人逃逸可能导致的被害人因得不到及时救助而死亡或严重残疾的后果,而不是要求犯罪人都能做到主动投案、自首、等候法律的裁判。因为,如果行为人在交通肇事后有条件救助被害人而不救助,即使其没有逃避法律责任而直接去公安机关投案,由于其没有救助被害人就离开了事故现场,可能导致被害人因得不到及时救助而死亡或重伤,同样应被认定为交通肇事后逃逸,适用加重的法定刑。德国、加拿大、俄罗斯等国家在惩治交通肇事后的逃逸行为时,针对的亦是不救助被害人而逃离事故现场的行为。

综上所述,笔者建议,对交通肇事后行为人的救助义务应予以明确规定,同时对保护现场并报告公安机关听后处理的义务与及时抢救伤者和财产的义务予以明确和强调。

个案中的死刑裁量因素研究

——以药家鑫故意杀人案为例

章晓彬[*]

目 次

一、选案理由
二、基本案情
三、裁判要旨
四、引发的理论问题
(一)本案是否属于"激情犯罪"
(二)本案应否适用死缓之争
(三)本案引发的民意与刑事司法的相关问题
五、结语

一、选案理由

药家鑫故意杀人案是2010年底到2011年初全国舆论关注的焦点,该案至少在是否构成激情杀人、是否适用死刑立即执行、民意是否影响了判决这三个问题上引发了激烈的讨论。通过对本案的研析,笔者并未发现案件判决存在定性上的问题,本案之所以引起舆论如此大的关注其原因在于死刑适用问题。本文将从三个主要争议问题对药家鑫案进行分析和论述,主要包括被告人药家鑫的杀人行为是否成立"激情杀人",对药家鑫所判死刑是否可以适用"不是必须立即执行"的死缓适用条件,以及药家鑫案中民意对案件的影响。相信本案相关问题的研讨对司法实践问题的研究与改进会有所裨益。

---

[*] 北京师范大学法学院刑法学硕士研究生。

二、基本案情①

2010年10月20日23时许,被告人药家鑫驾驶小轿车从西安外国语大学长安校区返回西安市区的途中,撞上了在非机动车道上同向驾驶电动车的被害人张妙。被告人药家鑫下车查看后发现被害人张妙倒地呻吟,因害怕张妙看到其车牌号以后找麻烦,便产生了杀害被害人的恶念,从随身背包中取出一把尖刀,向被害人张妙连捅六刀,致使其当场死亡。杀人后,被告人药家鑫驾车逃离现场,行车至翰林路郭南村口时再次将行人马海娜、石学鹏撞伤,西安市公安局长安分局交警大队郭杜中队接警报后,将肇事车辆扣留待处理。10月22日,长安分局交警大队郭杜中队和郭杜派出所分别对药家鑫进行了询问,药家鑫承认了撞伤两行人之事,但是否认了杀害张妙的事。10月23日,被告人药家鑫在父母的陪同下到公安机关投案自首,如实供述了杀人事实。

三、裁判要旨②

事实清楚的故意杀人罪,因被告人犯罪动机极其卑劣、手段特别残忍、情节特别恶劣、罪行极其严重,虽有自首或其他酌定从轻情节,仍不予从轻处罚。

四、引发的理论问题

本案主要涉及三个方面的法理问题,即被告人药家鑫的杀人行为是否成立"激情杀人"?被告人药家鑫是否可以适用"不是必须立即执行"的死缓适用条件?以及药家鑫案中民意对案件的影响因素。

(一)本案是否属于"激情犯罪"

这个案件引起了社会舆论的强烈关注和激烈争议,其中的焦点之一就是辩护律师提出被告人属于"激情犯罪",辩护律师称,这是一起交通肇事转型的故意杀人案件,药家鑫是一念之差,属于激情杀人,并以此请求法庭从宽量刑。本文将首先就"激情犯罪"问题展开研究和分析。

1.激情犯罪的概念

"激情犯罪"这个词汇来源于国外,13世纪的英国刑法规定对杀人者必须处以死刑,但在案件的实际审理过程中发现很多案件中的犯罪人其杀人行为有可以宽恕的情节,于是那时的英国刑法规定,如果被告人杀害被害人的行为是在遭受刺激而产生的极度愤怒情形下发生的,可以给予非预谋故意杀人的判决,从而免除适用死刑。英美法系和大陆法系的刑法典中均有关于激情犯罪的规定,但是在我国现行刑法中还未有

---

① 参见陕西省西安市中级人民法院(2011)西刑一初字第68号刑事附带民事判决书。
② 同上注。

相关的明确规定,我国对此领域的研究还比较落后。① 目前我国学术界对激情犯罪作出的定义多是从犯罪学角度出发,犯罪学范畴内的"激情犯罪"更加关注犯罪产生的原因和如何预防犯罪。而刑法学范畴内的"激情犯罪"主要关注的是行为人的定罪量刑问题。②

有学者认为,"激情是由各种刺激因素引起的一种强烈的情绪状态"③。还有学者认为,"激情是一种强烈的暴风雨般的、激动而短促的情绪状态,而激情犯是在强烈的激情冲动下进行违法犯罪行为的人"④。在犯罪学范畴下的激情犯罪,包括因外界所有刺激而导致行为人在强烈而短暂的激情状态下所实施的犯罪行为。

刑法学与犯罪学有所不同,刑法学主要是一门司法学科,更具有规范性。从刑法学角度看,激情犯罪问题主要是如何确立行为人的行为罪与非罪、此罪与彼罪、罚与不罚以及如何处罚等问题。以刑法学的视角去看待和认定"激情犯罪",不能简单地概括为因外界的任何刺激而导致行为人在激情状态下实施的任何犯罪行为,而只能包括由于被害人不正当的言行刺激而导致行为人在强烈而短暂的激情状态下所实施的犯罪行为。

本文主要是从刑法学范畴出发,将激情犯罪定义为:由于被害人的不正当言行刺激而导致行为人瞬间产生强烈而短暂的激情,行为人在激情下丧失自我控制能力并即刻或在很短时间内实施犯罪,刑事立法对此给予从宽处罚的犯罪行为。

2.激情犯罪的特征

根据对犯罪学的相关理论,可将激情犯罪的特征归纳为以下几点:

一是暴发性。又称为即时性,它主要体现在犯罪行为发生时间上的短促性和紧邻性。具体表现为犯罪行为人在接收到刺激性的言行后即刻就产生了犯罪意图,并在该犯罪意图萌发后立即或者在很短暂的时间内去实施犯罪活动。由此可以看出,该类犯罪在实施时一般情况下事先没有明显的犯罪动机,也不存在明显的犯罪目标。激情犯罪不像一些有预谋有准备的犯罪,它一般没有预谋和准备阶段,通常是由于某种偶然情况的诱导和激发,行为人受到刺激后临时起意,冲动之下失去理智,不计后果,突然作案。⑤

二是特定性。它是指激情犯罪一般是针对特定的犯罪而存在。激情犯罪的犯罪意图是即时产生的,人通常在该犯罪意图萌发后立刻就实施犯罪行为,因此在某些需要事先预谋或者需要共同来完成的犯罪中不存在激情犯罪。以危害国家安全罪为例,

---

① 参见王娟:《激情犯罪立法问题研究》,吉林大学2008年硕士学位论文,第2页。
② 参见高铭暄、赵秉志主编:《犯罪总论比较研究》,北京大学出版社2008年版,第341页。
③ 高铭暄等主编:《中华法学大辞典》(刑法学卷),中国检察出版社1996年版,第317页。
④ 吴宗宪主编:《法律心理学大词典》,警官教育出版社1994年版,第362页。
⑤ 参见〔意〕恩里科·菲利:《犯罪社会学》,郭建安译,中国人民公安大学出版社1990年版,第331—332页。

实施本类犯罪需要犯罪人拥有清醒的意识,进行周密的策划,通常需要多人共同协作才能完成。根据龙勃罗梭的实证统计,几乎所有的情感犯罪都是针对人身的,比如,伤害、杀人、强奸等,只有极少数是造成对财产的侵犯。① 例如《德国刑法典》第213条规定:"非故意杀人者的责任,而是因为被害人对某个人或者家属进行虐待或重大侮辱,致故意杀人者当场义愤杀人,或具有其他减轻情节的,处1年以上10年以下自由刑。"②

三是情绪性。所谓情绪性,主要是指行为人在受到刺激后的主观心理状态。根据国外对激情犯罪的实证研究可知,通常该类犯罪的行为人在实施犯罪的时候由于此前受到的一些刺激从而导致其主观上都带有很大的情绪性。这种情绪性使得一些在未受到刺激前言行表现正常且拥有理智的人,在受到刺激之后变得失去理智,变得极易冲动,进而无法控制自己的行为。经过研究和观察发现,通常这些行为人在受到刺激之前并没有要实施犯罪的目的和动机,只是在出乎意料的情形下受到了刺激或者打击,因而产生了激愤,才有了后来的犯罪意图和犯罪行为。在这种情况下,行为人实施犯罪行为是出于其自身"正当防卫"的需要,行为人认为这是一种合理合法的自我保护,行为人并未意识到自己的行为是错误的、是不符合道德和法律规范的。菲利曾经提出:"情感犯能够抵制导致偶犯的非意外力量的一般诱惑,但不能抵制有时确实难以抗拒的心理风暴。"③根据对激情犯罪的剖析得知,此类犯罪通常是没有预先谋划和准备的。由于犯罪行为发生的即时性,行为人对犯罪工具的选择也具有很大的随意性,基本是就近选择可以使用的工具。此类犯罪也不是秘密实施的,由于受到刺激是出乎意料的,因此一般也不存在共犯等问题。

四是暴力性。它是指激情犯罪过程中行为人的犯罪行为通常具有暴力性质,最常见的是表现为杀人和伤害。行为人由于受到出乎意料的刺激而瞬间产生强烈的犯罪"激情",这种激愤拥有很大的能量,它通常会导致行为人失去理智、失去自控。行为人在没有理智的头脑指挥下所做出的不顾后果的行为常常是具有暴力性质的,其所实施的犯罪也常常是暴力性犯罪。

3.激情犯罪的认定

我国目前的刑法中尚未对激情犯罪有明确的规定,学界对于激情犯罪的认定标准有着不同的观点和理解。笔者认为,对激情犯罪的认定实质上是对"激情"的认定。通过比较研究和分析,笔者认为,对激情犯罪的认定主要有以下四个关键要素④:

第一,客观要素。所谓客观要素,主要是指构成激情犯罪所必须存在的有法律依

---

① 参见〔意〕切萨雷·龙勃罗梭:《犯罪人论》,黄风译,中国法制出版社2000年版,第114页。
② 徐久生、庄敬华译《德国刑法典》,中国方正出版社2004年版,第108页。
③ 〔意〕恩里科·菲利:《犯罪社会学》,郭建安译,中国人民公安大学出版社1990年版,第35页。
④ 参见王娟:《激情犯罪立法问题研究》,吉林大学2008年硕士学位论文,第8页。

据的诱因和罪名,也就是说既需要有能够激发行为人"激情"的外在因素条件,也需要所犯之罪是刑法中规定的存在激情犯罪情形的那些罪。通常来说,激情犯罪的诱因主要是指由于被害人的不当言行刺激所引起的"激情",比如被害人对行为人的侮辱诽谤等。对于"被害人的不当言行"的判断,不同文化背景、不同的价值观、不同的世界观会导致判断的标准也有所不同。比如,在古代认为足以引起激情的情形,在现代可能认为不是,而有些在历史上认为不足以引发"正常激情"的情形,在今天或许可能是。①

"被害人的不当言行"若要成为犯罪行为的诱因,需要满足以下四个条件:一是合法性,即该"不当言行"必须是在法律规定的范围之内。二是公开性,即该"不当言行"必须是被害人公开做出的,表现于外部且可以被获知的言行和行为。三是特定性,即该"不当言行"必须是被害人自己做出的,行为人的犯罪行为也只能是针对被害人,否则不成立激情犯罪。四是可能性,即该"不当言行"能够引起一般人产生激情的现实可能性,如果此言行在普通民众可接受的范围内,那行为人的行为也不成立激情犯罪。

第二,主观要素。所谓主观要素,主要是指行为人在实施犯罪的时候已经由于刺激产生的激愤导致行为人丧失了自我控制能力。对于如何判断行为人处于丧失了自我控制能力的状态,目前主要有三种标准,即客观标准、主观标准和混合标准。首先,客观标准主要是指以一般人在类似情况下的反应作为判断依据。例如,《加拿大刑法典》第232条的相关规定:"某一错误的行为或侮辱如足以使一个普通人丧失自我控制能力",则可以据此提出激情的辩护理由。② 其次,主观标准主要是指以行为人自己当场的反应为依据。最后,混合标准结合了客观标准和主观标准,它认为既应当考虑一般人的反应,也应当考虑行为人的自身特点,也就是既要考虑共性也要结合个性。笔者认为,采取混合标准能够相对全面合理地认定行为人是否具备了在主观上失去了自我控制能力。

第三,时间要素。所谓时间要素,主要是指行为人是在被害人的不当言行做出时立刻产生犯罪意图,并且在该犯罪意图萌发后即刻或者在很短时间内实施犯罪行为。时间要素的主要目的是为了确认犯罪行为的诱因是被害人的不当言行,如果犯罪行为与不当言行二者间隔过长,就无法确认犯罪行为与不当言行之间的因果关系。当然,对于多短的时间间隔可以认定为有因果关系,这也存在着不同的观点。

第四,对象要素。所谓对象要素,是最容易认定的要素,主要是指行为人实施犯罪行为的对象必须是引起行为人激情的不当言行的实施者,这也体现了一种刑法上的因果关系,除非法律有特殊的规定,否则不能殃及第三人。

4.药家鑫案不构成"激情杀人"

根据上文对激情杀人的概念及特征的分析,再结合药家鑫故意杀人案的犯罪事

---

① 参见储槐植:《美国刑法》(第3版),北京大学出版社2005年版,第156页。
② 参见周振杰:《激情犯的基础理论与立法问题研究》,载《河北法学》2006年第7期。

实,此部分将分析药家鑫是否能够成立其辩护人所主张的"激情杀人"情节。首先,我们应当明确一个常识性的前提,即我国目前刑法中还没有关于"激情杀人"的明确规定,"激情杀人"的规定目前主要存在于英美法系的刑事司法体系中。根据上文对激情犯罪特征和认定标准的分析后总结出"激情杀人"的成立应当具备以下四个要素:第一,客观要素,即该杀人行为的发生是因为被害人的过错,由于被害人的不当言行引起了行为人强烈的情绪波动,并且该杀人行为属于刑法规定应当科处刑罚的犯罪行为;第二,主观要素,即行为人在精神上受到了被害人不当言行的强烈刺激后失去理智,丧失或者减弱了自己的辨认能力和自我控制能力;第三,时间要素,即行为人在受到刺激引发激愤后丧失理智、失去自我控制后在极短的时间里实施了杀害被害人的行为,失控状态与实行行为之间具有刑法上的因果关系;第四,对象要素,它是指行为人所杀之人应该是引起行为人激愤的被害人,而不是与此无关的第三人。"激情杀人"情节除了定性问题之外,更为关键的是它是否可以作为酌定的量刑情节,在定罪量刑时给予考量。我国虽然目前在刑法上没有明文规定"激情杀人",但是法学界普遍认为"激情杀人"可以作为一种从轻处罚的酌定事由。在政策文件方面,2010年最高人民法院《关于贯彻宽严相济刑事政策的若干意见》第22条规定:"……因被害方过错或者基于义愤引发的或者具有防卫因素的突发性犯罪,应酌情从宽处罚。"在司法实践方面,也不乏对所谓的"大义灭亲"等由被害人过错导致的杀人行为在量刑时予以一定考量的例子。通过上文中对国内外关于激情杀人的立法和实践两方面的比较和分析,可以得出以下结论:激情杀人应当被严格限定在无杀人预谋,并且是由于被害人的过错导致行为人失去理智、失去控制而将被害人杀死的情形。也就是说,被害人有严重过错是成立激情杀人的关键所在。

在本案中,辩护律师提出被告人药家鑫杀人的原因是其有严重的心理问题,比如心理脆弱、有厌世情绪等,大量不良情绪的积累导致了其在发生交通肇事之后又将在记录其车牌号的被害人张妙杀死。笔者认为,无论辩护律师主张的被告人药家鑫存在严重心理问题的情况是否属实,即便是属实的,辩护律师将被告人药家鑫长期存在心理问题与其实施杀人行为时的心理状态相混同本身也是错误的。前文所述的主观要素已经表明判断行为人是否构成激情杀人主要看的是实施行为时的情绪和心态,而不是看行为人长期形成的某种情绪或者某些心理问题,这跟案件的发生没有刑法上的因果关系。

根据上文对激情杀人构成要件的分析可知,被害人的严重过错是判断是否能够成立激情杀人的关键。结合药家鑫故意杀人案的犯罪事实得知,在本案中被害人张妙并不存在任何过错。西安市中级人民法院的一审判决书认定,受害人张妙从被撞倒直至被杀害的整个过程中并不存在任何不当言行,这一点就从根本上否决了"激情杀人"的成立可能性。在案件的调查和审理过程中,被告人药家鑫曾经提出其杀害被害人张妙的原因是其发现被害人在记录其车牌号,由于害怕日后有麻烦而将其杀害。笔者认为,即使存在这一情况,受害人张妙的行为也完全是合法行为,不属于任何的不当言行。因此,笔者认为,本案中被告人药家鑫的杀人行为符合了上文认定激情犯罪四要素中的时间要素、对象要素,但是不符合客观要素和主观要素。否定了"激情杀人"情节,笔者认为被告人药家鑫事实上是构成了临时起意的故意杀人行为。临时起意,是指行为人非经预谋而出于一时起意实施危害行为的犯罪心理。① 它与激情杀人的区别在于,是否是因为被害人的不当言行而导致失去理智、失去控制,结合犯罪事实,被告人药家鑫的杀人行为应属于临时起意的故意杀人犯罪。

对"激情犯罪"情节的处罚原则,无论是大陆法系还是英美法系都坚持相同的原则,即从宽处罚。② 在本案中,药家鑫的行为属于临时起意的故意杀人,并不存在"激情杀人",因此也不涉及"激情杀人"情节的从宽处罚问题。

(二)本案应否适用死缓之争

1.故意杀人罪的死刑适用

故意杀人罪侵害的是人的生命,"这是故意杀人罪区别于其他侵犯公民人身权利罪的本质特征,也是其成为最严重的侵犯公民人身权利罪的原因所在"③。死刑作为最严厉的刑罚,剥夺的是罪犯最为珍贵、最为重要的权利——生命权。因此法律要求只有罪犯实施了危害最为严重的罪行且情节最为恶劣的,国家才能适用死刑来剥夺罪犯的生命权。《刑法》第232条规定,故意杀人的,处死刑、无期徒刑或者10年以上有期徒刑;情节较轻的,处3年以上10年以下有期徒刑。《刑法》第48条规定,死刑只适用于罪行极其严重的犯罪分子。对于应当判处死刑的犯罪分子,如果不是必须立即执行的,可以判处死刑同时宣告缓期2年执行。联合国《公民权利和政治权利国际公约》第6条也指出,死刑只适用于最严重的罪行。如果法律对某个犯罪没有规定死刑,那么不管犯罪分子实施该犯罪有多么严重,也不能对其判处死刑。但对于法律规定了死刑作为最严厉处罚的犯罪,也不是只要有人犯了此罪就会被判处死刑,而是要根据法律规定的死刑适用的总体条件,分析判断犯罪分子是否属于罪行极其严重。只有在符合死刑适用的各种条件的情况下,才能对犯罪分子适用死刑。

(1)"罪行极其严重"的内涵分析

我国现行《刑法》未对"罪行极其严重"的理解和适用做出详细规定,这给法官的自由裁量权留下了很大的空间。总结目前学界对"罪行极其严重"的理解,有以下最具代表性的三种观点:第一种观点认为,"罪行极其严重是指犯罪的性质极其严重、犯罪的

---

① 参见陈兴良:《刑法适用总论》(上卷)(第2版),中国人民大学出版社2006年版,第150页。
② 参见王娟:《激情犯罪立法问题研究》,吉林大学2008年硕士学位论文,第30页。
③ 丁强、丁猛:《侵犯公民人身权利、民主权利犯罪司法适用》,法律出版社2005年版,第4页。

情节极其严重、犯罪分子的人身危险性极其严重"①。第二种观点认为,"罪行极其严重,一方面是指犯罪人的主观恶性很深,不能改造或者基本不能改造;另一方面是指犯罪人的犯罪活动给国家、社会和人民造成了极为严重的损害,如果只具备其中的某一方面,不能认定为罪行极其严重,不能适用死刑"②。第三种观点认为,"应当综合评价所有情节,来判断犯罪人的罪行是否构成罪行极其严重"③。笔者认为,对于将会剥夺犯罪人生命这样重大利益的刑罚,应当全面考虑犯罪人的主、客观方面因素,因为死刑一旦执行,其后果将是不可逆的。片面地从任何一个方面去理解"罪行极其严重",都是不符合罪刑相适应原则的。

具体来说,对于刑法所规定的死刑适用标准,可以从以下四个方面进行考量:

第一,所犯具体罪行的性质极为严重。这是判断是否符合"罪行极其严重"的主要因素,犯罪性质是对整个犯罪活动本质和其他特征的总结和概括。刑法规定的犯罪在性质上不完全相同,刑法中根据犯罪所侵犯的客体不同做了相应不同的归类,有的是危害国家安全的犯罪,有的是破坏社会主义市场经济秩序的犯罪,有的是侵犯公民人身权利、民主权利的犯罪,还有些是侵犯财产的犯罪等。在这些犯罪中,从性质上看,有些犯罪性质较轻,有些犯罪性质较重。一般来说,侵犯公民人身安全、侵犯国家安全以及侵犯公共安全的罪是性质严重的罪,本案所涉及的故意杀人罪就是属于性质极为严重的罪行。此外,还需考虑犯罪行为侵犯了哪种法益,是以暴力手段还是以非暴力的手段侵犯此法益等问题。

第二,犯罪的客观危害极其严重。犯罪性质是判断"罪行极其恶劣"的一个方面,仅有犯罪性质极其严重并不足以对罪犯判处死刑,还需要考虑实际实施的犯罪是否造成了极其严重的客观危害。极其严重的客观危害在现实生活中有多种表现,最主要的就是表现为犯罪结果极为严重,或者是造成了被害人死亡,或者是多名被害人重伤,又或者是对国家安全、公共安全造成了极大的损害,等等。对于暴力犯罪而言,主要是指对被害人造成了死亡或者肉体损害,这种损害的严重程度已经达到了法律规定的可能适用死刑的情形。

第三,犯罪分子的主观恶性极深和人身危险性极强。犯罪分子的主观上的犯罪动机如何,在很大程度上影响着犯罪分子追求犯罪后果的意志是否强烈。通常来说,具有卑劣犯罪动机的犯罪分子在主观上实施犯罪的意图是非常强烈的,并且积极地追求严重的危害后果。犯罪分子的主观恶性深主要体现在暴力犯罪中,行为人主动恶意攻击被害人,残忍地对待被害人,使得被害人遭受极大的身心痛苦。法律对于这类犯罪意图卑劣、犯罪意志强烈的犯罪分子的处罚,有可能会重于那些在主观上犯罪意图不

---

① 陈卫东主编:《刑事诉讼法》,中国人民大学出版社2004年版,第178页。
② 汪建成:《冲突与平衡——刑事程序理论的新视角》,北京大学出版社2006年版,第378页。
③ 孙孝福:《刑事诉讼人权保障的运行机制研究》,法律出版社2001年版,第252页。

那么卑劣、犯罪意志不那么强烈的犯罪分子。犯罪分子的人身危险性强主要是指犯罪人对社会的敌意很强烈,在犯罪后不悔罪。

对犯罪分子判处死刑,需要其同时具备以上三个要素,缺一不可。罪行性质极为严重、客观危害极其严重、主观恶性极深和人身危险性极强,这三者之间具有内在的逻辑关系,也就是说,犯罪分子在其主观上卑劣的犯罪动机、强烈的犯罪意志的支配下,积极主动地实施了极其严重的犯罪行为,造成了极其严重的社会危害,构成了性质极其严重的犯罪。以上三者缺一,都不宜对犯罪分子判处死刑立即执行。

(2)"应当判处死刑"的内涵分析

死刑是以从肉体上消灭犯罪分子的手段来惩罚犯罪,从而达到防卫社会的刑罚方法。我国目前的刑事政策是"保留死刑,严格控制和慎重适用死刑"。我国现阶段仍旧保留死刑的原因主要是为了有效地惩治严重犯罪从而切实地维护国家和人民的利益,同时保留死刑有助于实现我国刑罚的目的,既惩罚了一些罪行极其严重的犯罪分子,也对一些有严重犯罪意念的人起到一定的预防作用。再者,保留死刑符合我国现阶段的社会价值观念,"杀人偿命"是我国民众根深蒂固的观念,在现阶段完全废止死刑,超越了我国现阶段普遍的价值观念,很难为广大人民群众所赞同。由于死刑目前具有存在的必要性,再加上死刑剥夺的是人最宝贵的生命权,因此对于"应当判处死刑"的理解极为重要。

所谓"应当判处死刑",应当是指犯罪行为已经构成"罪行极其严重"的前提下出现的情形。在"应当判处死刑"这一条件中,"应当"可以理解为"必须"的意思,即犯罪分子所犯之罪不是介于判处死刑与否之间,而是完全具备了判处死刑的条件。[①] 对一个具体案件是否属于"应当判处死刑",可以从两方面去把握:

第一,判断一个具体的犯罪行为是否"应当判处死刑",要将分则中确定的应当判处死刑的量刑情节与总则中的"罪行极其严重"这一死刑裁量的总标准联系起来,综合分析再予以确定。[②] 不能单纯因为一个犯罪行为符合刑法分则规定的死刑适用情节,就立刻认定应当适用死刑,而是必须综合考虑犯罪行为的客观危害和行为人的主观恶性及人身危险性两方面的情况确定该行为是否属于"同类犯罪中最严重犯罪的最严重情节"[③],才能最终确定是否"应当"判处死刑。

第二,正确排除不应当适用死刑的情况。我国《刑法》第17条第3款和第49条明确规定"对犯罪时不满十八周岁的人和审判时怀孕的妇女不得适用死刑"。

[①] 参见陈兴良、胡云腾主编:《中国刑法学年会文集》(第1卷)(下册),中国人民公安大学出版社2004年版,第747页。

[②] 参见赵秉志:《死刑改革探索》,法律出版社2006年版,第180页。

[③] 赵秉志:《死刑改革探索》,法律出版社2006年版,第181页。

(3) 药家鑫故意杀人案的死刑适用

我国《刑法》第48条第1款规定："死刑只适用于罪行极其严重的犯罪分子。"在上文中已经分析了"罪行极其严重"的四个主要方面，简单来说，罪行极其严重就是指犯罪的性质极其严重、犯罪的客观危害极其严重、犯罪分子的主观恶性和人身危险性极其严重。① 药家鑫故意杀人案满足了"罪行极其严重"所有的三项要求。

首先，药家鑫故意杀人案犯罪性质极其严重。药家鑫的犯罪行为构成了我国《刑法》第232条所规定的故意杀人罪。"故意杀人的，处死刑、无期或者十年以上有期徒刑；情节较轻的，处三年以上十年以下有期徒刑。"这种立法体例从一定程度上反映了立法者在对待故意杀人罪时的立法心态，立法者认为若没有特殊情形，被告人故意非法剥夺被害人生命并且造成被害人死亡的优先考虑适用死刑，在情节较轻的情况下才考虑第二档次的刑罚即3年以上10年以下有期徒刑。被告人药家鑫在撞倒被害人张妙后，又将其杀害的行为，属于情节恶劣的杀人灭口行为，应当优先考虑选择适用死刑。

其次，药家鑫故意杀人案的客观后果严重。从犯罪情节方面看，根据法院已查明的事实，药家鑫将被害人张妙撞倒后因害怕其记录车牌号找麻烦，持刀连刺被害人数刀，致使被害人失血过多而当场死亡。在此之后逃跑途中，药家鑫再次将一男一女两行人撞伤。从犯罪后果方面看，药家鑫采用足以致命的凶器，对一个手无寸铁且急需救助的被害女子进行了足以致命的伤害，最终导致被害人惨死。这些都表明，药家鑫故意杀人的犯罪手段极其残忍，情节极其严重。

最后，被告人药家鑫的主观恶性严重，人身危险性大。药家鑫的主观恶性严重主要体现在其仅仅因为发现被害人记录其车牌号码，害怕被害人找麻烦就将被害人杀害。被告人药家鑫为了逃避法律责任而杀害被害人的行为表现了他对法律、对生命缺乏应有的尊重和敬畏。经法庭查明，被告人药家鑫杀害被害人用的是一把刀刃约长33厘米的单刃尖刀，随身携带这样的尖刀也可以表明药家鑫具有很强的人身危险性。

西安市中级人民法院一审判决被告人药家鑫死刑，法院经审理后认为被告人药家鑫的犯罪动机恶劣，主观恶性极深，犯罪手段特别残忍，情节特别恶劣，后果特别严重。笔者认为，对药家鑫判处死刑符合我国目前刑法上对死刑规定的适用标准，但是在死刑立即执行和死刑缓期2年执行的选择上，还可以进一步探讨。《刑法》第48条规定："……对于应当判处死刑的犯罪分子，如果不是必须立即执行的，可以判处死刑同时宣告缓期二年执行。"对于"不是必须立即执行"的理解和适用问题是极其重要的，对犯罪人来说，是生与死的区别。下文将对"不是必须立即执行"深入解读。

---

① 参见陈华杰：《论死刑适用的标准》，人民法院出版社2005年版，第34—35页。

2."不是必须立即执行"的相关问题

(1)"不是必须立即执行"的内涵分析

目前我国《刑法》第48条中的"不是必须立即执行"并没有明确的规定,但在实践中对于"不是必须立即执行"的判断和适用,对于判处死刑立即执行还是死刑缓期执行有着举足轻重的意义,在这一关键问题上的模糊规定导致了法官在司法时具有很大的自由裁量权。1997年修订《刑法》过程中,不少学者建议将"不是必须立即执行"具体化,以便实践中统一适用,防止出现各地执法不一的情况。[①] 虽然建言之声不绝于耳,但是直到现在立法机关也并未对这一点做出修改。这使得死缓适用的实质条件具有一定的模糊性,在死缓废除论者看来,这一点是死缓的缺陷所在,由此成为其废除死缓的理由之一。[②]

对于"不是必须立即执行"的理解,不同学者有其不同的主张和理由,无非也是从犯罪的性质、犯罪的客观方面、犯罪人的主观恶性和人身危险性这三个方面去延伸分析。笔者认为列举"不是必须立即执行"的情形是很难穷尽的,虽然对"不是必须立即执行"的情况进行各种各样的列举有利于我们正确把握"不是必须立即执行"的情况,但是这种做法是存在缺陷的。因为一方面来说,这样的列举是无法穷尽的。另一方面,法官在审理可能判处死刑的案件时总是极力寻找"不是必须立即执行"的理由,找不到就适用死刑立即执行。在这种逻辑下,死刑立即执行是被优先考虑的,只有在能够找到不需要立即执行的强硬理由时,才会考虑适用死缓,而不是优先考虑死缓,后考虑死刑立即执行。[③] 这种逻辑必然导致死刑立即执行的比例过大,与我国坚持宽严相济的刑事政策是相左的。

(2)"不是必须立即执行"的适用问题

刘家琛大法官曾指出:"判处死缓不能以具有法定情节为条件。那种认为对于应当判处死刑的犯罪分子,在没有法定从轻的情况下适用死缓就是法律适用不当,就是量刑畸轻的观点是没有法律依据的。"[④]

对于如何适用"不是必须立即执行",应当全面评价每个量刑情节对是否为"必须立即执行"的影响程度,必须根据不同情节本身反映的行为社会危害性、犯罪人主观恶性以及人身危险性程度进行综合考量。目前在理论界和司法实务界已经大致形成了这样的共识:对于具有法定应当从轻、减轻情节的,则不论所犯罪行多么严重,社会危害性多大,均属"不是必须立即执行"的情节,不能判其死刑立即执行;对于具有法定可

---

① 参见张正新:《中国死缓制度的理论与实践》,武汉大学出版社2004年版,第389页。
② 参见钊作俊:《死刑限制论》,武汉大学出版社2001年版,第282页。
③ 参见赵秉志主编:《死刑制度之现实考察与完善建言》,中国人民公安大学出版社2006年版,第98页。
④ 刘家琛:《中国死缓制度的理论与实践》,载张正新:《中国死缓制度的理论与实践》,武汉大学出版社2004年版,第2页。

以从轻、减轻处罚情节,无特别从重情节的,也可以认为是"不是必须立即执行"的情节,一般也不判处死刑立即执行。① 在具体案件裁量时的适用标准,笔者认为应该由当前对"不是必须立即执行"情形的列举转向对"必须立即执行"情形的探寻。在上文的论述中,已发现对"不是必须立即执行"情形的观点多种多样,无穷尽式的列举是存在缺陷的。相比较而言,对"必须立即执行"情形的探寻会比较明确和有指导意义。

目前官方文件中对"不是必须立即执行"问题的表述并不多,在1999年10月27日最高人民法院颁布的《全国法院维护农村稳定刑事审判工作座谈会议纪要》中,对"不是必须立即执行"的适用规定如下:(1)必须是农村中,因婚姻家庭、邻里纠纷等民间矛盾激化引发的故意杀人犯罪;(2)必须是被害人一方有明显过错或者对矛盾激化负有直接责任,或者被告人有法定从轻处罚情节的,才是"一般不应判处死刑立即执行"。但实务中对故意杀人死刑案件"不是必须立即执行"的情形有颇多的观点和建言,概括起来主要包括以下几种:(1)在共同犯罪中所起的作用并不是最主要的;(2)犯罪人的智力存在一定问题的;(3)被害人有一定的过错的,责任并不完全在犯罪人一方的;(4)能彻底坦白,如实交代罪行的;(5)有立功表现的;(6)因为激愤而杀人的;(7)社会影响不是特别恶劣的;(8)基于民族、宗教政策的考虑不宜判处死刑立即执行的。

(3)对"不是必须立即执行"的建议

由于立法对"不是必须立即执行"规定不明确导致司法适用中的模糊和混乱,因此应当对这一死刑适用的限制性条款进行立法完善。

首先,应当尽快明确什么样的情形可以适用"必须立即执行"。前文已述列举"不是必须立即执行死刑"的情况存在缺陷,为了保证能够真正做到限制和减少死刑的适用,应当从详细讨论"不是必须立即执行"的情况转向对属于"必须立即执行"的情况的探寻。按照这样的思路在我国刑事立法中明确死刑必须立即执行的情况,在"严格限制死刑"的基本刑事政策的指导下,列举的"死刑必须立即执行"的情形应该是远远少于"不是必须立即执行"的情形,所以这种列举"死刑必须立即执行"的立法模式比列举"不是必须立即执行"的立法模式更明确也更有意义。马克昌教授认为,当一个犯罪人如果不立即执行死刑,要么会无法控制该犯罪人造成新的社会危害,要么会引起社会动荡,只要满足了其中一项,就属于"必须立即执行",对犯罪人可以适用死刑立即执行。②

其次,根据上文的分析,笔者认为,若将《刑法》第48条中"可以判处死刑同时宣告缓期二年执行"的"可以"改为"应当",既可以减少司法擅断,又可以使得法律条款更加严谨、准确。

---

① 参见金福:《刑事政策视野下故意杀人既遂案件的死刑适用》,载李洁等主编:《和谐社会的刑法现实问题》(中卷),中国人民公安大学出版社2007年版,第1075页。
② 参见马克昌主编:《刑罚通论》,武汉大学出版社1995年版,第122页。

(4) 药家鑫案是否适用"不是必须立即执行"

西安市中级人民法院一审认定药家鑫犯故意杀人罪判处其死刑,法院认为被告人药家鑫犯罪动机恶劣,主观恶性极深,犯罪手段特别残忍,情节特别恶劣,后果特别严重。结合案情,笔者认为,药家鑫的杀人行为达到了《刑法》第48条中规定的"罪行极其恶劣"的适用条件,也满足了"应当判处死刑"的适用条件,但是对于是否属于"不是必须立即执行",笔者有着自己的见解,认为药家鑫案可以适用"不是必须立即执行"的死缓条件。

首先,药家鑫案中存在自首的法定量刑情节。经过法庭审理认定被告人药家鑫具有自首情节,被告人药家鑫案发后在父母的陪同下前往公安机关投案自首,如实交代罪行且认罪、悔罪态度良好。根据我国刑法规定,自首是指犯罪嫌疑人犯罪以后自动投案,如实供述自己的罪行,或者被采取强制措施的犯罪嫌疑人、被告人和正在服刑的罪犯,如实供述司法机关还未掌握的本人其他罪行的行为。[①]《刑法》第67条规定:"犯罪以后自动投案,如实供述自己的罪行的,是自首。对于自首的犯罪分子,可以从轻或者减轻处罚。其中,犯罪较轻的,可以免除处罚。"自首属于法定的量刑情节,自首反映出行为人的人身危险性有所降低,在客观上也使得司法机关尽快侦破审结案件,节约了司法资源。虽然刑法中对自首的处罚规定是"可以"从轻或者减轻处罚,而不是"应当"从轻或者减轻处罚,法官可以根据犯罪轻重并考虑自首的具体情节来自由裁量,但笔者还是认为在实践中对从轻、减轻的掌握运用,可倾向于"应当"从轻或者减轻处罚。机械化地理解"可以从轻、减轻处罚"就是既可以从轻、减轻处罚,也可以不从轻、减轻处罚,一方面容易造成法官的自由裁量权过大,导致可能出现同罪不同罚的情况;另一方面也有可能造成判罚偏重,体现出一种重刑主义的思维。

本案中,被告人药家鑫的杀人行为确实犯罪性质非常恶劣、犯罪客观后果非常严重、主观恶性及人身危险性也比较大,但是其在犯罪后自动投案自首、如实交代罪行,已经表明其有了认罪和悔过的态度,我们应当给予一个年轻的生命一次改过自新的机会。笔者认为判处死缓基本上也可以做到罪责刑相适应了。有许多舆论表示,不对药家鑫判处死刑立即执行会难平众怒、会动摇司法的公正性,笔者认为民意有时候是对司法独立性的一种干扰,虽然司法不能脱离民意,但是也不能被民意牵着走。在很多情况下,普通民众并不了解案件的细节和真相,很容易被媒体或者其他形式的舆论所误导,从而引发一种不一定理性的群体性情绪。在被害人已经死亡的情况下,为了平民愤而杀人的行为,是对人性野蛮报复一面的放纵。"杀人偿命"只是一种过时的等害报应,是一种虚幻的价值均衡,是人道关怀的缺失。基于"人道高于公正"的绝对命令,

---

① 参见赵秉志主编:《刑法总论》,中国人民大学出版社2007年版,第494—495页。

我们应当放弃这种粗暴野蛮、践踏人性的决定。① 对于药家鑫案,我们应当本着对生命的敬畏和一颗宽容的心,去给予另一个生命一次改过自新的机会。不对药家鑫判处死刑立即执行,并不是对被害人生命的不尊重,这恰恰是对所有生命的一种尊重。

其次,本案中也存在着一些可以考量的酌定量刑情节。主要有以下几点:第一,被告人药家鑫犯罪前一贯表现不错,其同学、老师等日常生活中经常接触到的人曾经向法院提交了四份请愿书请求法院从宽处理,请愿书中提及被告人药家鑫犯罪前一贯表现良好,并且在成长过程中曾获得大大小小共13项奖励。笔者认为,被告人一贯表现良好且遵纪守法,说明其人身危险性相较于那些平时就违法乱纪的行为人要小,在量刑时可以适当予以考虑。第二,被告人药家鑫的律师也提出被告人属于初犯、偶犯,笔者认为相较于累犯、惯犯,初犯、偶犯也可以表明犯罪人的人身危险性相对较小,具有较大的可改造性,应当给予被告人一个改过自新的机会。第三,被告人药家鑫在投案自首后,认罪、悔罪态度良好,根据对案件的了解发现被告人药家鑫曾主动递交过悔过书。这些情节是对全案在整体上进行综合裁量时需要适当考量的因素,应当予以考虑。第四,被告人药家鑫及其家人曾表示愿意积极赔偿,虽然被害人家属并未接受,但是这也并不妨碍此行为确实表现了被告人的认罪、悔罪态度,应当在量刑时予以适当考量。

最后,少杀、慎杀,宽严相济的刑事政策应当落实到本案中。"宽严相济"是我国现阶段的基本刑事司法政策,是我国在惩罚犯罪、维护社会稳定的长期实践中形成的重要经验,是惩办与宽大相结合政策在新时期的继承和发展,也是刑事审判工作正确执行国家法律的重要指导方针。限制死刑是当今世界的发展趋势,我国也顺应此改革潮流,在保留死刑的基础上坚持少杀、慎杀,这是我国刑事立法的一种进步,也是我国尊重和保障人权原则的一种体现。借用某些学者的话就是"我国已经开始踏上废止死刑的征途"②。

在药家鑫故意杀人案中,应当在符合法律规定的前提下,贯彻"少杀、慎杀"的刑事政策,即在以法律为准绳、以事实为依据的前提下,依据法律规定可以对被告人药家鑫判处死刑,同时宣告缓期2年执行。笔者认为对本案适用死缓,也能够昭示出法律的公正,也能够有力地维护社会的安定。

(三)本案引发的民意与刑事司法的相关问题
1. 刑法领域的民意解构
(1)民意的概念对刑事司法的影响
所谓民意,主要是指人民共同的某种意见或者愿望。民意可以分为"民愤"和"民

---

① 参见杜宇:《诘问"杀人偿命——死刑废止中的一个"心结"的破除》,载陈兴良、胡云腾主编:《中国刑法学年会文集》(第1卷)(下册),中国人民公安大学出版社2004年版,第808页。
② 高铭暄、苏惠渔、于志刚:《从此踏上废止死刑的征途——〈刑法修正案(八)草案〉死刑问题三人谈》,载《法学》2010年第9期。

怜"两种。"民愤"主要是指普通民众对犯罪以及犯罪人所产生一种要求严惩犯罪人的愤恨心理,比如在药家鑫案发生后,在相当长的一段时间内舆论群情激奋,喊杀声不绝于耳;"民怜"则与之相反,主要是指普通民众对犯罪以及犯罪人所产生的一种要求从轻处罚犯罪人的同情和宽宥心理,这常常出现于"大义灭亲"之类的被告人引起普通民众理解和同情的情形。

　　对于在刑法领域是否应当考虑民意,支持和反对的声音都同样激烈。反对的学者认为,首先,民意是不理性的,因为普通民众并不能完全了解所有的案件真相,其赖以判断的事实基础都不准确便难有对案件的理性判断;其次,民意是不确定的,因为普通民众对于个案的感受是出于自身的利益对某一具体案件或者具体问题的意见,不同的人价值观和世界观都有所不同,并且随着案件的进展和案件事实的披露,单个个体的观点也会有所变化,因此说民意是不确定的;最后,民意有可能干扰司法独立,影响个案公平,我国的司法原则之一司法要独立,民意的过多施压会造成对司法独立原则的干扰,法官在审理案件过程中应当遵循以事实为依据、以法律为准则的原则,不受其他行政机关、团体和个人的影响,对于法律制度的坚持和维护体现着对法律、对法治的尊重。支持的学者认为,首先,民意有利于法治的进步,民意体现了多数人的意志,它能够反映社会中大多数成员对某一事件或者某一问题所持有的大体相近的意见或者建议,我国是人民民主专政的国家,人民的意志可以上升为国家的意志,而法律体现着国家意志且为国家政治服务,尤其是刑法。因此,民意在一定程度上可以推动法治的发展,有利于构建和谐有序的法治社会。其次,民意有利于司法的公开化和民主化,我国现在正处于社会的急剧转型期,治安问题、腐败问题、诚信问题、农民问题等社会问题严重,民众的自我安全感降低,对政府的公信力也产生了很大的质疑,因此对于一些重大的、涉及公民基本的生命权和财产权之类案件的处理有着更多的关注,民众会通过网络、报刊等各种形式表达自己的看法,这在一定程度上可以减轻不当权力对司法的压力,有利于司法的公开化和民主化,维护司法的正当性。

　　以上两种观点,看似截然相反,但是细究之下却也各有道理,问题的关键不在于是否应当将民意作为酌定的量刑情节,事实上在司法实务中民意已经不可避免地影响刑事裁量,其关键问题在于如何正确认识民意以及如何正确对待民意。笔者认为,民意是法治社会必不可少的,也是不能扼杀的,能否倾听民意代表了一个国家文明的程度,但是具体到个案的审判时就不能任由民意来主宰。

　　(2)刑事司法领域民意的局限性

　　合理引导和采纳民意可以促进法治的发展,有利于司法的公开化和民主化,有利于维护司法的正当性。但是民意本身也有其自身的局限性,应该在认清这种不足和局限的基础上合理引导民意,避免民意对刑事司法的不当影响。民意的局限性主要有以下几点:

第一，片面性。片面性也表现为民意的不理智性，在案件发生后，被害人及其家属由于受到严重的侵害，愤怒的情绪会尤为强烈，通过媒体或者网络的各种报道和转载后，这种情绪很容易传染给普通民众，引起共鸣。除此之外，媒体或者舆论对案件事实的片面报道和随意的揣测使得民众对案件的真实情况缺乏了解，因此，民意在一定程度是片面的，是不理智的。

第二，不确定性。不确定性也可以称之为模糊性。首先，民众不能完全了解到案件的真实情况，也无法完全了解案件的侦查和审理情况，所以对于案件的量刑意见是很模糊的，他们更多关注的是案件的结果，在这种情况下民意也是很模糊的。其次，普通民众对于个案的感受是出自自身的利益，对某一具体案件或者具体问题的意见，不同的人的价值观和世界观都有所不同，并且随着案件的进展和案件事实的披露，作为个体的单个人的观点也会有所变化，因此说民意是不确定的。贺卫方教授曾表示："就一个具体案件而言，民意是相当情绪化和非理性的。如果法官完全顺从民意，便可能出现对一个社会中少数派的不宽容，走向多数人的暴政。"①

第三，随意性。随意性，或者盲目性，它也体现为一种法治精神的缺失，法治是具有很强的专业性的，特别是在刑事司法领域，对一个案件的调查、公诉、审理、判决等司法活动都有着严格的步骤和标准。普通民众对于专业性极强的刑事司法过程没有详细的了解，往往更多的是考虑被告人最后的刑罚，而忽略被告人自身的情况以及在犯罪后的一些法定或者酌定的量刑情节，因此民意的要求在很大程度上是不符合法律的要求的，民众按照自身的诉求来对案件发表意见和建议带有一定的随意性和盲目性。在实践中，常常听到"不杀不足以平民愤"或者"法外开恩、刀下留人"等民意，这也反映了民众对司法不信任的一种不安心理，希望通过自己的呼声来求得个案的公正审判，这样的情绪是可以理解的，关键问题是减免民意的随意性和盲目性。毕竟，民众要求的是社会的公平正义而不是判某人死刑。②

2.避免民意对刑事司法的不当影响

日本学者认为"民众的声音就是神的声音，基本上可以肯定，而且必须肯定国民的欲求中含有直观的成分。另一方面，也不可否认，在构成国民欲求基础的国民个人欲求之中也沉淀着一些非正确的成分，其中最有特色的是片面的观点，甚至情绪的反应"③。通过上文对民意的局限性的分析得知，在司法领域过多地考虑民意是存在一定的弊端的，其表现为：(1)它不同于法律的客观性，它是一种个体对社会外界矛盾刺激的反应，具有主观性；(2)它不同于法律的理性，它是情绪化的表现，在大多数情况下是感性的；(3)它不同于法律的整体意志性，由于个体价值观的不同，个体对相关案件信

---

① 赵秉志等编著：《穿越迷雾——死刑问题新观察》，中国法制出版社2009年版，第103页。
② 参见张芳英：《中国死刑的出路》，载《湖北社会科学》2004年第12期。
③ 〔日〕西原春夫：《刑法的根基与哲学》，顾肖荣等译，法律出版社2004年版，第100页。

息接收和理解分析的差异,因而具有明显的异质性;(4)它不同于法律的确定性,它容易被误导,具有不确定性。下面将针对以上提出的局限性和弊端提出一些避免其不当影响的建议。

第一,构建一种采纳和听取民意的制度。在当前社会中,民意的产生和传播都是相对杂乱和情绪化的,民众没有一种成熟的渠道去更好地发表自己的观点和意见,而法院或者司法机关也没有一个成熟的渠道去合理地听取和采纳真实理性的民意。笔者认为,可以通过构建一种制度连通民意与司法机构,使得民意可以更为理性地促进法治的发展、司法的公正以及个案的公平。这种制度大致可以如下,当民众认为法院审判的案件中存在有疑问的事实或者法律问题,可以向法院提交书面报告或者向法院申请参加庭审,以善意的方式提请法院注意,可以以自己的名义提出,也可以联名提出。

第二,增强判决书的可读性。笔者通过在法院的实习发现,在实践中判决书存在着说服力不强、逻辑推理性不强等问题。由于缺乏完整和系统的认证推理过程,对于未受过法学系统教育的当事人和民众来说,会对判决结果有一定的误解和不满。笔者认为,司法判决书是一种很好的普法工具,它对案件所涉及的法律问题进行的严谨和缜密的说理和论证有利于提高民众的法律素养,对促进法治进程的发展具有很大的裨益。这样既保证了裁判的质量,也在客观上消减了不理智的民意,减少了法官与民众之间的误解。"在司法自身逻辑的主导下,在裁判中对于民意的阐述,不仅增强了司法的民主性,更重要的是提供了一条司法权与公共领域的通道。"[1]因此,"只有理由详尽、论证充分、推理得当的判决书,才能达到应有的社会效果,达到宣扬行为准则、教育公众遵守法律的目的"[2]。

第三,规范新闻传媒的行为。媒体对公众舆论的影响,尤其是对重大案件司法审判的影响,是现代各国都要积极面对的问题。为避免传媒误导民众,一方面应当通过新闻媒体行业自律进行自我约束,另一方面通过行政立法规制媒体监督,对超越法律界限报道、评论的,行政主管部门应当给予媒体单位和记者以资格处罚,情节严重的,应当追究其法律责任。

第四,建立和完善刑事被害人国家补偿制度。国家应该积极开展刑事被害人国家救助,对因犯罪行为导致生活确有困难的被害人及其亲属提供适当的经济资助,努力使被害人的损失减少到最低限度,化解矛盾,促进和谐。从某种程度上来说,刑事被害人国家补偿也是一种义务,是国家没有尽到防止犯罪发生而应承担的责任。因此,应当积极促成该项制度的建设,既可以安抚被害人,也可以减少不理智的民意对刑事案

---

[1] 秦小建:《网络公共领域的构建与司法的回应——网络舆论的司法情境》,载《财经政法资讯》2010年第1期。
[2] 宋英辉:《从刘涌案件改判引起的社会反响看公开裁判理由的必要性》,载《政法论坛》2003年第5期。

件审判的不当影响。

3.对于药家鑫案之舆情民意的分析

药家鑫案本是一件非常普通的、恶性故意杀人刑事案件,但这起杀人案却成了长达几个月的全国舆论热点。本案的一些相关人士成功地运用甚至操纵了网络,让本案成为持续热点,让法院对于案件的审理与判决时刻处于民众的关注和高压之中。在这个案件中,社会公众对于死刑的期望与国家严格控制死刑、慎用死刑的政策发生了碰撞,众多网民对于死刑的期待非常之高。曾受聘于西安交通大学兼职教授和西北大学讲座教授的独立学者、作家王新,在接受媒体采访时说:"药家鑫案的审理并不是在一个很公平的舆论环境中进行的,被社会舆论所影响。"药家鑫被执行死刑后,引发了绝大多数与被害人没有关系的网友的叫好。连捅数刀把一起普通交通事故演变成故意杀人案,突破了人伦底线的药家鑫引发公愤,在公众看来如果法院对药家鑫不依法判处死刑就意味着宽容或者纵容违法犯罪。

面对如此舆论压力的人民法院,在作出判决时,不仅要考虑法律的规定与执行,还要考虑到身负的法律之外的社会责任与公众情感,从而使得药家鑫案不再是一起普通的交通肇事和普通的杀人案,而是一起关系到人性和公共安全、司法公正和法律信仰、公众心理安抚和社会公平正义的社会事件。笔者认为,对于药家鑫案件,死刑的判决是符合当前法律规定的,是符合以事实为依据、以法律为准绳的原则所作出的判决,但是笔者认为可以适用"不是必须立即执行"的死缓适用标准,也可以做到罪责刑相适应了。

五、结语

行文至此,关于药家鑫案的三个争论点及作者的观点已经非常清晰。首先,药家鑫案不构成其辩护律师所称的激情杀人,被害人存在严重过错是成立激情犯罪的关键,在本案中被害人张妙不存在任何过错。张妙即使有被撞倒后记录被告人药家鑫车牌号码的行为也是完全正当合法的,此行为不属于不当言行。被告人药家鑫的行为应当属于临时起意的故意杀人行为。临时起意的故意杀人和激情杀人在未经预谋、顿起犯意这点上很相似,但是临时起意的故意杀人不具备来自被害人不当言行之诱因,而激情杀人则具备且行为人在激情支配下对自己行为的性质和造成的后果往往缺乏明确的认知。

其次,通过对"应当判处死刑""不是必须立即执行"的分析以及对药家鑫自首等各种情节的考量,笔者认为对药家鑫的确应当判处死刑,但适用死缓也可以达到惩罚的目的,符合刑法中罪责刑相适应原则的要求。本案中,被告人药家鑫的杀人行为确实犯罪性质非常恶劣、犯罪后果非常严重、主观恶性及人身危险性也比较大,但是其在犯罪后自动投案自首、如实交代罪行,已经表明其有认罪和悔过的态度,我们应当给予一个年轻的生命一次改过自新的机会,除此之外,被告人药家鑫是初犯、偶犯,平时一贯表现良好,投案后认罪悔罪态度良好,并且表示积极赔偿,这些情节在对其进行量刑时也应适当予以考量。

最后,关于民意与刑事司法的相关问题方面,本文总结了民意存在的一些局限性,例如民意的片面性、不理智性和随意性,并根据这些局限和弊端提出了一些避免民意不当影响司法的建议。笔者认为正确而合理地采纳民意可以促进司法的民主化、促进个案的公平正义以及法治化的发展进程。

当前我国正在努力构建社会主义和谐社会,人权保障是和谐社会的应有之意,2004年《宪法修正案》明确规定了"国家尊重和保障人权"。另外,我国也已经签署并将批准加入联合国《公民权利和政治权利国际公约》。在这样一个人权受到高度重视的国际、国内环境中,我们应当继续深入贯彻"少杀,慎杀"的死刑政策。死刑的实际控制应当是包括刑事政策、立法、司法在内的系统工程,而在立法相对滞后,或立法表述具有局限性的情况下,司法控制就显得更为重要。我们一方面呼吁要完善相关立法,另一方面更要注意提高司法人员的死刑政策意识,更重要的是应当在群众中普及国家的刑事政策。尤其是在废止死刑呼声越来越强的背景下,对死刑的改革需要群众基础,应当向群众普及废除死刑的意义,普及人道主义,以更好地维护和保障人权。在审判过程中,司法人员应当用好、用足法定和酌定的从宽处罚情节,正确处理好死刑案件,充分发挥死缓限制死刑立即执行的功能,切实扩大死缓的适用,减少死刑立即执行的数量,以向事实上的废除死刑不断进步。

抗拒强拆过程中的正当防卫、防卫过当及量刑研究[①]

——以张剑故意伤害致死案为例

陈 晨[**]

目 次

一、选案理由

二、基本案情

三、裁判要旨

四、引发的理论问题

（一）张剑行为是否构成正当防卫

（二）张剑的防卫行为是否过当

（三）张剑案的定罪量刑分析

五、正当防卫制度的地位之反思

六、结语

一、选案理由

在城市建设日新月异、经济社会迅速发展的今天，拆迁是我国城市化过程中十分普遍的现象。近年来，在我国多数地区均发生过程度不一、影响不一的暴力拆迁事件。如 2009 年成都市民唐福珍抵抗暴力拆迁不惜自焚；2010 年江西宜黄钟如奎一家三口为对抗暴力拆迁最终也选择了自焚，尤其恶劣的是，当暴力拆迁人员目睹钟家即将自

[①] 本文成文于 2012 年。2020 年 8 月，最高人民法院、最高人民检察院、公安部《关于依法适用正当防卫制度的指导意见》发布，明确了正当防卫，防卫过当的认定标准，为本案的判决提供了更具体的立法支撑。本文有针对性地阐释在适用正当防卫制度时需要注意的问题。

[**] 北京师范大学刑事法律科学研究院刑法学博士研究生。

焚的时候仍不停止作业,此事件使得开发商与政府被推向了风口浪尖,暴力拆迁人员的人性和道德水平受到了广泛而强烈的抨击,同时也折射出政府管理水平的低下。

拆迁过程当中的暴力犯罪日趋增多,公民私权利与国家公权力、公民人权保障需要与国家经济发展需求的矛盾日益凸显,张剑案由一刑事个案上升为公众广泛关注、公共空间热议的事件,其意义深远毋庸置疑。与已曝光的类似暴力拆迁案相对比,张剑案的进步之处在于,张剑虽然刺死不法侵害者,但对其却以有期徒刑3年、缓刑5年从轻判决,以及由此引发的关于保护私权的无限遐想。张剑案必定对该领域内的犯罪预防与犯罪惩处具有深远的影响。当然,这一里程碑案件被更多地看作公众对保障权利的期许,期许在当今中国,张剑案能成为我国刑事法治领域社会管理创新的鲜活范本,使之成为公力救济介入的拐点。张剑案已经尘埃落定,但其启示却发人深省:以此为鉴,随着社会的进步与经济的发展,刑事法学领域中存在的一些理论需要明晰、调整、修改,张剑案具有深刻、长远的现实意义。

二、基本案情①

2006年5月本溪市政府以"采煤沉陷区治理"为名,决定对将张剑所居住的长青社区进行拆迁开发。2005年4月,本溪市政府未按照规定主持召开听证会,却由市政府办公厅发出通知,已经将张家所在的大型棚户社区列为采煤沉陷区治理择址建设用地。但包括张剑家在内的15户居民发现,这项公益性质的开发在房地产商手里发生了变化。欠税高达3000多万元的本溪市华厦地产综合开发有限公司(以下简称"华厦公司")获得了开发权,并取得拆迁许可证。本来是采煤沉陷区治理的公益事业,竟变成了名为"山水人家"的别墅项目。接下来的两年里,双方在补偿安置方案上未达成一致。

协商未果后华厦公司派人以堵烟囱、砸玻璃、断电甚至用石块填堵公用水井来逼迫居民,居民扒出石块重砌水井后,华厦公司又向水井中灌注汽油,即使这样,张家也没有和华厦公司签署协议,成了"钉子户"。随着时间的推移,许多居民受不了华厦公司的种种野蛮拆迁,纷纷搬离小区,最后只有包括张家在内的15户居民依然没有动摇。2006年8月11日,华厦公司纠集多人破坏张家菜地并打伤张剑父亲张志国,张剑母亲白艳娇找华厦公司理论,却被20多名保安暴打一顿。2006年8月17日,华厦公司通知张家必须于8月20日前与其签订拆迁协议,声称若不按时搬离,将依法对张家房屋进行拆迁,并要追究其导致华厦公司经济损失的责任。此后经过留守居民的频繁投诉,本溪市房屋拆迁办公室于2006年12月12日向华厦公司发出通知,要求其停止违法拆迁活动。华厦公司便暂停了拆迁,但在2008年又卷土重来。

---

① 参见辽宁省本溪市中级人民法院(2009)本刑一初字第17号刑事判决书。

2008年4月30日,华厦公司工作人员王维臣等人在未与张志国达成拆迁安置补偿协议、未取得强制拆迁手续的情况下,将张剑家西侧房屋拆掉一半。2008年5月12日,王维臣、周孟财等人到张剑家与张剑母亲白艳娇就拆迁补偿问题进行协商,未达成协议,商议过两天再谈。同年5月14日上午8时许,王维臣、周孟财、赵君、矫鸿伟、王伟等华厦公司工作人员进入张剑家居室内,躺在炕上的张剑以为王维臣等人来强行拆房,起身让妻子信艳抱孩子离开,信艳欲出屋时遭王维臣阻拦,见到妻子被打,正在墙角的张剑想站起来,却被旁边数人按倒在床,反抗中张剑从床上抄起一把水果刀(不锈钢直把、长约20厘米),向离他最近的赵君的臂部、胸部、腹部等部位猛扎3刀,之后逃离现场。赵君被扎伤后,即被人扶了出来,蹲在一个小土堆边,自己捂住肚子,王维臣很快叫来推土机推铲了张家的房子。张剑母亲白艳娇打开小灵通想叫救护车救人,此时一个左手端砖、右手拿木棍的青年以为她要报警,说了一句,"姨,你就别报警了,他们不到俺们拆完是不会来的"。张剑母亲白艳娇听后更加生气,关上电话,和儿媳走了。一个多小时后,赵君被抬到医院,经抢救无效于2008年5月16日死亡。经法医鉴定:赵君系被他人用单刃刺器刺破肝脏致大失血造成多器官功能衰竭而死亡。事后查明,被刺的赵君为华厦公司的保安,与"山水人家"拆迁项目并无直接关系,2008年5月14日早晨7点多,正在公交站附近的赵君碰上华厦公司的一群人开车到张家,不知为何,赵君也跟随而去。案发后,被告人张剑于2008年6月16日向北京市公安机关投案。

三、裁判要旨[①]

本溪市中级人民法院认为,被告人张剑在遭受不法侵害的情况下,为保护自身权利不受侵害,持刀刺中被害人赵君右臂、右乳、右腋、右腹等部位数刀,造成致其死亡的后果,其防卫行为明显超过必要限度,系防卫过当,应当负刑事责任,但是依法应当减轻或者免除处罚。同时,被告人张剑犯罪以后自动投案,到案后及在庭审中能如实供述持刀伤人的主要犯罪事实,系自首,其对行为性质的辩解不影响自首的成立,依法可以从轻或者减轻处罚。根据被告人张剑的犯罪性质、情节及悔罪表现,判处缓刑可不致再危害社会。判决被告人张剑犯故意伤害罪,判处有期徒刑3年,缓刑5年。[②]

四、引发的理论问题

张剑案自发生以来在社会上引起了广泛关注,从理论到实践、从公众到媒体、从专家到官员,无不讨论,一石激起千层浪,即便是在判决生效后,对于张剑案的讨论和思考也仍在继续。该案关注的焦点主要集中在:首先,张剑的行为是否构成正当防卫;其次,张剑的防卫行为是否过当;最后,张剑案定罪量刑所体现的法律效果与社会效果的

---

① 参见辽宁省本溪市中级人民法院(2009)本刑一初字第17号刑事判决书。
② 参见《张剑被控故意伤害罪案》,载《判例与研究》2010年第3期。

关系问题。以下就上述问题进行研讨。

(一)张剑行为是否构成正当防卫

1.正当防卫成立条件概述

依据《刑法》第 20 条第 1 款的规定,为了使国家、公共利益、本人或者他人的人身、财产和其他权利免受正在进行的不法侵害,而采取的制止不法侵害的行为,对不法侵害者造成损害的,属于正当防卫,不负刑事责任。

关于正当防卫所必须具备的条件,我国刑法理论上主要有"四条件说""五条件说"和"六条件说"三种不同观点。

"四条件说"主张正当防卫必须同时具备以下四个条件:①必须有不法的侵害行为;②必须是正在进行的侵害行为;③防卫必须是对不法侵害者本人进行;④防卫行为不能超过必要的限度造成不应有的损害。① "五条件说"则是在"四条件说"的基础上增加了一个正当防卫的主观条件,即行为人主观上必须具有防卫意图。这种观点认为"四条件说"所主张的四个条件只不过反映了正当防卫的客观方面,但正当防卫应是主观与客观的统一,正当防卫的主观方面,也是其成立的必要要件,同样不可或缺。② "六条件说"是在"五条件说"的基础上又增加了一个损害性条件,即防卫行为必须给不法侵害者造成损害。这种观点认为,给不法侵害者造成损害是正当防卫的应有之义;如果行为人未给不法侵害者造成损害,其合法性是毋庸置疑的,因此,不应纳入正当防卫的研究范畴。

"四条件说"为正当防卫成立条件的研究奠定了良好的基础,但其所揭示的正当防卫的四个条件均是客观条件,没有阐述正当防卫成立的主观条件,因而恐怕是不够全面的。"五条件说"在"四条件说"的基础上增加了正当防卫的主观条件,使正当防卫成立条件进一步充实,比较可取。"六条件说"将防卫行为的损害性作为正当防卫的成立条件,似乎不妥。对不法侵害者造成损害是正当防卫的必然属性、根本特征,而正当防卫的成立条件只是在整体上反映其基本特征,作为正当防卫基本特征的对不法侵害者造成损害的属性不可能与正当防卫的成立条件相提并论。

刑法理论上对正当防卫成立条件的分类存在二分法与三分法,二分法居于主流地位。在二分法下,又有三种不同的表现形式:第一种将正当防卫的成立条件分为不法侵害条件和防卫条件两类③;第二种将正当防卫的成立条件分为正当防卫成立的前提性条件和实施防卫行为的合法性条件两类④;第三种将正当防卫的成立条件分为主观条件和客观条件两类。⑤ 三分法认为正当防卫的条件可以分为客观条件、主观条件和

---

① 参见高铭暄主编:《刑法学》,法律出版社 1982 年版,第 164—166 页。
② 参见陈兴良:《正当防卫论》,中国人民大学出版社 1987 年版,第 50—51 页。
③ 参见王作富:《中国刑法研究》,中国人民大学出版社 1988 年版,第 193—206 页。
④ 参见高铭暄主编:《中国刑法学》,中国人民大学出版社 1989 年版,第 147—152 页。
⑤ 参见陈兴良:《正当防卫论》,中国人民大学出版社 1987 年版,第 52—56 页。

限度条件三类,并认为前两类条件是定性条件,由此确定了正当防卫"正"的性质,不符合这些条件的不是防卫行为;后一类条件是定量条件,由此体现了正当防卫"当"的要求,不符合该条件的,虽然仍不失为防卫行为,但却不属于正当防卫的范畴。①

　　上述关于正当防卫成立条件的分类法中,三分法试图超越刑法的规定,无疑具有积极的一面,但从逻辑上看,三分法很难称得上科学合理。因为按客观、主观相统一标准的分类与按定性、定量相统一标准的分类是两种大相径庭的分类方法,而形式逻辑的分类规则之一便是分类标准必须同一,将以不同标准划分出来的正当防卫成立条件混杂在一起,势必会产生分类重叠的逻辑错误。事实上,客观条件与主观条件是以客观与主观相统一的标准分类的,定性条件与定量条件则是以定性与定量相统一的标准分类的,根本无法把它们统一起来。三分法将客观条件、主观条件、限度条件作为正当防卫成立的条件,确实有待商榷。而在二分法当中,笔者认为第一、第三两种比较恰当,而第二种分类将正当防卫的成立条件分为正当防卫的前提性条件和实施防卫行为的合法性条件,有形而上学之嫌。"正当防卫的任何一个条件,应当说都是正当防卫的前提条件,因为缺少了其中任何一个条件都不能成立正当防卫。同时,正当防卫的任何一个条件都决定着某一行为是否符合法律关于正当防卫的规定。"②因此,将正当防卫的成立条件人为地区分为前提性条件与合法性条件,是有失妥当的。第一种分类将正当防卫的成立条件分为不法侵害条件和防卫条件两类,似乎割裂了不法侵害与防卫之间的联系,但它具有清晰明确、易于司法实践把握的特点,故也不乏合理性。第三种分类强调了正当防卫的成立条件对刑法主客观相统一基本原则的体现,就此角度而言,也是合理可取的。但是"从各国刑法典的规定看,正当防卫成立的条件,均从侵害与防卫两个方面来考量"③。我国也有学者提出正当防卫是由两方面组成的,一方面是不法侵害行为,另一方面是防卫行为,也就是不法侵害者和防卫者的矛盾对立的统一,因此,为了充分彰显正当防卫"正"对"不正"的性质,笔者倾向于将正当防卫的成立条件分为侵害要件和防卫要件。其中,侵害要件包括"不法侵害必须客观存在"与"不法侵害必须正在进行"等条件,防卫要件包括"防卫者必须具有防卫意图""防卫行为必须针对不法侵害者本人"与"防卫行为不能超过防卫限度"等条件,以此来系统分析评价张剑行为是否属于正当防卫行为。

　　2.侵害要件分析

　　(1)不法侵害是否客观存在

　　正当防卫只能针对不法侵害实施,这是正当防卫的本质要求,如果不存在不法侵

---

① 参见王政勋:《正当行为论》,法律出版社2000年版,第122页。
② 赵秉志主编:《刑法争议问题研究》(上卷),河南人民出版社1996年版,第513页。
③ 王作富主编:《刑事实体法学》,群众出版社2000年版,第207—208页。

害,正当防卫就无从谈起。① 对于不法侵害是仅指犯罪侵害还是也包括违法侵害的争议,我国刑法理论上存在三种不同的观点:①"犯罪行为说"。这种观点认为只有对社会危害最大的犯罪行为才有可能实施正当防卫行为,否则就会扩大打击面,造成不应有的危害。② ②"无限制的犯罪违法说"。此种观点认为,不法侵害行为,不仅指犯罪行为,也包括其他违法的侵害行为。主张这种观点的主要理由是:其一,正当防卫要求的只是不法侵害存在,并没有将其起因条件局限于犯罪行为。其二,不法侵害刚刚着手时,往往很难断定它是犯罪侵害还是一般违法侵害,而当不法侵害的性质能够明显区分为犯罪或者违法的时候,不法侵害的结果又大都已经出现,正当防卫的意义也就随之丧失。其三,违法与犯罪没有不可逾越的鸿沟,不允许对违法侵害进行正当防卫,无疑会放纵不法侵害者,从而使受害人遭受更大的损害。③ ③"有限制的犯罪违法说"。此种观点认为,正当防卫中的不法侵害,既包括犯罪行为,也包括违法行为,但不是所有的犯罪违法行为都属于不法侵害。只有那些能形成侵害紧迫性,且可以用正当防卫避免或者减轻其危害结果的犯罪违法行为,才属于不法侵害,那些不具有侵害的紧迫性或者用正当防卫不能避免或者减轻其危害结果的犯罪违法行为,不属于正当防卫中的不法侵害。④

在笔者看来,正当防卫的立法规定所针对的对象主要是防卫者与司法者,因而,对于上述不法侵害的范围问题可以从防卫者和司法者两个角度来分析。首先,在防卫者遇到不法侵害的场合下,判断这种侵害究竟是犯罪行为还是一般违法行为,不是防卫者的义务,而是司法机关的职责。"对于防卫者而言,只要他发现某种权益正在受到不法侵害,他就有权实施正当防卫行为,而不能要求他在行使防卫权之前越俎代庖替司法机关认定一下该行为到底是犯罪行为还是一般违法行为。"⑤从现实来看,要求文化水平、法律知识水平各异,反应速度快慢有别的不同的防卫者对社会危害性在量上存有差别的一般违法行为与犯罪行为作出准确的判断,在很多案例中不免有强人所难之嫌。因而,对于防卫者来说,不法侵害不必仅限于犯罪行为。其次,对于在事后对防卫案件作出裁判的司法者来说,不法侵害是否仅限于犯罪行为呢? 笔者认为,从司法者角度而言,不法侵害也不宜仅限于犯罪行为。因为假若司法者在事后对不法侵害作出准确界定——如认定不法侵害为犯罪行为,则行为人实施正当防卫是适当的,但是如果认定不法侵害行为没有达到犯罪程度,则防卫行为就失去适当性——很可能使防卫者在实施防卫时瞻前顾后、束手束脚,影响防卫权的有效行使,不利于切实发挥正当防

---

① 参见高铭暄、马克昌主编:《刑法学》,北京大学出版社、高等教育出版社 2000 年版,第 133 页。
② 参见周国均、刘根菊编著:《正当防卫的理论与实践》,中国政法大学出版社 1988 年版,第 35 页。
③ 参见赵秉志、吴振兴主编:《刑法学通论》,高等教育出版社 1993 年版,第 271 页。
④ 参见张明楷:《犯罪论原理》,武汉大学出版社 1991 年版,第 323 页。
⑤ 王政勋:《正当行为论》,法律出版社 2000 年版,第 124 页。

卫在保护合法权益方面的应有作用。因此，不法侵害行为不仅包括犯罪行为，而且还应当涵盖一般违法行为。

此外，"正当防卫所能够制止的不法侵害行为不同于一般意义上的违法犯罪行为，它有自己特殊的质和量的规定性"①。作为正当防卫对象的不法侵害行为的特点突出体现在如下两个方面：第一，不法侵害行为在时间上的紧迫性。所谓紧迫，"是指在事态紧急，又没有足够时间或方法寻求官方保护，侵害即将发生的状态"②。紧迫意味着法益侵害现实存在或直接面临，正是因为紧迫，所以否定不法侵害者的法益也是正当的。第二，不法侵害行为的可阻断性。所谓可阻断性是指不法侵害行为从开始实施到侵害结果出现有一段时间范围，在此期间如果实行防卫行为，可能使侵害行为被迫停止，无法继续进行下去。③ 根据以上对不法侵害行为特点的分析，不难看出只要不法侵害行为违反了法律规定，对法律所保护的对象正在进行侵害或造成现实的威胁，且如果对这些行为进行防卫行为可能防止危害后果发生的，才属于正当防卫中的不法侵害行为。

综上所述，有限制的犯罪违法说是比较可取的，而犯罪说和无限制的犯罪违法说则均有不妥之处，应当不予采纳。

本溪市中级人民法院确认了以下部分证据：一是证人晋丽君、高公营、艾淑艳（本溪市明山区长青社区居民）均证实，2008年4月30日，张剑家房子被华厦公司拆迁的人扒了一半，剩下一间房子窗户玻璃被砸碎了。被告人张剑于2008年5月2日拍摄的自家房屋相片，亦证实了张剑家房屋于案发前被拆掉一半的事实。二是被告人张剑投案时及庭审中供述的基本事实："2008年5月14日上午8点多钟，华厦公司王维臣、周孟财带人闯进我家中。当时我在炕上躺着，他们进来后，王维臣说：'看什么，还不动手。'我让妻子抱孩子走，他们把我妻子拦住。我坐起来，下地穿鞋，说：'别碰我媳妇。'他们将我和家人都堵住，四五个男的把我摆在炕头墙角拳打脚踢，我从炕席下抽出一把不锈钢、直把、长约20公分的水果刀，对着打我的其中一个男子的肚子扎了两刀，我扎他时，其他人还拽着我，打我。扎完人后，屋里的人都跑到外面，我也跑了，刀在逃跑时丢了，后向公安机关投案。华厦公司的人扒过我家房子，并多次打我家人，这次又殴打我，我才拿刀扎了被害人。"从中分析得出张剑刺死赵君的起因存在两个不法侵害：一是2008年4月30日，华厦公司工作人员王维臣等人在未与张志国达成拆迁安置补偿协议、未取得强制拆迁手续的情况下，将张剑家西侧房屋拆掉一半，此为开发商对张剑财产的侵害；二是2008年5月14日华厦公司纠集包括赵君在内的多名人员通过殴打张剑及其妻儿的方式进行暴力拆迁，此为人身侵害。所以开发商及其纠集的人员对

---

① 刘守芬、黄丁全主编：《刑事法律问题专题研究》，群众出版社1998年版，第216页。
② 〔日〕木村龟二主编：《刑法学词典》，顾肖荣等译，上海翻译出版公司1991年版，第198页。
③ 参见《刑法学全书》，上海科学技术文献出版社1993年版，第117页。

张剑的不法侵害是客观存在的,且危害到张剑及其家属的人身权和财产权,具有社会危害性;后一侵害在时间上具有紧迫性,若不实施防卫行为,则张剑及其家属的权利将受到重大损害。因而,张剑的行为满足正当防卫当中不法侵害客观存在的这一前提。

(2)不法侵害是否正在进行

根据《刑法》第20条的规定,不法侵害必须处于正在进行之中,才能对不法侵害者实施正当防卫。当侵害行为没有开始,尚未危及合法利益时,没有必要实施防卫行为;当侵害行为已经结束,危害结果已经发生时,正当防卫已经失去意义。从实质解释的意义上看,所谓正当防卫中不法侵害的"正在进行",指的是不法侵害者的侵害行为已经到达防卫者最后的有效的防卫时间点。① 因为如果要想不使正当防卫的价值落空,那么为我们就应当通过正当防卫制度的规定来对抗不法侵害以保护自己或者第三人,这样首先应当赋予防卫者的当然是一个可以有效保护自己或第三人的权利,而不是限定防卫者只能采用一种不太可靠的做法,不然就会和法律设定的正当防卫制度的初衷背道而驰。实际上,法条中规定的"正在进行"四个字,也是基于侵害行为的客观性以及防卫行为的必要性的考虑而设置的。"正在进行"这四个字的立法意图在于针对正在发生的不法侵害,我们才能确定其侵害的客观存在,同时也才有采取反击行为来保护自己各项权利的必要性。

根据本溪市中级人民法院确认的证据,2008年5月14日华厦公司纠集包括赵君在内的人员对张剑及其妻儿进行暴力拆迁致使张剑实施防卫行为,无疑此处的不法侵害是具有当场性的。关键在于另一不法侵害——华厦公司此前在未达成拆迁安置补偿协议也无强制拆迁手续的情况下对于张剑的财产侵害是否属于"不法侵害正在进行"?判决给我们的答案是肯定的。

应当看到,不法侵害的结束是指这样一个时刻,在这个时刻,不法侵害已经停止或不法侵害造成的结果已经出现,即使实施防卫行为,也不能阻止危害结果的发生或即时即地挽回损失;即使不实施正当防卫行为,也不会发生危害结果或可以阻止危害结果进一步扩大。② 这一时刻即为不法侵害彻底结束的时刻。不法侵害多种多样,在很大程度上也决定了不法侵害结束时刻表现形式的多种多样,在张剑案中,2008年5月的暴力拆迁在一定程度上可以看作2008年4月开发商对张剑不法侵害的延续,在2008年4月的不法侵害中发生了中止行为,但不法侵害在2008年5月继续发生,且危害后果仍然可能发生、扩大或不可挽回,所以不法侵害没有终止,防卫者张剑可以继续实施防卫行为。张剑案在司法领域的最大进步便是在不法侵害的认定上,将两者视为一个连续性的过程。

---

① 参见黄荣坚:《刑罚的极限》,元照出版公司1998年版,第118—119页。
② 参见王政勋:《正当行为论》,法律出版社2000年版,第144页。

3.防卫要件分析

(1)防卫行为的对象是否为不法侵害者本人

正当防卫的特点在于通过制止正在进行的不法侵害,以保护合法权益。这一特点决定了唯有打击不法侵害者,使其停止侵害行为或丧失侵害能力,才有可能达到保护合法权益的防卫目的。因此,正当防卫只能针对不法侵害者本人实施,而不能针对其他的第三人。而针对不法侵害者进行防卫具体包括两种情况:一是针对不法侵害者的人身进行防卫,如对不法侵害者伤害乃至致其死亡;二是针对不法侵害者的财产进行防卫,即当不法侵害者使用自己的财产作为犯罪工具或者手段时,如果能够通过毁损财产来达到制止不法侵害、保护合法权益的目的,则可以通过毁损财产进行正当防卫。在张剑案中,要判断防卫行为的对象是否为不法侵害者本人,就要判断赵君是否为不法侵害人。

虽然在此案中,赵君是主动前来(2008年5月14日早晨7时许,华厦公司保安赵君在前去上班途中遇见华厦公司员工王维臣等人前去张剑家,赵君虽不知目的仍然一同前往),且从现场情况较难认定赵君对张剑及其妻儿实施暴力,但赵君具有完全行为能力,完全能够辨别此行目的,同时作为保安,完全能够意识到对张剑及其妻儿的暴力侵害系非法行为。从现场情况来看,张剑从床上拿起水果刀扎向离他最近的人,而赵君的受伤继而死亡说明当时赵君与张剑的距离较近,赵君等一行人客观上导致了现场气氛的紧张,起到了对张剑在心理与精神上的压制作用。此外,赵君等人均达到了刑事责任年龄且均具有完全的刑事责任能力,已经在主体上达到了共同犯罪的要件;客观方面,赵君等人实施了共同的伤害行为,欲通过对张剑及其妻儿的暴力侵害达到令其放弃抵抗顺利拆迁的效果,符合了共同犯罪客观要件;主观方面,赵君等人有以下共同的犯罪故意:首先他们有共同的认识因素,即都认识到现场并非独自一人实施殴打行为,而是相互配合协同实施;其次他们具有共同的意志因素,即赵君等人对殴打行为均持或放任或希望的态度,这符合共同犯罪的主观要件。从以上分析可以得出,赵君、王维臣等人为了完成顺利拆迁的目的实施了相互联系、相互配合的共犯行为。依据《刑法》第27条的规定,共同犯罪中起次要作用或辅助作用的是从犯,所以足以认定赵君为起辅助作用的从犯,即帮助犯。赵君等人对于张剑来说是共同的不法侵害者。在共犯当中,各犯罪人的不法侵害是一体评价的,其相互配合相互协作合成了一定的社会危害性,因此不能苛刻防卫者选择侵权最严重的不法侵害者去实施防卫行为,因为共同犯罪当中作用力大小不同的每一犯罪人都有可能因为他们共同的犯罪行为承受独立的损害后果,所以对任一共同犯罪人的回应均可看做对不法侵害者的防卫行为。所以张剑针对赵君的防卫行为符合针对不法侵害人本人的对象条件。

从该案的全部过程看,遗憾之处在于该案还缺一个被告单位,该被告单位的缺席让该案显得很不完美。纵观此案,对暴力拆迁者多次非法侵入、破坏住宅以及故意伤害的行为,却未见侦查和审判,而正是开发商的这些不法行为,恰恰是引发血案的直接原因,开发商的这些行为已涉嫌触犯故意毁坏财物罪与故意伤害罪。如果只审判张剑而忽略了开发商的不法行为,不仅有失公允,更重要的是如果司法机关让暴力拆迁者一直缺位、一直逍遥法外,这样的司法理念显然不符合国民的规范意识,也不会得到群众的认同,因此这样的司法(对暴力拆迁者的选择性不执法)就不能有效发挥其机能,也无法遏制暴力拆迁,更不能保障私权。

(2)防卫者是否具有防卫意图

防卫行为的主观条件要求防卫者必须具有防卫意图。在正当防卫是否需要防卫意图上,中外学者的观点不尽一致。在英美刑法中,大多数国家一般要求把行为人主观上的正当防卫意图作为人身防卫的主观条件,即要求行为人是在保护自己或他人的人身权利免受不法侵害的正当目的支配下对不法侵害者实施一定的加害行为。① 在英国刑法学界,围绕着行为人是否"对于防卫行为正当性相关因素"有认识,学者们存有争议,但刑法委员会提供的一份报告中,在对被告人的认识方面作了详细论述后,得出结论:在被告人没有意识到证明其暴力的使用为正当的相关因素存在时,正当防卫的条款不能适用。②

一般认为,防卫意图是指防卫者在实施防卫行为时对其防卫行为以及行为结果所应具有的心理态度,这种心理态度包含两个方面的内容,即防卫认识和防卫目的:首先,防卫认识是指防卫者面临正在进行的不法侵害时,对不法侵害及防卫行为各方面因素的认识。从理论上讲,防卫认识是防卫意图的前提和基础,从实际来分析,防卫意识的关键在于防卫认识。其次,防卫目的是指防卫者以防卫手段制止不法侵害,以保护合法权益的心理愿望。详言之,根据《刑法》第20条第1款的规定,防卫目的,指以损害不法侵害者权益的方式制止正在进行的不法侵害行为,保护国家、公共利益、本人或者他人的人身、财产和其他权利。由上分析,防卫意图作为正当防卫的主观条件,对于正当防卫的成立具有不可或缺的重大意义。

就张剑案来看,当面对暴力拆迁者的时候,当目睹怀抱幼女的妻子被人围殴的时候,当本人被人围殴的时候,应当认为张剑顺手拿刀刺向最近的不法侵害人的防卫行为是基于认识到自己的行为是与正在进行的不法侵害相对抗的防卫认识以及出于制止暴力侵害,保护妻儿人身安全,保护私有财产不被侵犯的防卫目的。基于上述分析可以得出结论,张剑的防卫行为是符合主观要件的,即其具有防卫意图。

(3)防卫行为本身是否符合限度条件

从案发当天的情况来看,张剑的防卫起因是赵君等人对其本人及其妻儿的围殴,张剑的防卫工具是顺手从床上拿的水果刀,张剑的防卫行为是非出于杀人目的的伤

---

① 参见赵秉志主编:《英美刑法学》,中国人民大学出版社2004年版,第176页。
② 参见[英]史密斯、霍根:《英国刑法》,李贵方等译,法律出版社2000年版,第295页。

行为,张剑的防卫目的是保护其本人及妻儿的人身安全,张剑并无希望和追求赵君死亡的故意。由此我们可以认为张剑的行为是符合限度条件的防卫行为,法院的判决在一定程度上支持了该认定。

正当防卫由于关系到防卫者与不法侵害者的切身权益,刑法必须对两者的利益进行协调,做到既保护防卫者的利益,也不伤害不法侵害者的合法利益。所以,刑法必须对防卫权的行使作出一定限制,以确保防卫行为的正当性,使防卫行为不至于带来社会危害性,转化为非法行为。因此,《刑法》第 20 条第 2 款应运而生,其规定明显超过必要限度且造成重大损害的正当防卫应当承担刑事责任,这就是正当防卫的限度条件,是否超过必要限度以及是否造成重大损害便是判断防卫行为合法与否的关键所在。这要求我们在认定正当防卫的时候,不但要考虑防卫行为本身,还应当考虑到防卫结果的社会危害性。由此我们引申出张剑案的另一焦点:张剑的正当防卫是否因超限而过当。

(二)张剑的防卫行为是否过当

防卫过当是正当防卫制度中的一个重大课题,同时也是与正当防卫成立条件密切相关的问题。司法实践中疑难防卫案件的焦点往往在于如何清晰地界定正当防卫和防卫过当,因为这关系到防卫行为是合法的正当防卫还是过当的危害社会的行为。因此,正确解决防卫过当的问题,有利于罪与非罪界限的划分,更好地保护国家、公共利益和公民的合法利益。

根据《刑法》第 20 条第 2 款的规定,正当防卫明显超过必要限度造成重大损害的,应当负刑事责任。据此,我国刑法中防卫过当,就是指防卫者在实施防卫行为时,明显超过必要限度,给不法侵害者造成重大损害。可见,这时,防卫行为已经由正当合法的有益行为转化为过当的危害社会的行为,因而应当负刑事责任。在解决正当防卫前提条件的问题的基础上,产生了正当防卫限度条件的问题。正当防卫必须在必要限度内进行,否则就是防卫过当。可见,如何掌握正当防卫的必要限度,就成为正确认定正当防卫的关键。所以,正当防卫必要限度的问题,是正当防卫理论的核心。

必要限度是正当防卫保持其自身的合法性质的数量界限。正当防卫在其演变中,经历了一个从无限防卫权到有限防卫权的历史过程。表现在刑事立法上,就是在西方中世纪以及我国封建社会,甚至在资本主义社会初期,正当防卫都是无限制的,只要符合其可行性的前提条件,防卫者在防卫强度上不受限制。因此,法律上没有防卫过当应当负刑事责任的规定。自从 19 世纪下半叶起,在社会本位的法律精神的影响下,立法者认识到若对正当防卫的限度不加控制,在制止不法侵害的同时,不法侵害者的合法权益可能会得不到法律的保障。而且,正当防卫超过必要限度会造成不应有的危害结果。因此,有必要从立法上对正当防卫的强度加以控制,追究防卫过当的刑事责任。

我国 1997 年《刑法》第 20 条第 2 款规定将 1979 年《刑法》第 17 条第 2 款"正当防

卫超过必要限度造成不应有的危害"修改为"正当防卫明显超过必要限度造成重大损害",这一修订进一步明确了我国刑法当中正当防卫与防卫过当的界限是正当防卫行为明显超过必要限度以及正当防卫行为给不法侵害者造成重大损害,而且,"它扩大了正当防卫的权限,更有利于鼓励公民勇敢地同违法犯罪行为作斗争"①。

目前学界对于正当防卫的限度条件意见不一,很大程度上根源于"明显超过必要限度"与"造成重大损害"两者之间的逻辑关系的认识分歧。学界对于两者关系的认识大致可以归纳为两种观点。其一是"并列说",这种观点认为,"明显超过必要限度"与"造成重大损害"在逻辑上存在并列关系。"在认定正当防卫的限度条件时,必须同时考察防卫行为是否明显超过了必要限度以及是否造成了重大的损害两方面的情况,而不能只讲究一者而忽略了另一者。"②如果防卫行为明显超过必要限度,但未造成重大损害,则这样的行为就不能以防卫过当论处,反之亦然。其二是"包容说",持这种观点的学者认为,"这里的'造成重大损害'是'明显超过'的事实佐证,关键之处是'明显超过',而不是'造成重大损害',从两者的关系来讲,凡是明显超过必要限度者,必然造成了重大损害"③。因而包容说认为"重大损害"的后果包含了"明显超过必要限度",只要"明显超过必要限度",必然会以"重大损害"为结果。

笔者认为,"明显超过必要限度"与"造成重大损害"两条件在形式上是并列的,而在实质上却是有机统一的。所谓"形式上的并列"是指从形式逻辑角度分析,"明显超过必要限度"与"造成重大损害"必须同时具备才成立防卫过当,两者缺一不可。仅仅具备"明显超过必要限度"或"造成重大损害"条件的防卫行为不仅可能是防卫过当行为,而且也有可能是正当防卫行为,故而从逻辑上分析,唯有同时具备两条件才成立防卫过当。而所谓"明显超过必要限度"与"造成重大损害"两条件实质上的统一可以从理论与实践两个方面予以阐释。从理论上看,在某种程度上,防卫过当是结果犯,它必然会造成重大损害,换言之,重大损害性是防卫过当不可或缺的外在特征。没有造成重大损害的防卫行为,或者是不能纳入刑法禁止评价范畴的无过错行为,或者是为立法者所鼓励的正当防卫行为。故在一定范围内,"明显超过必要限度"与"造成重大损害"又实现了有机统一:明显超过必要限度的防卫行为必然造成重大损害,造成重大损害的防卫行为也肯定明显超过了必要限度。从实践来看,防卫过当行为的认定应当包括结果性评价与过程性评价。所谓结果性评价是对防卫行为所造成的结果是否是"重大损害"后果进行考量;而所谓过程性评价是对防卫行为是否"明显超过必要限度"进行裁断。在司法实践当中,防卫过当的结果性评价与过程性评价往往不是截然分开的。因为从现实来看,只造成一般的损害后果或没有造成任何损害后果的防卫行为是

---

① 侯国云、白岫云:《新刑法疑难问题解析与适用》,中国检察出版社1998年版,第112页。
② 高铭暄、马克昌:《刑法学》(上编),中国法制出版社1999年版,第241页。
③ 侯国云、白岫云:《新刑法疑难问题解析与适用》,中国检察出版社1998年版,第127页。

被排除在司法过程之外的,而能够纳入司法者视野当中的最后可能被认定为防卫过当的行为均是已经造成了重大损害的防卫行为,司法者只需进行一次评价即可,所以在判断防卫行为是否过当时,结果性评价与过程性评价是结合在一起进行的。因此,"明显超过必要限度"与"造成重大损害"两条件在认定防卫过当过程中又是有机统一的。

我国防卫过当具有两个基本特征:客观方面具有防卫行为过当性,并对不法侵害者造成了重大的损害;主观方面对其过当防卫结果具有罪过。从而,防卫过当不同于正当防卫的显著特征为防卫过当具有的客观危害性和主观罪过性。这导致正当防卫与防卫过当在性质上是不同的,防卫过当是一种犯罪行为,其具有较轻的社会危害性。

综上所述,分析张剑的正当防卫是否过当就必须讨论以下问题:

1.张剑的防卫结果有无过限

根据《刑法》第20条第2款的规定,防卫过当在客观方面是指,正当防卫明显超过了必要限度造成了重大损害。

严格意义上来说,"明显"二字并不是一个严谨的刑事法律术语,将它移植至防卫过当的概念中,意图是要表明这样一个事实:基于普通的社会尺度、公民的法律意识评价,某个防卫行为确实过于严重了。因此,"明显"这一标准便是一个社会标准、公众标准。至于"必要限度",可从以下两个方面来理解:①防卫行为远超过制止不法侵害所必需的范围;②防卫强度远超不法侵害的强度,这就要求我们从防卫者所实施的防卫手段的强度上与不法侵害行为的强度等因素进行对比判断。对于规定当中"重大损害"的理解,笔者认为,可以参照杨忠民教授对于此问题的理解,即,"重大损害"在人身损害方面应当以重伤作为起点进行评价。只有当正当防卫造成了不合理的即远远小于不法侵害的重伤或者死亡结果,才应当被认定为"重大损害"。若只造成轻伤或轻伤以下损害后果,则不属于"重大损害",不能成立防卫过当。通过这种方式就给"重大损害"限定了量化的标准。① 这种量化性的观点为我们对于"重大损害"的定性提供了较为务实的途径以及可操作的标准。

由此,"明显超过必要限度造成重大损害"是指在客观上,防卫行为已经远超制止不法侵害所必要的限度,而且造成了对于不法侵害者的重大损害。对于防卫过当的感知是一般化、普通化的。也就是说,过当的防卫是司法人员和其他人在案发后凭借一般性认识感知的,受到重大损害的原不法侵害者亦能感知,过当防卫者在进行防卫行为的同时亦能感知。② 在判断一个防卫行为是否达到"明显超过必要限度造成重大损害"的过程中,同时应当注意:"明显超过必要限度"和"造成重大损害"在防卫过当的考量当中是并列统一的,造成重大损害结果的原因乃防卫行为明显超过必要限度,超

---

① 参见杨忠民:《对正当防卫限度若干问题的新思考》,载《法学研究》1999年第3期。
② 参见王政勋、贾宇:《论正当防卫限度条件及防卫过当的主观罪过形式》,载《法律科学(西北政法学院学报)》1999年第2期。

过必要限度的防卫行为必然导致造成重大损害。

就张剑案来说,赵君等共同犯罪人对张剑及其妻儿实施不法侵害时,虽然其行为非法(华厦公司纠集其员工拿着斧子、锯子、棍子等作案工具闯入张剑家,围殴张剑及其妻儿),但该犯罪从打击部位、打击意图和打击力度(张剑在混乱当中被几人逼在墙角拳打脚踢,张剑妻子被不法侵害者扇了两个嘴巴,其怀里的孩子被吓哭不止),以及从现场的具体情况看并没有严重到足以威胁张剑及其亲人的生命,这说明共同犯罪人对其不法侵害的程度是较小的。但张剑所采取的防卫手段和强度均已明显超过制止不法侵害所必需的限度,从防卫结果上看,其防卫行为造成了不法侵害者赵君死亡的重大损害结果。因此我们得出结论:张剑的防卫结果过限。

《刑法》第20条第3款规定:"对正在进行的行凶、杀人、抢劫、强奸、绑架以及其他严重危及人身安全的暴力犯罪,采取防卫行为,造成不法侵害人伤亡的,不属于防卫过当,不负刑事责任。"这就是刑法关于特殊防卫权这一正当防卫的特殊规定,刑法理论上也称之为"无限度防卫权""无过当之防卫权"。

"特殊防卫权说"认为,将《刑法》第20条第3款规定的防卫权称为无限防卫权是不准确的,如果将第1款关于正当防卫诸多条件的规定视为一项原则,第3款则是在肯定符合特殊规定的条件下实施的一种防卫行为,与第1款相比较而言,如果前者称为一般防卫权,后者可以称为特别防卫权。① 这种观点逐渐得到了诸多学者的认可,成为一种有力的学说,对无限防卫权说形成了强大的挑战。但这种观点仍然认为,"新《刑法》第20条第3款规定的特别防卫权行为,在有关法条中并没有规定一个必要限度"②。因此,特殊防卫权所主张的防卫行为就与《刑法》第20条第1款所规定的受必要限度限制的防卫行为在本质上也是一种并列关系。

"无限防卫权说"认为:"所谓无限防卫权,是指公民在某种特定情况下所实施的正当防卫行为,没有必要限度的要求,对其防卫行为的任何后果均不负刑事责任。"③依此观点,《刑法》第20条第3款明确规定了公民在遭受紧迫的严重危及人身的暴力犯罪侵犯时,可以采取任何强度的防卫行为,而无须担心为此受到刑事责难,而第1款则是对一般不法侵害的防卫之规定,它要受到防卫限度的严格限制,超过防卫限度可能会因为防卫过当而招致刑事追诉。由上分析,我们不难看出,"无限防卫权说"实质上认为《刑法》第20条第1款与第3款是一种并列关系。

"无过当之防卫权说"认为:"无过当防卫,是指公民在某些特定情况下所实施的正

---

① 参见段立文:《对我国传统正当防卫观的反思——兼谈新刑法对正当防卫制度的修改完善》,载《法律科学(西北政法学院学报)》1998年第1期。
② 王作富、阮方民:《关于新刑法中特别防卫权规定的研究》,载《中国法学》1998年第5期。
③ 赵秉志主编:《新刑法教程》,中国人民大学出版社1997年版,第14页。

当防卫行为,没有必要限度的要求,对其防卫行为的任何后果均不负刑事责任。"[1]根据这一概念,无过当之防卫权的本质特征就在于防卫行为的无限性,故而持这种观点的学者主张,在《刑法》第 20 条第 3 款中,尽管对适用的前提条件有限制,但是对于防卫限度没有限制,是一种无过当之防卫权。可见,从本质上讲,"无过当之防卫权说"基本等同于"无限防卫权说",只是在表述上稍有差异而已。

综上,尽管"无限防卫权说""无过当之防卫权说"与"特殊防卫权说"在称谓上有所差异,但实质上三种观点在《刑法》第 20 条第 1 款与第 3 款的关系上都达成了一致,即均认为两者的关系是平行并列的。

特殊防卫权对于严重暴力犯罪侵害的制止和合法权益的保护方面无疑能够起到一定的积极作用,立法上设立特殊防卫权的初衷也是可取的。但是,这种规定无论在整体价值上还是实证效果方面,都不宜得到太高的评价。特殊防卫权的设立,无疑将公民的正当防卫权利提高到了不应有的地位,这种权利的行使力度甚至比司法机关职权的行使力度还要大得多。[2] 特殊防卫权的立法规定,过于拔高公民个人防卫权利在制止犯罪中的地位和作用,其实际效果将有悖于刑法上正当防卫的立法宗旨。

另外,《刑法》第 20 条第 3 款术语表达的界定对于判断行为人是否具有特殊防卫权起到至关重要的作用。对于该条款当中规定的"行凶",我们认为,不应当孤立地理解"行凶"一词的含义,应当结合《刑法》第 20 条第 3 款特殊防卫权的性质和意义深入理解,并且结合对于立法意图与目的的研究以及我国具体国情的现实思考。从逻辑上看,"行凶"与"杀人、强奸、抢劫、绑架以及其他严重危及人身安全的暴力犯罪"存在互相补充的关系,在遭遇到严重暴力侵害的情况下,防卫者针对不法侵害者实施了防卫行为并致使其伤亡时,如没有办法判断不法侵害者的暴力行为在刑法中的具体罪名,就可以将其归入"行凶"的范畴,再根据当时的其他情景,具体把握行为人的防卫行为是否过当,如此,就可以较好地保护公民的正当防卫权利,而不是损害公民实施正当防卫的积极性。对于特殊防卫权条款当中规定的"其他严重危及人身安全的暴力犯罪",笔者认为,应当从刑法分则所规定的罪状与法定刑两个方面来具体把握"其他暴力犯罪"。首先,从罪状来考察,"其他暴力犯罪"包括了罪状明示以暴力的手段为特征的犯罪,如《刑法》第 121 条劫持航空器罪、第 123 条暴力危及飞行安全罪等,刑法对这些犯罪的罪状规定,已经明确了必须以暴力方式来实施;还包括尽管没有直接在罪状中明确规定,但隐含以暴力手段为特征的暴力犯罪,如《刑法》第 317 条暴动越狱罪、聚众持械越狱罪等,刑法对这些犯罪的罪状规定尽管没有出现"暴力"或类似用语,但其在实

---

[1] 杜宝庆:《无过当防卫的法律适用》,载《中国刑事法杂志》1999 年第 3 期。
[2] 参见周国良、彭新林、钱小平编著:《探索刑法的足迹:赵秉志刑法学术思想述评》,中国法制出版社 2011 年版。

践中往往离不开暴力的手段。其次,从法定刑来考察,这是衡量是否为"其他暴力犯罪"的关键条件。《刑法》分则中,虽然有些犯罪是以暴力手段实施的,但是这些暴力犯罪属于轻微的暴力犯罪,故而不能对其实施可能重伤或死亡的防卫。结合我国刑事立法与司法实践,"其他暴力犯罪"的法定刑最低刑至少应当是3年以上有期徒刑,法定刑最高刑不得低于10年以下有期徒刑。因为从法条的规定来看,"其他暴力犯罪"应当与前面所列举的抢劫、强奸、杀人、绑架性质相似,而抢劫、强奸等犯罪的最低法定刑都是3年以上有期徒刑的犯罪。根据《刑法》分则罪名的法定刑配置特点来看,严重危及人身安全暴力犯罪的法定最高刑一般均为死刑、无期徒刑以及10年以上有期徒刑。

　　根据《刑法》的规定,行使特殊防卫权必须针对行凶、杀人、抢劫、强奸、绑架以及其他严重危及人身安全的暴力犯罪,简单说来,特殊防卫权存在的前提必须是防卫者正在遭受危及人身安全的严重暴力犯罪,此处的不法侵害显然不包括危及财产安全的犯罪,所以即使是在保护最重要的财产,如果没有出现危及人身安全的严重暴力犯罪,防卫者也不具有特殊防卫权。就张剑案来说,张剑必须得符合行使特殊防卫权的前提条件才能合法行使此权利,但是我们从案发当天的情况考察,存在两个不法侵害,一为对张剑财产权的侵害,如前所述不能作为特殊防卫权的前提条件;一为对张剑及其妻儿的人身伤害,表现为赵君等人对张剑及其妻儿的围殴,并没有危及他们的生命,理应不构成特殊防卫权的前提条件。法院的判决亦支持此点。综上所述,张剑在案发时并不能满足行使特殊防卫权的前提,其不具有特殊防卫权。

　　2.张剑对防卫结果在主观上有无罪过

　　关于防卫过当的罪过形式,我国学界存在各种观点,分歧很大。防卫者对自己的防卫行为造成的过当结果存在过于自信的过失或间接故意心理,学者们一般不持异议。但防卫过当的主观罪过是否包括疏忽大意的过失或者直接故意,学界尚存争议。有的学者认为,1997年《刑法》在"超过必要限度"前增加"明显",实质上是将无认识过失即疏忽大意的过失排除在防卫过当的主观方面之外。笔者认为,这种观点是有待商榷的,此观点可以推理出:要成立刑法上的防卫过当,就要求每个防卫者都完全意识到自己的防卫行为明显超过了必要限度,而这种要求显然是与正当防卫制度的宗旨相背离的,并且很可能导致防卫权的滥用,给不法侵害者带来受到不法侵害的危险。还有学者认为,将直接故意纳入防卫过当的主观罪过中,造成犯罪目的与防卫目的的共存,是不妥当的。但笔者认为虽然一个行为不可能存在两个方向、性质截然不同的目的,但我们应当认识到,保护自身合法权益不受侵害并非防卫行为的目的,而是防卫行为的动机。动机是行为的原因,而非行为的目的。当合法权益遭受不法侵害时,行为人因为保护合法权益的需要而实施目的为侵害不法侵害者的防卫行为。所以,防卫"正"的动机与防卫"不正"的目的是可以并存的。从实践中看,防卫者对过当结果存在疏忽大意的过失、过于自信的过失以及间接故意三种心理态度也是客观存在的。①

综合评价案发当天防卫起因、防卫动机和防卫目的，以及考察相关的证人、证言，可以认定张剑作为完全行为能力人，完全能够认识到持刀刺向赵君的行为可能致其伤亡这一常识，张剑无疑具有刑法意义上的认识能力；通过考察张剑对不法侵害者赵君的伤亡结果听之任之以及不加控制的态度（拿刀刺向离他最近的人后没有采取任何的补救措施继而逃离现场），可以认定张剑在主观意志上对赵君的死亡结果表现为放任的态度。因此，张剑在意识到其拿刀刺向赵君可能致其伤亡的情况下进而放任危害结果的发生，可以认定张剑对赵君的死亡具有间接故意的罪过。

综上，在此案当中，赵君等人为达到强拆目的，多次不法侵害张剑的财产权、张剑及其妻儿的人身安全，案发当天张剑为了维护自身合法权益实施反击的行为属于正当防卫，但张剑面对突如其来的不法侵害，没有充分认识到不法侵害的方式与强度，也未能恰当地选择防卫手段，未能预见到其防卫行为将带来的严重损害后果，在主观上存在间接故意，最终用水果刀猛刺赵君，正当防卫明显超过了必要的限度，导致了不法侵害者赵君的死亡，造成了严重的损害后果，因此张剑的行为属于防卫过当，依据《刑法》第20条第2款的规定，应当负刑事责任。这也就引出了此案的另一个焦点：对张剑的定罪与量刑。

（三）张剑案的定罪量刑分析

1. 对张剑的定罪

虽然防卫过当在刑法上构成犯罪，但是作为概括性的行为方式，刑法并没有设立防卫过当罪。因此对防卫过当进行定罪时应当将防卫者的主观罪过与刑法分则的具体罪名相结合。此案定罪的争议在于对张剑的防卫行为是定故意杀人罪还是定故意伤害（致死）罪。要准确地对张剑的防卫过当进行定罪，首先应当对故意杀人罪与故意伤害（致死）罪进行区分。两罪的犯罪形式是相似的，两者都是故意犯罪，两者在客观方面均造成了被害人的死亡。而两罪的区别主要存在以下三种观点：①目的说。目的说认为，两罪的犯罪目的不同，故意伤害（致死）罪的犯罪目的乃损害他人的身体健康，故意杀人罪的目的乃剥夺他人的生命。②故意说。故意说认为，行为人主观故意内容的不同是两罪的区别所在。故意伤害致死的行为是指基于伤害的主观目的，却出现了意料之外的死亡结果，该结果是违背行为人本意的；故意杀人的行为是指行为人基于致人死亡的主观意图，实施了违法剥夺他人生命的行为，该结果是不违背行为人本意的。③工具或打击部位说。该说认为，对故意伤害（致死）罪与故意杀人罪进行区分，应当依据行为人在犯罪时所持有的工具或对被害人打击的部位等客观事实来认定。其中故意说是最主要的观点。对于故意内容的判断，应当结合主客观方面综合分析，

---

① 参见赵秉志、刘志伟：《正当防卫理论若干争议问题研究》，载《法律科学（西北政法学院学报）》2001年第2期。

尤其要考察犯罪行为的起因、犯罪人和被害人的关系、犯罪行为是否有预谋、犯罪行为人利用的工具和手段、被害人受打击的强度等。

张剑案中,不能仅从赵君的死亡结果出发认定张剑的行为为故意杀人,不考虑行为人的主观意图而单单将行为结果作为认定犯罪的唯一标准显然是客观归罪。从案发过程来看,张剑在混乱的情况下用刀刺向离他最近的不法侵害者,其对防卫行为的性质与结果是无法准确认识的,但张剑可以控制打击强度及打击次数,此案当中张剑向赵君扎了3刀,导致了赵君的死亡,结合张剑的防卫手段、打击强度、打击次数以及主观罪过的分析,可以认定张剑的行为故意是侵犯赵君的身体健康,而非剥夺其生命,赵君的死亡对于张剑来说属于意料之外、违反其本意的结果。所以笔者认为对张剑故意伤害罪的定罪是恰当的。

2.对张剑的量刑

长久以来,我国杀人偿命的观念深入人心,这正体现在刑法对故意杀人罪首先适用死刑的规定上。此案中,虽然造成了赵君的死亡结果,但张剑是基于伤害的防卫目的,这显然与故意杀人中的"故意"属于不同概念,所以当然应该处以不同的刑罚。因为社会上有杀人偿命这样的朴素认识,仅从结果出发进行判断,未能区别伤害故意与杀人故意,所以才会出现量刑上的争议。既然将张剑的行为归罪为故意伤害,那么理应按照《刑法》第234条的规定对张剑的犯罪进行量刑,"故意伤害他人身体的,处三年以下有期徒刑、拘役或者管制。犯前款罪,致人重伤的,处三年以上十年以下有期徒刑;致人死亡或者以特别残忍手段致人重伤造成严重残疾的,处十年以上有期徒刑、无期徒刑或者死刑"。又因为张剑的行为乃"正当防卫明显超过必要限度造成重大损害"的行为,依法应当减轻或免除处罚。对张剑量刑时应当注意到张剑存在自首行为,可以从轻或者减轻处罚。最后加之张剑的主观恶性不大,其社会危害性小,笔者认为对张剑处以3年有期徒刑的刑罚是恰当的、合适的,也是符合我国宽严相济的刑事政策的。

根据《刑法》的规定,缓刑是指人民法院对被判处拘役、3年以下有期徒刑的犯罪分子,根据犯罪分子的犯罪情节及悔罪表现,认为暂缓执行原判刑罚确实不致再危害社会,规定一定的缓刑考验期,暂缓执行刑罚,若被暂缓执行刑罚的犯罪分子于缓刑考验期内没有犯新罪的同时也没有发现漏罪,并遵守缓刑考验监管制度,缓刑考验期满,原判刑罚就不再执行的制度。缓刑的适用条件有以下几点:①对象条件。缓刑只能适用于被判处拘役或三年以下有期徒刑的犯罪分子。②排除条件。缓刑不能适用于累犯。③实质条件。适用缓刑必须分析犯罪分子的犯罪情节、悔罪表现和预期行为,当认为对其适用缓刑不致再危害社会的情况下才可适用缓刑,对于"确实不致再危害社会"的判断,则依赖于犯罪分子的悔罪表现。司法实践中常见的悔罪表现有:①积极救助被害人;②自首;③揭发同犯的犯罪行为;④对被害人及其家属赔礼道歉;⑤积极进行民事赔偿等。此案中张剑具备的悔罪表现为自首行为。结合该案中张剑的主观恶性,以及张剑系初犯、偶犯的事实,并且考虑到张剑犯罪是因为防卫过当,笔者认为张剑是符合缓刑适用条件的,对其适用缓刑也是恰当的。

3. 张剑案之法律效果与社会效果的统一

在处理张剑案的自始至终,司法机关在如何权衡法律效果与社会效果的问题上受到了来自社会各界的压力,如在一项有 74 338 人参加的网络民意调查当中,96%的参与者认为住房冲突中刺死强行拆迁者系正当防卫。

案件的社会反响给司法机关增加了更大的压力与负担,一方面司法机关要坚持罪刑法定与罪责刑相适应的原则,另一方面要兼顾民众的感情因素。笔者在研究张剑案的过程中发现,在以往公民保护自己的住宅不受强制拆迁的个别案例当中,公民实施正当防卫的行为却被认定为妨害公务罪或故意伤害罪。与张剑案相比,判决的悬殊昭示了一个存在的司法危险,那便是以社会效果对行为定性,导致定罪量刑的混乱,造成在个案中不公正的现象。这种巨大差别说明各地法官在对被告人行为性质的判断上没有形成统一,这导致法律适用的一致性受到影响,进而破坏法律的尊严。在此案中,张剑的防卫行为经由各媒体的传播引起了社会强烈的反响,生成了包含法律与道德双重性质的舆论氛围。这个个案在一定程度上普及了刑法知识,引起了法学界对司法公正更深层次的研究,扩展了社会学界对于民意的讨论与研究。张剑案之所以能够由个案上升至典型,由孤立的事件扩散至社会现象,其关键就在于案件的争议性与判决的典型性。案件的争议性主要表现在张剑犯罪的事实与部分公众对张剑的支持相冲突,张剑防卫过当的情节与杀人偿命的朴素思想相冲突,两极分化始终贯穿在争议之中,从重处罚与从轻处罚的呼吁始终存在。

法律效果和社会效果做到辩证统一,是司法审判活动的内在要求,是审判机关参与和谐社会建设,贯彻宽严相济基本刑事政策的具体体现。笔者认为,法院在张剑案中比较准确地把握了法律效果与社会效果的辩证统一,判决做到了正确适用法律与尊重社情民意相结合。要做到审判活动中法律效果与社会效果的统一,就是要坚持做到审判既注重法律效果,又注重社会效果。在坚持做到法律效果与社会效果辩证统一的前提下,凸显和强调审判活动的法律效果,把法律效果置于审判活动的首位,坚持将法律效果作为审判活动的原则,将法律效果作为审判活动的出发点。张剑案审判以法律效果为前提,综合考虑张剑的犯罪行为、主观罪过、人身危害性等方面因素,做到了正确适用法律。在坚持法律效果不动摇的同时,积极追求良好的社会效果,并将其作为审判活动的深层目标与最终效果。在张剑案中,法院认真对待社会各方面的意见,积极应对社会诉求,最终作出了有期徒刑三年缓刑五年的判决,做到了尊重社情民意。

总之,在司法实践中,要做到法律效果与社会效果的辩证统一,就应当树立公正意识,扎实了解案情,正确适用法律。要认真认识法律制度对社会秩序的保障效用,将刑事政策显现于司法实践中,要致力于形成以客观公正为目标、以正确适用法律为内容、以刑事政策为方针、以其他手段为补充的法律实施保障机制。

五、正当防卫制度的地位之反思

为什么张剑案会引起社会铺天盖地的关注,笔者认为,这里面涉及的不仅仅是正当防卫和防卫过当的界限问题,而且还关系到正当防卫制度在将来社会的地位以及价值取向问题。正当防卫作为我国刑法中的重要制度,历来受到人们的关注。1997年《刑法》修订,正当防卫作为十大焦点问题进入立法者的视野,刑法典修订以后,学界关于正当防卫尤其是《刑法》第20条第3款的性质与意义进行了较为热烈的讨论,但很多观点没有抓住正当防卫的本质进行思考。正当防卫制度赋予公民制止犯罪的权利,从此角度而言,它具有一定的社会功效。但这种社会功效究竟有多大?应当说,正当防卫的功效是有限的,否则就会导致国家责任的不适当放弃而滋生私刑。而那些过分强调《刑法》第20条第3款价值甚至将其理解为不受约束的防卫权的观点,夸大了正当防卫的社会功效,甚至将正当防卫作为维护社会秩序的一种手段。长期以来,人们对于正当防卫在整个刑法中的地位的认识有不当之处,这种不当认识在一定程度上导致了对正当防卫尤其是《刑法》第20条第3款性质的理论分歧。因而,我们有必要重新对正当防卫的价值予以深刻的反思。

正当防卫作为一种重要的法律制度,总是处于不断的变化发展之中。从1979年《刑法》中规定到1997年《刑法》修订后的正当防卫规定,我们或许可以洞察出正当防卫制度的演变轨迹,而这种制度的演变在客观上是与国家的刑法模式息息相关的。进而言之,国家刑法模式的选择在很大程度上决定了正当防卫制度的安排方式,因而从总体上把握刑法模式的变化规律可能会有助于勾勒未来正当防卫制度的发展情况。众所周知,依法治国,建设社会主义法治国家是我国今后民主法治建设的首要目标。从社会所处的形态来看,我国正处于向法治国家转型之中,反映在刑法模式上,就是要严格奉行罪刑法定的客观主义模式。[①] 故而,刑事立法必须立足于这一实际情况,立法者应该把自己看做一个自然科学家,他不是在制造法律,不是在发明法律,而仅仅是在表述法律,他把精神关系的内在规律表现在有意识的现行法律当中。上述理论也强调了立法应该从实际出发,即尊重客观实际,从客观存在的经济、政治、文化等实际情况出发进行立法的思想。

正当防卫制度作为一种重要的刑法制度,从现实来看,我国当前社会治安尚未根本好转,某些犯罪事件不断发生,对公民的人身权利和财产安全构成了极大威胁,而公安机关又存在警力不足、资源有限以及快速反应能力较差的缺陷,在这种现实状况中,

---

① 参见陈兴良、周光权:《困惑中的超越和超越中的困惑:从价值观念角度和立法技术层面的思考》,载陈兴良主编:《刑事法评论》第2卷,第41—42页。

强化对公民正当防卫权利的保护,鼓励广大公民利用正当防卫同一切危害国家、社会利益、公民的人身及财产权益的违法犯罪行为作斗争,是十分必要的。上述做法实际上是放大了正当防卫的权力意蕴,这也可能是一部分学者主张《刑法》第 20 条第 3 款规定的不受防卫限度制约的防卫权的原因。但是,必须指出的是,正当防卫还具有权利的意蕴,它始终是以国家刑罚权的必要救济措施的面目出现并存在的,它不是也永远不可能是国家刑罚权的替代物。保护人权已经是当今世界的大势所趋,我国 2004 年宪法修订更是将"人权保障"写入宪法,这一修订意味着我国法治建设将向着人权保障方面转向。因此,从保护人权的角度,防卫权的地位或价值不可能凌驾于国家刑罚权之上,而是必须受制于国家刑罚权。无论社会如何发展,情势如何变化,只要国家和法律没有消亡,惩治保护社会合法权益,维持社会秩序永远是国家而不是公民的责任。① 换言之,作为"私力"权利性质的公民的正当防卫权利,永远只能是国家"公力"权力的补充,而绝对不能与国家"公权力"地位相同,甚至有过之而无不及。这应当是立法者在设置正当防卫制度必须把握的原则。在当前社会境况下,强化正当防卫权,鼓励公民同违法犯罪分子作斗争,似乎不应予以指责。但是随着社会的发展,法治国家思想的不断深入人心,笔者认为,应当逐渐弱化正当防卫制度在刑法中的地位和价值。

从大陆法系诸多国家刑法的规定来看,正当防卫仅仅是指为了防卫自己或者他人的权利,对紧急迫切的正在进行的不法侵害实施的不得已的反击行为。作为一种利益侵害行为,正当防卫虽然应该归于构成要件,但是在刑法理论上被认为是违法阻却事由,因而刑法上对这种针对不法侵害的反击行为明确规定不处罚。可见,正当防卫在大陆法系国家的刑法中,仅仅是被消极地予以认可的违法阻却事由。② 这可能也是同他们所处的社会背景密不可分的,以德国为例,随着德国由法治国向文化国的过渡,刑法的中心在于保证最小限度地摧毁犯罪人,并帮助他们回归社会。③ 在英美法系国家,正当防卫制度的地位也与大陆法系国家中正当防卫制度的地位类似。美国刑法在犯罪成立上是双层模式结构,第一层次是犯罪本体要件,包括犯罪行为和犯罪心态;第二层次是责任充足要件,包括各种合法辩护事由。其中,合法辩护事由又可以划分为两类,一类是"可得宽恕",包括未成年、错误、精神病以及被迫行为等,相当于大陆法系中的责任阻却事由;另一类是"正当理由",包括正当防卫和紧急避险等,相当于大陆法系中的违法阻却事由。可见,英美刑法中的合法辩护事由是作为广义的犯罪构成要件中的消极要件而存在的。更值得关注的是,同大陆法系诸国相比,英美法系国家在正当防卫这一问题上采取了限制较大的政策。这主要体现在防卫条件上——多数英美法

---

① 参见田宏杰:《防卫权及其限度——关于正当防卫的修订》,载陈兴良主编:《刑事法评论》第 2 卷,第 262—263 页。
② 参见赵秉志主编:《外国刑法原理(大陆法系)》,中国人民大学出版社 2000 年版,第 125 页。
③ 参见王世洲:《联邦德国刑法改革研究》,载《外国法译评》1997 年第 2 期。

系国家要求防卫者"能躲避就不自卫",即防卫是出于迫不得已,而大陆法系一般都没有这一限制。① 总的来讲,在两大法系,国家规定正当防卫的中心不是为了制止犯罪和侵害,而是原谅无奈的个人维权。很难想象,这些国家会鼓励公民走上街头,见义勇为,制止不法侵害。正如我国台湾地区学者陈子平教授指出的那样,无论是强调个人价值还是国家价值,都将导向对正当防卫进行限制性的理解。从产业社会高度复杂化的国家立场来看,正当防卫"社会化"问题,不外乎是尝试正当防卫的成立范围。②

故而,在这种背景下,正当防卫制度的价值在整个刑罚体系中只能是极其有限的。可以预见,随着我国法治建设的不断深入,正当防卫权的从属性、补充性会得以充分凸显,人们也能够理性地对正当防卫的有限价值和作用予以认识。

只要人类社会存在,就必然会有社会冲突。正当防卫作为解决社会冲突的一种手段,在整个法律体系和社会生活当中,到底扮演着何种角色以及发挥着什么样的作用,始终是我们必须予以关注的重大问题。正当防卫这种私力救济不能因为满足受害人报复或泄愤的欲望,安抚被害人和社会公众受到伤害的感情而违背法律的正义原则。自由必须受到限制,同时,防卫自由即正当防卫权利的行使应有合理的限度。事实上,刑法的发展史就是以公共产品——刑罚制度逐步替代私人报复的历史,公民的私力救济权随着社会的进步而不断受到严格限制。在此阶段,科学合理的正当防卫立法,既要致力于保护公民的合法权益不受侵犯,又要兼顾防止公民滥用防卫权,以尽可能地实现公正和功利的有机结合。当然,随着社会的演进,国家恐怕不会再制定出过度鼓励私力救济进而可能危及社会安全及公民自由的法律制度。因为,在那时,国家对公民的防卫权予以无论多么严格的限制可能都不过分。

六、结语

在暴力拆迁频繁出现的当代中国,交织着刑法理论、民众情感、正义道德以及媒体关注的这样一起暴力拆迁事件,最终以不法侵害者赵君的死亡、张剑防卫过当的获刑和张家离开曾经捍卫的家园,换得华夏公司50万元拆迁安置补偿款而尘埃落定,在刑法效果上基本达到了法律效果与社会效果的统一。事件已经过去了十多年,大众对张剑案的关注和讨论已经平息。再当我们审视该案时,此案对于预防制度的立法改善,对于司法实践能力和水平的提升,确实并没有达到公众和学界的期望。

深度剖析此案,赵君、张剑和政府均是受害者(政府不仅要努力化解群众矛盾,维护社会稳定,更要弥补案件带来的信任危机),而受益者却是华夏公司,正如该公司网站所描述的那样:公司帮助政府修建共13栋回迁楼,以此得到土地,建设约200栋商品楼,借助此42万平方米"山水人家"项目,以使公司起死回生,重新立足本溪地产领域。

---

① 参见储槐植:《美国刑法》(第2版),北京大学出版社1996年版,第118页。
② 参见陈子平:《刑法总论》(2008年增修版),中国人民大学出版社2009年版,第191页。

这让我们想到了一个更遥远的问题,即柏拉图在《理想国》中描述的城邦正义,亦即当代所指的政府政治伦理的正义和政府制度设计的正义,尽管新的《国有土地上房屋征收与补偿条例》已经出台,但并没有让我们停止对该案的思考。张剑案的法律问题分析并不复杂,但此案所映射的社会问题、所承载的解决问题的群众期望却非常清晰坚定,那就是应当保护公民权利、制约国家权力、驾驭社会资本、维护社会良好秩序,所以我们应当在这一悲剧中寻找发人深省的进步意义,这对于个体、社会、现实、以及未来来说都具有巨大的价值。

利用互联网发布捏造的事实诽谤他人行为的认定与处罚

——韩兴昌网络诽谤案

刘　菲[*]

目　次

一、选案理由

二、基本案情

三、裁判要旨

四、引发的理论问题

（一）行为属性：韩兴昌的行为是否属于诽谤

（二）客体特征：韩兴昌的行为是否符合诽谤罪的客体要求

（三）公共利益：韩兴昌案是否符合诽谤罪的公诉条件

五、余论

一、选案理由

现在网络日益成为人们沟通交流、发表评论的主要途径，相比于其他传统媒体，网络媒体传播信息的速度、广度和对政治、经济、文化、社会、生活等各个方面的深入渗透是前所未见的。网络传媒具有突出的即时性、互动性，社会敏感话题容易形成轰动效应，在上网成为人们日常生活的一部分的同时，网络言论责任的问题以超乎预期的步伐迈入法律领域。

这种情形之下，网络诽谤犯罪的法律问题成为焦点之一。近年来，网络诽谤案在全国各地一再发生，随便一数，我们会记得那些似曾相识的案例：河南王帅诽谤案（以下简称"王帅案"）、山东曹县段磊网络诽谤案、汉中韩兴昌网络诽谤案（以下简称"韩

---

[*] 北京师范大学法学院法律硕士研究生。

兴昌案")、甘肃王鹏诽谤案(以下简称"王鹏案")等,其共同点是总是能够引起公众的广泛关注和激烈争论。网络诽谤犯罪引起的法律问题不外乎两个方面:其一,法律对于网络诽谤这种新型犯罪的相关规定尚不完善。在网络实名制还没有定论的情况下,网络言论责任与普通言论责任的关系尚未被法律加以厘清;其二,网络的超传统影响使网络诽谤犯罪的处理需求达到一定的紧迫性,有关部门倍感压力,从而在尚未形成完善机制的情况下对相关事件、案件采用应急手段,甚至不惜突破现有法律的操作。其中公安机关立案侦查逮捕嫌疑人、检察机关对本应自诉的案件提起公诉等现象更是社会各界争论的焦点。

在上述著名案件中,韩兴昌案的作案手段和处理结果均具备一定的典型性与代表性。一方面韩兴昌案形成了较大的社会影响。另一方面从处理程序上看,公安机关的介入和公诉的提起引出了诽谤案处理程序的公正性与公权力运用的适当性问题,也引起了网民的质疑。本文希望通过研究该案和另外几例典型网络诽谤案件的特征及在处理这几起案件过程中的法律运用,分析、研讨一系列争议问题。

二、基本案情①

韩兴昌案最初是因合同纠纷而起。2007年10月,陕西省汉中万邦置业发展有限公司(以下简称"万邦公司")与西安鑫龙装饰工程(集团)有限公司(以下简称"鑫龙公司")签订装修合同,合同总价款1 190万元。2008年5月16日,因工程款和未按合同约定竣工事项,两家公司在万邦公司开会时发生纠纷,并演变为肢体冲突,鑫龙公司一名副总经理在冲突中受伤。

2008年5月17日和19日,鑫龙公司万邦工地二三十余人打着"万邦动用黑社会势力非法拖欠施工单位工程款,打伤施工人员,天理难容"的横幅标语,在万邦公司和汉中市政府大门前讨说法。鑫龙公司员工还带着"罢免拖欠四川灾民民工工资,并殴打民工的省人大代表杨某某""汉中万邦、邪恶之邦、丑恶之邦""严惩汉中万邦黑恶势力元凶省人大代表杨某某"等横幅到省人大门前上访。其行为造成汉台区交通主干道天汉大道与太白路十字堵塞达3个小时,导致在政府广场临时防震帐篷居住的上百名群众围观,市政府门口秩序一度混乱,抗震救灾车辆不能出入,市政府救灾会议无法正常召开。

同年5月24日,网上出现一篇名为《国殇期间,拷问史上最牛的省人大代表》的帖子,将目标直指万邦公司董事长、省人大代表杨某某。网帖称,杨某某纠集黑恶势力将讨要工程款、急着返乡救灾的施工人员打成重伤。之后,网上又出现名为《汉中投诉无门,奔赴西安讨公道,痛斥省人大代表恶性(行)》的帖子,以及以万邦公司员工口吻所

---

① 参见陕西省汉中市汉台区人民法院(2009)汉刑初字第95号刑事判决书。

写的《老板,别再闹了,我们穷得连块遮羞布都没有了》的帖子,并配以受伤民工和上访群众的照片。同时网上发布的文章中还详细地讲述了所谓的杨某某的发家史与没落史。公安机关随后查明,这些帖子均系鑫龙公司副总裁韩兴昌授意及安排人员所发。据汉中检方后来出示的相关材料显示,2008年5月24日至6月8日,发布在互联网上的这些热帖引发全国各地网友3.8万人浏览,有1 200余人随后跟帖。

2008年6月23日,汉中市汉台区公安局正式立案,同年8月25日,鑫龙公司副总裁韩兴昌被警方正式逮捕。2009年11月24日,汉中市汉台区人民法院一审判决韩兴昌构成诽谤罪,判处有期徒刑一年。一审宣判时,韩兴昌当庭表示上诉,庭后递交了上诉状。后又向法院书面申请撤回上诉状,认为一审判决是客观、公正、适当的,表示为自己一时糊涂和冲动所实施的诽谤行为感到无比的悔恨,愿意承担因自己的错误所导致的法律责任。至此,一审判决结果直接生效。

三、裁判要旨[①]

被告人韩兴昌因合同纠纷不满,以蓄意诋毁被害人为目的,采用捏造事实的方法组织、策划、指使、安排员工打出虚构内容的横幅围堵万邦公司,严重危害了汉中当时的社会秩序,影响恶劣,社会危害性严重。同时被告人多次采取利用互联网发帖的方式捏造事实对被害人进行诽谤,严重侵害了被害人的人格权、名誉权,情节严重,构成诽谤罪。

四、引发的理论问题

韩兴昌案一经媒体曝光就激发了公众极大的疑惑,更有法律专家解读出相反结论。由于新媒体的种种特性,对于网络诽谤行为的定性及处理非常不易把握,而韩兴昌案就属于这样一个存在争议而又极具代表性的案件。与其他网络诽谤案相比,该案更具实质性,在法理上更加复杂,涉及内容广泛,包括诽谤罪的认定、自诉罪名的公诉处理、网络诽谤行为的特殊属性、司法的社会效果、罪名选择等问题。对于网络诽谤犯罪而言,韩兴昌案是一个典型、细致的素材,其处理结果代表了司法实践中对网络言论的规制方向。与其他类似案件相比,韩兴昌案有以下明显的特点:其一,韩兴昌的行为并非个人行为,而是有组织的发帖行动,显然是一次基于经济纠纷的公关活动。其二,该案涉及群体性事件,行为人发动网络言论之前,组织人员到政府机关进行请愿活动,这些活动为随后的网络言论增加了话题,使其更加敏感,也具有更大的影响。其三,公诉的提起引起了程序的合法性与适当性的问题,是同类网络诽谤案的共同问题,而在该案中,救灾时期发生的严重群众性事件,及其言论带来的轰动性后续影响,是有关机

---

① 参见陕西省汉中市汉台区人民法院(2009)汉刑初字第95号刑事判决书。

关认定其"严重危害社会秩序和国家利益"的依据。其四,该案判决在被告人未上诉的情况下一审生效,具有典型的代表意义。同时,韩兴昌案也引发了我们对大众舆论等一些问题的思考。

近年来,网络诽谤事件在全国屡有发生,引起了很多网民的同情与质疑。民众普遍对因言获罪抱有很大质疑,更有网友称这是对公民言论自由权利的破坏。由网络诽谤案件衍生出的一系列"免责声明"开始流行于网络。如"本人谢绝任何跨省、跨市以及本市内追捕行为,如有需要请直接联系楼主、原作者以及网站管理员或法人代表"等①,均表现出了对类似案件处理的质疑与不满情绪。

纵观韩兴昌案的相关网络发言与评论,普通网民对该案的质疑意见可以归纳为两个方面。其一,因言获罪是否危及言论自由;其二,公权介入是否公正合法。在因网络言论而引起的刑事案件中,网民存在对言论自由的保护的担忧是普遍现象。韩兴昌案是起因于经济纠纷的案件,而被害人一方有人大代表的官方身份,被告人一方则打着"民工维权""四川灾民"的弱势受害者旗号,因此该案中部分网民基于同情弱者的本能,对公诉机关动用公权力介入私益纠纷的行动更有较多质疑。

然而,由于网络发言的随意与无序性,网民的意见难以进行全面分析。笔者认为,对于刑事案件的大众舆论,尤其是网络舆论,应当采取实事求是的慎重态度。具体到韩兴昌案中,必须重视公众对言论自由和公权介入的关注,不能忽视民意,但案件的定性与处理应当本着以事实为根据、以法律为准绳的原则进行,而不应受到外界过多的干扰。

对于网络诽谤犯罪,公安机关该不该立案侦查,原本自诉案件该不该公诉,这在网络上辩论已久,但韩兴昌案的处理,更引起了法学界、司法实务界的热切讨论。樊崇义、卞建林等8名刑事诉讼法专家称,从诽谤内容上看此案并不构成诽谤罪;即使构成诽谤罪,也不存在《刑法》第246条规定之例外情形。高铭暄、赵秉志等8位刑法专家则论证认为,这起诽谤案利用互联网捏造事实传播,在抗震救灾的特殊时期,对生产经营秩序、道路交通秩序和国家机关的正常工作秩序造成严重影响;依据《刑法》第246条规定之例外和公安部的相关规定,应由检察机关依法提起公诉。在司法实务界,有基层公安民警说:"立案侦查,公众指责我们乱作为。但公安机关不受理报案,要求被害者到法院提告,又往往遭到公众指责,说公安机关不作为。面对网络诽谤犯罪,公安机关真的有点无所适从。"当时一位律师认为,由于网络是新生事物,中国法规没有明确规定,查清网络举报真实与否,是属于公安机关或者其他职能部门的职责。他说,网络的兴起使诽谤的方式不再局限于口头和贴大字报,上网发帖使谣言在更大范围内传播,对当事人伤害加重;但是面对网络诽谤犯罪,当事人却没有能力查清发帖者并向法

---

① 参见佚名:《最强的免责声明!谢绝跨省追捕各版本大搜集》,载百度文库(http://wenku.baidu.com/view/096bec6327d3240c8447efz1.html),最后访问日期:2011年3月20日。

院提供有效证据;而法律尚未明确公安机关调查并提供证据的职责,公安接到报警不立案是不作为,立案调查又可能被认为是乱作为,造成了公安面对网络诽谤两难的困境。①

纵观社会舆论和专家观点,争议的核心问题主要集中在以下方面。

(一)行为属性:韩兴昌的行为是否属于诽谤

1.诽谤及网络诽谤犯罪的基本界定

韩兴昌案的最大争议焦点在于,韩兴昌的行为是否构成诽谤犯罪。《刑法》第246条和《治安管理处罚法》第42条只规定了采用传统传播方法的一般意义上的诽谤行为。② 就法律规定而言,网络诽谤行为的认定标准与普通诽谤行为基本无异。因此,在韩兴昌案中,衡量其行为是否构成犯罪,首先应基于诽谤罪的一般定义概念。

诽谤,字面意思是指刻意无中生有,说人坏话,毁人名誉,恶意污蔑、中伤他人人格。在刑法层面上,诽谤罪,"是指故意捏造并散布虚构的事实,足以贬损他人人格、败坏他人名誉,情节严重的行为"③。诽谤罪作为侵犯名誉权的犯罪,其核心保护的是公民的人格尊严和名誉权利。

网络诽谤犯罪属于一种典型的利用计算机网络实施的新型犯罪,是指"利用互联网诽谤他人,公然破坏他人名誉、贬低他人人格,情节严重的行为"④。在网络诽谤犯罪行为中,利用互联网,是指行为人利用互联网传播信息的特性而实施诽谤犯罪所采用的犯罪方法和手段,网络为诽谤犯罪提供了新的犯罪工具和场所。21世纪网络技术迅猛发展,人类的沟通交流进入了新纪元,民众表达的渠道与方法得到了前所未有的丰富和改进。人们关注的不再只是大众传媒所报道的事件,每个人都有机会把自己的生活置于大众的关注之下,每个人都有在公众视野下对事件发表言论的可能,且这些都可能是在匿名的情况下完成的。网络为民众个人进行大众传播活动提供了强有力的技术支持,大量的匿名性言论每天都在各种网站、论坛、聊天室、电子邮件、博客等当中被制造和发表。有些人将这种匿名性看作网络言论自由的保障,认为这种匿名性赋予了网民发表言论免责的权利。其实不然,匿名发言并不意味着相应的责任、义务可以得到法律上的豁免。公民在网上匿名发表言论,在性质上属于行使言论自由的权利,其隐秘性的确赋予了人们更多的权利和空间,可以尽情评论、发表意见。但是和普通实名发表言论一样,网络匿名言论赋予公民的并不是漫无边际的绝对自由,这当中也存在一个合法的范围,即不可以侵犯他人的权利、自由或其他社会利益。在公民的名

---

① 参见梁娟:《网络诽谤罪成争议热点:官方专家解读出相反结论》,载《半月谈》2009年第17期。
② 最高人民法院、最高人民检察院《关于办理利用信息网络实施诽谤等刑事案件适用法律若干问题的解释》有新规定。——编者注。
③ 张明楷:《刑法学》(第3版),法律出版社2007年版,第687页。
④ 黄泽林:《网络犯罪的刑法适用》,重庆出版社2005年版,第339页。

誉权保护领域,无论网上言论是实名还是匿名,只要侵犯了公民的合法权益,都要予以惩处。因此,利用网络诽谤他人的行为,也一样可以构成犯罪。

2.诽谤行为的基本要求

在现行法律下,网络诽谤罪与普通诽谤罪的犯罪构成要件是一致的。虽然韩兴昌的诽谤行为因其利用网络情节而具有突出的个性,但分析其行为是否构成犯罪,仍应依据现有法律规定,从普通诽谤罪的构成要件出发,以通行的诽谤罪构成要件为基础来厘清所谓网络诽谤犯罪的性质。从客观要件上看,诽谤罪的行为是捏造毁损他人名誉和人格的虚假事实并公然散布,情节严重足以对他人名誉产生恶劣影响的行为,"所捏造并散布的须为虚假的事实,如果行为人散布的是有损他人名誉的真实事实,则不构成诽谤罪"①。

不仅我国刑法中规定了诽谤罪,可以追究刑事责任,而且当事人也可因名誉侵权而主张民事侵权责任。刑法层面上诽谤罪的诽谤行为与一般诽谤行为两者都是宪法保护公民名誉人格不受侵犯在实体法中的体现,但是存在一定的区别。对一般诽谤行为,可按照《治安管理处罚法》处罚,或者由行为人所在单位给予行政、纪律处分。刑法规制的是更为严重、恶劣的诽谤行为,因此刑法中诽谤罪的犯罪行为构成较之民事诽谤侵权的行为构成要严厉得多,诽谤行为的归罪要较民事侵权行为的认定更为严格。诽谤行为构成诽谤罪,应同时具备以下四个要素。

(1)须有捏造某种事实的行为

"捏造,是指无中生有、编造谎言、凭空制造虚假事实",所捏造的事实,"须是能够败坏他人名誉的、有损他人的社会评价的、具有某种程度的具体内容的事实"。②

第一,所捏造的须为虚假的事实,如果行为人散布的是有损他人名誉的真实事实,则不构成诽谤罪。

第二,所捏造的事实必须为"能够引起社会对人的评价的事实,或者说可能作为社会评价对象的事实,其内容表现为对他人的道德、伦理、政治名誉、经济名誉、文化艺术创作能力及创作品行、身体素质、职业、出身、身份等方面社会评价的损害"③。"这种'事实'可以是外在的事实,也可以是动机、目的、性格等内在的事实,但必须是具体的、足以贬损他人名誉的事实,不包括单纯价值判断性质的陈述。"④可以是与他人的政治、经济、学术、社交能力有关的,也可以是与他人的身份、职业、性格有关的,还可以是与他人的身体、精神素质或特征有关的。总之,诽谤罪中所捏造的事实必须是能够影响他人社会评价、破坏他人声誉的。如果虚构不会对他人社会评价造成损害的其他方面

---

① 赵秉志、李志增:《诽谤罪若干疑难问题研讨》,载《法学评论》1992年第3期。
② 张明楷:《刑法学》(第3版),法律出版社2007年版,第687页。
③ 钱舫、秦思剑:《诽谤罪与名誉权的刑法保护》,载《中外法学》1996年第2期。
④ 赵秉志、李志增:《诽谤罪若干疑难问题研讨》,载《法学评论》1992年第3期。

的某种事实,不构成诽谤罪的捏造事实行为。

第三,所捏造的事实须具有实质性意义,进而具有侵害他人名誉的可能性,单纯的评论不构成诽谤罪的捏造行为。由于只有一定的具体内容的事实才能被人相信进而降低社会对人的评价,所以这里的事实必须是相对具体的事实。所捏造的事实越具体可感、越生动形象,越易为人们接受、认同,产生的影响也就越坏。如果是针对已发生的事实单纯地发表意见、言论则不构成诽谤罪,如果有损他人名誉权利,且情节严重,可以侮辱罪论处。

(2)须有散布所捏造的事实的行为

将捏造的事实予以散布,才是诽谤的实行行为,如果只存在捏造行为并不能构成诽谤罪的实行行为。所谓"散布",是指行为人将其所捏造的事实通过语言或文字在社会上公开地传播。许多国家对公开传播的公开性还有要求,即指"能使不特定或多数人认识被指摘之事实的状态。散布的方法并没有限制,既可以是口头的、文字的,也可以是图片、图画的,甚至可以是动作性的"①。

(3)散布所捏造事实的行为须达到情节严重的程度

情节严重主要是指动机卑鄙、手段恶劣、内容恶毒、后果严重、影响极坏等,此处将在后文当中进行详细论述。

(4)诽谤行为须针对特定的人进行

诽谤罪的犯罪对象应该是特定的,即必须是能够确定、指认的人。"人类的传播是在一定的社会关系中进行的,同时又是一定社会关系的体现。传播是一种社会互动过程,在这个过程当中通过讯息的交换,人们逐渐加深彼此的了解和相互理解,从而双方共同的意义空间也在不断扩大。"②因此,在纵横交织的社会关系网中,某些言论虽未提及姓名,但公众根据熟识的社会关系往往能够判断出所指的特定对象,仍应以诽谤罪论。

3.网络诽谤行为分析

在网络诽谤行为实施过程中,被捏造的虚假事实是可以很多种方式散布的,结合网络具有信息传播快、影响大等特点,可能形成很多种不同的情形,使得网络诽谤犯罪认定问题变得复杂。因此,应综合考虑诽谤内容本身、目的动机、传播方式、诽谤行为的背景环境、公众关注程度、受传者的兴趣等因素,对不同情形下的网络诽谤行为加以区别认定。否则会有将偶然性的并无诽谤故意的行为都归入诽谤罪的可能。

(1)网络诽谤行为类型分析

按照诽谤罪虚假言论的散布方式划分,网络诽谤行为存在以下几种类型。

论坛、博客发文诽谤。网络诽谤行为最普遍的方式——论坛发帖、博客发文,行为

---

① 〔日〕大塚仁:《刑法概说(各论)》(第3版),冯军译,中国人民大学出版社2003年版,第139页。
② 郭庆光:《传播学教程》,中国人民大学出版社1999年版。

人将捏造的事实在论坛或博客中以帖子的形式发布,供人浏览。论坛的引进和普及使民众的言论需求得到了极大的满足,人们在论坛中针对一些社会问题进行比较深刻的甚至尖锐的探讨、分析,民间论坛甚至一度发展到了如火如荼的地步。论坛发帖的普及程度也使得这种行为方式成为网络诽谤犯罪中最为常见也最普通的一种,在韩兴昌案、王帅案、王鹏案等典型案例中,行为人采取的都是这样的方式。行为人多为帖子拟一个抓人眼球的标题,吸引浏览论坛网页的网民点击。随着点击率、回复率的升高,帖子会被"置顶""加亮",从而吸引更多的关注,甚至被转发到其他论坛。这种发布诽谤信息的方式传播范围广,传播对象数量、范围不特定,影响较大,采取此种方式的行为人一般都对后果持故意的心理态度。如果满足诽谤罪的其他要件,此种行为方式可以构成网络诽谤。

聊天室、群发邮件发文诽谤。这种情况是指在聊天室内发布诽谤信息或通过群发邮件的方式实施诽谤行为。这两种方式传播对象数量有限,也比较固定,但也符合诽谤罪对散布行为公然性的要求。此种行为较前一种传播范围小,但因为网络传播的便捷性,信息接收者可以转瞬就把讯息转发出去,所以这种散布方式也是存在带来很大危害的可能性的。

论坛、聊天室回复对话诽谤。这种情况是指在论坛或聊天室中以事实陈述性回复帖或对话的形式散布诽谤内容的行为。此种诽谤的行为人非帖子或话题的发起者,而是以回复等方式将诽谤内容公之于众,在评论中散布新内容。如行为人在网上发表帖子表示对被害人的不满言论,第三人表示赞同并在帖子中添加回复,增加进自己所捏造的事实,对被害人的人格、名誉进行贬损。此种行为目前尚无典型案例,但在现实生活中却时有发生。对于这种行为,笔者认为如果情节严重也应当以诽谤罪论。诚然,回复的浏览率不如帖子,如果行为人追求诽谤结果的发生可以另行发帖,所以此种方式够不上直接故意。但行为人的主观态度虽然不构成直接故意,却可以构成间接故意。行为人将捏造内容添加进回复的行为,虽然不能表明其追求诽谤结果的发生,但可以证明其放任诽谤结果发生的心态。帖子被发布,肯定有一些网民在浏览的同时浏览回复内容,势必会对被害人的名誉造成损害,因此笔者认为这种情形下,如果造成严重的后果,也应当构成诽谤罪。

个人之间传播的诽谤行为。这种情况下信息传播者的对象仅为受传者本人,未将诽谤信息传递给其他的人。有观点认为,此种情形下的传播行为也可以认定为诽谤罪所要求的散布。理由是,尽管信息传播者的目标仅为收信人本人,但由于信息已为第三人所知悉,加之网络传播具有交互性强、传播快等特点,也可以成立网络诽谤。最终知悉人数的多少只表明诽谤行为的情节,并不代表诽谤行为的认定。笔者认为这种情况不能一概而论,还值得再商讨。如果捏造和散布行为均由一人所为,当认定为诽谤犯罪。但是如果行为人不是诽谤事实的捏造者,只是听说之后将诽谤事实当作谣言抑或趣事在网上传播给另外一个人时,不应认定为诽谤行为。行为人并没有捏造诽谤内容,所以主观恶性没有那么大,并且即便行为人知晓内容为捏造的虚假信息而予以传播,此时其主观心理状态只是传播一种轶闻,并无侵害被害人名誉的故意。网络具有便捷、迅速等特点,如果行为人当真出于诽谤他人的故意,其大可以群发或多传播至几个人,轻而易举地完成犯罪。当然如果单纯因为传播对象单一而否定诽谤的故意也是不合理的,应当对传播的内容、传播的方法、传播对象的特征等因素综合考虑来界定是否构成诽谤犯罪。

(2)网络诽谤行为对象分析

同诽谤罪的规定相同,网络诽谤犯罪侵犯的对象只能是自然人,而非单位,诽谤法人以及其他团体、组织的,不构成诽谤罪。诽谤罪被规定在《刑法》第四章"侵犯公民人身权利、民主权利罪"之中,此类罪名的犯罪对象不包括单位,政府更不能成为该罪的犯罪对象。诽谤罪的对象必须是"特定的人,特定的人可以是一个人,也可以是数人,但必须是具体且能够确定的"①。

就自然人而言,不论是婴幼儿、精神病人还是死者的名誉权都受到法律的保护。公民在法律面前人人平等,对于名誉权的保护,应给予每个自然人以无差别的平等待遇。但在涉及公众人物、公共事务的时候,往往从言论自由及公权力监督角度考虑,而对公众人物的名誉权保护进行适当弱化的处理。因为公众人物被广大社会成员所熟知,具有较高的社会声望及地位,甚至还在某些方面享有一定程度的特殊权利,他们已从自己的社会角色中得到了足够的报偿。尤其是身为党政领导人,虽然有一些级别较低,但在所辖范围内仍可以称得上是公众人物,他们代表国家履行公共事务管理权力,在当地往往具有较高的地位与影响力,更应该接受舆论和广大民众的监督,承受一些民众的质疑。有些时候不乏心怀恶意之人,因个人利益等原因以诋毁他人名誉的故意捏造并散布损害党政领导人形象的事实,这种应以诽谤罪论处。至于地方党政领导人作为网络诽谤对象时,是否因其身份的特殊而能够引起国家利益的损害和社会秩序的紊乱,从而适用《刑法》第246条第2款但书的规定,笔者将在后文关于网络诽谤犯罪公诉的适用条件中进行详细论述。

(3)网络诽谤行为严重性分析

在韩兴昌案中,网络媒体的许多特性使得如何认定网络诽谤行为的情节严重以及怎样确定诽谤内容对被害人的名誉造成多大程度的损害,成了争议最大的问题。

诽谤罪规定行为必须达到"情节严重"的程度才能构成该罪。刑法条文中规定"情节严重"为构成要件的罪名共有70余个,当刑法条文未出现"情节严重"一类规定时,一般情节的行为就表明其危害性已经达到了应受刑法制裁的程度,如故意杀人、放火、

---

① 张明楷:《刑法学》(第3版),法律出版社2007年版,第687页。

抢劫等。"当刑法规定了'情节严重'为本罪的构成要件时,则行为必须要达到严重的程度才构成犯罪。'情节严重'并不是具体的犯罪构成要件,其强调的是犯罪构成的某一方面的具体内容,或增加某一具体的要素,使犯罪构成的总体所反映的社会危害性达到应受刑罚处罚的程度。"①由此"情节严重"是诽谤罪的诽谤行为区别于一般诽谤行为的最主要界限,是构成诽谤罪的必要条件。在实际生活中,犯罪行为千姿百态、包罗万象,导致犯罪行为、犯罪情节的社会危害性也会不断变化,但"情节严重"并非由司法人员肆意决定,而是根据一般人的价值判断作出决断。"'情节'是指行为过程中影响行为的法益侵犯性与行为人主观罪过性的各种情况,如法益的性质、行为的方法、行为的对象、行为的结果、行为人的故意、过失内容、动机与目的等等。"②

就诽谤罪而言,一般来讲,情节严重是从诽谤内容的恶毒性、诽谤手段的恶劣性、诽谤后果的严重性这三个方面加以认定的。在韩兴昌案中,从内容、手段和后果来看,笔者认为,内容的严重性的认定应当与传统诽谤罪情节严重的认定一样,并无多大区别。内容恶毒,即"诽谤罪的情节严重要求内容上严重失实、言语歹毒、措辞贬低性极强,对人格名誉伤害到一定程度,才能构成犯罪。如 ScaMan 法官在 Gleaves v. Deakin 案中所说,'诽谤言论不该是针对琐碎的、无足轻重的事情发表……'"③。但韩兴昌案手段的恶劣性、后果的严重性的判断则因其存在运用网络的情节而再次表现出突出的特点。该案的关键也是争议的核心焦点正是在于运用网络诽谤犯罪情形下的传播手段恶劣、犯罪行为后果严重的认定。具体而言,主要体现在以下两个方面:

其一,网络诽谤犯罪情形下的手段恶劣性认定。手段的恶劣性,主要表现在诽谤行为的实施方式的危害严重性。诽谤信息被散布的范围越广、波及面越宽,情节越严重。私下三五人传播散布诽谤事实,其严重程度肯定不及大庭广众之下公然散布或利用大众媒体、网络技术实行诽谤行为的手段恶劣。因为网络信息传播的海量性、广泛性、互动性,导致诽谤行为造成的后果持续时间较长或诽谤内容被转发、重复传播率高,或者在持续、重复的传播行为中如蝴蝶效应一般又增加新的诽谤内容。

网络诽谤犯罪信息的传播特性来自网络技术为传播活动提供的强有力的技术支撑。在网络上,人们不仅可以发表文字言论,更可以发布图片、音乐以及视频,图文并茂的帖子、网友自拍的视频在网络中随处可见。传统的诽谤犯罪主要都是依赖于文字传播,而网络技术为音频、视频的同步传播提供了可能。从传播效果来看,图像、声音所带来的视觉、听觉等感官体验无疑强于单纯的文字。"眼见为实"被人们所认同,如若将诽谤信息通过处理制作成视频内容,无疑更易使公众相信,对被害人的名誉造成的损害当然也就更大。韩兴昌案中,韩兴昌即授意其员工将其捏造的内容制作成网

---

① 张明楷:《刑法分则的解释原理》,中国人民大学出版社 2004 年版,第 224 页。
② 同上注。
③ 赵秉志主编:《英美刑法学》(第 2 版),科学出版社 2010 年版,第 448 页。

帖,并配以虚构出的"受伤灾民"的照片和其组织的市政府门口示威活动的照片。这种图文并茂的传播方式,对受众的吸引力以及视觉冲击无疑是传统诽谤手段所难以企及的。

网络传播的参与程度极高,受众的感受、观点可以即时地发表到网络媒介上进行传播。信息受众的平等性与交互性,令网络传播具备了很强的感召力和影响力。信息的传递是人与人之间的社会互动,在不断的互动往来中,人们加深对信息的印象,从而达成一致。网络交互性强的特点极大地增强了传播活动的互动性,在这个过程中受众变得更易接受信息,愿意相信所接受的内容即为事实。

网络传播的开放性、高速性使得诽谤内容在网络传播过程中易变形夸大。在网络中很多人以吸引更多的关注为荣,而诽谤行为捏造的丑闻天生即带有一种引人关注的特性,很多网民会因为公众的猎奇心理而转发诽谤内容,所以在网络中谣言和错误信息的传播速度是惊人的。在谣言的传递过程中,人们往往容易添油加醋,诽谤内容往往到最后被夸大了很多,给被害人造成了更大的伤害。

对于网络诽谤行为应当在综合考虑上述网络媒体传播方式的复杂性的基础上来认定诽谤罪的损害程度。同时,应当区别对待,结合行为人的主观心理特征,针对不同情形具体分析,从而准确地把握诽谤行为手段的恶劣程度。在韩兴昌案中,行为人自己策划并授意员工将捏造的贬损被害人名誉的事实在网络及现实世界中传播。行为人在一些影响较大的网站或比较流行的论坛中发布内容吸人眼球的"热帖",通过这些网络媒介实行诽谤行为。其诽谤信息传播的范围较广,信息受众的人数较多,造成的影响较大,导致损害结果也相应较大。从行为人的做法可以看出,他的主观心理状态已由单纯的以讨薪为目的变成以败坏被害人声誉为目的了,并且其追求被害人社会评价降低、名誉受损的结果。因此,可以认定为手段恶劣。反之,其造成的损害也就相对小得多,主观恶性较小,也就没有必要认定为手段恶劣。

其二,网络诽谤犯罪情形下的后果严重性认定。后果严重,一般是指"诽谤行为造成了严重的后果,引起被害人精神失常或自杀,诽谤行为造成极坏的社会影响和政治影响"①。在韩兴昌案中,针对其行为手段的恶劣性,其行为后果的严重程度可以诽谤事件的发生要素为纬度来衡量。首先,从诽谤事件发生的时间要素角度分析后果的严重程度。韩兴昌案发生于抗震救灾的特别时期,而且行为人还利用了这一时期的特殊性实施诽谤行为,授意、教唆他人在网上发布题为《国殇期间,拷问史上最牛的省人大代表》的帖子。灾难过后社会最需要的是井然的秩序,在这个时候造谣、发布诽谤信息无疑后果要较之平常严重许多。其次,从诽谤行为发生的地点来考量后果的严重程度。行为人组织二三十人打着写有诽谤内容的条幅先后到万邦公司、汉中市政府、省

---

① 赵远:《网络诽谤的刑事责任问题研究》,载《中国刑事法杂志》2010年第8期。

人大门前抗议、上访,造成汉台区交通主干道天汉大道与太白路十字堵塞达3个小时,导致上百名群众围观,市政府门口秩序一度混乱,抗震救灾车辆不能出入,市政府救灾会议无法正常召开。对生产经营秩序、道路交通秩序和国家机关的正常工作秩序均造成了严重影响。结合此行为发生的时间,时值灾后特殊时期,其后果的严重性可想而知。最后,从诽谤行为传播的内容角度衡量情节的严重性。韩兴昌案中,无论是行为人打出的"万邦动用黑社会势力非法拖欠施工单位工程款,打伤施工人员,天理难容"的横幅还是其在网上发布的《老板,别再闹了,我们穷得连块遮羞布都没有了》《汉中投诉无门,奔赴西安讨公道,痛斥省人大代表恶性(行)》等帖子,从标题到内容不但系捏造而且都充斥着贬低性的言语,传递着愤怒的情绪。而且,其诽谤的内容涉及面广,在诽谤文章中从开始单纯的讨要工程款发展到对被害人品格、作风的贬低。从其诽谤内容可以判断出其主观恶性和法益侵害性,将行为界定为"情节严重",应当受到刑罚处罚。在实际案件中,还可以诽谤行为的实行主体、方法等行为发生要素为纬度从法益的性质、行为人的故意、过失内容、动机与目的等角度来综合分析,界定行为的严重程度。

4.韩兴昌的行为属性分析

韩兴昌案中,从法院认定的事实看,韩兴昌的行为具有诽谤的性质。这主要体现在两个方面:

第一,韩兴昌自己或者指使他人捏造了多个事实,具体包括:一是据调查,双方确曾因谈判而产生肢体冲突,导致鑫龙公司一名员工轻微受伤。那名在冲突中受轻微伤的副总裁却被韩兴昌捏造为"被黑恶势力殴打的四川灾民";二是韩兴昌利用了被害人"人大代表"的特殊身份,蓄意在民众面前捏造一种人大代表强势欺压弱势受害灾民的虚假信号;三是发表的网帖中还捏造了"杨某某发家史"等内容,对被害人的品行进行贬损。

第二,韩兴昌自己及指使他人捏造事实的内容是指向他人的人格和名誉。韩兴昌案中,被害人是一名企业家,同时也是一名人大代表,韩兴昌所捏造的事实完全能够对被害人的道德、经济名誉、政治名誉产生不良影响,导致其社会评价降低,人格尊严受到侵害。韩兴昌召集二三十名员工先后到被害人的公司、汉中市政府门口举横幅示威,导致上百名群众围观,同时在网络上发布的帖子也是图文并茂、言语措辞激烈、内容引人眼球,引起了当地民众的广泛关注。因此,从手段和内容的角度看,韩兴昌的行为均符合诽谤罪的行为要求。

(二)客体特征:韩兴昌的行为是否符合诽谤罪的客体要求

韩兴昌案中,韩兴昌的行为已经侵犯了诽谤罪所保护的客体,其行为能够成立诽谤犯罪。但在处理过程中,却引发了广泛的争议与质疑,其原因在于该案利用网络实施犯罪行为所引发的客体的复杂化。网络媒介有着自身的特性与价值意义,对于网络诽谤行为的处理牵涉到言论自由、名誉权保护等一系列问题,并且该案时期特殊,具有抗震救灾时期群体性事件的背景,因此认定该案犯罪行为客体的符合性是解决争议问题的关键。

1.诽谤罪犯罪客体的基本要求

诽谤罪的犯罪客体是他人的人格和名誉权利。"名誉权,是人格权的一种,是指自然人维护并保持自己名誉不受毁损并受到公正评价的权利。"①世界上绝大部分国家的法律中都将名誉权视为人格权不可分割的一部分而加以保护。我国《宪法》第 38 条规定:"中华人民共和国公民的人格尊严不受侵犯。禁止用任何方法对公民进行侮辱、诽谤和诬告陷害。"《刑法》第 246 条规定,"捏造事实诽谤他人,情节严重的,处三年以下有期徒刑、拘役、管制或者剥夺政治权利"。"名誉是社会对人在品行、思想、道德、才干、能力等方面的评价,是人格尊严的集中体现。"②名誉权是公民的基本权利,每一个公民都应当受到社会公正、客观的评价,同时公正客观的社会评价也在个人对自我在社会生活中的定位方面起到非常重要的作用。人的社会行为是通过与周围人的互动完成的,个人对于自我的认识往往左右着其行为模式,而这种自我认识主要是通过与他人、与社会的交流获得的。"在社会生活中,周围人对自己的评价、态度等等是人们认识自我的途径,是反映自我的一面'镜子',个人通过这面'镜子'来认识和把握自我。"③有些时候,本人对自身价值的意识来自多年形成的社会名誉与评价,名誉受到贬损往往会导致社会评价降低,从而影响到人对自身的定位。人作为社会性的动物都是希望能够获得认可、得到社会较高评价的。在社会生活中,人们往往更倾向于信任、尊重那些享有较好声誉的人,乐于与声誉良好的人交易、接触。因此,名誉直接关系到公民的人格尊严,它是人们进行一系列社会活动的前提与保障。

(1)网络诽谤犯罪的客体特征

在社会生活中,通常来说诽谤指的是故意假造事实并予以散播,毁损他人名誉的行为。从理论上看,诽谤罪的诽谤行为与正常的言论表达、普通的民事名誉侵权行为相比因其侵犯客体的严重性而有着明显的区别。但因网络赋予了民众更多的话语权,所以在保护诽谤罪犯罪客体的过程中,保护名誉权利与言论自由间的紧张关系又再度凸显。同时,网络传播快、范围广等特点使得网络上充斥着许多主观恶性难辨的言论以及真伪不明的信息,这给运用网络实施诽谤所侵犯客体的认定带来了一定程度的困难。这种困难既表现在网络诽谤犯罪客体侵害性的程度问题上,也表现在其客体复杂化的问题上。

---

① 安翔、杨彩霞:《侵犯公民人身权利罪比较研究》,中国人民公安大学出版社 2005 年版,第 78 页。
② 钱舫、秦思剑:《诽谤罪与名誉权的刑法保护》,载《中外法学》1996 年第 2 期。
③ 〔美〕库利:《社会过程》,洪小良等译,华夏出版社 2000 年版,第 263 页。

(2) 网络诽谤犯罪客体保护与言论自由的紧张关系

有人认为网络的低门槛进入打破了传统媒体对信息的垄断和控制，提高了公众认识和参与社会生活的积极性，有利于形成良好的社会舆论，推动社会民主化进程，因此主张为了充分保护言论自由，推进民主进程而对网络诽谤犯罪的客体保护进行弱化处理，给予网民充分利用大众媒介的自由。笔者并不认同这一观点。因为，网民的网络传播与媒体从业人员的大众传播有着本质上的不同。大众传媒的传播主体是训练有素的新闻记者，这些记者一般是通过教育或通过报道和编辑受其他专家关注的第一手新闻的经验来提升其专业技能。但我们的网民并没有接受过这样正规的教育或训练，他们很可能将观点当成事实，将谣言当作报道，把传闻当成信息。在网络世界里，发布个人信息是免费、容易也不受道德约束和编辑阻挠的。拥有电脑和宽带的市民并不能等同于一名专业记者，正如拥有法律书籍的人并不会因此而自动成为律师，但很多的网民却认为这是可能的。民主化的理想是崇高的，但极端的民主却不利于真理的生成。我们生活在一个高度专业化的社会里，人们各有所学，各尽其能，虽然网络赋予了公民成为大众传播者的工具，但是大部分的网民却不具备大众传播媒体人的素质。此外，传统报纸、新闻网等媒体对记者、主持人和评论员的言论负有法律责任，所以这些新闻工作者肯定会被要求对自己的文章和评论的真实性负责。然而，网站的所有人不用为第三方在自己的网站上发布信息负责，所以网民的言论不像大众传媒的内容经过层层审查、筛选而直接对公众进行传播，缺少了很多监管，更容易出现问题。

(3) 网络诽谤犯罪对客体侵害的严重性

网络诽谤犯罪在客体侵害程度方面的特性，即其法益的侵害性问题。在普通诽谤罪中，犯罪客体往往只单纯地表现为他人的人格和名誉权利，行为是否侵害到犯罪客体较好认定。但是，在网络发展蓬勃的今天，网络的超传统影响使诽谤的客体侵犯性往往非常容易达到刑法对于诽谤罪的要求，网络诽谤犯罪的处理需求达到一定的紧迫性。

其一，网络传播的普及性使诽谤信息在短时间内急速扩散，后果难以把握。今天，网络几乎渗透至每一个人的生活中，人们逐渐地习惯于上网搜集新闻、放松娱乐。传统的诽谤犯罪若想在短时期内传播扩散，只有一个方法——借助大众媒体，而普通民众很难利用大众媒体发布诽谤信息，即便有机会，成本也相对较高，而网络的发展、普及使情况发生了根本的改变。网络连接世界各地，互联网用户不限于一个地区、一个国家的范围，因此在网络上诽谤他人的信息可能传播到全世界，其影响范围较传统的诽谤方法要大得多，对被害人名誉权利的伤害范围更加广泛、程度更为严重，社会危害性也更大。

其二，网络传媒具有很好的受众基础，网络信息使大众因依赖而容易对其轻信。大众媒体垄断舆论传播多年，一直以来大众传媒掌握着公众话语权。在传统的大众传媒传播中,人们只能被动地看或听大众媒体把关人已经筛选过的讯息。网络赋予了普通民众自主选择信息进行大众传播的可能,这无疑增加了公众对信息传播的主动性,从而使传播效果得到提升。网络被广泛地接受,逐渐成为很多民众获取信息的主要乃至唯一途径,人们对于网络产生了很强的依赖心理,并且相信很多主流媒体不会报道的"内幕"会在网络上传递出来。所以说,使用了网络技术的诽谤,具有较好的受众基础,人们更愿意相信并再度散播这些来自网络的小道消息。因此,网络诽谤行为散布效果更好,对被害人名誉的损害更为直接与彻底。但是还应当注意到的是,人们依赖网络信息的同时对大部分网络言论还是持理性的怀疑态度的,故而也不能将凡是涉及网络传播的诽谤行为一概认定为诽谤后果严重。

其三,网络传播方向的不确定性使诽谤行为的后果变得不易掌控和复杂。网络是一个开放的信息交互系统,存在太多不可预知的因素。我们传递一个信息,不清楚下一秒会被谁看到,又被谁转发至何处,这些都是不确定且难以控制的。在网络世界中,空间、地理上的隔绝不再是信息传播的限制因素,真正实现了"天涯若比邻"。这也为犯罪提供了极大的便利。未利用网络技术的诽谤犯罪,总要受到时空条件的制约,而网络消除了这种限制。诽谤信息可以在短时间内迅速扩散、蔓延,而这些信息究竟被传播到何处、传播给哪些人、会产生何种影响都是行为人无法预料、难以控制的。

(4)网络诽谤犯罪客体的复杂性

网络诽谤犯罪客体具有复杂化特性。有些时候网络诽谤犯罪的客体往往会变得非常复杂,常常不单单是普通的公民个人名誉权利而同时交织着社会利益和公共利益。如前所述,网络传媒具有很好的受众基础,网络信息使大众因依赖而容易对其轻信,这种轻信性也恰恰是危险言论引发群体恶性事件的最有利条件。而网络传播方向的不确定性,也使诽谤行为的后果变得复杂。在诽谤信息的传播过程中,因网络媒介的上述特征而导致网络诽谤信息易引发群体效应,煽动不安情绪,导致恶性事件的发生,网络诽谤犯罪侵犯法益在信息的传播过程中不知不觉地悄然改变,而且更加复杂。

2.韩兴昌行为的客体分析

韩兴昌案中,韩兴昌的行为属于典型的运用网络实施诽谤的行为,且因网络媒介的特性产生了非同寻常的严重后果,并导致了所侵犯法益的复杂化。该案中,被害人杨某某在当地是一位知名的企业家,对经营者而言,诚信二字是根本,良好的声誉不仅代表社会更多的尊重与信任,更在无形当中影响着企业形象、保证着经济效益。行为人捏造被害人纠集黑恶势力拖欠四川灾民工资等内容,是对被害人品行、道德的贬低,足以损害其社会评价、名誉权利。据汉中检方出示的相关材料显示,2008年5月23日至6月8日,短短两周的时间内发布在互联网上的这些热帖引发全国各地网友3.8万人浏览,有1 200余人随后跟帖。在网络诽谤犯罪过程中,虚假言论的扩散速度与广度是惊人的,短短几天诽谤信息便散布至数万人,传遍了全国各地。韩兴昌利用网络传播的普及性,使诽谤信息在短时间内得以急速扩散、蔓延,并且散布行为一经做出其对被害人名誉损害的严重性是他本人也无法想象、把握和控制的。该案发生在汶川地震刚过的特殊时期,诽谤行为的实行地——陕西省汉中市又恰是重灾区之一。余震不断,市民人心不宁,许多都在室外搭建帐篷避险。大灾过后,社会局势的稳定更是一切救灾工作得以有效展开的前提条件。而该案中行为人却利用这一时期的特殊性在网络上发帖炒作,在网下组织多人游行、示威、围堵万邦公司及汉中市政府,引发数百名群众围观,甚至造成交通堵塞,局部地区交通秩序混乱。其行为对有序的道路交通秩序造成了严重影响,其行为侵犯的客体已不再单单是被害人的名誉及人格权,还对当地灾后的社会生活秩序造成了破坏。

(三)公共利益:韩兴昌案是否符合诽谤罪的公诉条件

1. 自诉案件的立法目的

在刑事案件的处理过程中,诉讼程序主要包含公诉和自诉两种,很多国家都采用公诉与自诉并存的诉讼方式。自诉是公诉的对应,前者是指"对于法律规定的案件,被害人或者其法定代理人、近亲属等,以个人的名义直接向法院起诉,要求保护自己的合法权益,追究被告人刑事责任的诉讼方式";后者则是指"依法享有刑事起诉权的国家机关,代表国家和民众向法院提起刑事诉讼,要求追究被告人刑事责任的诉讼程序"。

被害人是犯罪行为的直接受害者,由被害人本人提起自诉是诉讼制度的本意所在,原始的诉讼制度认为犯罪损害的是个人利益,因此起诉权归由个人天经地义。能否对犯罪人科以刑罚,首先应由被害人是否提出诉讼请求而决定,即最早的不告不理。随着人们对犯罪的法益侵害性认识的逐渐加深,刑事诉讼制度也愈发完善,同时随着社会利益理论的发展,国家公诉机制被建立起来,被害人的诉讼权利逐渐由国家机关分担甚至取代,在日本、美国等地,起诉权最后由国家垄断,被害人不再享有自诉权利。但自诉制度并没有完全消失,包括德国、中国在内的世界上的许多国家仍保留了被害人自诉的起诉方式。在刑事诉讼法中规定了自诉案件的国家,自诉类罪名的种类、范围因本国文化习惯、风土人情的不同而不尽相同,但自诉类罪名的范围主要都集中于一些比较轻微的刑事犯罪。在我国,自诉罪名即告诉才处理的罪名有侮辱罪、诽谤罪、暴力干涉婚姻自由罪、虐待罪、侵占罪,之所以将这些罪名规定为不告不理的罪名,是与自诉案件的立法本意密不可分的。首先此类犯罪保护的主要是公民的个体利益,均系法益侵害性小、情节轻微的刑事犯罪,多发生于熟识的同事朋友、乡里乡邻之间。将诉讼权利交由被害人行使,"有利于案件的解决,有利于对犯罪分子的教育、感化和挽救,从而消除犯罪,达到社会综合治理的目的"[①]。其次,自诉程序的保留,对于被害人

---

① 卞建林主编:《刑事诉讼法学》,科学出版社2008年版,第742页。

复仇与获得赔偿心理的实现是一种保障。被害人是犯罪行为的直接承受者,犯罪行为使被害人在身体健康、人身权利、财产权利、民主权利等方面受到损害,当然应该有权利主张对犯罪者实施惩罚。如马克思指出的,起诉权是独立的私人的理所当然的权利。"最后,自诉程序的设定可以节省司法投入,简化诉讼程序,提高诉讼效率。将追溯轻微犯罪的权利赋予个人,由个人承担举证责任能够节省大量的司法投入,集中力量打击危害更大的刑事犯罪。因此,自诉罪名延续至今是有其价值和意义的。

2.诽谤罪的诉讼性质分析

刑法设立诽谤罪意欲保护的是公民的人格尊严和名誉。人格尊严和名誉是公民的基本人身权利,也是公民的个人利益或者说是私人的利益,是人格和感情方面的利益。考虑到法益性质和社会现实而将诽谤罪规定为自诉罪名是具有必要性和合理性的。首先,诽谤犯罪,涉及被害人名誉方面的事实,往往还会关乎个人的私密事务。因此,有些被害人不愿再提及、声张。如果国家权力机关强行介入,付诸诉讼,很可能会给被害人造成又一次甚至更大的伤害。其次,诽谤罪保护的是公民个人的私权利,将个人的权利赋予个人行使,是权利的最佳实现途径。诽谤犯罪中,作为自然人的个体是名誉权利益的主体,是侵权行为造成损害的直接承受者,所以也应当是犯罪行为的首要声讨者。将追诉权利交给被害人行使不仅可以简化诉讼程序、节约司法资源,同时也对排解被害人心中愤恨、平息社会矛盾起到相当的作用。最后,将诽谤罪规定为自诉罪适应中国的社会现实情况。正如费孝通先生所言,中国的社会是乡土性的,是由熟人社会发展起来的。能够发生诽谤犯罪,说明行为人与被害人存在一定程度的社会关联,往往是亲近的熟人、朋友,有时甚至是亲人。如果不顾被害人意愿,而由国家直接提起公诉,对行为人科以刑罚,有时难免会加剧矛盾。如果把诉讼权利交由被害人自己行使,由被害人决定起诉或不起诉、追究或不追究或者在诉讼过程中和解,这样做更有利于定分止争,能够从根本上化解矛盾,消除犯罪原因,促进社会和谐。

《刑法》第246条第2款明文规定:"前款罪,告诉的才处理,但是严重危害社会秩序和国家利益的除外。"即诽谤罪以自诉为原则,被害人及其近亲属告诉的才处理,没有告诉或撤回告诉的不进入刑事诉讼程序。但书规定的"严重危害社会秩序和国家利益"是诽谤的例外情形,即当诽谤行为严重危害社会秩序和国家利益时,可以直接进入公诉程序,由国家司法机关行使起诉权。

3.诽谤罪适用公诉的条件

《刑法》第246条第2款但书规定的"严重危害社会秩序和国家利益的除外",通说的见解认为,"主要是指侮辱、诽谤行为造成被害人精神失常或者自杀的;侮辱、诽谤党和国家领导人、外国元首、外交代表,严重损害国家形象或者造成恶劣国际影响的等"①。

　　实际案例中确有很多因为诽谤对象是当地政府主要领导人,而认为诽谤行为影响当地形象以及社会秩序,从而适用《刑法》第 246 条第 2 款的但书规定。那么这种以地方党政领导人为对象的恶意诽谤、中伤是否能够认定为"严重危害社会秩序和国家利益"呢?刑法学界目前存在争议,一种观点主张,诽谤案件进入公诉程序的是例外情形,应当按照上文通说所述进行严格理解。另一种意见则认为,"某些诽谤地方党政领导人的案件,由于诽谤行为严重损害当地党委、政府的形象,引发群体性事件,或者影响了招商引资工作的进行,危害社会秩序或者经济发展。这种情形下可以由公诉权力介入"②。

　　笔者认为,应当对认定"严重危害社会秩序和国家利益"进行严格理解,诽谤地方党政领导人不应属于此种情形下诽谤对象的范畴。从立法原意角度考虑,立法者是因为考虑到"'严重危害社会秩序和国家利益'的诽谤罪不同于一般情况下的诽谤罪,具有相当大的社会危害性,所以才专设但书条款"③,将这种严重的诽谤犯罪行为以公诉罪论处,其核心目的保护的是国家利益和社会公共利益。因此适用《刑法》第 246 条第 2 款的前提,必须是伤害到国家利益或社会秩序。以地方党政领导人为对象的诽谤行为和以国家领导人等代表国家的官员为对象的诽谤行为,所造成的损害是不同的。国家领导人代表的是国家的国际形象,国家元首的个人名誉当然地影响着国家的国际名誉,但地方党政领导人的个人名誉却与所辖区域的整体形象无必然的联系。诋毁地方某个领导人的个人名誉而导致群体性事件,影响社会秩序的可能性是微乎其微的。在实际案例中也存在一些以地方政府为对象的诽谤行为,这种行为虽然在一定程度上损害了地方政府声誉,甚至引发了群体性事件,但由于诽谤罪置于《刑法》第四章"侵犯公民人身权利、民主权利罪"中,其保护的是自然人的名誉权利,党政机关等法人团体并不在诽谤罪的对象范围内,所以即便有言论中伤了地方政府名誉,引起群体性事件,也不应以诽谤罪追究责任。相比之下,诽谤的行为方式、范围、时机及其造成的社会影响,应当是考察是否严重危害社会秩序和国家利益的因素。韩兴昌案中,韩兴昌入罪是因为其打横幅、围堵政府的诽谤行为恶劣,导致抗震救灾的特殊时期当地社会秩序的紊乱,并不是因为其诽谤的是人大代表而变得特殊从而入罪。引起公众广泛关注与非议的几起诽谤案中,诽谤对象大多是当地的党政领导人。诚然,这种诽谤行为,因其对象的特殊性容易引起民众注意,造成一定影响。但是,这并不能够成为直接适用《刑法》第 246 条第 2 款而将自诉的诽谤罪直接转为公诉的理由,而是要考虑其真正危害的社会后果。

---

① 胡康生、李福成主编:《中华人民共和国刑法释义》,法律出版社 1997 年版,第 350—351 页。
② 最高人民检察院《关于征求如何适用刑法第 246 条第 2 款"但书"规定的意见的函》。
③ 赵秉志、彭新林:《"严重危害社会秩序和国家利益"的范围如何确定——对刑法典第 246 条第 2 款但书规定的理解》,载《法学评论》2009 年第 5 期。

4.韩兴昌案的公诉条件分析

将保护私利益的罪名规定特殊情形下的公权追究,其本意是为了保护社会公共利益。所以,当一个行为危害到了社会公共利益或者对社会公共利益造成一定程度损害的情况时,是能够适用公权追究的。韩兴昌案中,由于被告人的诽谤行为涉及将经济纠纷捏造包装,升级为"灾民"受害的故事,并以此鼓动民意,甚至直接组织人员公开扰乱社会秩序,在抗震救灾期间造成局部的社会动荡,其行为侵犯的客体已不单单是作为个人名誉权的私权利,而是影响到了灾后社会的正常交通秩序,从而严重危害了社会秩序,确实对社会的公共利益形成了威胁,因此司法机关对其提起公诉是有合理的依据的。韩兴昌案中适用公诉是诽谤行为发生时间的特殊性与诽谤行为方式的特殊性共同作用的结果。

五、余论

韩兴昌案审理期间,也曾有人提出这样的疑问:既然查明韩兴昌种种行为严重危害社会秩序,又为何不以"妨害社会管理秩序罪""聚众扰乱公共场所秩序、交通秩序罪"起诉,而是仍然以诽谤罪公诉?检察机关一方面根据行为人所实施的犯罪行为而选择罪名,另一方面应该也是综合考虑了社会言论环境、政策导向等诸多因素后为追求司法的社会效果而选择了诽谤罪。

司法的法律效果与社会效果两方面内容构成了司法的效果。随着社会的发展以及司法实践经验的累积,人们逐渐意识到法律不能单纯地依照法条逻辑,更要兼顾社会效果。即使是在很多以严格尊崇成文法著称的大陆法系国家,这些年来也在不同程度地强调应当结合社会现实进行司法活动,要兼顾本国的风俗、习惯、历史、文化、意识形态,甚至要考虑到司法结果对经济和社会、文化发展的影响。最近几年,人民法院也将法律效果和社会效果相统一作为一项司法政策加以重视。形式正义要求司法必须以法律效果为根本,即法律作为一种普遍性规则应无差别地适用于一切主体,法律的稳定性、统一性和确定性,使法律能够为人们明确行为的界限、准则,使人们能够履行义务、行使权利。"司法的社会效果体现了实质正义的要求,指对任何具体法律关系中的法律主体适用法律应符合特定的目的需求,以此来昭示公平正义,获得社会的认可和遵守。"[①]可是在司法过程中,司法的法律效果与社会效果却在很多时候难以同时实现。在司法实践中,法律效果往往会对社会效果造成某种程度上的规则约束,有的案件法律效果实现了,但社会效果却无法实现,社会效果的灵活性也往往使裁判只顾法律效果而将正义排除于法律之外,导致民众的不满;而有些时候如果一味地追求社会效果,则会忽略程序正义,导致在案件处理过程中突破法律的规定。刑事司法的基本

---

① 解雅洁:《树立和谐司法理念 追求最佳司法效果》,载《山东审判》2007年第5期。

职能不应仅限于实现法律效果,追诉犯罪,还要达到以裁判活动教育公民增强法制意识、自觉守法护法等司法社会效果。司法应当最大限度地追求社会效果的实现,机械照搬法条、不注重司法社会效果的行为最终会导致公众对法律的负面评价越来越多,不利于法治的实现。但是也并不能因此而放弃对司法法律效果的追求,司法的社会效果应当以法律效果的实现为前提。因此在司法实践中,要综合考虑经济发展水平、公序良俗、社会价值观念、道德文化等多种社会因素,合法、正当、合理、合情地适用法律,保证司法的权威性和公信度,实现法律效果与社会效果的统一。在时代的发展和受众需求的呼唤下,网络媒介应运而生,其性质、特点符合现代社会快捷、便利的生活节奏,其发展顺应了新时期社会客观实际的要求。网络诽谤行为的特点既因为媒介的变化而特殊,同时也因为社会客观环境的变化发展而变得与以往的普通诽谤行为不尽相同。因此,在认定网络诽谤犯罪的过程中,应当紧密结合社会现实,顺应时代与科技的发展,研究社会的新变化以使司法切合现实要求,综合考虑法律效果与社会效果才能取得好的司法效果。

家暴涉及的犯罪与处罚若干问题
——董珊珊被虐待致死案

刘 瑜*

目 次

一、选案理由

二、基本案情

三、裁判要旨

四、引发的理论问题

(一)定性之争:董珊珊案应定虐待罪还是故意伤害罪

(二)虐待罪结果加重犯的适用限制及原因分析

(三)虐待过程中发生其他犯罪的罪数问题

五、引发的法律思考

(一)虐待罪的立法缺陷探索

(二)虐待罪的立法完善建言

一、选案理由

随着我国经济的发展,物质观念愈发强化,而道德、伦理观念则相对减弱,家庭暴力事件频频发生。2002年,全国妇联接到关于家庭暴力的信访就达3.66万件,有关夫妻间的暴力的信访达3万件,同时40万个家庭解体,其中25%的起因是家庭暴力,33.9%的家庭存在家庭暴力,31.7%的人承认配偶对自己有暴力行为。尤其在广大农村地区,虐待、不孝敬老人的现象较为普遍,而且虐待妻子的事件也时有发生。然而,一方面,由于我国《刑法》关于虐待罪的法条规定,除出现被害人"重伤或者死亡"外,虐待罪为亲告罪,即不告不理,导致不少虐待罪的受害者得不到及时的救济。另一方面,由于

---

* 北京市房山区人民检察院干部,北京师范大学法学院2012届法律硕士研究生。

虐待罪的法定刑较轻,出现家庭暴力致人"重伤、死亡"的情况,才适用虐待罪结果加重犯条款,导致行为人获得较轻惩罚,刑法公平正义的精神得不到彰显,家庭暴力事件得不到有效的预防。这些都在给我们敲响警钟,虐待罪的立法完善迫在眉睫。

另外,从司法实践的一些虐待罪的案例来看,关于虐待罪案例的审判,出现"重伤、死亡"结果时,审判结果也不一。如2009年,安徽桐城的鲍朝年长期虐待妻子,最后其实施暴力直接导致妻子重伤重残,最终被以故意伤害罪判处无期徒刑。本文案例中王光宇也是长期对妻子董珊珊实施家暴,最终致使妻子死亡,而王光宇却仅以虐待罪被判处6年半的有期徒刑。可以看出,几乎相同的犯罪情节与犯罪结果,而对行为人判决的结果却相差很大,这表明在司法实践过程中,对于虐待罪的适用还没有明确的标准,导致司法人员对虐待罪存在模糊的认识,适用标准不统一。因而对虐待罪进行深入研究,以便在司法实践中正确认定与处罚虐待罪,也相当有必要。

尽管虐待罪案例一般不是大案、要案,关于虐待罪的研究一直也不是学界研究的重点,但是随着社会的发展,社会管理创新价值理念的驱动,对家庭暴力事件的关注,需要我们对虐待罪进行全面深入的研究。本文结合董珊珊被虐待致死案(以下简称"董珊珊案")分析虐待罪的相关法理问题,对虐待罪展开深入研究,以期对虐待罪的司法实践有所助益。

二、基本案情[①]

2009年3月28日,结婚不到半年时间,董珊珊因无法忍受丈夫王光宇殴打,离家出走。2009年4月8日,董珊珊起诉离婚;3天后,董珊珊被王光宇伙同他人劫持到了河北省廊坊市并拘禁,其间王光宇明知董珊珊已怀孕仍实施殴打;5月13日,董珊珊再度提出协议离婚,随后遭到王光宇威胁;5月18日董珊珊在表哥张军的帮助下在北京市丰台区租房藏身;6月17日,王光宇找到董珊珊将其带到河北省苟各庄15天并进行殴打;7月到8月10日,王光宇在住处对董珊珊殴进行了七八次殴打;8月11日,董珊珊逃走,逃走的董珊珊全身是伤。经医生诊断为:"全身多发外伤;腹膜后巨大血肿;右肾受压变形萎缩性改变;头面部多发挫伤;右耳耳甲血性囊肿;双眼部挫伤淤血;多发肋骨骨折;胸腔积液;肺挫裂伤;腰椎1—4双侧横突骨折;四肢多发性挫伤、淤血;贫血;肺部感染,多脏器功能衰竭。侵袭真菌感染。"2009年8月14日,虚弱的董珊珊只能住院接受治疗;8月19日,因病情恶化,转入重症病房治疗;8月22日,董珊珊昏迷,董母报警,王光宇当晚被抓,这是王光宇第一次因其殴妻行为面对国家公权力干预;10月19日,董珊珊经医院抢救无效死亡。医院尸检后,给出的报告认定董珊珊的死因为"被他人打伤后继发感染,致多脏器功能衰竭死亡"。随后王光宇因涉嫌故意伤害罪被北京

[①] 参见北京市朝阳区人民法院(2010)朝刑初字第1231号刑事附带民事判决书。

市公安局朝阳分局刑事拘留,北京市朝阳区人民检察院批准逮捕。2010年7月2日,北京市朝阳区人民法院以虐待罪判处王光宇有期徒刑6年零6个月,附带民事赔偿人民币811 470.12元。

董珊珊案的判决结果引起了社会舆论的广泛关注和强烈不满。"只定虐待罪恐有轻纵犯罪之嫌"①、"家庭暴力打死妻子,定虐待罪恐有问题"②、"同样是打死人,处罚差别大,为何打死家人竟罪减一等"③等质疑声,引起了全社会的关注。2010年7月,北京众泽妇女法律咨询服务中心专门就此案召开法律专家研讨会,北京大学刑法学专家郭自力教授、中国政法大学刑事诉讼法专家洪道德教授、中华女子学院刑事诉讼法专家张荣丽教授、中国人民大学婚姻法专家杨大文教授、北京大学婚姻法专家马忆南等教授参加了此次研讨会。北京市妇联权益部的代表列席了会议。《法制日报》《法治周末》《法制晚报》《中国妇女报》等多家媒体也派记者列席了研讨会。同时,国内多家媒体报纸报道了该案,据不完全统计,仅检察日报《妻子遭家暴致死,丈夫获刑六年半遭质疑》报道一文,就被国内多家主流媒体转载,此案也成为各网络论坛讨论的重点话题,颇受关注。

三、裁判要旨④

一审法院认定:被告人王光宇以殴打的方法虐待其配偶,情节恶劣并致被害人死亡,其行为已构成虐待罪,应予惩处。判处王光宇有期徒刑6年零6个月,并赔偿附带民事诉讼原告人共计人民币若干元。

四、引发的理论问题

董珊珊案是一起引起社会广泛关注的家庭暴力事件,对被告人行为的定性等问题存在较大的争议。笔者通过对此案进行各方面的梳理,整理出几个主要法理问题:

其一,被告人王光宇的行为构成虐待罪还是故意伤害罪?虐待罪与故意伤害罪该如何界定?

其二,虐待罪的结果加重犯是否在此案中适用?

其三,被告人王光宇的行为是否应该数罪并罚?虐待过程中发生故意伤害、非法拘禁、强奸等行为时该如何判断?

其四,由此案引发的如何改善虐待罪立法缺陷的问题。

(一)定性之争:董珊珊案应定虐待罪还是故意伤害罪

2010年4月,北京市朝阳区人民法院对董珊珊案作出一审判决,以虐待罪判处王光

---

① 吴晓杰:《法学专家质疑:只定虐待罪有轻纵犯罪之嫌》,载《检察日报》2010年12月1日。
② 郑平:《家庭暴力打死妻子,定虐待罪恐有问题》,载《检察日报》2010年11月26日。
③ 邱伟:《为何打死家人竟罪减一等》,载《北京晚报》2010年12月8日。
④ 参见北京市朝阳区人民法院(2010)朝刑初字第1231号刑事附带民事判决书。

宇有期徒刑6年零6个月。对此案的判决结果,学界和舆论出现多种意见,争论的核心焦点是王光宇的行为是构成虐待罪还是故意伤害罪？下面将对此问题进行法理分析。

1. 虐待罪与故意伤害罪的区别

虐待罪,是指经常以打骂、冻饿、紧闭、有病不予治疗、强迫过度劳动或限制人身自由、凌辱人格等方法,对共同生活的家庭成员进行肉体上、精神上的摧残和折磨,情节恶劣的行为。① 故意伤害罪,是指故意非法伤害他人身体健康的行为。② 我国司法实践中,由于对虐待罪存在一些不明确的认识,在一定程度上影响了该罪的司法定性,甚至导致该罪适用过程中出现思维误区:认为凡是共同生活的家庭内部成员致人重伤、死亡的,都应定虐待罪。尤其是在家庭成员虐待过程中发生暴力行为时,两罪往往不易区分。下面笔者将结合已有的研究成果,从犯罪构成的四要件对虐待罪与故意伤害罪的界定进行论述。

从犯罪主体来看,故意伤害罪的犯罪主体是一般主体;而虐待罪的犯罪主体是特殊主体。但是就发生在家庭成员之间的案例来看,两罪的犯罪主体在很大程度上表现出关联性,甚至可以是同一主体。在一些特殊的家庭暴力案件中,往往行为人在虐待过程中,发生故意伤害行为,此时两罪的主体即为同一主体。但是,虐待罪的犯罪主体一般是在家庭成员关系中占据优势地位的人;而故意伤害罪则不一定。需要指出的是,虐待罪的犯罪主体要求是共同生活在一起的家庭成员;而故意伤害罪的犯罪主体则无此要求。因此,是否共同生活有时可以作为两罪犯罪主体的重要区别。

从犯罪主观方面来看,发生在家庭成员之间的虐待罪和故意伤害罪在主观上都必须表现为故意,但是在故意的内容和形式上却有明显的不同。故意伤害罪中,故意的内容主要是"明知自己的行为会发生伤害他人身体健康的结果,并且希望或者放任这种结果发生"③。虐待罪的故意内容仅是对被害人的身心造成痛苦和折磨。这就限制了两罪实施过程中行为的暴力程度。如果行为人对被害人身体的关键要害部位实施重度殴打行为,而认定其主观故意是仅对被害人的身心造成痛苦和折磨,恐怕难以让人信服。另外,在故意形式上,故意伤害罪可以是直接故意或者间接故意;而虐待罪则只能出于直接故意,即积极希望危害结果的发生,而不能仅仅是放任危害结果的发生。一般司法案例中,最难以区分定性的是作为家庭成员的行为人出于直接故意对被害人多次实施殴打行为,并造成被害人重伤、死亡的案例。此时该如何界定两种犯罪行为,目前学术界还没有统一的结论。笔者认为,结合犯罪的客观伤害结果推定行为人的主观故意,并以此来区分发生在家庭成员之间的两种罪行是最有效的方法。

从犯罪客体上看,发生在家庭成员之间的虐待行为和故意伤害行为,都会侵犯被

---

① 参见高铭暄、马克昌主编：《刑法学》(第5版),高等教育出版社、北京大学出版社2011年版,第493页。
② 参见高铭暄、马克昌主编：《刑法学》(第5版),高等教育出版社、北京大学出版社2011年版,第465页。
③ 张明楷：《故意伤害罪探疑》,载《中国法学》2001年第3期。

害人的人身权利这一同类客体①，尤其是以殴打行为作为手段的致人受伤的虐待行为与故意伤害致人受伤的行为所侵害的直接客体完全是一致的，都侵害了被害人的身体健康权。但如前所述，故意伤害罪仅仅侵害人的身体健康权，而虐待罪除侵害人的身体健康权外，往往还侵害家庭成员的其他合法权益，这种合法权益主要体现为家庭成员的平等权，甚至往往还侵害未成年人、妇女和老人的特殊保护权益，如未成年人的受教育权等。虐待罪客体的多元性和复杂性是由虐待行为的非单一性或者多样性决定的。另外，虐待罪的行为对象必须是共同生活的家庭成员，这点较故意伤害罪的对象而言，其范围更窄。共同生活和家庭成员两个限定缺其一即不能成为虐待罪的犯罪对象。那么已长时间分居并即将离异的夫妻双方，是否可以成为虐待罪的犯罪对象呢？答案是否定的。首先，夫妻双方已长时间分居，已不再隶属于"共同生活在一起"的范畴，至于长时间分居的时间之"长"，该如何明确，可以从司法实践中慢慢积累经验。笔者认为，可以某一方希望分居状态持续多长时间的主观意愿来衡量，而非一定以双方分居的客观时间作为判断标准。其次，"即将离异"表明，夫妻某一方或双方有解除家庭成员关系的主观意愿，即当事人质疑此夫妻法律关系。对此应进行详细调查，确保公民自由的婚姻权利。但是，若"长时间的分居状态"与"即将离异"只满足其中之一，仍可成为虐待罪的犯罪对象，但需视具体情况判定。

从犯罪客观方面来看，虐待罪与故意伤害罪在行为手段上都可以使用殴打、捆绑或者限制人身自由等积极的暴力行为，而且两者的行为方式也都可以是由作为或者不作为构成。另外，两者往往在犯罪行为及结果上表现出很大的共同点。而要区分两罪的客观方面，可以从行为特征、犯罪形态及具体方式上鉴别。首先，故意伤害罪的犯罪行为往往表现出突发性和短暂性的特点，而虐待罪的犯罪行为则往往表现出经常性和持续性的特点。尽管故意伤害行为也可在一段时间内多次实施，但是，多次犯罪行为之间一般不具有直接的联系，且行为发生的主观犯意可能不一致，因此，数次行为之间也不具备连续性。而虐待行为，往往是罪犯基于同一主观犯意，在一段时间内，经常、持续地对被害人实施虐待，意在对被害人身心造成损害，其数次行为之间具备一定的连续性。很明显，故意伤害罪在犯罪完成时间和状态上，属于即成犯；而虐待罪属于徐行犯，这是区分两罪客观方面的一个重要标志。其次，两罪的行为方式之间的关系有所不同。故意伤害罪只能由作为或者不作为之中的一种行为方式构成，而虐待罪则既可以同时由作为和不作为构成，且两行为方式还可以交替使用或者同时并用，并且虐待罪不能由纯粹的不作为方式构成。最后，两罪在伤害结果的导致原因上也有所不同。虐待罪的重伤一定是逐渐形成的；而故意伤害罪则是因一次或数次暴力行为直接造成的。司法实践中，往往最难区分的是发生在家庭成员之间，尤其是夫妻之间，只以

---

① 参见李元本、杜锦文：《故意伤害罪与虐待罪之辨析》，载《遵义师范学院学报》2003年第3期。

作为的方式(如殴打行为)对被害人造成身体损害的案例(如董珊珊案),到底是构成虐待罪还是故意伤害罪,则需要根据具体情况并结合相关犯罪的构成要件进行分析。在此类案件中,最重要的就是要区分故意伤害行为与虐待罪的一般殴打行为。区别两者的关键在于行为人对于自己行为将造成的故意伤害结果是否明知。

根据我国刑法的原理,要正确区分虐待罪与故意伤害罪,需要清晰界定两罪在犯罪构成要件上的区别。

2.董珊珊案中虐待罪的犯罪构成分析

首先,根据董珊珊案中证人提供的证言,被告人本人的证词,以及侦查所获得的证据表明,被告人王光宇于2009年3月至8月与被害人夫妻关系存续期间,曾多次殴打被害人董珊珊,致使董珊珊"面部、四肢、胸部、耳部都有外伤"。以上表明,王光宇的行为侵犯了共同生活在一起的妻子董珊珊的人身健康权利和作为家庭成员平等的民主权利,其行为具备虐待罪的客体要件。

其次,根据公诉机关的证据,2009年3月至8月,被告人王光宇因家庭矛盾,先后在位于北京市朝阳区的京通苑小区3号楼2单元201室等处,对被害人实施了长达半年的虐待行为,多次对其妻董珊珊进行殴打,在此期间被害人董珊珊曾多次入院检查治疗,最终诊断为"全身多发外伤;腹膜后巨大血肿;右肾受压变形萎缩性改变;头面部多发挫伤;右耳耳甲血性囊肿;双眼部挫伤淤血;多发肋骨骨折;胸腔积液;肺挫裂伤;腰椎1—4双侧横突骨折;四肢多发性挫伤、淤血;贫血;肺部感染,多脏器功能衰竭。侵袭真菌感染"。且董珊珊先后8次报警求助,甚至离家出走。这表明被害人无论在精神上还是肉体上都受到严重的摧残。被告人王光宇实施了长时间持续的殴打虐待行为,并对被害人造成了严重的身体和精神损害,完全符合虐待罪客观方面的所有要件。

再次,被告人王光宇实施虐待行为时,是被害人共同生活的合法丈夫。因此,被告人具备虐待罪所要求的特殊身份特征,具备了虐待罪的主体要件。

最后,被告人王光宇承认多次对被害人实施殴打,且下手较重,可以推断,王光宇明知其殴打行为会对被害人造成肉体上的摧残和精神上的折磨,仍多次实施殴打行为,其主观上希望被害人受到"肉体上的摧残和精神上的折磨"这种结果的发生。因此,被告人王光宇具备虐待罪的主观方面要件。

综上所述,董珊珊案中,被告人王光宇与被害人董珊珊在夫妻关系存续期间,对被害人实施了持续半年的殴打虐待行为,并对被害人造成了严重的身体和精神损害,可以认定被告人王光宇的行为具备虐待罪的所有构成要件,其行为构成虐待罪。

3.董珊珊案中故意伤害罪的犯罪构成分析

董珊珊案一审在判决中存在定性的误区:认为凡是家庭成员之间存在过虐待行为,最终致人重伤死亡的,都应定虐待罪。但是我国刑法学基本原理告诉我们,对于犯罪行为的定性应具体分析其犯罪构成,以下将具体分析该案中的故意伤害罪的犯罪构成。

首先,根据检察机关提交的医院关于被害人董珊珊的诊断报告,"多发肋骨骨折;腰椎1—4双侧横突骨折;肺挫裂伤;多脏器功能衰竭",可以断定被害人董珊珊的身体正常机能受到损害,行为人具备故意伤害罪的客体要件。

其次,根据诊断证明可以发现,经2009年3月至8月的集中殴打后,被害人的多处要害部位受到伤害,可推断此期间伤害行为的结果已经超出"虐待逐渐导致重伤"的范围,而是由一次或数次重度殴打行为即时导致董珊珊重伤,行为人已经具备故意伤害罪的客观方面要件。

再次,被告人王光宇在实施殴打行为时,明显是具备刑事责任能力的自然人。因此,被告人具备故意伤害罪的主体要件。

最后,根据询问笔录,被告人王光宇自己承认,在被害人提出协议离婚并逃离出走后,他又于2009年6月带人将被害人带至河北省苟各庄15天,并在此期间反复对被害人进行殴打。而根据诊断证明可以发现,此期间的殴打行为,对被害人的多处要害部位造成伤害,可推断被告人在此期间的伤害行为已经超出虐待罪"对身心实施折磨"的主观故意,已经具有因报复董珊珊提出离婚并离家出走而故意伤害其身体的主观故意。因此,被告人具备故意伤害罪的主观方面要件。

综上所述,董珊珊案中,被告人王光宇2009年6月在河北省苟各庄对被害人实施的殴打行为具备故意伤害罪的构成要件,已经构成故意伤害罪。

(二)虐待罪结果加重犯的适用限制及原因分析

为了对董珊珊案作出最为合理的定罪量刑,本部分将重点研究虐待罪结果加重犯(《刑法》第260条第2款)的适应限制并分析其原因。为了更为准确地分析虐待罪中的"致被害人重伤、死亡",下面将结合我国《刑法》中其他明确规定"致人死亡"的法条(共有41处规定了"致人死亡"[①]),对虐待罪中的"致人重伤、死亡"的适用进行符合刑法原理和精神的解读。

1.虐待罪结果加重犯的适用限制

"致人重伤、死亡"是作为虐待罪的结果加重犯的加重结果,关于结果加重犯的理论将在后面进行论述。本节重点研究虐待罪"致人重伤、死亡"的适用条件。由于已经有致人重伤、死亡的客观结果,因此,要分析虐待罪中"致人重伤、死亡"的适用,对重伤、死亡的结果正确定性,关键在于分析"致人重伤、死亡"的结果加重犯的主观罪过形式。

根据《刑法》的规定,犯罪的主观罪过形式可以分为犯罪故意与犯罪过失。所谓犯罪故意,是指行为人明知自己的行为会发生危害社会的结果,希望或者放任这种结果

---

① 参见尹腾飞:《浅析刑法中的"致人死亡"》,中国政法大学2011年硕士学位论文。

发生的一种心理态度。① 所谓犯罪过失，是指行为人应当预见自己的行为可能会发生危害社会的结果，却因疏忽大意没有预见，或者虽已预见却轻信能够避免的一种心理态度。对于结果加重犯的罪过形式是否应该包括犯罪故意，国内外学者已经有丰富的研究成果。② 而在我国刑法立法中，对加重结果犯的罪过形式规定情况是：部分结果加重犯对加重结果只能是过失，如故意伤害致人死亡；部分结果加重犯对加重结果却可以包含故意，如抢劫致人重伤、死亡。值得注意的是，虽然结果加重犯应该将故意造成的加重结果包含在内，但是该加重结果所持的故意应该是依附于基本犯罪故意之上的。倘若在犯罪过程中，行为人产生新的犯意，并实施了相应的犯罪行为，造成严重危害结果的，则此种情况不能认定为是前一犯罪行为的结果加重犯，而应认定为新的犯罪行为。这一点在虐待罪的结果加重犯条款适用时具有重要的指导作用。

笔者认为，虐待罪的基本犯罪结果仅仅是被害人的"身心受到折磨"，而"致人重伤、死亡"已明显超出虐待罪的基本犯罪结果，并非虐待人所希望或者放任其发生的结果，因此应该认定为不同的故意犯罪，并根据相应的罪名定罪量刑。因此，虐待罪行为人对结果加重的主观罪过形式必须是过失；若出现对犯罪结果的故意心态则不能认定为虐待罪的结果加重犯，而应按照故意伤害罪定罪处罚。对此问题，已有学者作出过这样的论断，即将虐待罪的结果加重犯列入只有过失形态的结果加重犯一类。③ 而且，我国现行刑法立法中，也有类似的立法根据可循。《刑法》第238条关于非法拘禁罪的规定是，"致人重伤的，处三年以上十年以下有期徒刑；致人死亡的，处十年以上有期徒刑。使用暴力致人伤残、死亡的，依照本法第二百三十四条、第二百三十二条的规定定罪处罚"。由此，可以看出，该条规定非法拘禁罪的结果加重犯必须基于行为人主观罪过形式为过失，否则，需另行按照第234条、第232条的规定定故意伤害罪或故意杀人罪。

2. 虐待罪结果加重犯适用限制的原因分析

在上一节，笔者表明虐待罪的结果加重犯条款仅适用于行为人对结果加重的主观罪过是过失的情形。本节将结合刑法的目的、原则和价值理念对《刑法》第260条第2款的限制适用进行原因分析。

（1）刑罚的目的

我国刑法学界对刑罚目的的认识见解不一。但是多数学者认为，刑罚的目的是指

---

① 参见高铭暄、马克昌主编：《刑法学》（第5版），高等教育出版社、北京大学出版社2011年版，第106、112页。
② 参见郭西平：《虐待过程中的故意伤害如何定性——以蔡某故意伤害案为例》，西南政法大学2011年硕士学位论文。
③ 参见李邦友：《结果加重犯基本理论研究》，武汉大学出版社2001年版，第45页。

人民法院代表国家对犯罪分子适用刑罚所要达到的目标或效果,它就是预防犯罪。①笔者认为刑罚的根本目的就是预防犯罪从而保护公民权益,也就是贝卡里亚所说的"阻止罪犯再重新侵害公民,并规诫其他人不要重蹈覆辙"②。预防犯罪包括对犯罪分子适用刑罚,通过惩罚改造犯罪分子,预防他们重新犯罪,此称为特殊预防;也包括通过惩罚犯罪分子,警戒和威慑潜在的犯罪分子,防止他们犯罪,此称为一般预防。

从刑罚预防犯罪的角度来看,《刑法》第 260 条第 2 款的适用,必须限制在行为人对加重结果的主观罪过形式是过失的情形。首先,虐待罪行为人对加重结果持故意的罪过形式的适用不利于惩罚和改造犯罪分子。刑罚的轻重,从一定程度上反映犯罪行为人的社会危害性程度及其行为恶劣程度。倘若对行为人持"致人重伤、死亡"故意的家庭暴力行为适用《刑法》第 260 条第 2 款的轻刑罚,会错误引导犯罪人对其犯罪行为恶意程度的主观认识,而不利于对其犯罪恶意的改造。其次,虐待罪行为人对结果加重持故意的罪过形式之适用不利于警戒和威慑潜在的犯罪分子,即不利于一般预防的实现。行为人对加重结果的主观故意会在行为人的客观行为中体现。根据主客观相统一的原则,一般而言,对虐待加重结果持故意的行为人在实施虐待行为时,都将表现出使用强度大且针对虐待对象之要害部位的暴力行为。此时的暴力虐待行为除主体的特殊性——为家庭成员以外,其犯罪恶意与故意伤害没有任何区别。倘若对此种主观故意行为导致的"重伤、死亡",适用《刑法》第 260 条第 2 款"二年以上七年以下有期徒刑"的规定,无疑将引发社会关于"家庭成员虐待致重伤、死亡"的犯罪预防的松懈。平时在家庭生活中已经有家庭暴力行为的家庭成员,如果缺乏对故意"致人重伤、死亡"处较重的刑罚处罚的威慑束缚,将会放纵自身的虐待行为,导致家庭暴力伤害行为的升级。

(2)罪责刑相适应的原则

我国《刑法》第 5 条规定的罪责刑相适应原则为"刑罚的轻重,应当与犯罪分子所犯罪行和承担的刑事责任相适应"。其具体含义是犯罪的大小,决定相应的刑事责任,进而应受到相应轻重的刑罚处罚。

罪责刑相适应原则的应用前提是如何确定犯罪的大小。我国刑法理论通说认为,犯罪的大小应由犯罪行为的社会危害性以及行为人的主观恶意程度和人身危险性综合决定。依笔者看来,在表现形式上,社会危害性必须依附于具体的犯罪行为之上。而犯罪行为的社会危害性有无及危害性的严重程度,是由隐藏于犯罪行为后的行为主观要件决定的。③ 也就是说,在相同的客观危害结果下,犯罪的大小在很大程度上取决于犯罪行为人的主观罪过形式。比如,同样的"致人死亡"的客观结果,故意伤害致人

---

① 参见高铭暄、马克昌主编:《刑法学》(第 5 版),高等教育出版社、北京大学出版社 2011 年版,第 223 页。
② 〔意〕贝卡里亚:《论犯罪与刑罚》,黄风译,北京大学出版社 2008 年版,第 29 页
③ 参见范丽娅:《罪责刑相适应原则内涵的解读》,西南政法大学 2010 年硕士学位论文。

死亡与过失致人死亡之间的社会危害性差异较大,故意伤害致人死亡的主观恶意强于过失致人死亡的主观恶意。因此,确定犯罪的大小,难点在于确定犯罪行为人的主观罪过形式,即评价行为人的主观恶意程度,从而评价行为人的人身危险性。

罪责刑相适应原则的关键在于"相适应"。给犯罪行为人准确定性,明确行为人的刑事责任,进而作出相应合理的量刑是司法实践的关键环节,是彰显法律公平正义的核心环节。那么何谓"相适应"呢?简而言之,"相适应"就是"轻罪轻罚,重罪重罚,罪罚相当,罚当其罪"。

从罪责刑相适应原则来看,《刑法》第 260 条第 2 款的适用,必须限制在行为人对加重结果的主观罪过形式是过失的情形。首先,从"罪"的性质来看,虐待罪的基本犯意是对被害人"身心造成痛苦和折磨",若行为人对"致人重伤、死亡"的加重结果持主观故意,则其"罪"的性质发生转化,转化为故意伤害罪或故意杀人罪,因而不应再适用《刑法》第 260 条第 2 款。其次,从"责"的大小来看,所谓"责",即刑事责任。刑事责任具体是指代表国家的司法机关并以国家强制力为后盾,在认定犯罪事实的基础上,通过定罪量刑或者单纯的定罪,对行为人所实施的行为予以彻底的否定,对行为人作出实施该行为的主观意志予以强烈的谴责,而行为人必须予以接受和执行的特殊义务。[①]虐待罪的"责"明显小于故意伤害罪的"责",因此,两罪在量刑上差异较大。虐待案例中,若行为人对"致人重伤、死亡"的加重结果持主观故意,则行为人的"责"应近似于故意伤害罪的"责",因而不应再适用《刑法》第 260 条第 2 款。最后,从"相适应"的角度来看,《刑法》第 260 第 2 款属于轻罪,其最高刑为 7 年有期徒刑。若虐待案件中,行为人持"致人重伤、死亡"的主观故意,则其人身危险性和社会危害性已经达到重罪的程度,再适用《刑法》第 260 条第 2 款,明显属于"重罪轻罚、罚不当罪"。

(3)社会管理创新的价值理念

社会管理创新的根本价值理念是尊重民意,更好地为人民服务。这也是"以人为本"的科学发展观的核心价值理念。在社会管理创新的需求推动下,法治需要在一定程度上更新原有的法律理念,创新刑法理念。《刑法》第 260 条第 2 款的限制适用,正是"人本位"的社会管理创新价值理念的产物,也是刑法理念创新的产物。首先,从"人本位"的价值理念来看,家庭成员的人身健康权与一般社会自然人的人身健康权没有任何的区别,从这个角度出发,虐待罪中非过失致人重伤、死亡的行为其社会危害性与一般故意伤害致人重伤、死亡的社会危害性程度大体一致。而当初《刑法》第 260 条第 2 款立法时法定刑轻的出发点是认定家庭成员之间的虐待行为致人重伤、死亡的社会危害性小,因此需要对该款的适用作出主观罪过为过失的限制。其次,对《刑法》第 260 条第 2 款进行限制适用,是社会管理创新"尊重民意"的客观需要。董珊珊案的判决结

---

① 参见赵秉志主编:《刑法总论》,中国法制出版社 2008 年版,第 350 页。

果一出,引发社会民众的普遍不满,民众认为"同样是打死人,为何亲人就罪减一等?"由此可以看出,含主观故意的虐待致人重伤、死亡适用《刑法》第260条第2款,违背广大民众的意愿,违背刑法的公平精神,不能被民众所接受,因此,需要将该2款限制在对加重结果持过失的情形,以实现"罚当其罪"。

(三)虐待过程中发生其他犯罪的罪数问题

董珊珊案中,对王光宇的定罪存在较大的争议,有人认同法院的一审判决,认为其行为构成虐待罪的结果加重犯;也有人认为其行为构成虐待罪和故意伤害罪,应该数罪并罚。笔者已经论述了被告人王光宇的行为构成虐待罪和故意伤害罪,至于最终该如何对其行为定罪量刑,需要先对虐待过程中发生其他犯罪行为的罪数问题进行分析研究。

1.罪数问题的基本法理

所谓罪数,就是犯罪的个数。罪数问题的研究需要界定什么是一罪,什么是数罪。为了更好地对董珊珊案定罪量刑,本节将集中研究罪数判断的标准和一罪的类型。

罪数判断的标准问题曾是中外刑法学界研究争议较多的理论问题,也形成了较多的理论标准,有客观主义标准说、主观主义标准说、构成要件标准说和折中主义标准说。客观主义标准说典型的有行为标准说与法益标准说。在行为标准说看来,犯罪的本质是行为,罪数应当以行为的个数作为判断标准;法益标准说的核心是对法益的侵害才是犯罪的本质,因此,犯罪的个数应由侵害法益的个数决定。主观主义标准说又可分为意思标准说与目的标准说。意思标准说通常认为行为人主观犯意外部体现为犯罪,因而犯罪意思的单复决定犯罪的个数;目的标准说认为犯罪意思支配下的目的外化为行为,通过行为转化为结果,是犯罪的核心,因而意思支配下的目的数决定犯罪的个数。构成要件标准说认为确定犯罪个数的标准应该是刑法分则和其他刑法法规中规定的构成要件。折中主义标准说认为不能简单地以哪一说为准,应当根据具体情况选择判断罪数的标准。[①]

我国刑法学界通说认为,判定罪数的标准是犯罪构成。以犯罪构成作为划分一罪与数罪的标准,主要有以下六点理由:在罪数领域贯彻了犯罪构成理论;坚持了主客观相统一的刑法原则;体现了罪数判断上的排他性原则;贯彻了罪刑法定的刑法基本原则;以犯罪构成决定犯罪个数在我国刑法中是有理论和立法根据的;犯罪构成标准说易于在司法实践中被司法工作人员理解、接受,并合理应用。[②]

罪数的类型,简而言之,有一罪和数罪两类。对于一罪的类型,我国刑法学界通说认为可以进行如下划分:单纯的一罪、实质的一罪、法定的一罪和处断的一罪。[③] 所谓

---

① 参见吴振兴:《罪数形态论》(修订版),中国检察出版社2006版,第15—18页。
② 参见王志祥、姚兵:《罪数形态研究述评》,载《河北法学》2008年第11期。
③ 参见吴振兴:《罪数形态论》(修订版),中国检察出版社2006版,第49页。

单纯的一罪,是指基于一个犯罪行为,符合一个犯罪构成的情况。由于单纯的一罪的简单性,不是罪数理论研究的重点。所谓实质的一罪,是指行为人实施了一个危害行为,表面上看似乎涉及多种犯罪,但实质上仅成立一个犯罪。所谓法定的一罪,是指刑法规定行为人实施多个危害行为或一个犯罪行为造成多个危害结果的情形为一罪。所谓处断的一罪,是指行为人实施多个危害行为,且这些行为相互独立地构成某一罪,即构成数罪,但刑法理论和刑事司法将其认定为一罪。对于数罪的类型划分,我国学者认为其并无太大理论意义。① 而数罪的类型对于本文分析案例也无太多助益,因此笔者将重点研究有助于分析董珊珊案的一罪类型,即实质的一罪中的继续犯、想象竞合犯、结果加重犯以及处断的一罪中的牵连犯和吸收犯。

(1) 实质的一罪

由犯罪构成标准可知,行为人仅实施一个行为,不管其造成多少个危害结果,都只能认定为一罪。实质的一罪在形式上具有一定的数罪特征,或者似有数罪的特征,但本质上只齐备一个犯罪构成的一罪类型。② 一般而言,实质的一罪主要包括继续犯、想象竞合犯和结果加重犯。

① 继续犯

所谓继续犯,是指一个犯罪行为作用于同一对象,从开始实行到行为终止,犯罪行为和不法状态在一段时间内同时处于继续状态的犯罪。③ 从继续犯的定义可知继续犯有如下四个构成要件:只有一个犯罪行为;作用于同一对象,且必须是持续作用;犯罪行为和不法状态必须同时处于持续状态;犯罪行为持续一段时间。作为实质的一罪的类型,继续犯只有一个犯罪行为很好理解。作用于同一对象,是继续犯的一个重要特征。如非法拘禁罪是典型的继续犯,但是,如果行为人今天拘禁 A,明天拘禁 B,则因其作用对象的改变,而构成数个非法拘禁罪而非非法拘禁罪的继续犯。犯罪行为和不法状态同时处于持续状态,是继续犯区别于其他实质的一罪的最显著特征。所谓不法状态,是指客体法益由于行为人实施的行为而遭受侵害的状态。犯罪行为和不法状态必须同时持续,缺一不可。一般而言,犯罪行为的持续同时也会导致不法状态的持续,反之,则未必。如盗窃罪,盗窃行为实施结束后,行为人获得赃物,犯罪状态持续,而犯罪行为已终止,不属于继续犯。犯罪行为持续一段时间,是保证犯罪行为处于持续状态的前提。需要注意的是,不法状态的持续是指犯罪行为实行后起持续一段时间,非犯罪成立后起,亦非犯罪既遂后起。

笔者认为董珊珊案中涉及的虐待罪属于广义的继续犯。因为虐待罪行为人对同一对象在一段时间内持续地实施虐待行为,具有明显的虐待行为持续性,同时虐待罪

---

① 参见赵秉志主编:《刑法总论》,中国法制出版社 2008 年版,第 276 页。
② 吴振兴:《罪数形态论》(修订版),中国检察出版社 2006 年版,第 41 页。
③ 参见高铭暄、马克昌主编:《刑法学》(第 5 版),高等教育出版社、北京大学出版社 2011 年版,第 183 页。

的客体,在自行为人实施虐待行为后,其身心健康权一直遭受侵害,不法状态一直持续。而且行为人的数次虐待行为,可以视为广义的一个虐待行为。

② 想象竞合犯

所谓想象竞合犯,是指一个犯罪行为触犯数个罪名的犯罪形态。很明显,想象竞合犯,具有两个构成要件:一个行为;触犯数个罪名。一个行为是所有实质的一罪的罪数形态的特点。触犯数个罪名是想象竞合犯区别于其他实质的一罪的重要特征。通说认为,这里所谓的数罪是指犯罪行为按照犯罪构成标准,符合数个不同种类罪名的犯罪构成要件。而一个行为触犯数个同种类罪名的,在司法实践中常常作为一个罪名且情节严重处理。

对于想象竞合犯,通常主张按"从一重处断原则"处理,即按照行为触犯的数个罪名之中刑罚较重的罪名定罪处理,而不实行数罪并罚。① 也有学者认为,想象竞合犯应该按照"从一重罪处理原则"处断。② 笔者赞同后者,"从一重罪处理"符合罪责刑相适应原则。行为人的一个犯罪行为,触犯数个罪名,犯罪的社会危害性、犯罪恶意和人身危险性,应比其触犯罪名中的重罪的"罪"要大,其应当承担相应较大的刑事责任,因此相应加重刑事处罚也是合理的,体现法律的公平价值理念。

③ 结果加重犯

所谓结果加重犯,是指行为人实施的基本犯罪,引起了可归责于行为人的加重结果,刑法对加重结果规定了加重法定刑的犯罪形态。③ 结果加重犯具有以下构成要件:实施了基本犯罪构成要件的行为;产生了基本犯罪意外的加重结果;刑法规定了比基本犯罪较重的刑罚④;加重结果必须是可归责于行为人的结果。⑤

由于本文中将重点讨论《刑法》第 260 条第 2 款即虐待罪的结果加重犯的适用问题,因此将重点深入研究结果加重犯的相关法理。从结果加重犯的构成要件来看,要分析结果加重犯,需要从分析结果加重犯的基本犯罪入手,接着分析其加重结果的特征,最后对其基本犯罪与加重结果之间的因果关系进行分析。而关于结果加重犯的研究的争论之处颇多,以下笔者将就主要的争议之处作出自己的分析。

结果加重犯的基本犯罪,是指行为人实施的犯罪行为已经符合《刑法》分则条文规定的某种犯罪构成的犯罪。关于结果加重犯的基本犯罪的争论,最大之处就是结果加重犯的基本犯罪的罪过形式是否应当包括过失。有学者认为:"结果加重犯的基本犯

---

① 参见高铭暄、马克昌主编:《刑法学》(第 5 版),高等教育出版社、北京大学出版社 2011 年版,第 186 页。
② 参见吴振兴:《罪数形态论》(修订版),中国检察出版社 2006 年版,第 77—78 页。
③ 参见李邦友:《结果加重犯基本理论研究》,武汉大学出版社 2001 年版,第 6 页。
④ 参见高铭暄、马克昌主编:《刑法学》(第 5 版),高等教育出版社、北京大学出版社 2011 年版,第 187—188 页。
⑤ 参见李邦友:《结果加重犯基本理论研究》,武汉大学出版社 2001 年版,第 13 页。

罪的罪过形式不应包括过失,亦即基本犯罪为过失的结果加重犯不具有理论上的合理性。"①也有学者认为:"过失犯罪的结果加重犯在理论上应当予以承认。"②笔者赞同后者,首先,从结果加重犯的定义来看,学界的各种定义并没有排除基本犯罪为过失的结果加重犯。其次,过失犯罪的结果加重犯同样可以具备结果加重犯的四个构成要件。再次,过失犯罪也有社会危害性程度的差异,为了更好地体现罪责刑相适应原则,利用过失犯罪的结果加重犯区分社会危害性程度是一种合理可取的方式。最后,过失犯罪的结果加重犯在国外是有立法实例的,可以作为我国立法的借鉴经验。

对于加重结果,需要注意区分的是加重结果是超越基本犯罪的构成要件的重的结果,它不是基本犯罪构成要件内的要素。如《刑法》第260条规定的虐待罪,"致人重伤、死亡"就是超出虐待罪基本犯罪构成的加重的结果,这是由于虐待罪基本犯罪构成中的结果仅是被害人的"身心受到折磨",而非加重结果的健康权或生命权受到侵害如此严重。另外,关于加重结果的罪过形式也曾是理论界争论的热点,目前我国刑法通说认为,结果加重犯的加重结果的罪过形式可以是故意也可以是过失。但是,我国实际立法时,关于刑法分则规定的各项罪名的加重结果的罪过形式,没有给出明确的限定,这也就给司法实践适用造成一定的负面影响,使得司法工作人员在适用时出现混淆不清的情况。如笔者在前文部分已经论述,《刑法》第260条第2款结果加重犯的适用仅限于对加重结果主观为过失的情形,而司法工作人员已经形成一个误区,只要是家庭成员发生暴力虐待,致人重伤、死亡的都适用虐待罪结果加重犯条款。而我国刑法理论在部分犯罪的结果加重犯的罪过形式上达成了一定的共识:对加重结果只有过失的罪过形式的结果加重犯,如故意伤害罪的"致人死亡";非法拘禁罪的"致人死亡"等;对加重结果既包括故意,又包括过失的结果加重犯,如强奸致人重伤、死亡等。③

基本犯罪与加重结果之间的因果关系是结果加重犯的又一重要理论问题。我国刑法学界理论著作中,尤其是教材中通说主张基本犯罪的危害行为与加重结果必须有因果关系,而没有明确其具体应该是何因果关系。笔者在此也不做过多的研究。不过,需要区分的是,基本犯罪与加重结果之间的因果关系,是指基本犯罪客观方面的危害行为与加重结果之间的因果关系,而非基本犯罪客观方面的危害行为与基本犯罪客观方面的危害结果之间的因果关系。

结果加重犯有《刑法》明确规定的法定刑,因此对结果加重犯只能在《刑法》规定的法定刑范围之内量刑,不实行数罪并罚。

(2)处断的一罪

处断的一罪是指本来的数罪,按照一罪处断的罪数形态。处断的一罪包括牵连犯

---

① 李邦友:《结果加重犯基本理论研究》,武汉大学出版社2001年版,第37页。
② 吴振兴:《罪数形态论》(修订版),中国检察出版社2006年版,第92页。
③ 参见李邦友:《结果加重犯基本理论研究》,武汉大学出版社2001年版,第45—46页。

和吸收犯。为了分析董珊珊案,笔者将深入研究吸收犯的相关法理,此外也简单述及牵连犯。

牵连犯是指为实施某一特定犯罪目的,而其方法行为或结果行为又触犯其他罪名的犯罪形态。[①] 牵连犯只有一个犯罪目的,但是必须实施多个犯罪行为,并且这多个犯罪行为之间必须要有牵连关系,而且这多个犯罪行为分别独立成罪。因此牵连犯的构成要件较为严格。至于牵连犯的处断,应遵循《刑法》分则中的具体规定。

吸收犯是指数个犯罪行为,其中一个犯罪行为吸收其他的犯罪行为,仅成立吸收的犯罪行为一个罪名的犯罪形态。[②] 关于吸收犯的定义,目前刑法学界还存在很多的争议[③],笔者采用通用教材的定义观点。但是关于吸收犯的构成要件,有两点是学界的共识。首先,吸收犯必须具有数个犯罪行为,这是成立吸收犯的前提,也是吸收犯区别于想象竞合犯的重要原因。其次,吸收犯的各个行为之间必须具有吸收关系。从吸收犯理论的实际应用来看,往往很容易界定数个犯罪行为,难点在于如何界定数个犯罪行为之间是否具有吸收关系。因此,需要我们深入研究吸收犯中的吸收关系。

所谓吸收,是指一个犯罪行为构成的犯罪包容其他犯罪行为构成的犯罪,而使其他罪失去独立存在的意义。笔者认为,吸收关系主要体现在,主观上一个罪的犯罪恶意能包容其他罪的犯罪恶意,客观上一个罪的危害结果是其他罪的危害结果的重结果或加重结果。我国刑法理论关于吸收犯吸收关系的研究已经较为成熟,通说认为吸收关系分为如下三种:第一,重行为吸收轻行为;第二,实行行为吸收预备行为;第三,主行为吸收从行为。有学者提出吸收行为的分类应按照一个总的原则,那就是高度行为吸收低度行为。[④] 所谓高度行为吸收低度行为,是指从犯罪性质、犯罪情节、社会危害性程度和法定刑等多个方面综合评价,刑事责任大的行为吸收刑事责任小的行为。笔者对此观点表示认同。从法理上,之所以用一个行为吸收其他行为,并用这一个行为的处断来代替所有行为的处断,其立法出发点便是排除各个行为之间出现犯罪恶意和社会危害性等犯罪危害性重合的情况,避免对数行为进行重复惩罚。用高度行为吸收低度行为的总原则,便可以将在刑法逻辑上满足包容与被包容的数个行为,统一成一个行为进行评价,避免对行为人的重复惩罚。

2.虐待过程中发生的故意伤害行为

现实案例中,虐待罪中往往伴随着殴打行为或故意伤害行为,前已论述虐待过程中的故意伤害行为和一般殴打行为的主要区分在于行为人是否明知其行为将造成严重的后果。本节将主要探讨虐待罪中发生故意伤害行为的处断。

---

① 参见高铭暄、马克昌主编:《刑法学》(第5版),高等教育出版社、北京大学出版社2011年版,第193页。
② 参见高铭暄、马克昌主编:《刑法学》(第5版),高等教育出版社、北京大学出版社2011年版,第195页。
③ 参见郝守才:《吸收犯疑难问题新探》,载《河南大学学报(社会科学版)》2012年第1期。
④ 参见吴振兴:《罪数形态论》(修订版),中国检察出版社2006版,第312页。

对于虐待过程中发生的故意伤害行为,从刑法的基本法理分析,主要可能有如下几种处断思路:①按虐待罪的结果加重犯处断,适用《刑法》第 260 条第 2 款。① ②按行为人的虐待行为构成虐待罪和故意伤害罪的想象竞合犯,从一重罪,即以故意伤害罪处断。② ③按行为人构成虐待罪和故意伤害罪数罪,实行数罪并罚。③ ④按行为人构成虐待罪和故意伤害罪数罪,但适用吸收犯的原理,故意伤害罪故意伤害的高度行为吸收虐待罪的虐待行为,从一重罪处断。④

关于第一种观点,笔者认为其不合理。首先,本文前文已经论述,虐待罪的结果加重犯中的加重结果,必须要求行为人对此持过失的心态。学者也已指出,虐待罪的"致人重伤、死亡",是指在虐待过程中,由于打骂、冻饿等行为过失地引起被害人的重伤、死亡。⑤ 而虐待过程中发生的故意伤害致人重伤、死亡,行为人明显出于主观故意,因此不适用《刑法》第 260 条第 2 款。其次,虐待过程中发生故意伤害行为适用《刑法》第 260 条第 2 款,不符合罪责刑相适应原则。《刑法》第 260 条第 2 款的刑罚较故意伤害罪轻,虐待过程中同时发生故意伤害行为,则行为人的刑事责任明显应高于虐待罪的刑事责任,理应受到相应更重的刑罚。

关于第二种观点,笔者也持否定的态度。虐待过程中发生故意伤害行为,则其虐待行为和故意伤害行为已经是两个独立的行为,不能认为其只是虐待一个行为,因此已经不满足想象竞合犯的前提条件,自然认为其是故意伤害和虐待罪的想象竞合犯就不合理。

至于第三种观点,笔者认为其有待商榷。此种观点认为行为人构成虐待罪和故意伤害罪,笔者予以认同。按照犯罪构成标准可以认定,虐待过程中发生故意伤害行为,构成虐待罪和故意伤害罪。但是,其处断的方式值得商榷。从罪责刑相适应原则出发,虐待过程中发生故意伤害行为,一般只是其虐待的殴打行为的升级,从犯罪性质、主观恶意和社会危害性等方面综合权衡,没有分别独立地实施虐待罪和故意伤害罪严重,其受到的刑罚应该轻于虐待罪和故意伤害罪数罪并罚的刑罚。

至于第四种观点,笔者认为最需要考察的是,虐待过程中的故意伤害行为对虐待行为是否满足吸收关系。首先,虐待过程中的故意伤害行为一般都是以虐待的殴打行为为前提,其可以视为吸收犯高度行为吸收低度行为原则下的重行为吸收轻行为。因此,笔者认为将虐待过程中未造成轻伤以上的长期殴打行为,认定为虐待罪,将重度殴打的故意伤害行为认定为故意伤害罪,构成数罪,根据吸收犯的原则,以故意伤害的高

---

① 参见北京市朝阳区人民法院(2010)朝刑初字第 1231 号刑事附带民事判决书。
② 参见罗猛、蒋朝政:《虐待中故意伤害行为对虐待罪的超出与吸收》,载《中国检察官》2011 年第 14 期。
③ 参见李佳:《"王光宇虐待、故意伤害董珊珊案"的法律分析》,兰州大学 2011 年硕士学位论文。
④ 参见罗猛、蒋朝政:《虐待中故意伤害行为对虐待罪的超出与吸收》,载《中国检察官》2011 年第 14 期。
⑤ 参见高铭暄、马克昌主编:《刑法学》(第 5 版),高等教育出版社、北京大学出版社 2011 年版,第 494 页。

度行为吸收虐待行为的低度行为,按照故意伤害罪一罪处断,而对其虐待罪不再予以定罪是合理的。其次,以吸收犯原理处理虐待罪中发生故意伤害行为有类似的立法根据可循。《刑法》第133条之一的危险驾驶罪规定,"有前两款行为,同时构成其他犯罪的,依照处罚较重的规定定罪处罚"。这里主要是指,行为人实施追逐竞驶或者醉驾发生重大事故,造成人员伤亡或重大财产损失,构成交通肇事罪或者以危险方法危害公共安全罪的,应按照处罚较重的罪定罪处罚。这里便是根据吸收犯的原理,以交通肇事罪或者以危险方法危害公共安全罪的高度行为吸收危险驾驶罪的低度行为,按照较重的罪一罪处断。

需要注意的是,如果在虐待过程中发生故意伤害行为之后,行为人对被害人不予救助致被害人死亡的,对行为人行为的定性问题,这是一个新的理论问题。一般认为,行为人的故意伤害行为构成故意伤害罪,而不予救助的不作为行为构成故意杀人罪,又因行为人的故意伤害行为与不予救助行为具有牵连关系,构成牵连犯,应从一重处罚。① 笔者认为这样的认定是合理的。因为行为人对被害人具有较高的救助义务,其不予救助的行为与作为杀人具有等价性。我国刑法理论认为,不作为犯罪行为人所负作为义务来源于法律明文规定的义务、职务或业务要求的义务、法律行为引起的义务和先行行为引起的义务。根据法律规定,家庭成员之间应相互扶助,夫妻之间有相互扶养的义务。虽然相互扶助、抚养并不是明确的救助,但是根据举轻以明重的推断原则,夫妻在平时尚且有相互扶助的义务,在一方有生命危险时,另一方予以救助是理所当然的。因此,夫妻之间有相互救助的法律义务。另外,由于在虐待过程中故意伤害行为发生地点具有特殊性,往往是在家中密闭的环境。在一方受重伤后,若施暴人不予救助,则一般不易被其他人获知,其他人无法对被害人实施救助,即施暴人对被害人的死亡有绝对的支配作用。而在此情形下,施暴人若及时施救,则被害人能轻易地避免死亡。综上,可以认定,虐待过程中殴打致人重伤后不予救助致人死亡的不作为行为和故意杀人行为具有等价性,可以认定其不救助行为构成间接故意杀人。

从董珊珊案看,被害人董珊珊曾多次遭受被告人王光宇的殴打,造成多处瘀伤,以致董珊珊无法忍受其虐待,曾多次报警求助,并于2009年4月向法院起诉离婚。根据此案一审判决中的证据证明,被告人王光宇先后在位于北京市朝阳区的京通苑小区3号楼2单元201室等处,多次对其妻董珊珊进行殴打。从以上事实来看,被告人王光宇对被害人董珊珊的长期虐待造成了身心的折磨,其行为构成虐待罪。

另外,2009年3月,被害人董珊珊因不堪虐待,离家出走,此后被王光宇带人抓至河北省,并将其监禁。在此期间,被告人对被害人反复实施重度殴打,对王光宇的讯问记录显示,王光宇自己描述最严重的一次殴打为"用拳头打她,用脚踢她,从卧室门口,

---

① 参见柳华颖:《丈夫殴打妻子后不予救助致其死亡的定性》,载《人民法院报》2012年3月22日。

一直踢到床上,哪都打、哪都踢,直到她倒在床上为止,也不知道踢了她多少脚"。医院最后对董珊珊诊断为:"全身多发外伤;腹膜后巨大血肿;右肾受压变形萎缩性改变;头面部多发挫伤;右耳耳甲血性囊肿;双眼部挫伤淤血;多发肋骨骨折;胸腔积液、肺挫裂伤;腰椎1—4双侧横突骨折;四肢多发性挫伤、淤血;贫血;肺部感染,多脏器功能衰竭。侵袭真菌感染。"可以推断,王光宇此次殴打行为针对被害人的要害部位进行了重度伤害,明显已经超出普通虐待的故意而具有伤害的意图,构成故意伤害罪。中国政法大学洪道德教授也这样认为:"从犯罪事实上来看,王光宇的伤害行为已经不是长期渐进的打骂,殴打的很多部位都是肾脏、肺部等身体关键部位,造成的伤害也都是致命伤。很显然,本案中被告人的殴打行为已超出了折磨、摧残被害人身心的虐待范围,存在伤害的故意。"①因此,此案属于虐待过程中同时发生了故意伤害行为的情形。

结合本文之前对虐待过程中发生故意伤害行为的法理分析,笔者认为,董珊珊案中,对被告人王光宇的行为应认定为构成虐待罪与故意伤害罪两罪,但基于高度行为吸收低度行为的原则,对虐待罪不再予以定罪,应以故意伤害罪一罪论处。

3.虐待过程中发生的非法拘禁行为

由于虐待行为的多样性,实际上,在虐待过程中,还往往容易发生非法拘禁行为。

非法拘禁,是指非法拘禁他人或者以其他方法非法剥夺他人人身自由的行为。②虐待行为包括限制人身自由等行为,这也就导致界定家庭成员之间,尤其是夫妻之间的因虐待而限制人身自由与非法拘禁的限制人身自由很难区分。笔者认为,区分非法拘禁罪与虐待罪的限制人身自由的一个较为可行的标准是,是否有第三方的介入。若限制人身自由有第三方的介入,则构成非法拘禁罪,反之,则没有。董珊珊案中,被害人在被带至河北省的半个月时间内,有第三方的介入限制被害人的人身自由,因此应该构成非法拘禁罪。对于第三方非法拘禁罪的认定易于理解,至于被告人是否应该以非法拘禁罪与虐待罪数罪并罚呢?有人就此案提出过这样的观点。但笔者并不认同此观点。首先,从犯罪恶意和社会危害性而言,行为人实施虐待行为的其中一种行为方式便是限制人身自由,虐待过程中的非法拘禁行为的犯罪恶意和社会危害性应该被虐待罪所吸收。其次,若将虐待过程中发生非法拘禁行为认定为非法拘禁行为仅为虐待罪的客观方面要件的行为方式之一,其并不影响对行为人犯罪行为的评价。因此,笔者认为,虐待过程中发生非法拘禁行为时,应对行为人以虐待罪且情节恶劣按一罪处断,而不应该以虐待罪和非法拘禁罪数罪并罚。

4.虐待过程中发生的强奸行为

尽管虐待过程中发生强奸行为不常遇到,但是也有其研究意义。

强奸罪,是指以暴力、胁迫或者其他手段,违背妇女意志,强行与妇女性交,或者故

---

① 吴晓杰:《法学专家质疑:只定虐待罪有轻纵犯罪之嫌》,载《检察日报》2010年12月1日。
② 参见高铭暄、马克昌主编:《刑法学》(第5版),高等教育出版社、北京大学出版社2011年版,第473页。

意与不满14周岁的幼女发生性关系的行为。① 由于虐待罪客体的特殊性,虐待过程中发生的强奸行为要具有理论意义,主要针对的是婚内强奸行为。所谓婚内强奸,是指在夫妻关系存续期间,丈夫违背妻子意愿,以暴力、胁迫等手段,强行与妻子发生性关系的行为。目前,我国现行《刑法》并没有对婚内强奸作出规定。

关于婚内强奸,国内外都有过激烈的争论。由于我国现行《刑法》在强奸罪中并没有明确规定丈夫能否对妻子构成强奸,导致理论界争论不断,形成了三种主要观点。其一的肯定说认为,即使丈夫使用暴力等手段,违背妻子意志,强行与妻子发生性行为,也不构成强奸罪,即认为"婚内无奸"。主要理由归纳有:①婚姻关系存续期间,不应该有"强奸",其认为根据汉语词典解释,"奸"应该是不正当男女关系,丈夫与妻子无奸可言。②根据婚姻契约,妻子有义务满足丈夫的性要求。其二否定说认为,丈夫使用暴力等手段,强行与妻子发生性行为,构成强奸罪。理由主要有:①我国《刑法》虽没有明确规定丈夫能对妻子构成强奸,但也并没有规定不能。②虽然婚姻关系被法律赋予合法性,但这并不等同于妻子的意志和人格可任由丈夫支配。③妻子不能因为婚姻关系而丧失不可侵犯的权利。④国外有相应的立法经验可以借鉴。其三的折中说认为,除以下特殊情况外,丈夫对妻子不构成强奸罪:①尚未同居,但已经登记结婚的男女双方,且双方也未发生性关系,女方要求离婚。②夫妻感情已破裂,并且长期分居,女方提出离婚诉讼的。② 其理由大致是:"既不能置夫妻间的婚姻关系于不顾……也不能过分强调夫妻关系却又把夫妻关系等同于性关系……遂认为在任何情况下,丈夫违背了妻子意愿而强行与妻子发生性行为均不构成犯罪。"③

笔者认同婚内强奸折中说。首先,婚内强奸侵犯了女性的性自主权。所谓性自主权,即女性根据自己的意愿,决定发生或不发生性关系的权利。使用暴力等手段强行与妻子发生性行为,明显违背了妻子的意愿,侵害了妻子的性自主权利。而权利的侵害是犯罪的本质,用一种合法的婚姻关系而破坏另一种合法的权利(性自主权)显然是矛盾的,因此,婚内强奸的存在是必要的。其次,婚姻关系确定了丈夫与妻子之间性关系的义务,并非每次性行为的发生都是夫妻双方完全自愿,不能认定所有的强迫妻子的性行为都为婚内强奸。再者,鉴于司法实际,对于妻子对"强迫"性行为的抗拒程度的界定,不能完全由事后妻子的证词确定,亦无法完全由妻子身上的暴力强迫的伤痕确定,出于操作可行性,结合离异、长期分居以及妻子身上的伤痕综合推定强迫性行为对妻子性自主权的侵害程度是合理且具有操作可行性的。综上所述,发生上述两种情形下的强行性行为,可以认定为婚内强奸。

承认了婚内强奸的合理性,接下来讨论如何处理虐待过程中发生的强奸行为。虐

---

① 参见高铭暄、马克昌主编:《刑法学》(第5版),高等教育出版社、北京大学出版社2011年版,第468页。
② 参见高铭暄、王作富主编:《新中国刑法的理论与实践》,河北人民出版社1988年版,第535页。
③ 刘家琛主编:《新刑法案例释解》,人民法院出版社1997年版,第755页。

待过程中发生的强奸行为,理论界少有学者涉及讨论。笔者认为:①虐待过程中的强奸行为发生在"夫妻感情已破裂,长期分居"期间的,尤其是妻子已经提出离婚诉讼的,应构成强奸罪与虐待罪数罪,但基于高度行为吸收低度行为原则,强奸行为吸收虐待行为,以强奸罪一罪处断。②虐待过程中的强奸行为发生在非上述情形期间的,以强迫性行为作为虐待罪客观方面构成要件的行为方式之一,对行为人以虐待罪情节特别恶劣构成虐待罪情节恶劣犯,以虐待罪一罪处断。对于第一种情形,以强奸行为吸收虐待行为,可进行故意伤害行为吸收虐待行为类似的解释。至于第二种情形,将强迫性行为归入虐待行为,有其合理性。首先,由于夫妻关系的存在,丈夫强行与妻子发生性行为,对妻子性自主权造成的侵害程度应按照夫妻关系的不同阶段区分看待,不能武断地认为只要丈夫与妻子发生的强行性行为违背妻子的意愿,就认定其为强奸。在妻子尚未抗拒夫妻关系期间,即合法夫妻关系建立起后开始,至夫妻一方提出离婚诉讼止,夫妻双方对性行为仍具有一定的义务。考虑以往夫妻性行为的延续性等问题,对妻子尚未抗拒夫妻关系期间发生的强行性行为不能认定为强奸。其次,"妻子尚未抗拒夫妻关系期间"的强行性行为可以视为对妻子"身心造成痛苦和折磨"的一种行为方式。在双方仍承认夫妻关系的前提下,即使是强行性行为,对妻子的伤害程度,应较一般的强奸行为对女性的伤害要轻,将其归入已经存在虐待行为的夫妻之间,丈夫对妻子的虐待行为,应肯定该观点的合理性。

五、引发的法律思考

董珊珊案的判决引起了社会的众多不满之声。"婚姻成了逃责的保护伞""法律纵容家庭成员之间的伤害和杀害,婚姻就成了犯罪分子逃避刑罚的避难所了",类似的评价并不鲜见,究竟虐待罪作为少有的一个调整家庭成员关系的罪名,其规制家庭暴力行为是否起到了其应有的作用呢?虐待罪是否有其不合理之处呢?笔者结合该案,对虐待罪的立法缺陷及其完善向趋进行了法律思考。

(一)虐待罪的立法缺陷探索

1."虐待致人重伤、死亡"的刑罚惩治力度太轻

首先,"虐待致人重伤、死亡"的刑罚惩治力度太轻,违背了中外传统的法制思想。虐待罪侵害的客体是共同生活的家庭成员,家庭成员可以分为两类即尊亲属和卑亲属。对于虐待尊亲属,我国古代刑法一直贯穿着维护中国传统伦理道德的法制思想——亲亲尊尊,集中体现为准五服定罪,即以丧服为标志表示亲属间血缘亲疏及尊卑,分五等,称"五服"。"准五服以制罪"的原则是:服制愈近,即血缘关系越亲,以尊犯卑者,处刑愈轻;相反,处刑愈重。服制愈远,即血缘关系疏远者,以尊犯卑,处刑相对加重;以卑犯尊,相对减轻。表现在中国古代实际立法中有:秦时的"殴打父母,黥为城旦舂",而殴伤一般人则处耐刑观之。北齐的重罪十条和隋唐律所规定的"十恶",即十

种严重危害封建特权、危害封建纲常伦理的犯罪,对此古代立法完善的《开皇律》和《唐律疏议》都特标篇目,"为常赦所不原"。其中"恶逆""不孝""不睦"皆为卑亲属损害尊亲属人身权利的犯罪。明清延之。清末"立法之争"提出了著名的法律制定应以近代西方法律的原理原则为主,抑或以中国传统纲常礼教为主的争辩。但对杀尊亲属仍是立法处死刑。

近代西方法律原理也遵循重罚破坏家庭伦理纲常的杀尊亲属甚至杀卑亲属的行为。目前对杀尊亲属处加重刑罚的有法国、韩国、葡萄牙、比利时、摩洛哥等。例如,《法国刑法典》第 221 之四条规定:"杀害合法直系尊亲属、非婚尊亲属或养父母者,处无期徒刑。"而此法对普通杀人罪则处 30 年之有期徒刑。另外,不仅对杀尊亲属处加重处罚,且对杀配偶或直系卑亲属加重处罚的有西班牙、阿根廷、意大利、芬兰、土耳其、罗马尼亚等国。

总之,"亲亲尊尊"作为贯穿中国古代法制史始终的最重要的思想和制度,在特殊的近代立法背景下,因对西方人权和平等观念的片面理解和引进,而被整体视为封建毒素并为近代立法所抛弃,是中国法律近代化开始以来国人最大的误读之一。其一,在亲亲尊尊的思想体系中,虽然尊亲属对卑亲属的侵害罪减几等的刑法思想确实应被遗弃,但亲属间发生长期地侵害家庭成员人身权的行为还是不宜等同于一般的侵害行为,而应考虑中华伦理道德对保持家庭和谐的重视程度。其二,大量事实表明,欧美传统中也存在此类原则的应用,甚至现代欧美法中仍有大量体现"亲疏有别、尊卑有别"的刑事规范。其"亲亲尊尊"之程度实为我们想象所不及。事实上,刑事责任上亲疏有别、尊卑有别,是中西法律的共同原则,是中西法律惊人的不谋而合之处。①其三,人权保护的平等应是有差别的平等。家庭成员之间有前置的特殊责任和义务,如对尊长的孝敬义务、对子女的扶养义务、夫妻之间的扶养义务等,这都是人类社会得以存续的基础。如果犯罪人侵害家庭成员的人身权利,仍坚持无条件的平等理念,适用一般侵害人身权的刑罚规则,必然会违背公众朴素的公平正义理念,引起公众的质疑和反感,使其丧失对法律的信仰。

其次,"虐待致人重伤、死亡"的刑罚惩治力度太轻,违背了罪责刑相适应原则。虐待罪属于刑法分则中侵犯公民人身权利、民主权利罪,虐待罪与侵犯公民人身权利、民主权利的其他罪相比,结果加重犯的惩罚力度明显低于其他各罪。比如非法拘禁罪,非法拘禁致人重伤的,处 3 年以上 10 年以下有期徒刑;致人死亡的,处 10 年以上有期徒刑,使用暴力致人伤残、死亡的,依照故意伤害罪或故意杀人罪定罪处罚。又比如过失致人死亡罪。现行《刑法》规定过失致人死亡的,处 3 年以上 7 年以下有期徒刑;情节较轻的,处 3 年以下有期徒刑。而虐待家庭成员,情节恶劣的,处 2 年以下有期徒刑、

---

① 参见范忠信:《"亲亲尊尊"与亲属相犯:中外刑法的暗合》,载《法学研究》1997 年第 3 期。

拘役或者管制。犯前款罪,致被害人重伤、死亡的,处2年以上7年以下有期徒刑。明显虐待致人死亡的刑事责任甚至要轻于过失致人死亡的刑事责任。然而,虐待致人死亡与过失致人死亡相比,罪责应更重。原因如下:首先,就行为方式和持续时间上,虐待致人死亡是长时间对被害人以打骂、捆绑、冻饿或者强迫过度劳动等方法,从肉体上和精神上进行摧残迫害,最终致被害人死亡,而过失致人死亡,实践中一般是短时间的过失行为致被害人死亡。其次,就犯罪对象上,虐待致人死亡针对的是共同生活的家庭成员,家庭成员之间有生育、教养、呵护之恩,对这种恩义的背叛并剥夺其生命比剥夺一般人的生命应承担更重的责任。而且虐待罪的被害人往往是共同生活的家庭成员中的弱者,犯罪人对耄耋之年的父母、嗷嗷待哺的幼儿、专职持家的主妇实施虐待致死的行为如不严惩,不利于家庭和谐、社会稳定,也有违中华千年的善良风纪和伦理道德,更违背了罪责刑相适应的刑法基本原则。

2.关于虐待罪的结果加重犯的罪过形式没有明确规定,存在与故意伤害罪的竞合

虐待罪的殴打行为和故意伤害罪的暴力殴打行为存在很大的相似性,因而虐待致人重伤、死亡与故意伤害致人重伤、死亡存在很容易混淆之处,而两者的法定刑存在巨大的差异,导致司法实践很容易在此处存在争议。从董珊珊案的审判结果来看,法院采用虐待罪结果加重犯定罪,引起了社会的强烈不满,不少法学专家也提出了反对的意见。由此可见,虐待罪的立法不明确,确实给司法实践应用带来了困难。从虐待罪与故意伤害罪的危害结果来看,两者几乎没有区别,从行为方式来看,两者一般都采用殴打行为。要区分两者,需要对加重结果的罪过形式进行判断,而虐待罪的法条对此缺乏明确的规定,导致其适用上的困难。

(二)虐待罪的立法完善建言

中国的家庭暴力问题日益凸显,需要国家利用公权力为家庭成员中的弱势群体铸就坚强的盾牌。为了防止家庭暴力现象的进一步蔓延,完善虐待罪的立法,显得尤为重要。

1.提高虐待罪的最高法定刑

立法者之所以对虐待罪的结果加重犯定刑如此之轻,主要是认为家庭成员间虐待行为的社会危害性小,这在一定程度上助长了家庭虐待行为,特别是丈夫对妻子;也在一定程度削弱了法律为家庭弱势群体铸就的盾牌的作用,增加了预防家庭暴力的难度。提高虐待罪的最高法定刑,并不是一种重刑主义的体现,而是追求法律公平价值理念的体现。提高虐待罪最高刑,用刑法的刚性规定,威慑家庭暴力,对于维护家庭弱势群体的合法权益,实现社会和谐有一定的促进作用。董珊珊案的不合理判决已经引起社会的不满,虽然刑法适用不应受民意的影响,但民意在一定程度上能体现社会的

公平。"同样是致人死亡,为什么打死家人竟罪减一等。"①民众的呼声,在一定程度上反映了虐待罪当前法定刑较轻的问题。同时随着刑法的发展,刑法应逐渐从社会本位转变为人本位,体现"以人为本"的价值理念。不能再单纯地认为家庭成员之间的虐待行为的社会危害性小,家庭虐待行为同样是对人法益的侵害,不应区分于对一般人法益的侵害。综上所述,提高虐待罪的最高法定刑,是刑法与时俱进、顺应社会发展趋势的要求,更好地体现刑法公平的精神。

2.明确规定虐待罪结果加重犯的主观罪过形式必须是过失

前文已述,虐待罪的结果加重犯与故意伤害罪的结果加重犯之间存在很大的相似之处,导致司法实践中很难区分两者。笔者认为,可以在虐待罪的刑法法条中,明确规定虐待罪的结果加重犯只适用于主观罪过形式是过失的情形,其合理性已经在前面的章节论述。明确规定后会带来如下几点好处:①使司法实践应用方便。虐待罪出现致人重伤、死亡的,需要结合行为人的客观行为与危害结果推定行为人的主观罪过形式,而不会再将虐待罪的结果加重犯与故意伤害罪的结果加重犯混淆。②能更好地体现刑罚一般预防和特殊预防功能。之前由于《刑法》规定不明确,不少"致人重伤、死亡的"行为人以虐待罪做辩护,试图通过这种方式逃脱法律的重罚,这不利于对行为人进行教育改造和对具有家庭暴力情节的人进行犯罪预防。

---

① 邱伟:《为何打死家人竟罪减一等》,载《北京晚报》2010年12月8日。

入户盗窃转化为抢劫罪的认定与处罚

——朱俊慧抢劫案

金莲花[*]

目　次

一、选案理由

二、基本案情

三、裁判要旨

四、引发的理论问题

（一）"入户抢劫"的界定

（二）转化型"入户抢劫"的认定

（三）"入户抢劫"未遂形态的认定

一、选案理由

作为一种严重侵犯公私财产权利和公民人身权利的暴力犯罪，抢劫罪被立法者置于刑法分则"侵犯财产罪"之首，并配置了严厉的刑罚，凸显了其严重的社会危害性。而"入户抢劫"作为区别于普通抢劫行为的加重处罚情形之一，体现的社会危害性更为严重，亦是刑法严厉打击的重点。目前关于"入户抢劫"犯罪的认定问题，虽然我国最高司法机关通过相关司法解释加以规范，但规定过于简单、笼统、不全面，难以在复杂、万变的具体实践中得到准确的适用，导致理论界和实务界对"入户抢劫"的认定仍存在较大的分歧，继而在处理具体案件时出现量刑失衡的情况，影响了法律的公平、公正。因此，我们应该对"入户抢劫"的认定及相关问题进行全面、系统的分析研究，这不仅有助于"入户抢劫"相关案件得到更加科学、合理的解决，而且在推进刑事法治建设、尊重、保障人权方面，也有着重大的法律意义和社会意义。

---

[*] 北京师范大学法学院 2009 级法律硕士研究生。

笔者以朱俊慧抢劫案切入,从刑法及其司法解释关于"入户抢劫"的相关规定及其理论研究现状出发,总结我国司法实务界对"入户抢劫"认定问题上存在的各种认识,阐明"入户抢劫"的立法本意,明确相关概念的界定,根据司法实践中存在的复杂、多变的情形,进一步阐述决定或者影响"入户抢劫"的定性因素,再选择对"入户抢劫"的定罪量刑有着重要意义且有争议的转化型"入户抢劫"及其未遂形态问题加以探讨,为完善我国关于"入户抢劫"的相关刑事立法规定与司法适用,以及尽可能合理、有效、科学地处理"入户抢劫"相关案件,实现立法、司法的有机统一,提供一些有益探索。

二、基本案情[①]

2007年1月26日晨9时许,被告人朱俊慧到广州市白云区石井街鸦岗村庆民街15巷12号房,撬锁进入该房内进行盗窃,当朱俊慧进入该房二楼李某租住房内盗窃时,被下班回来的李某发现,李某即上前抓捕朱俊慧,朱俊慧对李某拳打脚踢,奋力反抗,导致李某左手受伤出血,后朱俊慧被李某及赶来的群众、治安人员抓获。但案发后,被害人李某未作伤情鉴定。

2007年5月17日,广州市白云区人民检察院对朱俊慧提起公诉,认为被告人朱俊慧无视国家法律,盗窃公民财物,为抗拒抓捕而当场使用暴力,其行为构成抢劫罪;被告人朱俊慧抢劫未遂,可比照即遂犯从轻或减轻处罚。在庭审过程中,被告人朱俊慧否认自己有暴力抗拒抓捕的行为。

三、裁判要旨[②]

被告人朱俊慧无视国家法律,盗窃公民财物,为抗拒抓捕而当场使用暴力,侵犯公民的人身权利和财产权利,其行为已构成抢劫罪。被告人抢劫未遂,依法可比照既遂犯从轻或者减轻处罚,判处有期徒刑4年,并处罚金1 000元。

被告人朱俊慧入户实施盗窃被发现,为抗拒抓捕而当场使用暴力,其行为已构成抢劫罪。但因其所实施暴力行为情节较轻,尚未造成严重后果,故不认定其行为属刑法所规定的入户抢劫。另因意志以外原因致犯罪未能得逞,属犯罪未遂,依法可从轻处罚。原判认定事实清楚,证据确实、充分,定性准确,量刑适当,审判程序合法。上诉人出于非法占有他人财物目的入户行窃,在被发现后为逃离现场而当场诉诸暴力,具有较大的主观恶性及社会危害性,故对其上诉请求二审再予改判从轻处罚不予支持。最终裁定驳回上诉,维持原判。

---

① 参见广东省广州市白云区人民法院(2007)云刑初字第752号刑事判决书;广东省广州市中级人民法院(2007)穗中法刑二终字第515号刑事判决书。
② 同上注。

四、引发的理论问题

朱俊慧抢劫案是典型的转化型抢劫犯罪,实践中常见的关于"入户抢劫"认定的司法疑难问题在该案中有较为典型的表现,为我们研究抢劫犯罪法律适用的疑难问题提供了很好的范例。对于该案,主要有三个问题值得研究。

(一)"入户抢劫"的界定

1."入户抢劫"的立法本意

目前,我国刑事司法实践中,在"入户抢劫"认定问题上存在较大的争议,若要解决这一难题,首先应探寻"入户抢劫"这一刑法规定背后的立法本意。立法本意体现了立法者将"入户抢劫"纳入《刑法》时所作出的价值判断以及所要实现的立法目的,因此,合理探寻"入户抢劫"的立法本意,是正确界定"入户抢劫"的前提和关键。

1979 年《刑法》对抢劫罪加重处罚情形的规定过于笼统、抽象,造成具体司法实践中对"情节严重"的理解出现严重分歧,难以形成统一的认识,这也导致司法机关在处理具体案件时出现混乱,犯罪行为人承担悬殊不同的刑事责任,影响了司法的严肃性和统一性。1997 年修订的《刑法》对抢劫罪的规定作了修改,尤其是在第 263 条中详细列举了抢劫罪加重处罚的八种情形,而"入户抢劫"作为第一种加重处罚情形规定在其中,这也是中华人民共和国成立后第一次将"入户抢劫"载入《刑法》。这一修改不仅有效地弥补了 1979 年《刑法》关于抢劫罪规定上的不足,而且有助于司法实践操作,为同抢劫犯罪作斗争提供了有力的法律武器。

法律规则是对复杂的社会现象进行高度概括、归纳、总结而作出的规定,因而立法语言难免具有较强的抽象性,这导致刑法理论界和实务界对"入户抢劫"的认定存在较大的分歧。为了进一步规范法律规则,准确、统一适用法律以及便于司法实务操作,最高人民法院在 2000 年出台了《关于审理抢劫案件具体应用法律若干问题的解释》(以下简称《2000 年解释》),并在该解释第 1 条对"入户抢劫"的概念进行了阐释,但面对千变万化的犯罪现象,这一司法解释规定仍显得力不从心,无法有效解决司法实践中出现的问题。于是,最高人民法院在 2005 年又出台了《关于审理抢劫、抢夺刑事案件适用若干法律问题的意见》(以下简称《2005 年意见》),进一步明确了"入户抢劫"中"户"的范围和特征,为司法实务操作提供了较为可行的标准。

与普通抢劫罪相比,反映"入户抢劫"社会危害性更大的决定性因素便是该抢劫行为之发生地点——"户",换句话说,突出保护公民在"户"内这一特定环境中的财产权和人身权是《刑法》加重处罚"入户抢劫"的立法本意之所在。

(1)从"入户抢劫"侵犯的法益上看

李斯特指出:"所有的法益无论是个人利益,或者共同社会的利益,都是生活利益。这些利益的存在不是法秩序的产物,而是社会生活本身。但是,法律的保护把生活利益上升为法益。"①这说明,所谓法益就是指法律所保护的,客观上可能受到犯罪行为侵犯或者威胁的,并启动国家强制力加以保护的社会生活利益。其中由刑法加以保护的生活利益,便是刑法上的法益。近年来,刑法学界对犯罪客体内容提出了新的理论观点,其中法益说认为,犯罪行为所侵犯的客体实质上就是刑法所保护的法益。② 犯罪客体是指刑法所保护的、为犯罪行为所侵害的法益,行为之所以构成犯罪,首先就在于它侵害了刑法所保护的客体。我国刑法理论通说认为,普通抢劫罪侵犯的客体为复杂客体,即它所侵犯的法益包括财产权和人身权,而"入户抢劫"属抢劫罪的情节加重犯,因而财产权和人身权理所当然也是"入户抢劫"所侵犯的法益。但由于"入户抢劫"犯罪具有特殊的加重情节,它的犯罪客体与普通抢劫罪不完全相同,它所保护的法益有别于普通抢劫罪。通常一个犯罪行为是通过行为对象侵犯刑法所保护的法益,而该行为对象本身又能体现刑法所保护的法益,因而可以通过犯罪行为对象的特征确定犯罪所侵犯的法益内容。"入户抢劫"中"户"是该犯罪的行为对象,"户"作为公民日常起居、家庭生活之场所,是实现公民住宅安宁权的载体。住宅安宁权所包含的内容主要有住宅本身及存放在住宅内的公民财产不受侵犯的权利以及生活在住宅内的公民的人身安全、自由、隐私不受外界干扰的权利,即住宅安全关系到公民的生命、健康等基本的人身权利和财产权利。住宅安宁权使人们能够远离或者免受来自外界的干扰和侵犯,在其最为安全、私密的空间内无拘无束地生活和休息,充分享受生活上的自由和安宁,这也是住宅能够成为人们的"心灵归宿"和"精神家园"的原因所在。因此,为了更有效地保护公民的住宅安宁权,我国不仅在宪法上明确规定公民享有其住宅不受侵犯的权利,而且在《刑法》第245条专门设置了"非法侵入住宅罪"。可见,住宅安宁权是刑法所保护的法益,而"入户抢劫"作为非法进入他人住宅实施抢劫的行为,在侵犯公民财产权和人身权的同时还侵犯了公民的住宅安宁权,因此,公民的住宅安宁权也是"入户抢劫"所侵犯的法益。

综上分析,立法机关将"入户抢劫"规定为抢劫罪的加重情形,配置更为严重的量刑标准,就在于"入户抢劫"所侵犯法益的多重性,与普通抢劫罪相比,显然其社会危害性也更加严重。故立法者突出对"入户抢劫"的重点打击,将其列为加重处罚情形而规定较高的量刑幅度,是必要的和适当的。

(2)从侵入居民住宅抢劫的危害性上看

一般情况下,"入户抢劫"的危害辐射公民住所内的整个生活区域,户内存放的公民财产和在场的家庭成员,均可成为犯罪的对象。一方面,作为公民日常起居、家庭生活之场所的"户"一般与外界相对隔离,具有一定的安全防范措施。因此,基于对"户"保护功能的认同及对家的信任,多数公民将其持有的财产相对集中地存放在自己"户"

---

① 转引自张明楷:《法益初论》,中国政法大学出版社2000年版,第96页。
② 同上书,第8页。

内,可以说"户"内的财产权利及于放置在"户"内的所有财物,即使该"户"内的财产并不多,但对于遭到"入户抢劫"的被害人来说,也属于较大范围的财产,这足以说明"户"内的财产权相对于一般财产权而言,更具重大性。另一方面,"户"是指一定的相对封闭的空间,当"入户抢劫"发生时,身处于"户"内的被害人很难向外界求救而往往处于孤立无援的境地,而且因双方力量对比较为悬殊,被害人不敢反抗或者其反抗力量薄弱,容易受到犯罪的侵害。"户"作为公民人身权最为依赖的庇护场所,"户"内人身权承载着公民对社会秩序最底线的信任,一旦遭到侵犯,不仅对"户"之安全造成威胁,而且使公民对社会产生恐慌、不安的心理,对社会秩序的信赖和安定感也逐渐丧失,继而严重影响整个社会的稳定发展。可见,"入户抢劫"所造成的客观危害绝非是普通"户"外抢劫所能比拟的。

基于上述分析,可以发现,进入居民住宅实施抢劫无论对被害人的财产、人身还是心理都会造成严重的伤害,立法机关对"入户抢劫"设置加重法定刑的立法本意也在于,通过从严惩治严重危害公民财产、人身安全的"入户抢劫"犯罪,更加有力地保护公民的居住安全,保障公民的基本安全感和对家的依赖感,从而维护整个社会的和谐稳定。

2. "户"的范围界定

(1)户的含义

首先,从"户"的词义上看,《辞海》对"户"解释为:"本为单扇的门,引申为出入口的通称,如门户;窗户。也指虫鸟的巢穴";"人家"。① 按照《现代汉语词典》的解释,"户"是指"门、人家、住户";《新华字典》对"户"的解释是指人家,如千家万户。可见,"户"是指人家、住户,即人们日常起居的场所,而且在普通民众的观念中"户"与家的含义是基本相同的,如"家家户户""户口"等,都是从家的角度理解"户"的。所以,"户"在词义上大体是"家"的意思。立法者规定"入户抢劫"而不规定"入室抢劫",显然是取"户"字的严格意义,不能随意扩大。② 在罪刑法定原则下,不利于被告人的扩张解释应受到严格控制。③《刑法》将"入户抢劫"作为抢劫罪的法定加重情形,对其规定了明显高于普通抢劫罪的法定刑,如果将"户"解释为"室",无疑扩大了"户"本身应有的范围,对被告人不利,这不仅有悖于罪刑法定原则,而且也不符合现代法治建设保障国民人权的发展趋势。

其次,从司法解释规定内容上看,根据《2000年解释》第1条第1款的规定,《刑法》第263条第1项规定的"入户抢劫",是指为实施抢劫行为而进入他人生活的与外界相

---

① 辞海编辑委员会:《辞海》,上海辞书出版社1979年版,第1573页。
② 参见王作富:《认定抢劫罪的若干问题》,载但未丽编著:《抢劫罪专题整理》,中国人民公安大学出版社2007年版,第124页。
③ 参见梁根林:《现代法治语境中的刑事政策》,载《国家检察官学院学报》2008年第4期。

对隔离的住所,包括封闭的院落、牧民的帐篷、渔民作为家庭生活场所的渔船、为生活租用的房屋等进行抢劫的行为。后来,《2005年意见》针对"入户抢劫"中"户"的范围,进一步作出了较为详细的界定:即"户"是指住所,其特征表现为供他人家庭生活和与外界相对隔离两个方面,前者为功能特征,后者为场所特征。一般情况下,集体宿舍、旅店宾馆、临时搭建工棚等不应认定为"户",但在特定的情况下,如果确实具有上述两个特征的,也可以认定为"户"。

结合上述"户"的词义解释和司法解释规定,可以看出,刑法意义上的"户"所强调的是一个具有"家"的意义的,足以给居住者提供权利保障和安全感,排除外界干扰的处所范围,是与其他办公场所、营业场所等公共场所相区别的特殊地域空间。由此可以归纳"入户抢劫"中"户"的含义,即"户"应当是指供家庭生活使用与外界相对隔离的排除他人进入的居民住所。

(2)户的特征

基于上述分析,笔者认为,刑法意义上的"户"应当同时具备以下三种特征。

第一,物理特征。从外在形式结构上看,"户"是一种与外界相对隔离而独立存在的空间地域范围,具有相对封闭性特征。封闭性是指将某一区域人为地进行分隔,使其与外界保持相对隔离,而具有的空间上的相对独立性。"户"作为与外界相对隔离的自然屏障,无论该形式如何,居住在"户"内的公民都受到该自然屏障的保护,使其在"户"内的生活免受"户"外之人的干扰和偷窥,而且在这一相对封闭的"户"内,人身几乎处于完全自由的状态,只要不触犯法律,任何人在"户"内可以不受"户"外社会规范的约束和打扰,任意支配自己的行为,幸福自在地享受生活的自由与安全保障。但需要指出的是,这种封闭性并不是绝对的,正如亚里士多德所言"人是一种社会动物",人在享受户内自由、私密生活的同时,也需要与社会外界接触,保留沟通渠道和方式。所以,尽管"户"的外在形式千奇百态、不尽相同,但其基本构造都是四周封闭,开有通往外界的进出入口。

第二,功能特征。"户"的功能是提供人家庭生活所用的私人空间,是以家庭生活为目的而设立的场所,以其他目的设立的场所,如单纯的生产、经营、工作、学习等场所通常不能视为"户"。所谓家庭生活,其实就是指起居、生活、饮食等活动,这是"户"特有的功能。"户"强调的是一个有"家"的意义的私人空间范围,它是公民的人身权、财产权、隐私权等权利和自由的象征,同时,作为私人生活的载体,在心理上,家通常被认为是最安全、最自由、最踏实的地方。家又是公民赖以生存、繁衍生息的栖息场所,人们在"户"外,时刻提防、警惕周围种种的不便和意外,而在"户"内,可以充分享受生活上的自由和安宁,不受外界的干扰,无拘无束地休息、生活,因为,没有任何地方比关起门来的家更让人感到安全、可靠。立法对"入户抢劫"加重处罚的本意也在于,"入户抢劫"严重破坏了"户"应有的功能,践踏了人们在家的安全感和社会认可的家庭生活正常秩序。

另外,"户"作为供人家庭生活的场所,必须具有在其中生活的相对固定的组成人员,但这些成员之间关系不应仅限于家庭成员关系。按照传统观念来理解,家庭是指具有血缘关系或者拟制血亲关系的亲属组成的团体,然而,随着社会的不断发展变化,人们的生活习惯和方式也相应地不断更新,尤其是传统意义上的由家庭成员组成的家庭生活结构发生了较大的变化。由于学习、工作需要或者其他原因,现实生活中,不少人背井离乡或者脱离家庭,独自在外长期生活,或者与朋友、同事甚至与陌生人合租房屋,在同一个屋檐下一起生活,虽然这些居住者之间并没有传统意义上的家庭成员关系,但他们共同居住在一个独立的空间范围内,而且这些空间对居住者来说,具有家一般的归属感、亲密感、安全感和自在感。如果将家庭生活仅限于存在血缘关系或者拟制血亲关系的家庭成员之间的居住生活,显然不太合理,不仅与立法本意不符,而且不利于打击犯罪。因此,一个场所只要相对独立、封闭,能够足以给人以此为家的归属感,并且长期居住在其中生活,即使只有一人居住,也应该视为供人开展家庭生活的"户"。这也就不难理解为什么一般情况下学生集体宿舍、宾馆不能认定为"户",即使长期居住在学生宿舍、宾馆,但这些场所因不能给居住者提供以此为家的归属感、私密感、安全感而不能视为"户"。

第三,法律特征。"户"作为公民日常起居、家庭生活之场所,是实现公民住宅安宁权的载体。住宅安宁权所包含的权利内容主要有住宅本身及存放在住宅内的公民财产不受侵犯的权利以及生活在住宅内的公民的人身安全、自由、隐私不受外界干扰的权利。可见,居民住宅关系到每个公民的财产安全和人身安全,而为了更有效地保护公民的居住安全,我国不仅在宪法上明确规定公民享有其住宅不受侵犯的权利,而且在《刑法》第245条专门设置了"非法侵入住宅罪"。这便意味着公民有权合理排除他人非法进入其所居住的"户"内,这是宪法、刑法等法律赋予"户"之居住者的一项排他性权利。所谓排他性,是指居住者对"户"享有占有、使用、支配和自由进出的私人专属权利,任何人未经居住者的允许,不得擅自进出,正如英国一位首相威廉·皮特所言:"风能进,雨能进,国王不能进。"但这里的排他性并不要求公民对"户"拥有绝对的所有权,这与民法意义上的所有权具有的排他性有所区别,只要居住者享有占有、使用住宅的权利即可享有刑法意义上的排他性权利。例如,房东将房屋出租给承租人后,该房屋就成为承租人占有、使用的住宅,此时,房东也只能经过承租人的同意,才能进入此住宅,因此无论是房东还是权利人以外的其他人进入该租赁房屋实施抢劫,当然地构成"入户抢劫"。另外,需要说明的是,这里所指的"占有"并不要求居住者合法占有住宅,即使是他人非法占有、使用的住宅,也可成为"入户抢劫"的对象。因为非法占有的住宅事实上也存在需要保护的生活自由。① 例如，承租人拖欠房租，但仍占有房屋并居住在该房屋内，此时，虽然承租人对房屋的占有属于非法占有，但其他人（包括房东）侵入此"户"进行抢劫的，也应认定为"入户抢劫"。

鉴于上述分析，可以认定被告人朱俊慧非法进入之场所属于"入户抢劫"中的"户"。虽然朱俊慧实施盗窃的场所属李某两兄弟租住的二层民房，李某对该房屋不享有所有权，但其仍对该房屋享有占有、使用的权利，并不影响该房屋具备与外界相对离的封闭性和排他性特征，而且该房屋二楼为李某个人生活起居场所。可见，该房屋具有"入户抢劫"中"户"的三个特征，属于刑法意义上的"户"。

3."入户"的界定

"入户"行为的界定，对于区别"在户抢劫"和"入户抢劫"起着关键作用。实践中"入户"的方式多种多样，例如，使用暴力等手段强行进入、秘密潜入甚至是经过住户的同意而进入等，这是正确认定"入户"行为必须考虑的客观方面因素，与此同时，在主观上也应当对"入户"行为进行必要的限定。

（1）客观上界定

对"入户"行为的界定，客观上要求"入户"行为必须具有非法性。从某种意义上讲，"入户抢劫"是非法侵入住宅罪和抢劫罪的结合，因此，对"入户"行为客观上表现出的非法性之判断依据可以与非法侵入住宅罪的侵入住宅之非法性作同样的理解，即非法性主要表现为：其一，未经允许非法强行进入他人住宅；其二，虽经许可进入他人住宅后，但经要求退出而无故拒不退出。② 从中可以看出，无论是第一种行为人强行进入住宅的行为还是第二种在住宅内滞留拒不退出的行为，其共同点是都违背了居住者的意志，侵犯了居住者的安全感和安全利益。因此，只要行为人未经居住者许可擅自进入或者经被要求退出而拒绝退出，即可认定该行为客观上没有合法依据，属于非法"入户"行为。司法实践中，行为人的非法"入户"方式通常表现为以下两种。

第一，未经权利人同意而借助暴力等手段强行入户。这是在实务中最常见的一种"入户"形式，即直接违背"户"内权利人的意志，侵入住宅实施抢劫，通常表现为采取暴力手段的"入户"和采取秘密手段的"入户"。其中采取暴力手段的"入户"，人和物均可成为犯罪行为人的暴力对象，对人的暴力是指使用暴力、胁迫等能够足以控制被害人意志的行为，而对物的暴力则指的是使用强力排除"户"的封闭性障碍的行为，如撬门破锁，破坏窗户等；采取秘密"手段"的入户，一般是指趁房屋主人尚未发觉之时，秘密进入"户"内的行为，如趁居住者不备，翻窗"入户"，或者趁房门未关严之际推开门"入户"等。无论采用暴力手段还是秘密手段"入户"，两者都是未经居住者同意而非法强行进入"户"内，直接侵犯了居住者的住宅安宁权，必然属于"入户抢劫"中的"入

---

① 参见张明楷：《外国刑法纲要》，清华大学出版社1999年版，第540页。
② 参见高铭暄、马克昌主编：《刑法学》（第3版），北京大学出版社、高等教育出版社2007年版，第541页。

户"。

第二,采用欺诈手段骗取权利人的同意而入户。此种"入户"方式是指行为人采用虚构事实或者隐瞒真相的方法,骗取主人的同意而进入住宅的行为,如冒充亲友、同学、推销产品人员、水电煤气等物业管理人员、军警人员等特殊身份"入户"等。从表面上看,该"入户"行为已经得到了居住者的许可,看似没有违背居住者的意志,但这种所谓的"允许"是由于居住者受到欺诈行为的蒙骗产生错误认识而作出的错误的意思表示,实质上是已经违背了居住者的真实意志。采用这种"入户"方式的行为人通常在"入户"前已经有了犯意,然后以特殊身份作掩护骗取居住者同意而"大摇大摆"地"入户",以此来消除或者减少自己在"户"内实施犯罪的障碍,这其实是以合法"入户"的形式掩盖了实质的犯罪目的。可以说,此时作为犯罪手段行为的"入户"一开始就具有欺骗性、违法性,而且居住者"同意入户"的意思表示也是基于行为人这种欺诈行为而作出的,要是居住者知道真相,肯定积极地反对和排除行为人的"入户"行为。因此,采用欺诈手段骗取居住者的同意而入户的行为实际上也属于违背居住者意志的入户,理应认定为"入户抢劫"中的"入户"。

(2)主观上界定

"入户"行为的界定是一个主客观相统一的过程,只根据"入户"行为客观上表现出的非法性尚且不能认定该行为符合"入户抢劫"中的"入户"行为,还必须在主观上对"入户"行为进行必要的界定,包括两个方面。

第一,主观上"入户"前必须具有实施抢劫等犯罪的故意。

首先,"入户"目的必须具有非法性。有学者认为,不论"入户"前有无犯罪故意,即使在合法入户的情形下,只要行为人入户后在户内实施抢劫的,均构成"入户抢劫"。[①] 笔者认为,这种观点值得商榷。合法"入户"后临时起意抢劫在司法实践中较为常见,例如,到朋友家借钱但被遭到拒绝或者行为人为了追讨债务进入债务人家后因索债不成而突发抢劫等。笔者认为,这种情况是属于"在户抢劫",不能按"入户抢劫"处理。所谓合法"入户"是指,行为人"入户"前没有实施抢劫等犯罪意图,并且以正当理由征得房屋主人的同意后进入"户"内的行为,就是说,"入户"行为是在没有任何犯罪意图下实施的,而且行为人"入户"后的抢劫行为只是利用合法"在户"这一有利的条件,伺机实施的抢劫,"入户"与抢劫之间不存在牵连关系,主观恶性显然轻于直接以抢劫等犯罪目的而入户实施抢劫的情形。但上述论者的观点则不考虑这种区别,只要在户内发生抢劫的就认定"入户抢劫",这就会有客观归罪之嫌,忽略了行为人的犯罪主观因素,既违背了罪刑相适应原则,导致罪刑不均衡,也扩大了打击面,不利于有效惩罚真正的"入户抢劫"罪犯。因此,为了有效打击"入户抢劫",达到罚当其罪的效果,必须强

---

① 参见熊洪文:《再谈对抢劫罪之加重情形的认定》,载《人民检察》1999年第7期。

调"入户"目的具有非法性。值得注意的是,关于入户目的具有非法性的观点,在前述《2005年意见》中也得到了肯定,该意见指出,进入他人住所必须以实施抢劫等犯罪为目的。抢劫行为虽然发生在户内,但行为人不以实施抢劫等犯罪为目的进入他人住所,而是在户内临时起意实施抢劫的,不属于"入户抢劫"。司法解释的这一阐释明确肯定了"入户"前必须持有抢劫等犯罪故意,并强调了"入户"与"抢劫"之间的牵连关系。

其次,"入户"目的不仅限于实施抢劫的故意。根据《2000年解释》第1条的规定,入户抢劫是指为实施抢劫行为而进入他人生活的与外界相对隔离的住所,即该项规定将"入户"前产生的犯意只限定在了抢劫的故意。然而,之后的《2005年意见》对"入户"的目的进行阐释时,在"抢劫"后面加了一个"等"字,即进入他人住所须以实施抢劫等犯罪为目的。这说明,"入户抢劫"目的的非法性内容,除了实施抢劫的犯罪意图,还包括其他非法目的,那么,如何理解这种其他非法目的?是否不管"入户"前的目的如何,只要该目的的内容具有非法性,即可构成"入户抢劫"?笔者认为,从罪刑法定及罪刑相适应的刑法基本原则出发,"入户抢劫"目的其他非法性内容应限于盗窃、诈骗、抢夺。对此问题,可以从以下两个角度作出进一步阐释。其一,就司法解释规定内容上看,《2005年意见》在入户目的非法性表述上,采用了"实施抢劫等犯罪"字样,即从文理解释角度理解,入户目的非法性内容排除一般违法目的。在以实施赌博、卖淫等一般违法行为为目的入户的场合,通常行为人的入户是经过居住者许可的,就是说,由于其入户行为没有违背权利人的真实意志,客观上就不具有非法性,而且其主观上又缺乏侵犯居住者住宅安宁权的故意,这其实与"合法入户后临时起意抢劫"的性质类似,其主观恶性和客观危害显然小于起初就为了实施抢劫等犯罪而入户进行抢劫的行为。因此,以一般违法目的入户后在户内实施抢劫的,应当以普通抢劫罪论处。其二,从体系解释角度分析,出于抢劫目的以外,"入户抢劫"之入户目的还包括盗窃、诈骗、抢夺的故意。《刑法》第269条规定:"犯盗窃、诈骗、抢夺罪,为窝藏赃物、抗拒抓捕或者毁灭罪证而当场使用暴力或者以暴力相威胁的,依照本法第二百六十三条的规定定罪处罚。"这是关于转化型抢劫罪的规定(暂先不讨论如此规定的原因)。因此,从整个刑法体系规范系来看,"入户盗窃、诈骗、抢夺"行为转化为抢劫的,也可以认定为"入户抢劫"。最高人民法院在《2000年解释》和《2005年意见》中对"入户盗窃"转化为"入户抢劫"作出的特别规定以及《2005年意见》在"实施抢劫"后边添加"等"的字样,也正是基于《刑法》第269条的规定,即考虑到以盗窃、诈骗、抢夺为目的入户后因某些特定因素而当场使用暴力等手段时转化为"入户抢劫"的情形。需要指出的是,入户盗窃、诈骗、抢夺之所以能够转化为"入户抢劫",完全是依据《刑法》第269条的拟制性规定;如果没有这一规定,很难将入户时只具有非法占有他人财物故意的盗窃等行为与"入户抢劫"等同起来给予相同评价。因此,笔者认为,出于上述抢劫、盗窃、诈骗、抢夺以外的其他犯罪目的入户后，在户内又萌生抢劫的犯意继而实施抢劫的，这实际上是数个不同犯意的支配下实施的数个彼此独立的行为，按照主客观相统一原则，根据具体案情，应当以触犯的相应犯罪和普通抢劫罪实行数罪并罚，而不宜认定"入户抢劫"。值得注意的是，关于"入户"的目的，最高人民法院2016年发布的《关于审理抢劫刑事案件适用法律若干问题的指导意见》(以下简称《2016年指导意见》)第2条、第3条分别指出："以侵害户内人员的人身、财产为目的，入户后实施抢劫，包括入户实施盗窃、诈骗等犯罪而转化为抢劫的，应当认定为'入户抢劫'"；"入户或者在公共交通工具上盗窃、诈骗、抢夺后，为了窝藏赃物、抗拒抓捕或者毁灭罪证，在户内或者公共交通工具上当场使用暴力或者以暴力相威胁的，构成'入户抢劫'或者'在公共交通工具上抢劫'"。《2016年指导意见》的这一阐释明确肯定了"入户"的目的不仅限于实施抢劫的故意，而且将"入户抢劫"之入户目的除抢劫以外，严格限定为盗窃、诈骗、抢夺的故意。

第二，主观上对"户"有明确的认识。

有观点认为，关于"入户抢劫"的主观评价，主要考虑行为人"入户"时的目的和动机，而不需要行为人对"户"有明确的认识。笔者对此有不同的看法。"入户"作为"入户抢劫"的手段行为，是影响量刑轻重的重要情节，也可以说就是因为"入户"这一情节的加入，抢劫行为适用的法定刑直接升格为10年以上有期徒刑、无期徒刑甚至是死刑。因此，从犯罪故意的规范意义上去阐释"故意"的"入户抢劫"时，不能单纯地理解为"入户"前有实施抢劫等犯罪的故意，而是要求行为人对其进入之场所为"户"必须具有犯罪故意概念意义上的"明知"。"明知"作为"入户"行为的主观认识因素，从认识因素角度体现行为人较普通抢劫罪更大的主观恶性，即行为人明知进入之场所系"户"，但为了抢劫，仍选择非法进入。从《2005年意见》关于"户"的范围的规定上看，一般情况下，不能认定为"户"的集体宿舍、宾馆等场所，在同时具备"户"的功能和场所特征的情形下，也完全可以认定为"户"。因此，现实生活中，确实不能排除一些特殊情况的发生，例如，行为人进入上述通常情况下不认为"户"的场所并实施抢劫，但有充分的证据证明其主观上确信该场所并不属于"户"(事实上这个场所已具备了两个特征，根据司法解释规定，可以认定为"户")，就是说，虽然客观上进入"户"内抢劫，但行为人主观上缺乏对"户"实施抢劫的故意，此时，仍将该抢劫行为认定为"入户抢劫"处以较重刑罚，显然不合理，与主客观相统一原则相违背。

当然，以上的分析仅限于实体法的角度，程序上如何认定对"户"的明知？由于"明知"是作为行为人的主观认识因素而存在的，若按照一般证据规则，公诉机关难以证明被告人对"户"具有明知的主观认识，但可以运用举证责任倒置的方法解决这一举证难的问题。即当被告人为了抢劫等犯罪目的非法进入客观上属于"户"的场所并实施了抢劫时，公诉机关基于这一入"户"抢劫的客观行为，可以直接推定被告人主观上对"户"具有明确的认识，这是因为通常情况下，行为人是进入"户"内实施抢劫的，根据生活经验和常识,该行为人抢劫当时基本能够对"户"的属性作出准确的判断,即便入"户"之前对其属性缺乏认识,但入"户"之后对其进入之场所是否为"户"应该具有较为准确的认识。倘若被告人辩解对自己进入之场所系"户"确实缺乏认识意识,自己自始至终不具有抢劫"户"的心态,那么被告人对其辩解内容承担相应的举证责任,也就是说,被告人通过合理辩解可以反驳公诉机关推定的事实。

4."抢劫"行为的认定

"入户抢劫"实际上由作为手段行为的入户行为和作为目的行为的抢劫行为组成,二者紧密结合、缺一不可。所以,具体认定"入户抢劫"时,仍需要正确理解和把握"抢劫"行为。"入户抢劫"作为一种抢劫罪的加重处罚情节,其"抢劫"行为不仅具备了以暴力、胁迫或者其他使被害人不能反抗的方法,当场劫取财物的普通抢劫的一般特征,而且在抢劫地点和对象方面存在不同特征。下面主要围绕"入户抢劫"中"抢劫"行为地点及对象进行具体探讨和分析。

(1)"抢劫"行为的地点

抢劫行为必须发生在户内。抢劫行为本身实质上是一种双重行为,是由暴力、胁迫或者其他使被害人不能反抗的方法行为和当场劫取财物的目的行为构成。那么,这种"当场"在"入户抢劫"中如何体现,即"入户抢劫"作为在"户"内实施的抢劫,是否要求其暴力、胁迫等行为和取财行为均发生在"户"内?笔者认为,答案是肯定的,"入户抢劫"中的"抢劫"行为必须发生在户内。首先,"入户抢劫"之所以成为普通抢劫罪的加重处罚情形,是因为其抢劫地点的特殊性,即抢劫发生在"户"中,而所谓抢劫,就是使用暴力、胁迫等方法,当场强行取得财物的行为。因此,暴力、胁迫等方法行为必须发生在"户"内,而且抢劫行为又强调行为人在实施暴力的当场取财,这使得取财行为的地点也限定在了"户"内。其次,从立法本意出发,立法者加重处罚"入户抢劫"主要是因为,"入户抢劫"严重破坏了人们对家的安全感和对社会治安的信赖底线。"户"作为保护公民财产安全和人身安全的最后屏障,"户"内财产权和人身权一旦遭到侵犯,其所产生的社会危害性远比在"户"外遭抢时大。《刑法》对"入户抢劫"设置10年以上有期徒刑直至死刑量刑幅度的原因就在于该犯罪侵犯了公民"户"内的财产权和人身权,这便意味着侵犯人身权的暴力、胁迫等行为和侵犯财产权的取财行为都必须发生在"户"内。

在具体认定"入户抢劫"时,对"暴力、胁迫等行为必须发生在户内"和"取财行为发生在户内"不能进行过于狭窄的解释。

第一种情形是,暴力、胁迫等行为发生在户外,到"户"内取得财物。司法实践中,有的行为人在户外对被害人实施暴力、胁迫等行为后,到"户"内完成取财行为。如果行为人的暴力行为发生在户外,并结束于户外的,如将被害人诱骗至户外对其实施暴力等,然后自己持着被害人钥匙,回到被害人住所窃取财物,或者在户外趁被害人开门之际,打倒被害人而进入室内取财等,不构成"入户抢劫",因为行为人的施暴行为已经停止在户外,虽然取财行为发生在户内,但行为人没有实际侵害"户"内居民的人身安全和自由,与加重处罚"入户抢劫"立法本意不符。但如果行为人的暴力、胁迫等行为发生在户外,并持续到户内,侵犯"户"内居民的人身权利的,应认定为"入户抢劫",通常这一情形表现为,行为人先在户外对被害人实施暴力、胁迫等行为,然后跟踪或者挟持被害人到其家中取财。此时,暴力、胁迫等行为作用空间从"户"外延伸到"户"内,是处于一种持续的状态。就是说,入户后被害人仍受行为人的牵制,所以,也应认定为"暴力、胁迫等行为发生在户内"。

第二种情形是,暴力、胁迫等行为发生在户内,到"户"外取得财物。实践中有行为人入户对被害人采用暴力、胁迫等行为后,由于被害人的钱存放在银行或者车放在户外,没有在"户"内取得财物,而挟持被害人一同到"户"外取财或者直接取得车钥匙将停放在"户"外的车开走,这种取财行为似乎看起来发生在"户"外,但实际上也应认定为"户"内取财行为。在银行等"户"之外的其他地方存放的钱财,虽然不是在"户"内,但被害人通过手持银行卡和密码或者汽车钥匙等方式对这些财产实施控制,而且银行卡等这些要么被害人随身携带,要么放置在"户"中,所以,只要行为人在户内从被害人身上获取这些信息或者工具,就可以认为间接取得了被害人的财物。之后,出于怀疑被害人提供信息的正确性,强迫被害人陪同到"户"外银行取款行为,可以看作取财行为从"户"内延续到"户"外,仍是一种取财行为发生在"户"内的情形。

(2)"抢劫"行为的对象

行为人非法进入居民住宅后对在其中的非住户成员实施抢劫的,能否认定为入户抢劫? 司法实践中,关于入户抢劫非住户成员的情形通常有以下两种,一种是行为人非法"入户"后,不问青红皂白就对"户"内人员实施抢劫,只是恰巧被抢劫的对象是非住户成员。另一种情形是行为人以抢劫居民住户中特定的非住户成员为目的,"入户"后也是只针对该非住户成员实施抢劫的。

笔者认为,第一种情形应当按照"入户抢劫"处理,理由是:首先,实务中大多数情况下,"入户"实施抢劫的行为人"入户"后对其抢劫的对象是否为该"户"家庭成员是不易准确辨认的,因此只要当时在"户"内的人员均可能成为该行为人抢劫的对象。例如,行为人"入户"前原本目标是抢劫"户"内家庭成员,然而,"入户"后基于对抢劫对象的判断错误,实际上抢劫了非住户成员。对于这类案件,完全可以按照刑法学关于"同一构成要件内的认识错误"的理论来解释,行为人以"入户"抢劫户内成员的目的进入住宅后把非住户成员当作户内家庭成员而实施抢劫的,属于对犯罪构成要件以外的事实情况的错误认识①,这种对具体目标的错误认识并不影响行为人的刑事责任,仍应

---

① 参见高铭暄、马克昌主编:《刑法学》(第3版),北京大学出版社、高等教育出版社2007年版,第135页。

以"入户抢劫"追究行为人的刑事责任。其次,《刑法》将"入户抢劫"法定刑升格的立法本意是严厉打击侵犯或者威胁公民在"户"内的财产权和人身权的罪行。在认识错误的场合,虽然被抢劫的是非住户成员,但由于被抢行为发生在居住者的户内,该住户成员的"户"内财产权和人身权不可避免地受到威胁。因此,如果行为人非法"入户"后不分青红皂白地见人就抢,不管实际上遭抢劫的对象是谁,都应认定为"入户抢劫"。

至于第二种情形,司法实践中也时常发生,这里试举一个实例:被告人吴某等三人于1998年某日,经合谋后窜至居民季某家,谎称正在季某家做油漆工的安徽籍老乡周某欠其人民币1 000元未还。吴某等人对周某的胸、腿部拳打脚踢;另一被告人以语言相威胁,逼迫周某交出钱款。后周某向季某借得人民币1 000元交给吴某。三名被告人劫得钱财后,在逃逸途中被公安人员抓获。此案在审理过程中,对三被告人的行为构成抢劫罪是没有异议的,但三人行为是否属于"入户抢劫"则存在两种不同观点。一种意见认为,三人在居民住所内实施抢劫,不论是针对家庭成员还是家庭成员之外的其他特定人员抢劫,都应认定为"入户抢劫";另一种意见则认为,由于三人主观上只有对正在他人家中工作的油漆工实施抢劫的故意,进入该居民住宅后,客观上也只针对户内的油漆工实施抢劫,并没有对该居民一家实施抢劫行为,在场的该户居民甚至也没有感觉到自己住宅安全遭威胁,所以应按照主客观相统一原则,三被告人的行为不宜认定为"入户抢劫"。法院二审判决最后采纳了第二种观点。①

笔者也基本赞同第二种观点,但需要补充的前提是,当住户居民和非住户成员一起在场时,需要住户居民不知道非法进入其住所内的行为人是为了对非住户成员实施抢劫;如上述案件中,住户居民季某始终认为三被告人只是为了讨债而对被害人拳打脚踢,并不知道被害人被抢劫之实情。如果一同在场的住户居民知道行为人在自己住所内对非住户成员实施抢劫,那么,目睹整个抢劫过程的该户居民会感到自己居住安全遭受抢劫的侵犯或者威胁,即使该行为人最终没有对该户居民实施抢劫,但其在该户居民住所内的抢劫行为对该户居民的人身和财产安全所造成的威胁,与直接针对"户"内成员实施抢劫的情形在客观危害性方面并无实质上的区别。同时,行为人"入户"前了解自己所进入之场所属于他人住所,而且对自己进入该住所后抢劫非住户成员的行为可能侵犯该户居民之居住安全的结果也有一定的认识,但该行为人仍决意选择入户并在该户居民的目睹下实施抢劫,说明其主观上是放任这种危害结果的发生;也即是说,无论从客观危害性还是主观恶性方面考虑,将其认定为"入户抢劫"都是符合立法本意的。因此,笔者认为,当只有非住户成员一人在场时,行为人以抢劫该非住户成员为目的,"入户"实施抢劫,或者住户居民和非住户成员同时在场且该户居民不知道在自己住所内非住户成员遭受抢劫的情形下,才能排除"非住户成员"作为"入户

---

① 参见毛国芳:《是入户抢劫还是一般抢劫?》,载《人民司法》1999年第5期。

抢劫"对象的适用。

(二)转化型"入户抢劫"的认定

转化型抢劫是一种特殊形式的抢劫罪,其特殊性在于它并不直接以抢劫的故意采用暴力、胁迫或者其他方法排除被害人反抗后再劫取财物,而是先以盗窃、诈骗、抢夺的故意实施夺取财物的行为,但由于行为被人发现后为了窝藏赃物、抗拒抓捕或者毁灭证据而当场使用暴力或者以暴力相威胁的行为。可见,转化型抢劫与普通抢劫虽然在犯罪行为表现上具有类似性质(两者都有暴力行为和取财行为,只是发生顺序不同),但在行为人主观恶性表现上存在较大差异,与转化型抢劫相比较而言,直接具有抢劫故意的普通抢劫的主观恶性更大。但是,从保护法益的目的出发,立法机关通过《刑法》第 269 条的规定,给予了转化型抢劫与普通抢劫相同的评价,这属于一种法律拟制性规定,即出于某种目的将原本不同的行为按照相同的行为处理,其特点是对 A 的行为赋予与 B 相同的法律效果,从而指示法律适用者对 A 适用 B 的法律规定。① 另外,普通盗窃、诈骗、抢夺行为之所以转化为抢劫罪,主要原因是行为人在实施先前行为的基础上,为了窝藏赃物等而当场使用的暴力或者以暴力相威胁的行为,不仅不能排除行为人非法占有财物的故意,而且从整个行为的性质上看,已经超出了先前行为仅限于侵犯财产权的属性,即行为人实施暴力等的行为,同时侵犯了他人的人身权。所以,整个行为结构可以被抢劫罪构成要件所包容。那么,转化型抢劫在"入户"情形下该如何认定,即应该认定为普通抢劫罪还是按照"入户抢劫"来加以处理?下面就这一问题展开分析。

1.转化型"入户抢劫"的定性

(1)转化型"入户抢劫"的先前行为是否仅限于入户盗窃

前述《2000 年解释》和《2005 年意见》都只强调了入户盗窃可以转化为"入户抢劫",而未提到入户诈骗和入户抢夺符合构成要件时可否转化,但这并不意味着有意排斥入户诈骗、抢夺,禁止其转化为"入户抢劫"。虽然入户诈骗、抢夺在现实生活中发生概率远比入户盗窃小,而且实务中转化型"入户抢劫"基本都由盗窃转化而来,但"小"并不意味不存在。也就是说,我们在解释"入户抢劫"的规范时,不应该混淆"符合规范的常见事实"和"规范能够评价的全部事实"。如果认为刑法规范所描述的事实就是自己所熟悉的事实,那么,必然使规范处于封闭状态,从而使我们并不熟悉,但却属于规范评价的事实错误地被遗漏。② 司法解释通常有两种:一种是补充性的,另一种是提示性的。司法解释的功能永远只是对既有规范作出阐释,假如司法解释对某个规范进行周延的阐释,那么,对规范的理解就不能超越司法解释明确规定的范围,但如果司法解释对某个规范进行的阐释并不周延,那么在司法解释规定的内容之外,只要能够为规

---

① 参见张明楷:《刑法分则的解释原理》(下册)(第 2 版),中国人民大学出版社 2011 年版,第 631—633 页。
② 参见张明楷:《刑法分则的解释原理》(下册)(第 2 版),中国人民大学出版社 2011 年版,第 8—9 页。

范所涵盖的情形,仍应对该规范进行积极的阐释。① 显然,上述关于"入户盗窃"的司法解释并不属于周延的阐释,规定"入户盗窃"是提醒人们注意此类情形的存在,而且在针对性很强的司法解释中之所以没有涉及入户诈骗、抢夺,也可被认为是受到其自身所解决问题的重心所限。所以,不应以上述两项司法解释的规范缺失为由,否认入户诈骗、抢夺行为转化为"入户抢劫"的可能性。值得注意的是,笔者上述意见在《2016年指导意见》中得到了肯定,该规定明确指出:入户或者在公共交通工具上盗窃、诈骗、抢夺后,为了窝藏赃物、抗拒抓捕或者毁灭罪证,在户内或者公共交通工具上当场使用暴力或者以暴力相威胁的,构成"入户抢劫"或者"在公共交通工具上抢劫"。

(2)转化型"入户抢劫"的成立条件

《刑法》第269条是法律拟制性规定,基于该规定,《2000年解释》和《2005年意见》中关于"入户盗窃"转化为"入户抢劫"的规定,当然也是一种法律拟制,即立法者和司法者通过法律将原本不属于"入户抢劫"的行为赋予了"入户抢劫"的法律效果。这说明,此种"入户抢劫"与直接出于抢劫的目的入户实施抢劫的一般"入户抢劫"在构成上会存在一些不同特征,即转化型抢劫在入户情形下成立"入户抢劫"应当具备以下几个条件。

第一,前提条件。

行为人必须先实施入户盗窃等先前行为,这是转化型抢劫在"入户"情形下构成"入户抢劫"的前提条件。但关于这些先前行为,需要明确以下几个问题。

其一,先前行为是否必须构成犯罪?根据《刑法修正案(八)》的规定,入户盗窃不受次数和数额的限制,只要实施入户盗窃行为,即可认定为"盗窃罪",而对于入户诈骗、抢夺,《刑法》仍将其取得财物"数额较大"作为成立犯罪的要件,那么,作为转化型"入户抢劫"前提条件的入户诈骗、抢夺行为,是否必须达到"数额较大"的成立犯罪的标准呢?笔者认为,只要行为人有诈骗、抢夺犯罪的故意并且实施了入户诈骗、抢夺的行为,不管其占有的财物数额多少,即可满足转化为"入户抢劫"的前提条件。这是因为,①从普通"入户抢劫"的构成要件上看,财物数额大小并不影响其犯罪的成立,而转化型"入户抢劫"与普通"入户抢劫"所体现的行为性质和危害后果基本相当,若要求转化型"入户抢劫"之先前行为必须达到"数额较大"标准,那么,将会导致转化型"入户抢劫"与普通"入户抢劫"在定罪基础上严重失衡,不利于刑法规范内部罪刑的协调。②若先前行为未达到"数额较大"标准,将把入户实施诈骗、抢夺,为窝藏赃物、抗拒抓捕或者毁灭证据而当场使用暴力造成被害人伤害或者死亡的情形认定为故意伤害罪或故意杀人罪,那么,不仅无法真实地反映这类案件本来具有的特点和危害性质,而且

---

① 参见肖中华:《论"入户抢劫"的司法认定》,载赵秉志主编:《刑法评论》(第9卷),法律出版社2006年版,第214—216页。

尤其是在致被害人重伤、轻伤时,量刑上会出现重罪轻判的现象,有失公允,因为根据《刑法》的规定,"入户抢劫"的法定刑是10年以上有期徒刑、无期徒刑直至死刑,而故意伤害致人轻伤和重伤的,最高法定刑分别也只是3年和10年的有期徒刑;③《2005年意见》第5条关于转化犯的规定中明确指出,即使行为人的先前行为没有达到数额较大标准,如果行为人前后实施的整个行为所造成的社会危害性已经达到犯罪程度的,也完全可以转化为抢劫罪。

其二,先前行为是否必须达到既遂状态?有学者认为,先前行为必须达到既遂状态即非法占有财物之后,行为人基于特定目的又当场使用暴力或以暴力相威胁的才能转化。① 但笔者不赞同此种看法。行为人着手实施先前行为,不管其先前行为是否构成犯罪既遂,即使在未能实际占有财物,构成犯罪未遂的情形下,如果行为人基于窝藏赃物等目的使用的暴力或者以暴力相威胁行为达到犯罪程度的,也应当转化为"入户抢劫"。否则,司法实践中可能会出现不合理的现象。例如,行为人先前盗窃行为未能得逞,因拒捕而使用的暴力造成被害人伤害或者死亡的,以盗窃罪未遂与故意伤害罪或故意杀人罪实行数罪并罚,这不仅很难反映犯罪本来的性质,而且更难以反映后实施的侵犯人身权行为与先实施的盗窃行为之间的联系,既不利于准确有力且适当地惩罚犯罪②,也不符合立法本意。其实,这与盗窃罪既遂的情形下直接转化为入户抢劫的情况,在犯罪构成上没有什么实质的区别,两种情况都侵犯了被害人的人身权和财产权,没有必要定罪上如此差别对待。

另外,对于先前行为构成预备或者中止的,不能转化为"入户抢劫"。之所以将入户实施的先前的盗窃行为转化为"入户抢劫",是因为后实施的暴力、胁迫等方法窝藏赃物、抗拒抓捕、毁灭罪证的行为,并不能排除行为人非法占有被害人财物的故意,这种侵犯他人人身和财产的故意及行为,已经符合抢劫罪的构成要件。而先前行为处于预备阶段时,行为人尚未着手实施入户盗窃、诈骗、抢夺行为,仅具有非法占有他人财物的意图,至于是否发展成非法占有的故意尚不明确,所以此时不能转化为"入户抢劫"。对于作为先前行为的盗窃等处于犯罪中止形态的来说,行为人在实施后行为之前,就自动完全、彻底地放弃了先前盗窃等犯罪,这说明之前具有的非法占有他人财物的故意也随之消失;即使在放弃盗窃等行为之后,行为人离开时,为了抗捕、毁证而当场使用暴力或者以暴力相威胁的,也只是为了逃离现场。所以,应根据主客观相统一原则,实施暴力等行为尚未构成犯罪的,以盗窃、诈骗、抢夺罪中止论处;构成犯罪的,以盗窃、诈骗、抢夺罪(中止)与故意伤害罪或者故意杀人罪,实行数罪并罚。这样可以区别于先前行为构成未遂的情况,能够正确地反映犯罪性质和揭示行为人主观故意内容的变化。

---

① 参见甘雨沛、杨春洗、张文主编:《犯罪与刑罚新论》,北京大学出版社1991年版,第655页。
② 参见赵秉志:《侵犯财产罪》,中国人民公安大学出版社2003年版,第114页。

第二,客观条件。

根据司法解释的规定,行为人在实施先前行为之后,还必须满足客观条件,即"当场使用暴力或者以暴力相威胁",这又是先前行为转化为"入户抢劫"的关键所在。这一客观条件可以分为以下两个内容。

其一,行为条件,即使用暴力或者以暴力相威胁的行为。分析行为条件,主要解决的问题是,如何理解和把握暴力或者以暴力相威胁的程度。通常情况下,行为人实施的暴力程度的不同,可能对被害人人身造成的伤害程度,存在较大的差别,轻者只有皮肉之痛,重者可致人重伤甚至是死亡。关于暴力达到何种程度才能定抢劫罪,各国和地区有不同的规定,如《俄罗斯刑法典》第 162 条规定的"使用危及生命、健康的暴力,或以此种暴力相威胁而进行的侵袭",它规定暴力须是"危及生命、健康"的暴力;《日本刑法典》虽无明文规定,但其现代刑事判例表明,抢劫罪中的暴力、胁迫必须达到压制任何相对人抵抗的程度[1];我国台湾地区"刑法"规定限于"足以使被害人不能抗拒的程度"。而《刑法》并未对暴力及胁迫行为的程度作任何限制,这也使得理论和实务界对此问题存有不同的见解,但学者指出"暴力或者以暴力相威胁,只要达到被害人恐惧、反抗能力受到一定程度的抑制即可"[2]。笔者认为,这种观点较为可取,但如何具体把握"达到被害人恐惧、反抗能力受到一定程度的抑制"?不可否认,同样强度的暴力或者以暴力相威胁的行为,对不同的人可能产生不同的作用。对此,主观说认为应当以被害人的主观状态为基准,而客观说则认为,应当以一般人的主观状态为基准,只要暴力或者以暴力相威胁的行为确实足以抑制一般人的反抗即可。笔者认为,客观说较为合理,如果按照主观说将以被害人承受能力的大小决定行为是否构成抢劫罪,会导致评判标准不一,难以做到公平、公正。因此,首先应着眼于暴力或者以暴力相威胁行为本身的客观性质,再结合被害人、行为人的具体情况和各种因素,按照社会一般人的观念,若该暴力或者以暴力相威胁的行为足以使一般人陷入不敢反抗或者不能反抗的状态,就可认为其达到了转化为"入户抢劫"的暴力、胁迫程度。

其二,时空条件,即暴力或者以暴力相威胁的行为必须在"当场"实施。前文已述,"入户抢劫"中"抢劫"行为必须发生在户内,那么,作为取财行为在先,暴力行为在后的转化型"入户抢劫"的暴力或者以暴力相威胁的行为也是否限定在"户"内呢?

依照《2005 年意见》第 1 条的规定,入户实施盗窃被发现,行为人为窝藏赃物、抗拒抓捕或者毁灭罪证而当场使用暴力或者以暴力相威胁的,暴力或者以暴力相威胁的行为发生在户内,才可以认定为"入户抢劫"。可见,成立转化型"入户抢劫"也要求暴力或者以暴力相威胁行为在取财行为的当场——"户"内实施。如何理解"当场",是正确判断先前入户盗窃等转化为"入户抢劫"犯罪的关键所在。对于《刑法》第 269 条转化

---

[1] 参见〔日〕木村龟二主编:《刑法学词典》,顾肖荣等译,上海翻译出版公司 1991 年版,第 694 页。
[2] 赵秉志主编:《新刑法教程》,中国人民大学出版社 1997 年,第 626 页。

型抢劫的"当场",在《2016年指导意见》中明确规定:"当场"是指在盗窃、诈骗、抢夺的现场以及行为人刚离开现场即被他人发现并抓捕的情形。就是说,暴力或者以暴力相威胁的行为只要与先行的盗窃、诈骗、抢夺行为在时间上前后连续而不间断,暴力或者以暴力相威胁的行为发生地点可以是实施盗窃等行为的现场,也可以是先前行为地点的延展。①

但对转化型"入户抢劫"的"当场"应当结合典型"入户抢劫"的规定,予以正确理解。《刑法》之所以将"入户抢劫"作为抢劫罪的加重处罚情形,是鉴于发生在特定场所的犯罪行为以及其具有的特定的社会危害性,即只有在户内这一特定场所实施的抢劫行为或者转化型抢劫行为,才具有"入户抢劫"特定的社会危害性,才能适用"入户抢劫"的量刑配置,否则就有悖于罪刑相适应原则。因此,转化型"入户抢劫"不仅要求暴力或以暴力相威胁的行为的实施与前行为时空上紧密相连,而且该空间范围只限于"户"内,不允许"户"以外的延续,简言之,转化型"入户抢劫"的当场仅限于"户"内的当场,而排除逃至"户"外使用暴力或者以暴力相威胁的情形。

第三,主观条件。

转化型"入户抢劫"的主观条件内容具有双重性,一是行为人入户盗窃、诈骗、抢夺时主观上具有非法占有他人财物的目的;二是被发现后,实施的暴力或者以暴力相威胁的行为是出于窝藏赃物、抗拒抓捕或者毁灭罪证的目的。可见,此类转化型抢劫虽然按照"入户抢劫"定罪量刑,但在主观方面始终没有抢劫的故意内容。但实践中,也有人将《2005年意见》中的"入户盗窃"理解为行为人实施入户盗窃时,主观上具有"能偷就偷、不能偷就抢劫"的抢劫的概括故意,如果入户前根本不存在此种意图,即便入户盗窃转化为抢劫的,也只能按照普通抢劫罪处理。这种理解显然不合逻辑。《2005年意见》关于"入户盗窃"转化为"入户抢劫"的规定的法律依据是《刑法》第269条,而该条并不要求行为人在实施盗窃、诈骗、抢夺行为时具有抢劫的概括故意;如果行为人主观上本来具有抢劫的概括故意,那么完全可直接认定为"入户抢劫",而法律设置转化型"入户抢劫"显然是多余的。

还需要注意的是,并非所有入户实施盗窃、诈骗、抢夺过程中使用暴力或者以暴力相威胁的行为都可定为转化型"入户抢劫"。第二个使用暴力等的目的也受转化型抢劫罪主观条件的限制,即"为窝藏赃物、抗拒抓捕或者毁灭罪证"而当场使用暴力或者以暴力相威胁。如果行为人户盗窃、诈骗、抢夺过程中,被人发现后不是出于窝赃、抗捕、毁证的目的,而是当场使用暴力或者以暴力胁迫手段继续夺取财物的,则可直接认定为"入户抢劫"。因为行为人已由起初的秘密窃取、诈骗、抢夺转为公然抢劫,而且从整体客观行为表现上看,可以判断行为人入户前就具有一种"能偷就偷、不能偷就抢"

---

① 参见罗苓宁、查志刚:《试论转化型抢劫罪的认定标准》,载《武警学院学报》2004年第1期。

的抢劫在内的概括故意,完全具备了典型"入户抢劫"的构成要件。但行为人实施入户盗窃等后,非出于上述目的对他人使用暴力或者以暴力相威胁的,不构成转化型"入户抢劫"。例如,入户盗窃得手后,为了灭口当场杀害被害人的,应以盗窃罪和故意杀人罪实行数罪并罚,而不能定"入户抢劫"。

3. 司法解释相关规定及适用

(1) 关于转化型"入户抢劫"的司法解释规定比较

比较《2000年解释》与《2005年意见》关于入户盗窃转化为"入户抢劫"问题的规定,便可发现《2000年解释》对于入户盗窃被发现而当场使用暴力或者以暴力相威胁的,采取的处断原则是"应当认定为入户抢劫",而《2005年意见》采取的处断原则是"可以认定为'入户抢劫'"。另外,《2000年解释》没有限制暴力或者以暴力相威胁的行为发生在户内,而《2005年意见》对此作了严格限制。根据司法解释竞合原则,对入户盗窃并在户内使用暴力或者以暴力相威胁的行为的认定应适用《2005年意见》的规定。根据此规定,在具体司法实务中,法官对最终认定"入户抢劫"与否具有一定的裁量权。鉴于实践中抢劫犯罪的情况比较复杂,在立法技术上采用这样的规定模式并无不妥,也不与罪刑法定原则相悖。毕竟,实践中存在行为人入户盗窃不仅没有取得财物,而且其户内暴力行为也未造成被害人伤害的情节显著轻微,危害不大的情形,如果仍对这类行为以"入户抢劫"处以10年以上有期徒刑,有悖于罪责刑相适应原则。然而,至于在何种情况下法官应当认定行为构成"入户抢劫",司法解释没有作出进一步的阐释,笔者建议,入户实施盗窃等后在户内实施的暴力或者暴力胁迫行为在出现以下结果之一的情况下,可以认定为"入户抢劫":一是实际取得的财物数额较大;二是使用暴力或者以暴力相威胁造成被害人轻微伤以上后果的;三是有其他严重情节的。

(2) 关于《2005年意见》第5条规定的适用

关于转化型抢劫的认定问题,《2005年意见》第5条规定:"行为人实施盗窃、诈骗、抢夺行为,未达到'数额较大',为窝藏赃物、抗拒抓捕或者毁灭罪证当场使用暴力或者以暴力相威胁,情节较轻、危害不大的,一般不以犯罪论处;但具有下列情节之一的,可依照刑法第二百六十九条的规定,以抢劫罪定罪处罚:(1) 盗窃、诈骗、抢夺接近'数额较大'标准的;(2) 入户或在公共交通工具上盗窃、诈骗、抢夺后在户外或交通工具外实施上述行为的;(3) 使用暴力致人轻微伤以上后果的;(4) 使用凶器或以凶器相威胁的;(5) 具有其他严重情节的。"

值得注意的是,该条第(二)项情节只规定了入户盗窃、诈骗、抢夺(未达数额较大标准)后在户外使用暴力或者以暴力相威胁来窝藏赃物、抗拒抓捕、毁灭罪证的行为应当转化为抢劫罪,至于入户盗窃、诈骗、抢夺后在户内使用暴力或者以暴力相威胁的行为如何处理,是同样转化为抢劫罪,只按照普通抢劫罪定罪处罚,还是转化为抢劫罪并成立"入户抢劫",《2005年意见》并没有作出明确的规定。其实,在现实生活中,行为人入户实施盗窃等(未窃取财物或者窃得财物数额未达到"数额较大")后在户内当场使用暴力或者以暴力相威胁的情形,比起在户外使用暴力或者以暴力相威胁的情形更为常见多发,所以《2005年意见》这种不明确的规定,往往会导致司法实践无所适从,容易造成司法混乱。对此,有论者认为,行为人入户实施盗窃、诈骗、抢夺他人财物,尚未构成犯罪,为窝赃、抗捕、毁证而当场使用轻微暴力或者以暴力相威胁,既未取得财物,也未造成他人伤害后果时,按照《2005年意见》的规定,将"入户"既作为对盗窃等行为转化为抢劫罪的定罪要素,又作为转化型抢劫罪成立之后加重处罚的量刑情节而再认定为"入户抢劫",则实际上对"入户"行为作了重复评价,违反了刑法禁止重复评价原则。①

笔者认为,这种观点值得进一步研究。在行为人入户盗窃(尚未得手或者未达到"数额较大")被发现后为窝赃、抗捕或者毁证而当场使用暴力或者以暴力相威胁,情节较轻、危害不大的情形下,由于"入户"这一情节的加入而使得一般盗窃行为转化为抢劫罪,但《2005年意见》第5条第(二)项规定的情节是入户或盗窃、诈骗、抢夺后在"户外"实施上述行为的,而对"户"内使用暴力或者以暴力相威胁的行为,并没有作出明确的规定。先前的"入户盗窃"行为之所以能够转化为"入户抢劫",是因为从整个行为的性质上看,行为人前后实施的整个行为已经超出了先前行为仅限于侵犯财产权利的属性,即行为人在户内实施暴力等行为,同时侵犯了他人在户内的人身权,客观危害程度与主观恶性上与典型的"入户抢劫"没有实质的差别,而且这样的处理也符合"入户抢劫"的立法本意。因此,"入户"作为一般盗窃行为转化为抢劫的严重情节,实际上只被评价了一次,之后之所以成立"入户抢劫"是因为其在"户"内实施暴力等行为所致,并不存在将"入户"既作为定罪情节又作为加重处罚的量刑情节重复评价的问题。

仔细观察《2005年意见》第5条规定,不难发现,该规定采取的处断原则是"一般不以犯罪论处""可依照刑法第二百六十九条的规定,以抢劫罪定罪处罚",这表明司法解释赋予法官一定的自由裁量权。笔者建议,对于行为符合《2005年意见》第5条前半段规定情形的,应当根据其是否具有严重情节而区别对待:①行为人在入户实施盗窃、诈骗、抢夺(尚未得手或者未达到"数额较大")被发现后为窝赃、抗捕或者毁证而当场仅以轻微暴力相威胁,且未造成被害人伤害的,根据《刑法修正案(八)》和司法解释的规定,对于入户盗窃行为,以盗窃罪论处,而对于入户诈骗、抢夺行为,则不以犯罪论处。②行为人入户实施盗窃、诈骗、抢夺(尚未得手或者未达到"数额较大"),为窝藏赃物、抗拒抓捕或者毁灭罪证当场使用暴力或者以暴力相威胁,情节较轻且未造成被害人轻微伤以上后果的,以抢劫罪论处更为宜。③除上述两种情形之外,行为人入户盗窃、诈骗、抢夺后在户内实施上述行为的,先前行为不仅转化为抢劫罪,而且同时可以认定为

---

① 参见谢志刚:《"入户抢劫"研究》,内蒙古大学2009年硕士学位论文。

"入户抢劫"。

4. 朱俊慧抢劫案是否构成转化型"入户抢劫"

朱俊慧抢劫案中,被告人朱俊慧的行为已具备了转化型"入户抢劫"的成立条件,即被告人的先前行为为入户盗窃,并在盗窃过程中被下班回来的被害人李某发现,为了抗拒抓捕在"户"内当场对李某拳打脚踢。虽然对这一事实,被告人朱俊慧在整个审判过程中都予以否认,但被害人李某的陈述及证人邓庆波、陈国华、周增光的证言均能够证明被告人朱俊慧有暴力抗拒抓捕的行为,之后二审也确认了上述证据均系合法取得,并能相互印证,而且与被告人朱俊慧在侦查阶段供述自己抗拒抓捕的事实也相互吻合,故这些证据足以证实被告人朱俊慧实施暴力抗拒抓捕的事实。

但朱俊慧抢劫案的一审判决和二审裁定,将朱俊慧的行为定性为抢劫罪,不认定其属于"入户抢劫"。一审判决的理由是:"盗窃公民财物,为抗拒抓捕而当场使用暴力,侵犯公民的人身权利和财产权利,其行为已构成抢劫罪。"不难发现,一审判决最后对该案作出定性时,对"入户"这一情节没有作出任何评价,只是按照《刑法》第269条一般转化型抢劫罪定罪处罚。相比之下,二审的裁定理由更明确一些,认为:"被告人朱俊慧入户实施盗窃被发现,为抗拒抓捕而当场使用暴力,其行为已构成抢劫罪。但因其所实施暴力行为情节较轻,尚未造成严重后果,故不认定其行为属《刑法》所规定的入户抢劫。"笔者认为,裁判结果定性准确、量刑适当。那为什么前面说被告人朱俊慧行为具备转化型"入户抢劫"的成立条件,尔后笔者又认同一审、二审裁判结果呢?在笔者看来,转化型"入户抢劫"的成立条件是构成转化型"入户抢劫"必须具备的要素,但毕竟"入户抢劫"适用的法定刑量刑幅度是10年以上有期徒刑直至死刑,设置的刑罚非常严苛,所以,为了做到罪责相适应,罚当其罪,加重处罚的量刑幅度应当与犯罪行为造成的社会危害程度相当。如前文所述,关于"入户盗窃"转化为"入户抢劫"的认定,司法解释赋予法官一定的裁量权,因此,在具体司法实践中,处理入户盗窃等先前行为转化为"入户抢劫"的类似案件时,不仅要看是否具备其三项成立条件,而且要综合考虑整个案情的客观危害性和主观恶性、人身危险性是否达到适用"入户抢劫"的严重程度。

就朱俊慧抢劫案而言,首先,从侵犯人身权益上看,被告人入户实施盗窃被发现后,对抓捕其的李某使用暴力。在这一过程中,被告人使用的暴力没有完全抑制被害人的反抗,双方是互相厮打的状态,最后虽然导致李某的左手受伤出血,但案发后,侦查机关未对其伤情进行鉴定,从基于有利于被告人的角度出发,不能因证人邓庆波、陈国华的证言即李某之手有流血受伤的事实,就认定暴力行为造成被害人轻微伤以上的伤害。由此可以看出,被告人实施的暴力行为情节较轻,危害不大,没有造成严重后果。其次,从侵犯财产权益上看,一审判决书列出的经庭审举证、质证并由法院予以确认的证据中,以下两项内容涉及盗窃财物的情况:一是被害人李某陈述内容中提到的

"其衣柜内一本笔记本内夹的现金 3 100 元被盗了";二是证人李龙生指出的"案发后其弟弟李某通知其家中被盗并抓获一名小偷,后其到家清点财物,发现一张工商银行卡被盗,而其弟弟放在衣柜内的笔记本中夹的 3 100 元也被盗了"。虽然,财物数额大小并不影响构成抢劫罪,但在"入户盗窃"转化为"入户抢劫"适用其加重法定刑的场合,尤其在后实施的暴力行为未对被害人造成轻微伤以上后果时,有必要考虑先前行为窃取财物的数额及其产生的社会危害程度。该案发生在广州市,根据当地的社会经济情况、生活水平和治安状况,对入户盗窃 3 100 元且暴力抗拒抓捕未造成被害人伤害的行为,定性为"入户抢劫"直接适用 10 年以上有期徒刑,有轻罪重罚之虞,判决结果难以服众。况且,该案被告人最终没有实际占有财物,其造成的社会危害不至于适用抢劫罪的加重法定刑。

综合全案性质来看,被告人行为对被害人的财产权益和人身权益侵犯程度显然没有达到"入户抢劫"所体现的社会危害程度,因而对该案被告人的行为适用"入户抢劫"的加重法定刑,有违罪责刑相适应原则,会导致轻罪重罚,不利于刑法保障功能的发挥。笔者认为,对被告人朱俊慧的行为按照普通抢劫罪定罪处罚,足以做到罪刑相称、罚当其罪。

(三)"入户抢劫"未遂形态的认定

故意犯罪在犯罪行为人产生和确立犯意后,从开始犯罪行为到完成整个犯罪,有一个纵向的发展过程①,但这一过程并非总是顺利、完整的,由于受到各种因素的影响和制约,使得犯罪过程中途停止下来,没有完成预期的犯罪而提前结束,这就是犯罪的未完成形态,包括犯罪的预备形态、未遂形态和中止形态。作为一种典型的直接故意犯罪,抢劫罪的发展过程中同样存在未完成犯罪的预备、未遂、中止形态。其中,犯罪未遂作为一项具体的刑法制度,在三种犯罪未完成形态类型中居于重要地位。人民法院在对朱俊慧抢劫案的最终定性上认定被告人朱俊慧的行为属普通抢劫罪未遂,这也引申出作为抢劫罪情节加重犯的"入户抢劫"犯罪未遂形态的认定问题。"入户抢劫"是典型的情节加重犯,即因特殊的犯罪场所而构成抢劫罪的加重情节,那么作为情节加重犯的"入户抢劫"是否存在犯罪未遂形态?如果存在,如何确定既遂与未遂的区分标准?这是本部分探讨的问题。

1. "入户抢劫"是否存在犯罪未遂形态

"入户抢劫"属于抢劫罪的情节加重犯。所谓情节加重犯,是指实施某种基本犯罪行为,因具有某种严重情节而刑法加重其法定刑的犯罪形态。关于情节加重犯是否存在未遂形态,理论上存有两种对立的观点。

第一种观点主张,情节加重犯有自己相对独立的犯罪构成,不能以基本犯罪的未

---

① 参见叶军:《未寻找到抢劫对象且因为害怕而未实施抢劫属于犯罪预备阶段的中止——兼论故意犯罪的未完成形态》,载《中国刑事法杂志》2002 年第 1 期。

遂来说明情节加重犯的未遂。只要行为人的犯罪行为具有加重情节,就足以成立情节加重犯;反之,就不构成情节加重犯,因此情节加重犯不可能存在犯罪未遂形态。①

第二种观点主张,情节加重犯的既遂是指犯罪行为具备了加重犯犯罪构成的全部要件。情节加重犯的结构是"基本犯+加重情节要件",其最终形态固然主要取决于加重情节要件,但对具备此要件是否构成本罪,往往离不开对基本犯危害行为的评价。这样一来,认定情节加重犯的犯罪形态要以基本犯的犯罪形态为基准。当基本犯未遂时,同样可以成立情节加重犯,只不过是情节加重犯的未遂形态。②

笔者同意第二种观点,认为应该肯定"入户抢劫"这一情节加重犯存在犯罪未遂形态。

首先,根据刑法理论通行的观点,判断某一犯罪是否既遂,应当以行为人所故意实施的行为是否具备刑法分则所规定的某种犯罪的全部构成要件为准。犯罪构成分为普通的犯罪构成和派生的犯罪构成。普通的犯罪构成是指刑法分则条文对具有通常社会危害程度的行为所规定的犯罪构成,相对于危害程度严重或者较轻的犯罪构成来说,普通犯罪构成是犯罪构成的基本形态。而派生的犯罪构成是指在普通犯罪构成的基础上,根据刑法分则条文在普通犯罪构成个别方面的特别规定而形成的犯罪构成。它包括加重的犯罪构成和减轻的犯罪构成两种。它们因犯罪对象、手段、地点等不同,或者存在其他加重、减轻的处罚情节,在量刑上有别于普通的犯罪构成而与之相对应存在。③ 情节加重犯属于加重的犯罪构成,而且从内部结构上看,情节加重犯由基本犯罪和加重情节组成。这意味着情节加重犯的成立以基本犯的成立为前提。所以加重情节只是构成情节加重犯的一个条件,只具备加重情节这一要件,并不等于情节加重犯的全部要件都齐备了。只有同时具备基本犯既遂的构成要件和加重情节要件,才能成立情节加重犯的既遂。就"入户抢劫"而言,有些情况下,虽已具备了"入户"这一加重情节要件,但是成立抢劫罪基本犯的构成要件还没有完全具备,如由于行为人意志以外的原因,入户实施抢劫未获取财物的,此时,仍符合抢劫未遂的特征,成立"入户抢劫"未遂。

其次,否认"入户抢劫"存在未遂形态,有违罪责刑相适应原则。所谓罪责刑相适应原则,是指犯罪分子所受的刑罚,应当与其所犯罪行和承担的刑事责任相适应,重罪重罚,轻罪轻罚,做到罪刑相称,罚当其罪。也就是说,犯罪分子所受承担的刑罚既不能超出犯罪本身所具有的客观危害程度,也不能超出犯罪行为人的主观恶性和人身危险性,刑罚应当与犯罪的社会危害性程度相适应。《刑法》第 23 条第 2 款规定:"对于未遂犯,可以比照既遂犯从轻或者减轻处罚。"这从犯罪形态上规定了轻重有别的处罚

---

① 参见姜伟:《犯罪形态通论》,法律出版社 1994 年版,第 394 页。
② 参见金泽刚:《犯罪既遂的理论与实践》,人民法院出版社 2001 年版,第 175 页。
③ 马克昌主编:《犯罪通论》,武汉大学出版社 1991 年版,第 89 页。

原则,贯彻了罪责刑相适应原则。如果否认"入户抢劫"存在未遂形态,一律在"十年以上有期徒刑,无期徒刑或者死刑"量刑幅度内处罚,不适用对于未遂犯可以从轻或者减轻处罚的规定,则很难做到罪责刑相适应,会导致量刑不均衡。试想,当行为人实施"入户抢劫",由于意志以外的原因,既未取得任何财物,也未致人伤亡时,若否认"入户抢劫"有未遂形态,则最低应判处10年以上有期徒刑,这与行为人犯普通抢劫罪既遂处刑(在3年以上10年以下有期徒刑幅度内量刑)相比,量刑上显然不合理,有违罪责刑相适应原则和宽严相济的刑事政策。同时这种量刑失衡的判决很难让罪犯信服和尊重,甚至会使他们对法律产生抵触心理,从而影响刑罚惩罚的法律效果和社会效果。

最后,关于"入户抢劫"存在未遂形态的观点,在《2005年意见》中也得到了肯定。该司法解释规定:"……除'抢劫致人重伤、死亡的'这一结果加重情节之外,其余七种处罚情节同样存在既遂、未遂问题……"也即是说,《2005年意见》明确肯定了"入户抢劫"存在既遂与未遂形态之分,具有合理性。

2."入户抢劫"未遂形态的认定标准

由于"入户抢劫"这一加重的犯罪构成并未改变原有的普通抢劫犯罪构成性质,"入户抢劫"根本上仍属抢劫罪的构成范畴,而且与普通抢劫采用同一罪名即"抢劫罪"。因此,"入户抢劫"既遂与否固然取决于加重情节要件具备与否,更重要的是由普通抢劫犯罪的完成形态来定。具体而言,当不具备"入户"这一法定加重情节时,则不构成"入户抢劫",也就无所谓"入户抢劫"既遂形态与未遂形态之分,只有当完全具备普通抢劫犯罪构成要件,又具备"入户"情节时,才构成"入户抢劫"既遂,直接适用抢劫罪的加重法定刑;如果当具备"入户"情节却又由于意志以外原因未能完全具备普通抢劫犯罪构成要件时,则构成"入户抢劫"未遂。因此,认定"入户抢劫"的犯罪形态要以普通抢劫罪的犯罪形态为基准,即"入户抢劫"既遂与未遂的区分标准与普通抢劫罪并无二致。

根据《2005年意见》第10条的规定,只有在既没有取得财物,又没有造成被害人轻伤以上后果时,才能成立抢劫未遂。这一解释值得进一步研究。笔者主张应以行为人是否强行非法占有财物作为抢劫罪既遂与未遂形态的区分标准,其理由具体如下:

其一,抢劫罪是指以非法占有他人财物为目的而当场使用暴力、胁迫或其他方法强行劫取公私财物的行为,其中非法占有财物是目的,而暴力、胁迫等行为则是为达到非法占有财物的目的而采用的手段行为。《刑法》将抢劫罪置于"侵犯财产罪"一章中,可见,在我国抢劫罪性质属于财产型犯罪,即犯罪目的决定了抢劫罪的性质,而暴力等侵犯人身权益的手段行为是服务和从属于犯罪目的,其行为的实施都只是围绕非法占有财物的目的而展开的,最终抢劫成功得手与否,取决于是否达到非法取得财物的目的,就是说,通常情况下,抢劫行为人只关注其是否取到财物,至于其手段行为是否致被害人轻伤以上后果,不是行为人的抢劫目的所在,尤其在未实际使用暴力便获得财物的场合,行为人的整个抢劫行为通常随着夺取财物而即告终结,若之后行为人诉诸暴力致被害人轻伤以上后果的,不属于抢劫罪的评价范围,只能以抢劫罪和相应的犯罪按照一罪与数罪的相关原则来处理。

其二,在抢劫罪中,人身权益是由手段行为加以侵犯的,而抢劫罪的手段行为包括暴力、胁迫以及其他能够抑制被害人反抗的手段。其中,暴力行为对人身权益的侵犯结果跨度比较广,轻者只有皮肉之苦,重者可致人重伤、死亡,而对于胁迫行为以及其他方法来讲,对人身权益的侵犯更多表现为一种威胁,这意味着抢劫的手段行为侵犯人身权益的后果状态既包括实际损害也包括现实危险,即对人身权利的侵犯并不仅局限于对人身有形的伤害。因此,笔者认为,已着手实施暴力、胁迫等手段行为作为探讨抢劫罪既遂问题的前提,只要行为人着手实施了上述手段行为,便可认定被害人的人身权益已被侵犯,实在没有必要再将人身权益是否被实际侵害作为抢劫罪既遂的判断依据,至于抢劫过程中造成被害人轻伤以上后果则作为量刑情节来考虑,既能体现抢劫罪侵犯的人身权客体,也能做到罪责刑相适应。

据此,行为人以暴力、胁迫或者其他使被害人不能反抗的方法着手实行抢劫犯罪,不论是否造成被害人的伤害,只要因意志以外的原因未能取得财物的,即构成抢劫罪的未遂;如果已劫取财物的,则构成抢劫罪的既遂。如前所述,"入户抢劫"既遂与未遂的区分标准同于普通抢劫罪,即行为人入户实施抢劫,不论被害人是否受实际受到人身伤害,由于意志以外的原因而未能劫取财物的,则构成"入户抢劫"未遂。

3. 转化型"入户抢劫"未遂形态的具体认定

转化型"入户抢劫"犯罪的既遂与未遂的区分标准同于转化型抢劫罪,理由同上,但稍作如下分析。

《刑法》第269条规定的转化型抢劫罪是抢劫罪的特殊形式,它与典型的抢劫罪一样,同样存在既遂形态与未遂形态的区分,而且其区分标准与典型的抢劫罪是一致的,即应以劫取财物作为转化型抢劫罪既遂形态的判断依据。但是,由于转化型抢劫罪具有先前行为和转化后行为的特殊性,对于取得财物应以哪个阶段为准,难免存在分歧。《日本刑法典》设置了与我国转化型抢劫罪相类似的"事后强盗罪"①,而关于事后强盗罪的既遂标准问题,日本刑法通说和判例则认为,由于事后强盗罪的着眼点在于是否获取了财物,而不在于是否实施暴力或者暴力胁迫行为,因此行为人取得财物后,为了逃避抓捕或者隐灭罪迹而实施暴力或胁迫的,构成事后强盗罪既遂;行为人即使出于上述目的而使用了暴力或胁迫,但没有取得财物的,也只构成事后强盗罪的未遂。② 我

---

① 《日本刑法典》第238条规定:"盗窃犯在窃取财物后为防止财物的返还,或者为逃避逮捕或者隐灭罪迹,而实施暴行或者胁迫的,以强盗论。"
② 参见〔日〕大塚仁:《刑法概说(各论)》(第3版),冯军译,中国人民大学出版社2003年版,第222页。

国台湾地区也采取了相同的立场,即认定为准强盗罪①的既遂与未遂应以窃盗或者抢夺的既遂、未遂作为判断标准。②

笔者认为,上述刑法理论在转化型抢劫罪既遂形态的具体判断标准上采取的观点,存在割裂盗窃等先前行为与实施暴力或胁迫这一抢劫行为整体性之嫌。就是说,既然《刑法》将转化型抢劫按照抢劫罪论处,那么在成立转化型抢劫罪的情形下,行为人先前实施的盗窃等行为与其后当场实施的暴力或者暴力胁迫行为,就应当作为一个整体来看待,而不能看作两个分别独立的行为。因此,转化型抢劫罪的既遂与未遂之分应以整个行为终了时是否达到实际非法占有财物的状态作为标准,而不能仅以盗窃等先前行为的既遂、未遂来评价整个转化型抢劫行为的既遂形态与未遂形态。概括而言,《刑法》关于转化型抢劫罪既遂与未遂的区分,应以行为人使用施暴力或者以暴力相威胁的后续行为终了时是否实际获取了财物作为标准。

由此可见,朱俊慧的行为构成抢劫罪未遂。从被害人李某的陈述和证人李龙生的证言,可以看出被告人入户实施盗窃,在被李某发现之前取得了被害人放在衣柜内的财物,但之后被告人未达成逃离现场的目的,被李某和周围群众、治安人员在被害人家门口制服,这意味着被告人最终没有实现对窃得财物的实际占有,因为财物仍处在被害人实际控制的范围之内,故构成抢劫罪未遂。《刑法》第23条第2款规定:"对于未遂犯,可以比照既遂犯从轻或者减轻处罚。"鉴于朱俊慧抢劫案情节较轻、尚未造成严重后果,可以比照抢劫罪既遂犯对被告人朱俊慧从轻处罚,一审、二审所确定的有期徒刑4年的量刑得当,符合罪责刑相适应原则。

---

① 我国台湾地区"刑法"第329条规定:"窃盗或抢夺,因防护赃物、脱免逮捕或湮灭罪证,而当场施以强暴胁迫者,构成准强盗罪,以强盗论"。
② 参见林山田:《刑法各罪论》(下册)(修订5版),2005年自版,第393页。

使用假军车牌照证件骗免公路通行费行为的定罪及处罚

——时建锋偷逃过路费案

王嘉伟[*]

目　次
一、选案理由
二、基本案情
三、裁判要旨
四、引发的理论问题
（一）骗取特定服务行为的刑法性质
（二）骗取特定服务手段的界定
（三）骗取特定服务数额的司法认定
（四）骗取特定服务行为的法律适用

一、选案理由

　　时建锋因偷逃过路费被判处无期徒刑，在全国属首例，也引起了社会的广泛关注和热烈讨论。法学专家、学者一方面对于骗免养路费、通行费的行为是否成立诈骗罪存在分歧，另一方面对一审关于诈骗犯罪数额的具体计算方法也存在很大争议。因此，在一审判处被告人时建锋无期徒刑时，媒体舆论对于司法是否公正、量刑是否适当的讨论愈演愈烈。而再审中，检方将指控犯罪数额由368万元人民币变成49万元人民币，也被认为正是该案在受到较大质疑后，司法机关反复进行研究论证得出的更为合理的认定结果。因而，选择时建锋偷逃过路费案（以下简称"时建锋案"）作为研究对象能够对法律规范中尚需进一步研究的理论问题进行深入分析。笔者在此希望，通过对

---

[*] 北京师范大学法学院2009级法律硕士研究生。

争议问题的分析研究，梳理一审和再审期间被广泛讨论的相关理论问题，能够更好地厘清诈骗罪等相关法学概念、完善法律规范体系，对司法机关在以后处理类似案件时可以起到一定的指导作用。故笔者将此案作为研究对象，进行法理研究。

二、基本案情[①]

2008年5月的一天，一个自称来自许昌市武警支队的男子来到郑尧高速公路下汤收费站，说所在的部队正在搞土建工程，两辆军车需经过下汤收费站，要办理免费通行手续，两辆车的牌号为"WJ19-30055""WJ19-30056"。限于收费站当时没有条件确认对方提供手续的真伪，而且所需要的"三证一单"完善，经请示河南中原高速公路股份有限公司平顶山分公司的领导后，下汤收费站将两辆军绿色的"斯太尔"后八轮自卸车列为免收通行费车辆。但下汤收费站工作人员发现，直到2008年年底，这两辆车仍在拉沙并在下汤收费站出入。根据以往经验，工作人员对两辆军车的真实性产生了怀疑。他们把情况反映给平顶山分公司，平顶山分公司又反映给省公司，省公司通过省治超办与河南省武警总队进行协调。

2009年1月，河南省武警总队派出军检部门在郑尧高速下汤段将这两辆军车连同司机带走。同年6月，河南省武警总队警备司令部出具了这两辆货车为假冒武警车辆的证明。收到该证明后，郑尧高速公路的管理公司——河南中原高速公路股份有限公司报案。

2009年12月18日，两辆车的车主时建锋因涉嫌诈骗罪被刑事拘留，2010年1月22日被批准逮捕。时建锋交代，他的两辆车是在许昌市一家销售公司，用他人名义分期付款购买的。买车后，时建锋在禹州市的路边看到有办理假军车手续的电话，就联系办了两副假军牌，还买了假军装，办了假军车行驶证、驾驶证，都是以河南省武警总队许昌支队的名义办的。车改成假军车是为了不缴高速过路费，多挣钱。他从2008年5月开始拉沙、石子等，基本上都是跑的鲁山下汤至许昌长葛这条线路，偶尔也从下汤往禹州跑。从2008年5月到2009年1月，每天跑两三趟。因为担心被收费站人员看出破绽，他不停地更换司机，每个司机只开1个月左右，工资比普通司机也高出一截。

2010年12月21日，平顶山市中级人民法院经审理，认定被告人时建锋于2008年5月4日至2009年1月1日，为牟取非法利益，非法购买武警部队士兵证、驾驶证、行驶证等假证件，并购买两副"WJ19-30055""WJ19-30056"假军车牌照，悬挂到自己购买的两辆"斯太尔"自卸货车上，雇用他人驾驶车辆，从鲁山县下汤镇向许昌等地运送沙石，8个月内套用假军车牌照在郑石高速公路下汤收费站、长葛西收费站、禹州南收费站、鲁山收费站免费通行高速公路2 361次，骗免通行费共计人民币3 682 110元。据

---

① 参见河南省平顶山市中级人民法院（2010）平刑初字第104号刑事判决书；河南省鲁山县人民法院（2011）鲁刑初字第234号刑事判决书。

此,对时建锋以诈骗罪判处法定最高刑无期徒刑,并处罚金200万元。此案随后被媒体披露,引起了社会的广泛关注和强烈反响。

2011年1月14日,时建锋之弟时军锋向公安机关投案,称其哥是替其顶罪。平顶山市中级人民法院以出现"新的证据"为由,对该案启动再审。

2011年12月16日,该案再次开审,鲁山县人民法院经查明,2008年5月,被告人时建锋到其弟时军锋经营的沙场帮忙,时军锋明确告知时建锋拉沙车辆所用的"WJ-30055""WJ-30056"车辆号牌、证件均系伪造。2008年10月月底,时建锋开始全面参与沙场经营管理,负责安排车辆营运、发放雇工工资、购买销售河沙等。经会计师事务所审计:2008年11月1日至2009年1月1日,悬挂"WJ-30055""WJ-30056"号牌的两辆货车在郑尧高速公路通行,骗免高速公路通行费(按核准装载量计算)计人民币117 660.63元。被告人时军锋在经营河沙生意中,为骗免高速公路通行费,用两辆货车在运输河沙时使用伪造的车辆号牌、车辆行驶证、驾驶证等,在郑尧高速公路通行共计2 363次,骗免高速公路通行费(按核准装载量计算)计人民币492 374.95元。被告人时军锋、时建锋分别被判处7年、2年半的有期徒刑。①

三、裁判要旨②

为谋取非法利益,使用伪造的武装部队车辆号牌,伪造、变造的武装部队证件、公文,骗免高速公路通行费,数额巨大;既构成《刑法》第375条规定的犯罪,又构成诈骗罪的,依照处罚较重的规定定罪处罚。时建锋案二被告人应以诈骗罪定罪处罚。

四、引发的理论问题

时建锋案经媒体广泛报道后,以"天价过路费"而备受社会关注,该案的审理与判决不但涉及法律适用与制度合理与否的实践性问题,更涉及理论性问题。时建锋案主要引发的相关争议有:

其一,骗取特定服务的行为是否构成《刑法》规定之诈骗罪? 通过套用假军车号牌的方法偷逃过路费,能否被认为是我国《刑法》第266条规定的"诈骗公私财物"的行为呢? 从理论上来分析,享受他人提供服务后以欺骗手段不缴纳费用的行为侵犯的是服务提供者的财产性利益。此类犯罪与诈骗犯罪在犯罪所侵犯的法益、犯罪构成等方面仍存在一些疑难问题,对此应当进行深入探讨,以确定诈骗罪在理论上的具体内涵。

其二,骗取特定服务行为的手段有哪些? 诈骗是通过"虚构事实或者隐瞒真相"的手段而骗取他人较大数额的公私财物的行为,但此种对诈骗手段的概括是否完整地表达了诈骗手段的内涵,骗取特定服务行为的手段是否符合一般诈骗手段的基本特征,

---

① 参见周春林:《"天价过路费案"再审骤变"平价"》,载《北京青年报》2011年12月13日。
② 参见河南省鲁山县人民法院(2011)鲁刑初字第234号刑事判决书。

并具有诈骗罪的危害性,从而应当纳入诈骗罪的刑罚体系中来呢？这些都是我们需要进行讨论的问题。

其三,骗取特定服务行为的犯罪数额如何认定？时建锋案之所以引起巨大轰动,主要原因在于在再审程序中,被告人涉案金额由原审时的 368 万元人民币大幅减少至 49 万元人民币,其中所体现的问题不得不成为理论的争议点。可见,此类骗取特定服务型犯罪的对象与通常意义上的诈骗公私财物存在明显的不同,因而在数额认定上应该有具体、合乎逻辑的标准,才足以维护法律的公正性。

其四,时建锋骗取特定服务的行为在法律适用上应该定诈骗罪还是非法使用武装部队专用标志罪？如何解决非法使用武装部队专用标志罪和诈骗罪之间的竞合问题是我们应该研究的相关争议。

(一)骗取特定服务行为的刑法性质

根据《刑法》的规定,诈骗罪的犯罪对象通常是指财物,行为人在客观方面多表现为直接非法占有他人的财物,但在时建锋案中,行为人并不是直接非法占有他人的财物,而是使用伪造的武警车辆号牌及伪造的军车驾驶证、士兵证、行驶证和作废的派车单运送河沙,骗免高速公路通行费。此种享受他人提供的服务后以欺骗手段不缴纳费用的行为侵犯的是服务提供者的财产性利益,但财产性利益能否成为诈骗罪的犯罪对象,此类骗取特定服务的行为是否符合《刑法》关于诈骗罪的规定？

1.诈骗罪侵犯法益的范围

如何理解《刑法》规定中的"公私财物"？具体应该理解为仅限于有体物,还是也包含了无体物？"公私财物"与被害人之间是所有还是占有的关系？这些问题都关涉到诈骗罪侵犯对象的具体界定,但更深层次的还涉及诈骗罪保护法益的范围问题。

(1)"公私财物"包含"财产性利益"

从《刑法》分则章节间的划分标准来看,各个章节都是以侵犯客体为标准的,而诈骗罪被规定在了第五章即侵犯财产罪当中,这是否意味着诈骗罪的侵犯对象"公私财物"等同于"财产"？其中,财物是否包括财产性利益？只有讨论清楚这一问题,我们才能够更好地理解条文中的"公私财物"的具体内容,及其与"财产"之间的关系。

《刑法》对于诈骗罪的犯罪对象仅指出了"公私财物",但对"公私财物"的内涵与外延并没有明确说明,这导致对于财物是否包含财产性利益存在不同理解。通说认为,财产性利益与财物属于不同的概念,但两者都具有一定的经济利益,前者在某些情况下能够转化为后者,比如合法的债权得到实现后,原本的财产性利益即转化为财物。在理论界,对于财产性利益能否成为诈骗罪的犯罪对象主要存在两种对立的观点。

一种观点认为,既然《刑法》已经规定,诈骗罪的犯罪对象是公私财物,因为罪刑法定原则是禁止类推解释的,而将财产性利益包含到"财物"中,就有类推之嫌疑。所以诈骗罪"侵犯的对象,限于各种具体的公私财物"①。另一种观点,也是目前学术界普遍接受的观点认为,"凡是有价值或有效用的财物,甚至财产性利益都可以作为诈骗罪的对象"②。"所谓财产性利益,大体是指普通(狭义)财物以外的财产上的利益,包括积极财产的增加与消极财产的减少。例如,使他人负担某种债务(使自己或第三人取得某种债权),使他人免除自己所负担的债务(不限于民法意义上的债务),使债务得以延期履行,如此等等。"③

两种观点的根本分歧在于法律所规定的"财物"具体是指什么,按照法律禁止类推解释的原则,财物应当是具有实物形态的经济资源,而财产性利益由于不具有实物形态,所以不能被类推解释为诈骗罪所言之"财物"。但从刑法的逻辑解释、系统解释、论理解释等角度出发,财产性利益应该可以成为诈骗罪的对象,诈骗罪的"财物"不仅限于具有实物形态的财物。

笔者认为,第一,财产性利益与财物并无本质的不同。财产性利益本身也具有同如财物的经济利益,如以欺骗方法获得对他人的债权,或者使他人免除自己的债务,这些财产性利益同样具有经济价值,两者之间仅是体现经济利益的形式有所不同,但在满足人的需求上并无本质上的不同。因此,如果以欺骗手段骗取他人的财产性利益,在对被害人造成的损失上与直接骗取财物并无本质区别。

第二,从其他国家的立法例来看,财产性利益都作为诈骗罪的犯罪对象而被规定,只不过是将财物与财产性利益看成两个并列的不同的概念,可以说,在世界范围大多数立法例已经肯定了财产性利益可以被规定为诈骗罪犯罪对象。从其他国家的立法例中我们也可以看出,诈骗财产性利益的行为与诈骗财物的行为同属于诈骗罪,只是诈骗对象因属性不同而作出了进一步区分,但在行为手段、犯罪构成、危害性等方面并无差别,如果不将财产性利益纳入诈骗罪的犯罪对象其中,有可能导致处罚的不公平。

第三,从我国的相关立法、司法解释来看,显然是承认财产性利益也可以成为诈骗罪的侵犯对象的。如根据最高人民法院、最高人民检察院《关于办理商业贿赂刑事案件适用法律若干问题的意见》的规定,商业贿赂中的财物,既包括金钱和实物,也包括可以用金钱计算数额的财产性利益,如提供房屋装修、含有金额的会员卡、代币卡(券)、旅游费用等;具体数额以实际支付的资费为准。可见,在我国的法律体系中,财物概念并不仅限于狭义的具有物理属性的财物,而是也包含了同样具有经济利益的财产性利益。从惩治犯罪的角度来说,这样的法律规定将更有利于对犯罪行为的打击,严密了刑事法网,合理地解释了在刑法范围内"财物"概念的内涵与外延,更有利于全面地打击犯罪行为。

---

① 杨春洗、杨敦先主编:《中国刑法论》(第2版),北京大学出版社1998年版,第504页。
② 高铭暄、马克昌主编:《刑法学》(下编),中国法制出版社1999年版,第906页。
③ 张明楷:《诈骗罪与金融诈骗罪研究》,清华大学出版社2006年版,第18页。

第四,将财产性利益纳入诈骗罪的对象,符合《刑法》分则第五章的法益保护之要求。《刑法》分则第五章是"侵犯财产罪"。但在"财产"与"财物"概念的运用上,《刑法》没有进行明显的区分,比如第64条中的财物含义与财产含义基本相同,所以第五章所规定的侵犯财产犯罪的犯罪对象应该是更为宽泛的财产,而不仅限于狭义的财物。诈骗犯罪是侵犯财产罪中的一种,将财产性利益纳入诈骗罪的犯罪对象,符合我国《刑法》分则第五章所要保护的对象范围,也符合第五章的立法精神。

由此可见,行为人诈骗财产性利益在本质上也是对他人财产权利的侵犯,只是诈骗罪的犯罪对象表现形式略有不同,并不影响其行为的犯罪性。因此,通说认为"诈骗罪对象包含财产性利益具有合目的性与具体的妥当性"①。时建锋案被告人骗免偷逃的过路费便是被害人的财产性利益,可以成为诈骗罪的犯罪对象,应当受到法律的处罚。

(2)诈骗罪侵犯法益的具体内容

一直以来,关于财产罪的保护法益存在不同的理论观点。在学理上,主要有本权说和占有说两种观点。

本权说在理论上亦称"所有权说"。该说主张,财产罪侵犯的法益是所有权及其他本权。所谓本权,是指基于一定法律原因而享有占有的权利,即基于合法缘由占有的权利,如基于质押权、留置权、租赁权、借用权等享有的占有权。根据本权说,对于非基于法律原因而占有的财产即单纯事实上的占有,不受刑法保护。从这个意义上说,行为人从盗窃犯那里骗得其所盗的财物的行为,不成立诈骗罪。同样,以他人非法持有的违禁物品为诈骗对象的行为,由于刑法不保护这种违法占有事实本身,因而,不认为有罪。②

占有说在理论上也称"持有说"。该说主张,财产罪侵犯了他人对财物的占有权(实际控制和占有)。占有说的最大特点在于它认为财产罪保护的法益不仅限于所有权及合法占有,即基于合法缘由而享有的占有权,而且还保护没有合法根据的占有。

司法实践中,我们发现上述两种观点并不能完全解决实践上的一些难题。比如时建锋偷逃过路费的行为,其所侵犯的肯定不是本权,因为本权是基于合法的理由而享有的占有的权利,在行为人偷逃过路费的过程中,被害人虽然存在合法的理由来收取费用,但是并没有占有这部分费用,也不是占有权,因为这种占有自始至终就没有存在过。所以,由此可以看出,简单地用"本权说"或"占有说"都难以解释复杂的司法实践问题。因此,有学者提出"财产罪的法益首先是财产所有权及其他本权,其次是需要通过法定程序恢复应有状态的占有。但在相对于本权者的情况下,如果这种占有没有与本权者相对抗的合理理由,对于本权者恢复权利的行为而言,则不是财产罪的法益"③。

---

① 张明楷:《财产性利益是诈骗罪的对象》,载《法律科学(西北政法学院学报)》2005年第3期。
② 参见钱叶六:《诈骗罪客体新论》,载《广西社会科学》2004年第11期。
③ 张明楷:《诈骗罪与金融诈骗罪研究》,清华大学出版社2006年版,第53页。

笔者赞同这样的说法。第一,诈骗罪侵犯法益必然包括所有权。所有权是所有人依法对自己财产所享有的占有、使用、收益和处分的权利。所有权是在民法上具有权原的权利,它是一种最充分、绝对的权利。诈骗罪对所有权的侵犯是最直接的对所有权人的财产权利的侵犯。第二,诈骗罪侵犯法益包括其他本权和需要通过法定程序恢复应有状态的占有。随着社会的不断发展,财产关系日益复杂化,所有权的部分权能与作为整体的所有权在一定时空条件下很有可能发生分离,那么,如果占有本身是具有合法权利的,即上文所述的本权,刑法就应该对这种权利进行保护,如果行为人侵犯了被害人的合法占有权也应该可以构成诈骗罪。"占有"除法律上的支配外,还可能存在事实上支配,如果占有状态本身并不存在合法的缘由,而需要通过法定程序才能恢复应有状态,这种占有也可以成为诈骗罪侵犯的法益。但占有者对财物的占有不存在与本权者相对抗的合理理由时,相对于本权者恢复权利的行为而言,则不是财产罪的法益。第三,债权可以成为诈骗罪侵犯的法益。如前所述,财产性利益可以成为诈骗罪的犯罪对象,那么通过欺骗手段骗得对方的财产性利益(既可以积极地获得财产性利益,也可以消极地使被害人处分了自己的财产性利益)就应当是诈骗罪侵犯的法益。首先,财产性利益是诈骗罪侵犯的对象,受到刑法的保护;其次,财产性利益可以既不表现为所有,也不表现为占有状态,而以两者之外的债权形态存在;最后,通过欺骗手段使得对方免除对自己享有的债权与骗取财物无本质区别,被害人债权的丧失与行为人收益(获得利益或者少支付对价)存在对应关系。因此,债权可以成为诈骗罪侵犯的法益。

2.特定服务的法益性质

特定服务是诈骗行为所侵犯的对象之一,表现为一种有价值的服务行为,而该种服务需通过支付对价才能够享受,是市场经济下的等价交换对象。由于诈骗犯罪侵犯的是被害人的财产利益,那么骗取特定服务型诈骗犯罪中的特定服务必须能够体现出法律意义上的财产利益的属性。所以,诈骗罪中所指的特定服务的特点主要有:服务本身为有偿行为;服务的性质为合法服务;服务的形式可以多样化。在我国的服务行业中,这种服务的提供者主要限于餐饮、娱乐、旅游、交通等以提供人工或者服务产品为业的行业。

通过上文对诈骗罪侵犯对象和侵犯法益的分析,我们可以发现骗取特定服务行为并没有侵犯传统意义上的所有权或者占有权。骗取特定服务行为侵犯的不是本权,因为特定服务所代表的财产性利益与本权所对应的合法占有之间存在转化过程,被害人享有因提供服务而收取费用的权利,但此时被害人享有的仅是债权,而尚未占有这部分费用。我们也可以这样理解,基于合法的理由而享有的占有权是本权,但基于合法的理由而享有的收益权,即债权不属于本权。在生活中,一些市场经营主体享有对其所有资产的本权,但资产所产生的孳息如果尚未实现占有状态则仅仅是经营主体的财产收益权,不可能将其从来没有占有过的财产认为属于他的本权范围。所以在骗取特定服务型诈骗犯罪中,行为人的行为没有侵害被害人的占有权。因而,骗取特定服务行为侵犯的法益是否包含于诈骗罪的侵犯法益,值得我们进一步讨论。笔者认为骗取特定服务行为侵犯的法益符合诈骗罪侵犯的法益,即此类行为是可以构成诈骗罪的。

(1) 合法的特定服务体现的法益属于财产性利益

合法的特定服务在性质上不属于狭义的财物,而应当属于财产性利益。首先,特定服务与财物之间的基本属性不同。服务的基本属性表现为一种能够满足购买服务者需求的服务行为,而财物的基本属性表现为物质,通常是能够体现一定经济利益的物质。我国刑法通说认为财物应包括有体物与无体物。[①] 如在我国司法实践中,盗窃电力资源的行为也可能构成盗窃罪。由此看来,特定服务并不具有财物所具有的基本属性,不能被认为是财物。其次,特定服务所体现的权利人与其之间的关系也与财物不同。财物与权利人之间的关系通常表现为权利人占有、使用、收益、处分的所有权,而特定服务作为一种行为在利益关系上表现为债权债务关系,如果缺少服务接受者,则服务提供者的特定服务将无法存在,与财物通常的所有权相去甚远。最后,合法的特定服务属于财产性利益,因为财产性利益与财物的最大不同即为其可以不具有物理属性,比如高级会所休闲享受、旅游享受等都不具有财物的物理属性,但它们却仍然可以体现出在本质上与财物相同的经济利益。财产性利益通常表现为债权,合法的特定服务提供者与服务享受者之间存在的是债权债务关系。这种债权因为具有包含商家服务的人员成本、器材成本、房间成本等,而具有经济性价值。[②] 比如顾客到酒店或者洗浴中心消费,商家提供服务,消费者支付金钱对价,从而形成经营者向服务享受着收取费用的债权债务关系。

在我国司法实践中,司法机关突破了固有的认识,已经针对这些问题作出了专门的规定,如 2000 年 4 月 28 日最高人民法院《关于审理扰乱电信市场管理秩序案件具体应用法律若干问题的解释》第 9 条规定:"以虚假、冒用的身份证件办理入网手续并使用移动电话,造成电信资费损失数额较大的,依照刑法第二百六十六条的规定,以诈骗罪定罪处罚。"骗取电信资费的行为在本质上也是一种骗取财产性利益的行为。由此可以看出,我国的司法实践已将财产性利益纳入诈骗罪规范体系中来,提供合法的特定服务是受到法律保护的。

(2) 非法的特定服务不具有诈骗罪侵犯的法益性质

非法的特定服务(或劳务)不能成为诈骗罪的犯罪对象。比如案例一,某男子向某女子表示愿支付金钱以获得女子提供的性服务,但在该女子卖淫后,男子偷偷逃离现场逃避支付金钱。再如案例二,甲因与丙有仇,故委托乙杀害丙,并约定事成后,给予

---

① 参见张明楷:《刑法学》(下),法律出版社 1997 年版,第 759 页。
② 参见温军:《有偿服务能否成为诈骗犯罪对象?》,载《中国审判》2008 年第 8 期。

乙现金10万元人民币,但在乙将丙杀死后,甲逃避支付报酬。

在这类案件中,有三点需要明确:第一,法律所保护的是合法的财产权利,而非法的特定服务既不属于财物,也非财产性利益,而只是不受法律保护的行为,其本身不具有刑法上所说的经济利益,被欺骗而提供了非法的特定服务不存在财产损失的问题。如案例一中"欺骗妓女使其与自己发生性行为的,由于性行为本身不是经济利益,所以,妓女没有遭受财产损失,对方不成立诈骗罪"①。即使该男子逃避支付金钱的数额达到诈骗罪的追诉标准,其行为也不构成诈骗罪。第二,提供有偿服务应该享有请求对方支付对价的权利,但这种权利既不是所有权及其本权,也非受法律保护的占有状态,而是一种获取收益的权利,应该被认为债权。但在我国刑法上不允许因违法犯罪而从中获利,比如不能因为赌博而享有对他人的债权,更不能因贩卖毒品、走私等行为而享有对他人的债权,所以违法犯罪获得的对特定人享有的收益是不受法律保护的。提供非法的特定服务在本身已经违反了法律法规的前提下,不可能享有法律保护的获得收益的权利,没有法律意义上的债权。案例二中,暂不讨论甲的行为是否构成其他犯罪,但甲肯定不构成诈骗罪。第三,法律保护市场经济的有序发展,市场经济保障服务通过自由价格机制进行交易,但市场经济绝不意味着市场主体享有绝对自由而不受任何限制。相反,由于市场经济的局限性,政府有必要以有形的手对市场经济进行规制,其中,法律正是最为有力的规制工具。首先,保证自由流通的服务行为的合法性才足以保障市场经济体制的有序发展。非法的服务本身是对法律的最直接违反,它的存在不仅不能有利于市场经济的发展,反而严重影响了法律体系下的市场经济秩序,是对合法有序的自由交易行为的冲击与侵犯。其次,服务交换价值要求服务不能为非法服务。在市场经济的背景下,服务行为通过价格机制实现交换价值的目标,但非法的服务行为本身并不可以在价格机制中合法流通,因此非法的服务与获得交换价值之间不存在合法的途径。如果提供非法的服务能够通过自由的价格机制而获得价值,那么非法服务对应的低成本、高价值回报情况将严重影响合法服务的有序发展,对市场经济发展造成威胁。所以,非法的特定服务不具有诈骗罪所侵犯的法益性质。

3. 骗取特定服务行为的危害性

骗取特定服务行为侵犯被害人财产权利。骗取特定服务是享受了被害人所提供的应该给付对价的服务而通过诈骗手段未予以支付的情形,在此种情形下,被害人本应收到的对价没能收到,享有收益的权利受到了损害,财产性利益遭受了损失,且特定服务所对应的应缴费用越高,被告人遭受的利益损失也越大。而财产性利益无疑是财产权利的一种,所以骗取特定服务的行为对服务提供者的合法财产权利造成了严重损害。

---

① 张明楷:《论诈骗罪中的财产损失》,载《中国法学》2005年第5期。

骗取特定服务行为侵犯了社会主义市场经济秩序。因为市场经济的生存和运行是以物质为基础的,市场主体通过正常的生产、经营活动获取一定的物质利益。行为人骗取特定服务对应的数额往往很大,不但侵蚀了市场经济活动赖以生存、运行的物质基础,致使市场主体难以通过正常的生产、经营活动获取利益,而且可能会使被害人的生产、经营活动受到严重影响。服务行业以提供服务而获得报酬为盈利模式,但骗取特定服务的行为损害了这一盈利模式的正常运作,对市场经济秩序损害严重。

骗取特定服务行为还有可能扰乱社会的管理秩序。骗取特定服务有时是通过虚构事实,假借相关管理政策对被害人进行诈骗,以此骗免、偷逃应缴费用,进而实现诈骗获利的行为。此种诈骗行为很有可能会扰乱社会的管理秩序。由于服务提供者不一定都仅仅为市场的经济主体,而有时也很有可能具有一定的行政色彩,由具有政府性质的部门来向公众提供部分特定的服务内容,于是服务提供者对自身的管理也便具有了政府进行社会管理的色彩,因而,在此种情况下,骗取特定服务行为很有可能也扰乱社会的管理秩序。

我国传统刑法理论认为,诈骗罪侵犯的直接客体是公私财产的所有权。但随着经济与社会的发展,诈骗犯罪日益复杂化,其所侵犯的客体也随之复杂起来。所以笔者认为,传统的诈骗犯罪侵犯的客体为公私财物所有权(此处应作广义理解),但新型的诈骗犯罪很有可能侵犯的是复杂客体。总之,诈骗犯罪所侵犯的客体从整体上讲是复杂客体。① 那么,骗取特定服务行为就具有与诈骗罪同样的危害性,因为其所侵犯的客体完全包含于诈骗罪的犯罪客体中,这种行为应当被纳入财产犯罪的处罚范围中来。

在时建锋案中,高速公路的通行实为高速公路管理部门对公路使用者提供的通行服务。根据河南省发改委的批复(《关于郑州至石人山高速公路车辆通行费标准的批复》),该高速路段有合法的收费依据,而被告人通过使用欺骗手段,偷逃了本应支付的过路费用,侵犯了高速路段享有收益的合法权利,在犯罪客体上符合诈骗罪的犯罪构成。

(二)骗取特定服务手段的界定

"诈骗犯罪的客观方面表现为行为人用欺骗的方法,使公私财物的所有人、占有人产生错误的认识,从而'自愿地'将自己所有、占有的财物交给犯罪分子或者犯罪分子授意的第三人的行为。这一特征表明,诈骗犯罪的客观方面由如下要素构成:欺骗手段,错误认识,交付财物,损失或者取得财物。"② 在时建锋案中,值得我们研究的即欺骗手段是否符合诈骗犯罪客观方面所说的手段内容。经再审司法机关查明,被告人时军锋通过李金良(武警某部干部)取得了伪造的两块武警部队车辆号牌、武警部队车辆行驶证、驾驶证、士兵证及作废的武警部队派车单和李金良购买的武警部队迷彩服等物

---

① 参见赵秉志主编:《侵犯财产罪研究》,中国法制出版社1998年版,第239—243页。
② 王晨:《诈骗罪的定罪与量刑》,人民法院出版社1999年版,第29页。

品,被告人遂开始使用伪造的军用车牌和相关证件偷逃通行路段的过路费。这在欺骗手段上是否符合《刑法》"虚构事实或者隐瞒真相"的内容,而《刑法》对手段的界定具体又有哪些?这都值得我们给予必要的探讨。

1.诈骗手段内涵分析

对于诈骗罪,通常将概念界定为以非法占有为目的,用虚构事实或隐瞒真相的欺骗方法,骗取数额较大的公私财物的行为。到目前为止,大部分的法学教材都是以此作为诈骗罪的概念表述的,只是在个别字句上进行略微的调整。对于诈骗手段的概括均为"虚构事实或者隐瞒真相",但这样的概括是否准确需要我们进一步分析。诈骗手段是指行为人究竟如何从被害人那里骗取到了数额较大的公私财物,即诈骗的方式方法。有学者曾指出了诈骗罪的基本构造:行为人以不法所有为目的实施欺诈行为——对方产生错误认识——对方基于错误认识处分财产——行为人取得财产——被害人受到财产上的损害。[1] 由此我们可以看出,诈骗手段应该是足以使对方产生错误认识,并足以基于错误认识处分财产的方式方法。通说认为,欺骗包括虚构事实和隐瞒真相两种情况。"虚构事实"是指行为人利用被害人的心理弱点,无中生有,编造假情况,骗取被害人的信任,让其"自愿"交出财物给行为人。"隐瞒真相"是指掩盖客观存在的事实,使被害人陷入错误认识而上当受骗。[2] 诈骗行为既可以是语言、文字的陈述,也可以是举动的虚假表示。举动的虚假表示又可以分为明示的举动欺骗和默示的举动欺骗(默示的表示)。[3] 但这种概括很难解释下面这种情况:通过发送一个描述了真实账号和姓名的短信,在没有向被害人虚构事实或者隐瞒真相的情况下,被害人误认为其为自己熟悉的人而汇款至短信指定账户,在此种诈骗的行为方式中,行为人发送短信的行为并没有虚构事实或者隐瞒真相,但却实现了诈骗公私财物的目的。[4]

传统刑法理论关于诈骗行为特征的概括是否妥当呢?在以往的学术资料中,最早提到"虚构事实或者隐瞒真相"的是高铭暄教授编著的《中华人民共和国刑法的孕育和诞生》[5]一书,但其中并没有解释如此概括的缘由。从此之后,此种概述一直沿用至今。显然,在今天,有必要对此给予反思。

首先,在理论上,"虚构事实或者隐瞒真相"的手段概括与"使他人陷入错误认识的可能方法"相比,其范围更小。陷入错误认识是一种认识状态,认识便有对错之分,全面和片面之别。陷入错误认识既可能是出于对事实和真相的不知晓,也有可能是由于自身对事实和真相的错误理解,表现出复杂的情形。所以,"虚构事实或者隐瞒真相"

---

[1] 参见张明楷:《刑法学》(下),法律出版社1997年版,第777页。
[2] 参见张志勇:《诈骗罪研究》,中国检察出版社2008年版,第50页。
[3] 参见高铭暄主编:《刑法学》,法律出版社1982年版,第491页。
[4] 参见卢建平:《诈骗行为并不限于"虚构事实隐瞒真相"——以短信诈骗为例》,载《法治研究》2011年第11期。
[5] 参见高铭暄编著:《中华人民共和国刑法的孕育和诞生》,法律出版社1981年版,第207页。

的手段概括必然将部分足以使对方陷入错误认识的方法排除在外。

其次,在实践中,随着社会交往、交易形式的多样化,利用新的科技进行诈骗的行为手段增多。如上述利用短信进行诈骗的行为,利用科技手段描述客观事实以期概率事件发生的行为也足以使被害人陷于错误认识并处分财产。

所以,笔者认为诈骗的行为方式可能不仅限于"虚构事实或者隐瞒真相",在当今社会中,"虚构事实或者隐瞒真相"的行为特征概括能够体现绝大多数的诈骗手段特征,但并不能完全将诈骗行为纳入其中。一般认为诈骗行为即诈骗罪中的欺骗行为,必须是使他人(受骗人)陷入或者继续维持处分财产的认识错误行为。如果行为人实施了某种"欺骗行为",但其内容不是使对方作出财产处分行为,则不属于诈骗罪的欺骗行为。欺骗的实质就是使受骗人陷入或继续维持处分财产的认识错误并进而处分财产。① 于是凡是能够使对方陷入或者继续维持处分财产的行为都应该被纳入行为手段中来,我们应该在"虚构事实或者隐瞒真相"的基础上,将"致他人产生错误认识的其他方法"也纳入进来,这样才能够更适当也更全面地概括诈骗行为的特征,从而更为准确地认定诈骗犯罪。

2.诈骗手段类型化界定

诈骗手段本身都具有欺骗性,但并不是所有的诈骗手段都能够取得同样的效果,不同的手段可能使被害人产生的状况也有所不同。据此,我们可以将诈骗手段分为以下三种:一是在他人没有任何认识错误的情况下,行为人主动使用欺骗的手段(既包括虚构事实隐瞒真相,也包括描述事实情况等的其他方法)致使他人陷入处分财产的认识错误。比如前文所述随机发送含有真实姓名和银行账户内容的短信进行诈骗的行为,虽然行为人并没有使用通常意义上的"虚构事实或者隐瞒真相"的手段,但其随机发送短信的行为如果致使被害人产生了错误认识,并处分了财产,那么行为人的行为仍然是主动使用诈骗手段进行诈骗,与"虚构事实或者隐瞒真相"的传统诈骗方式无本质区别。二是他人已经由于某种原因陷入认识错误,但在原本可以发现认识错误的状态下,行为人通过欺骗行为使其不能或者难以发现认识错误,主动维持他人错误认识,进而处分财产。例如,乙在某古玩商店购买物品时,误以为某民国时期的普通物品为清代文物;乙一边向店主甲确认该物品是否为清代文物,一边察看该物品。由于该物品上印有"民国10年制造"的字样,所以,乙会立即发现该物品不是清代文物。但店主甲马上走过来,一边用手指盖住物品的制造年份,一边声称是清代物品,使乙信以为真。甲将物品包装后交付给乙,按清代文物收取货款。甲的行为成立诈骗罪。三是行为人利用他人已经陷入认识错误的状况,不履行告知义务,消极维持或者强化认识错误,进而处分财产。例如,B在书画市场购画时,以为标价很高的某幅画为名家亲笔画,

---

① 参见张明楷:《论诈骗罪的欺骗行为》,载《甘肃政法学院学报》2005年第3期。

同时也心存怀疑,未下决定购买。但店主 A 拿出虚假证据证明该幅画为名家亲笔画,使 B 的认识错误进一步强化,从而以高价购买了仿制品。A 的行为符合诈骗罪的构成要件。①

无论是主动使对方陷入错误认识还是利用了对方陷入错误认识的状态,诈骗手段所造成的结果都是一样的,即使他人陷入了处分财产的认识错误。但并不是所有的欺骗手段都能够产生这样的可能性和危险性。如果欺骗行为具有这种危险性,即使对方没有陷入认识错误,在理论上也属于诈骗未遂;具有这种危险性,使对方陷入或维持认识错误进而处分财产的,则成立诈骗既遂。反之,不具有这种程度危险性的,不属于诈骗罪的欺骗行为。② 所以在界定诈骗手段的类型时我们有必要对诈骗手段的欺骗性程度进行分析。

按欺骗性程度高低对诈骗手段进行类型化区分,可以分为三种情况:一是足以使一般人产生错误认识;二是足以使知虑浅薄的人产生错误认识;三是足以使没有认知能力和处分能力的人产生错误认识。行为人针对不同的诈骗对象可能会使用欺骗性程度不同的诈骗手段,但这不影响诈骗罪的成立。比如,行为人通过使用一般人不会产生错误认识,但知虑浅薄的人可能会产生错误认识的手段从而诈骗其财物,也可以认定为诈骗罪。笔者认为,诈骗手段的欺骗性程度本身不是认定是否能够构成诈骗罪的标准,而应当将诈骗手段结合受骗对象的客观情况进行综合判断,如果行为人的诈骗手段对受骗者而言足以使其产生错误认识,那么这种手段就应该可以被认定为诈骗手段。

3.骗取特定服务的具体手段

骗取特定服务活动中,行为人的目的相当明确,即在不支付对价的情况下骗取被害人提供的服务,行为人采取的方式往往为偷逃、蒙混过关、抵赖等。所造成的后果主要有:服务提供者的收益权被侵害或者被减损,从而导致服务提供者的实际收益减少;行为人因其欺骗行为而从中获得积极利益或者免于自身财产的减少;服务提供者的损失与欺骗行为人获得利益之间呈现对等关系。通过上述分析,我们可以看出,传统诈骗行为中的欺骗行为与骗取特定服务行为中的欺骗行为基本一致,行为人均采取虚构事实、隐瞒真相的方式,实现对他人权益的非法占有。但在具体行为手段上,骗取特定服务的手段可能没有传统诈骗手段丰富,经过对相关案例的分析,笔者认为,骗取特定服务的具体手段主要有以下四种:

(1)伪造证件

鉴于服务政策的不同,行为人往往会通过伪造证件的方式骗取服务而无须支付相应费用。如高速公路收费站的管理人员在收费管理的过程中,自始至终都没有认识到

---

① 参见张明楷:《论诈骗罪的欺骗行为》,载《甘肃政法学院学报》2005 年第 3 期。
② 同上注。

过往的某一车辆采取套牌的方式以实现偷逃过路费的目的,而对该车辆予以放行,导致行为人的目的得逞,致使高速公路管理者遭受损失。此种情况为对物理属性进行伪造。首先,伪造证件的方法属于虚构事实的诈骗手段,因为行为人所使用的证件不是真实有效的;其次,伪造证件的行为足以使被害人产生处分财产的错误认识,证件的效用在于其可以享有原本只有证件拥有者享有的权利,而行为人使用伪造证件的行为让被害人误以为其也为特殊权利的享有者,放弃了自己的收益权;最后,伪造本身也可能会构成其他犯罪,因为伪造行为是对原合法证件管理的侵犯,如果伪造的危害性达到需要刑法规制的程度,则伪造本身也应该构成犯罪。

(2)冒充身份

另外一种情况是行为人对其身份的伪造,即冒充身份进行诈骗。冒充身份进行诈骗的手段在骗取特定服务型诈骗犯罪中十分常见。与伪造证件相同,冒充身份也虚构了事实,并且足以使被害人产生处分财产的错误认识,但不一样的是,冒充身份并不一定欺骗的都是身份享有者所应当享受的权利,还有可能是假借身份迫使被害人不能向其所要对价,如冒充国家工作人员,多次享受服务后不予支付相应费用,但被害人因为行为人国家工作人员的身份而不敢向其索要价款,行为人也正是预知了这种可能性,从而骗取了特定服务。

(3)享受服务后逃匿

由于社会中的服务消费模式通常表现为先享受服务,再支付对价,这为某些不法分子在享受服务后不予支付对价提供了可能。比如,在餐厅用过餐后,假装接听电话顺势从餐厅走出逃走的行为等。首先,享受服务后逃匿的方法实则隐瞒了不打算支付对价的真相,行为人在享受服务后运用各种方法逃匿以使得被害人无法向其索要服务对价;其次,在商业社会的服务模式中,被害人无法对行为人没有能力或者不愿支付对价的情况进行预知,因此其请求被害人提供服务的行为足以使被害人产生行为人会支付对价的错误认识;最后,逃匿行为本身是对应有义务的逃避,被害人在提供完服务后享有收益的权利,在行为人未支付对价时享有对后者的债权,但逃匿的行为大大降低了行使此项权利的可能性,侵犯了被害人的财产性利益。

(4)享受服务后公然抵赖

行为人多通过编造谎言或其他方式借故抵赖,拒绝支付其享受服务所对应的对价,但实际上是对服务对价的公然抵赖。此种手段与享受服务后逃匿基本相同,但公然抵赖还有可能存在恶意不予支付的情况。公然抵赖可能表现为以各种借口故意拖延偿还期限,实则不具有支付的主观想法,也可能表现为没有任何缘由的抵赖,以期被害人无力纠缠或者凭借自己的某种优势地位(比如具有一定的势力范围,有欺行霸市的能力等)而恶意不予支付的情况。

在时建锋案中,被告人时军锋、时建锋使用伪造的军用车牌,其行为手段符合《刑法》规定的诈骗罪的行为手段。首先,被告人本身不具有使用军用车牌的资格,行为人伪造证件、冒充军人的行为属于"虚构事实"的欺骗行为;其次,被告人通过使用伪造军用车牌的行为已经足以使对方产生错误的认识,其向高速路段提供的材料等完全具有致使高速路段工作人员信以为真的欺骗性程度;最后,行为实现了收益权一方的损失与行为人的受益之间的对等关系。因此,以诈骗罪对时军锋、时建锋定罪是正确的,符合该案的事实和法理。被告人偷逃过路费的行为实为骗取特定服务的行为,侵犯的对象为被害人的财产性利益,损害了诈骗罪保护的法益,应该受到刑法的惩处。

(三)骗取特定服务数额的司法认定

时建锋案又被称为"天价过路费案",其之所以能够受到如此的关注在很大程度上是因为司法机关对犯罪数额的认定高达368万元人民币,于是当该案受到广泛的关注和热烈讨论之时,部分人开始对诈骗数额的认定正确与否产生了质疑。在再审过程中,公诉机关指控的犯罪数额由人民币368万元变成了49万元,犯罪数额的骤变引发对诈骗犯罪数额认定的激烈讨论。

1.骗取特定服务数额范围的认定

(1)应以实际损失认定骗取特定服务数额

在诈骗犯罪的犯罪数额上,存在多种不同的类型,但何种数额最能真实地反映诈骗行为的危害程度?换言之,何种数额最具有定罪与量刑这两个层面(尤其是在定罪层面)的意义?这是本文接下来需要讨论的问题。

① 诈骗行为期待数额。它反映的是行为人实施犯罪的内心动因和基本目标,能够较深刻地揭示行为人的主观恶性。但由于刑法坚持主客观相统一原则,对犯罪的认定必须将主观要件和客观要件综合起来加以考量,而诈骗行为期待数额只能片面地反映行为人的主观因素,不能够完全地反映行为人犯罪行为的客观危害程度。

② 受骗者处分财产数额。它是基于错误认识而由受骗者交付给行为人或第三人的财产数额,它比较直观地体现了受骗者的受骗程度,也可以说是体现了行为人的欺骗程度。以受骗者处分财产数额作为定罪数额的观点有一定道理,但在某些犯罪表现形式下显得不尽合理。比如,行为人以购买股票获得分红为理由实施持续的诈骗行为,第一次接受受骗者处分的财产4 000元,在再次接受受骗者财产前,退还给受骗者4 000元,继而从受骗者处获得财产5 000元。按照受骗者处分财产数额认定诈骗数额的话,此时数额为9 000元,但这显然有失公平,因此,有学者指出"拆东墙补西墙"的情况下,往往出现诈骗总额很大,而犯罪分子实得较少,受骗者实际损失不大的现象,按受骗者处分财产数额计算就有可能扩大打击面,或者出现轻罪重罚的后果。①

③ 行为人犯罪所得数额。它是行为人通过犯罪所实际取得的财产数额。行为人

---

① 参见刘明祥:《试论诈骗罪的定罪数额与量刑数额》,载《中南政法学院学报》1988年第3期。

的犯罪所得数额体现了诈骗行为对行为人期待数额的实现状况和具体程度,弥补了单纯的诈骗行为期待数额不能反映客观情况的缺陷,直接地体现了行为人的犯罪目的,因而对于定罪与量刑都具有极为重要的意义。

④ 被害者的实际损失数额。它是被害人因行为人的诈骗行为所实际损失的数额。该数额从被害人视角出发,较为全面地反映了行为对法益的侵害及其程度。在一些特殊情况下,以该数额作为诈骗罪认定的数额具有较高的合理性。

以上四种数额从主观的期待所得数额到客观造成的实际损失数额的变化体现了客观损害的演变过程。在刑法上为了避免主观规定的危险,我们应该注重考量主观恶性和客观损害的具体情况,由此看来,行为人犯罪所得数额和被害人的实际损失数额,在定罪量刑方面最具有参考意义。但在骗取特定服务行为型诈骗犯罪中,由于行为人骗取的是被害人的服务,而非狭义的财物,不存在直接的行为人犯罪所得数额,所以只能将被害人的实际损失数额认定为诈骗犯罪的数额,这样才能够更为客观地认定行为人犯罪的危害程度。

(2)惩罚性费用不应属于骗取特定服务数额范围

在骗取特定服务型诈骗犯罪中,犯罪数额认定不应当包含惩罚性费用,主要原因有:

第一,惩罚性费用不同于各种规费。规费是指政府或者有关权力机关因向单位或者个人提供了特殊服务而收取的费用。规费的收缴具有强制性,因为规费收缴单位在提供特殊服务时存在实物成本的损耗,所以规费具有工本费的性质。我国存在多种规费,比如建设规费、交通规费和车辆规费等,其中车辆规费主要包含养路费和过路费两种,其收取的主要理由为通行者享受了政府或者公共部门提供的道路建设服务。而行政罚款是由法律授权的国家行政机关依照法定程序强制违反法律规定尚不构成犯罪者缴纳一定数额金钱的处罚,是行政处罚的一种主要形式。① 它是基于行为人违反相关的法律规定而产生的第二性法律义务,对应其违反法律规定行为的处罚以缴纳一定数额金钱的方式表现出来。所以各种规费可以被计算在诈骗数额当中,但行政罚款,即惩罚性费用不应当被计入诈骗数额当中。

第二,惩罚性费用不能被视为财产性利益。诈骗犯罪是行为人意欲占有本不属于自己的财产的行为,在被骗人财产损失和行为人财产增加(积极增加或者消极减少)之间存在对应关系。对于财产的获得,行为人本身可以进行预期,在主观上能够反映出其对财产意欲占有的主观目的,如果行为人通过欺骗手段获得了这部分财产,则其诈骗该部分财产的行为具有当罚性。从本文的第一部分表述中可知,诈骗罪的犯罪对象包括财物和财产性利益。刑法理论通说认为,取得财产性利益的方法主要有三种:一

---

① 参见"行政罚款",载百度百科(http://baike.baidu.com/view/1694714.htm?wtp=tt),最后访问日期:2012年3月9日。

是使对方负担债务;二是使自己免除债务;三是接受别人提供的劳务。① (通说认为只有免除支付相应的劳务报酬,才属于财产性利益)不管是接受别人提供的劳务还是免除支付相应的劳务报酬,罚款都不属于这种财产性利益。行为人通过诈骗行为免除过路费应当属于其主观认识的内容,因为在接受高速公路相关服务的同时,行为人已经认识到支付过路费的义务,而惩罚性费用则是对诈骗行为的事后处罚,是一种不可预期的结果。

第三,惩罚性费用本身就是对行为人非法行为的否定性评价,是行为人违反相关法律法规而承担的第二性法律义务,其与刑事法评价有着平行关系,刑事法律不能对已经进行了否定评价的行为再次进行否定评价,否则将违反了禁止重复评价原则。

综上所述,惩罚性费用不应当计入犯罪数额中去。

2.骗取特定服务数额的计算

诈骗数额的认定只能以行为人实际骗取的财物价值为衡量标准,而不能以行为人主观意图上意欲骗取的财物价值或者最终可能骗取到的财物价值作为衡量标准。如前所述,如果说只要确定行为人实施诈骗行为时其意图非法占有的财物价值达到或者超过了"数额较大"的标准,就可以认定行为人的诈骗行为构成犯罪,而不论行为人实际上是否已经获取具有或者超过"数额较大"标准的价值的财物,就对其进行定罪量刑,则具有主观归罪、侧重惩罚主观意图的倾向。因为即使行为人主观上意欲非法占有的财物价值非常大,意即其主观恶性非常大,但最终出于种种原因,其客观上并没有获取"数额较大"的财物,甚至分文未取,即其犯罪目的并没有达到,那么,仅因其主观恶性比较大,可能对公私财物所有权造成的现实侵害程度比较严重,就对行为人进行定罪量刑的话,就违反了《刑法》总则关于犯罪概念的规定。

诈骗数额应包括三个方面的含义:一是行为人主观目标所指向的数额,二是行为人最终实际上所骗取的数额,三是受害人因此而遭受到的财产损失的数额。如果行为人对其所骗取的财物的实际价值存在主观上的认识误差甚至差距较大,应该坚持客观的衡量标准,即按照被骗财物的实际价值进行计算。② 在骗取特定服务型诈骗犯罪中,被骗财物的实际价值是指服务所对应的公示价格还是服务的成本价格呢?我们知道,在商品经济社会,服务的提供者以盈利为目的,那么其所提供服务的公示价格必然包含了其预期的利益部分,在行为人骗取服务后未支付对价的情况下,认定其享受服务的成本价格为诈骗数额应该为更合理的计算方式。具体理由如下:

首先,行为人主观上想要不法获得的是服务而非金钱,客观上骗取的是被害人的服务,而特定服务所对应的公示价格计算出的价值并不是行为人直接作用或者施力的

---

① 参见〔日〕前田雅英:《刑法各论讲义》,东京大学出版社1995年版,第166页。
② 参见赵秉志:《财产罪总论问题探究》,载《经济刑法》2003年第1期。

对象,所以如按照公示价格对骗取特定服务型诈骗犯罪进行量刑,在行为人主观上和客观上都不存在较强的说服力。比如时建锋案中被告人意欲获得的是免费享受高速公路的通行服务,而不是对高达几百万元的过路费进行诈骗,那么如果完全按照客观公示的价格标准进行量刑则在主客观上都僵化地认定了被告人的犯罪行为,最终判决不可能做到罪当其罚。其次,至于被害人因此而遭受到的财产上的损失,由于其直接的财产损失与行为人的欺诈行为之间存在客观的、直接的、必然的因果关系,因而应当予以考虑和认定,但因此而导致的财产上的间接损失则与行为人的欺诈行为之间不存在此种因果关系,只具有偶然的、间接的因果关系,故而在刑法上可以不予考虑。所以由于行为人的诈骗行为间接导致被害人的损失为服务的成本价格加利润,即公示价格的说法不能成立,不能够作为刑法上对诈骗数额的计算理由。最后,由于骗取特定服务与通常的骗取具体财物的诈骗存在不同,具体数额的认定不能直接通过实际的被害人损失或者行为人获得来认定,而是需要通过具体的计算方法来进行计算,所以诈骗数额的认定上更应该综合考虑各种数额,做到罪责刑相统一,避免主观归罪的不公正现象。

时建锋案中,两车行车路线主要是载货从下汤收费站上高速,到长葛西收费站下高速。一审认定的诈骗数额主要通过对通行的记录查询统计后计算得出,两车在长葛西收费站通行1 172次,逃费343.37万元,平均每次2 929.8元;在下汤收费站通行1 179次,逃费23.14万元,平均每次196.3元。也即是说,平均每次荷重通行费为2 929.8元,空驶收费为196.3元,前者约为后者的15倍。

每次荷重通行费高达近3 000元的计算方法为:未超过公路承载能力的收费标准时,载货类汽车基本费率是0.11元/公里,15吨以下及以下部分按基本费率计收,15吨以上部分按0.04元/公里。超过公路承载能力车辆的收费标准是,超出30%的重量部分暂按基本费率收费,超过30%以上部分,暂按基本费率3倍线性递增至5倍收费,超过100%以上的重量部分按基本费率5倍计算通行费。以其中一笔为例:2008年5月5日,两车中的一辆车载重为71.4吨,公路核载量为25吨,从下汤收费站至长葛收费站,路程一共是110.6公里。其中,15吨符合基本费率,通行费为15×0.11×110.6=182.5(元);低于核载量的10吨符合优惠费率,通行费为10×0.04×110.6=44(元);超出核载30%的仍按基本费率,即是说7.5吨仍符合基本费率,通行费为7.5×0.11×110.6=91.2(元);除此之外的38.9吨属于超载部分,通行费为38.9×0.11×5×110.6=2 326.3(元),合计为2 684元。①

再审中,公诉机关指控的犯罪数额骤变为49万余元,计算方法上改按核准装载量25吨计算,即扣除了一审中将加收费用计入犯罪数额的计算方法。经会计师事务所审

---

① 参见陈景清,《河南天价过路费案拷问公路收费乱象》,载《中华工商时报》2011年1月28日。

计,悬挂伪造军用车牌的两辆货车在郑尧高速公路通行共计2 363次,骗免高速公路通行费492 374.95元。

从两种计算方法来看,再审认定的数额更为合理。首先,再审判决排除了将惩罚性费用计入通行费数额。这样避免了对被告人违法行为的双重评价,坚持了现代刑事法治的基本原则。其次,超过核载质量(25吨)的部分,按照《道路交通安全法》及《道路交通安全法实施条例》的规定,严禁车辆超载,发现车辆超载时,应要求运输方卸载。根据国务院《收费公路管理条例》的规定,发现车辆超载时,收费公路经营管理者应当及时报告公安机关,由公安机关依法予以处理。故从有利于被告人的原则出发,超过25吨的部分均不应认定为犯罪数额。最后,公诉机关指控犯罪数额为49万余元,根据不告不理、保护被告人充分行使辩护权等原则,审判所确定的犯罪数额不应高于指控数额。所以,综合看来,再审的犯罪数额认定是合理的,体现了对被告人权利的合理保障。

(四)骗取特定服务行为的法律适用

时建锋案在审理的过程中,有人提出应当适用现行《刑法》第375条第3款的规定,认定为非法使用武装部队专用标志罪。① 由于诈骗罪的最高刑期可达无期徒刑,而非法使用武装部队专用标志罪最高刑期只有7年,所以对法律适用的正确与否的讨论决定着被告人所面临的刑罚科处的严厉程度。

时建锋案中,被告人非法使用武警部队车辆牌照的行为与偷逃通行费行为之间存在牵连关系,两者是手段行为与目的行为的关系,即行为人非法使用武装部队专用标志就是为了让高速公路收费站免除费用,被告人的手段行为本身也已经触犯《刑法》关于非法使用武装部队专用标志罪的规定,已构成犯罪。但行为人非法使用武警部队车辆牌照的行为并不是其犯罪行为的全部,相反只是一种手段行为,是犯罪活动中的一小部分。如果以非法使用武装部队专用标志罪进行定罪,则不能全面评价被告人的犯罪活动,也不符合我国刑法理论关于牵连犯的处断原则。

对于牵连犯的处断原则,我国存在主观说、客观说、折中说等三种不同的观点。在刑法规定上,也存在两种不同的处断原则:一是从一重处断原则。例如根据《刑法》第399条第4款的规定:司法工作人员收受贿赂,有前三款行为的,同时又构成该法第385条规定之罪的,依照处罚较重的规定定罪处罚。即徇私枉法罪等与受贿罪构成牵连犯,要从一重处断。二是数罪并罚原则。如根据《刑法》第157条第2款的规定,以暴力、威胁方法抗拒缉私的,以走私罪和该法第277条规定的阻碍国家机关工作人员依法执行职务罪,依照数罪并罚的规定处罚。即走私罪和妨害公务罪构成牵连犯,实行数罪并罚。所以在法律没有明确规定的情况下,应当按照刑法理论通行的处断原则来

---

① 参见周泽:《非法使用军牌骗免通行费,只构成非法使用武装部队专用标志罪》,载新浪博客(http://blog.sina.com.cn/s/blog_4bdb1fa0010179wa.html),最后访问日期:2012年3月9日。

处理。我国刑法理论认为牵连犯通行的处断原则应该是从一重处断,因此,时建锋案中对牵连犯应当按照数行为所触犯的罪名中最重的罪论处,认定为诈骗罪。

另外,刑法应该对犯罪分子的全部行为进行综合评价,在牵连犯情况下,行为人的手段行为和目的行为都应当被纳入评价中来,如果认定被告人为非法使用武装部队专用标志罪,则没能对其骗取巨额财产的行为进行全面和适当的评价,这也不符合刑事法律的基本原则。

私密场所多人自愿的性聚会的定性及聚众淫乱罪的刑法应然分析
——以马尧海聚众淫乱案为例

石宗智[*]

目 次

一、选案理由
二、基本案情
三、裁判要旨
四、引发的理论问题
(一) 公权干预与私权保障之矛盾
(二) 秩序维护与自由张扬之冲突
(三) 法律规范与道德约束之差异
五、社会变迁与刑法变革
(一) 社会变迁对刑法改革的促进意义
(二) 当前社会条件下聚众淫乱罪的变革路径

一、选案理由

聚众淫乱罪在我国《刑法》罪名体系中本是一个"休眠"性质的罪名,鲜有得到适用,但是马尧海聚众淫乱案(以下简称"马尧海案")将这一罪名"激活",不仅马尧海等人由于该罪名受到了刑罚处罚,这一判决所形成的判例效应还在延续,如此案后又有广东某17岁少女聚众淫乱被提起公诉。这些案件将"聚众淫乱罪"推向前台,使之成为公共舆论热议的焦点,支持者有之,反对者有之,持论双方相互攻击,但是均不能说服对方。

---

[*] 北京师范大学法学院法律硕士研究生。

在法学界,研究者们以更为广阔和深远的视角探讨了聚众淫乱罪,如赵秉志教授认为,马尧海案反映了公共利益与个人利益之间的冲突,且刑法作为一种法律规范,其语言应当明确具体,不宜适用过于抽象、模糊的词语,这是罪刑法定的基本要求,也是保障人权的基本要求。① 还有学者认为,"'南京换偶'案折射出了现代社会突破传统禁忌寻求性多样化的主张,道德与法律规制的抉择决定了公民自由行使的场域。把尚无触及公共与他人利益的聚众换偶行为置于道德范畴仍是当前的不二选择"②。也有学者直接提出:"对于侵犯习俗和风化的行为,还是留待道德机制去调整,而不宜随意动用刑法机制。"③"随着'权利保障论'的异军突起,聚众淫乱罪必将走向消亡。"④ 可见,我国法学界一般并未从该案的法律逻辑层面展开探讨,而是从更为深层和广阔的法理学层面审视了聚众淫乱罪,认为聚众淫乱罪所体现的是公共利益与个人利益、秩序与自由、法律与道德之间的冲突。

但是在民间层面,基于话语体系的不同,人们更倾向于从朴素的正义观、基本的伦理法则展开考量,加之我国历史上确实存在一些伦理化的罪名如通奸罪等,导致人们普遍认为马尧海的换偶与聚众淫乱行为构成了犯罪,理应得到刑法处罚。当然,从刑法规范层面上来看,马尧海的行为是否构成聚众淫乱罪争议不大,但是法学界与民间话语的割裂并非规范层面的冲突,而是应然层面的冲突,即法学界普遍认为马尧海的聚众淫乱行为应该非罪化,此类犯罪仅仅侵害了风俗习惯和道德秩序,并未侵害任何人的利益,不存在受害人,从比较法的角度来看也很少有文明开化的现代国家将聚众淫乱行为作为犯罪行为对待。可见,法学话语与民间话语的冲突并不是在一个层面上、一个平台上展开的。

本文以马尧海案为基本分析范本,探讨该案所折射出来的法律问题尤其是该案背后的法理问题,试图以中立的视角分析关于马尧海案正反两方面的立场与观点,同时对两种观点的冲突之化解提出可行的解决办法。

二、基本案情⑤

2009 年 8 月 17 日下午,南京警方在一家连锁酒店某房间抓获了 5 名网民。被抓当时这 5 名人员正在进行换妻活动,并且谓之"夫妻旅游交友"。通过对这 5 人的分别

---

① 参见蒋安杰:《著名刑法学家赵秉志点评 2010 年八大刑事案件 热点案件倒逼刑法规范完善》,载《法制资讯》2011 年第 1 期。
② 陈伟:《"虚幻的道德"抑或"真实的法律"——以"南京换偶案"为视角》,载《法制与社会发展》2010 年第 6 期。
③ 沈海平:《聚众淫乱:罪与非罪的追问》,载《人民检察》2010 年第 13 期。
④ 姜涛:《刑法中的聚众淫乱罪该向何处去》,载《法学》2010 年第 6 期。
⑤ 参见江苏省南京市秦淮区人民法院(2010)秦刑初字第 66 号刑事判决书;江苏省南京市中级人民法院(2010)宁刑终字第 130 号刑事裁定书。

审讯,警方掌握了一个通过网络联系并且相互换偶的组织,这个组织的组织者是马尧海。随后,南京警方审讯马尧海,其交代:于2007年组建了一个QQ群,群的名字是"夫妻旅游交友",通过该QQ群,马尧海组织了来自全国多个省区的群友相互之间进行自愿的性行为,且一般表现为"换偶",即交换配偶发生性行为。

2010年4月7日,南京市秦淮区人民检察院以聚众淫乱罪对马尧海等22名被告人提起诉讼。秦淮区人民法院以不公开庭审方式审理了该案。南京市秦淮区人民法院在一审判决中认为,马尧海等22名被告人以网络为平台,组织或者多次参加聚众淫乱活动,其行为均已构成聚众淫乱罪,系共同犯罪。马尧海获刑3年6个月,其他参与聚众淫乱行为的人员由于认罪态度较好或者情节较轻而被判处轻于马尧海的刑罚或者被免于刑事处罚。

一审判决后,被告人马尧海对判决不服,提起上诉。南京市中级人民法院裁定驳回上诉,维持原判。

三、裁判要旨[①]

刑法所保护的公共秩序不仅仅指公共场所秩序,公共生活也不仅仅指公共场所生活。《刑法》将聚众淫乱罪归类在扰乱公共秩序罪这一大类中,说明聚众淫乱行为侵害了公共秩序,此种行为的故意已经包含在行为之中;聚众淫乱行为无论是发生在私密空间还是在公共场所,不影响对此类行为性质的认定,当达到刑法所规定的程度时,即构成犯罪。被告人以网络为平台,组织或者多次参加聚众淫乱活动,其行为均已构成聚众淫乱罪,且系共同犯罪。

四、引发的理论问题

学者们关注的主要是聚众淫乱行为在立法上是否有必要犯罪化,即聚众淫乱行为是否应当被作为一种犯罪行为来对待,而不是在司法层面上,马尧海的聚众淫乱行为根据现有法律规定是否构成犯罪。尽管不少学者认为,随着社会的变迁,一些原本仅仅有伤风化的行为不宜再作为犯罪对待,但是也有一些学者认为,聚众淫乱行为应该被作为犯罪处理。如有学者从规范主义、合宪性等角度论证聚众淫乱行为应该被作为犯罪行为对待:"聚众淫乱严重损害我国婚姻家庭的核心功能,国家唯有通过刑罚手段对之加以制裁,方能切实履行自身的宪法义务。"[②]还有学者认为:"任何一种行为入罪必须满足法益侵害性、违反伦理性和惩罚必要性三个条件。聚众淫乱行为可以满足这三个条件,因此应当治罪","为了对聚众淫乱罪进行完善和限制,应该将聚众淫乱罪设

---

① 参见江苏省南京市秦淮区人民法院(2010)秦刑初字第66号刑事判决书;江苏省南京市中级人民法院(2010)宁刑终字第130号刑事裁定书。

② 欧爱民:《聚众淫乱罪的合宪性分析——以制度性保障理论为视角》,载《法商研究》2011年第1期。

为情节犯"。① 这些观点表明聚众淫乱行为罪与非罪的争议不仅仅发生在公共话语与法学话语之间,即使在法学界内部也存在不同的认识,进一步凸显了聚众淫乱罪存废问题的复杂性。

马尧海案的一审判决和二审裁定都明确宣告私密场所聚众淫乱行为的有罪化,认为聚众淫乱行为即使是在私密场所发生的,也挑战了公共秩序和社会公德,属于一种犯罪行为,理应受到刑法的惩罚。那么,聚众淫乱行为的危害性真的只能做这样的解读吗?笔者认为这一问题值得进行更深层次的思考,至少,它涉及公权干预与私权保障、秩序维护与自由张扬之间的冲突与调整,以及法律规范与道德约束的区别等问题。

(一) 公权干预与私权保障之矛盾

1. 刑罚权运行与公民私权利保障

(1) 刑罚权与公民私权利的关系

刑罚权是国家权力的重要组成部分,它通过对犯罪人施加刑罚,从而实现国家职能。② 刑罚权的实施能够体现国家意志,即通过对犯罪人的惩罚体现国家对犯罪行为的否定,同时还能够起到一般预防与特殊预防的作用,维护社会的正常机能。刑罚权是一种公权力,"刑罚权作为公权力的最强有力表现形式,其运作的秩序感历来极强,由此彰显国家权力的正当性和权威"③。因此,刑罚权的运作在本质上是公权力的运行,主要通过一系列的制度保障刑罚权的实现,如通过侦查、起诉、审判等阶段,使国家对犯罪人权益的剥夺趋于正当化,同时也满足了国家实现刑罚权的需要。

刑罚权与公民私权利之间呈现矛盾关系。一方面,刑罚权作为公权力,具有公权力的一般特征,公权力扩张的范围越是广泛,则私权利的范围越是趋于缩小。在人类历史上,刑罚权的滥用往往造成民怨四起,就是因为刑罚权的过度扩张对私权利造成了侵害。因此,在一定的物质生活条件下,刑罚权与公民私权利之间的关系可以粗略地看作此消彼长的关系,这是完全符合公权力与私权利关系特征的。另外,刑罚权的实现在一定程度上又能够保障私权利。例如,对私权利构成严重侵害的行为,会被界定为犯罪行为,并且受到国家刑法的制裁,从而保护了私权利。刑罚权与公民私权利之间的这一矛盾关系决定了刑罚权发展的历史脉络,即刑罚权在历史发展中趋向于对私权利的保护,且通过自身的必要抑制,避免过度地侵害私权利,一般表现为:一方面,在立法上,严格限制刑罚权,一些并不严重的失范行为不再作为犯罪行为对待,且通过"罪刑法定""罪刑均衡"等刑法基本原则,实现刑事法治,避免罪刑擅断;另一方面,在

---

① 郭浩:《聚众淫乱罪问题新探——由"马尧海换妻案"引发的思考》,载《福建师范大学学报(哲学社会科学版)》2011 年第 1 期。
② 本文所谓的"刑罚权"是广义上的刑罚权,包括与刑罚设置、分配、适用、执行相关的权力总和,而不仅仅指程序意义上的求刑权。
③ 时延安:《刑罚权运作的秩序——刑事法制中的"中央与地方"问题研究》,载《法学家》2010 年第 5 期。

司法程序中需要通过严格的程序来保障刑罚权的正确实现,避免刑罚权逾越法律预先设定的轨道。

现代法治社会中的刑罚权具有以下特点:第一,刑罚权被限制在必要的范围内。刑罚权仅仅针对严重的危害法益的行为才启动,对于一般性的失范行为,刑罚权不会轻易启动,这些行为将由道德规范或者由其他规范加以调整。第二,刑罚权被限制在合理的范围内。这是罪刑均衡原则的基本要求,即犯罪行为的严重程度与刑罚之间需要彼此适应,犯了多大的罪,应该与接受多么严重的惩罚匹配。第三,刑罚权被限制在法律程序中。这是刑罚权实现的程序性要求,刑罚权必须通过程序实现,否则刑罚权将缺乏正当性,这也是正当程序精神的基本要求。

(2)刑罚权视野下的聚众淫乱罪

以马尧海案为例,马尧海实施聚众淫乱行为,受到了法律的惩处。在这一案件中,国家实现了刑罚权,作为被告人的马尧海,则相关权利被剥夺。但事实上,马尧海案中所体现的刑罚权与公民私权利之间的关系不仅仅表现为国家刑罚权的实现和作为被告人的马尧海被剥夺相关权利,这一案件更宣告了国家对聚众淫乱行为的禁止与反对:凡是实施聚众淫乱行为,并且符合《刑法》中关于聚众淫乱罪的犯罪构成的,行为人将受到刑事制裁。

《刑法》早在1997年修订之时就已经发出了这样的宣告,只不过由于现实中缺乏此类案件,或者没有被媒体报道,导致国家对聚众淫乱行为的否定与禁绝没有受到人们足够的关注,但是马尧海案激活了《刑法》中聚众淫乱罪的适用,并且强化了国家对聚众淫乱行为否定与禁绝的态度,这也是国家在立法上与司法上对聚众淫乱行为刑罚权的实现。

但是,通过上文对刑罚权的研究,我们知道刑罚权必须被限制在法定、合理、程序的限度内,超越这一限度的刑罚权是违背刑事法治原则的。尽管从实然的角度来看,只要符合《刑法》中聚众淫乱罪的犯罪构成,即构成聚众淫乱罪,这不管是支持聚众淫乱行为非罪化还是反对聚众淫乱行为非罪化的学者都不会否认的观点,且严格依照《刑法》规定对实施聚众淫乱行为的行为人定罪量刑这本身就是刑事法治的实现。但是从应然的角度来看,国家是否应该对实施了聚众淫乱行为的行为人施加刑罚,还有待进一步探讨。

聚众淫乱行为在本质上是对良好风俗的挑战与侵犯,实施聚众淫乱行为,难免有伤风化。这里所谓风俗或者风化,主要是指人们应该检点两性关系,对家庭负责、对自身负责,不能为了过度追求性的愉悦而挑战和侵犯既有的社会秩序。诚然,聚众淫乱行为伤害了风化,但是这种行为是否严重到需要国家通过刑罚权来否认和制止,还是有待商榷的。从刑罚学视角来看,对刑罚权的发动需要理性节制①,这主要基于以下理由:第一,通过刑罚权实现社会秩序调整的成本是非常昂贵的,必须以司法资源作为成本,且以牺牲个人自由为代价。第二,刑罚权实现过程中还会产生很多负面作用,且并不必然有利于实现调整社会关系、维护社会秩序的目的,有时候甚至会产生相反的作用。正如日本学者藤木英雄所言:"刑罚既能治病,又能使病人丧命。如刑罚过苛或者过于残暴,或许能够发挥一时的抑制犯罪作用,但是,这样一来,与其说国民会认为犯罪可恨,倒不如说国民会认为犯罪者成了挥舞酷刑的暴政的牺牲品。"②德国法学家耶林也曾说:"刑罚如两刃之剑,用之不得其当,则国家与个人两受其害。"③第三,过度追求刑罚权必然对公民私权利构成侵犯,主要是对公民的行动自由构成了极大的限制。鉴于此,刑罚权的发动必须是理性和节制的。对于聚众淫乱行为而言,这种行为尽管侵害了善良风俗,但是如果不是警方的主动查处与追究,恐怕世人并不知晓这种行为,马尧海们也不会受到公众的关注,且聚众淫乱行为于封闭场所进行,也谈不上对社会善良风俗和社会风化造成侵害。因此,对于这种危害性并不十分严重的行为,是否真的需要国家动用刑罚权,耗费巨大的司法成本,以牺牲公民自由为代价,来加以严厉遏制,值得反思。

2.聚众淫乱罪的刑法谦抑性审视

(1)谦抑性是刑法的基本品格

"所谓刑法的谦抑性,是指当其他社会统制手段足以控制某一行为时,就不要制定或适用刑法。谦抑性不只在刑事立法中适用,在刑事司法中同样适用。"④日本学者平野龙一最早提出刑法的谦抑性原则,认为刑法谦抑性原则主要包含如下三层内容:"第一是刑法的补充性。即使是有关市民安全的事项,只有在其他手段如习惯的、道德的制裁即地域社会的非正式的控制或民事的规制不充分时,才能发动刑法。第二是刑法的不完整性。这是指刑法不介入公民生活的各个角落。第三是刑法的宽容性,或者可以说是自由尊重性。即使市民的安全受到侵犯,其他控制手段没有充分发挥效果,刑法也没有必要无遗漏地处罚。"⑤可见,刑法的谦抑性和国家刑罚权的限制在本质上具有相同之处,均要求刑事法制谦抑、审慎,不能轻易动用刑法来调整社会关系。

在价值取向上,刑法的谦抑性和国家刑罚权的限制具有相同之处,即限制国家公权力,保障公民私权利。但是刑法的谦抑性和国家刑罚权的限制也存在一定的区别,国家刑罚权的限制是从权力角度而言的,甚至是要求国家主动贬抑自身所享有的刑罚

---

① 参见潘庸鲁:《论刑罚权发动的理性节制》,载《兰州学刊》2008年第8期。
② 〔日〕藤木英雄:《刑法上的学派对立:旧派和新派、客观主义和主观主义》,郭布、罗润麒译,载《环球法律评论》1980年第1期。
③ 转引自林山田:《刑罚学》,台湾商务印书馆1975年版,第127页。
④ 张珍芳、柯刚:《刑事司法的谦抑性》,载《经济与社会发展》2009年第6期。
⑤ 转引自张颖杰:《刑法谦抑性践行之思考》,载《海南大学学报(人文社会科学版)》2007年第5期。

权,以扩展公民自由,但是刑法的谦抑性是国家刑罚权限制在刑事法律上的体现,是规范意义或者文本意义上进一步对国家刑罚权的限制,并且将国家刑罚权限制的结果法定化、文本化,其目的正是为了进一步限制国家刑罚权,扩展公民权利,防止罪刑擅断。

(2)谦抑性视角下的聚众淫乱罪

可见,刑法谦抑性原则或精神,同样是为了扩张公民权利,限制国家公权力,它通过对国家刑罚权的极大限制,实现对公民权利的保障。人们习惯于从实定法的角度来理解刑法的谦抑性,认为对于犯罪行为,能不判罪的即不判罪,能轻判的即轻判,以体现刑法的恤刑与谨慎。但是事实上,刑法的谦抑性不仅仅是刑事司法过程中需要遵守的一项原则,同样也是刑事立法所需要遵守的一项原则,这样才能使刑法的谦抑性超越实定法的制约,进入应然法的范畴。从应然的角度来看,刑法的谦抑性不仅仅是一项原则,更是一种精神,它强烈地要求在立法上将并无实质损害的行为作出非罪化的处理。

所谓非罪化,日本学者大谷实教授给出了明确的定义:"非犯罪化是指,将迄今为止作为犯罪加以处罚的行为不作为犯罪,停止对其处罚,因此,它包括变更从来都是作为犯罪科处刑罚的现状,而代之以罚款等行政措施加以处罚的情况。"[1]对于聚众淫乱罪来说,这一罪名在我国《刑法》中虽然久已存在,但是基本处于休眠状态,仅仅在法学院课堂中偶有提及,司法实践中很少被用于实际定罪量刑。在这一背景下,聚众淫乱行为可以看作实现了"事实上的非罪化"。然而,在公民自由和公民权利观念不断强化的今天,马尧海由于聚众淫乱行为而被定罪判刑,使得聚众淫乱罪"事实上非罪化"的状况被彻底终结,并且产生了一定的判例效应,在公权力与公民私权利之间造成了一定的紧张关系。在这样的司法背景下,更需要我们从刑法谦抑性角度进一步审视聚众淫乱罪。

笔者认为,非罪化是刑法谦抑性原则和精神在刑事立法过程中的必然趋势。人类历史的发展是一个从蒙昧到文明的过程,历史早期,诸多行为被视为犯罪与禁忌,人的行动自由受到约束,个人权利无法彰显。人虽然生来自由,却无时不处于这些禁忌的束缚中。刑法谦抑性精神提供了一种思想武器,人们通过非罪化的方式使大量原本属于犯罪的行为被剔除出刑法,从而使公民的自由权得到强化和扩展。最典型的例子就是通奸罪。我国古代历朝历代刑法都将通奸作为犯罪处理。早在《尚书》中就有云"男女不以义交者,其刑宫",《大清律例》以及民国刑法甚至今日我国台湾地区"刑法"中依然有关于通奸罪的规定[2],但是在我国大陆,通奸罪早已非罪化。通奸罪非罪化后也

---

[1] 转引自陈兴良主编:《刑事法评论》(第 21 卷),北京大学出版社 2007 年版,第 54 页。
[2] 当前通奸罪的除罪化是我国台湾地区"刑法"改革的重要议题之一。参见黄静嘉、胡学丞.:《中国刑法百年发展的回顾与反思——以台湾地区的几个刑法议题为中心》,载《华中科技大学学报(社会科学版)》2010 年第 3 期。

未见社会秩序呈现巨大混乱。尽管通奸本身仍属于不道德的行为,但不可否认的是,将其非罪化以后,公民私权利得到扩张,人们不用担心其通奸行为会受到刑法的无端追究。聚众淫乱罪的地位与通奸罪相似,都被认为对社会秩序、伦理风俗构成了侵害,且均属于一种不符合社会主流道德观念的行为,同时又没有具体的受害人,其存废都经历了巨大的社会争议。既然至今在我国台湾地区仍然存在的通奸罪可以非罪化,那么今日之"聚众淫乱罪"也完全可以非罪化。对这些不道德行为的非罪化,并非在道德上对此加以认可,而只是基于刑法谦抑性精神,将其排除在刑罚的大门之外,其目的是避免公权力的过度扩张而过分侵害公民私权利。

可见,某一行为究竟是否应该作为犯罪行为来对待,本质上体现的是国家刑罚权与公民私权利之间的博弈。国家刑罚权的实现程度应该宽严适当,既要维护社会秩序,保障社会整体利益,同时也不能过度追求刑罚权的扩张,对公民私权利造成不必要的限制与侵害。刑法谦抑性原则同样支持这一论点,要求刑法对罪名的设置必须谦抑、审慎,不必要作为犯罪行为来对待的罪名可以通过非罪化的方式,不再由刑法进行制裁,刑法仅仅对严重侵害社会秩序、公共利益和个人利益的行为进行打击。聚众淫乱行为不但谈不上对社会秩序和公共利益的明显侵害,甚至缺乏具体的受害人,不会对他人的个人利益构成侵害,因此,这一行为尽管是不道德的,但是完全可以通过非罪化的方式将其剔除出罪名体系,从而实现公权力的限制与公民私权利的保护。

(二)秩序维护与自由张扬之冲突

1. 刑法实施与秩序实现

聚众淫乱行为罪与非罪的争论还关系到法律价值问题。法律价值,"所指涉的是法律存在的伦理正当性与真正的根据,是支撑和确证法律具有一般而普遍的'合法性'与'合理性'的终极性原因,也是法律之有'意义'的充分根据"①。从法律价值尤其是秩序价值与自由价值的关系角度,我们可以更好地考察由聚众淫乱行为应否入罪的争议所引起的法理学问题。

(1)秩序:法律的价值追求之一

秩序,即社会秩序,是指社会以有条理、有组织的方式,实现自身的良好运转,从而使社会成员在这一稳定的秩序框架中实现自身的利益。"人类社会是以法律秩序为重要纽带而生存发展的。法律秩序是由法所确立和维护的,以一定社会主体的权利和义务为基本内容的,表现出确定性、一致性、连续性的,具有特殊强制力的一种社会状态。"②秩序是法律所追求的价值之一,稳定的秩序能够实现社会循序渐进的发展,也能够使社会成员获得安全感。

秩序作为法律所追求的一项价值,是法律实施的基本目标,同时也是立法所追求

---

① 李炳烁:《法律价值体系之内的自由与和谐》,载《法制与社会发展》2006年第4期。
② 周旺生:《论法律的秩序价值》,载《法学家》2003年第5期。

的目标之一。立法者将某些破坏社会秩序的行为作为违法行为或者犯罪行为加以对待,通过法律责任机制使实施了违法行为或犯罪行为的主体承担法律上的不利后果。基于人趋利避害的本能,人们将避免实施此类违法犯罪行为,从而形成立法者所预期的社会秩序,达致立法目的。

(2)自由:法律的最高价值追求

除了秩序,自由也是法律所要追求的价值目标,且在现代法治文明下,自由是法律追求的最高价值目标。在不同的历史阶段中,法律所追求的最高价值是不同的。在义务本位的法治发展阶段,秩序是最高的价值,法律的制定与实施,都是以维护秩序为最高目标的,其秩序不仅仅包括国家统治秩序,还包括伦理秩序、道德秩序等。但是在权利本位的法治发展阶段,自由是法律的最高价值,法律制定与实施,都是为了扩充人们的自由,而非限制人们的自由,人的主体地位充分得到彰显,这一变化的原因是"秩序在法律中表现为义务,自由表现为权利,权利和义务是法律关系的基本内容"[1]。

当然,对自由的追求并不是完全放弃对秩序的追求,而是指在法律价值的层次关系中,自由价值要优于秩序价值,在自由价值与秩序价值发生冲突时,自由价值应该优先于秩序价值得到实现,或者说,法律对秩序价值的追求,也是以实现人的自由为根本目的的,不能过于追求秩序价值而单方面、不对称地强调人们放弃自由,"在现代,法律的价值取向是多元的,但最根本、最主要的应当是自由。自由,是法律发展到现代其所应当具有的精神内核"[2]。

(3)刑法中秩序与自由的冲突

刑法作为社会基本法律规范,同样体现了秩序价值与自由价值的冲突。刑法领域中的秩序价值与自由价值的冲突,需要从刑法规范的构成进行考察。刑法规范主要由罪状表述和法律责任两部分组成,其在规范性质上属于禁止性规范,即"不得从事某行为,否则需承担某责任"。刑法规范在功能上为社会主体划定了某些行为禁区,如果社会主体的行为进入了这些划定的禁区,那么社会主体需要为其行为承担刑事责任。

可见,刑法规划通过禁区的设定,引导人们的行为,使人们的行为符合立法者的意图,避免人们的行为损害社会秩序。显然,禁区的存在限定了人们的行动自由,但是禁区的存在亦从更大程度上保障了人们的行动自由——使人们免受犯罪行为的侵害。刑事立法与刑事司法则通过法律制定与法律实施,实现刑法规范既定的目标,在社会秩序与主体自由之间寻求平衡点。

当然,通过刑法制定与刑法实施,在社会秩序与主体自由之间实现有效平衡只是一种理想的状态,现实中往往由于社会秩序与主体自由之间的失衡需要对刑法规范进行修正。例如,在《刑法修正案(七)》实施之前,倒卖个人信息牟利的行为并不属于犯罪行为,

---

[1] 罗家云:《自由还是秩序——关于法律价值的历史考察》,载《玉溪师范学院学报》2007年第2期。
[2] 陈福大:《法律价值中自由与秩序的冲突》,载《甘肃行政学院学报》2004年第3期。

行为人可以任意为之，而不必担心刑法制裁，但是在《刑法修正案（七）》实施之后，倒卖个人信息牟利的行为就成为犯罪行为，行为人需要承担刑事责任。又如，在《刑法修正案（八）》实施之前，醉酒驾驶行为并非犯罪行为，行为人醉酒驾驶只会遭受行政处罚，但是《刑法修正案（八）》实施之后，醉酒驾驶行为就被视为犯罪行为，行为人实施醉酒驾驶行为会构成犯罪，其行为自由受到了抑制。这些通过修正案新设的罪名表明立法者无法容忍这些行为对社会秩序的侵害，因而将这些行为纳入禁区，使主体不得再自由从事这些行为，或者即使从事了这些行为也要付出高昂的代价，从而有效地维护了秩序。

同样地，如果某一行为并未对社会秩序构成实质上的侵害，却又极大地限制了个人自由，那么这样的罪名即可以取消。一方面，取消这些罪名并不会对社会秩序产生危害，另一方面，个人的自由在相关罪名取消后可以得到扩展。例如，我国在刑法修正过程中曾经取消了"投机倒把罪"，这一罪名在计划经济时代能够维护当时的经济秩序，但是在市场经济背景下，投资买卖行为是公民的自由权利，继续在《刑法》中保留"投机倒把罪"显然已经不合时宜，因此该罪名被逐步取消，社会秩序并未因为这一罪名的取消而受到破坏，公民自由却由于这一罪名的取消而得到了极大的扩展。

可见，刑法中秩序价值与自由价值的冲突主要是通过法律修订的方式来协调的，这是因为刑事司法过程主要表现为对法律的适用，法官释法尽管也能够实现秩序价值与自由价值的选择，但是基于严格的刑法解释方法，特别是在我国法典化的传统下，通过法官释法的方法实现对法律与社会的调整，其功效极为有限，而刑事立法上的调整却能够顺利地解决这一问题，这也正是我国在1997年《刑法》大规模修订之后，又陆续出台多个刑法修正案的原因。

2.聚众淫乱罪争论中的秩序与自由

(1)聚众淫乱罪与秩序幻景

有论者认为，聚众淫乱行为侵害了社会秩序，因而应该通过刑法予以严惩。如有学者认为，聚众淫乱罪侵害了婚姻家庭秩序，"我国宪法规定'婚姻、家庭受国家保护'，根据制度性保障理论，国家负有宪法义务确保我国现行婚姻家庭制度的核心部分不受侵犯"[1]。进一步延展开来，论者认为聚众淫乱活动主要有如下危害："聚众淫乱会使婚姻家庭的约束功能荡然无存、聚众淫乱会使婚姻家庭的纽带功能断裂、聚众淫乱使婚姻家庭的情感功能名存实亡、聚众淫乱极大地弱化了婚姻家庭的经济功能。"[2]但是，这些观点是否成熟值得怀疑。

诚然，聚众淫乱行为可能会侵害婚姻家庭，如夫妻一方在对方不知情的情况下参与聚众淫乱，在对方获知这一情况后，可能会使聚众淫乱参与者的配偶陷入痛苦，甚至会造成夫妻之间关系破裂和家庭瓦解。从这一角度来看，聚众淫乱行为确实会对婚

---

[1] 欧爱民：《聚众淫乱罪的合宪性分析——以制度性保障理论为视角》，载《法商研究》2011年第1期。
[2] 同上注。

家庭秩序造成一定的侵害,且家庭作为社会的细胞,聚众淫乱行为会对社会的整体稳定与良好的秩序构成一定的损害。

但是论者忽略了一些基本的事实。如有些夫妻不但知道对方参与聚众淫乱活动,甚至双方共同参与聚众淫乱活动,如马尧海案中所谓"夫妻旅游交友"活动就是数对夫妻之间共同实施聚众淫乱行为,其本质相当于"换妻"或者"换夫"。在这样的背景下,聚众淫乱行为并不一定会造成夫妻反目,夫妻双方甚至乐此不疲。又如,马尧海案中有些参与者还是未婚者,这些参与者的聚众淫乱行为显然不会涉及对婚姻家庭秩序的侵犯,因为行为人还没有成婚,根本不存在婚姻关系,何来侵犯婚姻家庭秩序之说?可见,认为聚众淫乱行为破坏婚姻家庭秩序的观点缺乏事实依据,不足为信,即使认为这一说法合理,那么聚众淫乱罪也仅仅对已婚者而言,不能将主体扩展至未婚者,但是显然《刑法》第301条所规定的主体是一般主体,而非特殊主体。

那么,聚众淫乱行为究竟侵害了什么秩序?笔者认为,聚众淫乱行为如果不是在大庭广众之下进行,就谈不上对社会秩序的侵犯;如果行为人在大庭广众之下开展淫乱活动,可以视为对社会风化秩序的侵犯。但是,现实中一般不会有人在大庭广众之下进行淫乱活动。因此,所谓聚众淫乱行为侵犯社会秩序、公共秩序的观点,其中所谓的秩序仅仅是一种秩序幻景;这一所谓良好的秩序,仅仅存在于公众的幻想之中,聚众淫乱行为究竟侵害了什么秩序,不但在规范上缺乏明确表述,公众也难以明确表达。

更重要的是,所谓"聚众淫乱犯罪",其实并不存在被害人,哪怕是抽象意义上的被害人而非实体意义上的被害人。"美国学者埃德温·舒尔首次提出了'无被害人犯罪'的概念,他认为,'处在犯罪边缘线'上的堕胎、同性恋及药物滥用三种社会偏差行为,由于没有直接的个人被害人,而只是对社会道德伦理造成了侵害,所以,不存在国家被害和社会被害的问题。"[1]对于无被害人的犯罪而言,其本质是没有对法益造成实质性的侵害,因此在无被害人问题上,刑事立法的倾向是通过废除有关条款的方式使之非罪化,其目的是"纠正国家在惩罚犯罪方面过度严厉的倾向"[2]。聚众淫乱行为既没有损害社会秩序,也没有被害人,属于无被害人的犯罪,理应非罪化。

(2)聚众淫乱与行为自由

既然聚众淫乱行为所侵犯的秩序只是一种幻景,换言之,聚众淫乱行为并没有侵犯社会秩序,那么行为人在应然层面是否享有聚众淫乱的自由?这是我们需要直面的尖锐问题。

聚众淫乱体现了参与者对性自由的追求。在传统观念上,未婚者不能与他人发生

---

[1] 肖怡:《"轻轻重重"刑事立法政策——规制无被害人犯罪的理性选择》,载《环球法律评论》2008年第4期。

[2] 高仕银、韩璐:《犯罪化与非犯罪化——对无被害人犯罪的思考》,载《黔南民族师范学院学报》2008年第1期。

性关系,而已婚者只能与配偶发生性关系。尽管这一教条极为苛刻,但是却为主流社会和主流道德所认可。如果背离了这一教条,那么行为人的行为会受到道德谴责。即使在性观念已经较为开放的今日之中国,也是如此。

但是,并非所有的社会成员都遵从这一教条。如有人认为:"从本性上来说,人是渴求多性伴的。一夫一妻制的最大困境在于,夫妻双方的性关系未必是和谐的,这也是换偶现象出现的重要原因。"①马尧海和其他参与者最大的困惑在于,在没有侵害他人权利的情况下,如何处置自己的身体以及追求性的愉悦,为什么也要受到国家的管制甚至是来自于刑罚权的责难?

笔者认为,从性自由的角度来看,个体如何实现性满足是个人私人领域的事项,属于个人的行为自由。对于某些人群来说,其性取向和性满足方式与常人迥异,如有些夫妻希望通过"换偶"的方式实现性满足,而这一行为是不能为常人所接受的。更有甚者需要通过其他一些为常人所不能接受的方式满足性欲,如相互之间性虐待、多人群交等,这些行为虽然为主流道德所不齿,但是依然属于个人的行为自由范畴,只要行为人之间自愿,且不伤及其他社会主体,则国家公权力不应介入。

可见,聚众淫乱行为的罪与非罪,同样可以归纳到法律价值视野中进行考察。法律价值中的秩序价值和自由价值之间存在一定的冲突,且在法治发展的不同阶段,秩序价值和自由价值有着不同的地位,秩序价值更多地体现义务本位,而自由价值更多地体现权利本位。认为聚众淫乱行为侵害了婚姻家庭秩序的观点缺乏立论依据。聚众淫乱行为侵害的所谓秩序,仅仅是一种幻景,我们很难说明聚众淫乱行为究竟侵犯了哪些秩序。实际情况是,聚众淫乱行为是个体对性行为方式的自由选择,刑法不应介入。当然,这并不是说聚众淫乱或者"换妻"等行为是值得鼓励的,这些行为不能为主流道德所容纳,但是也没有必要通过刑法干预的方式制裁参与者。

(三)法律规范与道德约束之差异

1.法律与道德的联系和区别

(1)法律与道德的联系

法律与道德均属于行为规范,且都具有一定的强制力,都能够产生某种秩序化的效果,规范一定的社会秩序,两者之间存在紧密的联系,主要体现在以下两个方面:

第一,法律与道德相互渗透。法律与道德的互相渗透表现在法律不仅要体现统治阶级的道德精神,而且往往直接赋予某种道德规范以法律效力,这是由一个国家的法律、统治阶级的利益与道德的根本一致性所决定的。法律与道德互相渗透,这是法律与道德在各自发展过程中必然出现的现象,其根本原因是某些法律规范和某些道德规范在价值取向上一致,如道德要求尊老、养老,法律亦如此,因而法律中出现了赡养义

---

① 赵贵民、倪志远:《换偶:个人自由 OR 聚众淫乱》,载《江淮法治》2010年第10期。

务的条款,体现了道德内容与法律内容的相互渗透。

第二,法律与道德相互包含。法律与道德互相包含,但是法律不可能包含人类的全部道德,否则法律和道德的区分就没有了意义;道德也不可能包含全部法律,否则法律就不成其为法律。但是,法律包含了人类社会的基本道德,纵观古今中外的刑法规范,均有"不得杀人"的条款,而"不得杀人"同样是各文明社会的道德戒律之一。

当然,尽管法律与道德之间存在密切的联系,但是这并不意味着两者的关系是一成不变的。某些成为法律的道德内容,在新的历史条件下却可能被剔除出法律,相关不道德的行为并不会继续被作为违法犯罪行为对待。例如,从古至今,"不得淫乱"一直是各民族的一条道德律,在佛教、基督教和伊斯兰教中都能够找到"不得淫乱"的规范依据,即使没有任何宗教信仰的人,也不会认同淫乱是一种正当或者恰当的行为,因此在古代社会,不得淫乱的道德规范是会被法律吸收的,凡是从事了淫乱行为的人可能会遭受到法律的制裁。东西方各民族在历史上均存在惩治淫乱的法律条文。即使在今天,伊斯兰法依然会对通奸等淫乱行为进行惩处。但是,随着时代的发展,有关淫乱的罪名如"通奸""乱伦"这些罪名逐渐从刑法条文中消失。这说明立法会随着时代的变迁而作出调整,立法与道德的关系也并不永远呈现一致性。

(2)法律与道德的区别

道德与法律也存在诸多区别。道德与法律作为两种不同的社会控制方式,有着自身独特的个性和迥然不同的作用机理。一般来说,道德关注人的精神层面,寻求人的存在意义、生命价值、内心意志自由;而法律则关注人的行为层面,寻求人的行为自由。虽然在法律的适用中,也会考虑诸如意志、意图、欲念、认识、善意等精神因素,但法律规则本身并不对这些精神方面作出具体要求。法与道德之间的区别主要表现在:

第一,调整的对象不同。法律调整的是人的外在行为,如果人的行为触犯了法律,那么就要承担因此产生的法律后果。如我们在研究刑法理论的时候经常谈到"行为人"这一概念,在研究民法理论的时候经常谈到"民事法律行为"等。对于人的内心世界,法律一般是不予关注的,如在刑法上"思想犯不为犯罪"已经成为各国刑法的通例。但是道德却不同,道德不但关注人的外在行为,更关注人的内心世界,如道德要求人们不要撒谎,要爱他人,等等。显然,这些要求法律是不可能作出的。

第二,调整的机理不同。法律通过设定权利义务的方式来调整人们的行为,人们通过一定的法律行为,产生私法或者公法上的权利义务关系,进而调整人们的外在行为,即人们通过设定的权利义务来作为或者不作为。但是道德主要通过人们内心的羞耻感、荣誉感、恐惧感等来影响人的行为方式。同样对于"偷窃"行为,法律说"偷窃是要受处罚的",道德却说"偷窃是可耻的",进而以不同的方式来让人不去从事"偷窃"这一行为。

第三,调整的范围不同。法律调整的范围和道德调整的范围是不一致的,不能说谁的调整范围大,谁的调整范围小,只能说两者调整的领域是不同的。如,法律调整婚姻关系,但是不调整恋爱关系,道德不但调整婚姻关系、恋爱关系,甚至还调整友谊关系。在现在社会,科学技术发达,法律甚至也会涉足其间,进行一些调整,但是道德一般只介入人类生活的传统领域。

道德与法律的区别具有重要的意义,主要表现为:尽管道德与法律具有相似性,但是两者也存在诸多区别,这就要求"法律的归法律,道德的归道德",如果原本可以利用道德来调整的行为被不适当地纳入了法律调整的范畴,则非但不能起到调整的目的,反而会破坏原有的社会关系,给社会造成伤害。据此,如果聚众淫乱行为仅仅是一种不道德的行为,而不必通过法律来调整,那么聚众淫乱行为在法律上可以非罪化,尽管其在道德上仍然存在某种罪责。

2.聚众淫乱行为的道德考察

(1)道德的层次性与不确定性

那么,聚众淫乱行为在道德上究竟应该如何评价呢? 在解决这个问题之前,我们首先要对道德的层次性有所把握。道德是具有层次性的,某些道德规范能够为所有的社会阶层所认同,甚至能够被全世界、各民族的人所认同,如"人与人之间的相互关爱""不得撒谎""不得杀人"等,这些道德规范可谓人类的公共道德规范。"不得淫乱"同样是人类的公共道德规范,在"不得淫乱"的道德规范制约下,"聚众淫乱"当然也是不可取的,这种行为以"聚众"的方式放大了道德上的恶性,应该受到道德层面的批判与否定。除这些公共道德外,还存在其他层次的道德规范。例如,职业领域存在专门的职业道德规范。除层次性外,道德也具有不确定性,某些人将某种行为视为道德的,在其他主体看来却不一定是道德的。以聚众淫乱为例,从公众的角度来看,聚众淫乱行为显然是不道德的,这一行为属于淫乱行为,参与者背离了基本的道德观念,属于道德上的不洁行为,应该受到指责和批判。但是聚众淫乱行为的参与者却不一定那么看待,他们一般会认为自己参与聚众淫乱行为是道德的,这主要基于如下几个理由:第一,他们参与聚众淫乱行为是自愿的,不存在任何强迫或者威胁的成分,是基于自由意志对自身事务作出的安排。第二,他们参与的聚众淫乱行为,没有任何人从中受害,相反他们从这一行为中获得了快乐。第三,他们参与聚众淫乱行为是在封闭的场所进行的,如果不是警方的查处和媒体报道,他们的聚众淫乱行为根本不会为人所知,更谈不上使公众造成反感。第四,他们认为参与聚众淫乱行为的主体都是成年人,能够以自己的意志决定自己的行为,他们不会吸纳未成年人参与这一活动。第五,他们认为在聚众淫乱过程中没有关联性的犯罪行为发生,例如没有吸毒、卖淫等违法犯罪行为的发生。鉴于此,他们认为参与聚众淫乱的行为完全是自由意志的体现,是对自己身体和行动的支配,更重要的是没有人在聚众淫乱行为中遭受伤害或者在聚众淫乱活动中发生关联性的犯罪行为挑战社会秩序。正因为有如上理由,马尧海始终认为自己的行为是合乎道德的,反而认为警方查处他们的执法活动以及公众强迫他人认同自己的道德观念是不道德的。

马尧海案发生后,一些社会公众也对马尧海表示同情,他们认为马尧海从事聚众淫乱活动固然应该在道德上需要予以谴责,但是他们的行为本来就是隐秘的,没有造成任何伤害,如果不是媒体的持续报道,人们也根本不知道这一事件。这些观点和理念都表明,在价值观多元化的今天,除少数的公共道德规范以外,人们对某一行为究竟是否合乎道德存在很多不同的看法,其根本原因是"不同的社会主体基于自己的成长经历、生活经验、教育背景、宗教影响等的不同,在道德的主观评判上必然呈现出差异性"①。

可见,道德的层次性和不确定性使得聚众淫乱行为究竟是否属于不道德的行为,本身即存在诸多争议,至少社会公众会对此存在不同的看法。在价值观和生活方式多元化的今天,人们对同一事件具有不同的看法正体现了道德的层次性和不确定性。

(2)聚众淫乱罪立法的道德审视

人们对聚众淫乱行为的不同看法呈现了道德的层次性和不确定性,那么是否一项行为是不道德的,就应该利用刑法规制的方式对从事该不道德行为的主体予以法律制裁呢?事实上,大多数犯罪行为都是不道德的,即使在现代社会出现的某些犯罪如白领犯罪、高科技犯罪同样是不道德的,几乎没有一种犯罪是合乎道德的。但是这并不能反证不道德的行为应该被纳入刑法制裁的范畴。

在违反何种道德可以进入法律规制范围的问题上,哈特的主张是"要区分公共道德和私人道德,并认为只有那些违反公共道德的行为可以入法"②。这一观点的意义在于,避免刑事立法以维护道德之名干预私人空间,造成刑法打击面的扩大化。按照这一理论,如果一项行为仅仅违反了私人道德,就不能被当作犯罪行为来对待。就聚众淫乱行为而言,尤其是处于封闭场所中的聚众淫乱行为而言,这一行为显然仅仅背离了私人道德,而没有对公共道德造成侵害,换言之,其损害的仅仅是参与者自己的道德,对社会的道德利益和他人的道德利益并没有构成实质的侵害。

《刑法》第301条在规范表述上较为模糊,传统上,我国学术界一般将聚众淫乱罪进行限制性的解释,避免刑罚权过度扩张。一般认为,在公众场合公开进行聚众淫乱的行为被认为是构成聚众淫乱罪的行为,理由是在公开聚众淫乱的情况下,这一行为对公共道德构成了挑战,已经超越了公众所容忍的底线,因此需要以刑法手段对此进行惩治。如有学者指出:"如果在公然场合进行聚众淫乱,无疑是对公共秩序和良好社

---

① 陈伟:《"虚幻的道德"抑或"真实的法律"——以"南京换偶案"为视角》,载《法制与社会发展》2010年第6期。
② 赵运锋、宋远升:《刑法和道德的界限考察》,载《政法学刊》2007年第2期。

会风尚的巨大破坏,其社会危害性当然是非常严重的。"①这一观点的意义在于利用限制性的解释明确了刑法条文的内涵,将聚众淫乱罪解释为在公共场合进行聚众淫乱、侵犯社会公德的行为,从而将某些在封闭场所进行的聚众淫乱行为排除在犯罪行为之外,避免刑法的打击面过于宽广。尽管现实中并无多少社会成员会在大庭广众之下,在公共场所实施聚众淫乱行为,毕竟这是一种在正常的、理性的人看来匪夷所思的行为,而且从既有的公开资料来看,也鲜见类似的案例。刑法只打击对社会构成严重侵害的行为,也只打击经常性出现的对社会构成侵害的行为,对于极少出现的甚至极为罕见的行为,刑法是不予关注的,这也是刑法谦抑性的基本要求之一。因此,将聚众淫乱解释为在公共场所进行的多人之间的淫乱行为,虽然能够有助于我们区分聚众淫乱行为所侵犯的道德的不同,但是在立法上和法律解释上并无实际意义,从马尧海案来看,法院也没有采纳这一辩护意见。

总之,并非所有的不道德行为都可以纳入刑法调整的范围。正如赵秉志教授所指出的:"刑法不能也不应介入公民生活的各个层面,大量的行为只需要民商法规范、行政法规范等非刑事法律规范进行调整,有些甚至只需要道德规范进行调整。刑法不能恣意地将没有必要运用刑罚予以调整的行为予以犯罪化,否则就是对公民自由权利的侵犯,就不符合刑法的人权保障机能。"②聚众淫乱行为本是不道德行为,因而在没有对他人利益构成侵害的前提下,还是继续用道德调整为宜,否则,过度地强调用刑法打击,不但不能实现刑法调整的目的,而且会混淆刑法与道德各自的功能与领域。

五、社会变迁与刑法变革

(一)社会变迁对刑法改革的促进意义

聚众淫乱罪被认为对社会道德和善良风俗产生了危害,因而需要通过刑法加以打击。从罪名的流变来看,《刑法》中的聚众淫乱罪是从1997年《刑法》修订之前的"流氓罪"转化而来的,"流氓罪"被分解后,产生了7个新的罪名,分别是强制猥亵、侮辱罪,猥亵儿童罪,聚众斗殴罪,寻衅滋事罪,聚众淫乱罪,引诱未成年人聚众淫乱罪,聚众哄抢罪。这些罪名中的大部分是通过对某些猥亵、侮辱、淫乱行为的打击实现对公共秩序的维护,但是这些罪名除"聚众淫乱罪"以外,都有着明确的被害人,如妇女、儿童、未成年人或者其他主体。

从原有的"流氓罪"来看,该罪名在罪状表述上更为模糊,在20世纪80年代的"严打"中,甚至恋爱行为及与妇女调情的行为都会被当作"流氓罪"来对待,犯罪行为人甚至会被处以极刑。随着社会的变迁,"严打"模式得到反思,"严打"之后的宽严相济刑

---

① 彭文华:《性权利的国际保护及我国刑法立法之完善》,载《法学论坛》2002年第5期。
② 赵秉志:《我国刑事立法领域的若干重大现实问题探讨》,载《求是学刊》2009年第2期。

事政策对刑法立法产生了直接影响。① 由于"流氓罪"模糊的罪状表述以及过于宽大的打击面已经不能适应社会变化的需要,在1997年《刑法》大修订中,该罪名被分解。这一立法史告诉我们,在一定历史条件下被当作犯罪来对待的行为,会随着社会的变迁而成为非罪行为,尽管某些行为在严肃性、正当性方面不一定得到主流道德的认可,如在公开场合与妇女调情的行为可能与主流道德不符,但是此类行为已经进入纯道德调整的范围,不能再被当作犯罪行为来对待。只有那些严重侵犯妇女儿童身心健康的"流氓行为",如强制猥亵妇女儿童才会继续被当作犯罪行为来对待。聚众淫乱罪可以看作"流氓罪"改革不彻底的结果,因为立法者将这一并无受害人,亦没有实质性地侵害社会公共利益和社会秩序,纯属私人道德调整范畴的行为也当作犯罪行为来对待,不适当地扩大了刑法的打击面,且在刑法实施中会遭遇诸多难题。例如,对于隐秘性的、在封闭场所和私人领域进行的聚众淫乱行为,公权力机关根本不可能有所掌握,公权力机关难以耗费大量的人力物力专门追查这一并无实质危害性的"犯罪",将这类行为犯罪化的结果是人为地制造出大量的犯罪黑数,对于《刑法》的权威也会造成一定的负面影响。

鉴于此,笔者认为,《刑法》第301条所规定的聚众淫乱罪表明立法者没有认识到聚众淫乱行为尤其是在隐秘场所进行的聚众淫乱行为与强制猥亵、侮辱罪,猥亵儿童罪等行为在本质上的区别,忽视了隐秘条件下的聚众淫乱行为无被害人、无实质法益侵害性这一属性。在当今社会价值多元化的背景下,无论是从刑罚权的法治化还是刑法的谦抑性角度观察,或者从聚众淫乱行为本身的侵害性以及道德上的可谴责性角度考察,都能够得出应当改革聚众淫乱罪的结论。

(二)当前社会条件下聚众淫乱罪的变革路径

学术界认为,对聚众淫乱罪在司法层面的改革,应当以对刑法有关规定进行限制解释为突破口。多数学者认为,尽管我国当前《刑法》没有明确聚众淫乱罪是否需要以"公然性"为构成要件,但是从刑法规范目的解释的角度来看,聚众淫乱罪应当以"公然性"为构成要件之一。如果站在立法与司法的不同立场,关于聚众淫乱罪的改革思路则更多样一些,目前主要有三种思路。

第一种思路是明确在公共场所聚众淫乱的才构成犯罪。这种观点认为,应当改变当前《刑法》第301条在表达上模糊不清的现状,明确何为聚众、何为淫乱以及在什么情况下的聚众淫乱应该作为犯罪行为对待。一般认为,在公共场合聚众淫乱应该作为犯罪行为对待,从而缩小聚众淫乱罪的打击面,且有利于刑法实施。这一思路对改革当前聚众淫乱罪具有一定的积极意义,但它将某些极为罕见的行为作为刑法打击的

---

① 参见赵秉志、阴建峰:《论新中国刑法立法的客观影响因素》,载《南开学报(哲学社会科学版)》2010年第4期。

"假想敌",浪费了立法资源,并不利于刑法实施。更严重的问题是,这样的立法必然会使聚众淫乱罪的立法成为一个休眠法条,形同虚设。现实中存在男女两人在某些公共场所发生性行为的现象,但是聚众在公共场所发生性行为较为罕见。刑事立法不应关注此类极为罕见的行为,理由是既然这种行为是极其罕见的,那么必然不会对社会构成普遍性的伤害,也就无须动用刑法来震慑和规制。

第二种思路是取消聚众淫乱罪。著名社会学家李银河积极支持取消聚众淫乱罪,她认为,聚众淫乱罪是一个过时的中世纪性质的法律,"对于一个有大量普通公民不时参与违背其规定的活动和行为的法律,对于一个在实践中实际上已经不再实行的法律,应当及时予以取消,以维护法律的权威性和严谨性"①。取消聚众淫乱罪的做法可谓一劳永逸,能够在根本上解决聚众淫乱的理论与司法争议,且有效地解决刑罚权扩张与公民私权利受到不合理限制的矛盾。当然,取消聚众淫乱罪也会导致人们在认识上出现某种误区,认为国家取消聚众淫乱罪是在鼓励人们从事聚众淫乱行为或者取消聚众淫乱罪后会造成大量的聚众淫乱行为。在此需要澄清一个事实,即取消聚众淫乱罪并不是说国家支持或者鼓励聚众淫乱行为,而是这种行为不再由刑法来评价,这种行为将进入道德评价的领域。这一做法能够在根本上解决聚众淫乱的立法与司法难题,使人们认识到聚众淫乱行为不再作为犯罪行为处理,而是由道德规范来调整,国家对于此种行为不作置评。

第三种思路是取消聚众淫乱罪,增设公然猥亵罪。这一方法具有折中性,其目的是为了避免取消聚众淫乱罪后带来法律空缺,避免某些行为游离于法律之外。如有学者提出:"未来在立法时只要规定公然猥亵罪,并将聚众淫乱罪和引诱未成年人聚众淫乱罪删去,这一缺陷便迎刃而解,这样既可以弥补刑法规定的猥亵犯罪的不足,又可以完善刑法规定的聚众淫乱犯罪的缺陷,既简洁了刑法又节省了司法成本。"②所谓公然猥亵罪,是指两人及两人以上在公共场合实施淫乱行为,如男女在公园中发生性行为,造成公众尴尬,侵害公共道德和公共秩序的行为。可见,取消聚众淫乱罪,增设公然猥亵罪的观点与第一种观点将聚众淫乱罪规定为多人在公共场合发生淫乱行为的观点存在相似之处,两者都强调淫乱行为必须在公共场合发生,才能构成犯罪,如果在私密场所发生,则不以犯罪论处。这一做法能够强调行为人在公共场所内发生淫乱行为对公共道德和公共秩序的侵害,且需要对这一行为予以刑事制裁。两者的不同点在于,第一种观点仍然强调实施淫乱行为的主体必须是三人及以上,而公然猥亵罪中的实施主体不限于三人以上,两人以上在公共场合实施淫乱活动即以公然猥亵罪论。

完全取消聚众淫乱罪的观点虽然能够彻底解决聚众淫乱罪中国家权力过于膨胀以至于侵害公民个人行为自由的弊端,但是聚众淫乱罪之取消也要考虑到一国或地区

---

① 李银河:《关于取消聚众淫乱罪的提案》,载《法制资讯》2010年第4期。
② 彭文华:《性权利的国际保护及我国刑法立法之完善》,载《法学论坛》2002年第5期。

的具体情况。在我国,尽管改革开放后人们的性观念有了很大的转变,一些在传统上不能为人所接受的性行为方式不再是一种禁忌,但是这并非意味着性在我国呈现出完全开放的状态。因此,笔者认为,第三种观点较为可取,归纳起来就是:在当前社会条件下,还不宜完全废除聚众淫乱罪,但是可以将这个罪名改变为"公然猥亵罪",对私有场所发生的聚众淫乱行为由道德去追究,对公共场所发生的公然性交或者聚众性交的行为,才进行定罪处罚。在现实中,两人在公共场所发生淫乱行为的现象较三人及三人以上人在公共场所发生淫乱行为的要多见,这一行为挑战了公众的道德容忍底线,应该被作为犯罪行为来对待。在比较法层面,日本、我国台湾地区也均存在类似的罪名设置,能够为我国大陆聚众淫乱罪的罪名改造提供一定的依据。在罪状表述上,公然猥亵罪是指公然实施猥亵行为的犯罪;在法定刑设置上,应该将公然猥亵罪设置为3年以上10年以下有期徒刑;在刑罚裁量上,如果行为人之间自愿在公共场所发生猥亵行为,可以在法定刑幅度内按照较低幅度量刑,如果行为人在公开场合强制猥亵妇女儿童的,应该在法定刑幅度内按照较高幅度量刑,以体现罪刑均衡的要求。

律师犯帮助伪造证据罪的若干问题

——张建中帮助伪造证据案

左坚卫[*]　王　帅[**]

目　次

一、选案理由

二、基本案情

三、裁判要旨

四、引发的理论问题

（一）帮助伪造证据罪中"证据"的认定

（二）帮助伪造证据罪中的因果关系认定问题

一、选案理由

张建中原为北京共和律师事务所主任，曾获评北京十大杰出律师之一，担任过北京市律师协会权益保证委员会主任。他曾代理过的著名案件有成克杰、李纪周受贿案，厦门远华走私案，还有被评为1996年保护消费者权益第一案的张杰庭诉日本丰田汽车股份有限公司赔偿纠纷案等，在社会上具有较高知名度。张建中于2002年6月7日以涉嫌"辩护人伪证罪"被北京市人民检察院第一分院批捕，检察院于2002年12月20日以张建中涉嫌为原北京市商业银行中关村支行行长霍海音伪造证据而起诉至北京市第一中级人民法院。2003年12月9日，北京市第一中级人民法院以帮助伪造证据罪判处张建中有期徒刑2年。张建中不服判决，向北京市高级人民法院提起上诉，后者于2004年1月5日驳回上诉，维持原判。张建中的被捕和判刑在当时引起社会广

---

[*] 北京师范大学法学院教授、博士生导师。

[**] 北京师范大学刑事法律科学研究院博士研究生。

泛关注。有人为他鸣不平,呼吁要善待律师①;也有人恶毒地咒骂他为"中国四大'腐败帮凶'律师"之一②。多年过去以后,律师在执业中被捕判刑的现象依旧时有发生,深刻反思在这类案件中,司法机关是否严格遵循了罪刑法定原则依旧具有重要的现实意义和理论价值。

二、基本案情③

张建中帮助伪造证据案(以下简称"张建中案")缘起于霍海音案。1998年4月18日,霍海音因涉嫌非法吸收公众存款罪被拘留,继而被正式逮捕。霍海音家人委托张建中为其律师,张建中接受了委托。在被逮捕后,霍海音通过担任其案件预审员的北京市公安局预审处的曾岩,委托当时任其律师的张建中办理大连奔德国际金融中心项目(以下简称"大连奔德项目")的转让工作。张建中接受了霍海音的《授权委托书》,委托书的签署日期为1998年3月18日,即霍海音被捕前。而事后证明,霍海音是在被羁押期间才签署的《授权委托书》,委托书的时间被倒签了。1998年12月10日,张建中签署了一份《转委托书》,将大连奔德项目的转让工作转委托给了香港富国国际控股有限公司(以下简称"富国公司")的执行董事李培国。其时,富国公司已决定以承债方式接手大连奔德项目。但正是这"两书",日后成为张建中案公诉方的主要证据,也是该案控辩双方争论的核心焦点所在。

北京市人民检察院第一分院于2002年12月20日指控张建中犯帮助伪造证据罪。北京市第一中级人民法院认定:1998年6月,张建中接受霍海音(已被判刑)亲属的委托,担任霍海音非法吸收公众存款、违法向关系人发放贷款案件的律师后,经与曾岩(已被判刑)、霍海音合谋,意欲通过采用伪造虚假《授权委托书》的手段,转让涉案的大连奔德项目,为霍海音减轻罪责。后由张建中提供《授权委托书》草稿,经由霍海音签字后,形成倒签日期为霍海音被羁押前的时间,内容为霍海音授权张建中全权办理大连奔德项目的虚假《授权委托书》。后张建中又使用该《授权委托书》与富国公司董事李培国签订《转委托书》,将霍海音处理大连奔德项目的"授权"转给李培国,以期在名义上形成霍海音违法向关系人发放贷款所造成的重大损失已被挽回的事实。后富国公司利用张建中提供的《授权委托书》《转委托书》,于1999年4月,骗取奔德国际70%的股份和大连奔德酒店65%的股份,致使北京市商业银行在该项目上的债权失控。

---

① 参见《在对抗中实现公正》,载搜狐新闻(http://news.sohu.com/48/58/news202675848.shtml),最后访问日期:2013年8月27日。
② 参见姚刚:《中国四大"腐败帮凶"律师 信誓旦旦重写历史》,载东方网(http://news.eastday.com/eastday/news/node4472/node4510/node4820/userobject1ai63203.html),最后访问日期:2013年8月27日。
③ 参见北京市第一中级人民法院(2003)一中刑初字第52号刑事判决书;北京市高级人民法院(2004)高刑终字第2号刑事裁定书。

2000年4月至2001年12月间,检察机关多次向张建中调查大连奔德项目股权转让中所涉及的上述《授权委托书》及《转委托书》的有关情况,张建中隐瞒了与他人合谋帮助伪造《授权委托书》的事实,妨害了司法机关对霍海音案件事实的认定和查处。一审判处被告人张建中有期徒刑2年。张建中不服提出上诉。北京市高级人民法院二审驳回上诉,维持原判。

三、裁判要旨①

张建中明知霍海音涉嫌重大刑事犯罪并已被采取强制措施,接受审查,却仍为其伪造证据提供帮助。张建中既不是在合法的范围内,也不是在已经形成的事实基础上来寻找为当事人减轻罪责或有利的情节、理由,而是与他人合谋,出于为霍海音减轻罪责的主观故意,以非法的方式,帮助霍海音等人伪造证据,改变既成事实;在检察机关就有关问题多次向其调查取证时,张建中故意隐瞒有关事实,为侦查工作设置障碍。张建中的行为是帮助重大案件的当事人伪造证据,且其参与了策划、研究、提供条件、实施转委托的全过程,妨害了司法机关对霍海音案件事实的认定和查处,情节严重,其行为已构成帮助伪造证据罪。

四、引发的理论问题

对于张建中案,控方认为被告人张建中利用伪造的《授权委托书》,与富国公司董事李培国签订《转委托书》,企图减轻霍海音的刑事责任,严重妨害了司法机关的正常活动。而后李培国利用《授权委托书》和《转委托书》骗取奔德国际70%的股份和大连奔德酒店65%的股份,致使北京市商业银行的债权失控。在其看来,大连奔德项目的情况是认定霍海音违法发放贷款罪的证据,张建中帮助富国公司进行股权转让破坏了该证据的原始状态。一审法院和二审法院支持了控方意见,认为:首先,被告人张建中为霍海音伪造证据提供了帮助。其次,张建中的辩护既不是在合法的范围内,也不是在已经形成的事实基础上来寻找为当事人减轻罪责或有利的情节、理由,而是与他人合谋,出于为霍海音减轻罪责的主观故意,以非法的方式,帮助霍海音等人伪造证据,改变既成事实。最后,在检察机关就有关问题多次向其调查取证时,张建中故意隐瞒有关事实,为侦查工作设置障碍。因此其行为构成帮助伪造证据罪。

辩方认为,被告人张建中的行为并不构成犯罪,其理由如下:①控方依据霍海音倒签《授权委托书》的事实认为霍海音伪造证据,被告人张建中在此过程中实施了帮助行为。辩方认为,倒签委托书日期不能等同于伪造委托书,作为一种追认的方式,法律允许委托人倒签委托书日期。②《授权委托书》在霍海音案中不具有关联性,不能作为证

---

① 参见北京市人民法院(2004)高刑终字第2号刑事裁定书。

据使用,因此,不能作为定案根据,也不能认为妨害司法机关正常活动。③张建中持倒签日期的委托书,并进行转委托,其行为并没有改变既存事实。在霍海音委托前,其所有的犯罪行为均已完成,相关事实和证据都已被公安机关掌握。大连奔德项目股权的转让不能掩盖既往的任何犯罪事实,也不能伪造出新的虚假事实。④控方所指的富国公司利用张建中提供的《授权委托书》和《转委托书》,骗取大连奔德项目的两笔股权,致使北京市商业银行的债权失控的指控,与事实严重不符。理由有二:一是,"两书"不具有股权转让的法律效力,无法引起股权转让的结果发生。股权转让结果与"两书"无关。二是,在违法放贷后,北京市商业银行就从未控制过债权,"两书"导致债权失控一说不知从何谈起。

控辩双方争论焦点集中于《授权委托书》是否属于霍海音案的证据？倒签委托书的日期是否等于伪造委托书？张建中持倒签日期的委托书,并进行转委托,其行为是否属于帮助当事人伪造证据？其行为是否"严重妨害了司法机关的正常活动"并导致了"商业银行的债权失控"？由此引发了两个方面的理论问题:①帮助伪造证据罪中"证据"的认定。根据《刑法》第307条第2款的规定,帮助当事人毁灭、伪造证据,情节严重的,处3年以下有期徒刑或者拘役。那么,如果某一事实并没有且客观上也不能作为当事人定罪的证据使用,是否可以作为帮助伪造证据罪的犯罪对象。也即,缺乏关联性的事实是否可以作为认定帮助伪造证据罪的根据？②帮助伪造证据罪中的因果关系认定问题。在控方和一审、二审法院看来,被告人张建中的转委托行为导致既存事实的改变,进而妨害了正常的司法活动,并且也造成了商业银行的债权失控,因此,可以认为被告人采取使用"两书"的危害行为,造成了"情节严重"的危害结果(商业银行的债权失控和妨害司法机关的正常活动)。那么在这里,问题就集中于:被告人张建中的行为与危害结果之间是否存在因果关系？在这个问题的认定上,首先,被告人张建中的行为是否是危害行为？其次,被告人张建中的行为与危害结果之间是否有因果关系？

(一) 帮助伪造证据罪中"证据"的认定

在张建中案中,控辩双方争论的焦点问题之一是:如果某一事实并没有作为当事人定罪的证据使用,那么,该事实是否可以作为帮助伪造证据罪的犯罪对象？也即,与案件缺乏关联性的事实是否可以作为认定帮助伪造证据罪的根据？

在这个问题上,辩方一直认为,《授权委托书》与霍海音案没有关联性,不属于该案的证据。理由是,首先,在霍海音签署该委托书前,其所有的犯罪行为均已完成,相关事实和证据都已被公安机关掌握。大连奔德项目股权的转让不能掩盖既往的任何犯罪事实,也不能伪造出新的虚假事实。其次,据霍海音案一审判决书显示,该案并未将《授权委托书》作为证据使用。

由此带给我们一个问题:帮助伪造证据罪的犯罪对象是证据,那么,没有证据能力和证明力的事实材料是否能够作为帮助伪造证据罪的对象呢?这个就牵扯到了证据的证明力问题。

1.帮助伪造证据罪中的"证据"如何认定——证据的关联性问题

有论者认为,证据的关联性关乎证据能力和证明力,对是否可以将材料认定为证据其有重要意义,进而决定伪造此类材料是否可能具有社会危害性,从而成立帮助伪造证据罪。在该论者看来,证据的证据能力和证明力对于认定帮助伪造证据罪有重要的作用。一般而言,帮助伪造与案件事实没有关联性的事实材料由于不具有证据能力,是不能构成帮助伪造证据罪的。其他不具有证据能力的事实材料是否能够成为帮助伪造证据罪的对象,要依其进入司法诉讼程序的可能性而论。被伪造的证据的证明力越强,危害越大,相反,若行为人伪造的证据证明力很小,则可能达不到《刑法》第307条所要求的"情节严重",不能成立犯罪。如果无关联性材料进入侦查、起诉等机关的卷宗,主要原因在于司法工作人员。其较证明力较弱的材料具有更小的社会危害性。因此,伪造此类材料的,不宜认定为帮助伪造证据罪。① 可见,如果没有证据的证明能力和证明力,是不能认为成立帮助伪造证据罪的。而证据的证据能力和证明力又与证据的关联性密切相连。所以,被告人张建中帮助伪造证据罪是否成立,需要认定《授权委托书》的证据能力和证明力的问题,而这个问题又归结到《授权委托书》的关联性问题上。

证据的关联性是唯一一个各国都普遍承认的证据的属性。正如有论者所言,"经过大浪淘沙,犹如磐石岿然而始终不倒的证据属性,当推关联性。不管人们对证据的属性如何争论,也无论证据的属性问题出现在何国、何一历史时期的证据法学论坛,人们对证据的关联性似乎总是不加争执,承认它为证据属性中的当然品格"②。

所谓证据的关联性,是指证据必须与案件事实存有联系,从而对证明案情具有一定的作用。但是,对于如何认定具有"联系",目前学界是有争议的。我国有论者对学界的认识进行了总结,认为一共有以下六种代表意见③:

一是内在联系说。其主张关联性必须是同案件存在内在联系的客观事实,必须同时对被告人的定罪或量刑有关联,否则不得作为案件的证据。所谓与案件有内在联系的客观事实,就是同犯罪是否发生、犯罪是否是被告人实施以及罪行轻重有关的客观事实,这些关联可以是直接联系、间接联系、因果联系等。总之,它们必须与被告人是否犯罪和犯罪的原因、动机、时间、地点、条件、手段、后果等具有内在联系才可以作为证据。

二是内在必然联系说。其主张证据所包含的证据事实与案件事实之间有内在的、

---

① 参见黄京平主编:《妨害证据犯罪新论》,中国人民大学出版社2007年版,第153页。
② 汤维建:《关于证据属性的若干思考和讨论——以证据的客观性为中心》,载《政法论坛》2000年第6期。
③ 参见赵培显:《刑事证据关联性研究》,中国检察出版社2018年版,第25—27页。

必然的联系,以及事物之间客观存在的联系,不以人的意志为转移,是具有客观规律性的联系,而不是违背人类常识的勉强联系或者偶然联系。

三是客观必然联系说。其主张用于证明的证据必须同案件事实之间存在客观必然联系,同时还必须对案件情况的查明具有意义。

四是客观功用说。其主张证据事实同刑事案件必然相关联,因而可以对查明刑事案情产生客观实际的作用,要求证据能证明的事实必须是具有实质性的事实。

五是客观必然关联说。其认为某一证据同案件事实的关联性具有客观性、必然性以及内在性三方面的属性。其试图弥补内在联系说、内在必然联系说、客观必然联系说的不足,全面吸收合理要素,从而形成更加全面的关联性定义。

六是证明性替代说。其认为关联性不仅体现为证据同案件事实之间的证明和被证明的关系,也表现为证据既可以肯定的形式也可以否定的形式证明案件事实。

在国外,关于证据的关联性问题有以下具有代表性的立法例。

英美法系的立法例以美国为代表。美国《联邦证据规则》第401条规定:"'有关性证据'指具有下述盖然性的证据,即:任何一项对诉讼裁判结案有影响的事实的存在,若有此证据将比缺乏此证据时更为可能或更无可能。"第402条说明了关联性在诉讼中的运用规则,立法表述为:"除美国宪法、国会立法、本证据规则或者最高法院根据成文法授权制定的其他规则另有规定外,所有有关联性证据均可采纳。"对于美国《联邦证据规则》第402条所提及的"其他规则",该规则以第403条至第415条的一系列条款对其进行了列举说明,此亦为学界共知的美国证据可采性规则的具体内容。其中第403条为总领性规定,立法表述为:"虽然证据具有关联性,但是若其证明价值实质上被下列因素超过,即导致不公正偏见、混淆争议或误导陪审团的危险,或者考虑到不适当措施、浪费时间或不必要的出示重复证据,则仍然可以排除该证据。"[1]而其后的第404条至第415条则是在第403条总体目标的指引下所作的细化规定,涉及诸如品格证据、类似行为、特定诉讼行为和特定事实行为等事项,是基于司法政策等因素而作的额外限制。

与英美法系不同,传统大陆法系国家立法对"关联性"这一概念并没有表示出太多重视。我国有论者指出,关联性的问题在大陆法系国家的定位是:任何证据理所当然应当具有的属性。"那些与证明对象无关的事实根本就不能被称之为证据。……'相关性'一词的具体含义,其似乎与该词在日常生活中被使用时的含义没有本质上的不同,因此无论是对法官还是案件的当事人来说都应当是不言自明的。"[2]可见大陆法系对关联性的要求较英美法系而言宽泛得多。自由证明渊源下的大陆法系在理论上认可关联性这一概念之后,往往将由此产生的证明力等一系列问题全部交由法官在具体

---

[1] 何家弘、张卫平主编:《外国证据法选译》,人民法院出版社2000年版,第593—598页。
[2] 俞亮:《证据相关性研究》,北京大学出版社2008年版,第11页。

诉讼中自由心证决定。

在笔者看来,想要确定案件与待证事实之间的"联系",需要引入另一个原则,即自由心证原则。自由心证原则,是指证据的取舍、证据的证明力大小以及对案件事实的认定规则等,法律不预先加以成文规定,以便由审理案件的法官、陪审员按照自己的良心形成内心确信,以此作为对案件事实认定的一项证据原则。① 我国有论者指出,在当下,自由心证、证据自由评价无论在大陆法系还是英美法系国家都占据正统地位。自由心证原则在我国也经历了一个从否定到直面的历史。并且,《刑事诉讼法》第55条第2款规定:"证据确实、充分,应当符合以下条件:(一)定罪量刑的事实都有证据证明;(二)据以定案的证据均经法定程序查证属实;(三)综合全案证据,对所认定事实已排除合理怀疑。"其中的排除合理怀疑要求法官依照经验和良心形成内心确信,并作出裁判。这也说明自由心证原则得到了我国的认可。

从历史上看,自由心证原则经历了一个绝对自由向相对自由发展的阶段。早期的自由心证制度是对法定证据制度的反叛,强调法官判断证据的自由裁量权,因此法官有权自由决定证据的取舍,不受任何干涉。过分强调法官的自由裁量权无疑会破坏法治的稳定性。自20世纪30年代以后,大陆法系国家逐渐开始对传统的自由心证进行改造,强调法官独立心证过程的同时,也强调法律规则特别是证据规则对法官自由心证的制约,强调心证过程与结果的公开。在此基础上,形成了现代意义上的自由心证。从目前的认识来看,彻底排除法官的自由裁量权无疑是不可能的,但是现代意义的自由心证,在保障了法官自由裁量权的同时,也有效防止了法官对权力的滥用,具有相对科学性。根据我国学者的总结,对自由心证原则的保障和制约机制分为事前、事中和事后三个诉讼过程。其中,事前的保障和制约在于审判独立和无罪推定原则。事中的保障和制约在于经验法则、证明标准和证据规则。事后的保障和制约在于判决理由公开和相关救济程序。②

在笔者看来,从现代的自由心证原则出发寻求证据的关联性,不失为一条有效的途径。现代意义上的自由心证原则的精神是有限度的自由。因此,对证据关联性的认定也不是漫无边际的,是要符合经验法则的。

对证据关联性的认定要符合经验法则,就要求并不是所有有联系的事实材料都能作为证据使用。"司法裁判在很大程度上趋同于一项将经验生活与法律原则连接在一起的活动。"③经验作为一种人们长期社会生活的积累,必然对法官作出的选择产生重大影响。一个法律体系,缺乏了人们的经验认知和运用,是没办法持续运行的。中国

---

① 参见刘广三主编:《刑事证据法学》,中国人民大学出版社2007年版,第90页。
② 参见刘广三主编:《刑事证据法学》,中国人民大学出版社2007年版,第95—96页。
③ 〔美〕米尔吉安·R.达马斯卡:《比较法视野中的证据制度》,吴宏耀、魏晓娜等译,中国人民公安大学出版社2006年版,第30页。

的古话"徒法不足以自行"便是这样一个道理。经验法则是根据已知事实来推导未知事实时能够作为前提的任何的一般知识、经验、常识和法则,并非个人主观的推测。经验法则也是人们从个别经验中积累和抽象出来的一般知识。因此,在评价证据关联性的时候,首先是要受到经验法则的制约。

从这个意义上看,作为具有关联性的证据,首先是为了证明某一或者某些案件事实,证据必须是为了证明案件事实存在的,对案件事实的确认没有意义的就没有证明性,更不可能对法官的自由心证发挥作用。在司法实践中,有的事实是不需要证明的,如众所周知的事实,与这种事实具有联系的事实材料便自然没有关联性了。其次,还必须在证明待证事实上具有价值。证据的关联性除了要有证明力,要能够证明案件事实,还要求有效率地认定事实,因此不可能所有的有证明力的材料都被认为有关联性,而是对案件认定有重要价值的才有必要进入关联性的审查,从而避免法官陷入繁杂的证据海洋中,甚至导致对法的误导。最后,还必须符合人们的一般认识,在与待证事实的联系上具有合理性。因此,"四要件"说具有一定的合理性,这样一种合理性,要求法官自由心证必须符合经验法则和一般认识,从而避免无限制的裁量,也得以避免法官心证的擅断。

2.针对张建中案的分析

笔者认为,就张建中案来说,霍海音的《授权委托书》并不能够证明霍海音案的任何事实,因此是不具有证据关联性的,由此,就不具有证据能力和证明力,进而不能作为被告人张建中帮助伪造证据罪的定罪依据使用。

在张建中案中,法院认定的霍海音案的真实情况是,霍海音违法发放7.865亿元贷款,以及他擅自将贷款在大连奔德项目中所形成的权益以人民币9.5亿元的价格转让给其个人经营的香港银富财务公司。而霍海音签署的《授权委托书》的内容,既不能对这两项案件事实进行证明,也不能证伪,怎么可能属于"证明案件真实情况的事实"?怎么可能成为霍海音案的证据? 只有在霍海音签署的《授权委托书》对霍海音一案的犯罪事实具有证明或者证伪作用的情况下,二者之间才存在关联性。而实际情况是,涉案的《授权委托书》对霍海音案的犯罪事实不具有任何证明或者证伪作用。这表现在:张建中接受霍海音案的委托时,该案案由为涉嫌非法吸收公众存款和违法向关系人发放贷款;后来被司法机关定性为挪用公款。霍海音的涉案行为均发生在《授权委托书》记载的日期之前,而涉案的《授权委托书》的内容却是授权给张建中办理授权之后的大连奔德项目,该委托书对被指控的非法吸收公众存款罪和违法向关系人发放贷款罪两个罪名没有任何证明或者证伪的作用,也不能掩盖霍海音的挪用公款行为或者其他案件事实真相。因此,从霍海音案来看,涉案的《授权委托书》与霍海音案之间不存在任何相关性,根本不可能成为霍海音案证据。那么,被告人张建中帮助伪造证据罪中的"证据"就失去意义了。缺乏犯罪对象,又如何证明被告人张建中实施了帮助伪造证据的行为呢?

(二)帮助伪造证据罪中的因果关系认定问题

1.如何认定帮助伪造证据罪中的因果关系

目前我国刑法理论界对于因果关系的研究,并不能说达成了基本共识。但是有学者梳理现有因果关系学说之后,为我国进行因果关系的理论探讨提供了一条进路。黎宏教授曾经总结指出:"在刑法学上,需要通过因果关系论加以解决的问题有两个:一是现实中已经发生了符合某特定犯罪构成的结果即犯罪结果,但该结果是由哪些行为所引起,需要确定的场合。它是关系到如何确定作为刑法因果关系前提的危害行为的问题。二是现实发生的结果和数个行为有关,但究竟是哪一个行为起了决定性的作用,需要确定的场合。这个问题实际上是客观责任的分配即条件和原因的区分问题。刑法学的理论上,虽然有关因果关系的理论纷繁复杂,但其根本宗旨不外乎是解决以上两个问题。"①在认定帮助伪造证据罪的因果关系时,我们不妨也从这两个问题入手。

(1)如何确定作为刑法因果关系的危害行为问题

我国学者一般都认为,刑法因果关系研究的是危害社会的行为与危害社会的结果之间的因果关系问题。但是,在如何理解"危害行为"上,却是存有争议的。围绕这个问题主要有以下几种不同的认识:刑法上的因果关系是指犯罪行为与犯罪结果之间的因果关系,犯罪行为是原因,犯罪结果是结果;刑法上的因果关系是指人所实施的行为与危害结果之间的因果关系;刑法上的因果关系是指违法行为与危害结果之间的因果关系;刑法上的因果关系是作为构成要件客观方面的危害行为与危害结果之间的因果关系。② 可见,对于"危害行为"的认定上,分别有"犯罪行为""行为""违法行为"和"作为构成要件客观方面的危害行为"四种说法。

在这个问题上,高铭暄教授曾经指出,研究刑法因果关系的目的,是为解决行为人刑事责任提供客观依据。因此,刑法因果关系中作为原因的行为只能是作为客观要件的危害行为。③ 将一切实行行为纳入刑法因果关系的研究范围中,在因果关系的意义上,忽视了刑法因果关系与哲学、常识上因果关系的区别,否定了刑法因果关系中原因行为是在法律责任中具有重要性的原因这一特定属性。而将违法行为视为因果关系中的原因行为的说法又将刑事责任与民事责任、经济责任等区分不清,无法突出刑法因果关系的刑法属性。将犯罪行为视为刑法因果关系中的原因行为的说法虽然能够克服上述缺点,但是并不是首先确定某人行为是犯罪行为,再反过来研究行为与危害结果之间是否有因果关系,而研究因果关系的目的是为认定是否构成犯罪提供客观根据。因此,在对"危害行为"的认定上,只能采"作为构成要件客观方面的危害行为"的说法。

---

① 黎宏:《刑法因果关系论反思》,载《中国刑事法杂志》2004年第5期。
② 参见赵秉志主编:《刑法总论》,中国人民大学出版社2007年版,第255页。
③ 参见高铭暄主编:《刑法专论》(第2版),高等教育出版社2006年版,第180页。

然而,即便是初步确定了危害行为的属性应当是"作为构成要件客观方面的危害行为",问题并没有得到解决。在犯罪构成视角下,危害行为又应当如何认定?这也是存有争议的。在我国国内理论界,关于危害行为的认定上,目前有以下几种影响较大的观点:第一种观点将危害行为与犯罪行为等同起来,认为危害行为即指行为人故意或过失实施的,为刑法禁止的,具有一定社会危害性的行为;第二种观点将危害行为的重点落在有害性上,认为危害行为是指由行为人的心理活动所支配的危害社会的身体活动或者由行为人的心理活动所支配的危害社会的身体动静;第三种观点将危害行为的重点落在违法性上,认为危害行为是指由行为人意志自由所支配的、客观上违反刑法禁止规范或命令规范的身体动静;第四种观点认为,应从行为概念中排除意思要素,而直接用具有社会危害性的身体动静来概括行为概念,包括危害行为概念。[①]

在笔者看来,在这个问题的认识上,也要从研究危害行为的目的出发。研究危害行为的目的,必然是为解决行为人刑事责任提供客观依据。那么,首先,危害行为应当与犯罪行为区别开来,否则就失去了认定是否构成犯罪提供客观根据的意义。其次,危害行为应当具有有体性或有形性。因为思想不得成为惩罚的对象。再次,危害行为应当具有有意性。没有意志指导的不能说是刑法中的危害行为。最后,刑法视角下的危害行为研究应当体现出特殊性。因此,危害行为还应当是违反刑事法律规范的,具有违法性。总之,人的行为首先表现为有意识的肢体活动,但是并非所有的行为都为刑法所关注。只有在行为人主观意志支配下,实际上侵害了刑法所保护的社会关系的肢体举止活动,才为刑法关注。由此,笔者采下面这个定义:属于犯罪客观方面内容的危害行为,具体指的是行为人在意志支配下实施的危害社会并为刑法所否定的身体动静。其特征表现为人为性、有意性、有体性和有害性。[②]

(2)危害行为与危害结果的"关系"认定问题

关于帮助伪造证据罪因果关系认定上,另一个问题在于:现实中发生的结果经常和数个行为有关,但究竟是哪一个行为起了决定性的作用,是需要确定的。这个问题实际上是客观责任的分配即条件和原因的区分问题。在这个问题上,也是存有争议的。

① 对大陆法系学说的梳理

大陆法系关于因果关系的理论分别为条件说、原因说、相当因果关系说、合法则的条件说、重要说、客观归责理论、疫学因果关系理论等。[③]

条件说认为,行为与结果之间如果存在没有前者就没有后者的条件关系,前者就是后者的原因。条件说认为给结果以影响的所有条件都具有同等的价值,因而又被称

---

① 参见赵秉志主编:《当代刑法学》,中国政法大学出版社2009年版,第160—161页。
② 参见赵秉志主编:《刑法总论》,中国人民大学出版社2007年版,第230页。
③ 参见张明楷:《外国刑法纲要》(第2版),清华大学出版社2007年版,第118—130页。

为等价说或同等说。但是,针对条件说,学界一般认为,其缺陷在于可能会导致刑事责任范围的扩大。

原因说认为,只有那些对结果发生具有重要关系者才能成为原因。但是在区别条件与原因的标准上,持原因说的学者间也有不同的见解。主要有以下观点:第一,必要原因说,认为发生结果所不可缺少的条件为原因。第二,直接原因说,认为直接诱发结果的条件为原因,与结果间接联系的则为条件。第三,优势条件说,认为对结果发生具有最优势的条件为原因,其余条件为单纯条件。第四,最终原因说,认为对结果予以最后作用的条件为原因。第五,最有力原因说,从多数条件中,选出引起结果最有力的条件作为原因。第六,异常原因说,认为多数条件中,足以改变事物正常进展顺序,使其异常进行而违反常规的条件,为结果的原因。

相当因果关系说认为,根据一般人社会生活中的经验,在通常情况下,某种行为产生某种结果被认为是相当的场合,就认定该行为与该结果具有因果关系。在相当因果关系的判定中,对两个问题的理解不同又分化为不同的观点,即判断资料的限定和判断基准的确定。在判断资料的问题上,存有客观说、主观说和折中说的对立。客观说认为,应当以行为时存在的全部情况以及一般人可能预见的行为后的情况为基础判断相当性。主观说则认为,应当以行为人当时认识到的以及可能认识到的情况为基础判断相当性。折中说则认为,应当以行为时一般人可能认识到的情况以及行为人特别认识到的情况为基础判断相当性。在判断基准的问题上,也是存有理论争议的,主要有行为发生结果的"客观的可能性""一般可能性""经验上的通常性""高度的定型性"或"高度的盖然性""常见的可能性""某种程度的可能性""经验法则上可能的程度"等说法。也有学者从消极的角度提出相当性的基准,即"除极为偶然的以外"均具有相当性,或者"除极为异常的以外"都具有相当性。另外,受恩吉施将规范的保护范围理论应用于相当因果关系说,分析"行为的危险性"与"危险的实现"的影响,主张相当因果关系说的部分学者,将相当性分为广义的相当性与狭义的相当性。广义的相当性是指行为时结果发生的可能性的判断,因而是一种实行行为的判断。狭义的相当性则是对已经产生的异常的因果关系的评价问题,主要是对行为后介入了其他行为产生结果的案件,评价其因果关系的问题。

合法则的条件说认为,根据条件说无法确定因果关系,必须根据作为日常生活经验法则的合法则性克服条件说的缺陷。根据合法则的条件说,在认定因果关系时候,首先确认存在一般的因果关系(因果法则),即确认是否存在可以适用于特定个案的自然科学的因果法则;然后认定"具体的因果关系"。即确认具体的事实是否符合作为上位命题的因果法则。合法则的条件说所说的"合法则"是指当代知识水平所认可的法则性关系。

重要说在承认条件说所确定的条件关系的基础上,按照具体的构成要件的意义与目的,以及构成要件理论的一般原理,确定结果规则的范围。在其看来,因果关系包含两个问题:一是意思活动与结果之间的因果关系,根据条件说确定;二是因果关系是否具有法的重要性,由具体的构成要件确定。

客观归责理论将因果关系与归责问题相区别,因果关系以条件说为前提,在与结果有条件关系的行为中,只有当行为制造了不被允许的危险,而且该危险是在符合构成要件的结果中实现时,才能将结果归属于行为人。实现客观归责必须具备三个条件:一是行为制造了不被允许的危险;二是行为实现了不被允许的危险;三是没有超出构成要件的保护范围。

疫学因果关系理论主要在产业、食品、药品等公害犯罪难以确定因果关系的情形下,日本理论界运用流行病学证明方法证明公害犯罪因果关系存在的一种理论,是指在原因是如何引起结果的详细机理不明确的场合,根据流行病学的统计方法,在经过大量观察、判明原因和结果之间有引起和被引起的一定可能性的场合,就可以认定因果关系存在。根据疫学因果关系理论,在以下条件充足的场合,因果关系应当得到确认:①该因素在发病前一定期间曾发生作用;②该因素的作用程度越明显,该疾病的患病概率便越高;③该因素被消除或者有所减轻的话,该疾病的患病概率就会降低;④该因素作为疾病的原因及作用机制基本上可以得到生物学上合理的说明,即使病理学上不能严密地加以证明,也可以肯定因果关系的存在。

② 对英美法系学说的梳理

英美法系关于刑法上的因果关系的学说也是百家争鸣,其主要的学说即"双层次原因学说"①。该说把原因分为两层:第一层次是"事实原因",是以客观证据为基础,通过条件公式或实质因素标准进行判断,是纯粹的客观事实判断。第二层次是"法律原因",亦称为近因关系,是通过近因判断标准所得出的刑法因果关系。

第一层次,即事实因果关系的判断,是以客观证据为基础,通过条件公式或实质因素标准进行判断,是纯粹的客观事实判断。其中,条件公式是指行为与结果之间如果存在"没有前行为,就不会有后结果"的关系,就可以说,该行为是危害结果的事实原因。但是,该行为必须是刑法意义上的实行行为。实质因素标准,又被称为"穆尔说",是在数行为与结果之间尽管存在"没有前行为,就不会有后结果"的关系,但其中有的行为不是引起危害结果的实质因素,而仅仅是理论上的条件,那么,该行为就不能被认定是危害结果的事实原因,只有那些促使危害结果发生的实质因素才具有法律上的意义,可以被看作事实原因。在普通法中,影响事实因果关系认定的实质因素包括以下三种,即竞合因果关系、共谋犯和一年零一天规则。竞合因果关系是指当两个或多个独立的行为在同一时间发生时,任何一个行为都可以自行独立导致现实已发生的法益

---

① 黎旸:《普通法刑法因果关系判断方法考察》,载《比较法研究》2012年第1期。

侵害结果。共谋犯不需要区分侵害结果是由谁的行为造成，每一位共谋人都要对侵害后果承担刑事责任。一年零一天规则是指如果被害人在侵害行为发生后的一年零一天内死亡，被告人的行为就被认为是造成侵害结果的实质因素。但由于医学科技的日益发达和进步，许多普通法系国家和地区都逐渐修改或废除该项规则。

第二层次，法律原因，亦称为近因关系，是通过近因判断标准所得出的刑法因果关系。近因关系的判断，是保障被告人不需为非自己的行为承担刑事责任，是被告人承担刑事责任的客观基础。被告人实施行为后到损害结果出现这段时间，如果有其他行为或事件介入，就必须通过近因标准的判断，确定事实因果关系链是否被中断。这种被法律认为会导致事实因果关系中断或不中断的介入行为或事件，称为介入因素。介入因素包括从属介入因素和非从属介入因素。

从属介入因素，是从一般生活经验来看，伴随被告人行为通常所发生的因素，被告人能够预见，因此其不间断刑法因果关系链，被告人的行为和侵害结果成立法律因果关系。普通法根据法理原则和对累积判例的分析，总结了一系列判断从属介入因素的司法经验法则，大致可分为8种：导致死亡结果的事件和行为并非纯粹偶然或巧合的场合；被害人固有疾病导致结果的场合；救治被害人过程中的一般医疗过失引起结果的场合；能够预见的被害人行为；促使结果发生的行为；被害人的附带过失行为；被害人的非出于自由意志的行为；被害人拒绝接受治疗的行为。

非从属介入因素，是从一般生活经验来看，不太可能伴随被告人行为的因素，被告人不能预见其中断刑法因果关系链，故被告人可免于承担非由自己行为造成之侵害结果的刑事责任。普通法中，判断非从属介入因素的司法经验规则具体为：重大医疗事故；被害人的过激行为；损害结果的原因无法确定；明显安全原则。

在笔者看来，在英美法系国家对因果关系判断标准的认识上，"事实原因"中的"条件公式"类似于大陆法系的条件说。但是英美法系也并不认为所有的事实原因都可以被认定为刑法上原因，还需要运用一定的标准进行选择，找出其中应当让行为人对结果负责的行为，这一方面体现在"实质因素标准"的认识上，另一方面体现在"法律原因"层面的认识上。由此我们不难看出，"法律原因"理论同大陆法系中的相当因果关系说的本质是相同的，都是为了限定刑法上因果关系的范围。

③ 对我国理论界学说的梳理

我国刑法理论虽然很大程度上借鉴苏联模式，张绍谦教授总结苏联学者研究的特点则是："刑法因果关系的研究与哲学因果关系的研究密切联系在一起……都主张刑法中不存在独立的因果关系。"[①]正是由于这种与哲学分析上的关联性，产生了必然说和偶然说之争。而因果关系必然说和偶然说之争也是我国学界争论的一个焦点。我

---

① 张绍谦：《刑法因果关系研究》，中国检察出版社1998年版，第51页。

国刑法界的专家、学者们从不同的视角,根据不同的理论基础,对刑法因果关系进行了深入、细致的研究,提出了许多解决问题的方法。有论者总结指出,代表性的有修正的必然、偶然性因果关系理论,新条件说,双层因果关系理论和客观归责理论。以下简要予以介绍。

我国有论者总结后指出,从目前检阅到的资料上来看,我国刑法理论中的因果关系理论始于20世纪50年代,并受到苏俄刑法理论的影响。我国曾有学者作了以下概括性的描述:我国刑法理论中关于刑法因果关系的研究始于20世纪50年代中期,目前查阅到最早的有关刑法因果关系的论文为1956年梅泽潜在《华东政法学报》第1期上发表的《哲学上的因果关系及其在刑法中的运用——读书心得》一文。这一阶段,我国刑法学研究整体上受苏联刑法学研究的影响,刑法因果关系的研究也不例外。这一阶段发表的有关刑法因果关系的论文数量不多,如何将马克思列宁主义哲学关于因果关系的基本观点运用到对刑法因果关系的研究中来,是这一阶段的研究重心。此阶段的研究整体上带有较为浓重的哲学色彩。这一阶段发表的论文大多对刑法因果关系划分为必然因果关系和偶然因果关系的观点进行了批判,并对哲学因果关系与刑法因果关系之间的关系、刑法因果关系与刑事责任的关系以及因果关系、必然性、偶然性概念的界定等问题进行了较为集中的探讨。由于受当时特殊历史环境的影响,在这一阶段的研究中,我国刑法学界将国外刑法因果关系理论中的重要学说,如条件说、相当因果关系说等,认定为资产阶级唯心主义和形而上学的产物,采取了简单的否定和排斥态度。总的来说,这一阶段为中华人民共和国刑法因果关系研究的初创阶段,此阶段的研究奠定了我国传统刑法因果关系论的雏形和主要框架。[①] 可见,必然因果关系说与偶然因果关系说的论证根源于苏俄刑法理论的影响,哲学色彩浓厚,并且由来已久。

我国有论者对必然因果关系和偶然因果关系的立场和遭受的批判进行了总结[②],指出:

必然因果关系说认为,刑法上的因果关系仅仅是指危害社会行为同危害社会结果之间的必然联系。当危害行为中包含危害结果产生的根据,并合乎规律地产生了危害结果时,危害行为与危害结果之间就是必然因果关系,只有这种必然因果关系才是刑法上的因果关系。所谓合乎规律地产生了危害结果,一般理解为在一定条件下必然地、不可避免地会引起危害结果。持必然因果关系说的学者认为,刑法中只有必然因果关系一种形式,偶然的因果关系是不存在的。必然因果关系说的理论在我国遭受到以下批判:首先,必然因果关系说实际上是以因果性代替了必然性,同时将必然性与偶然性对立起来,没有看到原因的综合在必然地向结果发展时,某些原因与结果之间还呈现偶然性的特征,从而违背了必然性与偶然性相统一的原理。其次,这种学说的认

[①] 参见刘志伟、周国良编著:《刑法因果关系专题整理》,中国人民公安大学出版社2007年版,第3—4页。
[②] 参见赵秉志主编:《当代刑法学》,中国政法大学出版社2009年版,第171—172页。

定标准也不具有可操作性。由于很多规律还没有被人们认识和掌握,因此,很难断定行为导致结果是否合乎规律。最后,这种学说也缩小了刑事责任的范围。

偶然因果关系说认为,刑事因果关系是极为复杂的,既有主要的、作为基本形式的必然因果关系,也有次要的、作为补充形式的偶然因果关系。当危害行为本身并不包含产生危害结果的根据,但是在其发展过程中,偶然介入其他因素,并由介入因素合乎规律地引起危害结果时,危害行为与危害结果之间就是偶然因果关系,介入因素与危害结果之间是必然因果关系。在偶然因果关系中,先前的危害行为不是最后结果的决定性原因,最后的结果对于先前的危害行为来说,可能出现也可能不出现,可能这样出现,也可能那样出现。

尽管必然因果关系说和偶然因果关系说的论争一直在进行,但是还有一种努力从二者之争中跳了出来。我国有论者作了以下描述:1997年以来,刑法学界对以往研究中的必然、偶然之争进行了深刻的反思和批判,基本上放弃了这一研究刑法因果关系的传统思路。学者们的研究视野更加开阔,围绕刑法因果关系在确定刑事责任方面的作用这一核心问题,通过借鉴国外的相关理论,提出了解决刑法因果关系问题的新的思路,出现了多种学说争鸣的局面。近年来,源自国外的条件说、相当因果关系说以及区分事实因果关系和法律因果关系的双层次因果关系理论,在我国均有学者提倡。而且,我国学者对晚近在德、日等国家流行的客观归责理论也有所关注并进行了初步研究,不少学者还提出了在解决刑法因果关系问题方面借鉴客观归责理论的主张。①

我国有论者对此进行了总结,梳理出了几种具有代表性的理论②:

第一种理论是修正的必然、偶然性因果关系理论。该理论认为以前的因果联系的错误之根源在于哲学上对必然性和偶然性的错误界定,所以重新界定刑法因果关系的必然性和偶然性的概念。继而该学说把刑法中的因果关系分为绝然的、必然的、或然的、偶然的四种。从概率上讲,绝然性是100%的发展趋势,必然性是接近100%的发展趋势,或然性是50%左右的发展趋势,偶然性则是接近于0的发展趋势,这种划分是基于该理论把可能性划分出绝然性、必然性、或然性、偶然性四种发展趋势,而且为这些所有发展趋势都找到自己产生的内在根据。这个理论试图克服传统刑法因果关系对必然性和偶然性的错误界定,而进一步对这些概念进行修正。

第二种理论是新条件说。这种新的学说试图构建一种开放性的条件说,其认为在采取条件说时,以下这些情况应当加以注意和纠正:第一,作为条件的行为必须是有导致结果发生的可能性的行为,否则不能承认有条件关系;第二,条件定式中的结果是具体的特定形态、特定规模与特定发生时期的结果;第三,条件关系是一种客观联系,与行为人预想的发展过程是否符合,并不影响条件关系的成立与否;第四,行为是结果发

---

① 参见刘志伟、周国良编著:《刑法因果关系专题整理》,中国人民公安大学出版社2007年版,第5—6页。
② 参见金桂梅:《论刑法中的因果关系》,中国政法大学2011年硕士学位论文。

生的条件之一时,便可认定条件关系,并非唯一条件时才肯定条件关系;第五,与前"条件"无关的后条件直接导致结果发生,而且即使没有前条件结果也发生时,前"条件"与结果之间没有因果关系;第六,在因果关系发生的进程中,如果介入了第三者的行为或特殊自然事实,那么前行为与结果之间的因果关系中断。

第三种理论是双层因果关系理论。这是一种只植根于英美法系因果关系理论的改造。双层因果关系理论将刑法中的因果关系划分为认为事实因果关系和法律因果关系。事实因果关系须确定行为是产生该结果的必要条件,此判断可用公式,即"有 A 才有 B"来进行确定。法律因果关系的评价是一种拟制的指导性原则。因果关系与刑事责任的关系为,刑法中的因果关系是作为刑事责任的客观根据而存在于刑法之中的,行为与结果之间既是一种客观的实际的事实因果联系,又被法律的人为拟制以法律法规的形式而认定法律因果关系,所以事实因果关系与法律因果关系是一种基础事实加上认定事实而成为具有刑法学意义上的法律事实,并为追究刑事责任和建立刑事司法制度产生了重要意义。追本溯源来看,事实因果关系是刑法因果关系的基础,而法律因果关系则是刑法因果关系的本质。

第四种理论是客观归责理论。这个理论认为,只有当行为人的行为对于行为客体制造了不被容许的风险,这个风险在具体的结果中实现了,这个结果存在于构成要件的效力范围之内时,由这个行为所引起的结果,才可以算作行为人的结果而归责于行为人。该理论关注归因和归责的区别,得到如下的认识:归因是一个事实问题,通过因果关系理论解决;归责是一个评价问题,通过客观归责理论解决。

④ 评析

我国有论者通过对多种因果关系理论进行梳理来探求因果关系理论的源头,而后指出,条件说作为因果关系理论基础,是无可动摇的。"自刑法因果关系条件说开始,经相当因果关系说、原因说,乃至英美的双层次因果关系说,从其理论路径与方法论看,是一脉相承的,条件说是水之源、火之种。而当下的客观归责理论,都是在此基础上发展而来的,为水源之流、火种之光。"①我国也有论者指出,从内外因之间的关系上,哲学高度上原因与条件的内涵上,以及偶然因果关系本身和条件的含义来看,严格区分偶然因果关系中的偶然原因与条件都是没有必要的。② 因此,我们不妨以条件说或者偶然因果关系说为基础进行改造。这也是日益占据我国通说地位的有限制的条件说。我们的研究视角不妨集中于如何对条件说进行有效的限制。

在这个问题上,大陆法系已经在条件说基础上进行了原因说、相当因果关系说、合法则的条件说、重要说、客观归责理论的努力,英美法系所采取的双层次因果关系理论

---

① 朱德才:《刑法因果关系理论源流考——写在刑法因果关系诞生 200 周年之际》,载《政治与法律》2005 年第 5 期。
② 参见赵秉志主编:《当代刑法学》,中国政法大学出版社 2009 年版,第 172 页。

在笔者看来也作出了卓有成效的努力。对于这样一个复杂的理论,我们不能指望一蹴而就。有论者早就指出:"奢望提出一套刚性的规则,使之可以解决所有的因果归责问题是不现实的。"①在此,笔者也并不尝试解决这个问题。但是从近年来的学术发展上,至少可以明确下面这种思路:明确条件说的立足点,面向司法实践,采用开放性的态度对多种理论进行整合,不失为一条有效的途径。

2.针对张建中案的分析

(1)从危害行为角度进行分析

在控方和二审法院看来,霍海音授权张建中全权办理大连奔德项目的《授权委托书》,系一份伪造的虚假授权委托书。其全部理由就是该《授权委托书》是在霍海音被羁押后签署的,而委托书上的日期却被倒签至霍海音被羁押前的1998年3月18日。那么,这一行为是否符合危害行为的标准呢?笔者持否定意见。

授权委托书是授权人将自己的一定权利授予被授权人行使的文书。因此,只要授权委托书是由授权人所写或者经授权人同意由他人代写,有关内容是授权人真实意思的体现,就是一份真实的授权委托书。即便该授权委托书的日期被倒签,也只产生受委托人被授予的权利可以及于过去,其在授权委托书所记载的时间内依授权所实施的行为的法律效力及于委托人的法律后果,而不能说该授权委托书是伪造的或者虚假的。这是一个基本法律常识。明确了这一法律常识,就可以非常清楚地得出结论,张建中案中,霍海音签署的涉案《授权委托书》,是一份由霍海音亲笔填写或同意,内容完全符合其真实意思表示的真实的授权委托书,丝毫谈不上伪造或虚假。

首先,该《授权委托书》的实体内容,是经霍海音本人审查后,亲笔签名确认的,完全是其真实意思的体现。

其次,该《授权委托书》上的日期虽然不是由霍海音本人亲笔填写,却是获得了其同意的,仍然是其真实意思的体现。因此,《授权委托书》上记载的日期虽然比实际签署该《授权委托书》的日期提前了,但这一事实只能导致霍海音将其授予张建中全权办理大连奔德项目的权利及于该日期之后的任何时候,丝毫不表示该《授权委托书》系伪造或者虚假的。

最后,该《授权委托书》是霍海音在其仍然担任奔德国际董事长的时候签署的,完全属于其依职权可以实施的行为。虽然当时霍海音已经被司法机关采取了强制措施,但直到1999年1月22日,香港银富财务有限公司董事会才免去霍海音的董事职务,而霍海音签署《授权委托书》是在1998年10月中旬。而只要他还担任着公司董事长的职务,就有权依法行使董事长的职权。因此,他签署的《授权委托书》不但是真实的,而且是有效的。该《授权委托书》的时间被倒签既不影响其真实性,也不影响其有效性。退而言之,即便

---

① 储槐植、汪永乐:《刑法因果关系研究》,载《中国法学》2001年第2期。

倒签《授权委托书》日期的行为违法,或者当时霍海音已经没有权力签署《授权委托书》,也只是导致该《授权委托书》无效,决不能因此而认定其是伪造的或者虚假的。

由于涉案的《授权委托书》的实体内容由霍海音亲笔填写,日期倒签也得到了他的同意,整个《授权委托书》完全体现了其真实意思,不存在伪造或者虚假的问题,因此,霍海音案中根本不存在伪造证据的问题,所谓张建中帮助伪造证据就更无从谈起了。

由此,被告人张建中的行为是合法的,不符合刑法中危害行为的"违法性"特征,不能认定为危害行为,便更谈不上与危害结果之间有因果关系了。

(2)从因果"关系"的角度进行分析

根据上文的论述,想要认定张建中持"两书"的行为造成了妨害了司法机关的正常活动,并造成北京市商业银行丧失债权的"情节严重"的危害结果,必须对行为与结果的因果关系进行论证。在笔者上文的论述中已经得出结论,被告人张建中的行为不是危害行为。在此笔者想要进一步指出,即便被告人张建中的行为被强行认定为危害行为,与危害结果之间也是没有因果关系的。

虽然在理论上,因果关系相当性的判断存在众多标准,但是源流都在于"条件说"。不论以后的理论再怎么发展,如果某一个危害结果与之前的行为没有关系,是无论如何不能认定为有因果关系的,更不能认定为构成犯罪。那么,被告人张建中的行为与危害结果之间到底有没有这种"引起与被引起"的关系呢?笔者持否定意见。

在笔者看来,控方意见和一审判决、二审裁定是通过歪曲事实的做法,认定被告人张建中的行为与危害结果之间具有因果联系的。控方和一审、二审法院将与张建中的转委托行为毫无关系的富国公司获得大连奔德项目股权一事,强行认定为是由张建中转委托行为所致,以此作为认定张建中涉案行为情节严重的理由之一,在笔者看来是不能成立的。

对富国公司获得大连奔德项目股权的原因,二审裁定是这样认定的:"富国公司利用张建中提供的'授权委托书'、'转委托书',于1999年4月,骗取大连奔德国际金融中心有限公司70%的股份和大连奔德新世界酒店有限公司65%的股份,致使北京市商业银行在该项目上的债权失控(见二审裁定书第2页)。"而实际情况却是,富国公司根本就不是利用张建中提供的《授权委托书》《转委托书》来获得大连奔德项目的股权,而是通过一系列其他途径获得了有关股权。可见,涉案的授权委托书以及张建中的转委托行为根本没有改变任何既成事实。

控方和一审判决、二审裁定置上述证据所充分证明的事实于不顾,却仅仅根据董文成(时任大连市对外贸易经济委员会外商投资企业管理处处长)毫无根据的主观臆测("没有李培国提供的《授权委托书》和《转委托书》,就不能批复"),从重证据的证明力上来看,不足以论证被告人张建中的行为与危害结果之间具有因果联系。因此,认定被告人张建中犯帮助伪造证据罪是不合理的。

受贿罪构成及死刑适用
——陈同海受贿案

沈立成[*]

目　次
一、选案理由
二、基本案情
三、裁判要旨
四、引发的理论问题
(一)受贿罪中"为他人谋取利益"要件的地位问题
(二)受贿罪从宽量刑情节的适用问题
(三)受贿罪死刑限制适用问题

一、选案理由

陈同海受贿案,是一个具有比较典型意义的国企高管人员受贿案件。具体表现为如下几个方面:一是陈同海的身份具有特殊性,其曾担任国有大型企业的负责人,即中国石油化工集团有限公司(以下简称"中石化集团公司")总经理、中国石油化工股份有限公司(以下简称"中石化股份公司")董事长;二是陈同海受贿数额特别巨大,共计折合人民币1.9573亿余元;三是陈同海的死刑适用问题,陈同海受贿数额如此巨大,最终因多种法定与酌定从宽情节而被判处死刑缓期2年执行。陈同海受贿案反映出受贿罪的若干疑难和争议问题,对这些问题从法理上进行研究具有重要的理论意义和实践意义。

---

[*] 北京师范大学法学院法律硕士研究生。

二、基本案情①

1999年至2007年6月期间,被告人陈同海利用担任中石化集团公司副总经理、总经理和中石化股份公司副董事长、董事长的职务便利,为他人谋取利益,先后收受他人给予的港币1.781亿元、美元156万元、欧元30万元和人民币70万元,共计折合人民币1.9573亿余元。具体事实如下:

①1999年至2007年,被告人陈同海接受某公司法定代表人的请托,利用职务便利,在该法定代表人与中石化集团公司和中石化股份公司下属公司合作经营油库及销售其代理进口的原油等事项上提供帮助。为此,2005年12月30日至2007年5月23日,陈同海先后7次收受该法定代表人汇入陈磊(陈同海之子)银行账户的港币共计1.766亿元,折合人民币1.776亿余元。

②2003年上半年至2004年下半年,被告人陈同海接受庄永健的请托,利用职务便利,在联合置地房地产开发有限公司(以下简称"联合置地公司")将朝阳广场地块出售给中石化集团公司及北京建工集团有限公司(以下简称"北京建工集团")承建中石化股份公司办公楼工程等事项上,为庄永健提供帮助,庄永健因此获得中介费人民币3400万余元。为此,2004年9月和2005年3月,陈同海收受庄永健给予的港币100万元和两次汇入陈磊银行户的美元共计150万元,共计折合人民币1343.71万元。

③2004年,被告人陈同海接受王华民的请托,利用职务便利,在天津嘉菱联合实业有限公司(以下简称"嘉菱公司")向中石化股份公司、中石化集团公司出售天津港南疆地块事项上,为王华民提供帮助,王华民因此获得好处人民币1500余万元。为此,2005年四五月至同年年底,陈同海先后4次收受王华民给予的欧元共计30万元,折合人民币2996.47万元。2007年3月初,陈同海得知有关部门对其进行调查后,通过王华民之姐王克美将该款退还。

④2003年下半年至2005年12月,被告人陈同海接受安徽江淮电缆集团有限公司(以下简称"江淮电缆公司")北京地区市场部经理阚勇志及其妹阚丽君的请托,利用职务便利,在江淮电缆公司从中石化股份公司齐鲁分公司承揽工程以及中国教育电视台中国法治在线栏目从中石化股份公司承揽广告业务事项上,为阚勇志和阚丽君提供帮助,阚勇志、阚丽君因此获得提成款人民币540余万。为此,2003年年底至2006年上半年,陈同海先后6次收受阚志勇、阚丽君给予的人民币70万元及美元6万元,共计折合人民币118.1818万元。

⑤2003年8月至2005年下半年,被告人陈同海接受刘远程的请托,利用职务便利,在海南安科技有限公司(以下简称"海南安公司")承揽中国石化胜利油田有限公司

---

① 参见北京市第二中级人民法院(2009)二中刑初字第817号刑事判决书。

(以下简称"胜利油田公司")自动化改造工程,中铁建工集团有限公司海南分公司(以下简称"中铁海南公司")承揽海南实华炼油化工有限公司(以下简称"海南实华公司")海南炼化续建项目污水处理部分土建及安装工程,安徽省防腐总公司(以下简称"安徽防腐公司")承揽海南实华公司海南炼化续建工程部分油罐区及仪征油库扩建工程储油罐防腐工程等事项,为刘远程提供帮助。刘远程因此获得好处费人民币 170 余万元。为此,2006 年 2 月 10 日,陈同海通过陈磊收受刘远程给予的港币 50 万元,折合人民币 51.865 万元。

案发后,被告人陈同海退缴了全部赃款。

三、裁判要旨①

被告人陈同海身为国家工作人员,利用职务便利为他人谋取利益,收受他人财物共计折合人民币 1.9573 亿余元,其行为构成受贿罪;受贿数额特别巨大,情节特别严重,论罪应当判处死刑立即执行。鉴于被告人陈同海在因其他违纪问题被调查期间,主动交代了有关部门未掌握的上述全部受贿事实,成立自首,可从轻处罚;此外,被告人陈同海还具有认罪悔罪、检举他人违法违纪线索,为查处有关案件发挥作用,以及积极动员家属退赃并退缴全部赃款等酌定从宽处罚情节,故对其从宽判处死刑缓期 2 年执行。

四、引发的理论问题

陈同海受贿案存在诸多值得研究的问题,本文限于篇幅,选取其中三个最为复杂和疑难的问题进行研究,即受贿罪中"为他人谋取利益"要件的地位问题,受贿罪从宽量刑情节的适用问题,受贿罪死刑限制适用问题。

(一)受贿罪中"为他人谋取利益"要件的地位问题

在陈同海受贿案的审理中,陈同海的辩护律师对其被指控涉案数额——1.9 亿元特大受贿额中的两笔——1.6 亿元和 1 000 万元,作了不构成受贿罪的无罪辩护。在庭审中,控辩双方围绕被告人收受 1.6 亿元是否构成受贿犯罪展开争辩。辩护人认为,已有的证据不能证明陈同海利用职务便利为对方谋取利益,相反,根据中石化集团公司提供的材料,证明陈同海还利用此行贿人为中石化集团公司赚取了高达 6 亿美元的利润。受贿人利用职务的便利为行贿人谋取一定的不正当利益,是受贿罪的构成要件之一,辩护律师认为被告人陈同海的情形不具备这个要件,所以,这 1.6 亿元不构成受贿罪。但公诉方认为,陈同海作为中石化集团公司总经理,为中石化集团公司赚取了 6 亿美元的额外利润的情节是其职责所在,不是其可以实施受贿犯罪的理由。

---

① 参见北京市第二中级人民法院(2009)二中刑初字第 817 号刑事判决书。

1."为他人谋取利益"是否属于受贿罪的必备构成要件

根据《刑法》第385条对受贿罪的规定,"为他人谋取利益"是构成受贿犯罪的必备要件之一。然而,"为他人谋取利益"是否应当作为受贿罪的必备构成要件？它对受贿罪的成立是否不可或缺？对此,我国刑法学界有多种不同观点。对于"为他人谋取利益"在受贿罪犯罪构成中的地位问题,存在客观要件说(旧客观要件说、新客观要件说)、主观要件说、否定要件说以及非法律要件说等不同观点。

(1)客观要件说

客观要件说认为,"为他人谋取利益"是受贿罪客观构成要件之一。即将"为他人谋取利益"视为行贿人与受贿人之间一个权钱交换的条件,从而认定受贿罪。"为他人谋取利益"是指设法替他人获取利益的行为,包括承诺、实施、实现三阶段,只要具备其中一项,就认为具有为他人谋取利益的条件。① 客观要件说中分为旧客观要件说和新客观要件说。旧客观要件说被称为"行为说",认为成立受贿罪至少必须要有为行贿人谋取一定利益的行为,但不论谋取的利益是合法还是非法的,或为他人谋取的利益是否实现。新客观要件说主张"为他人谋取利益"的内容是受贿人许诺为他人谋取利益或者已经着手为他人谋取利益,虽然收受型受贿罪客观方面以"为他人谋取利益"为必备要件,但并非必须要有为他人谋取利益的具体行为或实现谋取的利益。

旧客观要件说认为,所谓为他人谋取利益,是指行贿人主动或被动给予受贿人贿赂,以换取受贿人利用职务上的便利为行贿人谋取一定的非法的或合法的利益。② 依照这种观点,在认定受贿罪时必须要有受贿人为行贿人谋取利益的行为,为他人谋取利益是否已经实现或者正在实现,并不影响受贿罪的成立。笔者认为,按照旧客观要件说,则会大大限制受贿罪的成立条件,容易放纵犯罪。在我国目前反腐败形势比较严峻的形势下,旧客观要件说也会对受贿案的处理产生负面的影响。

相对于旧客观要件说,新客观要件说认为,为他人谋取利益只是受贿人对行贿人许诺为其谋取利益或者着手为其谋取利益,可能是未实现的利益,从而也不要求客观上有为其谋取利益的行为和结果。③ 依这种观点,受贿犯罪的成立基于受贿人收受或索取了他人的贿赂,且承诺将为请托人谋取一定的利益,而对于受贿人是否真正实施了为他人谋取利益的行为,以及他人是否获得期待的利益则在所不问。新客观要件说的缺点也比较突出,首先表现在司法实践中不利于制定统一的判断标准,缺乏可操作性;其次,根据刑法理论,刑法上的客观行为并不包括犯意表示。

实际上几乎所有持客观要件说的学者都认为,对于成立受贿罪的既遂,只要受贿人收受了财物就可以认定,对于是否实施了为他人谋取利益的行为已经不是关键问

---

① 参见李希慧主编：《刑法各论》,中国人民大学出版社2007年版,第518页。
② 参见高铭暄主编：《中国刑法学》,中国人民大学出版社1989年版,第1604页。
③ 参见夏强：《论"为他人谋取利益"在受贿罪中的地位及其认定》,载《行政与法》2001年第1期。

题。审判实践情形表明,把"为他人谋取利益"作为受贿罪的客观构成要件并不妥当。

(2)主观要件说

主观要件说将"为他人谋取利益"视为行贿人与受贿人之间权钱交换达成的一种默契,因而并不要求受贿人实施具体的为行贿人谋利的行为,只需行为人明知其职务行为与所得到的贿赂之间存在买卖的对价关系。根据主观要件说,受贿人只要主观上具有为他人谋取利益的意图即可,并非一定要将这一意图付诸实施,即使受贿人事实上并没有为对方谋取利益,也应认定"为他人谋取利益"成立。

主观要件说认为"为他人谋取利益"是一种行为人的心理意图,只要行为人主观上具有为他人谋取利益的意图即可。在受贿罪的构成要件中,"为他人谋取利益"只是受贿人主观上的一种意图,只有将这一意图付诸实施,受贿行为才能认定为实现。① 主观要件说也有很明显的缺点:首先,把"为他人谋取利益"作为主观要件看似合理,但对于那些只想非法收受贿赂而并不打算为他人谋取利益的犯罪分子则会有轻纵的导向。这种只拿钱不办事的受贿行为更是性质恶劣,不仅损害了国家工作人员的职务廉洁性,触犯了受贿罪,且这种带有欺诈色彩的行为更加抹黑了国家工作人员的形象。其次,把"为他人谋取利益"作为主观要件,不利于司法机关在实践中查办审理受贿犯罪,对于反腐败无疑形成先天性的证明阻力。综合来说,主观要件说成为带有明显的为处罚而处罚的功利主义色彩的观点。

(3)否定要件说

否定要件说认为应当将"为他人谋取利益"要件予以废除,只要国家工作人员实施了利用其职务上的便利,从而非法收受或索取他人财物的行为,就应该认定已构成收买职务行为的事实,损害了受贿犯罪的客体即职务的廉洁性,而构成受贿罪。可见,否定要件说不像主观要件说那样需要行为人具有为他人谋取利益的意图,也不需要像客观要件说那样需要行为人具体实施为他人谋取利益的行为。

有持主观要件说的论者称取消"为他人谋取利益"作为构成要件,与《刑法》的现行规定不符。笔者认为,这种观点是不科学的,颠倒了学术与实践的关系,理论的研究应该用批评的态度去为立法或司法实践提供可行的建议。提出"为他人谋取利益"要件性质的问题,即是从理论的高度对刑事立法及其理论根据进行新的认识和评价,不能以是否符合现行立法规定来裁判理论观点上的是非。②

在建议保留"为他人谋取利益"作为犯罪构成要件的学说中,有观点认为,不宜取消这一构成要件是基于"为他人谋取利益"是区别受贿罪与诈骗罪、敲诈勒索罪等其他犯罪的重要标准。但是,这个担心也是没有必要的,受贿罪与诈骗罪、敲诈勒索罪的界限,可以通过受贿罪利用职务上的便利这一点加以区别。凡行为人利用职务上的便利

---

① 参见陈兴良主编:《刑事法判解》(第3卷),法律出版社2001年版,第140—141页。
② 参见赵秉志:《刑法总论》,中国人民大学出版社2007年版,第197页。

索要或收受他人财物的,就构成受贿罪;否则,视具体情况,定敲诈勒索罪或诈骗罪。因此,舍弃"为他人谋取利益"这一要件,并无混淆受贿罪与诈骗罪、敲诈勒索罪的界限之虞。①

还有论者称否定要件说会扩大刑法打击面,产生不好的社会效果。我国是传统的礼仪之邦、人情社会,讲究礼尚往来。在现实的社会生活中,人们之间在相互的交往过程中难免有礼物上的往来,如果取消受贿罪中的"为他人谋取利益"要件,就会扩大打击面,模糊犯罪与一般违法、违纪的界限,也会模糊犯罪行为与人们正常礼尚往来的界线。② 笔者认为,对于扩大刑法的打击面,这种担心当然是不无道理的,这个问题完全可以通过其他方式解决。比如,《刑法》第 13 条中的但书就可以发挥控制受贿罪打击面的作用;对于构成犯罪但是情节轻微,并且案发后积极退赃的,可以根据《刑法》第 37 条的规定免予刑罚处罚;还可以完善受贿罪的定刑量刑标准等。对于比较隐蔽的贿赂行为则可以根据送财物的人与行为人的关系、送财物的目的和动机、财物数额大小等来具体考量实践中的钱财往来行为是否属于行贿受贿行为。这样既可以保持刑法的严密性,又可以防止扩大打击面。笔者认为,既然身为国家工作人员,就应该严于律己,无论是在工作还是生活中均应为他人树立遵纪守法的榜样,杜绝社会上权钱至上的不正之风,营造良好的官场风气。

(4)非法律要件说

有论者在否定要件说的基础上引出了非法律要件说。非法律要件说在否定"为他人谋取利益"作为构成要件的同时,把"为他人谋取利益"作为受贿犯罪的从严量刑情节来处理,具有该从严情节的受贿犯罪的法定刑要重于一般受贿行为,即"为他人谋取利益"成为受贿犯罪加重处罚的要件。③

在"为他人谋取利益"的意图有无及行为实施与否,且不影响侵犯职务行为的不可收买性这一受贿罪的本质基础上,可得出"不要说"(否定要件说)以及"非法律要件说"这两种观点。④ 在摒弃客观要件说和主观要件说的同时,我们也看到否定要件说还不够完善,毕竟实践中受贿罪形态大部分表现为"为他人谋取利益"这种权钱交易的形式,且这种利用职务便利为他人谋取利益的行为确实更大地损害了国家工作人员的职务廉洁性以及国家和社会的利益。所以,"为他人谋取利益"是受贿罪中不可忽略的一个重要情节。可把"为他人谋取利益"作为受贿罪的量刑情节,设定科学合理的量刑档次以应对情节不同的受贿罪,同时可以专门的司法解释规定为他人谋取利益的行为的

---

① 参见叶良芳:《受贿罪客观方面若干疑难问题探讨》,载王亚林刑事辩护网(http://www.ahxb.cn/c/3/2014-12-21/764.html),最后访问日期:2020 年 9 月 8 日。
② 参见俞波涛、邱友根、冯辕编著:《受贿罪的认定与处罚》,南京出版社 2000 年版,第 74—75 页。
③ 参见赵秉志、赵辉:《龚建平受贿案的法理研究》,载赵秉志主编:《刑事法判解研究》(总第 11—13 辑),人民法院出版社 2005 年版,第 305—343 页。
④ 同上注。

量刑应重于没有为他人谋取利益的情形,为他人谋取不正当利益的量刑应重于为他人谋取正当利益的情形。

2.受贿罪中"为他人谋取利益"采用非法律要件说之研究

国家工作人员应是人民的公仆,应忠于职守,廉洁奉公。国家禁止国家工作人员进行任何权钱交易的行为。无论是以履行职务行为作为取得他人财物为交换条件,还是收受财物后为请托人办理请托事项,或是约定事后收受他人财物而在之前为其谋利,在本质上都是把国家工作人员职务或职权当作可买卖的商品,都是对国家工作人员职务行为廉洁性的侵害。笔者认为,"为他人谋取利益"不应作为受贿罪的构成要件,而应将其作为受贿罪的量刑情节,即采用"非法律要件说"。笔者试就受贿罪中"为他人谋取利益"采用非法律要件说的理由阐述如下:

(1)非法律要件说符合受贿罪的本质特征

受贿罪所侵犯的客体是国家工作人员的职务廉洁性,只要受贿人利用职务之便非法收受或索取贿赂,就已经侵犯了国家工作人员职务的廉洁性。在实质上,"为他人谋取利益"意图的有无及实现与否不是认定受贿罪成立与否的关键。实践中,有些国家工作人员收受他人财物,但其没有实施为他人谋利益的行为,也没有作出为他人谋取利益的承诺(明示或者暗示),甚至受贿人主观上根本没有为他人谋取利益的打算,但这些行为同样严重损害了国家工作人员的形象和国家机关的声誉,损害了公务活动的廉洁性,也具有相当的社会危害性。有学者认为,国家工作人员利用职务之便非法收受他人财物的行为本身就足以构成受贿罪,受贿的本质不因是否为他人谋取利益而改变,是否为他人谋取利益则应成为影响受贿罪危害程度的一个因素而只影响量刑。[①]

(2)非法律要件说有助于解决司法实践中遇到的司法证明困境

"为他人谋取利益"作为受贿罪的必备构成要件,在司法实践中也产生了许多问题。当行为人只实行了收受他人财物的行为而没有实施为他人谋取利益的行为时,理论界及实务界的观点一般将这种情况视为不构成犯罪。

在各种实际腐败情形中,常常有行贿人借过节、祝寿、孩子升学、婚丧嫁娶、乔迁新居、探视病情之机进行所谓的长线投资。行贿人这样做的目的是为了将来能得到某种利益,对受贿人长期进行拉拢逐步腐蚀,在行贿时并无明确的请托事项,但双方心里都明白,只是等"谋取利益"的时机成熟时再兑现。而当这样的事情暴露后,受贿人常常会以礼尚往来作为理由而蒙混过关,逃避法律的制裁。可以发现此种行为已经损害了国家工作人员的职务廉洁性,即侵犯了受贿罪犯罪的客体,但我们却不能将其以受贿罪治罪。

司法实践中,检察机关在具体查办贿赂犯罪案件时,因"为他人谋取利益"系主观

[①] 参见陈瑞林:《贿赂犯罪若干问题再思考》,载《现代法学》1999年第4期。

因素,很难使之得到明确的证明,从而使有限的司法资源产生了不必要的浪费。造成这一漏洞从而放纵犯罪的原因就在于,"为他人谋取利益"成为受贿罪成立的必备条件。所以解决这一问题的根本途径就是,通过立法将"为他人谋取利益"在受贿罪构成要件中剔除。

(3)非法律要件说与国际社会反贪污贿赂立法和司法接轨

随着全球化进程的加快,腐败问题也在某种程度上进行着"全球化"。越来越多的国家开始认识到,打击腐败不能画地为牢,而必须把全球各国力量都调动起来,通过加强国际合作来预防与打击腐败犯罪。2003 年 10 月 31 日,第 58 届联合国大会通过了《联合国反腐败公约》。2003 年 12 月 10 日,我国政府签署了《联合国反腐败公约》;2005 年 10 月 27 日起,该公约在我国开始生效。《联合国反腐败公约》在条文中并没有明确规定公职人员必须利用职务之便为他人谋取利益,只是规定"以作为其执行公务时作为或者不作为的条件"。同时,大多数国家与地区都没有将受贿人为行贿人谋取利益作为受贿罪成立的构成要件。从长远来看,我们可以在参照《联合国反腐败公约》与其他国家、地区的立法范例的基础上,进行立法上的借鉴,在成熟的时候通过刑法修正案的形式,将国家工作人员利用职务上的便利,非法收受或者索取他人财物的行为规定为受贿罪的基本构成要件,而将国家工作人员为他人谋取利益的行为规定为法定从重情节。

(4)非法律要件说有利于打击受贿犯罪行为

司法实践中,我们发现在认定受贿罪的过程中存在法律上的困扰,"为他人谋取利益"的要件在增加了认定受贿罪难度的同时,也加剧了某些国家工作人员的腐败侥幸心理。现行《刑法》明确规定,只有在"为他人谋取利益"的情况下,国家工作人员利用职务上的便利收受他人财物的行为才构成犯罪,这就使"为他人谋取利益"成为认定受贿罪必须证明的要件。这在立法思想上出现了明显矛盾,既要严惩受贿罪而对之规定了很重的刑罚,但又给受贿罪规定了严格的限制条件,使相当一部分受贿行为不构成犯罪,难以追究其刑事责任。[①] 实践中就有这样的情况发生,一些国家工作人员收受他人财物,但是在收取他人财物的时候并没有明示答应对方的要求为其办事或虽然准备满足对方的要求,但由于各种原因还没有来得及给对方办事或者没有办成事;还有就是进行长线投资的现象,行贿人为了将来能得到某种利益而给予国家工作人员财物。在诸如此类的情况下,国家工作人员利用职务上的便利收受他人财物的行为,都难以认定构成受贿罪。更为严重的是,一些国家工作人员便借别人求其办事之际,收受他人财物之后而不予办事,法律对此则无法处理。

通过上面的分析可见,在受贿罪中规定"为他人谋取利益"为必备构成要件,对于

---

① 参见张智辉:《受贿罪立法问题研究》,载《法学研究》2009 年第 5 期。

国家机关的廉政建设不利,反而使某些国家工作人员以此规定为"遮阳伞",在亵渎国家职务行为廉洁性的同时,又违背起码的人际交往信誉,从而做出连最基本的做人道德都丧失的事。

(5)非法律要件说有利于切实贯彻宽严相济的基本刑事政策

宽严相济的刑事政策是近年来我国确立并正在大力弘扬的对理性治理犯罪和促进和谐社会建设具有重大意义的基本刑事政策,我国刑事法治(当然包括反腐败刑事法治)都应当遵循这一政策。由于腐败犯罪严重损害党和政府的形象,破坏社会公平正义,危害严重,民愤很大,对腐败犯罪应当贯彻从严惩处的政策精神。在此基础上,还应当根据腐败犯罪及犯罪人的具体情形,本着宽严相济刑事政策的精神,依法合理地有所区别对待。总之,在惩治腐败犯罪时,在总体从严的基础上,还应注意贯彻宽严相济刑事政策的精神。①

取消"为他人谋取利益"作为构成要件转而将其作为受贿罪的量刑情节,贯彻了宽严相济的刑事政策。取消"为他人谋取利益"作为构成要件体现了我国加大对贿赂犯罪的打击力度,体现了党和政府反腐倡廉的大政方针,保证了从严处理贿赂行为。因此,应将"为他人谋取利益"作为受贿罪的量刑情节而设定科学合理的量刑档次,以应对不同情节的受贿罪,对宽严相济刑事政策予以贯彻,根据经济社会的发展和治安形势的变化,尤其根据犯罪情况的变化,适时调整从宽和从严的对象、范围和力度。

(二)受贿罪从宽量刑情节的适用问题

对陈同海受贿案的判决,很多人都相当困惑,为什么陈同海受贿数额高达近2亿元却被判处死刑缓期2年执行而不是死刑立即执行?我们应该认识到,对陈同海如此高级别的国企管理人员判处死刑包括死缓,体现了我们党和政府反腐的决心。正如新华社评论员文章所讲,"陈同海案的判决,充分表明了党和国家依法惩治腐败的坚强决心,体现了对党的事业负责、对人民利益负责、对国家法律负责的精神"②。

下面结合陈同海受贿案,就受贿罪从宽量刑情节适用,尤其就受贿罪自首行为和退赃情节进行重点论述。

1.受贿罪从宽量刑情节适用概说

(1)受贿罪从宽量刑情节认定与处理应注意的问题

在具体的司法实践中,受贿罪从宽情节的适用会遇到不同的情况。由于现实中的案件往往非常复杂,一个案件时常存在多个量刑情节,既包括从宽量刑情节也包括从严量刑情节,也有多种从宽情节的情况等。联系到陈同海受贿案,被告人陈同海具有多个从宽情节,既有法定从宽情节,如被认定为自首;也有酌定从宽情节,如认罪悔罪

---

① 参见赵秉志:《略论反腐败与我国刑事法治的完善》,载《人民法院报》2010年11月24日。
② 《新华社评论员:罔顾法纪必遭严惩》,载搜狐新闻(http://news.sohu.com/20090715/n265233279.shtml),最后访问日期:2010年8月20日。

态度好,能揭发他人违法违纪线索并对查处有关案件起了作用,积极做好退赃工作使全部赃款得到退缴等。这些从宽情节被法院予以认定并充分考虑,故法院对被告人陈同海未适用死刑立即执行而是适用死缓。

① 受贿罪量刑情节发生竞合时的处理

在实际的案件办理中,受贿罪的量刑情节会有不同,既有从严情节也有从宽情节,在最终作出判决时如何处理不同量刑情节的关系非常重要。根据量刑情节竞合的不同情况:可以分为同向竞合和逆向竞合。同向竞合是指具有两个以上从轻或者从重的情节,而逆向竞合是指具有一个从轻情节和一个从重情节。① 陈同海受贿案中存在同向竞合的情节,如陈同海具有自首的情节,并能积极退缴全部赃款,协助有关部门积极查办案件;也存在逆向竞合的情节,如数额特别巨大的情节。

多项量刑情节同向竞合的处理。当有多项同向量刑情节并存时,如陈同海受贿案具有多项从宽量刑情节,原则上就应将从宽量刑的幅度提升,从而使量刑的幅度下降。在处理多项量刑情节同向竞合时,不能简单化地累加量刑情节,要结合具体案件的情况,综合考量作出判断。对陈同海受贿案,法院就是结合案件的具体情况,尤其是考虑了陈同海有自首的情节并能积极退缴全部赃款这两个主要情节,才作出了判处陈同海死刑缓期2年执行的判决。

多项量刑情节逆向竞合的处理。在遇到多项量刑情节逆向竞合时,要注意不能简单地加减抵消,要结合案件的基本事实处理。陈同海受贿案中,其受贿数额特别巨大,已远远超出受贿罪重刑的数额基准,但其有自首、积极退赃等情节。对于多项量刑情节逆向竞合的处理,应本着有利于被告人的原则,认定宽严情节。在量刑情节比较清楚的情况下,应先考虑从重情节,对于刑罚进行趋严修正;然后再考虑从轻情节,在第一次修正的基础上进行第二次趋宽修正,两次修正后得出刑罚裁量的结果。② 在最后的裁判结果中,要适当向从宽情节倾斜,以使保障人权原则在刑罚裁量中能得到落实。

② 受贿罪法定从宽情节与酌定从宽情节并存时应注意的问题

受贿罪从宽情节根据《刑法》有无明文规定而分为法定从宽情节和酌定从宽情节,在具体的案件中,常有法定从宽情节与酌定从宽情节并存的问题。在法定从宽情节与酌定情节并存时,应注意如下问题:

其一,法定从宽情节应比酌定从宽情节对从宽量刑的影响大。在适用受贿罪的从宽量刑情节时,要优先适用法定从宽量刑情节,对于酌定量刑情节则要采取严格的认定。在幅度上,有法定从宽情节的量刑降低幅度应比酌定从宽情节的量刑幅度大。在实践中,审判机关要细化这些量刑情节的量刑幅度,制定一定的参考标准;否则会出现从宽量刑情节的误用,从而导致司法不公正。

---

① 参见赵秉志主编:《当代刑法学》,中国政法大学出版社2009年版,第355页。
② 同上注。

其二,重视适用某些意义重大的酌定量刑情节。在实践中,虽然法定从宽情节优于酌定从宽情节,但是如果酌定从宽量刑情节意义重大,大大减少了犯罪人人身危险性和降低了犯罪行为的社会危害性,则应优先考虑这些酌定从宽情节。在《刑法修正案(八)》将坦白情节升格为法定从宽情节后,在受贿犯罪中的酌定从宽情节中,比较重要的当属退赃行为。退赃作为受贿案件中的一个重要情节,在审判实践中越来越受到重视。在很多受贿数额巨大的受贿案件中,被告人为保住性命而会全部退赃,从而没有给国家造成重大损失。陈同海受贿案中,陈同海也做到了积极退赃,并积极动员其亲属协助退赃,使得赃款全部得到退缴,这一情节对陈同海最终的量刑起了很大的作用。

(2)受贿罪从宽情节的把握要结合具体案件事实

2010年2月,最高人民法院发布了《关于贯彻宽严相济刑事政策的若干意见》,对于如何处理从宽情节起到指示性的作用。该司法解释专门规范了"从宽"的应用问题,与受贿罪从宽情节有关的内容主要就是把握宽严相济的刑事政策,正确确定"宽"与"严"的具体情况。具体到陈同海受贿案,陈同海具有自首行为,且能积极退赃、认罪悔罪,属于从宽的范围。

受贿罪从宽情节的量刑幅度把握应紧密结合实际案情,案件事实不同,则从宽情节的适用也不相同。犯罪人人身危险性已降低,则从宽情节的认定与处理的幅度应提升;反之,从宽幅度则不应提升。惩罚犯罪的根本目的在于预防犯罪直至消灭犯罪,所以从主观上把握犯罪人的人身危险性应是重点。要综合考量受贿罪从宽情节的量刑幅度。受贿罪从宽情节的把握,尤其是涉及多项从宽情节的把握时,要进行系统的考量。受贿罪从宽情节认定后,要对量刑作总体的考量,然后引入从宽情节进行从宽,要有总体上的从宽,不能机械性地从宽。

2.受贿罪犯自首的认定与处理

法院在对陈同海受贿案作出判决时,对陈同海在因其他问题被调查期间,主动交待的有关部门未掌握的全部受贿事实这一行为以自首论。由于受贿犯罪的特点,犯罪人往往是多次受贿,或犯有其他腐败犯罪,故办案机关查办受贿犯罪分子时,受贿犯罪分子为求从轻处罚,能交待其他的腐败犯罪事实。庭审中,陈同海辩护人提出陈同海具有自首情节,请求法庭在量刑时予以考虑的辩护意见,经审理查明,陈同海在有关部门尚未掌握其受贿线索的情况下,主动交代了自己受贿的全部事实,且在侦查、起诉、审判过程中能如实供述犯罪事实,故法院作出了对其行为以自首论的结论。结合陈同海受贿案,我们可研究自首对受贿罪量刑的价值与意义。

(1)受贿犯罪分子自首概述

受贿犯罪分子自首,是指受贿罪犯罪嫌疑人犯罪以后自动到有关部门投案,并如实供述自己的罪行,或者是被采取强制措施的受贿罪犯罪嫌疑人、被告人和正在服刑的罪犯,如实供述司法机关还未掌握的本人其他罪行的行为。根据《刑法》第67条的规定,对于自首的犯罪分子,可以从轻或者减轻处罚,对其中犯罪较轻的可以免除处罚。据此,法学界将自首分为一般自首和特别自首。

由于自首制度所特有的性质和能从宽处罚的结果,自首制度具有积极的意义。由于社会的复杂性,很多事实情况不是能够完全查处清楚的,自首制度的从宽功能能使犯罪分子主动交代司法机关未知的情况。自首是犯罪分子出于本人的自我意志主动交待情况,自觉地将自己交付国家追诉。由于这一特性,自由表现出犯罪嫌疑人的自觉悔悟状态,从而使犯罪分子的人身危险性得到了减弱。我国刑法在坚持罪责刑相适应原则的前提下,将自首规定为从宽处罚的情节,具有正面意义。第一,自首制度有利于分化瓦解犯罪势力,感召犯罪分子主动投案,引导激励犯罪分子悔过自新,对于减少社会不安定因素起着正面作用;第二,有利于有关部门迅速侦破刑事案件,及时惩治犯罪;第三,有利于保障犯罪嫌疑人的人权,并达到惩罚和预防犯罪的作用。

在《刑法修正案(八)》通过之前,自首与坦白最大的区别就是,自首是法定从宽情节。自首与坦白既有联系又有区别,从坦白的广义上来讲,坦白包括了自首。但从狭义来讲,坦白是指犯罪嫌疑人被动归案后,自己如实交代所被指控的犯罪事实的行为。比较自首与坦白,二者的相同之处在于,都是行为人以自己实施犯罪为前提,都是归案后如实交代自己的犯罪事实,都是法定从宽情节。但自首与坦白也有关键性的区别,主要有:

首先,二者成立的条件不同。根据《刑法》的有关规定,自首是犯罪嫌疑人自动投案后,主动如实地供述自己的犯罪事实,这些事实既可以是已被发觉的、正在指控的事实,也可以是尚未发觉的、尚未被指控的事实;而坦白则是犯罪嫌疑人被动归案后,如实交代自己被指控的犯罪事实。自首和坦白的区别在交代时间上、交代问题的程度上,以及由此引出的对案件查处进度的影响都不同。

其次,二者的悔罪程度与人身危险程度减弱不同。自首是主动投案,且是在司法机关尚未掌握其罪行,或者虽然罪行已被司法机关发觉但尚未对其指控或者无法指控的情况下如实交代自己的罪行;而坦白则是被动归案,且是在司法机关已经发觉其罪行并正在对其进行指控的情形下交代自己的罪行。所以,自首者比坦白者悔罪程度高,人身危险性减弱程度大。

最后,二者从宽处罚的幅度有区别。自首和坦白在《刑法修正案(八)》通过前的区别非常明显,前者是法定从宽情节,后者是酌定从宽情节。但是《刑法修正案(八)》将坦白情节法定化,明确规定坦白可以从轻或减轻处罚,由此也引出了自首与坦白的从宽量刑幅度问题,比较二者的成立条件、悔罪程度和人身危险性程度,可以得出的结论是,对自首的从宽幅度当然应大于坦白。

(2) 受贿犯罪分子自首行为的认定与处理

根据一般自首的认定，受贿罪一般自首也应按照其构成条件，结合具体的受贿案件认定。首先，犯罪嫌疑人必须是自动投案。"自动"是指犯罪嫌疑人在尚未归案之前，基于其本人意志而投案。投案必须是犯罪嫌疑人向有关机关或个人承认自己实施了特定犯罪，并将自己置于有关机关或者个人的控制之下，等待接受国家司法机关的审查和裁判。其次，自首者必须如实供述自己的罪行，不能隐瞒或欺骗，待查证落实后可认定。犯罪嫌疑人供述的必须是犯罪的事实，犯罪嫌疑人对犯罪事实必须如实供述。犯罪嫌疑人供述的必须是自己的犯罪事实，也即自己实施并应由本人承担刑事责任的犯罪事实。犯罪嫌疑人供述的必须是自己的主要犯罪事实。

特别自首的认定在于：首先，特别自首的主体必须是被采取强制措施的犯罪嫌疑人、被告人和正在服刑的罪犯；其次，自首者必须如实供述司法机关还未掌握的本人其他罪行。特别自首的认定对于受贿罪有着极为重要的意义，受贿犯罪嫌疑人一般都是连续性的多次受贿，司法机关一般不大能全部掌握或者不可能掌握其他受贿事实。对于受贿人主动交代其他的受贿事实，从各个方面来讲，都可以作为从轻的依据，认定其构成受贿罪的特别自首。从犯罪嫌疑人的人身危险性来说，由于其能供述自己其他的受贿事实，说明其已认识到受贿的犯罪性质，并能积极交代其他受贿事实，以获得从轻的量刑。从犯罪嫌疑人罪行的社会危害性程度来说，特别自首所供述的其他受贿犯罪事实有利于司法机关查办更多的腐败案件，并能为国家和社会挽回损失。

陈同海受贿案中，法院认定陈同海具有特别自首情节：即认为陈同海在因其他问题被调查期间，主动交代了有关部门未掌握的全部受贿事实，应以自首论。法院认定陈同海构成特别自首，可以说是很好地把握了特别自首的构成要件。

对于受贿罪自首的犯罪分子是否从宽处罚，以及在确定从宽处罚的情况下如何具体掌握从宽的幅度，应当根据受贿罪犯罪分子的主观恶性和人身危险性的大小、投案的主动性程度、投案的早晚、投案的动机、交代罪行的程度、对司法机关处理案件的影响等因素综合判定。

根据《刑法》的有关规定，自首是法定从宽情节，对一般自首、特别自首的犯罪分子，可以从轻或者减轻处罚。其中，犯罪较轻的，可以免除处罚。对自首情节量刑的具体处理，要结合案件具体情况，如犯罪分子自首后交代的犯罪事实比已查明的犯罪事实多的，则可以从轻或减轻处罚；犯罪分子自首后交代的是不太重要的犯罪事实的，则不从轻或减轻处罚。刑法条文在设立自首条款时，出发点是为了让犯罪嫌疑人主动交待，同时能使司法机关办案的效率加快。在对犯罪分子自首行为进行处理时，要分清一般自首与特别自首的区别，本着宽严相济的刑事政策，结合具体的案件对自首行为进行衡量。对于特别自首的，应考虑犯罪嫌疑人的综合情况，可以予以较宽幅度的量刑。

联系陈同海受贿案,法院在量刑上对陈同海作出了显著的从宽处罚,即从死刑立即执行降为死刑缓期2年执行,其特别自首情节起到了非常重大的作用。

3.退赃行为的认定与处理

陈同海受贿案中,对陈同海从宽情节的认定上,法庭认定陈同海具有积极动员其亲属协助退赃、赃款已全部退缴的情节。陈同海受贿数额巨大,但赃款已全部退缴,对社会的危害性已不是那么巨大。退赃情节,目前法律中还尚无很完整的规定,但在审判实践中,退赃作为受贿案件的一个重要情节已经越来越受到重视。很多受贿数额巨大的受贿案件,如陈同海受贿案,犯罪分子之所以保住性命,很大原因是已经全部退赃,没有给国家造成重大损失。因此,正确认定和处理退赃情节,对打击受贿犯罪等职务犯罪有着十分重要的意义。

(1)退赃行为的性质及特征

退赃行为作为一个重要情节,在受贿案中表现的比较突出,在审判实践中,也得到很大的重视。退赃行为是被告人在作案后的一定期限内退还赃款的积极作为。确定有无退赃行为,对经济犯罪尤其是受贿犯罪有很大的意义。犯罪分子已经退赃,尤其是全部退赃的情节,对于犯罪分子最终的刑事责任产生重大的影响。经济类犯罪,多是因为贪钱,如果其将所贪之钱退缴出来,那么犯罪分子原先的主观恶性则在某种程度上得到降低。所以在受贿犯罪中,应该重点把握有无退赃行为,把握其具体的退赃细节,从而为最终的量刑起重要的参考作用。

退赃行为是客观存在的法律事实。明确退赃行为的特征,对于在司法实践更好地对退赃行为予以认定和处理有着重要的意义。对退赃行为的认定,需要把握好以下的几个特征:

其一,被告人积极退还赃款赃物,即被告人应本人或者委托他人退还赃款赃物。在被告人本人并不知情的情况下,其他人代被告人退赃的,由于被告人没有主观的悔罪意识,不能认定为退赃行为。但是被告人是否是亲手退赃的,要看具体情况,不能片面要求被告人亲手退赃,这在司法实践中尤其要注意,被告人或者因已被采取了强制措施而不便于退赃,或者有其他情况不便于退赃。在退赃过程中,退缴赃款赃物行为要出于被告人本人的自愿,是其主动的行为,是被告人本人自我认罪悔罪的表现。被告人或者其亲属迫于无奈而退赃的,是在司法机关已经掌握赃款赃物或者追赃过程中的,一般不能从宽处理。①

其二,要按照退出赃款赃物的数量和退赃的时间来衡量退赃行为。退赃行为必须达到一定的数量,才能从宽处理,但由于具体案件数额的不同,对退赃的数量亦很难量化。在一般情况下,被告人能退还绝大部分或者全部赃款赃物的,可以从宽处理。另

---

① 参见吴纲要:《贪污、受贿案中退赃情节的认定与处理》,载《人民司法》1996年第9期。

外,在退赃上要按照一定的时限处理,这个时限一般限定在被告人作案后直至案件审理终结前。对被告人在服刑期间退赃的,要分清退赃行为的主客观原因,一般可按照减刑的条件来处理。

其三,被告人有退赃行为时,须有前提性的条件,即被告人能认罪悔罪,能坦白全部罪行或者具有其他悔改表现。被告人虽然能够积极退赃,但在侦查、起诉、审判各个阶段隐瞒重要犯罪事实或者部分犯罪事实,或者避重就轻的,说明被告人缺乏悔罪和接受查处的诚意,一般不宜从宽处罚。在对被告人的退赃行为进行认定时,要结合被告人的认罪悔罪表现来认定。

联系陈同海受贿案,陈同海积极退赃且动员其亲属协助退赃,并将赃款全部退缴,而且能认罪悔罪,这些情形都基本符合了退赃行为的特征,所以法院在量刑时对陈同海的退赃行为予以了充分的考虑。

(2)亲属等他人代被告人退赃的处理

在司法实践中,有在被告人本人并不知情的情况下,或者在被告人请求的情况下,其亲属好友代被告人退还赃款赃物的情况。根据最高人民法院《关于被告人亲属主动为被告人退缴赃款应如何处理的批复》,被告人的亲属应被告人的请求,或者主动提出并征得被告人的同意,自愿代被告人退赔部分或者全部违法所得,法院也可以考虑其具体情况,收下被告人亲属自愿代被告人退赔的款项,并视为被告人主动退赔的款项。根据这一批复,他人代被告人退赔赃款赃物的行为要具体分为三种情况来处理。

其一,他人在被告人不知情的情况下代为退赃情况的处理。在被告人犯受贿罪后,其家属或好友为使被告人得到从轻判决,在被告人并不知情的情况,向有关部门退还赃款赃物。在这样的情况下,一般不认定为被告人的退赃行为。但笔者认为,亲属好友即使在被告人并不知情的情况下代为退赃,也应该作为对被告人量刑时予以考虑的从宽情节。对被告人从宽量刑,并不是纵容被告人的犯罪,而是鼓励其亲属好友等各方力量为国家或者集体挽回损失。但是在具体量刑上,要比行为人主动退赃行为从宽处罚的幅度小些。

他人应被告人请求代为退赃情况的处理。在司法实践中,被告人已没有能力进行退赃,但他请求其亲属等他人代为退赃的,对这种情况要具体分析,一般宜认定为退赃行为,但在从宽量刑时应比正常的退赃行为幅度小些,毕竟被告人已对国家和社会造成了损失。但也要分清被告人赃款赃物的去向,如果是用于挥霍享受的,则一般不宜认定为退赃行为;但如果被告人的赃款赃物的使用确实有一定所需或者赃款没有被挥霍,则宜认定为退赃行为。陈同海在受贿后,能积极退缴全部赃款,说明其对赃款没有进行严重的挥霍,故认定其退赃行为是合理的。

他人主动并征得被告人同意代为退赃情况的处理。在被告人被侦查、起诉或者审判期间,亲属等他人主动提出退赃,并征得被告人同意退还赃款赃物的,此情况下应认定被告人具有退赃行为,对其可以从宽处理。这种情况下,相当于被告人积极主动自愿退还赃款赃物的情形。

(3)退赃情节的从宽适用

退赃行为的情节归属具有一定的复杂性。

我们不能对有退赃情节的都从宽处理,也不能将退赃行为的从宽情节建立在受贿罪犯罪数额的基础上。在一般情况下,凡有退赃行为,且符合从宽条件的被告人,都可以从宽处理,但是从宽处理的幅度要结合案件具体情况,分别予以认定。对退赃情节进行从宽适用上,尤其是对论罪该处死刑的犯罪分子在决定从宽时,要结合有无自首行为、有无立功、有无全部退赃等从宽情节,否则一般不能免于死刑。

陈同海受贿案中,被告人陈同海在有关部门调查期间,积极动员亲属协助退赃,且赃款已全部退缴,故法院对此予以认可。法院结合了陈同海具有自首等其他情节,最终对其判处死刑缓期2年执行。

(三)受贿罪死刑限制适用问题

在论罪判处陈同海死刑的基础上,法院鉴于他具有自首及主动全部退赃、检举他人违法违纪线索、认罪悔罪等从宽处罚情节,依法宣告对其判处死刑缓期2年执行。陈同海受贿案的判决,体现了宽严相济的刑事政策。根据《刑法》的规定,对陈同海判处死刑,体现了宽严相济之严;但同时宣告死刑缓期2年执行,则更体现了宽严相济之宽。通过对陈同海受贿案判决结果的分析,引出受贿罪的死刑限制适用问题,即对受贿罪是否应限制适用死刑及如何限制适用的问题。

1.受贿罪死刑适用概述

(1)受贿罪适用死刑的相关规范

《刑法》总则明确规定了死刑的适用标准,根据第48条之规定,死刑只适用于罪行极其严重的犯罪分子;对于应当判处死刑的犯罪分子,如果不是必须立即执行的,可以判处死刑同时宣告缓期2年执行,就是所谓的死缓执行制度。对于受贿罪死刑,《刑法》分则也作了相当细化的规定。根据《刑法》第383条第1款的规定,受贿罪犯罪分子被判处死刑需要同时具备两个条件:一为受贿数额特别巨大,二是在此基础上情节要特别严重。

2007年,最高人民法院、最高人民检察院《关于办理受贿刑事案件适用法律若干问题的意见》对受贿罪许多问题作了新的说明。与受贿罪死刑限制适用有密切关系的主要是正确贯彻宽严相济的刑事政策问题。宽严相济的刑事政策是我国的基本刑事政策,在受贿罪的查办与审判中应贯彻宽严相济的刑事政策。

关于受贿罪查处要正确贯彻宽严相济的刑事政策,上述司法解释作了相对明确的规定。联系到陈同海受贿案,其最终被判处死刑缓期2年执行而未被判处死刑立即执行,法院对上述司法解释的应用是很明显的例证。对于受贿犯罪分子,在严惩的同时,具有自首、立功等情节,依法可从轻、减轻或免除处罚。被告人陈同海在因其他问题被调查期间,主动交代了有关部门未掌握的全部受贿事实,应以自首论;被告人陈同海还具有认罪悔罪,揭发他人违纪违法线索,为查处有关案件发挥作用以及积极动员其亲属协助退赃,赃款已全部退缴等情节。根据这些情节,本着贯彻宽严相济刑事政策的精神,法院最终判处陈同海死刑缓期2年执行。

(2)受贿罪适用死刑的现状分析

我国死刑执行的人数在2007年应该是个分水岭,因为之前大部分犯罪的死刑复核权下放到省级法院。2007年之后,各类死刑案件的核准权均由最高人民法院统一行使。由于核准层级的提高,被执行死刑的人数在一定程度上得到了有效的控制。在最高人民法院将死刑核准权统一收回后短短一年多时间里,死缓的适用数量就在我国首次超过了死刑立即执行的适用数量。[1]

在受贿罪中适用死刑,主要是为了治理腐败犯罪。随着经济的发展,各种腐败犯罪层出不穷,尤其是贿赂犯罪呈高发态势。为了综合治理贿赂犯罪,保证官员的廉洁,国家加大了对受贿罪适用刑罚的力度,主要体现在适用死刑方面。1997年修订的《刑法》将受贿犯罪的刑罚参照贪污犯罪处理,正表明了严厉打击受贿犯罪的决心。

但是最近以来,受贿罪适用死刑案件悄悄有了一些变化,即适用死刑立即执行的案件开始减少,而适用死刑缓期2年执行的案件开始增多。在限制受贿罪适用死刑上,有无限制适用的条件决定着是否适用死刑,如果犯罪人无从宽情节或者犯罪情节非常恶劣则仍应依法适用死刑。比较几起有典型意义的受贿大案,如原全国人大常委会副委员长成克杰受贿案(共同受贿4100多万被判处死刑立即执行),原国家食品药品监督管理局局长郑筱萸受贿案(受贿600多万被判处死刑立即执行),原北京市副市长刘志华受贿案(受贿700万元被判处死刑缓期2年执行),原广东省政协主席陈绍基受贿案(受贿近3000万元被判处死刑缓期2年执行)。通过对这四个典型案件的比较,从侧面反映出我国司法机关在受贿犯罪适用死刑方面开始进行限制。而2009年作出判决的陈同海受贿案作为典型的受贿大案,因陈同海受贿数额特别巨大,最终被判处死刑缓期2年执行,更有着指标性的意义。

2.受贿罪限制适用死刑

(1)对受贿罪限制适用死刑是死刑制度改革的重要内容之一

死刑改革是近年来受我国法学界和广大民众持续关注的司法热点问题,这其中有诸多因素,如人权保障的重视、司法的进步、国际废除死刑的趋势等。关注死刑改革,我们总会聚焦于死刑的存废问题。不管是赞成废除死刑的,还是主张保留死刑的,都可以找出诸多可以互相驳斥的理由。但不容否认的是,限制适用死刑乃至最终废除死

---

[1] 参见田雨、邹声文《中国今年判处死缓人数首次超过死刑立即执行人数》,载搜狐新闻(http://text.news.sohu.com/20071123/n253444177.shtml),最后访问日期:2020年9月8日。

刑是死刑改革的大方向。

随着社会文明的进步,死刑的存废问题已经逐渐引起各方的讨论。为了应对死刑改革问题,我国立法机关采取了相应的立法措施。第十一届全国人民代表大会常务委员会第十九次会议于2011年2月25日通过《刑法修正案(八)》,修法幅度较大,尤其在死刑方面进行了重大的修改,一次性删除了13种经济性、非暴力犯罪死刑罪名,相当于我国现行刑法死刑罪名的近五分之一,使死刑罪名由原来的68种减至55种;同时,对年满75周岁的老年人,除非以特别残忍手段致人死亡,否则一律不适用死刑。通过对《刑法修正案(八)》死刑修改的分析,我们可以发现,我国死刑改革已经开始加速推进。取消经济性、非暴力犯罪的死刑,是各方面比较能够接受的。受贿罪作为非暴力犯罪,取消死刑也应该是可期待的事,但由于当前的腐败形势比较严重,一时未能为舆情民意所接受。但受贿罪等职务犯罪的死刑改革引起各方争论,这从侧面说明受贿罪取消死刑也开始进入议论,只要时机合适,就应当对受贿罪死刑问题进行改革。

(2)受贿罪限制适用死刑的理论分析

① 受贿罪限制适用死刑的阻力分析

对受贿罪限制死刑适用,虽然有着良好的理论基础,但是现实中阻力比较大,尤其是广大民众反对受贿罪死刑的弱化改革,并还有加强受贿罪死刑的呼声。受贿罪限制适用死刑的阻力主要有:①民意不支持。毋庸讳言,由于几千年的历史和相关文化、社会、法律观念的影响,中国当今社会崇尚死刑、依赖死刑的观念还根深蒂固、市场广大,这无疑是中国死刑制度改革最基础、最内在也是最强大的阻力所在。① 民意的不支持,使受贿罪限制适用死刑有失去民心的可能。②我国有着从严治理官吏违法犯罪的传统,如果官吏犯贪污受贿等罪,更会受到严惩。在治吏极端残酷的情况下,如明朝初年对贪污官吏采取剥皮等酷刑,虽然对官吏采取酷刑有不可取之处,但是这种传统却得到了老百姓的支持。③反腐的压力也阻碍着受贿罪死刑的限制适用。我国当前的腐败情形比较严重,且呈高发态势,如果对受贿罪限制适用死刑,难免会对反腐败产生消极的影响。

对于受贿罪限制适用死刑的阻力,我们要准确地分析阻力所在,并努力去排除这些阻力。这就需要我国立法机关、司法机关、法学界和广大民众通力协作。治理腐败是一个系统工程,对受贿罪的打击不能仅靠适用死刑,这是不文明的,也不是治本之法。当对受贿罪限制适用死刑的同时,采取其他可行的办法,使受贿罪的打击效果不降反升,则对受贿罪限制适用死刑的阻力将会不解自消。

② 受贿罪限制适用死刑的消极作用

我们要认识到受贿罪限制适用死刑的进步意义,但也要认识到由此限制所可能带

---

① 参见赵秉志:《中国死刑改革的进展与趋势》,载《法制日报》2010年11月17日。

来的一定的不利后果。这些消极作用主要体现在：一是受贿罪限制适用死刑会对治理受贿犯罪带来消极的导向作用，会使一些腐败分子心存侥幸的心理，如会预想，反正也不执行死刑，受贿多少都是值得，将这些受贿得来的财物留给亲属等；二是不利于表现党和政府治理腐败犯罪的决心，对受贿罪适用死刑有着极大的震慑意义，让腐败分子不敢走极端；三是难以说服民众，广大民众对腐败现象深为痛恨，如果限制适用乃至取消受贿罪死刑，会使民众对反腐失去信心。

我们要正视受贿罪限制适用死刑所带来的消极作用，但不能因为这些消极作用而不去对受贿罪的限制适用死刑进行相应的改革。正视受贿罪限制适用的消极作用，首先要从立法上予以充分重视，在时机尚未合适的时候不能用立法去限制受贿罪的死刑适用；其次在司法实践中要谨慎处理受贿罪限制死刑的适用，对受贿罪限制适用死刑的判决要有充分的理由以说服社会各界。

③ 受贿罪限制适用死刑的配套措施要完善

为了能使受贿罪死刑的限制适用不至于对治理腐败犯罪造成不利的影响，就要采取完善的配套措施以应对受贿罪限制适用死刑的局面。要有计划地限制受贿罪死刑的适用，做好广泛的宣传工作，使社会形成一种共识，即限制受贿罪死刑适用乃至全面取消受贿罪死刑是人权和法治进步的表现。对受贿罪的刑罚设计进行科学的完善，可对受贿罪的有期徒刑进行刑期的绝对延长，对极其严重的受贿犯罪创设不可假释等其他配套措施支持受贿罪死刑的限制适用。治理受贿罪需要多种手段并用，事前的预防、完善的制度设计、廉政教育、独立机构的治理腐败等。

(3) 受贿罪限制适用死刑的司法限制分析

① 实体适用上要进行限制

从实体适用上限制受贿罪的死刑，是指审判机关在审判实践中，从严把握受贿犯罪案件死刑的适用，坚持我国死刑方面的刑事政策，即"可杀可不杀的不杀"，坚持慎杀少杀，尽可能将受贿罪的死刑适用限制在那些非杀不可的范围内。在实体适用上予以限制，要从多个方面入手：

首先，要准确理解《刑法》总则第 48 条的规定，从司法的角度对"罪行极其严重"这一总则性的规定进行严格的把握和到位的阐释。对受贿犯罪，我们既要看犯罪数额是否达到巨大，但也不能唯数额论，更应看是否有其他的严重情节（如对社会公共安全、人民群众生命健康利益造成重大损害或威胁），还要分析行为人的主观恶性程度，要对三者进行综合分析，本着从严控制的原则，缺少其中一条就不能适用死刑立即执行。联系到陈同海受贿案，陈同海受贿后所造成的后果尚不为最严重，且有自首等行为，表现出来的主观恶性程度亦非大恶，故法院未对其适用死刑立即执行。

其次，要充分发挥死缓执行制度的作用。《刑法》在设计时，为保留死刑的威慑力，但又要对死刑适用进行必要的控制，结合我国的实际创制了死刑缓期 2 年执行的制度。死缓本质上也是死刑,是死刑执行方式的一种,但由于死缓的特征,其对死刑适用进行了实质上的限制。对罪行极其严重的受贿犯罪,考虑有其他的量刑情节的,可留有余地地适用死刑,即不立即执行死刑而是采取死刑缓期2年执行。死缓充分发挥了限制适用死刑的缓冲器作用,可谓在司法实践中可进可退,既有威慑力,又不致过于宽容受贿犯罪。

最后,运用从宽情节依法对受贿犯罪限制死刑适用。要结合我国刑法对量刑的规定,充分发挥量刑情节对受贿犯罪限制死刑适用的阻却功能。我国刑法既规定了从犯、自首、立功、坦白等法定从轻、减轻情节,又规定了退赃等酌定从轻情节。在进行受贿犯罪案件审判时,应当充分考量并适用这些量刑情节。要根据具体的案件情况,在受贿犯罪分子判处死刑上,对具有法定从轻、减轻情节的,不应适用死刑立即执行;对具有酌定从轻情节的,也可以判处死刑缓期执行。在具体的审判实践中,对受贿罪犯罪分子要充分肯定其从轻情节,不能搞"功不抵过"而适用死刑。

② 在司法正当程序上进行限制

运用司法路径限制受贿罪死刑的适用,要让司法者树立"慎用死刑"的观念,还应完善并恪守司法正当程序来严格控制死刑适用。在具体的审判实践中,充分发挥各种因素对适用死刑的阻却作用,将死刑的限制适用在司法程序上予以很好的体现。

首先,要坚持严格的证明标准,在审判中贯彻直接言辞原则,对证据进行充分的调查、质证。证据对于案件事实的认定起着基石作用,法院在作出判决时,所采信的证据应是真实的,且关联性和合法性得到了充分的体现。对于不利于受贿犯罪分子的证据,尤其是涉及可能对受贿犯罪分子适用死刑有极大作用的证据,更应作为重点进行调查、质证。但当前审判实践表明,贯彻直接言辞原则还未能得到很好的落实,尤其体现在证人证言上,证人的书面证言过多,而证人亲自出庭作证较少。对此有学者提出,对可能适用死刑的经济犯罪案件(包括受贿犯罪案件),可强化证人出庭、实行交叉询问、落实公开审理等贯彻直接言辞原则。①

其次,贯彻存疑有利于被告人的原则,可试行死刑犹豫程序。本着保障人权的原则,对案件事实有疑问的时候,在不能查明事实的情况下,要作出对被告人有利的认定。对可能适用死刑的经济犯罪案件,可实行合理怀疑排除疑点制度,从而防止死刑的误用和滥用。② 为了保障死刑执行的确是没有冤枉的,有学者建议试行死刑犹豫程序。③ 对于该学者的建议,笔者亦认为可以试行类似刑前申诉的制度,以保证被执行的犯罪分子确实未受到冤枉,同时也能避免死刑冤案发生后的不可挽回性。

---

① 参见赵秉志主编:《死刑制度之现实考察与完善建言》,中国人民公安大学出版社2006年版,第301页。
② 同上书,第302页。
③ 参见时延安:《论死刑犹豫程序的建立》,载《法制日报》2004年6月3日。

③ 运用司法解释等手段进行限制

根据我国司法体系的特色,即上级司法机关的意见或批示、指示,都会对下级司法机关产生硬性的制约作用。由于死刑基本都是中级人民法院作出一审判决,我们可以利用上级司法机关对下级司法机关的指导和约束作用来对受贿罪死刑进行限制适用。

首先,可专门制定关于受贿犯罪限制死刑适用的司法解释。我国的《刑法》总体来讲,由于其属于基本法的性质,规定比较宏观。为了更好地落实法律,相关法律对司法解释赋予了比较大的空间。为此要充分发挥好司法解释的作用,最高人民法院可与最高人民检察院联合出台关于受贿犯罪限制死刑适用的相关意见,对下级的司法机关形成指导。

其次,对受贿犯罪死刑适用的案件进行一定的整理并公布。在我国,案例虽然不具有判决的遵照作用,但是最高人民法院整理出来并公布的案例指导系列,必然会对下级法院有很强的导向性作用。为此,最高人民法院可本着限制受贿犯罪死刑适用的原则,专门选取有导向性意义的案例,如陈同海受贿案等,公开发布以供各级法院参考。

3. 陈同海受贿案与受贿罪限制适用死刑

(1) 陈同海受贿案所反映出的死刑方面问题

陈同海受贿案中的主要争议是其所反映出来的死刑适用问题。北京市第二中级人民法院判决显示,陈同海受贿数额特别巨大,情节特别严重,论罪应当判处死刑。鉴于陈同海在因其他问题被调查期间,主动交代了有关部门未掌握的全部受贿事实,应以自首论;此外,陈同海还具有认罪悔罪,揭发他人违纪违法线索,为查处有关案件发挥作用以及积极动员其亲属协助退赃,赃款已全部退缴等情节,对其判处死刑,可不立即执行。故陈同海最后被判处死刑缓期2年执行。通过分析陈同海受贿案的判决结果,就死刑方面问题反映出,对受贿罪不以数额作为唯一依据,而结合陈同海有其他情节,故对陈同海限制了死刑的立即执行。

数额是受贿犯罪适用死刑重要的量刑因素,但不能唯数额论。有学者指出了数额犯的问题,在刑法中,以一定的数额作为犯罪构成要件的,称为数额犯。① 很多犯罪都将数额作为是否入罪及量刑的重要标准,尤其体现在贪污贿赂犯罪方面。根据《刑法》第383条、第386条的规定,数额在受贿犯罪分子是否达到重罪上起着基础性的作用,但适用死刑的规定则有情节特别严重的限制规定。对于情节特别严重如何界定,有学者认为这主要是指受贿数额特别巨大,为他人谋取巨大的非法利益,或者产生了严重后果等情况。②

若有重大的从宽情节,则限制受贿罪死刑的适用。法院在衡量是否判处一个受贿

---

① 参见陈兴良:《刑法哲学》(修订版),中国政法大学出版社1997年版,第579页。
② 参见刘生荣、胡云腾:《论受贿罪的定罪与量刑》,载《中国法学》1999年第1期。

犯罪分子死刑时,从宽情节所起的阻却作用就表现得非常明显。陈同海受贿案判决结果显示,被告人陈同海具有自首的情节,即陈同海在因其他问题被调查期间,主动交代了有关部门未掌握的全部受贿事实,被法院认定以自首论;另外陈同海还具有认罪悔罪,揭发他人违纪违法线索,为查处有关案件发挥作用以及积极动员其亲属协助退赃,赃款已全部退缴等情节。这些情节,尤其是其中的法院对陈同海自首的认定和赃款全部已退缴的事实对陈同海最终未被判处死刑立即执行起着根本的阻却作用。负责审理陈同海受贿案的北京市第二中级人民法院在作出一审判决书后,该法院有关负责人接受新华社的采访阐明了相关的问题,认为陈同海虽然受贿数额巨大,但有自首行为和其他从宽情节,故法院综合考虑全案案情以及陈同海具有的法定和酌定从宽处罚的量刑情节,认为对陈同海虽应判处死刑,但不是必须立即执行的。①

(2)陈同海受贿案表现出的受贿罪限制适用死刑的趋势

随着限制和废止死刑的国际化发展趋势,我国的限制和废除死刑问题也引起各界有识之士的关注,尤其是法学理论界。有学者就专门死刑的限制和废止进行详细的研究,认为限制和废止经济犯罪死刑是很好的合理、可行的切入口。② 受贿罪作为典型的经济犯罪,可作为限制和废止死刑的重点进行考虑。

陈同海受贿案作为受各界关注的大案,所作出的判决对之后受贿案限制适用死刑无疑具有导向性作用。论数额,陈同海当毫无疑问地被立即执行死刑,但其有重大从宽情节,最终未被执行死刑。陈同海受贿案的判决在很大程度上彰显了受贿罪限制适用死刑的趋势。原广东省政协主席陈绍基受贿案,法院认为陈绍基受贿数额特别巨大,情节特别严重,鉴于陈绍基因涉嫌受贿被审查后,主动交代了办案机关尚未掌握的大部分受贿事实,认罪、悔罪,且案发后赃款、赃物已全部追缴,故作出了死刑缓期2年执行的判决。对比陈同海受贿案与陈绍基受贿案,两者具有很大的相像性,二者都是受贿数额特别巨大,但都有从宽情节,最后都未被判处死刑立即执行。从时间上分析,陈同海受贿案对于陈绍基受贿案的判决具有导向作用。受贿罪死刑的限制适用趋势会越来越明显。

---

① 参见《法院有关负责人就陈同海受贿案宣判答记者问》,载中国网(http://www.china.com.cn/economic/txt/2009-07/15/content_18141717.htm),最后访问日期:2020年7月15日。
② 参见赵秉志主编:《死刑制度之现实考察与完善建言》,中国人民公安大学出版社2006年版,第293页。

受贿罪与财产型滥用职权罪的界限
——黄胜受贿案

赵秉志[*] 袁 彬[**]

目　次
一、选案理由
二、基本案情
三、裁判要旨
四、引发的理论问题
(一)受贿罪与财产型滥用职权罪的法理界限
(二)受贿与借用、接受馈赠的区分
(三)受贿罪的量刑依据

一、选案理由

2013年5月3日,江苏省南京市中级人民法院以受贿罪判处黄胜无期徒刑,剥夺政治权利终身,并处没收个人全部财产。黄胜受贿案是我国"十八大"之后众多高官犯罪案件之一,也是我国反腐败的又一典型案件。与其他腐败案件相比,黄胜受贿案具有两个方面的显著特点:一是受媒体关注度高。在黄胜移送司法机关之前,媒体就对黄胜主政山东德州和调到山东省人民政府任职期间的负面内容进行了大量报道。从起诉和判决的情况看,媒体报道的大量内容都是虚假的。但经由这些报道,黄胜受贿案备受社会各方面的关注。二是一审法院全部采信了公诉机关的起诉意见,但从刑事法治的角度看,部分案件事实的定性和案件的量刑还是存在一定的值得推敲之处。这

---

[*] 北京师范大学刑事法律科学研究院教授、博士生导师,中国法学会刑法学研究会会长,国际刑法学协会中国分会主席。
[**] 北京师范大学刑事法律科学研究院中国刑法研究所副所长、教授、博士生导师,中国法学会刑法学研究会理事暨副秘书长。

与当前我国不少学者关注和提出的"反腐败要不要严格遵循法治"之问题密切相关。事实上,在当前我国反腐败的大背景下,如何实现腐败案件个案处理的公平公正,也是我国刑事法治建设甚至全面推进依法治国所必须慎重考虑的问题。从这两个方面看,黄胜受贿案都具有专门研究的积极价值。

二、基本案情①

1998年下半年至2011年8月间,被告人黄胜先后利用其担任山东省德州市人民政府市长、中共山东省德州市委书记、山东省人民政府副省长的职务便利,在企业经营、职务晋升等方面为他人谋取利益,或者利用其担任山东省人民政府副省长职务形成的便利条件,通过其他国家工作人员职务上的行为,为他人谋取不正当利益,直接或通过其亲属先后61次非法收受德百公司法定代表人杨某丙、国某甲公司法定代表人蔡某甲等21个单位和个人给予的财物,共计折合人民币1 223.922153万元。

案发后,黄胜主动交代了办案机关尚未掌握的大部分受贿犯罪事实,并积极退缴了全部赃款赃物。

2013年5月3日,江苏省南京市中级人民法院作出一审判决,判处被告人黄胜犯受贿罪,判处无期徒刑,剥夺政治权利终身,并处没收个人全部财产;受贿犯罪所得赃款人民币1 223.922153万元及孳息予以追缴,上交国库。一审判决后,黄胜没有上诉。

三、裁判要旨②

国家机关工作人员利用职务上的便利,为他人谋取利益,以及利用本人职权或者地位形成的便利条件,通过其他国家机关工作人员的行为,为他人谋取不正当利益,直接或通过其亲属非法收受他人财物,构成受贿罪。根据黄胜受贿的数额和情节,考虑到其在归案后主动交代办案机关尚未掌握的大部分受贿犯罪事实,具有坦白情节,认罪、悔罪,并退缴了全部赃款赃物,可以从轻处罚。

四、引发的理论问题

黄胜受贿案中,控辩双方的主要分歧集中在三个方面:一是部分事实是否成立的问题,如控方认为黄胜通过黄某寅在北京市收受白某给予的人民币8万元构成受贿,但辩方认为公诉机关"对黄胜通过黄某寅在北京收受白某给予的人民币8万元的指控不能成立,黄胜事先并不知情,黄胜的行为不构成受贿"。二是部分事实的性质认定问题,即控辩双方对于存在的事实无争议,但对该事实的法律性质在定性上存在明显分歧。例如,控方认为,2007年年初黄胜通过其弟黄某寅收受杨某丙给予的医疗设备款

---

① 参见江苏省南京市中级人民法院(2013)宁刑二初字第5号刑事判决书。
② 同上注。

人民币 280 万元,其行为构成受贿罪。但辩方认为,控方"对黄胜通过黄某寅收受杨某丙给予的医疗设备款人民币 280 万元的指控难以成立,该笔款项系杨某丙给予潍坊眼科医院而非黄某寅个人的,黄胜的行为不构成受贿"等。三是量刑情节问题。例如,辩方提出,"黄胜的受贿行为没有给国家、社会造成严重损失;黄胜有过多次拒贿、退贿表现,且其多数受贿行为均属被动受贿,主观恶性较小"。

从法理上看,黄胜受贿案引发的主要理论争议问题有三个。

(一)受贿罪与财产型滥用职权罪的法理界限

在我国刑法上,受贿罪是指国家工作人员利用职务上的便利,索取他人财物,或者非法收受他人财物为他人谋取利益的行为。受贿的类型很多,有"利用职务之便,索取他人财物"(即索取贿赂型受贿)、"利用职务之便,非法收受他人财物,为他人谋取利益"(即非法收受型受贿)、"在经济往来中,违反国家规定,收受各种名义的回扣、手续费归个人所有"(即经济型受贿)和"利用本人职权或者地位形成的便利条件,通过其他国家工作人员职务上的行为,为请托人谋取不正当利益,索取请托人财物或者收受请托人财物"(即斡旋受贿)。[①] 而无论何种受贿,受贿行为的成立都必须具备收受财物的要件,否则受贿就不称其为受贿。而滥用职权罪在我国刑法上则是指国家机关工作人员超过职权,不按或违反法律决定、处理其无权决定、处理的事项,或者违反规定处理公物,致使公共财产、国家和人民利益遭受重大损失的行为。[②]

从滥用的职权内容上看,行为人对公共事务的处理就包括了行为人擅自决定并通过他人将公共利益处理给其亲友,以使其亲友获利的行为,从而导致受贿罪与财产型滥用职权罪之间的界限模糊。例如,行为人为了同时帮助两个关系人,滥用职权将 1 000 万元财政拨款给甲,同时要求甲出资 200 万帮助乙处理乙的债务问题,但行为人没有收取甲的任何财物。在此情况下,行为人的行为究竟是构成滥用职权罪,还是构成滥用职权罪与受贿罪的竞合,恐怕难免会存在争议。同样的情形也可以是,行为人帮助甲谋取了不少利益,为了帮到乙,行为人让甲出资帮助乙解决部分债务问题。黄胜受贿案中,一审判决书认定,"黄胜通过其弟黄某寅收受杨某丙给予的医疗设备款人民币 280 万元",在此之前黄胜帮助杨某丙"为德百公司百货大楼费用减免及排除竞争、天衢购物中心及澳德乐时代广场建设项目费用减免、杨某丙之弟职务晋升等事项提供帮助"。此外,一审判决认定黄胜"收受刘某辛给予的价值人民币 10.7134 万元的钢材"与此类似。对于黄胜的这类行为究竟是构成受贿罪还是构成滥用职权罪,控辩双方存在重大分歧。笔者认为,对此行为的判断,应当重点考虑以下两个方面。

1.财产的控制:行为人是否直接或者间接取得财物

是否实际取得财物是受贿罪成立的核心要件。刑法理论上一般认为,受贿罪的客

---

① 参见高铭暄、马克昌主编:《刑法学》(第 5 版),北京大学出版社、高等教育出版社 2011 年版,第 629 页。
② 同上书,第 643 页。

体是国家工作人员职务行为的廉洁性,其犯罪对象是贿赂(即财物)。① 据此,无论是索取贿赂型受贿、非法收受型受贿还是其他类型的受贿,行为人是否通过权钱交易的方式获取请托人的财物,是认定受贿罪成立的关键,也是区分受贿罪与财产型滥用职权罪的重要方面。关于财物的收受(获取),在实践中,既可以是行为人自己收取,也可以是行为人让他人代为收取,即只要行为人有通过直接或者间接的方式控制财物的行为,就可认定行为人收受了请托人的财物。在受贿罪与财产型滥用职权罪中,行为人是否控制相关财物对于区分两罪具有两方面的重要意义。

第一,它反映了行为所侵害的客体差异,进而成为区分受贿罪与财产型滥用职权罪的重要方面。我国刑法理论上通常将"公务职责的公正、勤勉性和国家机关的正常职能"作为滥用职权罪的客体。② 而将"国家工作人员职务行为的廉洁性"作为受贿罪的客体。③ 其中,对国家工作人员职务行为廉洁性的侵害主要体现为行为人将权力作为交易的筹码,客观上通常表现为权钱交易。作为一种交易,转移占有是交易的基本特征。在受贿罪中,这种转移占有即是将贿赂物由行贿方转移至受贿方占有。而行为人是否实际控制财物(包括直接控制和间接控制),是确定行为人是否"转移占有"财物的具体体现,也是判断受贿罪客体是否受到侵害的主要依据。

第二,它反映了行为方式的差异,进而成为区分受贿罪与财产型滥用职权罪的重要方面。关于滥用职权罪的行为方式,通常认为,它主要有两种类型:一是超越职权,违法决定、处理其无权决定、处理的事项;二是违反规定处理公物。而受贿罪的行为核心是利用职务上的便利,非法收受他人财物。因此,在共同的财物范围内,滥用职权罪是将公共财产、国家和人民利益违规处理给他人,而受贿罪是将他人财物非法收受归自己所有。前者不存在行为人本人转移占有的问题,否则其所构成的犯罪则可能是贪污罪;后者则必须由行为人本人转移占有,否则就不构成受贿罪。

从转移占有的角度看,黄胜受贿案一审判决认定黄胜构成受贿的事实中,有两笔事实(即杨某丙代潍坊眼科医院代付的280万元医疗设备款和刘某辛送给潍坊眼科医院的10.7134万元的钢材)并非由黄胜本人占有,也很难认定为黄胜的弟弟黄某寅占有,因而在是否成立受贿罪的问题上存在一定的争议。笔者认为,根据一审判决采信的证据,这两项事实难以认定黄胜实现了对财物的转移占有。这主要体现在:

其一,280万元医疗设备款没有被黄胜转移占有。关于该280万元医疗设备款,一审判决认为,潍坊眼科医院为黄某寅一手操办、组建,虽然该医院并非黄某寅个人所有,但黄某寅作为股东和经营管理者亦可从中获利,且黄胜供述称,在其看来这家医院就是黄某寅的,其明白杨某丙系为了感谢其多方面的帮助才支付了该笔设备款。证人

---

① 参见王作富主编:《刑法分则实务研究》(第5版),中国方正出版社2013年版,第1619页。
② 参见李希慧主编:《刑法各论》(第2版),中国人民大学出版社2012年版,第396页。
③ 同上书,第384页。

杨某丙证实,其为黄某寅支付人民币280万元设备款完全是看在黄胜的面子上,其与黄某寅之间无其他经济往来。因此,该笔款项系黄胜出于为黄某寅利益考虑而要求杨某丙代为支付的,属于黄胜对受贿款项的处置,不影响受贿罪的认定。按照一审判决的逻辑,这280万元设备款实际已为黄胜所控制,代为潍坊眼科医院支付医疗设备款只是黄胜对这280万元的处置。不过,该案中以下事实不容忽视:①杨某丙出资280万元购买的医疗设备实际成了潍坊眼科医院的单位资产,而非黄某寅的个人财产或其个人对潍坊眼科医院的投资。②黄某寅只占有潍坊眼科医院部分股权,不构成对作为潍坊眼科医院资产的该医疗设备的占有。③潍坊眼科医院属于非营利性医疗机构,股东并不能依其股权对医院利润进行分配。卫生部(现卫计委)、国家中医药管理局、财政部、国家计委2000年7月18日发布的《关于城镇医疗机构分类管理的实施意见》第1条第1款明确规定,"非营利性医疗机构是指为社会公众利益服务而设立和运营的医疗机构,不以营利为目的,其收入用于弥补医疗服务成本,实际运营中的收支结余只能用于自身的发展,如改善医疗条件、引进技术、开展新的医疗服务项目等"。据此,无论黄某寅对潍坊眼科医院拥有多大比例的股权,他都不能依其股权享有医院的利润,更不可能构成对杨某丙出资280万元购买的医疗设备的占有。④杨某丙撕毁280万元汇款单的行为并不能改变医疗设备归潍坊眼科医院所有的关系。⑤黄某寅虽然能从潍坊眼科医院获利,但该获利与280万元设备款完全不同,不能将黄某寅可能获取的利益等同于这280万元。可见,无论是黄胜本人还是其弟弟黄某寅都没有实际取得杨某丙的280万元医疗设备款。从行为上看,这280万元医疗设备款既未直接也未间接为黄胜取得。黄胜客观上没有收受杨某丙的这笔款项。

其二,价值10万余元的钢材没有被黄胜实际控制。关于刘某辛给予潍坊眼科医院价值人民币10.7134万元的钢材,一审判决认定,2003年年底至2004年下半年,黄某丙应刘某辛的请托为永锋公司获取财政借款提供帮助。2006年年初,黄某寅要黄胜帮其解决一部分钢材用于潍坊眼科医院建设,黄胜与刘某辛联系后,刘某辛安排永锋公司的经销商天保公司为潍坊眼科医院无偿提供了40余吨钢材,并于2006年4月份与天保公司结算钢材款时以让利人民币10.7134万元的形式冲抵该40吨钢材款。黄胜供述称,黄某寅告诉其刘某辛没有收钱的时候,其予以默认;刘某辛之所以不收钱,完全是因为其给刘某辛的公司提供过帮助,刘某辛一直想表示感谢,在其看来,潍坊眼科医院就是黄某寅的。证人刘某辛的证言证实,黄胜当时要其支援几十吨钢材,言下之意就是让其送几十吨钢材给他,供货后其就未向黄某丙和潍坊眼科医院追要过这笔钢材款。证人黄某寅的证言证实,永锋公司提供的40余吨钢材是为了感谢黄胜对他们企业的关心或者是希望黄胜给予他们企业支持,从本质上看是黄胜支持其个人的。因此,该笔钢材系黄胜出于为黄某寅利益考虑而授意刘某辛送给潍坊眼科医院的,属于黄胜对受贿所得的处置,不影响受贿性质的认定。不过,笔者认为,该案中以下事实同样不容忽视:①黄胜、刘某辛都知道该批钢材是给潍坊眼科医院,而非给黄某寅个人。②刘某辛提供的钢材被全部用于潍坊眼科医院的扩建,且没有作为黄某寅个人对医院的投资或借款。③黄某寅只拥有潍坊眼科医院部分股权,且该医院属于非营利性医疗机构,黄某寅不能通过医院实现对刘某辛钢材的占有。可见,黄胜客观上没有占有刘某辛给潍坊医院的钢材,难以构成此笔受贿。

2. 行为的意图:行为人是个人收受的意图还是为他人谋取利益的意图

受贿罪在主观方面是直接故意,包括认知因素和意志因素两方面。在认识因素上,它是指行为人必须认识到自己索取、收受的对象物的贿赂性质,即行为人必须认识到对象物是有关其职务行为的不正当酬谢,与其职务行为存在对价关系。在意志因素上,就索贿而言,它要求行为人须有索取他人贿赂的决意;而对于收受贿赂来说,则包括两方面的内容:一是行为人具有收受贿赂的决意;二是行为人具有利用职务上的便利为他人谋取利益的决意。① 滥用职权罪的主观方面是故意,即行为人明知自己滥用职权的行为会给公共财产、国家和人民利益造成重大损失,而希望或放任这一结果的发生。②

在实践中,行为人对财物的处置意图是区分不同犯罪的重要方面。就受贿罪与滥用职权罪的界限而言,行为人利用职权为第三人获得一定的财物和行为人利用职权收受一定的财物送给第三人,两者之间的界限不仅体现在客观行为上的差异,而且也体现在行为人主观意图上的差异。黄胜受贿案中,以280万元医疗设备款为例,黄胜让杨某丙为潍坊眼科医院代付280万元设备款,究竟是黄胜意图个人收受这280万元后转送给潍坊眼科医院,还是黄胜意图让杨某丙从其所获得的利益中分出280万元代付潍坊眼科医院,对黄胜行为的定性至关重要。

黄胜受贿案中,关于黄胜对于280万元医疗设备款的主观意图,一审判决认定的依据是"黄胜供述称,在其看来这家医院就是黄某寅的,其明白杨某丙系为了感谢其多方面的帮助才支付了该笔设备款"。不过,笔者认为,该案中以下几个事实对于黄胜主观意图的认定不容忽视:①黄胜明确告诉杨某丙是支持黄某寅所办的医院。②黄某寅明确告诉杨某丙是医院购买设备需要资金。黄某寅的证言称:"我说我们眼科医院看好了一台治疗近视眼的设备,想买进来,但医院缺少资金,请他帮忙支持我们一下,我们可以合作。"③杨某丙知道是黄某寅的医院需要资金购买设备。杨某丙的证言称:"黄某寅到德州找到我,跟我说他办了一家眼科医疗需要购买设备,目前资金有些紧张,问我能不能与他合作,由我出资购买设备,他负责经营管理,利润双方分成。我说好的,并问他需要多少钱,他说他还不清楚,要回去问一问。"可见,在代付280万元医疗设备款之前,黄胜、杨某丙和黄某寅主观上都知道是要代潍坊眼科医院而非黄某寅个

---

① 参见王作富主编:《刑法分则实务研究》(第5版),中国方正出版社2013年版,第1637页。
② 参见高铭暄、马克昌主编:《刑法学》(第5版),北京大学出版社、高等教育出版社2011年版,第644页。

人支付医疗设备款。

关于 10 万余元的钢材款,一审判决认定的依据是"黄胜供述称,黄某寅告诉其刘某辛没有收钱的时候,其予以默认;刘某辛之所以不收钱,完全是因为其给刘某辛的公司提供过帮助,刘某辛一直想表示感谢,在其看来,潍坊眼科医院就是黄某寅的"。但该案事实表明,黄胜知道这价值 10 万余元的钢材是给潍坊眼科医院,其弟弟黄某丙只拥有潍坊眼科医院的部分股权,因此无论黄胜如何供述,他都清楚他是在帮助潍坊眼科医院解决困难。黄胜本人和黄某丙都无法控制或者支配这价值 10 万余元的钢材。

因此,黄胜受贿案至少不能排除一种可能,即黄胜主观上是想让杨某丙、刘某辛帮助潍坊眼科医院解决困难。而 280 万元设备款和 10 万余元的钢材只不过是黄胜为杨某丙、刘某辛谋取利益的一部分,黄胜是让杨某丙、刘某辛从其所获的利益中出让部分利益给潍坊眼科医院。基于此,一审判决对黄胜收受这两笔财物行为的定性值得商榷。

(二)受贿与借用、接受馈赠的区分

黄胜受贿案中,辩护人曾提出公诉机关指控黄胜收受张某丑的住房系借用,收受白某的 8 万元等系礼金而非贿赂。但公诉方和法院没有采信辩护人的这一主张。如何区分受贿与借用、受贿与接受馈赠之间的界限,是当前我国司法实践中处理受贿案件面临的重大难题,也是该案认定的两个重要方面。

1.受贿与借用的合理区分

从概念上看,受贿与借用的区分是明确的,因为借用针对的是财物的使用权,而受贿针对的是财物的所有权。不过,由于借用有有偿借用与无偿借用之分,而且实践中许多收受房产、汽车等财物的人并不办理财产变更登记,且常以"借用"作为辩解理由,因而收受房产、汽车的行为与无偿借用房地产、汽车的行为较难区分。鉴此,最高人民法院、最高人民检察院 2007 年 7 月 8 日发布的《关于办理受贿刑事案件适用法律若干问题的意见》第 8 条规定,"认定以房屋、汽车等物品为对象的受贿,应注意与借用的区分。具体认定时,除双方交代或者书面协议之外,主要应当结合以下因素进行判断:(1)有无借用的合理事由;(2)是否实际使用;(3)借用时间的长短;(4)有无归还的条件;(5)有无归还的意思表示及行为"。据此,对于受贿与借用的界分,应着重把握以下两个方面。

第一,行为人主观上是否具有借用的意图。对此可从以下两个方面进行界定:一是行为人的借用是否有理由。有观点认为,对于是否借用,在理由上应看其"借用"之物对于借用之人是否急需。"一般来说,急需什么才会借什么。在以借用名义行受贿之实的案件中,行为人在收受他人物品时,一般缺乏对该物品的急需条件,而且,在有些案件中,往往还会出现一些反常现象,出借方无财产出借却要四处奔波筹措,受借方

经济宽裕却堂而皇之地借,而借来的财产不用于急需。"①笔者认为,该观点有一定道理,但并非必然如此。实践中,未雨绸缪的先借后用情形亦不可避免。只有行为人客观上有使用的需要,就可认定行为人有借用的合理事由,至于是否亟须则不是认定其事由是否合理的唯一标准。二是行为人是否有归还的意思表示及行为。这针对的主要是实践中所可能存在的一时不能归还的情况。例如,出借人短期出国或者长期出差导致房产或者汽车一时不能归还。实践中最常遇到的情况是,"出借人"有行贿的意思,借给行为人后,"出借人"不想收回出借的房产、汽车,因而找各种理由不接收行为人欲归还的房产或者汽车。在此情况下,行为人是否有归还的意思表示和行为,将成为认定行为人"借用"行为性质的重要依据。

  第二,行为人客观上是否属于借用行为。对此也可从以下两个方面进行界定:一是行为人是否实际使用。笔者认为,这是区分受贿与借用的关键。如果行为人只"借"不用,从客体的角度看,其核心就不是"使用权",而可能涉及财物的处分权。从辩解的角度看,如果行为人借而不用,则借用的理由也必然无法成立。当然,对于实际使用的判断也需要放在一个较长的期间内加以考虑。对于借的时间很短而来不及使用的情况,则也不宜认定为借而不用。二是借用时间的长短和有无归还的条件。笔者认为,"借用时间的长短"和"有无归还的条件"这两个因素应当放在一起加以考虑。这是因为,一方面,如果单纯看"借用时间的长短"而不看行为人的实际需要,则无法判断借用是否合理。例如,一些学校不给部分学生提供宿舍,如果行为人为解决其子女上学期间的住宿问题,而借用他人一套住房,其时间可能长达3—4年。单纯从时间上看,它肯定属于比较长的时间,但并不能由此认定借用的不合理,还需要结合"有无归还的条件"。另一方面,"有无归还条件"主要针对的是行为人借用的事由是否消失。这些条件包括行为人有将物品归还的时间、有现实的归还对象、有物品可供归还等。②

  黄胜受贿案中,公诉机关和一审法院都认定,2004年年初,张某丑向黄某丙提出为黄胜在上海市购置一套住房,黄胜表示同意。后张某丑以自己名义为黄胜购置了上海市杨浦区双阳北路288弄7号101室房屋,并支付购房款人民币103万元、契税人民币1.545万元。2004年下半年,张某丑将该房交付给黄胜。而黄胜的辩护人则认为该房屋不能排除是黄胜、严某向张某丑借用的可能。笔者认为,该案不能排除该房屋系黄胜、严某夫妇借用的可能性。这主要体现在该案反映出的以下事实:①黄胜、严某夫妇与张某丑的关系十分密切,他们找张某丑借房合理。②黄胜、严某夫妇明确向张某丑提出过借用上海市的住房,且严某始终认为是借用,主观上的借用意图明显。③黄胜、严某夫妇的确需要并且大多数时候都在使用张某丑的住房。④黄胜、严某夫妇多次向张某丑提出退还或者以济南市的房子进行置换,有归还的意思表示和行为,但均被张

---

① 庆华:《如何界定未办理权属变更的受贿与借用》,载《中国纪检监察报》2010年7月27日。
② 参见孟庆华编著:《新型受贿犯罪司法解释的理解与适用》,中国人民公安大学出版社2012年版,第351页。

某某丑拒绝，导致该房客观上一时不能归还。综上，张某丑与黄胜、严某夫妇是多年好友，黄胜、严某夫妇有借用张某丑上海市住房的合理事由和行为，虽然其对该房使用的时间较长，但黄胜、严某夫妇已有明确的归还意思表示和行为，只是由于张某丑的拒绝致使一时没能归还。因此，该案不能排除黄胜、严某夫妇是借用张某丑上海市的住房。

2.受贿与接受馈赠的合理区分

受贿与接受馈赠的相同之处，就是接受财物。但受贿是以权力为条件来接受财物，对社会、国家政权有严重危害，而接受馈赠并非出于谋求不正当利益，与对方行使职权无关，是民事法律行为，对社会没有危害性。具体来说，要正确区分受贿与接受馈赠的界限，实践中应着重把握以下六点：第一，所送财物的数量、价值大小。在馈赠情况下，个人之间一般所给付的财物数额相对较小，而在受贿的情况下给付的财物数额一般较大。第二，送财物的方式。一般来讲，受贿是不可公开的行为，受贿过程是在非公开场合"悄悄地"暗箱操作的，不敢公开"曝光"，具有隐蔽性。而馈赠是可以公开的，往往是在公开场合进行。第三，赠送和接受财物的心态。在馈赠情况下，送者不讲条件，不追求收受人行使职权回报，而收受者坦然，不感到内疚。在受贿情况下，送者的动机是为了谋求收受者行使职权为其谋利，而收受者也对此"心照不宣"。第四，送者与被送者之间的关系。受贿者必然是有一定职权的公务人员，而馈赠的对象却不一定是有职权的公务人员，也可以是一般公民。但还应考查二人是否属于亲戚，或者平时交往较多的朋友，或者常常互相馈赠往来。馈赠往往有"渊源"，受贿大多是突然的，一两次就了断了，少部分有时也有"渊源"。第五，送者与收受者对行为性质的判断。在送财物的过程中，行贿者往往提出或暗示收受者利用职权帮忙之意，即便送者假借其他之意或什么也没说，相互之间对送财物行为的性质也有一定的判断力。第六，赠送人赠送时有无利益要求，该利益要求与对方职务有无关系。赠送财物前后，赠送人有无从被赠送人那里得到利益好处。对上述几点要全面分析、综合判断，确定行为人主观动机目的，确认有无权钱交易，以准确认定二者关系。①

最高人民法院、最高人民检察院 2008 年 11 月 20 日发布的《关于办理商业贿赂刑事案件适用法律若干问题的意见》第 10 条规定："办理商业贿赂犯罪案件，要注意区分贿赂与馈赠的界限。主要应当结合以下因素全面分析、综合判断：（1）发生财物往来的背景，如双方是否存在亲友关系及历史上交往的情形和程度；（2）往来财物的价值；（3）财物往来的缘由、时机和方式，提供财物方对于接受方有无职务上的请托；（4）接受方是否利用职务上的便利为提供方谋取利益。"黄胜受贿案中，笔者认为，从于朝阳与黄胜的亲戚关系、于朝阳送钱的目的和时机等因素上看，不能排除于朝阳分两次送给黄胜的 10 万元系亲友间的馈赠。这主要体现在该案反映出的以下事实：①于朝阳是

---

① 参见薛晓卫：《试论受贿与接受馈赠的司法认定》，载《人民检察》2005 年第 16 期。

黄胜的远房亲戚,两家具有亲戚关系。②于朝阳给黄胜钱主要是为了加强亲戚关系,且并未提出具体的请托事项。③于朝阳给黄胜送钱都是在春节期间的家庭聚会上。④于朝阳送给黄胜财物的数额虽然较大,但很难说就一定是超出了亲友间馈赠的范围。

(三)受贿罪的量刑依据

1997年《刑法》将数额作为受贿罪定罪量刑的主要标准,2015年通过的《刑法修正案(九)》修改了受贿罪的定罪量刑标准,但黄胜受贿案的审理和判决均发生在刑法修改之前。在司法实践中,数额也因此成了受贿罪量刑的主要依据,甚至决定情节是否特别严重的基础指标,进而影响受贿罪的死刑适用。例如,有观点认为,除了一般以数额为基础的量刑幅度界限,受贿罪之"情节特别严重"的判断,本来应该是"数额特别巨大"并列的情节。但从实际操作看,受贿数额实际上是"情节特别严重"的主要考虑因素。例如,在过去的高官腐败案件中,黄松有受贿390万元,尽管有知法犯法、影响恶劣等酌定从重情节,但判决并没有据此认定其属于"情节特别严重"。而米凤君受贿628万元,尽管被认定具有认罪态度好和退赃等情节,但仍认定为"情节特别严重"。① 黄胜受贿案中,法院判决黄胜无期徒刑的主要依据是"黄胜受贿的数额和情节",同时考虑了"其在归案后主动交代办案机关尚未掌握的大部分受贿犯罪事实,具有坦白情节,认罪、悔罪,并追缴了全部赃款赃物"。在法院审理过程中,辩护人还提出了"黄胜的受贿行为没有给国家、社会造成严重损失;黄胜有过多次拒贿、退贿表现,且其多数受贿行为均属被动受贿,主观恶性较小"的辩护意见。

笔者认为,受贿罪的核心是权钱交易。从社会危害性的角度看,权钱交易的情况是判定受贿罪社会危害性大小的主要标准。不过,基于"权钱交易"的互易性,受贿罪的危害性可具体体现在两个方面:一是"钱"的状况,主要是指受贿人收受贿赂的数额大小;二是"权"的状况,主要是指利用了什么样的职权。从"等价"互易的角度看,"钱"数越多,反映出权力被收买的程度越高。不过,从现实的角度看,"权""钱"之间并非总是能进行等价互换。实践中,"小官大贪"和"大官小贪"的情况都很常见。因此,仅以"钱"或者"权"作为受贿罪的定罪量刑标准显然是不够的,必须同时考虑"钱"和"权"的情况。笔者认为,在对受贿罪行为人进行量刑时,必须考虑其职务的利用情况,具体表现为行为人是否为请托人谋利、为请托人谋取的是什么利益、多大的利益等,这也是《刑法修正案(九)》调整贪污罪、受贿罪的重要理由。基于此,笔者认为,黄胜受贿案中,法院在对黄胜进行量刑时,还必须考虑其利用职权为他人谋取利益的情况。

而黄胜受贿案事实表明,黄胜的受贿行为没有给国家、社会造成严重损失。根据

---

① 参见孙国祥:《受贿罪量刑中的宽严失据问题——基于2010年省部级高官受贿案件的研析》,载《法学》2011年第8期。

一审判决采信的证据,黄胜虽然受贿数额巨大,并因受贿而为他人谋取了一定的利益,但从情节上看,黄胜为他人谋取的并无非法利益,也没有给国家、社会造成严重损失。法院判决认定"黄胜利用职务便利以及本人职权或者地位形成的便利条件,在职务晋升、企业经营等方面为他人谋取利益,并先后数十次收受他人巨额贿赂,其受贿行为严重玷污了国家工作人员的职务廉洁性,造成了恶劣的社会影响,社会危害严重"。从法理上,这显然是不适当的,这是因为:一方面,法院判决只认定黄胜为他人谋取利益,但并未认定黄胜为他人谋取非法利益;另一方面,法院判决以"恶劣的社会影响"作为"社会危害严重"的认定标准,颠倒了两者的逻辑。因为只有"社会危害严重"的行为才可能产生"恶劣的社会影响",而非"恶劣的社会影响"导致了"社会危害严重"。从案件情况看,黄胜受贿案所带来的"恶劣的社会影响"在很大程度上都是因为媒体的不当报道所致,将这种影响作为黄胜受贿行为的危害后果,显然不合理。因此,从总体上看,在法院判决认定的权钱交易中,黄胜手中作为交易对象的权力并没有被明显滥用。这在一定程度上反映了黄胜受贿行为的社会危害性降低,也应当在其量刑中加以考虑,一审判决没有考虑这一事实,显然值得质疑。